# 面向自然语言信息处理的
# 扩展三段论研究

张晓君 著

科学出版社
北京

## 内 容 简 介

本书从自然语言信息处理的视角，主要介绍和阐释了关于扩展三段论的形式化研究成果，具体研究内容包括：三段论片段的完全性，居间广义三段论，模态三段论，关系三段论，带有完全布尔运算的关系三段论，带有动词的扩展三段论的有效性、可靠性、完全性和计算复杂性等内容。

本书适合逻辑学、计算语言学的教师和研究生使用，也可供对自然语言信息处理、计算机科学中的知识表示和知识推理感兴趣的教师、研究生和科研人员阅读。

---

**图书在版编目(CIP)数据**

面向自然语言信息处理的扩展三段论研究/张晓君著. —北京：科学出版社，2020.8

国家社科基金后期资助项目

ISBN 978-7-03-062723-0

Ⅰ. ①面⋯ Ⅱ. ①张⋯ Ⅲ. ①亚里士多德(Aristotle 前384–前322) –三段论–研究 ②推理–研究 Ⅳ. ①B502.233 ②B812.23

中国版本图书馆 CIP 数据核字(2019) 第 245338 号

责任编辑：胡庆家　李香叶 / 责任校对：彭珍珍
责任印制：吴兆东 / 封面设计：陈　敬

---

科学出版社 出版
北京东黄城根北街 16 号
邮政编码：100717
http://www.sciencep.com

北京中石油彩色印刷有限责任公司 印刷
科学出版社发行　各地新华书店经销

\*

2020 年 8 月第　一　版　开本：720×1000　1/16
2022 年 4 月第三次印刷　印张：21 1/4
字数：360 000
**定价：148.00 元**
(如有印装质量问题，我社负责调换)

# 国家社科基金后期资助项目
## 出版说明

　　后期资助项目是国家社科基金设立的一类重要项目，旨在鼓励广大社科研究者潜心治学，支持基础研究多出优秀成果。它是经过严格评审，从接近完成的科研成果中遴选立项的。为扩大后期资助项目的影响，更好地推动学术发展，促进成果转化，全国哲学社会科学工作办公室按照"统一设计、统一标识、统一版式、形成系列"的总体要求，组织出版国家社科基金后期资助项目成果。

全国哲学社会科学工作办公室

# 前　　言

三段论推理在人类思维中占据着重要的地位。自亚里士多德以来，人类对三段论的研究大都集中在对传统三段论的研究之上，因此，这方面的成果丰硕。但是，传统三段论推理仅仅占三段论推理中的一小部分，大部分三段论推理都是非传统三段论的扩展三段论推理。

大部分扩展三段论使用自然语言中的各种非标准量词，对标准的传统三段论关系 all(a, b), some(a, b), no(a, b) 和 not all(a, b) 进行了推广。近年来，把广义量词理论的某些特征与三段论推理进行结合，发展出一种新的逻辑——自然逻辑或自然语言逻辑。

张晓君 (2014)[①]已经利用：① 广义量词理论对四个亚里士多德量词 [②](即 all, some, no 和 not all) 的真值定义以及直言三段论具有 Q(S, P) 这样的三分结构[③]，对全部有效的 24 个传统三段论进行了形式化和有效性证明；② 广义量词的真值定义以及主谓语句具有 Q(S, P) 这样的三分结构，对广义三段论进行了形式化和有效性证明，并利用广义量词的单调性与其外否定量词、内否定量词和对偶否定量词这三个否定量词的单调性之间的可化归关系，证明了不同广义三段论之间的可化归性。

在张晓君 (2018) 的专著[④]中：① 在对 24 个有效的传统三段论进行形式化的基础上，已经利用四个亚氏量词 all, some, no 和 not all 的单调性与其三个否定量词的单调性之间的化归关系和一些逻辑基本规律，从有效的第一格 AAA 式三段论和第一格 EAE 式三段论出发，推导出了其他 22 个有效的三段论，从而为传统三段论逻辑建立起了形式化公理化系统；② 已经利用广义量词的真值定义以及主谓语句具有 Q(S, P) 这样的三分结构，对由多个传统三段论或广义三段论经过层层嵌套而成的语篇推理进行了形式化和有效性研究；③ 在利用广义量词理论、可能世界语义学和集合论形式化地证明了 169 个亚里士多德模态三段论的有效性的基础上，制定了有效的模态三段论应该满足的基本规则，从而从全部的 6656 个亚里士多德模态三段论中，筛选出了全部的 384 个有效的模态三段论；并把由

---

[①] 张晓君. 广义量词理论研究. 厦门：厦门大学出版社，2014.
[②] 即 all, some, no 和 not all 这几个特殊的广义量词。
[③] 其中 Q 为亚里士多德量词，S 为主项所表示对象组成的集合，P 为谓项所表示对象组成的集合。
[④] 张晓君. 汉语指代消解及其推理模式研究. 北京：人民出版社，2018.

AAA-1 和 EAE-1 通过添加模态词而得到的 20 个模态三段论作为基础公理，试图为模态三段论逻辑建立起形式化的公理系统，虽然没有完全成功，但已经从这 20 个基础公理出发，推导出了另外的 325 个有效的模态三段论，只是目前还没有找到如何从这 20 个基本公理推导出其余 39 个有效的模态三段论的方法。如果解决了这一问题，那么就为模态三段论逻辑建立起了形式化公理化系统。

为了避免重复，本书不再涉及传统三段论的形式化、公理化及其有效性的形式化证明；也不再涉及除了居间广义三段论之外的且已经研究过的广义三段论的形式化和有效性证明、不同广义三段论之间的可化归关系以及基于广义三段论和模态三段论的语篇推理研究；不再详细讨论基于广义量词理论和可能世界语义学的亚里士多德模态三段论的形式化、公理化及其形式化证明等等内容，因为这些内容可以在张晓君 (2014) 或张晓君 (2018) 中找到。

本书从自然语言信息处理的视角，主要研究了非传统三段论的扩展三段论，具体包括：三段论片段的完全性、居间广义三段论、模态三段论、关系三段论、带有完全布尔运算的关系三段论、带有 (除了系动词之外的其他) 动词的三段论的有效性、可靠性、完全性和计算复杂性等等内容，详情请参见相应章节。为了读者阅读方便，笔者都对每章内容进行了小结。本书的研究再一次证实了：① 广义量词理论是研究自然语言逻辑的方便工具；② 逻辑学 (尤其是现代逻辑学) 不仅具有形式化特征，而且还具有结构主义的特征。

本书从自然语言信息处理的视角，不仅阐释了国外学者对本书所涉及的各类三段论的有效性的形式化证明，而且还阐释了其可靠性、完全性 (甚至斥完全性) 和可判定性问题的计算复杂性等相关问题的研究。绝大部分国内学者对此几乎没有涉及，而且居间广义三段论、模态三段论、关系三段论、带有完全布尔运算的关系三段论、带有动词的三段论，都是自然语言中常见的重要扩展三段论。因此，这些研究成果不仅有利于推动国内自然语言逻辑、语言学和计算语言学等相关领域的研究，有利于自然语言信息处理、计算机科学中的知识表示和知识推理的研究与发展，而且还有利于专家系统中推理机的研发，有利于 Agent 通信语言的开发，其理论意义和实践价值是不可小觑的。

张晓君

2019 年 7 月 18 日于成都

# 目 录

前言
## 第一章 三段论片段的完全性研究 ········· 1
### 第一节 引言 ········· 1
### 第二节 相关基础知识 ········· 4
### 第三节 仅包含 All 语句的三段论片段 ········· 7
### 第四节 包含 All 语句和 Some 语句的三段论片段 ········· 11
### 第五节 添加了专名的三段论片段 ········· 14
### 第六节 包含 All 语句和 No 语句的三段论片段 ········· 15
### 第七节 L(all, some, no, names) 语言 ········· 16
### 第八节 添加了布尔运算的三段论片段 ········· 18
### 第九节 包含 There are at least as many X as Y 语句的三段论片段 ········· 21
### 第十节 本章小结 ········· 28

## 第二章 居间广义三段论的研究 ········· 31
### 第一节 引言 ········· 32
### 第二节 相关准备工作 ········· 34
### 第三节 居间量词和广义三段论 ········· 42
### 第四节 有效的居间广义三段论 ········· 48
### 第五节 居间三段论的实例解释 ········· 69
### 第六节 几个公开问题 ········· 78
### 第七节 本章小结 ········· 79

## 第三章 亚里士多德模态三段论研究 ········· 82
### 第一节 引言 ········· 82
### 第二节 Łukasiewicz 的实然三段论系统 ŁA ········· 86
### 第三节 Łukasiewicz 的模态三段论系统 ŁM ········· 99
### 第四节 现代模态谓词逻辑 ········· 102
### 第五节 McCall 的模态三段论系统 L-X-M ········· 108
### 第六节 链条件、相干逻辑和 AP 系统 ········· 130
### 第七节 偶然三段论 ········· 134
### 第八节 模态三段论系统 QLXM′ ········· 141

第九节　QLXM′ 系统的亚里士多德特征 ......................................... 161
  第十节　两前提 Q-有效三段论总览 ............................................... 162
  第十一节　QLXM′ 系统的扩展 ....................................................... 165
  第十二节　亚里士多德模态三段论的重构 ....................................... 165
  第十三节　本章小结 ......................................................................... 176

第四章　关系三段论的形式化研究 ................................................. 184
  第一节　引言 ..................................................................................... 184
  第二节　相关准备工作 ..................................................................... 186
  第三节　间接三段论系统 S 和 S† ..................................................... 197
  第四节　具有斥完全性的关系三段论系统 R ................................... 204
  第五节　间接关系三段论系统 R* ..................................................... 213
  第六节　非间接关系三段论系统 R† 和 R*† ...................................... 217
  第七节　其他相关的关系三段论片段 ............................................. 226
  第八节　关系三段论片段的复杂性 ................................................. 229
  第九节　关系三段论的可靠性和完全性研究 ................................. 230
  第十节　本章小结 ............................................................................. 264

第五章　带有完全布尔运算的关系三段论系统 ............................. 266
  第一节　引言 ..................................................................................... 266
  第二节　带有完全布尔运算的关系三段论的语法与语义 ............. 272
  第三节　带有完全布尔运算的关系三段论的公理和推理规则 ..... 274
  第四节　带有完全布尔运算的关系三段论系统的完全性 ............. 277
  第五节　带有完全布尔运算的关系三段论的语义复杂性 ............. 292
  第六节　本章小结 ............................................................................. 294

第六章　带有动词的扩展三段论研究 ............................................. 296
  第一节　引言 ..................................................................................... 296
  第二节　辖域确定的 NMI 三段论片段的变种 ............................... 299
  第三节　同时带有 All、一个动词和名词性补语的三段论逻辑 .... 310
  第四节　含有类表达式的三段论片段 ............................................. 314
  第五节　本章小结 ............................................................................. 321

参考文献 .............................................................................................. 323
后记 ...................................................................................................... 331

# 第一章 三段论片段的完全性研究

传统三段论 (traditional syllogisms) 除了涉及像 All S are P，Some S are P，No S are P (其中 S 表示主项所组成的集合，P 表示谓项组成的集合) 这样简单的形式语句外，还涉及类似做主语的专有名词和名称之间的等词的语句。传统三段论推理是自然语言中常见的推理形式，在人类思维和逻辑中都具有重要的地位，因此研究传统三段论的自然语义及其完整的证明系统具有重要的价值。

自亚里士多德以来，虽然三段论的研究成果非常多，但是对三段论的完全性加以研究的成果并不多见。由于完全性是逻辑系统重要的语义性质，因此本章将主要介绍和阐释 Moss(2008)[①]关于三段论片段的完全性研究。Moss(2008) 不仅研究了传统三段论片段的完全性，而且还研究了个别非传统三段论片段的完全性，其研究思路是：从带有 all 语句的三段论片段开始讨论，从而得到了该片段的完全性定理，然后把这个系统扩展到带有经典布尔运算的三段论和带有基数比较的三段论推理中。

## 第一节 引 言

我们首先从历史悠久的三段论开始讨论这个特别的主题。三段论逻辑的各种公式化表述的完全性，已经在诸如 Łukasiewicz 与 Martin (1957)[②]、Corcoran(1972)[③]和 Martin(1997)[④]中以不同的形式被阐释。Moss(2008) 的技术部分包含了本章中所提到的各种系统的一系列完全性定理。在 Van

---

[①] Moss L S. Completeness theorems for syllogistic fragments//Hamm F, Keper S. ed. Logics for Linguistic Structures. Berlin: Mouton de Gruyter, 2008: 143-173.

[②] Łukasiewicz J, Martin J N. Aristotle's Syllogistic. 2nd ed. Oxford: Clarendon Press, 1957.

[③] Corcoran J. Completeness of an ancient logic. Journal of Symbolic Logic, 1972, 37(4): 696-702.

[④] Martin J N. Aristotle's natural deduction revisited. History and Philosophy of Logic, 1997, 18(1): 1-15.

Benthem(1984)①和 Westerståhl(1989)② 中，已经对其中两个片段进行过研究。但是迄今为止没有对三段论片段的完全性进行过系统的研究，因此 Moss(2008) 的目标就是对三段论片段的完全性进行系统的研究③。

也许研究结果和方法会引起逻辑学者的兴趣，但是我们希望这些论述也能引起更广泛的关注。更重要的是，我们希望自然逻辑主题能够引起语言语义学、人工智能、计算机语义学和认知科学领域的学者的兴趣。

关于模型理论语义的教科书通常是这样表述的：我们的目标就是研究蕴涵关系 (或其他相关关系)。因此，会出现这样的问题：具有完全性的片段具有怎样的特征？也许在某个系统或其他系统中的形式推理是相互独立的。如果我们有关于某个现象的具有完全性的逻辑系统，那么从某种意义上说，我们可以把这个逻辑系统看作是它的语义学。即使我们不愿意最终把逻辑陈述作为主要目标，而是把它视为次要目标，但是对尽可能大的对自然语言片段的完全性和可判定性进行研究，将仍然是非常有趣的。通过对这个内容的研究，我们会发现：对于习惯旧方法的人来说，这项技术工作似乎并不简单。但对这个课题感兴趣的人来说，可能会在这里发现一些有趣的事。

关于类似三段论片段的大多数出版物或者是哲学文献或者是人工智能文献。从 Łukasiewicz (1957)④开始，包括诸如 Corcoran (1972)⑤和 Martin (1997)⑥在其他方向的哲学著作，一般与亚里士多德的现代重建问题有关。然而，我们的工作不是重建，我们的主要兴趣也不是过去的研究系统。人工智能文献更接近于 Moss (2008) 中所做的工作 (Purdy, 1991)⑦，其兴趣是完全性定理，人工智能的工作通常是关注所获得的系统和元理论系统的可判定性与复杂性。因为 Moss (2008) 的一些结论超出了传统三段论系统，

---

① Van Benthem J. Questions about quantifiers. Journal of Symbolic Logic, 1984, 49(2): 443-466.

② Westerståhl D. Aristotelian syllogisms and generalized quantifiers. Studia Logica, 1989, 48(4): 577-585.

③ 为了行文简洁，本书在介绍和阐释国外学者的研究时，由于给出了详细的参考文献，因此，省略了诸本应该有的引号，特此说明。

④ Łukasiewicz J, Martin J N. Aristotle's Syllogistic. 2nd ed. Oxford: Clarendon Press, 1957.

⑤ Corcoran J. Completeness of an ancient logic. Journal of Symbolic Logic, 1972, 37(4): 696-702.

⑥ Martin J N. Aristotle's natural deduction revisited. History and Philosophy of Logic, 1997, 18(1): 1-15.

⑦ Purdy W C. A logic for natural language. Notre Dame Journal of Formal Logic, 1991, 32(3): 409-425.

## 第一节 引 言

属于自然语言逻辑的范畴。例如，Moss(2008)把像 There are more As than Bs 这样的表达式添加到标准三段论系统中。对于不是一阶逻辑的子逻辑系统来说，把这样的表达式添加到具有完全性三段论系统是可能的。

这个领域的研究可以分为两组，分别称为保守研究和激进研究。保守研究是指：对三段论系统进行扩展，并且继续处理语言片段的扩展。保守研究处理带有动词的语句，而不是处理系动词的语句。例如，Nishihara 等 (1990)[1]和 McAllester 和 Robert(1992)[2]属于保守研究。此外，Pratt-Hartmann(2003[3], 2004[4]) 和 Pratt-Hartmann 和 Third(2006)[5]给出了一些复杂性理论的结果，也属于保守研究。

从自然语言逻辑的发展历程来看，它似乎不可避免地与模型论有关，但这是一个必须改正的缺陷。我们可以探索"把证明理论作为语义学的数学基础的"可能性。这个观点在语言哲学的文献中提出，但是在语言语义学中没有深入探讨过，因为目前形式语义学在本质上与模型论语义学是相同的。Ben-Avi 和 Francez(2005)[6]已经开始了用激进观点来看待三段论片段的证明理论处理方法。激进研究是指：在考虑各种语言片段的完整语义之后，可想象用各种方式去"移开梯子"(即减少逻辑工具的使用)，并把几个领域的工作整合起来。由于 Moss(2008) 糅合了"保守研究"(即研究三段论片段的扩展) 和"激进研究"(即尽量少地借助各种逻辑工具)，因此其研究既不属于保守研究，也不属于激进研究。

Moss (2008)[7]证明了下面 13 个三段论片段的完全性：

---

[1] Nishihara N, Morita K, Iwuta S. An extended syllogistic system with verbs and proper nouns, and its completeness proof. Systems and Computers in Japan, 1990, 21(1): 760-771.

[2] McAllester D A, Robert G. Natural language syntax and first-order inference. Artificial Intelligence, 1992, 56: 1-20.

[3] Pratt-Hartmann I. A two-variable fragment of English. Journal of Logic, Language, and Information, 2003, 12(1): 13-45.

[4] Pratt-Hartmann I. Fragments of language. Journal of Logic, Language, and Information, 2004, 13(2): 207-223.

[5] Pratt-Hartmann I, Third A. More fragments of language. Notre Dame Journal of Formal Logic, 2006, 47(2): 151-177.

[6] Ben-Avi G, Francez N. Proof-theoretic semantics for a syllogistic fragment, in Proceedings of the Fifteenth Amsterdam Colloquium, 9-15, ILLC/Department of Philosophy, University of Amsterdam. Available from http://www.illc.uva.nl/AC05/uploaded_files/AC05Proceedings.pdf, 2005.

[7] Moss L S. Completeness theorems for syllogistic fragments//Hamm F, Keper S. ed. Logics for Linguistic Structures. Berlin: Mouton de Gruyter, 2008: 143-173.

(i) 带有 All X are Y 的片段；

(ii) 带有 Some X are Y 的片段；

(iii) = (i) + (ii)；

(iv) = (iii) + 涉及专有名称的语句；

(v) = (i) + No X are Y；

(vi) All + Some + No；

(vii) = (vi) + 名称；

(viii) (vii) 的布尔组合；

(ix) = (i) + There are at least as many X as Y；

(x) = (ix) + Some + No 的布尔组合；此外，还给出三个偏离主题的系统完全性；

(xi) All X which are Y are Z；

(xii) Most；

(xiii) Most + Some。

对于 Moss (2008) 的大部分研究内容来说，其语句系统不包括语句的布尔运算。我们还希望系统的判定问题是在多项式时间内可计算的。还有少数关于自然语言逻辑的现有文献通常是研究命题逻辑的高端问题，所以它们的可满足性问题是 NP-hard。我们将看到：在逻辑中增加命题推理能使完全性证明更容易；一个系统越接近标准的一阶逻辑，熟知的技术就越可能用到。

最后需要指出的是，Moss (2008) 的研究具有启发性：该文献开始部分的少数几节中的简单完全性定理是指导学生了解逻辑系统、可靠性和完全性的很好的工具。因为这种论述可以完全避开了语法的全部细节，如替换引理和在自由变元上附加条件的规则。Moss (2008) 的数学论证绝对是基础性的。同时，这些技术在一阶逻辑的 Henkin 完全性证明上也有所体现。因此学生在模型的句法定义方面可能看到过。Moss (2008) 虽然没有讨论自然演绎式逻辑，但是它们是确实存在的，因此本章会为不熟悉的学者增加一些论述。总之，它可以作为标准课程的一个极为有用的导论。

## 第二节　相关基础知识

本章关注的是基于传统三段论推理的逻辑系统。我们可以用下面著名

## 第二节 相关基础知识

的例子来解释一个传统三段论：

$$\frac{\text{All men are mortal} \quad \text{Socrates is a man}}{\text{Socrates is mortal}}$$

这些解释明显地使用了集合。横线上的语句应该在语义上蕴涵了横线下的语句。具体而言，如果在每一种语境（或模型）中 All man are mortal 和 Socrates is a man 成立，那么 Socrates is a mortal 也必然成立。

再举一个与研究的思路有点接近的例子：

$$\frac{\text{All xenophobics are yodelers} \quad \text{John is a xenophobics} \quad \text{Mary is a zookeeper} \quad \text{John is a Mary}}{\text{Some yodeler is a zookeeper}} \tag{1}$$

在开始研究之前，首先给出如下一些定义：

1) 句法

令集合变元 $X, Y, \cdots$ 表示可数的普通名词，令 $J, M, \cdots$ 表示人名，然后我们只考察具有以下非常严格形式的语句 S：

All X are Y, Some X are Y, No X are Y, J is an X, J is M

Moss (2008) 使用重引号 (scare quotes) 是因为只研究了五种类型的语句，因此这里不存在任何递归。很显然提出关于无穷片段的完整系统是很重要的。McAllester 和 Givan(1992) 的文献对此有所论述，他们认为这个系统具有可判定性，但是没有关注到其完全性。

2) 三段论片段

Moss(2008) 所研究的语言片段包括：仅仅包含 all 的片段 L(all)、带有明显标记的 L(all, some)，L(all, some, names) 和 L(all, no)；并对这些语言的扩展和其语义学的变种加以研究。

3) 语义

令 M 是一个集合；对于任意一个变元 X 而言，子集 $[\![X]\!] \subseteq M$；对于每一个人名 J 而言，元素 $[\![J]\!] \in \dot{M}$。给出其模型 $\hat{M} = (M, [\![\ ]\!])$，并定义

$\hat{M} \models$ All X are Y     当且仅当     $[\![X]\!] \subseteq [\![Y]\!]$
$\hat{M} \models$ Some X are Y    当且仅当     $[\![X]\!] \cap [\![Y]\!] \neq \varnothing$
$\hat{M} \models$ No X are Y      当且仅当     $[\![X]\!] \cap [\![Y]\!] = \varnothing$
$\hat{M} \models$ J is an X       当且仅当     $[\![J]\!] \in [\![X]\!]$
$\hat{M} \models$ J is M          当且仅当     $[\![J]\!] = [\![M]\!]$

当 $[\![X]\!] = \varnothing$ 时，$\hat{M} \models$ All X are Y 是无意义的。如果 $\Gamma$ 是一个有穷或无穷的语句组成的集合，那么 $\hat{M} \models \Gamma$ 的意思就是：对所有的 $S \in \Gamma$，$\hat{M} \models S$。

4) 主要的语义定义

$\Gamma \vdash S$ 意思是，使得在集合 $\Gamma$ 中所有语句为真的每个模型，同样使得 $S$ 为真。这点对于 Moss(2008) 中与语义蕴涵相关的所有形式而言，都是成立的。

5) 记法

令 $\Gamma$ 是一个语句的集合，仅仅包含 All X are Y 形式的语句 $\Gamma$ 的子集用 $\Gamma_{all}$ 来表示。对于 $\Gamma_{some}$，$\Gamma_{no}$ 和 $\Gamma_{names}$ 这样的其他结构表示类似的意思。

6) 逻辑系统的推理规则

所有三段论片段推理规则组成的集合将在后面图 6 中给出。在第八节和以后的章节中，我们将关注其他片段。其他片段的推理规则将在需要的时候给出。

7) 证明树

$\Gamma$ 上的证明树是一个用该片段中的语句对节点进行标注的有穷树 $\acute{\Gamma}$。需要说明的是，每一个节点要么是 $\Gamma$ 的一个元素，要么是来自通过规则的应用而得到的母节点。$\Gamma \vdash S$ 意思是：存在在 $\Gamma$ 上的证明树 $\acute{\Gamma}$，$\acute{\Gamma}$ 的根被 $S$ 标注。

**例 1**  可以用证明树形式化地表示这个推理，具体如下

$$\frac{\text{All X are Y} \quad \text{J is an Z}}{\text{J is a Y}} \qquad \frac{\text{M is a Z} \quad \text{J is M}}{\text{J is a Z}} \qquad \frac{}{\text{Some Y are Z}}$$

**例 2**  令 $\Gamma$ = {All A are B, All Q are A, All B are D, All C are D, All A are Q}。令 $S$ 表示 All Q are D。如下的证明树就是证明 $\Gamma \vdash S$：

$$\frac{\text{All Q are A} \quad \dfrac{\dfrac{\text{All A are B} \quad \text{All B are B}}{\text{All A are B}} \quad \text{All B are D}}{\text{All A are D}}}{\text{All Q are D}}$$

需要注意的是，除了 All B are B 这一支外，所有证明树的树叶都属于 Γ；Γ 中的一些元素作为证明树的树叶并没有用到。根据我们的定义这是允许的。上面的证明树能够证明 Γ ⊢ S。存在一个更小的证明树也可以证明 Γ ⊢ S，因为 All B are B 的使用并不是必需的。我们允许证明树的树叶像这样标注的原因是，可以用形式为 All A are A 的语句标注一个元素的证明树。

**引理 2.1**(可靠性)　如果 Γ ⊢ S，那么 Γ ⊨ S。

**证明**　施归纳法于证明树 (图 1)。

$$\frac{}{\text{All X are X}} \qquad \frac{\text{All X are Z} \quad \text{All Z are Y}}{\text{All X are Y}}$$

图 1　All X are Y 的逻辑

**例 3**　一个简单的语义事实是

$$\{\text{Some X are Y, Some Y are Z}\} \not\models \text{Some X are Z}$$

最小的反模型是 $\{1,2\}$，其中 $[\![X]\!] = \{1\}$，$[\![Y]\!] = \{1,2\}$ 和 $[\![Z]\!] = \{2\}$，即使我们忽略了这个逻辑系统的可靠性，对其证明的一个检验表明

$$\{\text{Some X are Y, Some Y are Z}\} \not\vdash \text{Some X are Z}$$

事实上，仅仅由假设推导出的语句就是那些语句本身——语句 Some X are X，Some Y are Y，Some Z are Z，Some Y are X 和 Some Z are Y；而这个系统的公理是形式为 All U are U 和 J is J 的语句。

模型的子模型和同态概念是逻辑学中常用的两个概念。

**命题 2.1**　在 L(all, no, names) 中的语句是在子模型下保持其性质；在 L(some, names) 中的语句在同态下也是保持其性质；在 L(all) 中的语句是在同态满射 (surjective homomorphic images) 下保持其性质。

## 第三节　仅包含 All 语句的三段论片段

Moss (2008) 首先研究了仅仅包含 All 语句的三段论片段的 L(all) 系统。根据引理 2.1，这里研究的所有逻辑系统都是可靠的。

**定理 3.1**　图 1 中的 L (all) 逻辑是完全的。

**证明** 假设 $\Gamma \models S$,令 $S$ 是 All X are Y。令 $\{*\}$ 是任意单子集。根据 $M = \{*\}$ 定义模型 $\acute{M}$,并且

$$[\![Z]\!] = \begin{cases} M, & \Gamma \vdash \text{all X are Z} \\ \varnothing, & \text{否则} \end{cases} \qquad (2)$$

在 (2) 中,需要强调的是,X 与开始提到的语句 S 中变元一样。如果 $\Gamma$ 包含 All V are W,那么 $[\![V]\!] \subseteq [\![W]\!]$。对此,假设 $[\![V]\!] \neq \varnothing$ (否则,其结论就是不足道的),则 $[\![V]\!] = M$。因此,$\Gamma \vdash$ All X are V。所以,有一个在 $\Gamma$ 上使用垂直点 $\vdots$ 进行标注的证明树:

$$\cfrac{\overset{\vdots}{\text{All X are V}} \quad \text{All V are W}}{\text{All X are W}}$$

整个证明树是由树叶 All V are W 加上在 All X are V 上面的树叶组成的。整体来看,所有的树叶都由在 $\Gamma$ 中语句进行标注的。该证明树表明 $\Gamma \vdash$ All X are W。因此,$[\![W]\!] = M$。特别地,$[\![V]\!] \subseteq [\![W]\!]$。

现在我们可以得出这样的结论:我们定义的模型 $\acute{M}$ 使得在 $\Gamma$ 中的所有语句为真,则结论一定成立。故 $[\![X]\!] \subseteq [\![Y]\!]$。而 $[\![X]\!] = M$,因为对于 All X are X 而言,其证明树是一个点树,则 $[\![Y]\!] = M$。正如我们期望的一样,$\Gamma \vdash$ All X are Y。证毕。

**注记 3.1** L(all) 的完全性可能是所有具有完全性的逻辑系统中最简单的。(对于具有形式为 J is M 这类仅仅包含等词的三段论片段而言,这一点也是成立的,而且这类仅仅包含等词的三段论片段具有自返性、对称性和传递性。) 同时,对于 L(all) 的完全性,不需要任何预先的假定。

**一、典范模型性质**

现在来阐释 Moss (2008) 中一些逻辑系统具有的性质。首先介绍一些基本的知识。对于由语句组成的任意集合 $\Gamma$,在变元组成集合上定义 $\leqslant_\Gamma$:

$$U \leqslant \Gamma \text{ 当且仅当 } \Gamma \vdash \text{All U are V} \qquad (3)$$

**引理 3.1** 关系 $\leqslant_\Gamma$ 是一个前序,即自返的且传递的关系。

我们常常用到 (3) 定义的前序 $\leqslant_\Gamma$。如果 $\Gamma$ 包含 All U are V,那么也可以利用 $U \leqslant_\Gamma V$ 定义变元上的前序 $\leqslant_\Gamma$。令 $\leqslant_\Gamma^*$ 是 $\leqslant_\Gamma$ 的自返-传递闭包。通常省略 $\Gamma$,而简写为 $\leqslant, \precsim, \precsim^*$。

### 第三节 仅包含 All 语句的三段论片段

**命题 3.1** 令 $\Gamma$ 是由三段论片段 L(all) 中语句组成的任意集合，令 $\lesssim^*$ 是 $\Gamma$ 中的 $\lesssim$ 的自返–传递闭包。令 X 和 Y 是任意变元。那么 (i)—(iii) 是等价的：

(i) $\Gamma \vdash$ All X are Y；

(ii) $\Gamma \models$ All X are Y；

(iii) $X \lesssim^* Y$。

**证明** 根据可靠性可得 (i) $\Rightarrow$ (ii)；对 $\lesssim^*$ 进行归纳可得 (iii) $\Rightarrow$ (i)。关键是需要证明 (ii) $\Rightarrow$ (iii)。为此构造一个模型 $\acute{M}$，在定理 3.1 中的证明中，我们取 $M = \{*\}$。通过令 $[\![Z]\!] = M$ 当且仅当 $X \lesssim^* Z$ 来修改定理 3.1 中的 (ii)，因此，$\acute{M} \models \Gamma$。现在考察在 $\Gamma$ 中 All V are W。假定 $[\![V]\!] = M$，否则，是不足道的；故 $X \lesssim^* V$。而 $V \lesssim W$，所以 $X \lesssim^* W$。这就证明了 $\acute{M} \models \Gamma$。而 $[\![X]\!] = M$，因此 $[\![Y]\!] = M$。故 $X \lesssim^* V$ 成立。证毕。

**定义 3.1** 令 $\mathcal{L}$ 是一个三段论片段，令 $\Gamma$ 是在 $\mathcal{L}$ 中的语句组成的一个集合。现在考察 $\mathcal{L}$ 的一个固定的逻辑系统。如果所有的 $S \in \mathcal{L}$，$\acute{M} \models S$ 当且仅当 $\Gamma \vdash S$，那么对于 $\Gamma$ 来说，$\acute{M}$ 是典范模型。如果每个集合 $\Gamma \subseteq \mathcal{L}$ 有一个典范模型，那么 (对于给定的逻辑系统来说)，这个三段论片段 $\mathcal{L}$ 就具有典范模型性质。例如，在 L(all) 中，如果 $X \leqslant Y$ 当且仅当 $[\![X]\!] \subseteq [\![Y]\!]$，那么，对于 $\Gamma$ 来说，$\acute{M}$ 是典范模型。

需要注意的是：经典命题逻辑和一阶逻辑不具有典范模型性质。模型 $\Gamma = \{p\}$，对于不同命题符号 q，指派不同的值，而且从 $\Gamma$ 不能推出 q 和 $\neg q$。这些系统都具有这样的性质：每个极大一致集都有一个典范模型。因为这些系统带有否定联结词，因此具有完全性。Moss (2008) 所研究的三段论片段表现出不同的典范模型性质：有些 (比如一些含有特定的语句三段论片段) 具有典范模型性质，而另一些则没有该性质。

**命题 3.2** 逻辑系统 L(all) 具有典范模型性质。

**证明** 给定 $\Gamma$，令 $\acute{M}$ 是一个模型，其论域是由变元组成的集合，且 $[\![U]\!] = \{Z : Z \leqslant U\}$。现在考察语句 $S \equiv$ All X are Y。那么在 $\acute{M}$ 中，$[\![X]\!] \subseteq [\![Y]\!]$ 当且仅当 $X \leqslant Y$。证毕。

这个典范模型性质是强于完全性的。为了说明这一点，令 $\acute{M}$ 是固定集合 $\Gamma$ 的典范模型。特别地，$\acute{M} \models \Gamma$。因此，如果 $\Gamma \models S$，那么 $\acute{M} \models S$，所以 $\Gamma \vdash S$。

## 二、题外话：包含 All X which are Y are Z 语句的三段论片段

这里，我们将偏离第一节研究的三段论系统的这一主要目标，而是研

究包含 All X which are Y are Z 语句的三段论片段，该片段简写成 (X, Y, Z)。若 $[\![X]\!] \cap [\![Y]\!] \subseteq [\![Z]\!]$，则称该语句在给定了的模型 Ḿ 中为真。需要说明的是，All X are Y 在语义上等值于 (X, X, Y)。

这个逻辑是全新的系统。对于 (无穷的) 布尔运算下的 L(all, some, no) 的闭包而言，在命题 3.3 中的结论也是成立的。

**命题 3.3** 令 R 是 All X which are Y are Z，那么 R 不能通过语言 L(all, some, no) 的任意集合来表达。也就是说，不存在由 L(all, some, no) 语句组成的集合 Γ，使得：对所有的 Ḿ 而言，Ḿ ⊨ Γ 当且仅当 Ḿ ⊨ R。

**证明** 考察论域为 $\{x, y, a\}$ 的模型 Ḿ，其中 $[\![X]\!] = \{x, a\}$，$[\![Y]\!] = \{y, a\}$，$[\![Z]\!] = \{a\}$，并且对于其他变元 U 来说 $[\![U]\!] = \varnothing$。同时考察一个论域为 $\{x, y, a, b\}$ 的模型 Ń，其中，$[\![X]\!] = \{x, a, b\}$，$[\![Y]\!] = \{y, a, b\}$，$[\![Z]\!] = \{a\}$，该结构中的其他解释与 Ḿ 中的相同。容易验证：对于所有语句 $S \in$ L(all, some, no) 而言，Ḿ ⊨ S 当且仅当 Ń ⊨ S。

现在我们反过来假设：根据集合 Γ，能够表达 R。那么 Ḿ 和 Ń 就是 L(all, some, no) 的模型，而且它们也是 Γ 的模型。而 Ḿ ⊨ R 且 Ń ⊭ R，这就产生了矛盾。证毕。

**定理 3.2** 包含图 2 中的 All X which are Y are Z 语句的逻辑具有完全性。

$$\overline{(X, Y, Z)} \quad \overline{(X, Y, Y)} \quad \frac{(X, Y, U)(X, Y, V)(U, V, Z)}{(X, Y, Z)}$$

图 2　包含 All X which are Y are Z 语句的逻辑，记为 (X, Y, Z)

**证明** 假定 Γ ⊨ (X, Y, Z)。现在考察根据 M = {∗} 给定的解释 Ḿ。对于每个变元 W 而言，$[\![W]\!] = \{*\}$ 当且仅当 Γ ⊢ (X, Y, W)。若 (U, V, W) ∈ Γ，则 $[\![U]\!] \cap [\![V]\!] \subseteq [\![W]\!]$。对此，可以假定 M = $[\![U]\!] \cap [\![V]\!]$。其证明树如下

$$\frac{\vdots \quad \vdots}{\dfrac{(X, Y, U)(X, Y, V)(U, V, W)}{(X, Y, W)}}$$

该证明树说明 $[\![W]\!]$ = M。现在，我们回到语句 (X, Y, Z)。根据假设 Γ ⊨ (X, Y, Z) 可得：Ḿ ⊨ (X, Y, Z)；根据前两个公理可知：$* \in [\![X]\!] \cap [\![Y]\!]$；因此 $* \in [\![Z]\!]$，即 Γ ⊢ (X, Y, Z)。证毕。

**注记 3.2** (1) 为了替换公理 (X, Y, Y)，可以用下面的对称规则

$$\frac{(Y, X, Z)}{(X, Y, Z)}$$

这两个系统是等价的。

(2) 含有 (X, X, Y) 的三段论片段是含有 all 的三段论片段的一个保守性扩张，即 All X are Y 的翻译就是 (X, X, Y)。

## 第四节 包含 All 语句和 Some 语句的三段论片段

用图 3 中规则和 Some X are Y 语句可以扩展 L(all) 语言。如果把 Some 的传递性规则"曲解"为

$$\frac{\text{All Y are Z} \quad \text{Some X are Y}}{\text{Some Z are X}}$$

那么，Some 的对称性规则就可以省略掉，因为对称性是可以推导出来的。在之后的研究中我们将会使用该"曲解"形式，但是现在还需要使用图 3 中的 3 个规则，而在后面的定理 4.1 中仅仅使用到了前两个规则。

$$\frac{\text{Some X are Y}}{\text{Some Y are X}} \quad \frac{\text{Some X are Y}}{\text{Some X are X}} \quad \frac{\text{All Y are Z} \quad \text{Some X are Y}}{\text{Some X are Z}}$$

图 3 包含 Some 和 All 语句的逻辑

**例 4** L(all, some) 逻辑中的第一个足道的推导如下：

$$\frac{\text{All Z are X} \quad \text{Some Z are Z}}{\text{Some Z are X}}$$

$$\frac{\text{All Z are Y} \quad \text{Some X are Z}}{\text{Some X are Y}}$$

即：如果存在一个 Z，且 Zs 是 Xs，Zs 也是 Ys，那么某个 X 就是 Y。

在研究包含 Some 语句的三段论片段时，我们采用一些与 (3) 中的平行的记法：对于

$$\text{All}: U \uparrow_\Gamma V \text{ 当且仅当 } \Gamma \vdash \text{Some } U \text{ are } V \tag{4}$$

通常省略下标 Γ。根据对称规则，↑ 是对称的。

定理 4.1 本质上是来源于文献 (Benthem, 1984)[①]。

**定理 4.1** 对三段论系统 L(some) 而言，图 3 中的前两个规则给出了具有典范模型性质的一个逻辑系统，该系统具有完全性。

---

① Van Benthem J. Questions about quantifiers. Journal of Symbolic Logic, 1984, 49(2): 443-466.

**证明** 令 $\Gamma \subseteq L(\text{some})$，并令 $\acute{M} = \acute{M}(\Gamma)$ 是由变元组成的无序对集合（即有一个或两个元素的集合）。令 $[\![U]\!] = \{\{U, V\} : U \uparrow V\}$。$[\![U]\!]$ 的元素是只有一个 $U$ 元素的无序对。如果 $U \uparrow V$，那么 $\{U, V\} \in [\![U]\!] \cap [\![V]\!]$。首先假定 $X \neq Y$ 并且 $\Gamma$ 包含 $S = \text{Some } X \text{ are } Y$，那么 $\{X, Y\} \in [\![X]\!] \cap [\![Y]\!]$，所以 $\acute{M} \models S$。相反地，如果 $\{U, V\} \in [\![X]\!] \cap [\![Y]\!]$，那么根据上面的论述可知：$\{U, V\} = \{X, Y\}$。特别地，$\{X, Y\} \in M$，所以 $X \uparrow Y$。然后考察 $X = Y$ 的情况，如果 $\Gamma$ 包含 $S = \text{Some } X \text{ are } X$，那么 $\{X\} \in [\![X]\!]$，所以，$\acute{M} \models S$。反之，如果 $\{U, V\} \in [\![X]\!]$，那么（不失一般性地）$U = X$ 并且 $X \uparrow V$。根据 Some 的第二个规则，可得 $X \uparrow X$。证毕。

下面致力于 All 与 Some 的组合三段论片段的研究。

**引理 4.1** 令 $\Gamma \subseteq L(\text{all}, \text{some})$，那么模型 $\acute{M}$ 具有以下性质：

(1) 如果 $X \leqslant Y$，那么 $[\![X]\!] \subseteq [\![Y]\!]$。

(2) $[\![X]\!] \cap [\![Y]\!] \neq \varnothing$ 当且仅当 $X \uparrow Y$。

特别地，$\acute{M} \models \Gamma$。

**证明** 令 $N = |\Gamma_{\text{some}}|$，并令 $N$ 是有序数 $\{0, 1, \cdots, N-1\}$。对于 $i \in N$ 而言，令 $U_i$ 和 $V_i$ 满足

$$\Gamma_{\text{some}} = \{\text{Some } V_i \text{ are } W_i : i \in N\} \tag{5}$$

需要注意的是，对于 $i \neq j$ 而言，有 $V_i = V_j$ 或 $W_i = W_j$。可以令模型 $\acute{M}$ 的论域为集合 $N$。对于每一个变元 $Z$ 而言，可以定义

$$[\![Z]\!] = \{i \in N : \text{或者} V_i \leqslant Z, \text{或者} W_i \leqslant Z\} \tag{6}$$

在 (3) 中，关系 $\leqslant$ 是：$X \leqslant Y$ 当且仅当 $\Gamma \vdash \text{All } X \text{ are } Y$。这就定义了模型 $\acute{M}$。

首先，假设 $X \leqslant Y$，根据公式 (6) 和定理 3.2 可得：$[\![X]\!] \subseteq [\![Y]\!]$。

其次，如果 (5) 中一个语句是 $\text{Some } V_i \text{ are } W_i$，那么 $i$ 本身属于 $[\![V_i]\!] \cap [\![W_i]\!]$，则这个交集是非空的，所以 $\acute{M} \models \Gamma$，因此，根据可靠性，就完成了该引理的第二点的从右到左方向的证明。

现在完成该引理第二点的从左到右方向的证明。假设 $[\![X]\!] \cap [\![Y]\!] \neq \varnothing$。令 $i \in [\![X]\!] \cap [\![Y]\!]$，有四个情况：$V_i \leqslant X$ 或 $V_i \leqslant Y$ 或 $W_i \leqslant X$ 或 $W_i \leqslant Y$。在每个情况下，我们用 $L(\text{all}, \text{some})$ 逻辑证明 $X \uparrow Y$。其形式证明类似于例 4 的证明。证毕。

**定理 4.2** 对于三段论系统 $L(\text{all}, \text{some})$ 而言，图 1 和图 3 中的逻辑具有完全性。

### 第四节 包含 All 语句和 Some 语句的三段论片段

**证明** 假设 $\Gamma \models S$。这里有两个情况：分别取决于 $S$ 是形式为 All X are Y，还是形式为 Some X are Y。在第一个情况下，有 $\Gamma_{all} \models S$。为了证明这点，令 $\acute{M} \models \Gamma_{all}$。通过 $[[X]]' = [[X]] \cup \{*\}$，可以得到一个新模型 $\acute{M}' = M \cup \{*\}$。所得到的模型 $\acute{M}'$ 满足 $\Gamma_{all}$ 和三段论片段中的所有 Some 语句，则 $\acute{M}' \models \Gamma$，所以 $\acute{M} \models S$。因为 $S$ 是一个通用语句，所以 $\acute{M} \models S$ 也成立，故 $\Gamma_{all} \models S$。根据定理 3.1 可得：$\Gamma_{all} \vdash S$，因此，$\Gamma \vdash S$。

在第二种情况下，$S$ 是形式为 Some X are Y 的语句，根据引理 4.1 可直接证明。证毕。

$$\frac{\text{J is M} \quad \text{M is F}}{\text{F is J}} \qquad \frac{\text{J is an X} \quad \text{J is a Y}}{\text{Some X are Y}}$$

$$\frac{\text{All X are Y} \quad \text{J is an X}}{\text{J is a Y}} \qquad \frac{\text{M is an X} \quad \text{J is an M}}{\text{J is an X}}$$

图 4 在 All 和 Some 逻辑之上的人名逻辑

**注记 4.1** 令 $\Gamma \subseteq L(\text{all, some})$，且 $S \in L(\text{some})$。根据引理 4.1 中可知：如果 $\Gamma \nvdash S$，存在 $\acute{M} \models \Gamma$，并且使得 $S$ 为假。该证明得到的模型 $\acute{M}$ 的大小为 $|\Gamma_{some}|$，这样得到的反模型的大小最多为 2。为了证明这一点，令 $\acute{M}$ 是引理 4.1 中的模型，并令 $S$ 是 Some X are Y。如果 $[[X]]$ 或 $[[Y]]$ 是空集，把模型 $\acute{M}$ 中所有的点合并成一个单点 $*$，然后取 $[[U]] = \{*\}$ 当且仅当 $[[U]] \neq \emptyset$。假设 $[[X]]$ 和 $[[Y]]$ 是非空的，令 $\acute{N}$ 是一个两点模型 $\{1, 2\}$。通过 $f(x) = 1$ 当且仅当 $x \in [[X]]$ 来定义 $f : \acute{M} \to \acute{M}$，那么 $\acute{N}$ 的结构就是 $[[U]]_{\acute{N}} = f[[[U]]_{\acute{N}}]$，这使得 $f$ 成为一个满射同态。根据命题 2.1，$\acute{N} \models \Gamma$，这种结构保证了在 $\acute{N}$ 上，$[[X]] \cap [[Y]] = \emptyset$。

需要注意的是：反模型的大小最多为 2，因为在大小为 1 的模型上：

$$\{\text{Some X are Y, Some Y are Z}\} \models \text{Some X are Z}$$

**注记 4.2** 对于任意的逻辑系统来说，$L(\text{all, some})$ 不具有典范模型性质。为了证明这点，可令 $\Gamma$ 是集合 $\{\text{All X are Y}\}$，则 $\acute{M} \models \text{All Y are X}$ 或 $\acute{M} \models \text{Some Y are Y}$。但这两个语句都不能够从 $\Gamma$ 中推导出来。定理 4.2 的证明中出现的这种情况是由 $S$ 的句法造成的。

**注记 4.3** 假设当 $[[X]] \subseteq [[Y]]$ 且 $[[X]] \neq \emptyset$ 时，就称 All X are Y 为真，那么下面的规则就变得可靠：

$$\frac{\text{All X are Y}}{\text{Some X are Y}} \tag{7}$$

另一方面，如果把 All X are X 作为公理，那么规则 (7) 就不再可靠，因此可以省略掉规则 (7)。这样，对于修改后的语义而言，就可得到一个完全的系统。这就取决于如何看待这个问题。给定 Γ，令 Γ́ 是包含所有语句 Some X are Y 的 Γ，并使得 All X are Y 属于 Γ。通过简单的归纳证明可知：在修改后的系统中 Γ ⊢ S，当且仅当，在原来的系统中 Γ ⊢ S。

## 第五节　添加了专名的三段论片段

在这一节中，可以证明添加了专有名词的三段论片段 L(all, some, names) 中的语句的完全性。把图 4 中的规则添加到图 1 和图 3 的系统中，就可以得到该证明系统。

固定集合 Γ ⊆ L(all, some, names)，令 ≡ 和 ∈ 是从 Γ 通过如下定义而得到的关系：J ≡ M 当且仅当 Γ ⊢ J is M；J ∈ X 当且仅当 Γ ⊢ J is an X。

**引理 5.1**　≡ 是一种等价关系。如果 J ≡ M ∈ X ⩽ Y，那么 J ∈ Y。

**引理 5.2**　令 Γ ⊆ L(all, some, names)，就存在具有以下属性的一个模型 N：

(i) 如果 X ⩽ Y，那么 [[X]] ⊆ [[Y]]；
(ii) [[X]] ∩ [[Y]] ≠ ∅ 当且仅当 X ↑ Y；
(iii) [[J]] = [[M]] 当且仅当 J ≡ M；
(iv) [[J]] ∈ [[X]] 当且仅当 J ∈ X。

**证明**　对于 $\Gamma_{all} \cup \Gamma_{some}$ 而言，令 Ḿ 是满足引理 4.1 的结论的任意模型，Ń 定义为

$$N = M + \{[J] : J \text{ is a name}\} \tag{8}$$

$$[[X]] = [[X]]_M + \{[J] : \Gamma \vdash J \text{ is an } X\}$$

这里 "+" 表示一个不相交的并集。容易得到模型 Ḿ 和模型 Ń 满足包含 All 语句的三段论片段中相同的语句，即包含 Some 的语句在模型 Ḿ 中为真，那么在模型 Ń 中仍然为真。根据引理 5.1 可知：(iii) 和 (iv) 成立。现在只需要证明：如果在 Ń 中 [[X]] ∩ [[Y]] ≠ ∅，那么 X ↑ Y。唯一有趣的情况就是，对于某个 name 而言，J ∈ [[X]] ∩ [[Y]]，因此 J ∈ X，且 J ∈ Y。使用同时带有 name 和 Some 的逻辑中的规则可知：X ↑ Y。证毕。

**定理 5.1**　对于 L(all, some, names) 而言，图 1、图 3 和图 4 中的逻辑是完全的。

**证明** 该证明与定理 4.2 的证明几乎相同。在证明带有 all 的三段论片段时，可以把模型 $\acute{M}$ 单点扩张成模型 $\acute{M}'$ 的一个结构，为了解释 $\acute{M}'$ 中的人名 (names)，对于所有的人名 J 而言，令 $[[J]] = *$，那么所有涉及人名的语句在 $\acute{M}'$ 自然为真。证毕。

## 第六节 包含 All 语句和 No 语句的三段论片段

本节研究了包含 All 语句和 No 语句的三段论片段 L(all, no)。需要注意的是：No X are X 表示不存在 Xs。除了图 1 的规则外，我们还使用了图 5 中的规则。正如在 (3) 和 (4) 一样：

$$U \perp_\Gamma V \text{ 当且仅当 } \Gamma \vdash \text{No U are V} \tag{9}$$

这个关系是对称的。

$$\frac{\text{All X are Z} \quad \text{No Z are Y}}{\text{No Y are X}} \qquad \frac{\text{No X are X}}{\text{No X are X}} \qquad \frac{\text{No X are X}}{\text{All X are Y}}$$

图 5 在 All X are Y 三段论片段之上的 No X are Y 逻辑

**引理 6.1** 三段论片段 L(all, no) 具有典范模型性质。

**证明** 令 Γ 是同时包含 All 语句和 No 语句的任意集合，并令

$$M = \{\{U, V\} : U \not\leq V\} \tag{10}$$

$$[[W]] = \{\{U, V\} \in M : U \leq W \text{ 或 } V \leq W\}$$

该语义具有单调性，即：如果 $X \leq Y$，那么 $[[X]] \subseteq [[Y]]$。反之，假设 $[[X]] \subseteq [[Y]]$，当 $[[X]] = \emptyset$ 时，有 $X \perp X$，否则 $\{X\} \in [[X]]$。根据图 5 中的最后一个规则可知：$X \leq Y$。当 $[[X]] \neq \emptyset$ 时，令 $\{V, W\} \in [[X]]$，因此 $V \not\perp W$，而且 $V \leq X$ 或 $W \leq X$。不失一般性，假设 $V \leq X$，就不能得到 $X \perp X$，否则，$V \perp V$ 且 $V \perp W$。所以，$\{X\} \in [[X]] \subseteq [[Y]]$，因此 $X \leq Y$。

至此已经证明了：$X \leq Y$ 当且仅当 $[[X]] \subseteq [[Y]]$，这仅仅证明了一半的典范模型性质，另一半是 $X \perp Y$ 当且仅当 $[[X]] \cap [[Y]] = \emptyset$。首先假设 $[[X]] \cap [[Y]] = \emptyset$，那么 $\{X, Y\} \notin M$，以免它同时属于 $[[X]]$ 和 $[[Y]]$，所以 $X \perp Y$。反之，假设 $X \perp Y$。假设其矛盾命题 $\{V, W\} \in [[X]] \cap [[Y]]$ 成立。有四种情况，其两种情况分别是：

(a) $V \leq X$ 和 $W \leq Y$；

(b) $V \leqslant X$ 和 $V \leqslant Y$。

在情况 (a) 下，我们有如下 $\Gamma$ 上的证明树：

$$
\dfrac{\dfrac{\vdots}{\text{All } W \text{ are } Y} \quad \dfrac{\text{All } V \text{ are } X \quad \text{No } X \text{ are } Y}{\text{No } Y \text{ are } V}}{\text{No } V \text{ are } W}
$$

这与 $\{V, W\} \in M$ 矛盾。在情况 (b) 下，在上面的树中用 $V$ 替换 $W$，那么它的树根就是 No V are V。使用其中的一个规则可得：No V are W，这再次与 $\{V, W\} \in M$ 矛盾。证毕。

由于典范模型性质比完全性强，所以已经证明了如下定理。

**定理 6.1** 对于含有 All 和 No 的三段论片段 L(all, no) 而言，图 1 和图 5 中的逻辑是完全的 (图 6)。

$$\dfrac{}{\text{All } X \text{ are } X} \qquad \dfrac{\text{All } X \text{ are } Z \quad \text{All } Z \text{ are } Y}{\text{All } X \text{ are } Y}$$

$$\dfrac{\text{Some } X \text{ are } Y}{\text{Some } X \text{ are } X} \qquad \dfrac{\text{All } Y \text{ are } Z \quad \text{Some } X \text{ are } Y}{\text{Some } Z \text{ are } X}$$

$$\dfrac{}{\text{J is J}} \qquad \dfrac{\text{J is M} \quad \text{M is F}}{\text{F is J}}$$

$$\dfrac{\text{J is an } X \quad \text{J is a } Y}{\text{Some } X \text{ are } Y} \qquad \dfrac{\text{All } X \text{ are } Y \quad \text{J is an } X}{\text{J is a } Y}$$

$$\dfrac{\text{M is an } X \quad \text{J is M}}{\text{J is an } X} \qquad \dfrac{\text{All } X \text{ are } Z \quad \text{No } Z \text{ are } Y}{\text{No } Y \text{ are } X}$$

$$\dfrac{\text{No } X \text{ are } X}{\text{No } X \text{ are } Y} \qquad \dfrac{\text{No } X \text{ are } Y}{\text{All } X \text{ are } Y}$$

$$\dfrac{\text{Some } X \text{ are } Y \quad \text{No } X \text{ are } Y}{S}$$

图 6 L(all, some, no, names) 规则的完全集

## 第七节 L(all, some, no, names) 语言

现在，我们为了证明 L(all, some, no, names) 的完全性，把先前所做的有关工作总结一下。L(all, some, no, names) 逻辑需要图 6 中的所有规则，

## 第七节 L(all, some, no, names) 语言

这包括图1、图3—图5的所有规则。但是还需要添加有关Some和No的规则。现在我们面临着潜在的不一致性问题，即不存在语句Some X are Y的模型，也不存在语句No X are Y的模型。因为如果存在这样的两个模型，那么任何语句S都可以从这两个模型中推导出来。这就可以解释图6中最后一个新规则。

**定义 7.1** 对于所有语句S而言，如果 $\Gamma \vdash S$，那么集合 $\Gamma$ 就是不一致的。否则，集合 $\Gamma$ 就是一致的。

在讨论定理7.1的完全性之前，需要L(all, no, names)的一个具体规则。

**引理 7.1** 令 $\Gamma \subseteq$ L(all, no, names) 是一致性的集合，那么就存在一个模型 $\acute{N}$ 使得

(i) $[[X]] \subseteq [[Y]]$ 当且仅当 $X \leqslant Y$；

(ii) $[[X]] \cap [[Y]] = \varnothing$ 当且仅当 $X \perp Y$；

(iii) $[[J]] = [[M]]$ 当且仅当 $J \equiv M$；

(iv) $[[J]] \in [[X]]$ 当且仅当 $J \in X$。

**证明** 令 $\acute{M}$ 是引理6.1中 $\Gamma_{all} \cup \Gamma_{no}$ 的模型，令 $\acute{N}$ 是引理5.2中的(8)定义的来自 $\acute{M}$ 的模型。(即以自然的方式添加了人名的等价类) 可能除了(ii)外，其他部分都容易证明。现在证明(ii)的充分条件，在模型 $\acute{N}$ 中，如果 $[X] \cap [[Y]] = \varnothing$，那么在它的子模型 $\acute{M}$ 中也是成立，所以 $X \perp Y$。然后证明(ii)的必要条件，假设 $X \perp Y$，但是这将推导出矛盾的结论：$[[X]] \cap [[Y]] \neq \varnothing$。在 $M \subseteq N$ 中，不存在交集中的点。令 J 使得 $[J] \in [[X]] \cap [[Y]]$，那么 $J \in X$ 且 $J \in Y$。根据同时含有names和Some的逻辑中的规则可知：$\Gamma \vdash$ Some X are Y，因此，$X \perp Y$，这就证明了 $\Gamma$ 是不一致的。证毕。

**定理 7.1** 图6中L(all, some, no, names) 逻辑具有完全性。

**证明** 假设 $\Gamma \models S$，现在需要证明 $\Gamma \vdash S$。假设 $\Gamma$ 是一致集，否则，其结果是不足道的。由于S的原因，存在两种情况。

情况1：假设 $S \in$ L(some, names)。令 $\acute{N}$ 是引理5.2中 $\Gamma_{all} \cup \Gamma_{some} \cup \Gamma_{names}$ 的模型。这又有两种情况，如果 $\acute{N} \models \Gamma_{no}$，那么根据假设可知：$\acute{N} \models S$。根据引理5.2可知：$\Gamma \vdash S$。另外，可能在 $\Gamma_{no}$ 中存在某个 No A are B，使得 $[[A]] \cap [[B]] \neq \varnothing$。根据引理5.2可得：$\Gamma_{all} \cup \Gamma_{some} \cup \Gamma_{names} \vdash$ Some A are B，因此，$\Gamma$ 是不一致的。

情况2：假设 $S \in$ L(all, no)，令 $\acute{N}$ 是引理7.1中的 $\acute{N} \models \Gamma_{all} \cup \Gamma_{names}$ 的

模型。如果 $\acute{N} \models \Gamma_{some}$，根据假设可知：$\acute{N} \models S$。根据引理 7.1 可知：$\Gamma \vdash S$。否则，在 $\Gamma_{some}$ 中，存在某个语句 Some A are B，使得 $[[A]] \cap [[B]] = \varnothing$，因此，$\acute{N} \models$ No A are B。根据引理 7.1 可知：$\Gamma \vdash$ No A are B。这再一次证明了 $\Gamma$ 是不一致的。证毕。

## 第八节　添加了布尔运算的三段论片段

经典的三段论中包含了 Some X is not a Y 这样的语句。在 Moss(2008) 中，也可以向经典三段论添加带有否定的动词短语的语句：J is not an X，并且 J is not M。对向经典三段论中添加了这些语句而获得的逻辑系统进行研究是可行的，在已经研究过的语言之上再添加简单布尔运算也是可行的，前面我们已经见过这种原子语句（在 L(all, some, no, names) 中的语句)，然后可以对语句进行任意的合取、析取和否定。

(1) 命题重言式的所有替换实例；
(2) All X are X;
(3) (All X are Z) $\wedge$ (All Z are Y) $\rightarrow$ All X are Y;
(4) (All Y are Z) $\wedge$ (All X are Y) $\rightarrow$ Some Z are X;
(5) Some X are Y $\rightarrow$ Some X are X;
(6) No X are X $\rightarrow$ All X are Y;
(7) No X are Y $\leftrightarrow$ $\neg$(Some X are Y);
(8) J is J;
(9) (J is M) $\wedge$ (M is F) $\rightarrow$ F is J;
(10) (J is an X) $\wedge$ (J is a Y) $\rightarrow$ Some X are Y;
(11) (All X are Y) $\wedge$ (J is an X) $\rightarrow$ J is a Y;
(12) (M is an X) $\wedge$ (J is M) $\rightarrow$ J is an X.

图 7　L(all, some, no, names) 中语句的布尔组合公理

图 7 给出了 L(all, some, no, names) 逻辑的希尔伯特式公理化。Łukasiewics 与 Slupecki (1957) 证明了该逻辑的完全性和可判定性。这里的公理 1—公理 6 其实就是 Westerståhl (1989) 中的 SYLL 公理。Moss(2008) 包括下面的定理 8.1，因为它是 Moss (2008) 研究的一个顺理成章的结果。证明定理 8.1 的技巧是前面研究见过的，而且在第九节中将对这个结果进行推广。

值得注意的是，图 7 中的公理不是从图 6 的系统中的规则简单改编而来。涉及 Some 和 No 的双条件句 (7) 是新条件，使用它就可以省略掉之前的两个不同版本的 No 规则。类似地，应该强调的是：在多项式时间内，

## 第八节 添加了布尔运算的三段论片段

纯正的三段论逻辑的可计算性比布尔系统更容易处理得多。

对于任意的希尔伯特 (Hilbert) 式系统,本节中的系统的唯一规则是分离规则 (而 Moss(2008) 中的其他系统则有很多规则)。现在用常规的方法定义 $\vdash \varphi$。如果存在 $\Gamma$ 中的 $\Psi_1, \cdots, \Psi_n$,使得 $(\Psi_1 \wedge \cdots \wedge \Psi_n) \to \varphi$,那么就说 $\Gamma \vdash \varphi$。

**命题 8.1** 如果 $\Gamma_0 \cup \{\chi\} \subseteq $ L(all, some, no, names),并且在图 6 的系统中 $\Gamma_0 \vdash \chi$,那么在图 7 的系统中 $\Gamma_0 \vdash \chi$。

通过之前系统中的证明树进行归纳可以证明命题 8.1。在下面中将频繁地使用命题 8.1,并对此不进行特别说明。

**定理 8.1** 对于 L(all, some, no, names) 中的布尔组合语言的断定 $\Delta \vdash \varphi$ 而言,图 7 中的逻辑具有完全性。

本节剩余部分将致力于定理 8.1 的证明。像往常一样,由于 L(all, some, no, names) 中的布尔组合语言存在否定,就可以通过证明该语言中的每个一致集 $\Delta$ 都有一个模型,从而来证明图 7 中逻辑的完全性。这里假定集合 $\Delta$ 是极大一致集。下面仅给出定理 8.1 的证明要点。

**定义 8.1** 形式为 All X are Y,Some X and Y,J is M,J is an X 或者它们的否定称作基本语句。

令 $\Gamma = \{S \in \Delta : S$ 是基本语句$\}$。值得注意的是:$\Gamma$ 可能包含不属于三段论语言 L(all, some, no, names) 的语句 $\neg$(All X are Y)。

**断定 8.1** $\Gamma \models \Delta$,即 $\Gamma$ 的每个模型都是 $\Delta$ 的模型.

为了证明这一点,令 $\acute{M} \models \Gamma$ 并且 $\varphi \in \Delta$。假定 $\varphi$ 是析取范式。现在只需要说明 $\varphi$ 的析取支在模型 $\acute{M}$ 中成立即可。因为集合 $\Delta$ 是极大一致集,令 $\Psi$ 是 $\varphi$ 的一个析取支,其中 $\varphi$ 属于 $\Delta$。$\Psi$ 中的每个合取支都属于 $\Gamma$,所以 $\Psi$ 在模型 $\acute{M}$ 中成立。

$\Gamma$ 的模型构造类似于定理 5.1 中的模型。如果语句 All X are Y 属于 $\Gamma$,定义 $\leqslant$ 是通过 X $\leqslant$ Y 给定的变元上的关系,那么 $\leqslant$ 是自返的和传递的。现在只需要验证 $\leqslant$ 的传递性。假定 All X are Y 和 All Y are Z 属于 $\Gamma$,那么它们都属于 $\Delta$。根据命题 8.1 可知:$\Delta \vdash$ All X are Z。因为 $\Delta$ 是极大一致集,那么它包含 All X are Z,所以,$\Gamma$ 也包含 All X are Z。

人名 J $\equiv$ M 具有关系 $\equiv$,当且仅当,语句 J 是属于 $\Gamma$ 中的 M,则 $\equiv$ 是一个等价关系,这与之前的 $\leqslant$ 上关系一样。令 $\equiv$ 的等价类的集合是 $\{[J_1], \cdots, [J_m]\}$。(顺便说一句,该结果不必要求 $\Gamma$ 是有穷的,只需要假设它对于简化的记法来说是有穷的即可。)

令 Γ 中的语句 Some X are Y 组成的集合是 $S_1, \cdots, S_n$，而且对于 $1 \leqslant i \leqslant n$ 而言，令 $U_i$ 和 $V_i$ 使得 $S_i$ 是 Some $U_i$ are $V_i$，所以

$$\Gamma_{some} = \{ \text{Some } U_i \text{ are } V_i : i = 1, \cdots, n\} \tag{11}$$

令 Γ 中的 ¬(All X are Y) 语句组成的集合是 $T_1, \cdots, T_n$，而且对于 $1 \leqslant i \leqslant p$ 而言，令 $W_i$ 和 $X_i$ 使得 $T_i$ 是 ¬(All $W_i$ are $X_i$)。现在考察

$$\{\neg(\text{All } W_i \text{ are } X_i) : i = 1, \cdots, p\} \tag{12}$$

值得注意的是，对于 $i \neq j$ 而言，有 $U_i = U_j$ 或者 $U_i = W_j$，或者其他的这类等式。

令 Ḿ 是具有如下集合 M 的一个模型：

$$\{(a,1), \cdots, (a,m)\} \cup \{(b,1), \cdots, (b,n)\} \cup \{(c,1), \cdots, (c,p)\}$$

这里的 m、(11) 中 n 和 (12) 中 p 都是如前所述，a, b 和 c 可以产生不相交的并集。令 $[\![J]\!] = (a,i)$，其中 i 是 1 与 m 之间使得 $J \equiv J_i$ 的唯一数。对于一个变元 Z，令

$$[\![Z]\!] = \{(a,i): 1 \leqslant i \leqslant n \text{ 并且 } J_i \text{ 是 Γ 中的一个 Z}\}$$
$$\cup \{(b,i): 1 \leqslant i \leqslant m \text{ 并且 } U_i \leqslant Z \text{ 或者 } V_i \leqslant Z\}$$
$$\cup \{(c,i): 1 \leqslant i \leqslant p \text{ 并且 } W_i \leqslant Z\} \tag{13}$$

这就完成了 Ḿ 的模型构造。下面证明 Γ 中的所有语句在模型 Ḿ 中为真。这里需要分情况讨论，这里只需要给出不同于定理 5.1 的部分的证明。

考虑语句 $T_i$，即语句 ¬(All $W_i$ are $X_i$)。令 $[\![W_i]\!] \setminus [\![X_i]\!] \neq \emptyset$，为此，考虑 $(c,i)$，它属于 (13) 的最后一条的 $[\![W_i]\!]$。令 $(c,i) \notin [\![X_i]\!]$，如果 $(c,i) \in [\![X_i]\!]$，则 Γ 包含语句 All $W_i$ are $X_i$，那么在希尔伯特式系统中，极大一致集 Δ 就是不一致的。

现在接着考察 Γ 中的语句 ¬(Some X are Y)。令 $[\![P]\!] \cap [\![Q]\!] = \emptyset$。这里用反证法来证明。由于一般情况下，交集中的元素的第一个坐标不同，这里有三种情况。对于 $1 \leqslant i \leqslant p$ 而言，当 $(c,i) \in [\![P]\!] \cap [\![Q]\!]$ 时的情况值得讨论，那么 Γ 同时包含 All $W_i$ are P 和 All $W_i$ are Q。由于 Γ 包含 ¬(All $W_i$ are $X_i$)，它也包含 Some $W_i$ are $W_i$。否则，它将包含 No $W_i$ are $W_i$ 和 No $W_i$ are $X_i$，这将与极大一致集 Δ 的一致性矛盾，因此 Γ 包含 All $W_i$ are P，

All $W_i$ are Q 和 Some $W_i$ are $W_i$。根据之前的系统可知：Γ 包含 Some P are Q(参见例 4)。这个矛盾表明 $[\![P]\!] \cap [\![Q]\!]$ 不能包含形式为 $(c, i)$ 这样的任何元素。另外两种情况与此类似，因此交集 $[\![P]\!] \cap [\![Q]\!]$ 为空集。

至此，我们研究给出了定理 8.1 的证明的大致思路。证毕。

## 第九节  包含 There are at least as many X as Y 语句的三段论片段

本节将证明非经典的三段论系统可能具有完全性。这里将从概念上加以证明，得到更丰富的三段论片段系统的完全性应该是很有趣的，这可参见文献 (Pratt-Hartmann, 2008)[①]。

这里把语句 There are at least as many X as Y 写作 $\exists^{\geqslant}(X, Y)$，现在把这些语句添加到前面的三段论片段 L(all) 中，然后考察所得到的片段 L(all, $\exists^{\geqslant}$) 中的语句在有穷模型中的性质。|S| 表示集合 S 的基数，其语义是 $\acute{M} \models \exists^{\geqslant}(X, Y)$，当且仅当，在 $\acute{M}$ 中，$|[\![X]\!]| \geqslant |[\![Y]\!]|$。

通过证明 L(all, $\exists^{\geqslant}$) 语义不具有紧致性，从而证明它不具有第三节第一部分中的有穷模型性质。令 Γ = $\{\exists^{\geqslant}(X_1, X_2), \exists^{\geqslant}(X_2, X_3), \cdots, \exists^{\geqslant}(X_n, X_{n+1}), \cdots\}$。假设 $\acute{M}$ 是 Γ 的一个典范模型，特别地 $\acute{M} \models \Gamma$，那么 $|[\![X_1]\!]| \geqslant |[\![X_2]\!]| \geqslant \cdots$。对于某个 n 而言，有 $|[\![X_n]\!]| = |[\![X_{n+1}]\!]|$，因此，$\acute{M} \models \exists^{\geqslant}(X_n, X_{n+1})$，但是，该语句不能从 Γ 中推导出来，由此产生了矛盾。

**注记 9.1**  在本节的剩余部分中，Γ 表示由语句组成的有穷集。

本节研究三段论片段 L(all, $\exists^{\geqslant}$)。其证明规则是图 8 中的规则，加上图 1 中带有 all 语句的三段论片段的规则。L(all, $\exists^{\geqslant}$) 系统是可靠的，最后一个规则假定了所涉及的模型是有穷模型，即，如果 All Y are X，那么就存在一个与 X 具有同样多元素的更大集合 Y，而且这些集合是相同的。

$$\frac{\text{All Y are X}}{\exists^{\geqslant}(X, Y)} \qquad \frac{\exists^{\geqslant}(X, Y) \quad \exists^{\geqslant}(Y, Z)}{\exists^{\geqslant}(X, Z)} \qquad \frac{\text{All Y are X} \quad \exists^{\geqslant}(Y, X)}{\text{All X are Y}}$$

图 8  $\exists^{\geqslant}(Y, X)$ 和 All 的规则

对此做点说明。令 Γ 是一个由语句组成的 (有穷) 集合。$X \leqslant_c Y$ 表示

---

[①] Pratt-Hartmann I. On the computational complexity of the numerically definite syllogistic and related logics. Bulletin of Symbolic Logic, 2008, 14(1): 1-28.

$\Gamma \vdash \exists^{\geqslant}(Y,X)$,用 $X \equiv_c Y$ 表示 $X \leqslant_c Y \leqslant_c X$,用 $X <_c Y$ 表示 $X \leqslant_c Y$ 且 $X \not\equiv_c Y$,用 $X \leqslant Y$ 表示 $\Gamma \vdash$ All $X$ are $Y$,用 $X \equiv Y$ 表示 $X \leqslant Y \leqslant X$。

**命题 9.1** 令 $L \subseteq$ (all, $\exists^{\geqslant}$) 是一个有穷集,并令 $V$ 是 $\Gamma$ 中变元组成的集合。

(1) 如果 $X \leqslant Y$,那么 $X \leqslant_c Y$;

(2) $(V, \leqslant_c)$ 是一个前序,即自返关系和传递关系;

(3) 如果 $X \leqslant_c Y \leqslant X$,那么 $X \leqslant Y$;

(4) 如果 $X \leqslant_c Y$,$X \equiv X'$ 且 $Y \equiv Y'$,那么 $X' \leqslant_c Y'$。

(5) $(V, \leqslant_c)$ 是准良基 (pre-wellfounded),即一个不存在降序的前序。

**证明** 利用图 8 的第一条规则可以证明 (1)。根据 (1) 和 $\leqslant_c$ 可知:(2) 具有自返性;其传递性可以根据 $\exists^{\geqslant}$ 的第二条规则得到。根据 $\exists^{\geqslant}$ 的最后一条规则可证明 (3)。利用 (1) 和传递性可以证明 (4)。根据 (1)—(4) 可证明 (5)。证毕。

**定理 9.1** 对于 $L$(all, $\exists^{\geqslant}$) 而言,图 1 和图 8 中的逻辑具有完全性。

**证明** 假定 $\Gamma \models \exists^{\geqslant}(Y,X)$,令 $\{*\}$ 是任意的单子集,通过 $M$ 在单子集 $\{*\}$ 取值来定义模型 $\acute{M}$,且

$$[\![Z]\!] = \begin{cases} M, & \Gamma \models \exists^{\geqslant}(Z,X) \\ \varnothing, & 否则 \end{cases} \tag{14}$$

如果 $\Gamma$ 包含 $\exists^{\geqslant}(W,V)$ 或者 All $V$ are $W$,那么 $[\![V]\!] \subseteq [\![W]\!]$。这里只需要证明第二个断定。对此,假定 $[\![V]\!] \neq \varnothing$(否则,其结论不足道的),则 $[\![V]\!] = M$,因此,$\Gamma \vdash \exists^{\geqslant}(V,X)$ 且 $\Gamma \vdash \exists^{\geqslant}(W,X)$,故 $[\![W]\!] = M$。特别地,$[\![V]\!] \subseteq [\![W]\!]$。假设 $\acute{M} \models \Gamma$,因为 $\Gamma \vdash \exists^{\geqslant}(X,X)$,所以 $|[\![X]\!]| \leqslant |[\![Y]\!]|$ 且 $[\![X]\!] = M$,因此 $[\![Y]\!] = M$,故 $\Gamma \vdash \exists^{\geqslant}(Y,X)$。至此,已经证明当 $[\![V]\!] \neq \varnothing$ 时的完全性定理。

在另一种情况中,令 $\Gamma \models$ All $X$ are $Y$。现在构建一个模型 $\acute{M} = \acute{M}_\Gamma$ 使得对于所有的 $A$ 和 $B$ 而言:

($\alpha$) $[\![A]\!] \subseteq [\![B]\!]$ 当且仅当 $A \leqslant B$;

($\beta$) 如果 $A \leqslant_c B$,那么 $|[\![A]\!]| \leqslant |[\![B]\!]|$。

令 $V/\equiv_c$ 是 $\equiv_c$ 关系下 $\Gamma$ 中变元的等价类组成的有穷集,根据 $\leqslant_c$ 对 $V/\equiv_c$ 的自然关系进行归纳可知:该集合是良基集。现在以"若 $\mathbf{u}_i <_c \mathbf{u}_j$,则 $i<j$"的顺序来列举 $V/\equiv_c$ 中的元素:$[\mathbf{u}_0], [\mathbf{u}_2], \cdots, [\mathbf{u}_k]$(但是若 $i<j$,则 $\mathbf{u}_i \equiv_c \mathbf{u}_j$)。

通过在 $i \leqslant k$ 上的递归来定义 $V \in [U_i]$ 中所有 $[\![V]\!]$ 的解释。对于所有的 $j < i$ 和所有的 $W \equiv_c U_j$,有 $[\![W]\!]$,令

$$X_i = \bigcup_{j<i, W\equiv_c U_j} [\![W]\!]$$

即 $\chi_i$ 是迄今为止所涉及的变元语义学中所有的点组成的集合。令 $n = |1+\chi_i|$,对于所有的 $V \equiv_c U_i$ 而言,令 $[\![V]\!]$ 是大小为 $n$ 的一个集合。这样 $[U_i]$ 是 $\equiv_c$ 关系下的 $U_i$ 等价类,可以把它分成具有更细关系的等价类 $\equiv$。现在考察其中一个更细的类,如 $[A]_\equiv$。使用同样的集合来解释该类中的每个变元。对于 $A$ 而言,令

$$\gamma_B = \bigcup \{[\![B]\!] : (\exists j < i) V_j \equiv_c B \leqslant A\}$$

由于 $\gamma_A \subseteq \chi_i$,所以 $|\gamma_A| < n$,令集合 $[\![A]\!]$ 带有 $n - |\gamma_B|$ 的新元素的 $\gamma_B$。对于划分 $U_i$ 中的 $\equiv_c$-类的其他类而言,可以类似处理。这里需要确保对于 $A \not\equiv A'$ 而言,加入 $[\![A']\!]$ 中的新元素与加入 $[\![A]\!]$ 中的新元素是不同的。

至此,就完成了满足条件 ($\alpha$) 和 ($\beta$) 的模型 $\acute{M}$ 的定义。显然,对于 $i < j$ 而言,$|[\![i]\!]| < |[\![j]\!]|$。由于 $[\![U_0]\!] \neq \varnothing$,所以不存在作为空集的 $[\![A]\!]$。

对于 ($\beta$) 而言,令 $A \leqslant_c B$,且令 $i$ 和 $j$ 满足 $A \equiv_c U_i, B \equiv_c U_i$。如果 $A \equiv_c B$,那么 $i=j$ 而且 $[\![A]\!]$ 和 $[\![B]\!]$ 是相同基数的集合。如果 $A <_c B$,那么 $i<j$,这一方式就枚举了 $U$'s,所以 $|[\![A]\!]| = |[\![U_i]\!]| < |[\![U_j]\!]| = |[\![B]\!]|$。

对于 ($\alpha$) 而言,首先证明 ($\alpha$) 的必要条件。假设 $A \leqslant B$,那么 $A \leqslant_c B$。如果 $A <_c B$,那么 $[\![A]\!] \subseteq \gamma_B \subseteq [\![B]\!]$。如果 $A \equiv_c B$,那么有 $A \equiv B$。这一结构可以表示为 $[\![A]\!] = [\![B]\!]$。然后证明 ($\alpha$) 的充分条件。假定 $[\![A]\!] \subseteq [\![B]\!]$,并令 $i$ 和 $j$ 使得 $A \equiv_c U_i$ 且 $B \equiv_c U_j$。由基数的知识可得:$i \leqslant j$。如果 $i<j$,那么 $A \leqslant B$。(否则,$[\![A]\!]$ 是与 $[\![B]\!]$ 不相交的一个非空集合,这与 $[\![A]\!] \subseteq [\![B]\!]$ 矛盾。)如果 $i=j$,则必有 $A \equiv B$;否则,由于 "1+" 在 $n$ 的定义中,那么 $A$ 和 $B$ 中至少有一个点不在另一个之中。

根据 ($\alpha$) 和 ($\beta$) 可知:$\acute{M} \models \Gamma$。在集合 $\Gamma$ 中,$X \leqslant Y$ 在语义上是成立的;现在需要表明这一断定在逻辑中是可推导的。由于在模型 $\acute{M}$ 中,$[\![X]\!] \subseteq [\![Y]\!]$,根据 ($\alpha$) 可得:$\Gamma \vdash X \leqslant Y$。证毕。

## 一、更大的三段论片段

根据前面所做的关于 $L(\mathrm{all}, \exists^{\geqslant})$ 的研究,可以自然地进行三段论片段的进一步研究。对此,我们不会进行细节性的研究。事实上,我们简单地论

述了结果，并在最后一节介绍 Moss(2008) 中最大的三段论系统，即将 $\exists^{\geqslant}$ 添加到第八节的系统而得到的系统。现在需要两条规则：

$$\frac{\text{Some Y are Y} \quad \exists^{\geqslant}(X,Y)}{\text{Some X are X}} \qquad \frac{\text{No Y are Y}}{\exists^{\geqslant}(X,Y)}$$

左边的规则应该添加到已有的 L(all, some) 系统中（并添加图 8 中的规则），所得到的系统对于 L(all, some, $\exists^{\geqslant}$) 而言是完全的。类似地，右边的规则可以添加到 L(all, no) 系统中，从而得到一个完全性的系统。最后，将两个规则同时添加到 L(all, some, no) 中，可以再次得到一个完全性的系统。

## 二、题外话：包含 Most 语句的三段论片段

Most 的语义为：如果 Most X are Y 为真，当且仅当，$|[\![X]\!] \cap [\![Y]\!]| > \frac{1}{2}|[\![X]\!]|$。因此，如果 $[\![X]\!]$ 为空，那么 Most X are Y 为假。

作为一个更进一步的例子，考虑到以下两方面。假设 All X are Z，All Y are Z，Most Z are Y 和 Most Y are X，能否由此推出 Most X are Y？事实上，不能推出该结论。一方面，令 $X = \{a, b, c, d, e, f, g\}$，$Y = \{e, f, g, h, i\}$ 且 $Z = \{a, b, c, d, e, f, g, h, i\}$，则有 $|X| = 7$，$|Y| = 5$，$|Z| = 9$，$|Y \cap Z| = 5 > 9/5$，$|X \cap Y| = 3 > 5/2$，但 $|X \cap Y| = 3 \not> 7/2$。另一个反模型是：令 $X = \{1, 2, 4, 5\}$，$Y = \{1, 2, 3\}$ 且 $Z = \{1, 2, 3, 4, 5\}$，那么 $|Y \cap Z| = 3 > 5/2$，$|Y \cap X| = 2 > 3/2$，但是 $|X \cap Y| = 2 \not> 4/2$。

另一方面，一个可靠的规则如下：

$$\frac{\text{All U are X} \quad \text{Most X are Y} \quad \text{All V are Y} \quad \text{Most Y are U}}{\text{Some U are V}}$$

原因如下：如果我们的假定推出了 "U 和 V 不相交" 这一矛盾，显然有：$|V| \geqslant |X \cap V|$。根据第二个假设和 U 和 V 不相交的假定可知：$|X \cap V| > |X \cap U|$。根据第一个假设可得：$|X \cap U| = |U|$，故 $|V| > |U|$。根据最后两个假设都可以类似地得到相反的不等式 $|U| > |V|$，这就产生了矛盾。

至此，还不能得到 L(all, some, most) 的完全性结果。最好的情况就是，能够得到 L(some, most) 的完全性结果。在图 9 中给出了相应的规则。可以在图 3 规则之上来研究这些问题。

$$\frac{\text{Most X are Y}}{\text{Some X are Y}} \qquad \frac{\text{Some X are Y}}{\text{Most X are Y}} \qquad \frac{\text{Most X are Y} \quad \text{Most X are Z}}{\text{Some Y are Z}}$$

图 9 可用于带 Some 语句的 Most 规则

**命题 9.2**　下述两条公理对于 Most 而言，是完全的。

$$\frac{\text{Most X are Y}}{\text{Most X are X}} \qquad \frac{\text{Most X are Y}}{\text{Most Y are Y}}$$

而且，如果 $\Gamma \subseteq L(\text{most})$，$X \neq Y$，并且 $\Gamma \not\models \text{Most X are Y}$，那么就存在一个能够否证 Most X are Y 的 $\Gamma$ 的模型 $\acute{M}$，其中所有形式为 $[\![U]\!] \cap [\![V]\!]$ 的集合都是非空的，且 $|M| \leq 5$。

**证明**　假设 $\Gamma \not\models \text{Most X are Y}$，可以构造一个能够满足 $\Gamma$ 中的所有语句但是能够否证 Most X are X 的模型 $\acute{M}$。存在两种情况。如果 $X = Y$，那么 X 不能在 $\Gamma$ 中的任何语句中出现。令 $\acute{M} = \{*\}$，$[\![X]\!] = \varnothing$，且对于 $Y \neq X$，$[\![X]\!] = \{*\}$。

在另一种情况下，当 $X \neq Y$ 时，令 $\acute{M} = \{1, 2, 3, 4, 5\}$，$[\![X]\!] = \{1, 2, 4, 5\}$，$[\![Y]\!] = \{1, 2, 3\}$，而且对于 $Z \neq X$ 或 $Y$，$[\![Z]\!] = \{1, 2, 3, 4, 5\}$。那么在模型 $\acute{M}$ 中不成立的 Most 语句，只有 Most X are Y，但该语句并不属于集合 $\Gamma$，因此 $\acute{M} \models \Gamma$。证毕。

**定理 9.2**　图 9 中的规则与图 3 中的前两条规则对于 $L(\text{some, most})$ 而言，是完全的；如果 $\Gamma \not\models S$，那么就存在一个满足 $\acute{M} \models \Gamma$ 且 $\acute{M} \not\models S$ 的模型，而且 $|M| \leq 6$。

**证明**　假设 $\Gamma \not\models S$，其中语句 S 是 Some X are Y。如果 $X = Y$，那么 $\Gamma$ 不包含涉及 X 的语句。因此，可以构造满足 $\Gamma$ 且否证 S 的一个单点模型：对于 $Z \neq X$ 而言，令 $[\![X]\!] = \varnothing$ 且 $[\![Z]\!] = \{*\}$。

接下来考虑 $X \neq Y$ 的情况。因为 $\Gamma$ 不包含 Some Y are X，Most X are Y 和 Most Y are X 这样的 S 语句。对于所有的 Z 而言，$\Gamma$ 不同时包含 Most Z are X 和 Most Z are Y。令 $M = \{1, 2, 3, 4, 5, 6\}$，并考虑其子集 $a = \{1, 2, 3\}$，$b = \{1, 2, 3, 4, 5\}$，$c = \{2, 3, 4, 5, 6\}$ 且 $d = \{4, 5, 6\}$。令 $[\![X]\!] = a$ 且 $[\![Y]\!] = d$，因此 $\acute{M} \not\models S$。对于不同于 X 与 Y 的 Z 而言，如果 $\Gamma$ 不包含 Most Z are Y，就令 $[\![Z]\!] = c$。否则，$\Gamma$ 不包含 Most Z are Y，因此可以令 $[\![Z]\!] = b$。对于所有的这些 Z 而言，模型 $\acute{M}$ 满足 $\Gamma$ 中的 Most Z are X 和 Most Z are Y 的任意语句。无论这两个语句是否属于 $\Gamma$，模型 $\acute{M}$ 也满足所有 Most X are Z 和 Most Y are Z 语句。对于所有的 U，模型 $\acute{M}$ 也满足 Most U are U。同样地，对每一个不同于 X 和 Y 的 Z 和 Z'，$\acute{M} \models \text{Most Z are Z}'$。最后，模型 $\acute{M}$ 满足除 $U = X$ 和 $Y = V$（反之亦然）之外的所有 Some U are V 的语句。但这两个语句并不属于 $\Gamma$，因此 $\acute{M} \models \Gamma$ 而 $\acute{M} \not\models S$。

至此，已经研究了当 S 为 Some S are Y 的情况。现在考虑当 S 为 Most X are Y 时的情况。假设 $\Gamma \not\models S$，如果 $X = Y$，那么根据图 9 中的第二条规则可知：$\Gamma \not\vdash$ Some X are X。因此，可取 $M = \{*\}$ 且 $[\![X]\!] = \varnothing$，并对于 $Y \neq X$ 而言，取 $[\![Y]\!] = M$，很容易得出 $\acute{M} \models \Gamma$。

最后，如果 $X \neq Y$，显然可得 $\Gamma_{most} \not\vdash S$。根据命题 9.2 可知，存在一个可否证 S 的模型 $\acute{M} \models \Gamma_{most}$，S 中所有形式为 $[\![U]\!] \cap [\![V]\!]$ 的集合都是非空的。因此，所有的 Some 语句都在 $\acute{M}$ 中都成立，所以 $\acute{M} \models \Gamma$。证毕。

### 三、将 $\exists^{\geqslant}$ 添加到布尔三段论片段

现在暂且不管含有 Most 语句的三段论片段，而转向之前对 $\exists^{\geqslant}$ 的研究。在 Moss(2008) 最后部分，对在第八节中添加 $\exists^{\geqslant}$ 的三段论片段进行研究。

(1) All X are Y $\to \exists^{\geqslant}(Y, X)$；
(2) $\exists^{\geqslant}(X, Y) \wedge \exists^{\geqslant}(Y, Z) \to \exists^{\geqslant}(X, Z)$；
(3) All Y are X $\wedge \exists^{\geqslant}(Y, X) \to$ All X are Y；
(4) No X are X $\to \exists^{\geqslant}(Y, X)$；
(5) $\exists^{\geqslant}(X, Y) \vee \exists^{\geqslant}(Y, X)$。

图 10 用 $\exists^{\geqslant}$ 语句补充到图 7 中的系统

添加了 $\exists^{\geqslant}$ 的逻辑系统其实是利用图 10 中的公理扩充了图 7 的公理。需要注意的是：最后一个新公理表示了基数比较 (cardinal comparison)。图 10 中的公理 (4) 仅仅是第九节第一部分中 No 规则的改写。我们无须同时添加如下公理：

$$(\text{Some Y are Y}) \wedge \exists^{\geqslant}(X, Y) \to \text{Some X are X}$$

因为它是可推导的。这里给出简要的证明。假设存在一些 Y，且至少存在一些不少于 Y 的 X，但是 (这会导出矛盾) 并不存在这样的 X。那么所有的 X 都是 Y。根据该逻辑可知：所有的 Y 是 X。并且因为存在这样的 Y，同时也存在这样的 X，这就出现了矛盾。

还需要注意的是：在该三段论片段中，能够表达 There are more X than Y，将它直接添加到之前的系统中去是可行的。

**定理 9.3** 在 L(all, some, no, $\exists^{\geqslant}$) 语句的布尔组合语言中，图 7 和图 10 的系统对于 $\Delta \models \varphi$ 的断定是完全的。

**证明** 只需构造在本节语言中的极大一致集 $\Delta$ 的一个模型。令基础语句的形式为 All X are Y, Some X and Y, J is M, J is an X 和 $\exists^{\geqslant}(X, Y)$，以及它们的否定的语句。令 $\Gamma = \{S: \Delta \models S$ 且 S 是基础语句$\}$。

## 第九节 包含 There are at least as many X as Y 语句的三段论片段

正如在断定 8.1 中所做那样，仅需构造一个模型 $\acute{M} \models \Gamma$。对所有的 A 和 B 而言，构造模型 $\acute{M}$ 使得

(α) $[\![A]\!] \subseteq [\![B]\!]$ 当且仅当 $A \leqslant B$。

(β) $A \leqslant_c B$ 当且仅当 $|[\![A]\!]| \leqslant |[\![B]\!]|$。

(γ) 对于 $A \leqslant_c B$，$[\![U]\!] \cap [\![V]\!] \neq \varnothing$ 当且仅当 $A \uparrow B$。

令 $\tilde{V}$ 是 $\Gamma$ 中变元组成的集合。令 $\leqslant_c$ 和 $\equiv_c$ 与第九节中一致，命题 9.1 也成立，根据图 10 的最后一条公理可知：商 (quotient) $\tilde{V}/\equiv_c$ 是一个线性序，简写为

$$[U_0] <_c [U_2] <_c \cdots <_c [U_k]$$

通过在 $i \leqslant k$ 之上的递归，可以定义所有 $V \in [U_i]$ 的解释 $[\![V]\!]$。$i = 0$ 的情况是一种特殊情况。如果 $\Gamma \models \text{No } U_0 \text{ is a } U_0$，那么对于所有的 $W \equiv_c U_0$ 同样成立。在这种情况下，对所有这些 $W$ 而言，令 $[\![W]\!] = \varnothing$。需要注意的是：根据图 10 中的第四条公理可知，所有的其他 $W$ 都满足 $\Gamma \vdash \exists W$。在任何情况下 (即使 $\Gamma \vdash \exists U_0$)，都必须解释 $[U_0]$ 中的变元。在附加了 "$V \equiv W$ 当且仅当 $[\![V]\!] = [\![W]\!]$" 的条件下，每个 $[\![W]\!]$ 只能是单子集。

对于所有的 $j \leqslant i$ 且 $W \equiv_c U_j$ 而言，令：$\dot{X}_{i+1} = \bigcup\limits_{j \leqslant i, W \equiv_c U_j} [\![W]\!]$.

需要注意的是：这是迄今为止所用到的语义中的任意变元的所有点组成的集合。令 $m = |\Gamma_{some}|$，并令

$$n = 1 + m + |\dot{X}_{i+1}| \tag{15}$$

对所有的 $V \equiv_c U_{i+1}$ 而言，可以令 $[\![V]\!]$ 是大小为 $n$ 的集合。

现在 $[U_{i+1}]$ 分成了具有更优关系 $\equiv$ 的等价类。现在研究其中的一个类，比如 $[A]_\equiv$，需要根据相同的集合来解释这种类中的每一个变元。对于这个 A 而言，令：$\gamma_A = \cup\{[\![B]\!]: (\exists j \leqslant i) V_j \equiv_c B \leqslant A\}$。

对所有的 $A \equiv_c U_{i+1}$ 而言，由于 $\gamma_A \subseteq \dot{X}_{i+1}$，故 $|\gamma_A| \leqslant |\dot{X}_{i+1}|$。令 $[\![A]\!]$ 是 $\gamma_A$ 加上其他点，并令 $\hat{Z}_A$ 是序对 $\{A, B\}$ 的集合，其中 $B \equiv_c U_{i+1}$ 和 $A \uparrow_\Gamma B$。(对 $\Gamma_{some}$ 中的 Some A are B 也可以做同样的处理。) 如果 A 和 B 都满足 $\equiv_c U_{i+1}$ 和 $A \uparrow_\Gamma B$，那么 $\{A, B\} \in \hat{Z}_A \cap \hat{Z}_B$。令 $[\![A]\!]$ 是 $\gamma_A \cup \hat{Z}_A$ 加上最后一个点群。如果 $C <_c U_{i+1}$ 且 $A \uparrow_\Gamma C$，则必须挑选出 $[\![C]\!]$ 中某个元素放入 $[\![A]\!]$ 中。像这样被选出来的点的数目加上 $|\hat{Z}|_A$ 仍然 $\leqslant |\Gamma_{some}|$。迄今为止，$[\![A]\!]$ 中点的数目 $\leqslant |\Gamma_{some}| + m$。最后将新的元素添加到 $[\![A]\!]$ 中，总数刚好为 $n$。

这里所做的一切都是为了能够区分 $U_{i+1}$ 中的 $\equiv_c$-类的其他 $\equiv$-类，对于 $A \not\equiv A'$ 而言，必须确保新添加到 $[\![A']\!]$ 中的元素与新添加到 $[\![A]\!]$ 中的元素是不相交的。这需要保证 $[\![A]\!]$ 和 $[\![A']\!]$ 都不会是对方的子集。

这就完成了模型的定义。现在简略谈谈为什么条件 (α)—(γ) 是满足的。首先，对 i 进行简单归纳可知：若 $j < i$，则 $|[\![U_j]\!]| < |[\![U_i]\!]|$。关键是 $|[\![U_j]\!]| \leqslant |[\![\dot{X}_i]\!]| < |[\![U_i]\!]|$。(β) 的证明与定理 9.1 的证明是相同的。(α) 的证明本质上也是相同的。当 $A \equiv_c B$ 和 $A \not\equiv B$ 时，$[\![A]\!]$ 和 $[\![B]\!]$ 包含的点都不在另一个之中。

对于 (γ)，假设 $A \leqslant_c B$，令 $i \leqslant j$ 时，有 $A \equiv_c U_i$ 和 $B \equiv U_j$，因此，除了 A↑B 以外，$[\![A]\!]$ 和 $[\![B]\!]$ 不相交。因此这就证明了 (α)—(γ) 成立。

我们希望得出 $\acute{M} \models \Gamma$ 的结论，但还存在最后一点：(γ) 似乎是很弱的结论。需要证明 $[\![A]\!] \cap [\![B]\!] \neq \varnothing$，当且仅当，A↑B（无须假设 $A \leqslant_c B$）。根据最后一条公理可知：$A \leqslant_c B$ 或者 $B \leqslant_c A$。因此，$[\![A]\!] \cap [\![B]\!] \neq \varnothing$，当且仅当，A↑B。

如果时间允许，我们可以研究广义三段论片段的完全性。比如含有 At least as many X as Y are Z 语句的广义三段论片段的完全性。

## 第十节 本章小结

本章主要介绍和阐释了 Moss(2008) 关于三段论片段的完全性的研究成果：不仅研究了传统三段论片段的完全性，而且还研究了个别非传统三段论片段的完全性，其研究思路是：从带有 all 语句的三段论片段开始讨论，从而得到了该片段的完全性定理，然后把这个系统扩展到带有经典布尔运算的三段论和带有基数比较的三段论推理中。

第一节指出：本章介绍和阐释的 Moss(2008) 证明了如下 13 个三段论片段的完全性：(i) 带有 All X are Y 的片段；(ii) 带有 Some X are Y 的片段；(iii) = (i) + (ii)；(iv) = (iii) + 涉及专有名称的语句；(v) = (i) + No X are Y；(vi) All + Some + No；(vii) = (vi) + 名称；(viii) (vii) 的布尔组合；(ix) = (i) + There are at least as many X as Y；(x) = (ix) + Some + No 的布尔组合；此外，还给出三个偏离主题的系统完全性：(xi) All X which are Y are Z；(xii) Most；(xiii) Most + Some。这并表明：在逻辑中增加命题推理能使完全性证明更容易；一个系统越接近标准的一阶逻辑，熟知的技术就越可能用到。

## 第十节 本章小结

第二节给出了本章研究的三段论片段将用到的句法、语义、主要的语义定义、相关逻辑系统的推理规则、证明树、相关记法等相关基础知识。

第三节研究了仅仅包含 All 语句的三段论片段的 L(all) 系统，并证明了：① 图 1 中的 L(all) 逻辑是完全的；② 逻辑系统 L(all) 具有典范模型性质，并指出这个典范模型性质强于完全性。此节还研究了包含 All X which are Y are Z 语句的三段论片段，证明了：① All X which are Y are Z 不能通过语言 L(all, some, no) 的任意集合来表达；② 包含图 2 中的 All X which are Y are Z 语句的逻辑具有完全性。

第四节研究了包含 All 语句和 Some 语句的三段论片段，并证明了：① 对于三段论系统 L(some) 而言，图 3 中的前两个规则给出了具有典范模型性质的一个逻辑系统，该系统具有完全性；② 对于三段论系统 L(all, some) 而言，图 1 和图 3 中的逻辑具有完全性。

第五节探讨了添加了专有名词的三段论片段 L(all, some, names) 中的语句的完全性，并证明了：对于 L(all, some, names) 而言，图 1、图 3 和图 4 中的逻辑是完全的。

第六节研究了包含 All 语句和 No 语句的三段论片段 L(all, no)，并证明了：① 三段论片段 L(all, no) 具有典范模型性质；② 由于典范模型性质比完全性强，因此对于含有 All 和 No 的三段论片段 L(all, no) 而言，图 1 和图 5 中的逻辑是完全的。

第七节为了证明 L(all, some, no, names) 的完全性，首先给出了一致集的定义，并证明了如下的引理：令 $\Gamma \subseteq$ L(all, no, name) 是一致性的集合，那么就存在一个模型 Ń 使得：① $[[X]] \subseteq [[Y]]$ 当且仅当 $X \leqslant Y$；② $[[X]] \cap [[Y]] = \varnothing$ 当且仅当 $X \bot Y$；③ $[[J]] = [[M]]$，当且仅当，$J \equiv M$；④ $[[J]] \in [[X]]$，当且仅当，$J \in X$。进而证明了：图 6 中 L(all, some, no, names) 逻辑具有完全性。

第八节研究了添加了布尔运算的三段论片段，并指出：在多项式时间内，纯正的三段论逻辑的可计算性比布尔系统更容易处理得多。通过对证明树进行归纳证明了：如果 $\Gamma_0 \cup \{\chi\} \subseteq$ L(all, some, no, names)，并且在图 6 的系统中 $\Gamma_0 \vdash \chi$，那么在图 7 的系统中 $\Gamma_0 \vdash \chi$。进而证明了：对于 L(all, some, no, names) 中的布尔组合语言的断定 $\Delta \vdash \varphi$ 而言，图 7 中的逻辑具有完全性。

第九节研究了包含语句 There are at least as many X as Y(写作 $\exists^{\geqslant}(X, Y)$) 的三段论片段，即把这一语句添加到前面的三段论片段 L(all)

中，然后考察所得到的片段 L(all, ∃≥) 中的语句在有穷模型中的性质。通过证明 L(all, ∃≥) 语义不具有紧致性，从而证明它不具有第三节第一部分中的有穷模型性质，进而证明了：对于 L(all, ∃≥) 而言，图 1 和图 8 中的逻辑具有完全性。然后通过添加相应规则的方式，得到了具有完全性的 L(all, some, ∃≥) 系统、L(all, no) 系统和 L(all, some, no)。最后证明了：图 9 中的规则与图 3 中的前两条规则对包含 Most 语句的三段论片段 L(some, most) 而言，是完全的。

总之，对于不同三段论片段的完全性证明，Moss(2008) 根据不同的情况，采取了不同的方式。例如，① 三段论片段 L(all) 的完全性证明是在单子集基础上定义相应的模型，并借助证明树来加以证明；② 由于典范模型性质比完全性强，三段论片段 L(all, no) 的完全性证明则是通过先证明该片段具有典范模型性质，从而得到其完全性的；③ 三段论片段 L(all, some, no, ∃≥) 的完全性证明，则是借助为相应的极大一致集构造模型的方式来实现的。

# 第二章　居间广义三段论的研究

三段论推理是人类思维中重要的推理形式之一，因而是自然语言信息处理的重要研究对象。自亚里士多德以来，诸多学者采取不同的方式对各种三段论进行了研究。据笔者所知，到目前为止，研究最多且最为完善的研究应当是对传统三段论的研究了。近年来，一些学者利用广义量词理论和集合论对传统三段论进行形式化的研究。例如，在张晓君(2014)[①]的专著中：已经利用广义量词理论对四个亚里士多德量词[②](即 all, some, no 和 not all)的真值定义以及直言三段论具有 Q(S, P)这样的三分结构[③]，对全部有效的 24 个传统三段论进行了形式化和有效性证明，并证明了不同广义三段论之间的可化归性。在张晓君(2018)[④]的专著中：从有效的第一格 AAA 式三段论和第一格 EAE 式三段论出发，推导出了其他 22 个有效的三段论，从而为传统三段论逻辑建立起了形式化公理化系统；并利用广义量词的真值定义以及主谓语句具有 Q(S, P)这样的三分结构，对由多个传统三段论或广义三段论经过层层嵌套而成的语篇推理进行了形式化和有效性研究。对其详情感兴趣的读者，可以参考这两部专著。

本章将避开这些已经研究过的内容，转而研究包含居间广义量词的广义三段论，简称居间广义三段论。居间广义量词(简称居间量词)是指形如 most, few, almost all, a lot of, many, a great deal of, a large part of, a small part of 这样的表达式。在我国，也有学者把"居间量词"叫作"模糊量词"，高东平(2007)[⑤]、张晓君(2016)[⑥]都研究过这类量词。由于自然语言中，很多广义量词都是居间量词，因此本章的研究具有较为重要的价值。

对居间广义三段论进行研究的代表作是 Murinová 和 Novák (2012)[⑦]，

---

[①] 张晓君. 广义量词理论研究. 厦门：厦门大学出版社, 2014.
[②] 即 all、some、no 和 not all 这几个特殊的广义量词.
[③] 其中 Q 为亚里士多德量词，S 为主项所表示对象组成的集合，P 为谓项所表示对象组成的集合.
[④] 张晓君. 汉语指代消解及其推理模式研究. 北京：人民出版社, 2018.
[⑤] 高东平. 模糊量词的逻辑研究. 中山大学博士学位论文, 2007.
[⑥] 张晓君. 含有居间量词 most 的广义三段论的有效性. 湖南科技大学学报(社会科学版), 2016(4): 27-31. 此文被人大复印报刊资料(逻辑)季刊 2017(2)全文转载.
[⑦] Murinová P, Novák V. A formal theory of generalized intermediate syllogisms. Fuzzy Sets and Systems, 2012, 186(1): 47-80.

本章将主要介绍和阐释这一成果。该成果给出了居间广义三段论的合理数学模型，具体地说，就是对居间量词的形式理论进行了研究，其理论基础是 Peterson(2000)[①] 所引入的概念的模糊逻辑的形式化。Murinová 和 Novák(2012) 从句法上证明了 Peterson(2000) 中的 105 个广义亚氏三段论在居间广义三段论逻辑中的有效性；同时，Peterson(2000) 证明了无效的三段论在居间广义三段论逻辑中也是无效的。

## 第一节 引　言

Murinová 和 Novák (2012) 对 Novák (2008)[②]中介绍的居间量词的形式理论作了进一步的研究。居间量词就是形如 most, few, almost all, a lot of, many, a great deal of, a large part of, a small part of 这样的语言表达式。Peterson (2000) 从量词的语义及其普遍的逻辑特征的视角，深入研究了居间量词，但是并没有给出其形式化的逻辑系统。虽然居间量词具有典型的模糊性特征，但是居间量词的语义基本上属于经典语义的范畴。

Novák (2008) 提出的理论解决了这些弊端，即该理论是模糊类型理论的特殊理论——更高阶的模糊逻辑 (Novák, 2005[③], 2011[④])，其主要观点是：假定居间量词可以通过估值语言表达式 (evaluative linguistic expression，即形如 very small, roughly big, more or less medium 这样的表达式)，对经典量词 ∀ 和 ∃ 的量化论域进行修改而得到的。由于估值语言表达式的意义是不精确的，因此居间量词的意义也是不精确的，所以 Murinová 和 Novák (2012) 在模糊逻辑的框架下，给出了居间量词的模型。即在文献 (Murinová and Novák, 2012) 中，居间量词通过由如下两部分组成的特殊公式来表示：

(i) 使用特定的测度 (measure) 和某个估值语言表达式表示给定模糊集的大小特征；

(ii) 结果公式的普通量化 (即全称量化或特称量化)。

这些公式通过模糊类型论中的特殊形式理论 $T^{EV}$ 的某种扩展来建构，

---

[①] Peterson P L. Intermediate Quantifiers//Logic, Linguistics, and Aristotelian Semantics. Aldershot: Ashgate, 2000.

[②] Novák V. A formal theory of intermediate quantifiers. Fuzzy Sets and Systems, 2008, 159(10): 1229-1246.

[③] Novák V. On fuzzy type theory. Fuzzy Sets and Systems, 2005, 149(2): 235-273.

[④] Nvoák V. EQ-algebra-based fuzzy type theory and its extensions. Logic Journal of the IGPL, 2011, 19(3): 512-542.

## 第一节 引言

模糊类型论描述了三分估值语言表达式 (trichotomous evaluative linguistic expression) 的语义 (Novák, 2008)。

Murinová 与 Novák(2012) 研究的居间广义三段论理论的主要优点是：① 由于把居间量词作为已建立理论的特殊公式，因此相对简单；② 具有普适性，因为很多类型的广义量词都是居间量词；③ 可以统一地给出居间量词的定义；④ 可以仅仅在句法下研究居间量词的性质，因而可以自由地考虑各种可能的解释。

Peterson (2000) 的重要贡献是给出了多个广义亚里士多德三段论，即，介绍并且非形式地证明了 105 个广义亚里士多德三段论的有效性。在 Novák (2008) 有效的 24 个三段论，在居间广义三段论理论中同样有效。Murinová 和 Novák (2012) 形式化地证明这 105 个广义亚里士多德三段论的有效性。同时，Murinová 和 Novák (2012) 还证明了在 Peterson (2000) 中列举的多个无效三段论在居间广义三段论理论中也是无效的。因此，居间广义三段论理论能够为广义三段论提供合理的数学模型。由于 Murinová 和 Novák (2012) 所有的证明都是句法上的证明，因此居间广义三段论理论具有普适性。

从广义量词的经典理论的视角来看，居间量词都是具有同构不变性 (isomorphism-invariant)，可参见文献 (Holčapek, 2008[①]; Dvořák and Holčapek, 2009[②]) 的 $\langle 1,1 \rangle$ 类型的广义量词 (Keenan and Westerståhl, 1997[③]; Peters and Westerståhl, 2006[④]; Westerståhl, 1989[⑤])。

本章结构如下：第一节是引言部分；第二节概述了 Murinová 和 Novák (2012) 将用到的如下三种理论：模糊类型论 (FTT)、三分估值语言表达式的形式理论、模糊类型论中模糊集的形式句法理论；第三节给出了居间量词的形式理论和之后将用到的居间量词的基本性质；第四节给出了 Murinová 和 Novák (2012) 对 105 个广义亚里士多德三段论及其有效性的形式证明；

---

[①] Holčapek M. Monadic L-fuzzy quantifiers of the type $\langle 1^n, 1 \rangle$. Fuzzy Sets and Systems, 2008, 159(14): 1811-1835.

[②] Dvořák A, Holčapek M. L-fuzzy quantifiers of the type $\langle 1 \rangle$ determined by measures. Fuzzy Sets and Systems, 2009, 160(23): 3425-3452.

[③] Keenan E, Westerståhl D. Quantifiers in formal and natural languages//Van Benthem J, Ter Meulen A. ed. Handbook of Logic and Languange. Amsterdarm: Elsevier, 1997: 837-893.

[④] Peters S, Westerståhl D. Quantifiers in Language and Logic. Oxford: Claredon Press, 2006.

[⑤] Westerståhl D. Quantifiers in formal and natural languages//Gabbay D, Guenthner F. ed. Handbook of Philosophical Logic, vol. IV, D. Dordrecht: Reidel, 1989: 1-131.

第五节对 Murinová 和 Novák (2012) 所用到的理论进行了讨论，并阐释了这些理论在简单模型上的行为特征。

## 第二节 相关准备工作

本节将在 Novák (2008) 的基础上，简要概述 Łukasiewicz 模糊类型论的主要观点，以及估值语言表达式的形式理论。

### 一、模糊类型论的句法

**类型和公式** 模糊类型论的基本句法对象是经典对象(Andrews, 2002)[①]：类型和公式的概念。原子类型是 $e$ (元素) 和 $o$ (真值)，一般类型用希腊字母 $\alpha, \beta, \cdots$ 来表示，所有类型组成的集合用 Types 表示。

模糊类型论的语言用 $J$ 表示，其中包含了：变元 $x_\alpha, \cdots$，特殊常元 $c_\alpha, \cdots$ ($\alpha \in$ Types)，符号 $\lambda$ 和括号。将研究如下特殊常元：模糊等值 $E_{(o\alpha)\alpha}$ 是对于所有的 $\alpha \in$ Types，$C_{(oo)o}$ (合取) 和 $D_{(oo)o}$ (真值上的 delta 运算) 而言的。

在迄今为止的理论计算科学所应用的类型论中，"公式"常被称为 $\lambda$-项。在 Murinová 和 Novák (2012) 还是选择使用"公式"一词，因为在模糊类型论是逻辑，所以使用"公式"这一术语显得更加自然。

公式是由变元、(每种特殊类型的) 常元和符号 $\lambda$ 组成的。因此，每个公式 $A$ 被指派一个类型 (记作 $A_\alpha$)。类型 $\alpha$ 的公式组成的集合表示为 Form$_\alpha$，所有公式组成的集合表示为：Form $= \cup_{\alpha \in \text{Types}}$ Form$_\alpha$。如果 $B \in$ Form$_{\beta\alpha}$ 且 $A \in$ Form$_\alpha$，那么 $(BA) \in$ Form$_\beta$。类似地，如果 $A \in$ Form$_\beta$ 且 $x_\alpha \in J$，$\alpha \in$ Types 是一个变元，那么 $\lambda x_\alpha A \in$ Form$_{\beta\alpha}$。

在 $B_\beta$ 中 $x_\alpha$ 的出现是自由的，当且仅当，$x_\alpha$ 没有出现在形式为 $\lambda x_\alpha C_\delta$ 的合适公式 $B_\beta$ 中；在 $B_\beta$ 中 $x_\alpha$ 的出现是约束的，当且仅当，$x_\alpha$ 出现在形式为 $\lambda x_\alpha C_\delta$ 的合适公式 $B_\beta$ 中。

如果 $A'_o$ 是使用子公式 $(Qy_\alpha)B_{o,x\alpha}[y_\alpha]$ 逐步代换公式 $A_o$ 中的 $(Qx_\alpha)B_o$ 而得到的公式，那么就称 $A'_o$ 是 $A_o$ 的变种，其中：$Q$ 是全称量词或存在量词，而且 $y_\alpha$ 在 $B_o$ 中是约束变元。

现在定义如下一些特殊公式：

(i) 等价：$\equiv := \lambda x_\alpha \lambda y_\alpha (E_{(o\alpha)\alpha} y_\alpha) x_\alpha$，$\alpha \in$ Types。

---

[①] Andrews P. An Introduction to Mathematical Logic and Type Theory: To Truth Through Proof. Dordrecht: Kluwer, 2002.

## 第二节 相关准备工作

如往常一样，记作 $x_o \equiv y_o$，而不是记作 $(\equiv y_o)x_o$，下面的其他公式可以类似定义。需要注意的是：如果 $A_\alpha$，$B_\alpha$ 是公式，那么 $(A_\alpha \equiv B_\alpha)$ 是一个类型为 o 的公式；如果 $\alpha = o$，那么 $\equiv$ 是一个逻辑等式。

(ii) 合取 $\wedge: = \lambda x_o \lambda y_o (C_{(oo)o} y_o) x_o$，记作 $x_o \wedge y_o$，而不是记作 $(\wedge x_o) y_o$。

(iii) 蕴涵 $\Rightarrow: = \lambda x_o \lambda y_o (x_o \wedge y_o) \equiv x_o$。

(iv) 否定 $\neg: = \lambda x_o (x_o \equiv \bot)$。

(v) 强合取 $\&: = \lambda x_o (\lambda y_o (\neg(x_o \Rightarrow \neg y_o)))$。

(vi) 析取 $\vee: = \lambda x_o (\lambda y_o (x_o \Rightarrow y_o) \Rightarrow y_o)$。

(vii) delta 联结词 $\Delta: = \lambda x_o D_{oo} x_o$。

此外，$A_o$ 的 n 次强合取记作 $A_o^n$，$A_o$ 的 n 次强析取记作 $nA_o$。全称量词 ($\forall$) 和存在量词 ($\exists$) 被定义成特殊的公式 (Novák, 2005)[①]。规定将使用到的逻辑联结词的运算优先次序是：① $\neg$，$\Delta$；② &，$\triangledown$，$\wedge$，$\vee$；③ $\equiv$；④ $\Rightarrow$。

**公理和推理规则** Łukasiewicz 的模糊类型论有如下逻辑公理：

(FT1) $\Delta(x_\alpha \equiv y_\alpha) \Rightarrow (f_{\beta\alpha} x_\alpha \equiv f_{\beta\alpha} y_\alpha)$;

(FT2$_1$) $(\forall x_\alpha)(f_{\beta\alpha} x_\alpha \equiv g_{\beta\alpha} x_\alpha) \Rightarrow (f_{\beta\alpha} \equiv g_{\beta\alpha})$;

(FT2$_2$) $(f_{\beta\alpha} \equiv g_{\beta\alpha}) \Rightarrow (f_{\beta\alpha} x_\alpha \equiv g_{\beta\alpha} x_\alpha)$;

(FT3) $(\lambda x_\alpha B_\beta) A_\alpha \equiv C_\beta$;

(FT4) $(x_o \equiv y_o) \equiv ((x_o \Rightarrow y_o) \wedge (y_o \Rightarrow x_o))$;

(FT5) $(x_e \equiv y_e) \Rightarrow ((y_e \equiv z_e) \Rightarrow (x_e \equiv z_e))$;

(FT6) $(A_o \equiv T) \equiv A_o$;

(FT7) $x_o \Rightarrow (y_o \Rightarrow x_o)$;

(FT8) $(x_o \Rightarrow y_o) \Rightarrow ((y_o \Rightarrow z_o) \Rightarrow (x_o \Rightarrow z_o))$;

(FT9) $(\neg y_o \Rightarrow \neg x_o) \equiv (x_o \Rightarrow y_o)$;

(FT10) $(x_o \vee y_o) \equiv (y_o \vee x_o)$;

(FT11) $(x_o \wedge y_o) \equiv x_o \& (x_o \Rightarrow y_o)$;

(FT12) $(g_{oo}(\Delta x_o) \wedge g_{oo}(\neg \Delta x_o)) \equiv (\forall y_o) g_{oo}(\Delta y_o)$;

(FT13) $\Delta(x_o \wedge y_o) \equiv \Delta x_o \wedge \Delta y_o$;

(FT14) $\Delta(x_o \vee y_o) \Rightarrow \Delta x_o \vee \Delta y_o$;

(FT15) $(\forall x_\alpha)(A_o \Rightarrow B_o) \Rightarrow (A_o \Rightarrow (\forall x_\alpha) B_o)$;

(FT16) $\iota_{\alpha(o\alpha)}(E_{(o\alpha)\alpha} y_\alpha) \equiv y_\alpha, \alpha = o, e$。

---

[①] Novák V. On fuzzy type theory. Fuzzy Sets and Systems, 2005, 149(2): 235-273.

(详情可参见文献 (Novák, 2005[①], 2011[②]))。其推理规则如下:

(R) 可从 $A_\alpha \equiv A'_\alpha$ 和 $B \in \text{Form}_o$ 推导出 $B'$, $B'$ 是在 B 中用 $A'_\alpha$ 替代 $A_\alpha$ 的一次出现而得到的 (假设在 B 中的 $A_\alpha$ 不会有紧邻着 λ 之前的变元的一次出现)。

(N) 从 $A_o$ 推导出 $\Delta A_o$。

分离规则和概括规则这两个推理规则都是模糊类型论中的衍生规则。可证明的概念与经典逻辑中的定义是一样。模糊类型论上的 T 理论是类型为 o 的一个公式集 $(T \subset \text{Form}_o)$。可以用 $J(T)$ 来表示 T 理论的语言,$T \vdash A_o$ 的意思是:$A_o$ 在 T 中是可证明的。

**定理 2.1**(演绎定理)  令 T 是一个理论,$A_o \in \text{Form}_o$ 是一个闭公式,那么 $T \cup \{A_o\} \vdash B_o$,当且仅当,对于每个公式 $B_o \in \text{Form}_o$ 而言,$T \vdash \Delta A_o \Rightarrow B_o$ 成立。

**注记 2.1**  一般而言,如果 $A_o$ 中的所有的自由变元在 $B_o$ 中也是自由的,那么对于每个公式 $A_o \in \text{Form}_o$ 而言,演绎定理都成立。

## 二、模糊类型论的语义

这些真值形成了由 delta 演算扩张而来的 MV-代数 (Cignoli et al., 2000[③]; Novák, 1999[④]),可将其看作是剩余格 (residuated lattice):

$$\acute{L} = \langle L, \vee, \wedge, \otimes, \to, 0, 1, \Delta \rangle \tag{1}$$

其中,0 是最小的元素且 1 是最大的元素, $L = \langle L, \otimes, 1\rangle$ 是交换幺半群 (commutative monoid),→ 是满足如下附加性质的留数 (residuation): $a \otimes b \leqslant c$,当且仅当,$a \leqslant b \to c$。而且对于所有的 $a, b, c \in L$ 而言,$a \vee b = (a \to b) \to b$ 成立,$\Delta$ 是满足 6 个特殊公理 (Hájek, 1998[⑤]; Novák, 2005) 的一元运算。

真值代数的一种特例是标准的 Łukasiewicz 的 $\text{MV}_\Delta$-代数:

$$\acute{L}\langle [0,1], \vee, \wedge, \otimes, \to, 0, 1, \Delta \rangle \tag{2}$$

---

① Novák V. On fuzzy type theory. Fuzzy Sets and Systems, 2005, 149(2): 235-273.

② Novák V. EQ-algebra-based fuzzy type theory and its extensions. Logic Journal of the IGPL, 2011, 19(3): 512-542.

③ Cignoli R L O, D'Ottaviano I M L, Mnnclicl D. Algebraic Foundations of Macy-valued Reasoning. Dordrecht: Kluwer, 2000.

④ Novák V, Perfilieva I, Mockor J. Mathematical Principles of Fuzzy Logic. Boston: Kluwer, 1999.

⑤ Hájek P. Metamathematics of Fuzzy Logic. Dordrecht: Kluwer, 1998.

其中，∧ 为极小运算，∨ 为极大运算.

$$a \otimes b = 0 \vee (a+b-1), \quad a \rightarrow b = 1 \wedge (1-a+b), \quad \neg a = a \rightarrow 0 = 1-a$$

$$\Delta(a) = \begin{cases} 1, & a = 1 \\ 0, & \text{否则} \end{cases} \tag{3}$$

令 J 是一个模糊类型论语言，且 $(M_\alpha)_{\alpha \in \text{Types}}$ 是一个被称为基础框架的集合系统，其中：$M_o$, $M_e$ 是集合，且对于每个 $\alpha, \beta \in \text{Types}$ 而言，$M_{\beta\alpha} \subseteq M_\beta^{M_\alpha}$ (即从 $M_\alpha$ 到 $M_\beta$ 的函数集合①)。框架 $(M_\alpha)_{\alpha \in \text{Types}}$ 是 $M = \langle (M\alpha, =_\alpha)_{\alpha \in \text{Types}}, \acute{L}_\Delta \rangle$ 这样的元素组。因此如下论述成立：

(1) $\acute{L}_\Delta$ 是一个真值结构 (即 MV-代数)。令 $M_o = L$，并假定每个集合 $M_{oo} \cup M_{(oo)o}$ 包含 $\acute{L}_\Delta$ 中的所有运算。

(2) $=_\alpha$ 是 $M_\alpha$ 上的一个模糊等式，并且对于每个 $\alpha \in \text{Types}$ 而言，$=_\alpha \in M_{(o\alpha)\alpha}$。

使得 $p(x_\alpha) \in M_\alpha$ 且 $\alpha \in \text{Types}$ 的函数 p，是把 $\acute{M}$ 中的元素指派给变元的一个赋值。在 $\acute{M}$ 上的所有指派组成的集合记作 $\text{Asg}(\acute{M})$。解释 $\acute{M}_p$ 把每个公式 $A_\alpha (\alpha \in \text{Types})$ 和每个赋值 p，指派给类型为 $\alpha$ 的相应元素。通用模型 (general model) 是一个框架 $\acute{M}$，其中，对于每个公式 $A_\alpha (\alpha \in \text{Types})$ 和每个赋值 $p \in A_{sg}(\acute{M})$ 而言，在解释 $\acute{M}_p$ 中：$\acute{M}_p(A_\alpha) \in M_\alpha$，后文中记作 $\acute{M}(A_\alpha)$。如果 $\acute{M}$ 中的所有公理在测度值为 1 时成立，那么就称框架 $\acute{M}$ 是理论 T 的模型。如果 $A_o$ 在 T 的所有模型中的测度为 1 时成立，就记作 $T \models A_o$。

至此，可以证明完全性定理。该证明类似于文献 (Novák, 2005, 2011) 中的完全性证明。

**定理 2.2** (完全性)　(1) T 理论是一致的，当且仅当，它有一个通用模型 $\acute{M}$。

(2) 对于每个 T 理论和 $A_o$ 公式而言，$T \vdash A_o$，当且仅当，$T \models A_o$。

如下性质在后文中将会用到.

**定理 2.3** (命题性质 (Novák, 2005))　令 $A, B, C \in \text{Form}_o$，那么下列推导都是可证明的：

(a) $\vdash ((A\&B) \Rightarrow C) \equiv (A \Rightarrow (B \Rightarrow C))$;

(b) $\vdash (A \Rightarrow (B \Rightarrow C)) \Rightarrow (B \Rightarrow (A \Rightarrow C))$;

(c) $\vdash (A\&B) \Rightarrow A, \vdash (A \wedge B) \Rightarrow A, \vdash (A\&B) \Rightarrow (A \wedge B)$;

---

① 在这里，只考虑一元函数.

(d) $\vdash (A\&B) \equiv (B\&A)$;

(e) $\vdash (B \Rightarrow C) \Rightarrow ((A \Rightarrow B) \Rightarrow (A \Rightarrow C))$;

(f) $\vdash (C \Rightarrow A) \Rightarrow ((C \Rightarrow B) \Rightarrow (C \Rightarrow (B \wedge A)))$;

(g) $\vdash (A \Rightarrow B) \Rightarrow (\neg B \Rightarrow \neg A)$;

(h) $\vdash (A \Rightarrow C) \Rightarrow ((B \Rightarrow C) \Rightarrow ((A \vee B) \Rightarrow C))$;

(i) $\vdash ((A \Rightarrow B) \wedge (A \Rightarrow C)) \Rightarrow (A \Rightarrow (B \wedge C))$;

(j) $\vdash (A \wedge B)\&(A \wedge C) \Rightarrow (A \wedge (B\&C))$;

(k) $\vdash (A \wedge (B \Rightarrow C)) \Rightarrow ((A \wedge B) \Rightarrow (A \wedge C))$;

(l) $\vdash \Delta A \Rightarrow A$;

(m) $\vdash (A\&(B \Rightarrow C)) \Rightarrow ((A\&B) \Rightarrow (A\&C))$;

(n) $T \vdash A\&(B \wedge C) \equiv (A\&B) \wedge (A\&C)$。

**定理 2.4**(谓词性质 (Novák, 2005)) 令 $A, B \in \mathrm{Form}_o$ 且 $\alpha \in \mathrm{Types}$, 那么下列推导都是可证明的:

(a) $\vdash (\forall x_\alpha)(A \Rightarrow B) \Rightarrow ((\forall x_\alpha)A \Rightarrow (\forall x_\alpha)B)$;

(b) $\vdash (\forall x_\alpha)(A \Rightarrow B) \Rightarrow ((\exists x_\alpha)A \Rightarrow (\exists x_\alpha)B)$;

(c) $\vdash (\exists x_\alpha)(A\&B) \equiv ((\exists x_\alpha)A\&B), \forall x_\alpha$ 在 B 中不自由;

(d) $\vdash (\forall x_\alpha)(A \Rightarrow B) \Rightarrow ((\exists x_\alpha)\Delta A \Rightarrow B)$;

(e) $\vdash (\exists x_\alpha)\Delta A \Rightarrow (\exists x_\alpha)A$;

(f) $\vdash (\forall x_\alpha)B \Rightarrow B_{x_\alpha}[A_\alpha]$;

(g) $\vdash B_{x_\alpha}[A_\alpha] \Rightarrow (\exists x_\alpha)B$。

(假定对于 $x_\alpha$ 在 B 中的所有自由出现而言, (f), (g) 中的 $A_\alpha$ 对 B 而言是可替换的。)

**引理 2.1** 令 T 是一个理论并且 $A, B, C, D \in \mathrm{Form}_o$。

(a) 如果 $T \vdash A \Rightarrow (B \Rightarrow C)$, 那么 $T \vdash A \Rightarrow ((B\&D) \Rightarrow (C\&D))$;

(b) 如果 $T \vdash A \Rightarrow (B \Rightarrow C)$, 那么 $T \vdash A \Rightarrow ((B \wedge D) \Rightarrow (C \wedge D))$。

**证明** 首先证明引理 2.1 的 (a)。根据定理 2.3(a) 和分离规则 MP 可知: $T \vdash (A\&B) \Rightarrow C$, 因此 $T \vdash (A\&B)\&D \Rightarrow (C\&D)$, 所以 $T \vdash A\&(B\&D) \Rightarrow (C\&D)$。故 $T \vdash A \Rightarrow (B\&D) \Rightarrow (C\&D)$。

引理 2.1(b) 的证明如下:

(L1) $T \vdash A \Rightarrow (B \Rightarrow C)$ (假设);

(L2) $T \vdash B \Rightarrow (A \Rightarrow C)$ (根据定理 2.3(b));

(L3) $T \vdash B \wedge D \Rightarrow ((A \Rightarrow C) \wedge D)$ (根据 (L2) 和模糊类型论的性质);

(L4) $T \vdash ((A\&D) \wedge C) \Rightarrow (D \wedge C)$ (根据模糊类型论的性质);

(L5) $T \vdash (A\&D) \wedge (A\&(A \Rightarrow C)) \Rightarrow ((A\&D) \wedge C)$ (根据模糊类型论的性质);

(L6) $T \vdash A\&(D \wedge (A \Rightarrow C)) \Rightarrow ((A\&D) \wedge C)$ (根据 (L5) 和定理 2.3(n));

(L7) $T \vdash A\&(D \wedge (A \Rightarrow C)) \Rightarrow (D \wedge C)$ (根据 (L4), (L6) 和 (FT8));

(L8) $T \vdash (A \Rightarrow C) \wedge D) \Rightarrow (A \Rightarrow (D \wedge C))$ (根据定理 2.3(a));

(L9) $T \vdash (B \wedge D) \Rightarrow (A \Rightarrow (D \wedge C))$ (根据 (L3)、(L8) 和 (FT8));

(L10) $T \vdash A \Rightarrow ((B \wedge D) \Rightarrow (D \wedge C))$ (根据 (L9) 和定理 2.3(b))。

**引理 2.2** (Novák, 2008) 令 T 是一个理论且 $u_\alpha$, $\alpha \in$ Types 是一个使得 $u_\alpha \notin J(T)$ 的新的特殊常元,那么 $T \vdash (\exists x_\alpha)\Delta A$,当且仅当,$T \cup A_{x_\alpha}[u_\alpha]$ 是 T 的保守性扩张。

**定理 2.5** 令 $A'_o$ 是 $A_o$ 的变种,那么有 $\vdash A_o \equiv A'_o$。

**证明** 令 $x_\alpha$, $y_\alpha$ 是不同的变元,根据定理 2.4(f) 可得:$\vdash (\forall x_\alpha)B'_o \Rightarrow B_{o,x\alpha}[y_\alpha]$。根据全称概括规则可得:$\vdash (\forall x_\alpha)B_o \Rightarrow (\forall y_\alpha)B_{o,x\alpha}[y_\alpha]$。公式 $B_{o,x\alpha}[y_\alpha]$ 记作 $B'_o$,由于 $x_\alpha$ 在 $B'_o$ 中是不自由的,那么再次根据定理 2.4(f) 可得:$\vdash (\forall y_\alpha)B'_o \Rightarrow (\forall x_\alpha)B'_{o,y\alpha}[x_\alpha]$。

但是 $B'_{o,y\alpha}[x_\alpha]$ 是公式 $B_o$,因此可得到相反的蕴涵。根据模糊类型论可知:$\vdash (\forall x_\alpha)B_o \Rightarrow (\forall y_\alpha)B_{o,x\alpha}[y_\alpha]$。对于特称量词的证明可以类似构造。证毕。

### 三、三分估值语言表达式

**句法特点** 三分估值语言表达式是对各种现象的进行估值的自然语言的特殊表达式[1]。典型的例子是 small, medium, big, about fourteen, very short, more or less deep, quite roughly strong。Murinová 和 Novák (2012) 只研究带有下列句法结构的简单估值表达式:

$$\langle \text{模糊语词 (linguistic hedge)} \rangle \langle \text{TE-形容词} \rangle \qquad (4)$$

其中,⟨TE-adjective⟩ 是估值形容词 (如 good, interesting 等),可分级形容词 (如 small, warm 等),也可能是有着下列性质的其他具体形容词:TE-形容词根据其中介成员 (medium) 从语义上表征了:(可能抽象的) 受限的有序刻度和典型的反义词序对 (如 small-big) 的各种情况,规范的 TE-形容词是 small, medium, big。

---

[1] 本节内容来自 Murinová P, Novák V. A formal theory of generalized intermediate syllogisms. Fuzzy Sets and Systems, 2012, 186(1): 47-80.

〈模糊语词〉是能够更清晰地表示估值表达式的意义或多或少的具体副词，可区分如下：〈模糊语词〉:= 空模糊语词 |〈窄模糊语词〉|〈宽模糊语词〉|〈具体模糊语词〉。窄模糊语词，如 extremely, significantly, very；宽模糊语词，如 more or less, roughly, quite roughly, very roughly；具体模糊语词，如 rather。需要注意的是：空模糊语词使得创建出关于估值表达式的统一的意义理论成为可能。例如，large 和 very large 本质上不存在意义上的区别。

$$\text{现在研究否定估值表达式 not (模糊语词〈TE-形容词〉)} \quad (5)$$

**形式化** 估值表达式的意义的形式化是在逻辑理论 $T^{EV}$ 内进行的，其中 $T^{EV}$ 是 Ł-模糊类型论的一个特殊理论。估值语言表达式的意义被构造为表示内涵的特殊公式，该表达式在模型中的解释是从可能世界的集合 (即文献 (Murinová and Novák, 2012) 中的语境) 到模糊集的集合的一个函数。在每个语境中，内涵决定了相应的外延，其外延是表示了特定论域边界 (horizon) 的模糊集。关于形式理论 $T^{EV}$ 的具体公理和动机详情可参见文献 (Novák, 2006①, 2008②)。

$T^{EV}$ 的语言除了包含标准常元 ⊤ (恒真)、⊥ (恒假) 以外，也包括表示中间真值的常元的 † (在标准的 Łukasiewicz 的 $MV_\Delta$-代数中，† 的真值被解释为 0.5)。另一个特殊常元 ~ 表示在真值 L 集上的附加模糊等式。$T^{EV}$ 理论有 11 个具体公理，这些具体公理表征了常元的性质、语境的性质 (参见下文) 和表示模糊语词的具体公式的性质。

根据 $T^{EV}$ 中的语境可知，一个公式 $w_{\alpha o}$ 的解释是一个函数 $w: L \to M_\alpha$。因此，语境决定了 $M_\alpha$ 中的元素组成的三元组 $\langle v_L, v_S, v_R \rangle$，其中 $v_L, v_S, v_R \in M_\alpha$ 并且 $v_L = \acute{M}_P(w\bot)$、$v_S = \acute{M}_P(w\dagger)$、$v_R = \acute{M}_P(w\top)$。

在图 1 中，每个外延是利用边界 (LH, MH, RH) 与函数 $v_{a,b,c}$，对 $\acute{M}^0$ 中的模糊语词 $v$ 进行解释而得到的模糊集。对于居间量词理论而言，只需研究诸如 very small (不包括 what is indeed small 的说明③) 的抽象表达式。因此，这些抽象表达式只有一个 (抽象) 语境，而且其内涵与外延对应。

---

① Novák V. Fuzzy logic theory of evaluating expressions and comparative quantifiers//Procceedings of the 11th International Conference of IPMU, vol. 2. Paris: Éditions EDK, Les Cordeliers, 2006.

② Novák V. Principal fuzzy type theories for fuzzy logic in broader sense. Proceedings of the Conference of IPMU' 2008. Spain: University of Málaga, 2008.

③ 例如，very small animal 的意思是，需要考察依赖于语境的 animal 的各种大小，而形式为 "A is 〈noun〉" 是一个估值语言谓词，其中 A 是一个估值语言表达式。

## 第二节 相关准备工作

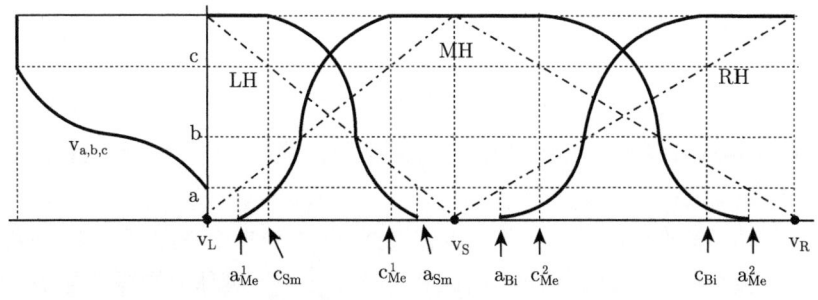

图 1① 估值表达式外延的建构模式

模糊等式 ~ 使得引入三种边界成为可能,即左边界、中间边界和右边界:

$$LH_{oo} := \lambda z_o.\bot \sim z_o$$
$$MH_{oo} := \lambda z_o.\dagger \sim z_o$$
$$RH_{oo} := \lambda z_o.\top \sim z_o$$

左边界 LH 是一个把每个 $z_o$ 指派带有 $\bot$ 的模糊等式的真值度的函数,右边界和中间边界与此类似。

一个〈模糊语词〉由公式 $v \in \text{Form}_{oo}$ 来表示,该公式的解释是真值上的单调函数 $v$,$v$ 将一些真值指派给顶部并将一些其他真值指派给底部,并且存在一个内部真值 $b$:使得对于所有的 $a \leqslant b$ 而言,$v(a) \leqslant a$;并且对于所有的 $b \leqslant a$ 而言,$a \leqslant v(a)$。模糊语词是一个偏序:$T^{EV} \vdash v_1 \lesssim v_2$,其意思是模糊语词 $v_1$ 比模糊语词 $v_2$ 范围窄(模糊语词 $v_2$ 比模糊语词 $v_1$ 范围宽),详细的解释和技术细节可参见文献 (Novák, 2008)。

现在介绍如下具体模糊语词:$\{E_x, S_i, V_e, ML, R_o, QR, VR\}$(它们分别表示 extremely, significantly, very, more or less, roughly, quite roughly, very roughly),并规定

$$E_x \lesssim S_i \lesssim V_e \lesssim \bar{v} \lesssim ML \lesssim R_o \lesssim QR \lesssim VR \tag{6}$$

其中,$\bar{v}$ 是一个空模糊语词。需要注意的是,相对于空模糊语词而言,模糊语词 $E_x$, $S_i$, $V_e$ 表示范围更窄,ML, $R_o$, QR, VR 的表示范围更宽。

下列公式表示简单估值表达式的内涵 (4):

(i) $S_m := \lambda_v \lambda_z \cdot v(LH_z)$;

---

① Murinová P, Novák V. A formal theory of generalized intermediate syllogisms. Fuzzy Sets and Systems, 2012, 186(1): 47-80.

(ii) $M_e := \lambda_\nu \lambda_z \cdot \nu(MH_z)$;

(iii) $B_i := \lambda_\nu \lambda_z \cdot \nu(RH_z)$.

需要注意的是，这些公式的结构表示了相应外延的结构，这些公式在模型中的解释在图 1 中描绘出来了。为了简化解释，将使用一个普通元变元 $E\nu$ 表示上面 (i)—(iii) 的内涵。

居间广义量词理论的特色体现在公式 $S_m\Delta$, $M_e\Delta$, $B_i\Delta$ 中，其中联结词 $\Delta$ 是被称作模糊语词 utmost (或者 limit) 的一个具体模糊语。这就使得在居间广义量词理论中，不必把经典量词作为特殊的居间量词，也能够对经典量词进行处理。

$T^{EV}$ 的典范模型是基于 $\acute{M}^0 = \langle (M\gamma, =\gamma)_{\gamma \in Types}, L_\Delta\rangle$ 这一框架的模型，其中 $L_\Delta$ 是一个标准的 Łukasiewicz 的 $MV_\Delta$-代数并且 $M_e = \mathbb{R}$ (实数集)。常元 † 的解释是 $\acute{M}^0(†) = 0.5$。

图 1 给出了在典范模型中 $T^{EV}$ 的具体公式的解释和估值表达式的外延结构。

根据模糊集的核心思想可知：如果存在一个窄范围的模糊语词 (例如 very) 或者宽范围的模糊语词 (例如 roughly) (其行为的语言学论述可参见 (Lakoff, 1973)[①])，那么表示给定的估值表达式的外延可以被缩短或者拉长。

现在给出后文将会用到的如下估值表达式性质。

**定理 2.6**[②] (Novák, 2008) 令 $\nu$ 是模糊语词，那么

(a) $T^{EV} \vdash (S_m\nu)\bot$;

(b) $T^{EV} \vdash (B_i\nu)\top$;

(c) $T^{EV} \vdash (\forall z)((S_m\nu)z \Rightarrow \neg(B_i\nu)z)$;

(d) $T^{EV} \vdash (\forall z)((S_i\nu)z \Rightarrow \neg(S_m\nu)z)$.

## 第三节 居间量词和广义三段论

Peterson (2000) 分析的 105 种有效广义三段论，在文献 (Murinová and Novák, 2012) 的居间量词理论中也是形式有效的[②]。本节将给出为了证明这些广义三段论的形式有效性所需要的基本定义。

---

① Lakoff G. Hedges: A study in meaning criteria and logic of fuzzy concepts. Journal of Philosophical Logic, 1973, 4(2): 458-508.

② Murinová P, Novák V. A formal theory of generalized intermediate syllogisms. Fuzzy Sets and Systems, 2012, 186(1): 47-80.

## 一、居间量词理论

居间量词是经典的全称量词或特称量词,但是量词的论域是被修改的,且这种修改是不精确的。现在介绍居间量词理论 $T^{IQ}$ (它是 Ł-模糊类型论的一个特殊理论),$T^{IQ}$ 是通过对第二节所介绍的估值语言表达理论 $T^{Ev}$ 扩张而得到的。

对于居间量词理论而言,需要在模糊集上考虑居间量词的测度。在 $T^{IQ}$ 中,通过从句法上研究类型为 $o(o\alpha)(o\alpha)$ 的具体公式 $\mu$ 来表示测度,$\mu$ 的解释是一个函数: $M_\alpha \to L$, 即测度值取自真值集。

**定义 3.1** 令 $R \in \text{Form}_{o(o\alpha)(o\alpha)}$ 是一个公式,令

$$\mu := \lambda z_{o\alpha} \lambda x_{o\alpha} (R z_{o\alpha}) x_{o\alpha} \tag{7}$$

如果 $\mu$ 有下述性质,那么就说在类型 $\alpha \in \text{Types}$ 的论域内,公式 $\mu \in \text{Form}_{o(o\alpha)(o\alpha)}$ 表示了在模糊集上的测度。

(M1) $\Delta(x_{o\alpha} \equiv z_{o\alpha}) \equiv ((\mu z_{o\alpha}) x_{o\alpha} \equiv \top)$;

(M2) $\Delta(x_{o\alpha} \subseteq z_{o\alpha}) \& \Delta(y_{o\alpha} \subseteq z_{o\alpha}) \& \Delta(x_{o\alpha} \subseteq y_{o\alpha}) \Rightarrow ((\mu z_{o\alpha}) x_{o\alpha} \Rightarrow (\mu z_{o\alpha}) y_{o\alpha})$;

(M3) $\Delta(z_{o\alpha} \not\equiv \emptyset_{o\alpha}) \& \Delta(x_{o\alpha} \subseteq z_{o\alpha}) \Rightarrow ((\mu z_{o\alpha})(z_{o\alpha} - x_{o\alpha}) \equiv \neg (\mu z_{o\alpha}) x_{o\alpha})$;

(M4) $\Delta(x_{o\alpha} \subseteq y_{o\alpha}) \& \Delta(x_{o\alpha} \subseteq z_{o\alpha}) \& \Delta(y_{o\alpha} \subseteq z_{o\alpha}) \Rightarrow ((\mu z_{o\alpha}) x_{o\alpha} \Rightarrow (\mu y_{o\alpha}) x_{o\alpha})$.

对于重要的模糊集 $z_{o\alpha}$ 而言,这个测度是规范的。

如下定义是为了研究 Murinová 和 Novák(2012) 选出的类型组成的集合 S。这是为了避免用复杂类型解释公式 $\mu$ 时可能遇到的困难,这些复杂类型对应于非常大的集合,而且这些集合的基数可能是无法测度的,即 Murinová 和 Novák (2012) 的理论不具有普适性。不需要把它看作一个限制,因为很难想象在不可及的基数集上的 most Xs 的意义。另一方面,只要存在一个能够在定义 3.1 的意义上定义测度的模型,那么 Murinová 和 Novák (2012) 的理论就是有用的。根据集合 S,如下定义的理论 $T^{IQ}$ 是参数化的定义。

在给定的类型 $\alpha$ 中,可引入能够表示所有可测度的模糊集的一个模糊集的如下具体公式:

$$M_{o(o\alpha)} := \lambda z_{o\alpha}.\Delta(\mu z_{o\alpha}) z_{o\alpha} \& (\forall x_{o\alpha})(\forall y_{o\alpha})((M2) \& (M4)) \& (\forall x_{o\alpha})(M3) \tag{8}$$

其中 (M2)—(M4) 分别是定义 3.1 中的公理。

**定义 3.2** 令 S ⊆Types 是重要的类型集，并令 {R ∈Form$_{o(o\alpha)(o\alpha)}$|α ∈ S} 是新常元组成的集合，关于 S 的居间量词理论 T$^{IQ}$[S] 是如下定义的 Ł-模糊类型论的形式理论：

(1) T$^{IQ}$[S] 的语言是 J$^{Ev}$ ∪ {R$_{o(o\alpha)(o\alpha)}$ ∈Form$_{o(o\alpha)(o\alpha)}$|α ∈ S};

(2) T$^{IQ}$[S] 的具体公理就是 T$^{Ev}$ 中的具体公理，并且

$$(Ez_{(o\alpha)})M_{o(o\alpha)}z_{(o\alpha)}, \quad \alpha \in S \tag{9}$$

Novák (2008) 给出了居间量词的形式化定义。通过用强合取代替普通合取对原始定义进行稍微修改而得到如下定义.

**定义 3.3** 令 T$^{IQ}$[S] 是在定义 3.2 意义上的居间量词理论，且 Ev ∈ Form$_{oo}$ 是某个估值表达式的内涵。此外，令 z ∈ Form$_{o\alpha}$ 和 x ∈ Form$_{o\alpha}$ 是变元且 A, B ∈Form$_{o\alpha}$ 是公式，α ∈ S，使得 T$^{IQ}$ ⊢ M$_{o(o\alpha)}$B$_{o\alpha}$ 为真。因此一个 ⟨1, 1⟩ 类型的居间广义量词将语句"⟨Quantifier⟩Bs are"解释为下述公式之一：

$$(Q^{\forall}_{Ev}x)(B, A) := (\exists z)((\Delta(z \subseteq B)\&(\forall x)(zx \Rightarrow Ax)) \wedge Ev((\mu B)z)) \tag{10}$$

$$(Q^{\forall}_{Ev}x)(B, A) := (\exists z)((\Delta(z \subseteq B)\&(\exists x)(zx \wedge Ax)) \wedge Ev((\mu B)z)) \tag{11}$$

如果需要进行预设，那么就需要对之前的定义稍微进行修改。

**定义 3.4** 令 T$^{IQ}$[S] 是在定义 3.2 意义上的居间量词理论，且 Ev, z, x, A, B 的定义与定义 3.3 中的一样，那么带有预设的居间广义量词是如下公式：

$$(^*Q^{\forall}_{Ev}x)(B, A) := (\exists z)((\Delta(z \subseteq B)\&(\exists x)zx\&(\forall x)(zx \Rightarrow Ax)) \wedge Ev((\mu B)z))$$

需要注意的是：该定义仅仅考虑了 B 的非空子集。现在将引入几个 Peterson(2000) 中研究过的具体居间量词的定义。

**定义 3.5** 令 T$^{IQ}$ 是居间量词理论，令 z ∈ Form$_{o\alpha}$, x ∈ Form$_{\alpha}$ 且 A, B ∈ Form$_{o\alpha}$ 的定义与定义 3.3 中的定义一样，那么就可以引入如下具体居间量词：

**A** : All B are A := $Q^{\forall}_{B_i\Delta}$(B, A) ≡ (∀x)(Bx ⇒ Ax)

**E** : No B are A := $Q^{\forall}_{B_i\Delta}$(B, ¬A) ≡ (∀x)(Bx ⇒ ¬Ax)

**P** : Almost all B are A := $Q^{\forall}_{B_iEx}$(B, A)

$$\equiv (\exists z)((\Delta(z\subseteq B)\&(\forall x)(zx \Rightarrow Ax))\wedge(B_iEx)((\mu B)z))$$

**B** : Few B are A(:= Almost all B are not A)

$$:= Q^{\forall}_{B_i Ex}(B, \neg A)$$

$$\equiv (\exists z)((\Delta(z \subseteq B)\&(\forall x)(zx \Rightarrow \neg Ax)) \wedge (B_i Ex)((\mu B)z))$$

**T** : Most B are A := $Q^{\forall}_{B_i Ve}(B, A)$

$$\equiv (\exists z)((\Delta(z \subseteq B)\&(\forall x)(zx \Rightarrow Ax)) \wedge (B_i Ve)((\mu B)z))$$

**D** : Most B are not A := $Q^{\forall}_{B_i Ve}(B, \neg A)$

$$\equiv (\exists z)((\Delta(z \subseteq B)\&(\forall x)(zx \Rightarrow \neg Ax)) \wedge (B_i Ve)((\mu B)z))$$

**K** : Many B are A := $Q^{\forall}_{\neg(Sm\bar{v})}(B, A)$

$$\equiv (\exists z)((\Delta(z \subseteq B)\&(\forall x)(zx \Rightarrow Ax)) \wedge \neg(Sm\bar{v})((\mu B)z))$$

**G** : Many B are not A := $Q^{\forall}_{\neg(Sm\bar{v})}(B, \neg A)$

$$\equiv (\exists z)((\Delta(z \subseteq B)\&(\forall x)(zx \Rightarrow \neg Ax)) \wedge \neg(Sm\bar{v})((\mu B)z))$$

**I** : Some B are A := $Q^{\exists}_{B_i \Delta}(B, A) \equiv (\exists x)(Bx \wedge Ax)$

**O** : Some B are not A := $Q^{\exists}_{B_i \Delta}(B, \neg A) \equiv (\exists x)(Bx \wedge \neg Ax)$

需要强调的是：量词 Most 有两种意义，即 more than half 和 close to all。在 Murinová 与 Novák(2012) 研究中，Most 的意义是 close to all。张晓君 (2016)[1]研究的是 Most 的 more than half 的意义。

**注记 3.1** 如下表示具体量词的字母有：拉丁字母 **AffIrmo** 中的字母 **A**，**I** 表示不含否定的公式，即它们是肯定量词；拉丁字母 n**E**g**O** 中的字母 **E**，**O** 表示带有否定的公式，即它们是否定量词。

其他新的字母由在广义亚里士多德方阵中量词的各自位置所决定 (Peterson, 2000)。因为 Almost-all 和 Few 被称作 Predominant 语句，其对应的量词分别用 P 和 B 来表示 (B 的读音与 P 相近)。类似地 Most 被称为 MajoriTy 语句，且量词 Most 和 Most B are not A 分别用 T 和 D 来表示。Many 被称为 Common 语句，量词 Many 和 Many B are not A 分别用 K 和 G 来表示。

**注记 3.2** 用 *A, *E, *P, *B, *T, *D, *K, *G 来表示包含预设的量词，类似地，带有预设的具体量词 Most, Many 等，可以写成 "*Most" "*Many" 等。

下面的定理证明了在文献 (Murinová and Novák, 2012) 中具有重要作

---

[1] 张晓君. 含有居间量词 most 的广义三段论的有效性. 湖南科技大学学报 (社会科学版), 2016(4): 27-31. 此文被人大复印报刊资料 (逻辑) 季刊 2017(2) 全文转载.

用的单调性。

**定理 3.1** (有效的蕴涵 (Novák, 2008))  令 A, ⋯, G 是如上定义的基本居间量词, 那么下面的蕴涵集在 $T^{IQ}$ 中是可证的。

(a) $T^{IQ} \vdash A \Rightarrow P$, $T^{IQ} \vdash P \Rightarrow T$, $T^{IQ} \vdash T \Rightarrow K$;

(b) $T^{IQ} \vdash E \Rightarrow B$, $T^{IQ} \vdash B \Rightarrow D$, $T^{IQ} \vdash D \Rightarrow G$.

## 二、广义亚里士多德三段论

本节将研究作为 $T^{IQ}$ 的扩张理论 T。大多数情况下, T 就是理论 $T^{IQ}$, 在少数情况下, T 具有更多的性质。

这里回顾一下经典的定义: 一个三段论 (或者逻辑上的三段论) 是一种具体的逻辑证明, 即从大前提和小前提中可以推出结论。三段论可写成由公式组成的三元组 $\langle P_1, P_2, C \rangle$。用包含居间量词的公式代换一个或者更多的传统三段论公式, 就可以从任意的传统三段论得到居间三段论。

**定义 3.6**  如果 $T \vdash P_1 \& P_2 \Rightarrow C$, 或者等价地说 $T \vdash P_1 \Rightarrow (P_2 \Rightarrow C)$, 那么就称三段论 $\langle P_1, P_2, C \rangle$ 是强有效的; 如果 $T \cup \{P_1, P_2\} \vdash C$, 那么就称三段论 $\langle P_1, P_2, C \rangle$ 就是弱有效的。

## 三、居间三段论的分类

根据三段论的经典理论可知: 弱有效的三段论可以分成四种格 (figure)。假定 $Q_1, Q_2, Q_3$ 是居间量词, 并且 X, Y, Z ∈ $Form_{o\alpha}$ 是表示性质的公式, 那么就可以研究如下四种格:

| 第一格 | 第二格 | 第三格 | 第四格 |
|---|---|---|---|
| $Q_1 M$ is $Y$ | $Q_1 Y$ is $M$ | $Q_1 M$ is $Y$ | $Q_1 Y$ is $M$ |
| $Q_2 X$ is $M$ | $Q_2 X$ is $M$ | $Q_2 M$ is $X$ | $Q_2 M$ is $X$ |
| $Q_3 X$ is $Y$ | $Q_3 X$ is $Y$ | $Q_3 X$ is $Y$ | $Q_3 X$ is $Y$ |

下面将介绍 105 种居间广义三段论, 并证明对某个 S 而言, 或在 T 的轻度扩张中, 这 105 种三段论在 $T^{IQ}[S]$ 中是强有效的。现在给出传统亚里士多德三段论的如下所述。

### 第三节 居间量词和广义三段论

| 第一格 | 第二格 | 第三格 | 第四格 |
|---|---|---|---|
| AAA | EAE | A(*A)I | (*A)AI |
| EAE | AEE | IAI | AEE |
| AII | EIO | AII | IAI |
| EIO | AOO | E(*A)O | E(*A)O |
| A(*A)I | E(*A)O | OAO | EIO |
| E(*A)O | A(*E)O | EIO | A(*E)O |

现在可以继续研究包含居间量词 most 的如下居间三段论

| 第一格 | 第二格 | 第三格 | 第四格 |
|---|---|---|---|
| AAT | AED | A(*T)I | AED |
| ATT | ADD | E(*T)O | E(*T)O |
| A(*T)I | A(*D)O | (*T)AI | (*T)AI |
| EAD | EAD | (*D)AO | |
| ETD | ETD | | |
| E(*T)O | ETO | | |

包含居间量词 most 和 many 的居间三段论如下

| 第一格 | 第二格 | 第三格 | 第四格 |
|---|---|---|---|
| AAK | AEG | A(*K)I | AEG |
| ATK | ADG | E(*K)O | E(*K)O |
| A(*K)I | A(*G)O | (*K)AI | (*K)AI |
| AKK | AGG | (*G)AO | |
| EAG | EAG | TTI | |
| ETG | ETG | DTO | |
| E(*K)O | E(*K)O | | |
| EKG | EKG | | |

最后研究包含了居间量词 almost all, most, many 和 few 的居间三段论:

| 第一格 | 第二格 | 第三格 | 第四格 |
|---|---|---|---|
| AAP | AEB | (*P)AI | AEB |
| APP | ABB | E(*P)O | (*P)AI |
| APT | ABD | (*B)AO | E(*P)O |
| APK | ABG | A(*P)I | |
| API | A(*B)O | PPI | |
| EAB | EAB | TPI | |
| EPB | EPB | KPI | |
| EPD | EPD | PTI | |
| EPG | EPG | PKI | |
| E(*P)O | E*PO | BPO | |
| | | DPO | |
| | | GPO | |
| | | BTO | |
| | | BKO | |

记法说明：第一格、第二格、第三格、第四格 AAA 式三段论分别记作 AAA-1，AAA-2，AAA-3 和 AAA-4。第三格 BTO 式三段论记作 BTO-3，其他与此类似。

## 第四节　有效的居间广义三段论

本节将给出上面所总结的所有居间三段论的形式证明。令 X, Y, M $\in$ Form$_{o\alpha}$ 是表示性质的公式，且 x $\in$ Form$_{o\alpha}$ 是类型 $\alpha$ 的变元。由于在如下诸多证明中明确地指出用到的所有形式性质是不能进行明确说明的，故简写成"根据模糊类型论的性质"，详情可参见文献 (Novák, 2005, 2011)。这里将固定集合 S，并且写成 T$^{IQ}$，而不是写成 T$^{IQ}$[S]。

### 一、第一格的居间三段论的强有效性

**定理 4.1**　如下三段论在 T$^{IQ}$ 中是强有效的：

$$\text{AAA-1}: \frac{\text{All M are Y}}{\text{All X are M}}, \quad \text{AAT-1}: \frac{\text{All M are Y}}{\text{All X are M}}$$

## 第四节  有效的居间广义三段论

$$\text{AAK-1}: \frac{\text{All M are Y}}{\frac{\text{All X are M}}{\text{Many X are Y}}}, \quad \text{AAP-1}: \frac{\text{All M are Y}}{\frac{\text{All X are M}}{\text{Almost all X are Y}}}$$

**证明**  根据定义 3.5 可以将三段论 AAA-1 形式化地表示为

$$\frac{(\forall x)(Mx \Rightarrow Yx)}{\frac{(\forall x)(Xx \Rightarrow Mx)}{(\forall x)(Xx \Rightarrow Yx)}}$$

根据定理 2.3(e) 可得到如下三段论的强有效性：

$$T^{IQ} \vdash (Mx \Rightarrow Yx) \Rightarrow ((Xx \Rightarrow Mx) \Rightarrow (Xx \Rightarrow Yx))$$

根据全称概括规则和定理 2.4(a)，可得如下 AAA-1 式三段论的强有效性：

$$T^{IQ} \vdash (\forall x)(Mx \Rightarrow Yx) \Rightarrow ((\forall x)(Xx \Rightarrow Mx) \Rightarrow (\forall x)(Xx \Rightarrow Yx))$$

类似地，从三段论 AAA-1 的强有效性可得到 AAT-1，AAK-1，AAP-1 这三个三段论的强有效性。证毕。

**定理 4.2**  如下所有的三段论都是强有效的：

$$\text{EAE-1}: \frac{\text{No M are Y}}{\frac{\text{All X are M}}{\text{No X are Y}}}, \quad \text{EAB-1}: \frac{\text{No M are Y}}{\frac{\text{All X are M}}{\text{Few X are Y}}}$$

$$\text{EAD-1}: \frac{\text{No M are Y}}{\frac{\text{All X are M}}{\text{Most X are not Y}}}, \quad \text{EAG-1}: \frac{\text{No M are Y}}{\frac{\text{All X are M}}{\text{Many X are not Y}}}$$

**证明**  EAE-1 式三段论可形式化地表示为

$$\frac{(\forall x)(Mx \Rightarrow \neg Yx)}{\frac{(\forall x)(Xx \Rightarrow Mx)}{(\forall x)(Xx \Rightarrow \neg Yx)}}$$

EAE-1 的强有效性可从如下的可证公式中直接推出

$$T^{IQ} \vdash (Mx \Rightarrow \neg Yx) \& ((Xx \Rightarrow Mx) \Rightarrow (Xx \Rightarrow \neg Yx))$$

其证明类似于 AAA-1 式三段论的强有效性的证明。

可以像证明 EAE-1 的强有效性那样，类似地证明 EAB-1，EAD-1 和 EAG-1 这三个三段论的强有效性。证毕。

现在介绍两个经典的三段论 (其左边是语言形式，右边是对应的形式表达式).

**定理 4.3**　如下的三段论是强有效的：

$$\text{EIO-1}: \frac{\text{No M are Y}}{\text{Some X are M}} \qquad \frac{(\forall x)(Mx \Rightarrow \neg Yx)}{(\exists x)(Xx \wedge Mx)}$$
$$\frac{}{\text{Some X are not Y}}, \qquad \frac{}{(\exists x)(Xx \wedge \neg Yx)}$$

$$\text{AII-1}: \frac{\text{All M are Y}}{\text{Some X are M}} \qquad \frac{(\forall x)(Mx \Rightarrow Yx)}{(\exists x)(Xx \wedge Mx)}$$
$$\frac{}{\text{Some X are Y}}, \qquad \frac{}{(\exists x)(Xx \wedge Yx)}$$

**证明**　根据 $T^{IQ} \vdash (Mx \Rightarrow \neg Yx) \Rightarrow ((Xx \wedge Mx) \Rightarrow (Xx \wedge \neg Yx))$、全称概括规则和定理 2.4(a), (b)，可得到经典三段论 EIO-1 的强有效性，类似地，也可以证明 AII-1 的强有效性。证毕。

**定理 4.4**　如下所有的三段论都是强有效的：

$$\text{ATT-1}: \frac{\text{All M are Y}}{\text{Most X are M}}, \qquad \text{AKK-1}: \frac{\text{All M are Y}}{\text{Many X are M}}$$
$$\frac{}{\text{Most X are Y}}, \qquad \frac{}{\text{Many X are Y}}$$

$$\text{APP-1}: \frac{\text{All M are Y}}{\text{Almost all X are M}}, \qquad \text{APT-1}: \frac{\text{All M are Y}}{\text{Almost all X are M}}$$
$$\frac{}{\text{Almost all X are Y}}, \qquad \frac{}{\text{Most X are Y}}$$

$$\text{ATK-1}: \frac{\text{All M are Y}}{\text{Most X are M}}, \qquad \text{APK-1}: \frac{\text{All M are Y}}{\text{Almost all X are M}}$$
$$\frac{}{\text{Many X are Y}}, \qquad \frac{}{\text{Many X are Y}}$$

**证明**　与前文类似，三段论 ATT-1 可以形式化表示如下：

$$\text{ATT-1}: \frac{(\forall x)(Mx \Rightarrow Yx)}{(\exists z)((\Delta(z \subseteq X) \& (\forall x)(zx \Rightarrow Mx)) \wedge (B_i V e)((\mu X) z))}$$
$$\frac{}{(\exists z)((\Delta(z \subseteq X) \& (\forall x)(zx \Rightarrow Yx)) \wedge (B_i V e)((\mu X) z))}$$

令 $Ez := (B_i V_e)((\mu X)z)$，根据量词的性质和模糊类型论的性质可以证明

$$T^{IQ} \vdash (\forall x)(Mx \Rightarrow Yx) \Rightarrow ((\forall x)(zx \Rightarrow Mx) \Rightarrow (\forall x)(zx \Rightarrow Yx))$$

#### 第四节 有效的居间广义三段论

根据引理 2.1(a), (b) 可得

$$T^{IQ} \vdash (\forall x)(Mx \Rightarrow Yx) \Rightarrow \{((\Delta(z \subseteq X) \& (\forall x)(zx \Rightarrow Mx)) \wedge Ez) \\ \Rightarrow ((\Delta(z \subseteq X) \& (\forall x)(zx \Rightarrow Yx)) \wedge Ez)\} \quad (12)$$

最后，根据关于 $(\forall z)$ 的全称概括规则和定理 2.4(b)，可得

$$T^{IQ} \vdash (\forall x)(Mx \Rightarrow Yx) \& (\exists z)((\Delta(z \subseteq X) \& (\forall x)(zx \Rightarrow Mx)) \wedge Ez) \Rightarrow \\ (\exists z)(\Delta(z \subseteq X) \& (\forall x)(zx \Rightarrow Yx) \wedge Ez)$$

如果我们用 $(B_iV_e)((\mu X)z)$ 替换 $Ez$，可得 ATT-1 的强有效性。令 $Ez := (B_iE_x)((\mu X)z)$，可得 APP-1 的强有效性；令

$$Ez := \neg Sm(\bar{v})((\mu X)z)$$

可得 AKK-1 的强有效性。根据定理 3.1(a)，根据三段论 APP-1 可以证明 APT-1 和 APK-1 的强有效性。类似地，从 ATT-1 的强有效性可证明 ATK-1 的强有效性。证毕。

**定理 4.5** 如下三段论在 $T^{IQ}$ 中是强有效的：

$$\text{EPB-1}: \frac{\text{No M are Y}}{\text{Almost all X are M}}, \quad \text{EPD-1}: \frac{\text{No M are Y}}{\text{Almost all X are M}}$$

$$\text{EPG-1}: \frac{\text{No M are Y}}{\text{Almost all X are M}}, \quad \text{ETD-1}: \frac{\text{No M are Y}}{\text{Most X are M}}$$

$$\text{ETG-1}: \frac{\text{No M are Y}}{\text{Most X are M}}, \quad \text{EKG-1}: \frac{\text{No M are Y}}{\text{Many X are M}}$$

**证明** 三段论 EPB-1 可形式化地表示为

$$\text{EPB-1}: \frac{(\forall x)(Mx \Rightarrow \neg Yx)}{(\exists z)((\Delta(z \subseteq X) \& (\forall x)(zx \Rightarrow Mx)) \wedge (B_iE_x)((\mu X)z))}{(\exists z)((\Delta(z \subseteq X) \& (\forall x)(zx \Rightarrow \neg Yx)) \wedge (B_iE_x)((\mu X)z))}$$

与上文类似，根据可证公式 $T^{IQ} \vdash (Mx \Rightarrow \neg Yx) \& ((zx \Rightarrow Mx) \Rightarrow (zx \wedge \neg Yx))$ 和上文证明中用过的相同性质，可证明 EPB-1 的强有效性。

根据定理 3.1(a) 和 EPB-1 的强有效性可证明 EPD-1, EPG-1 和 ETD-1 这三个三段论的强有效性。根据定理 3.1(b) 可证明 ETG-1 和 EKG-1 的强有效性。证毕。

**带有预设的第一格广义三段论**

本节研究带有预设的三段论。首先，研究两个在小前提中带有预设的经典三段论。

**定理 4.6** 如下三段论在 $T^{IQ}$ 中是强有效的：

$$E(*A)O\text{-}1: \frac{\text{No M are Y}}{\frac{*\text{All X are M}}{\text{Some X are not Y}}}, \quad \frac{(\forall x)(Mx \Rightarrow \neg Yx)}{\frac{(\forall x)(Xx \Rightarrow Mx) \& (\exists x)Xx}{(\exists x)(Xx \wedge \neg Yx)}}$$

$$A(*A)I\text{-}1: \frac{\text{All M are Y}}{\frac{*\text{All X are M}}{\text{Some X are Y}}}, \quad \frac{(\forall x)(Mx \Rightarrow Yx)}{\frac{(\forall x)(Xx \Rightarrow Mx) \& (\exists x)Xx}{(\exists x)(Xx \wedge Yx)}}$$

**证明** 从 $T^{IQ} \vdash (Mx \Rightarrow \neg Yx) \& (Xx \Rightarrow Mx) \Rightarrow (Xx \wedge \neg Yx)$ 可得

$$T^{IQ} \vdash (Mx \Rightarrow \neg Yx) \& (Xx \Rightarrow Mx) \Rightarrow (Xx \Rightarrow (Xx \wedge \neg Yx))$$

因此，根据定理 2.4(a) 和 (b) 可得

$$T^{IQ} \vdash (\forall x)(Mx \Rightarrow \neg Yx) \& (\forall x)(Xx \Rightarrow Mx) \Rightarrow ((\exists x)Xx \Rightarrow (\exists x)(Xx \wedge \neg Yx))$$

这等价于

$$T^{IQ} \vdash ((\forall x)(Mx \Rightarrow \neg Yx) \& (\forall x)(Xx \Rightarrow Mx) \& (\exists x)Xx) \Rightarrow (\exists x)(Xx \wedge \neg Yx)$$

即三段论 $E(*A)O\text{-}1$ 是强有效。

可以类似地证明第二个经典三段论 $A(*A)I\text{-}1$ 的强有效性。证毕。

现在继续研究带有预设的如下的三段论。

**定理 4.7** 如下所有的三段论在 $T^{IQ}$ 中都是强有效的：

$$E(*T)O\text{-}1: \frac{\text{No M are Y}}{\frac{*\text{Most X are M}}{\text{Some X are not Y}}}, \quad E(*K)O\text{-}1: \frac{\text{No M are Y}}{\frac{*\text{Many X are M}}{\text{Some X are not Y}}}$$

$$E(*P)O\text{-}1: \frac{\text{No M are Y}}{\frac{*\text{Almost all X are M}}{\text{Some X are not Y}}}$$

**证明** 第一个带有预设的三段论 $E(*T)O\text{-}1$ 可以表示如下

### 第四节 有效的居间广义三段论

E(*T)O-1：

$$\frac{(\forall x)(Mx \Rightarrow \neg Yx)}{(\exists z)((\Delta(z \subseteq X) \& (\exists x)zx \& (\forall x)(zx \Rightarrow Mx)) \wedge (B_iVe)((\mu X)z))}$$
$$(\exists x)(Xx \wedge \neg Yx)$$

令 $Ez := (B_iV_e)((\mu X)z)$，根据 $T^{IQ} \vdash (Mx \Rightarrow \neg Yx) \& (zx \Rightarrow Mx) \Rightarrow (zx \Rightarrow \neg Yx)$ 和模糊类型论的性质可得

$$T^{IQ} \vdash (Mx \Rightarrow \neg Yx) \& (zx \Rightarrow Xx) \& (zx \Rightarrow Mx)$$
$$\Rightarrow ((zx \Rightarrow Xx) \& (zx \Rightarrow \neg Yx))$$

因此，$T^{IQ} \vdash (Mx \Rightarrow \neg Yx) \& (zx \Rightarrow Xx) \& (zx \Rightarrow Mx) \Rightarrow (zx \Rightarrow (Xx \wedge \neg Yx))$

根据定理 2.3(a)，可以将该公式改写如下

$$T^{IQ} \vdash (zx \Rightarrow Xx) \Rightarrow \{(Mx \Rightarrow \neg Yx) \Rightarrow ((zx \Rightarrow Mx) \Rightarrow (zx \Rightarrow (Xx \wedge \neg Yx)))\} \quad (13)$$

根据全称概括规则和定理 2.4(a), (b) 可得

$$T^{IQ} \vdash (\forall x)(zx \Rightarrow Xx) \Rightarrow \{(\forall x)(Mx \Rightarrow \neg Yx) \Rightarrow ((\forall x)(zx \Rightarrow Mx)$$
$$\Rightarrow ((\exists x)zx \Rightarrow (\exists x)(Xx \wedge \neg Yx)))\} \quad (14)$$

根据定理 2.3(1) 可得

$$T^{IQ} \vdash \Delta(\forall x)(zx \Rightarrow X) \Rightarrow \{(\forall x)(Mx \Rightarrow \neg Yx) \Rightarrow ((\forall x)(zx \Rightarrow Mx)$$
$$\Rightarrow ((\exists x)zx \Rightarrow (\exists x)(Xx \wedge \neg Yx)))\} \quad (15)$$

这等价于：

$$T^{IQ} \vdash \Delta(z \subseteq X) \Rightarrow \{(\forall x)(Mx \Rightarrow \neg Yx) \Rightarrow ((\forall x)(zx \Rightarrow Mx)$$
$$\Rightarrow ((\exists x)zx \Rightarrow (\exists x)(Xx \wedge \neg Yx)))\} \quad (16)$$

根据定理 2.3(b) 和定理 2.3(a) 可得

$$T^{IQ} \vdash (\forall x)(Mx \Rightarrow \neg Yx) \Rightarrow \{(\Delta(z \subseteq X) \& (\forall x)(zx \Rightarrow Mx) \& (\exists x)zx)$$
$$\Rightarrow (\exists x)(Xx \wedge \neg Yx)\} \quad (17)$$

根据定理 2.3(b) 可得

$$T^{IQ} \vdash (\Delta(z \subseteq X) \& (\forall x)(zx \Rightarrow Mx) \& (\exists x)zx)$$
$$\Rightarrow ((\forall x)(Mx \Rightarrow \neg Yx) \Rightarrow (\exists x)(Xx \wedge \neg Yx)) \quad (18)$$

根据定理 2.3(c) 可得

$$T^{IQ} \vdash ((\Delta(z \subseteq X) \& (\forall x)(zx \Rightarrow Mx) \& (\exists x)zx) \wedge Ez)$$
$$\Rightarrow ((\forall x)(Mx \Rightarrow \neg Yx) \Rightarrow (\exists x)(Xx \wedge \neg Yx)) \tag{19}$$

最后，根据关于 $(\forall z)$ 的全称概括规则和量词的性质可得

$$T^{IQ} \vdash (\exists z)((\Delta(z \subseteq X) \& (\forall x)(zx \Rightarrow Mx) \& (\exists x)zx) \wedge Ez)$$
$$\Rightarrow ((\forall x)(Mx \Rightarrow \neg Yx) \Rightarrow (\exists x)(Xx \wedge \neg Yx)) \tag{20}$$

这等价于

$$T^{IQ} \vdash (\forall x)(Mx \Rightarrow \neg Yx)$$
$$\Rightarrow (\exists z)((\Delta(z \subseteq X) \& (\forall x)(zx \Rightarrow Mx) \& (\exists x)zx) \wedge Ez)$$
$$\Rightarrow (\exists x)(Xx \wedge \neg Yx) \tag{21}$$

如果用 $(B_i V_e)((\mu X)z)$ 替换 $Ez$，那么可得 $E(*T)O\text{-}1$ 的强有效性。

如果在上述证明中用 $\neg Sm(\bar{v})((\mu X)z)$ 替换 $Ez$，那么可得 $E(*K)O\text{-}1$ 的强有效性。类似地，根据 $(B_i E_x)((\mu X)z)$ 可以得到 $E(*P)O\text{-}I$ 的强有效性。证毕。

**定理 4.8** 如下的三段论在 $T^{IQ}$ 中是强有效的：

$$A(*T)I\text{-}1 : \frac{\text{All M are Y}}{\text{Some X are Y}}, \quad A(*K)I\text{-}1 : \frac{\text{All M are Y}}{\text{Some X are Y}}$$

$$A(*P)I\text{-}1 : \frac{\text{All M are Y}}{\text{Some X are Y}}$$

**证明** 第一个带有预设的三段论 $A(*T)I\text{-}1$ 可以表示如下

$A(*T)I\text{-}1:$

$$\frac{(\forall x)(Mx \Rightarrow Yx)}{(\exists z)((\Delta(z \subseteq X) \& (\exists x)zx \& (\forall x)(zx \Rightarrow Mx)) \wedge (B_i V_e)((\mu X)z))}{(\exists x)(Xx \wedge Yx)}$$

可像定理 4.7 的证明那样类似地构造 $A(*T)I\text{-}1$ 的证明过程，但其初始公式是

$$T^{IQ} \vdash (Mx \Rightarrow Yx) \& (zx \Rightarrow Mx) \Rightarrow (zx \Rightarrow Yx)$$

可以类似地证明其他两个三段论 $A(*K)I\text{-}1$ 和 $A(*P)I\text{-}1$ 的强有效性。证毕。

## 二、第二格三段论

本节可以利用两个经典三段论来研究第二格的三段论。

**定理 4.9**  如下的经典三段论在 $T^{IQ}$ 中都是强有效的：

$$\text{EIO-2}: \frac{\text{No Y are M}}{\text{Some X are not Y}}, \quad \frac{(\forall x)(Yx \Rightarrow \neg Mx)}{(\exists x)(Xx \wedge \neg Yx)}$$

$$\text{AOO-2}: \frac{\text{All Y are M}}{\text{Some X are not Y}}, \quad \frac{(\forall x)(Yx \Rightarrow Mx)}{(\exists x)(Xx \wedge \neg Mx)}$$

**证明**  通过换位可得：$T^{IQ} \vdash (Yx \Rightarrow \neg Mx) \Rightarrow (Mx \Rightarrow \neg Yx)$，并根据 $T^{IQ} \vdash (Mx \Rightarrow \neg Yx) \Rightarrow (Xx \wedge Mx) \Rightarrow (Xx \wedge \neg Yx)$ 可得

$$T^{IQ} \vdash (Yx \Rightarrow \neg Mx) \Rightarrow ((Xx \wedge Mx) \Rightarrow (Xx \wedge \neg Yx))$$

再根据定理 2.4(a) 和 (b) 可得

$$T^{IQ} \vdash (\forall x)(Yx \Rightarrow \neg Mx) \Rightarrow ((\exists x)(Xx \wedge Mx) \Rightarrow (\exists x)(Xx \wedge \neg Yx))$$

即证明了三段论 EIO-2 的强有效性。第二个三段论 AOO-2 的强有效性可以类似地证明。证毕。

**定理 4.10**  如下的三段论在 $T^{IQ}$ 中是强有效的：

$$\text{AEE-2}: \frac{\text{All Y are M}}{\text{No X are Y}}, \quad \text{EAE-2}: \frac{\text{No Y are M}}{\text{No X are Y}}$$

$$\text{AEB-2}: \frac{\text{All Y are M}}{\text{Few X are Y}}, \quad \text{AED-2}: \frac{\text{All Y are M}}{\text{Most X are not Y}}$$

$$\text{AEG-2}: \frac{\text{All Y are M}}{\text{Many X are not Y}}, \quad \text{EAB-2}: \frac{\text{No Y are M}}{\text{Few X are Y}}$$

$$\text{EAD-2}: \frac{\text{No Y are M}}{\text{Most X are not Y}}, \quad \text{EAG-2}: \frac{\text{No Y are M}}{\text{Many X are not Y}}$$

**证明** 经典三段论可以表示如下

$$(\forall x)(Yx \Rightarrow Mx)$$
$$\frac{(\forall x)(Xx \Rightarrow \neg Mx)}{(\forall x)(Xx \Rightarrow \neg Yx)}$$

通过换位 $T^{IQ} \vdash (Yx \Rightarrow Mx) \& (Xx \Rightarrow \neg Mx) \Rightarrow (Xx \wedge \neg Yx)$，再根据定理 2.4(a) 可得该三段论的强有效性。

类似地，可以得到三段论 EAE-2 的强有效性。根据定理 3.1(b) 和 AEE-2 可以证明 AEB-2，AED-2 和 AEG-2 这三个三段论的强有效性。最后，根据定理 3.1(b) 和 EAE-2 的强有效性可以证明 EAB-2，EAD-2 和 EAG-2 的强有效性。证毕。

**定理 4.11** 如下的所有三段论在 $T^{IQ}$ 中都是强有效的：

$$\text{ABB-2}: \frac{\text{All Y are M}}{\text{Few X are M}}, \quad \text{ADD-2}: \frac{\text{All Y are M}}{\text{Most X are not M}}$$

$$\text{AGG-2}: \frac{\text{All Y are M}}{\text{Many X are not M}}, \quad \text{ABD-2}: \frac{\text{All Y are M}}{\text{Few X are M}}$$

$$\text{ABG-2}: \frac{\text{All Y are M}}{\text{Few X are M}}, \quad \text{ADG-2}: \frac{\text{All Y are M}}{\text{Most X are not M}}$$

**证明** 根据定义 3.5，可以把第一个三段论 ABB-2 表示如下：

$$\frac{(\forall x)(Yx \Rightarrow Mx)}{(\exists z)((\Delta(z \subseteq X) \& (\forall x)(zx \Rightarrow \neg Mx)) \wedge (B_i Ex)((\mu X)z))}$$
$$\overline{(\exists z)((\Delta(z \subseteq X) \& (\forall x)(zx \Rightarrow \neg Yx)) \wedge (B_i Ex)((\mu X)z))}.$$

令 $Ez := (B_i Ex)((\mu X)z)$，根据换位和定理 2.4(a) 可以证明：

$$T^{IQ} \vdash (\forall x)(Yx \Rightarrow Mx) \Rightarrow ((\forall x)(zx \Rightarrow \neg Mx) \Rightarrow (\forall x)(zx \Rightarrow \neg Yx)$$

使用在 ATT-1 证明中相同的步骤，可以得到

$$T^{IQ} \vdash (\forall x)(Yx \Rightarrow Mx) \& (\exists z)(\Delta(z \subseteq X) \& (\forall x)(zx \Rightarrow \neg Mx) \wedge Ez)$$
$$\Rightarrow ((\exists z)(\Delta(z \subseteq X) \& (\forall x)(zx \Rightarrow \neg Yx) \wedge Ez)) \tag{22}$$

## 第四节 有效的居间广义三段论

如果用 $(B_iEx)((\mu X)z)$ 替换 $Ez$，然后可得三段论 ABB-2 的强有效性。

如果在上面的证明中令 $Ez := (B_iVe)((\mu X)z)$，那么可以得到 ADD-2，并令 $Ez := \neg Sm(\bar{v})((\mu X)z)$，可得 AGG-2 的强有效性。根据定理 3.1(b) 和三段论 ABB-2 的强有效性可得三段论 ABD-2 和 ABG-2 的强有效性。类似地，根据定理 3.1(b) 和 ADD-2 的强有效性可得 ADG-2 的强有效性。证毕。

**定理 4.12** 如下三段论在 $T^{IQ}$ 中是强有效的：

$$\text{ETD-2}: \frac{\text{No Y are M}}{\text{Most X are M}} \qquad \text{EPB-2}: \frac{\text{No Y are M}}{\text{Almost all X are M}}$$

$$\text{EKG-2}: \frac{\text{No Y are M}}{\text{Many X are M}} \qquad \text{ETG-2}: \frac{\text{No Y are M}}{\text{Most X are M}}$$

$$\text{EPD-2}: \frac{\text{No Y are M}}{\text{Almost all X are M}}, \qquad \text{EPG-2}: \frac{\text{No Y are M}}{\text{Almost all X are M}}$$

**证明** 类似地，根据定义 3.5，ETD-2 可表示如下

$$\text{ETD-2}: \frac{(\forall x)(Yx \Rightarrow \neg Mx)}{(\exists z)((\Delta(z \subseteq X) \& (\forall x)(zx \Rightarrow Mx)) \wedge (B_iVe)((\mu X)z))}{(\exists z)((\Delta(z \subseteq X) \& (\forall x)(zx \Rightarrow \neg Yx)) \wedge (B_iVe)((\mu X)z))}$$

用 $Ez$ 表示 $(B_iVe)((\mu X)z)$，根据换位和量词的性质可得

$$T^{IQ} \vdash (\forall x)(Yx \Rightarrow \neg Mx) \Rightarrow ((\forall x)(zx \Rightarrow Mx) \Rightarrow (\forall x)(zx \Rightarrow \neg Yx))$$

使用 ATT-1 的证明中的相同步骤可得

$$T^{IQ} \vdash (\forall x)(Yx \Rightarrow \neg Mx) \& (\exists z)((\Delta(z \subseteq X) \& (\forall x)(zx \Rightarrow Mx)) \wedge Ez)$$
$$\Rightarrow (\exists x)(\Delta(z \subseteq X) \& (\forall x)(zx \Rightarrow \neg Yx) \wedge Ez) \tag{23}$$

用 $(B_iVe)((\mu X)z)$ 代替 $Ez$，可以得到 ETD-2 的强有效性。

如果令 $Ez := (B_iEx)((\mu X)z)$，可以得到 EPB-2；如果令 $Ez := \neg Sm(\bar{v})((\mu X)z)$，可得 EKG-2 的强有效性。根据定理 3.1(b) 和 ETD-2 可以得到 ETG-2 的强有效性。最后，根据定理 3.1(b) 和 EPB-2 可以得到 EPD-2 和 EPG-2 的强有效性。证毕。

**带有预设的第二格三段论**

本节证明带有预设的三段论的强有效性，其证明方法与带有预设的第一格三段论的强有效性的证明方法类似。从两个经典三段论开始证明。

**定理 4.13**  如下的经典三段论在 $T^{IQ}$ 中是强有效的：

$$E(*A)O\text{-}2: \frac{\substack{\text{No Y are M}\\ *\text{All X are M}}}{\text{Some X are not Y}}, \quad A(*E)O\text{-}2: \frac{\substack{\text{All Y are M}\\ *\text{No X are M}}}{\text{Some X are not Y}}$$

**证明**  第一个三段论可以改写成如下形式

$$E(*A)O\text{-}2: \frac{(\forall x)(Yx \Rightarrow \neg Mx)}{(\forall x)(Xx \Rightarrow Mx) \& (\exists x)Xx}{(\exists x)(Xx \wedge \neg Yx)}$$

根据可证公式 $T^{IQ} \vdash (Yx \Rightarrow \neg Mx) \& (Xx \Rightarrow Mx) \Rightarrow (Xx \Rightarrow (Xx \wedge \neg Yx))$ 和定理 2.4(a), (b) 可得

$$T^{IQ} \vdash (\forall x)(Yx \Rightarrow \neg Mx) \& (\forall x)(Xx \Rightarrow Mx) \Rightarrow (\exists x)(Xx \Rightarrow (\exists x)(Xx \wedge \neg Yx))$$

这等价于

$$T^{IQ} \vdash ((\forall x)(Yx \Rightarrow \neg Mx) \& (\forall x)(Xx \Rightarrow Mx) \& (\exists x)Xx) \Rightarrow (\exists x)(Xx \wedge \neg Yx)$$

即三段论 E(*A)O-2 是强有效的。

可类似证明第二个三段论 A(*E)O-2 的强有效性。证毕。

**定理 4.14**  如下的所有三段论在 $T^{IQ}$ 中是强有效性的：

$$E(*K)O\text{-}2: \frac{\substack{\text{No Y are M}\\ *\text{Many X are M}}}{\text{Some X are not Y}}, \quad E(*T)O\text{-}2: \frac{\substack{\text{No Y are M}\\ *\text{Most X are M}}}{\text{Some X are not Y}}$$

$$E(*P)O\text{-}2: \frac{\substack{\text{No Y are M}\\ *\text{Almost all X are M}}}{\text{Some X are not Y}}, \quad A(*B)O\text{-}2: \frac{\substack{\text{All Y are M}\\ *\text{Few X are M}}}{\text{Some X are not Y}}$$

$$A(*D)O\text{-}2: \frac{\substack{\text{All Y are M}\\ *\text{Most X are not M}}}{\text{Some X are not Y}}, \quad A(*G)O\text{-}2: \frac{\substack{\text{All Y are M}\\ *\text{Many X are not M}}}{\text{Some X are not Y}}$$

### 第四节 有效的居间广义三段论

**证明** 三段论 E(*T)O-2 可改写成

$$\frac{(\forall x)(Yx \Rightarrow \neg Mx)}{(\exists z)((\Delta(z \subseteq X) \& (\exists x)zx \& (\forall x)(zx \Rightarrow Mx)) \wedge (B_i Ve)((\mu X)z))}{(\exists x)(Xx \wedge \neg Yx)}$$

其证明类似于 E(*T)O-1 的证明,但其初始公式是

$$T^{IQ} \vdash (Yx \Rightarrow \neg Mx) \& (Xx \Rightarrow Mx) \Rightarrow (zx \Rightarrow \neg Yx)$$

正如在 E(*T)O-1 的证明中那样,可类似证明 E(*T)O-2 的强有效性。

可以类似证明三段论 E(*K)O-2 和 E(*P)O-2 的强有效性。在证明三段论 A(*B)O-2,A(*D)O-2 和 A(*G)O-2 的强有效性时,需从如下公式开始:

$$T^{IQ} \vdash (Yx \Rightarrow Mx) \& (zx \Rightarrow \neg Mx) \Rightarrow (zx \Rightarrow \neg Yx)$$

其证明过程与上述证明类似。证毕。

### 三、第三格三段论

第三格三段论的证明可以从如下四个经典三段论开始。

**定理 4.15** 如下的三段论在 $T^{IQ}$ 中是强有效的:

$$\text{IAI-3}: \frac{\text{Some M are Y}}{\frac{\text{All M are X}}{\text{Some X are Y}}}, \quad \text{OAO-3}: \frac{\text{Some M are not Y}}{\frac{\text{All M are X}}{\text{Some X are not Y}}}$$

$$\text{AII-3}: \frac{\text{All M are Y}}{\frac{\text{Some M are X}}{\text{Some X are Y}}}, \quad \text{EIO-3}: \frac{\text{No M are Y}}{\frac{\text{Some M are X}}{\text{Some X are not Y}}}$$

**证明** IAI-3 式三段论可以改写如下

$$\frac{(\exists x)(Mx \wedge Yx)}{(\forall x)(Mx \Rightarrow Xx)}{(\exists x)(Xx \wedge Yx)}$$

根据定理 2.4(a),(b) 和定理 2.3(b),根据 $T^{IQ} \vdash (Mx \Rightarrow Xx) \Rightarrow ((Mx \wedge Yx) \Rightarrow (Xx \wedge Yx))$ 可得

$$T^{IQ} \vdash (\exists x)(Mx \wedge Yx) \Rightarrow ((\forall x)(Mx \Rightarrow Xx) \Rightarrow (\exists x)(Xx \wedge Yx))$$

即证明了三段论 IAI-3 的强有效性。

同理可证:OAO-3,AII-3 和 EIO-3 这三种三段论的强有效性。证毕。

**带有预设的第三格三段论**

现在继续研究带有预设的三段论,首先从两个带有预设的小前提的经典三段论开始讨论。

**定理 4.16** 如下的经典三段论在 $T^{IQ}$ 中都是强有效的:

$$A(*A)I\text{-}3: \frac{\text{All M are Y}}{\text{*All M are X}}, \quad E(*A)O\text{-}3: \frac{\text{No M are Y}}{\text{*All M are X}}$$
$$\frac{}{\text{Some X are Y}} \qquad \frac{}{\text{Some X are not Y}}$$

**证明** 三段论 A(*A)I-3 可改写如下:

$$\frac{(\forall x)(Mx \Rightarrow Yx)}{(\forall x)(Mx \Rightarrow Xx) \& (\exists x) Mx}$$
$$\frac{}{(\exists x)(Xx \wedge Yx)}$$

根据量词的性质和 $T^{IQ} \vdash (Mx \Rightarrow Yx) \& (Mx \Rightarrow Xx) \Rightarrow (Mx \Rightarrow (Xx \wedge Yx))$ 可得三段论 A(*A)I-3 的强有效性。同理可证 E(*A)O-3 的强有效性,证毕。

**定理 4.17** 如下所有三段论在 $T^{IQ}$ 中都是强有效的:

$$(*T)AI\text{-}3: \frac{\text{*Most M are Y}}{\text{All M are X}}, \quad (*P)AI\text{-}3: \frac{\text{*Almost all M are Y}}{\text{All M are X}}$$
$$\frac{}{\text{Some X are Y}} \qquad \frac{}{\text{Some X are Y}}$$

$$(*K)AI\text{-}3: \frac{\text{*Many M are Y}}{\text{All M are X}}, \quad A(*T)I\text{-}3: \frac{\text{All M are Y}}{\text{*Most M are X}}$$
$$\frac{}{\text{Some X are Y}} \qquad \frac{}{\text{Some X are Y}}$$

$$A(*K)I\text{-}3: \frac{\text{All M are Y}}{\text{*Many M are X}}, \quad A(*P)I\text{-}3: \frac{\text{All M are Y}}{\text{*Almost all M are X}}$$
$$\frac{}{\text{Some X are Y}} \qquad \frac{}{\text{Some X are Y}}$$

**证明** 与上面的类似,三段论 (*T)AI-3 可表示如下

$$\frac{(\exists z)((\Delta(z \subseteq M) \& (\exists x) zx \& (\forall x)(zx \Rightarrow Yx)) \wedge (B_i Ve)((\mu M)z))}{(\forall x)(Mx \Rightarrow Xx)}$$
$$\frac{}{(\exists x)(Xx \wedge Yx)}$$

令 $Ez := (B_i Ve)((\mu M)z)$,该证明类似于 E(*T)O-1 的证明,并继续使用这种简洁的方法进行证明。根据可证公式 $T^{IQ} \vdash (Mx \Rightarrow Xx) \& (zx \Rightarrow Mx) \Rightarrow (zx \Rightarrow Xx)$ 可得

$$T^{IQ} \vdash (Mx \Rightarrow Xx) \Rightarrow ((zx \Rightarrow Mx) \& (zx \Rightarrow Yx) \Rightarrow (zx \Rightarrow Xx) \& (zx \Rightarrow Yx))$$

### 第四节 有效的居间广义三段论

根据证明 E(*T)O-1 所使用的相同性质可得

$$T^{IQ} \vdash (\exists z)((\Delta(z \subseteq M) \& (\exists x)zx \& (\forall x)(zx \Rightarrow Yx)) \wedge Ez) \& (\forall x)(Mx \Rightarrow Xx)$$
$$\Rightarrow (\exists z)(Xx \wedge Yx) \tag{24}$$

用 $(B_i Ve)((\mu M)z)$ 替换 $Ez$,可得三段论 (*T)AI-3 的强有效性。

同理可证 A(*T)I-3 的强有效性。如果在上述证明中令 $Ez := (B_i Ex)((\mu M)z)$,那么可得 (*P)AI-3 的强有效性,因而可得 A(*P)I-3 的强有效性。如果令 $Ez := \neg Sm(\bar{v})((\mu M)z)$,那么可得 (*K)AI-3 的强有效性,并因此可得 A(*K)I-3 的强有效性。证毕。

**定理 4.18** 如下的三段论在 $T^{IQ}$ 中都是强有效的:

$$(*B)AO\text{-}3 : \dfrac{\text{*Few M are Y}}{\text{Some X are not Y}}, \quad (*D)AO\text{-}3 : \dfrac{\text{*Most M are not Y}}{\text{Some X are not Y}}$$

$$(*G)AO\text{-}3 : \dfrac{\text{*Many M are not Y}}{\text{Some X are not Y}}$$

**证明** 三段论 (*B)AO-3 可以改写如下

$$\dfrac{(\exists z)((\Delta(z \subseteq M) \& (\exists x)zx \& (\forall x)(zx \Rightarrow \neg Yx)) \wedge (B_i Ex)((\mu M)z))}{(\exists x)(Xx \wedge \neg Yx)}$$

其证明过程与上文的证明过程类似,但初始公式是

$$T^{IQ} \vdash (Mx \Rightarrow Xx) \& (zx \Rightarrow Mx) \Rightarrow (zx \Rightarrow Xx)$$

因此

$$T^{IQ} \vdash (Mx \Rightarrow Xx) \& (zx \Rightarrow Mx) \& (zx \Rightarrow \neg Yx) \Rightarrow (zx \Rightarrow Xx) \& (zx \Rightarrow \neg Yx)$$

接下来的步骤也与上面类似。

同理可证 (*D)AO-3 和 (*G)AO-3 这两个三段论的强有效性。证毕。

**定理 4.19** 如下所有三段论在 $T^{IQ}$ 中都是强有效的:

$$E(*T)O\text{-}3 : \dfrac{\text{No M are Y}}{\text{*Most M are X}}, \quad E(*P)O\text{-}3 : \dfrac{\text{No M are Y}}{\text{*Almost all M are X}}$$

$$E(*K)O\text{-}3: \frac{\text{No M are Y}}{\text{*Many M are X}}$$
$$\overline{\text{Some X are not Y}}$$

**证明** 三段论 E(*T)O-3 可以改写如下

$$\frac{(\exists x)(Mx \Rightarrow \neg Yx)}{(\exists z)((\Delta(z \subseteq M) \& (\exists x)zx \& (\forall x)(zx \Rightarrow Xx)) \wedge (B_i Ve)((\mu M)z))}$$
$$(\exists x)(Xx \wedge \neg Yx)$$

其证明类似于 E(*T)O-1 的证明。

同理可证 E(*P)O-3 和 E(*K)O-3 这两个三段论的强有效性。证毕。

### 四、第四格三段论

**定理 4.20** 如下的经典三段论在 $T^{IQ}$ 中都是强有效的:

$$EIO\text{-}4: \frac{\text{No Y are M}}{\text{Some M are X}}, \quad IAI\text{-}4: \frac{\text{Some Y are M}}{\text{All M are X}}$$
$$\overline{\text{Some X are not Y}}, \quad \overline{\text{Some X are Y}}$$

**证明** 根据换位和模糊类型论的性质可以证明

$$T^{IQ} \vdash (Yx \Rightarrow \neg Mx) \Rightarrow (Mx \wedge Xx) \Rightarrow (Xx \wedge \neg Yx)$$

根据定理 2.4(a) 和 (b) 可以得到 EIO-4 的强有效性。

同理可证 IAI-4 的强有效性。证毕。

**定理 4.21** 如下三段论在 $T^{IQ}$ 中是强有效的:

$$AEE\text{-}4: \frac{\text{All Y are M}}{\text{No M are X}}, \quad AEB\text{-}4: \frac{\text{All Y are M}}{\text{No M are X}}$$
$$\overline{\text{No X are Y}}, \quad \overline{\text{Few X are Y}}$$

$$AED\text{-}4: \frac{\text{All Y are M}}{\text{No M are X}}, \quad AEG\text{-}4: \frac{\text{All Y are M}}{\text{No M are X}}$$
$$\overline{\text{Most X are not Y}}, \quad \overline{\text{Many X are not Y}}$$

**证明** 根据可证公式

$$T^{IQ} \vdash (Yx \Rightarrow Mx) \& (Mx \Rightarrow \neg Xx) \Rightarrow (Xx \wedge \neg Yx) \tag{25}$$

和量词的性质,可得经典三段论 AEE-4 的强有效性。

根据定理 3.1(b) 和 AEE-4 的强有效性,可以证明 AEB-4, AED-4 和 AEG-4 这三个三段论的强有效性。证毕。

## 第四节 有效的居间广义三段论

### (一) 带有预设的第四格三段论

带有预设的第四格三段论可分为两组：第一组包含了所有有效的带预设的三段论，其中只有 Y 是非空子集；第二组则假定了只有 M 是非空子集。

**定理 4.22** 如下经典三段论在 $T^{IQ}$ 中都是强有效的：

$$(*A)AI\text{-}4: \frac{*All\ Y\ are\ M}{All\ M\ are\ X}, \quad \frac{(\forall x)(Yx \Rightarrow Mx)\ \&\ (\exists x)Yx}{Some\ X\ are\ Y}, \quad \frac{(\forall x)(Mx \Rightarrow Xx)}{(\exists x)(Xx \wedge Yx)}$$

**证明** 根据模糊类型论和量词的性质可得

$$T^{IQ} \vdash (\forall x)(Yx \Rightarrow Mx) \& (\forall x)(Mx \Rightarrow Xx) \& (\exists x)Yx \Rightarrow ((\exists x)(Xx \wedge Yx))$$

即三段论 $(*A)AI\text{-}4$ 是强有效的。证毕。

**定理 4.23** 如下的三段论在 $T^{IQ}$ 中都是强有效的：

$$(*T)AI\text{-}4: \frac{*Most\ Y\ are\ M}{All\ M\ are\ X}, \quad (*P)AI\text{-}4: \frac{*Almost\ all\ Y\ are\ M}{All\ M\ are\ X}$$
$$\frac{}{Some\ X\ are\ Y}$$

$$(*K)AI\text{-}4: \frac{*Many\ Y\ are\ M}{All\ M\ are\ X}$$
$$\frac{}{Some\ X\ are\ Y}$$

**证明** 三段论 $(*T)AI\text{-}4$ 可以表示为

$$\frac{(\exists z)((\Delta(z \subseteq Y)\ \&\ (\exists x)zx\ \&\ (\forall x)(zx \Rightarrow Mx)) \wedge (B_iVe)((\mu Y)z))}{(\forall x)(Mx \Rightarrow Xx)}$$
$$\frac{}{(\exists x)(Xx \wedge Yx)}$$

根据可证公式 $T^{IQ} \vdash (zx \Rightarrow Mx) \& (Mx \Rightarrow Xx) \Rightarrow (zx \Rightarrow Xx)$ 可得

$$T^{IQ} \vdash (Mx \Rightarrow Xx) \& (zx \Rightarrow Yx) \& (zx \Rightarrow Mx) \Rightarrow (zx \Rightarrow Yx) \& (zx \Rightarrow Xx)$$

接下来的证明过程与在 $E(*T)O\text{-}1$ 中的证明类似。同理可证 $(*P)AI\text{-}4$ 和 $(*K)AI\text{-}4$ 的强有效性。证毕。

**定理 4.24** 如下经典三段论在 $T^{IQ}$ 中都是强有效的：

$$E(*A)O\text{-}4: \frac{No\ Y\ are\ M}{*All\ M\ are\ X}, \quad \frac{(\forall x)(Yx \Rightarrow \neg Mx)}{(\forall x)(Mx \Rightarrow Xx)\ \&\ (\exists x)Mx}$$
$$\frac{}{Some\ X\ are\ not\ Y}, \quad \frac{}{(\exists x)(Xx \wedge \neg Yx)}$$

**证明** 根据换位、模糊类型论的性质和量词性质可得

$$T^{IQ} \vdash (\forall x)(Yx \Rightarrow \neg Mx) \& (\forall x)(Mx \Rightarrow Xx) \& (\exists x)Mx \Rightarrow (\exists x)(Xx \wedge \neg Yx)$$

即证明了 E(*A)O-4 的强有效性。证毕。

**定理 4.25** 如下所有三段论在 $T^{IQ}$ 中都是强有效的：

$$E(*T)O\text{-}4: \frac{\text{No Y are M}}{\text{Some X are not Y}}, \quad E(*P)O\text{-}4: \frac{\text{No Y are M}}{\text{Some X are not Y}}$$

$$E(*K)O\text{-}4: \frac{\text{No Y are M}}{\text{Some X are not Y}}$$

**证明** 类似地，三段论 E(*T)O-4 可表示如下

$$\frac{(\forall x)(Yx \Rightarrow \neg Mx)}{(\exists z)((\Delta(z \subseteq M) \& (\exists x)zx \& (\forall x)(zx \Rightarrow Xx)) \wedge (B_i V_e)((\mu M)z)}{(\exists x)(Xx \wedge \neg Yx)}$$

据换位、模糊类型论的性质和 $T^{IQ} \vdash (Yx \Rightarrow \neg Mx) \& (zx \Rightarrow Mx) \Rightarrow (Zx \Rightarrow \neg Yx)$ 可得

$$T^{IQ} \vdash (Yx \Rightarrow \neg Mx) \Rightarrow ((zx \Rightarrow Xx) \& (zx \Rightarrow Mx)$$
$$\Rightarrow (zx \Rightarrow Xx) \& (zx \Rightarrow \neg Yx))$$

余下的 E(*T)O-4 的强有效性证明步骤类似于 E(*T)O-1 的强有效性证明。同理可证 E(*K)O-4 和 E(*P)O-4 这两个三段论的强有效性。证毕。

现在研究只有 X 是非空子集的经典三段论的强有效性，其证明类似于三段论 E(*A)O-4 的强有效性的证明。

**定理 4.26** 如下三段论在 $T^{IQ}$ 中是强有效的：

$$A(*E)O\text{-}4: \frac{\text{All Y are M}}{\text{Some X are not Y'}}, \quad \frac{(\forall x)(Yx \Rightarrow Mx)}{(\exists x)(Xx \wedge \neg Yx)}$$

### （二）12 个足道的第三格居间三段论

现在研究 12 个足道的居间三段论，它们是 Peterson (2000) 所研究的三段论的推广。它们包含两种非经典居间量词，其有效性并不明显。可从下面的辅助引理开始研究。

### 第四节 有效的居间广义三段论

**定义 4.1** 令 $M, M' \in \text{Form}_{o\alpha}$。用 $T[M, M']$ 表示 $T^{IQ}$ 的扩张理论，使得

(a) $T[M, M'] \vdash M \equiv M'$；

(b) $T[M, M'] \vdash (\exists_{x\alpha})\Delta M_x$ 和 $T[M, M'] \vdash (\exists_{x\alpha})\Delta M'_x$。

**引理 4.1** 令 $T[M, M']$ 是一个理论，$z, z' \in \text{Form}_{o\alpha}$ 并且 E 是具有如下形式之一的公式：

$$E := \lambda M_{o\alpha}\lambda z_{o\alpha}(B_i Ex)(\mu(M)z) \qquad (26)$$

或者

$$E := \lambda M_{o\alpha}\lambda z_{o\alpha}(B_i Ve)(\mu(M)z) \qquad (27)$$

或者

$$E := \lambda M_{o\alpha}\lambda z_{o\alpha}\neg Sm(\bar{v})(\mu(M)z) \qquad (28)$$

那么可得

$$T[M, M'] \vdash (\exists z)(\exists z')\Delta((EM)z\&((EM)')z'\&(\exists x)(zx\&z'x)) \qquad (29)$$

**证明** 根据定理 2.6(a) 和 (b) 可得：$T[M, M'] \vdash (B_i v)\top$ 且 $T[M, M'] \vdash (\neg Sm\bar{v})\top$。因此，根据 (M1) 和 (R) 可得：$T[M, M'] \vdash (B_i V_e)((\mu M)M)$，$T[M, M'] \vdash (B_i Ex)((\mu M)M)$ 且 $T[M, M'] \vdash \neg Sm(\bar{v})((\mu M)M)$，因此可得

$$T[M, M'] \vdash (EM)M \qquad (30)$$

类似地，对于 $M'$ 而言，可得

$$T[M, M'] \vdash (EM')M' \qquad (31)$$

根据 (a) 和 (b) 两条假设，可使用 (R) 规则得出结论：

$$T[M, M'] \vdash (\exists x)(Mx\&M'x) \qquad (32)$$

根据 (30)—(32) 并使用规则 (N) 可得

$$T[M, M'] \vdash \Delta(EM)M\&(EM')M'\&(\exists x)(Mx\&M'x)$$

即 $T[M, M'] \vdash (\exists z)(\exists z')\Delta((EM)z\&(EM')z'\&(\exists x)(zx\&z'x))$。证毕。

根据引理 4.1，可以引入 $T^{IQ}$ 的扩张 $T[M, M']$，用来证明这 12 个足道三段论的强有效性。事实上，只需在 $T[M, M']$ 中假定三段论中所使用的基

本模糊集是正规的即可。条件 (a) 仅对于形式推理而言是需要的,但它不构成任何实际的限制。

**定理 4.27**   如下所有三段论在 $T[M, M']$ 中都是强有效的:

$$\text{TTI-3}: \frac{\text{Most } M \text{ are } Y}{\text{Some } X \text{ are } Y}, \quad \text{PPI-3}: \frac{\text{Almost all } M \text{ are } Y}{\text{Some } X \text{ are } Y}$$

$$\text{TPI-3}: \frac{\text{Most } M \text{ are } Y}{\text{Some } X \text{ are } Y}, \quad \text{PTI-3}: \frac{\text{Almost all } M \text{ are } Y}{\text{Some } X \text{ are } Y}$$

$$\text{PKI-III}: \frac{\text{Almost all } M \text{ are } Y}{\text{Some } X \text{ are } Y}, \quad \text{KPI-III}: \frac{\text{Many } M \text{ are } Y}{\text{Some } X \text{ are } Y}$$

**证明**   三段论 TTI-3 可以改写如下

$$\text{TTI-3}: \frac{(\exists z)((\Delta(z \subseteq M) \& (\forall x)(zx \Rightarrow Yx)) \wedge (B_i V_e)((\mu M) z))}{(\exists z')((\Delta(z' \subseteq M') \& (\forall x)(z'x \Rightarrow Xx)) \wedge (B_i V_e)((\mu M') z'))}$$

令 $T' = T[M, M'] \cup \{(EM)r \& (EM')r' \& (\exists x)(rx \& r'x)\}$,其中 $r, r' \notin J(T[M, M'])$ 是类型为 $o\alpha$ 的新常元,那么可得:$T' \vdash (\exists x)(rx \& r'x)$。根据模糊类型论的性质可得

$$T' \vdash (r'x \Rightarrow Xx) \& (rx \Rightarrow Yx) \Rightarrow ((rx \& r'x) \Rightarrow (Xx \wedge Yx))$$

根据全称概括规则和量词的性质可得

$$T' \vdash (\forall x)(r'x \Rightarrow Xx) \& (\forall x)(rx \Rightarrow Yx) \Rightarrow ((\exists x)(rx \& r'x) \Rightarrow (\exists x)(Xx \wedge Yx))$$

根据 $\wedge$ 和弱化的 & 和模糊类型论的性质可以推出

$$T' \vdash \{(\Delta(r \subseteq M) \& (\forall x)(rx \Rightarrow Yx) \wedge (EM)r)$$
$$\& (\Delta(r' \subseteq M') \& (\forall x)(r'x \Rightarrow Xx) \wedge (EM')r')\}$$
$$\Rightarrow ((\exists x)(rx \& r'x) \Rightarrow (\exists x)(Xx \wedge Yx)) \tag{33}$$

根据 $T' \vdash (\exists x)(rx \& r'x)$ 和模糊类型论的性质可得

$$T' \vdash (\Delta(r \subseteq M) \& (\forall x)(rx \Rightarrow Yx) \wedge (EM)r)$$
$$\Rightarrow (\Delta(r' \subseteq M') \& (\forall x)(r'x \Rightarrow Xx) \wedge (EM')r') \Rightarrow ((\exists x)(Xx \wedge Yx)) \tag{34}$$

## 第四节 有效的居间广义三段论

根据演绎定理可得

$T[M, M'] \vdash \Delta((EM)r \& (EM')r' \& (\exists x)(rx \& r'x))$
$\Rightarrow \{(\Delta(r \subseteq M) \& (\forall x)(rx \Rightarrow Yx) \land (EM)r)$
$\Rightarrow (\Delta(r' \subseteq M') \& (\forall x)(r'x \Rightarrow Xx) \land (EM')r') \Rightarrow ((\exists x)(Xx \land Yx))\}$ (35)

分别用不出现在证明 (35) 中的变元 $v, v'$ 替换 $r, r'$,可得

$T[M, M'] \vdash \Delta((EM)v \& (EM')v' \& (\exists x)(vx \& v'x))$
$\Rightarrow \{(\Delta(v \subseteq M) \& (\forall x)(vx \Rightarrow Yx) \land (EM)v)$
$\Rightarrow (\Delta(v' \subseteq M') \& (\forall x)(v'x \Rightarrow Xx) \land (EM')v') \Rightarrow ((\exists x)(Xx \land Yx))\}$ (36)

令 $T'' = T[M, M'] \cup \{(EM)v \& (EM')v' \& (\exists x)(vx \& v'x)\}$,那么根据演绎定理 (的注记 2.1),可以从 (36) 推导出

$T'' \vdash \{(\Delta(v \subseteq M) \& (\forall x)(vx \Rightarrow Yx) \land (EM)v)$
$\Rightarrow (\Delta(v' \subseteq M') \& (\forall x)(v'x \Rightarrow Xx) \land (EM')v')\} \Rightarrow ((\exists x)(Xx \land Yx))\}$ (37)

根据关于 $\forall v$ 和 $\forall v'$ 的全称概括规则和量词性质可以得到

$T'' \vdash (\exists v)(\Delta(v \subseteq M) \& (\forall x)(vx \Rightarrow Yx) \land (EM)v)$
$\Rightarrow (\exists v')(\Delta(v' \subseteq M') \& (\forall x)(v'x \Rightarrow Xx) \land (EM')v')$
$\Rightarrow ((\exists x)(Xx \land Yx))$ (38)

根据定理 2.5 和规则 (R) 可以得到

$T'' \vdash (\exists z)(\Delta(z \subseteq M) \& (\forall x)(zx \Rightarrow Yx) \land (EM)z)$
$\Rightarrow (\exists z')(\Delta(z' \subseteq M') \& (\forall x)(z'x \Rightarrow Xx) \land (EM')z') \Rightarrow ((\exists x)(Xx \land Yx))$ (39)

再次根据演绎定理,可得

$T[M, M'] \vdash \Delta((EM)v \& (EM')v' \& (\exists x)(vx \& v'x))$
$\Rightarrow \{(\exists z)(\Delta(z \subseteq M) \& (\forall x)(zx \Rightarrow Yx) \land (EM)z)$
$\Rightarrow (\exists z')(\Delta(z' \subseteq M') \& (\forall x)(z'x \Rightarrow Xx) \land (EM')z')$
$\Rightarrow ((\exists x)(Xx \land Yx))\}$ (40)

根据关于 $\forall v$ 和 $\forall v'$ 的全称概括规则与量词性质可得

$T[M, M'] \vdash (\exists v)(\exists v')\Delta((EM)v \& (EM')v' \& (\exists x)(vx \& v'x))$

$\Rightarrow \{(\exists z)(\Delta(z \subseteq M) \& (\forall x)(zx \Rightarrow Yx) \wedge (EM)z)$

$\Rightarrow (\exists z')(\Delta(z' \subseteq M') \& (\forall x)(z'x \Rightarrow Xx) \wedge (EM')z')$

$\Rightarrow ((\exists x)(Xx \wedge Yx))\}$  (41)

最后，根据引理 4.1 可得到结论

$T[M, M'] \vdash (\exists z)(\Delta(z \subseteq M) \& (\forall x)(zx \Rightarrow Yx) \wedge (EM)z)$
$\Rightarrow (\exists z')(\Delta(z' \subseteq M') \& (\forall x)(z'x \Rightarrow Xx) \wedge (EM')z') \Rightarrow ((\exists x)(Xx \wedge Yx))$  (42)

令 $(EM)z := (B_i V_e)((\mu M)z)$ 且 $(EM')z' := (B_i V_e)((\mu M')z')$，那么可以得到 TTI-3 的强有效性。如果令 $(EM)z := (B_i E_x)((\mu M)z)$ 且 $(EM')z' := (B_i E_x)((\mu M')z')$，那么可得 PPI-3 的强有效性。根据 TTI-3 的强有效性和定理 3.1(a) 可得 PPI-3 的强有效性。同理可证 TPI-3 的强有效性。令 $(EM)z := (B_i E_x)((\mu M)z)$ 且 $(EM')z' := \neg Sm(\bar{v})((\mu M')z')$，可以证明 PKI-3 的强有效性。同理可证 KPI-3 的强有效性。证毕。

**定理 4.28** 如下的三段论在 $T[M, M']$ 中是强有效的：

$$\text{BTO-3}: \frac{\text{Almost all } M \text{ are } Y}{\dfrac{\text{Most } M' \text{ are } X}{\text{Some } X \text{ are not } Y}}, \quad \text{DTO-3}: \frac{\text{Most } M \text{ are not } Y}{\dfrac{\text{Most } M' \text{ are } X}{\text{Some } X \text{ are not } Y}}$$

$$\text{BPO-3}: \frac{\text{Few } M \text{ are } Y}{\dfrac{\text{Almost all } M' \text{ are } X}{\text{Some } X \text{ are not } Y}}, \quad \text{DPO-3}: \frac{\text{Most } M \text{ are not } Y}{\dfrac{\text{Almost all } M' \text{ are } X}{\text{Some } X \text{ are not } Y}}$$

$$\text{GPO-3}: \frac{\text{Many } M \text{ are not } Y}{\dfrac{\text{Almost all } M' \text{ are } X}{\text{Some } X \text{ are not } Y}}, \quad \text{BKO-3}: \frac{\text{Few } M \text{ are } Y}{\dfrac{\text{Many } M' \text{ are } X}{\text{Some } X \text{ are not } Y}}$$

**证明** 这 6 个三段论的强有效性证明与定理 4.27 的类似，其初始公式如下

$T' \vdash (rx \Rightarrow \neg Yx) \& (r'x \Rightarrow Xx) \Rightarrow ((rx \& r'x) \Rightarrow (Xx \wedge \neg Yx))$

根据与定理 4.27 的证明的相同步骤可以得到

$T[M, M'] \vdash (\exists z)(\Delta(z \subseteq M) \& (\forall x)(zx \Rightarrow \neg Yx) \wedge (EM)z)$
$\Rightarrow (\exists z')(\Delta(z' \subseteq M') \& (\forall x)(z'x \Rightarrow Xx) \wedge (EM')z') \Rightarrow ((\exists x)(Xx \wedge \neg Yx))$  (43)

第五节　居间三段论的实例解释

令 $(E_iM)z := (B_iVe)((\mu M)z)$ 且 $(E_iM')z' := (B_iVe)((\mu M')z')$，可以得到 DTO-3 的强有效性。根据定理 3.1(b) 可以得到 BTO-3 的强有效性。如果 $\exists z := \neg Sm(\bar{v})((\mu M)z)$ 且 $(E_iM')z' := (B_iE_x)((\mu M')z')$，那么可以得到 GPO-3 的强有效性。根据定理 3.1(b) 可以得到 DPO-3 的强有效性，因而得到 BPO-3 的强有效性。

类似地，令 $(E_iM)z := (B_iE_x)((\mu M)z)$ 且 $(E_iM')z' := \neg Sm(\bar{v})((\mu M')z')$，可以证明 BKO-3 的强有效性。证毕。

## 第五节　居间三段论的实例解释

本节将证明在简单模型 (带有由元素组成的有穷集 $M_e$) 中，四个三段论实例的有效性。所构造的模型框架如下：$\acute{M} = \langle (M_\alpha, =_\alpha)_{\alpha \in \text{Types}}, \mathscr{L}_\Delta \rangle$，这里是在标准 Łukasiewicz 的 $MV_\Delta$-代数中讨论 $M_o = [0, 1]$，模糊等价 $=_o$ 是 Łukasiewicz 双蕴涵 $\leftrightarrow$。此外，$M_e = \{u_1, \cdots, u_r\}$ 是带有固定编号的元素组成的有穷集。对于某个固定的自然数 $s \leqslant r$ 而言，$=_e$ 定义如下

$$[u_i =_e u_j] = \left(1 - \min\left(1, \frac{|i-j|}{s}\right)\right)$$

这是一个相对于 Łukasiewicz 合取 $\otimes$ 的分离的模糊等式。可以证明：所有 Ł-模糊类型论的公理在 $\acute{M}$ 中测度值为 1 的模糊等式中是成立的 (这里研究的所有函数是关于 $\acute{M}(\equiv)$ 的弱扩张的)。此外，$\acute{M}$ 是足道的，因为 $1 - (|i-j|/s) \in (0, 1)$ 蕴涵 $(|i-j|/s) \in (0, 1)$，因此，指派 $p$ 使得 $p(x_e) = u_i, p(y_e) = u_j$，并在 $A_o := x_e \equiv y_e$ 时可得

$$\acute{M}_p(A_o \vee \neg A_o) \in (0, 1)$$

为了构造 $T^{EV}$ 和 $T^{IQ}$ 的模型 $\acute{M}$，根据 $\acute{M}(\sim) = \leftrightarrow$ 和 $\acute{M}(\dagger)=0.5$ 来定义 $\sim$ 的解释，且令 $\acute{M}(\nu)$ 等价于 Novák (2008) 给出的简单的部分二次函数 $\nu_{a,b,c}$。图 2 中给出了几个在下文中会使用到的估值表达式的外延，因此 $\acute{M} \models T^{EV}$ 是可证的。

可区分的集合 $S \subset \text{Types}$ 的定义如下：$\alpha \in S$ 当且仅当 $\alpha$ 是一个不包含真值类型 o 的类型，即：对于 $\alpha \in S$ 而言，所有集合 $M_\alpha$ 都是有穷的。令 $A \subseteq M_\alpha, \alpha \in S$ 是一个模糊集，令

$$|A| = \sum_{u \in \text{Supp}(A)} A(u), \quad u \in M_\alpha \tag{44}$$

此外，对于模糊集 $A, B \subseteq M_\alpha$ 和 $\alpha \in S$ 而言，可定义

$$F_R(B)(A) = \begin{cases} 1, & B = \varnothing \text{ 或 } A = B \\ \dfrac{|A|}{|B|}, & B \neq \varnothing \text{ 或 } A \subseteq B \\ 0, & \text{否则} \end{cases} \tag{45}$$

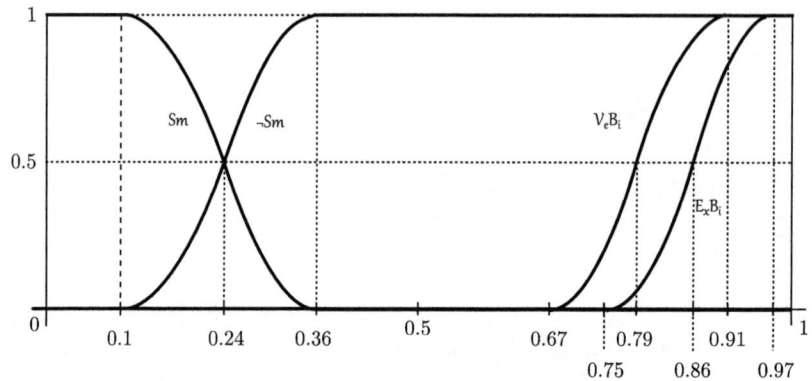

图 2[①]　第五节第一部分将用到的实例在取值范围为 [0, 1] 的估值表达式外延的形状

常元 R 的解释是 $R \in \text{Form}_{o(o\alpha)(o\alpha)}$，根据 $\acute{M}(R) = F_R$（其中，$F_R$：$\dot{F}(M_\alpha) \times \dot{F}(M_\alpha) \to L$ 是函数 (45)）可定义 $\alpha \in S$，由此可以证明公理 (M1)—(M4) 在 $\acute{M}$ 中测度值为 1 时也是成立的。因此，$\acute{M} \models T^{IQ}$。

下面将用具体实例说明，上文已证的一些三段论在模型 $\acute{M}$ 中的行为特征。

## 一、第一格强有效的居间三段论实例

考察下面的三段论：

$$\text{ATT-1}: \frac{\text{All women are well dressed}}{\text{Most people in the party are women}}$$
$$\overline{\text{Most people in the party are well dressed}}$$

令 $M_e$ 表示 people 的集合，令 $\text{Wom}_{oe}$ 是一个表示 women 的公式，该公式用 $\acute{M}(\text{Wom}_{oe}) = W \subseteq M_e$（其中 W 是一个经典集合）来解释。此外，令 $\text{Peop}_{oe}$ 是一个表示 people in the party 的公式，该公式用 $\acute{M}(\text{Peop}_{oe}) =$

---

[①] Murinová P, Novák V. A formal theory of generalized intermediate syllogisms. Fuzzy Sets and Systems, 2012, 186(1): 47-80.

## 第五节 居间三段论的实例解释

$P \subseteq M_e$ （其中 P 是一个经典集合）来解释。最后，令 $\text{Dress}_{oe}$ 是一个用 $\hat{M}(\text{Dress}_{oe}) = D \subseteq M_e$ 来解释的公式。

**大前提** All women are well dressed，根据假设

$$\hat{M}((\forall x_e)(\text{Wom}_{oe}(x_e) \Rightarrow \text{Dress}_{oe}(x_e)))$$
$$= \bigwedge_{m \in M_e} (\hat{M}(\text{Wom}_{oe})(m) \to \hat{M}(\text{Dress}_{oe})(m)) = 1$$

可得出结论 $W \subseteq D$。

**小前提** Most people in the party are women，假定

$$\hat{M}((\exists z_{oe})((\Delta(z_{oe} \subseteq \text{Peop}_{oe}) \& (\forall x_e)(z_{oe}x_e \Rightarrow \text{Wom}_{oe}))$$
$$\wedge (B_i V e)((\mu \text{Peop}_{oe})z_{oe}))) = 1 \qquad (46)$$

这就意味着需要找到一个最大的子集 $\hat{M}(z_{oe}) = W' \subseteq P$ 使得

$$\hat{M}(\Delta(z_{oe} \subseteq \text{Peop}_{oe})) = 1 \qquad (47)$$

$$\hat{M}((\forall x_e)(z_{oe}x_e \Rightarrow \text{Wom}_{oe})) = 1 \qquad (48)$$

$$\hat{M}((B_i V e)((\mu \text{Peop}_{oe})z_{oe})) = 1 \qquad (49)$$

如果 $W' = W$，那么 (46) 成立。

根据 (49) 和估值表达式的解释（图 2）可知：$\hat{M}((\mu \text{Peop}_{oe})z_{oe}) = F_R(P, W) \geqslant 0.91$。因此，如果 $|P| = 100$，那么 $|W| \geqslant 91$。

**结论** Most people in the party are well dressed，该结论是如下公式：

$$Q^{\forall}_{B_i V_e}(\text{Peop}_{oe}, \text{Dress}_{oe}) := (\exists z_{oe})((\Delta(z_{oe} \subseteq \text{Peop}_{oe}) \& (\forall x_e)$$
$$\Rightarrow \text{Dress}_{oe})) \wedge (B_i V e)((\mu \text{Peop}_{oe})z_{oe})) \qquad (50)$$

因为现在要处理经典集合，所以要找到 (50) 的真值，就需要找到一个集合 $\hat{M}(z_{oe}) = D'$，其中 $D' \subseteq P$ 且 $D' \subseteq D$，该集合可使真值到达最大值

$$\hat{M}((B_i V e)((\mu \text{Peop}_{oe})z_{oe})) \qquad (51)$$

但是从第一个前提可知 $W \subseteq D$。根据 $D' \subseteq P$ 以及 $F_R(P, W)$ 在 (49) 中的真值为 1 可知：$W \subseteq D'$，因此，$\hat{M}((\mu \text{Peop}_{oe})z_{oe}) = F_R(P, D')$ 在 (51) 中的真值为 1，故：$\hat{M}(Q^{\forall}_{B_i V_e}(\text{Peop}_{oe}, \text{Dress}_{oe})) = 1$。

根据 $\hat{M}(P_1) \otimes \hat{M}(P_2) \leqslant \hat{M}(C)$ 可知，三段论 ATT-1 在模型 $\hat{M}$ 中是强有效的。

例如，如果 |P| = 100，那么量词 most 意思是至少有 91 个人。根据三段论 ATT-1 可知：如果 All women are well dressed 和 Most people in the party are women 成立，那么 at least 91 people in the party are well dressed 成立。

### 二、第二格强有效的居间三段论实例

$$\text{ETO-2} : \frac{\text{No lazy people pass exam}}{\frac{\text{Most students pass exam}}{\text{Some students are not lazy people}}}$$

假定本节与第五节第一部分中具有相同的模型和测度定义，令 $M_e$ 表示 people 的集合，令 $LP_{oe}$ 表示 lazy people 的公式，该公式被解释为 $\acute{M}(LP_{oe}) = L \subseteq M_e$（其中 L 是经典集合）。令 $St_{oe}$ 是表示 students 的公式，该公式被解释为 $\acute{M}(St_{oe}) = S \subseteq M_e$（其中 S 是经典集合）。令 $Exam_{oe}$ 是表示 students who pass exams 的公式，该公式被解释为 $\acute{M}(Exam_{oe}) = E \subseteq M_e$（其中 E 是经典集合）。

**大前提** No lazy people pass exam，根据假定

$$\acute{M}((\forall x_e)(LP_{oe}(x_e) \Rightarrow (\neg Exam_{oe}(x_e))))$$
$$= \bigwedge_{m \in M_e} (\acute{M}(LP_{oe}(m)) \to (1 - \acute{M}(Exam_{oe}(m)))) = 1 \quad (52)$$

可知：$L \subseteq M_e - E$，即 $E \subseteq M_e - L$。

**小前提** Most student pass exam，假定

$$(\exists z_{oe})((\Delta(z_{oe} \subseteq St_{oe}) \& (\forall x_e)(z_{oe}x_e \Rightarrow Exam_{oe})) \wedge (B_iVe)(\mu(St_{oe})z_{oe})) = 1 \quad (53)$$

这就意味着需要找到一个最大的子集 $\acute{M}(z_{oe}) = E' \subseteq S$ 使得

$$\acute{M}(\Delta(z_{oe} \subseteq St_{oe})) = 1 \quad (54)$$

$$\acute{M}((\forall x_e)(z_{oe}x_e \Rightarrow Exam_{oe})) = 1 \quad (55)$$

$$\acute{M}((B_iVe)(\mu(St_{oe})z_{oe})) = 1 \quad (56)$$

如果 $E' \subseteq S \cap E$，那么 (53) 成立。此外，根据 (56) 和估值表达式的解释（图 2）可得：$\acute{M}(\mu(St_{oe})z_{oe}) = F_R(S, E') \geqslant 0.91$，这意味着 $|S \cap E| \geqslant 0.91|S|$。例如，如果 $|S| = 100$，那么 $|S \cap E| \geqslant 91$。

### 第五节 居间三段论的实例解释

**结论** Some students are not lazy people。这个结论可用如下公式表示：

$$Q_{B_i\Delta}^{\exists}(St_{oe}, LSt_{oe}) := (\exists z_{oe})(St_{oe}(x_e) \wedge (\neg LSt_{oe}(x_e))) \tag{57}$$

**解释** $\acute{M}(St_{oe}(x_e) \wedge \neg LSt_{oe}(x_e)) = S \cap (M_e - L)$。根据两个前提可得 $E' \subseteq (M_e - L)$ 和 $E' \subseteq S$，因此 $E' \subseteq S \cap (M_e - L)$，这意味着 $S \cap (M_e - L) \neq \varnothing$，所以，$\acute{M}(Q_{B_i\Delta}^{\exists}(St_{oe}, LSt_{oe})) = 1$。

与上面类似，根据 $\acute{M}(P_1) \otimes \acute{M}(P_2) \leqslant \acute{M}(C)$ 可知：在模型 $\acute{M}$ 中，三段论 ETO-2 强有效，即在刚才的例子中：at least 91 students of 100 are not lazy people 成立。

### 三、足道的强有效居间三段论的实例

$$P(P)I\text{-}3: \frac{\text{Almost all old people are ill}}{\text{Some people with gray hair are ill}}$$
$$\text{Almost all old people have gray hair}$$

本节假定与第五节第一部分中具有相同的框架和测度。令 $M_e$ 是表示 people 的集合，考察如下年龄段的四个人：$u_1$（40 岁），$u_2$（70 岁），$u_3$（82 岁），$u_4$（95 岁）。三段论 P(P)I-3 中的公式的解释如下：令 $Old_{oe}$ 是表示 old people 的公式，该公式通过如下定义被解释为 $\acute{M}(Old_{oe}) = O \subseteq M_e: O = \{0.3/u_1, 0.55/u_2, 0.8/u_3, 1/u_4\}$。

需要注意的是：这个模糊集是正规的。

令 $Gr_{oe}$ 是表示 people with gray hair 的公式，该公式通过如下定义被解释为 $\acute{M}(Gr_{oe}) = G \subseteq M_e: G = \{0.3/u_1, 0.55/u_1, 0.85/u_3, 0.9/u_4\}$。

最后，令 $Ill_{oe}$ 是表示 Ill people 的公式，该公式通过如下定义被解释为

$$\acute{M}(Ill_{oe}) = I \subseteq M_e : I = \{0.2/u_1, 0.4/u_2, 0.75/u_3, 0.95/u_4\}$$

**大前提** Almost all old people are ill，假定

$$\acute{M}((\exists z_{oe})((\Delta(z_{oe} \subseteq Old_{oe}) \& (\forall x_e)(z_{oe}x_e \Rightarrow Ill_{oe}))$$
$$\wedge (B_i Ex((\mu Old_{oe})z_{oe}))) = a \in (0, 1] \tag{58}$$

因此需要找到一个最大的模糊集 $\acute{M}(z_{oe}) = X \subseteq M_e$ 使得

$$\acute{M}(\Delta(z_{oe} \subseteq Old_{oe})) = 1 \tag{59}$$

$$\acute{M}((\forall x_e)(z_{oe}x_e \Rightarrow Ill_{oe})) = b \tag{60}$$

$$\acute{M}((B_iE_x)((\mu Old_{oe})z_{oe})) = c \tag{61}$$

其中 $b \wedge c = a$，根据 (61) 和图 2，可得

$$\acute{M}((\mu Old_{oe})z_{oe}) = F_R(O, X) > 0.75$$

可以证明只有模糊集 $O \subseteq M_e$ 具有以上性质，并且 (58) 给出了最大测度值。因此，对于 $\acute{M}(z_{oe}) = O \subseteq M_e$ 而言，有 $c = 1$，$b = 0.85$，故

$$\acute{M}(Q^{\forall}_{B_iE_x}(Old_{oe}, Ill_{oe})) = a = 0.85 \tag{62}$$

**小前提** Almost all old people have gray hair，根据假定

$$\acute{M}((\exists z_{oe})((\Delta(z_{oe} \subseteq Old_{oe}) \& (\forall x_e)(z_{oe}x_e \Rightarrow Gr_{oe})$$
$$\wedge (B_iEx)((\mu Old_{oe})z_{oe}))) = a' \in (0, 1] \tag{63}$$

这意味着需要找到一个最大的模糊集 $\acute{M}(z_{oe}) = Y \subseteq M_e$ 使得

$$\acute{M}(\Delta(z_{oe} \subseteq Old_{oe})) = 1 \tag{64}$$

$$\acute{M}((\forall x_e)(z_{oe}x_e \Rightarrow Gr_{oe})) = b' \tag{65}$$

$$\acute{M}((B_iEx)((\mu Old_{oe})z_{oe})) = c' \tag{66}$$

其中 $b' \wedge c' = a'$，根据 (66) 和图 2 可得：$\acute{M}((\mu Old_{oe})z_{oe}) = F_R(O, Y) > 0.75$。同理，可证只有模糊集 $O \subseteq M_e$ 有以上性质，并且 (63) 给出了最大测度值。因此 $c' = 1, b' = 0.9$，则

$$\acute{M}(Q^{\forall}_{B_iE_x}(Old_{oe}, Gr_{oe})) = a' = 0.9 \tag{67}$$

**结论** Some people with gray hair are ill，该结论可表示为公式：

$$Q^{\exists}_{B_i\Delta}(Gr_{oe}, Ill_{oe}) := (\exists x_e)(Gr_{oe}(x_e) \wedge Ill_{oe}(x_e)) \tag{68}$$

并可解释成

$$\acute{M}(Q^{\exists}_{B_i\Delta}(Gr_{oe}, Ill_{oe})) = \bigvee_{m \in M_e}(\acute{M}(Gr_{oe}(m)) \wedge \acute{M}(Ill_{oe}(m))) = 0.9 \tag{69}$$

根据 (62)、(67) 和 (69) 可知：$\acute{M}(P_1) \otimes \acute{M}(P_2) = 0.75 \leqslant \acute{M}(C) = 0.9$，即在模型 $\acute{M}$ 中三段论 P(P)I-3 是强有效的。

## 第五节 居间三段论的实例解释

接下来研究两个无效的三段论实例，Peterson(2000) 对这两个无效三段论进行了形式化。无效三段论的意思是，存在满足如下条件的一个模型：当测度值为 1 时两个前提成立，但结论的测度值却小于 1 (即这样的三段论甚至也不是弱有效的)。

### 四、第一个无效的居间三段论实例

$$\text{TAT-3}: \frac{\text{Most bushes in the park are in blossom}}{\text{Most perennial in the park are in blossom}}$$

本节与第五节第一部分具有相同的框架，令 $M_e$ 是 vegetables in the park 的集合，令 $\text{Bushe}_{oe}$ 是表示 bushes in the park 的公式，其解释为 $\acute{M}(\text{Bushe}_{oe}) = B \subseteq M_e$，其中 B 是 100 个 bushes 组成的经典集合。此外，令 $\text{Bl}_{oe}$ 是表示 in blossom 的公式，其解释为 $\acute{M}(\text{Bl}_{oe}) = F \subseteq M_e$，其中 F 是 95 个 vegetables in blossom 组成的经典集合。令 $\text{Per}_{oe}$ 是表示 perennial 的公式，其解释为 $\acute{M}(\text{Per}_{oe}) = P \subseteq M_e$，其中 P 是由 120 个 perennial 组成的经典集合。

**大前提** Most bushes in the park are in blossom，假定

$$\acute{M}((\exists z_{oe})((\Delta(z_{oe} \subseteq \text{Bushe}_{oe}) \& (\forall x_e)(z_{oe}x_e \Rightarrow \text{Bl}_{oe}x_e)) \\ \land (B_i\nu_e)((\mu\text{Bushe}_{oe})z_{oe}))) = 1 \tag{70}$$

这意味着需要找到最大子集 $\acute{M}(z_{oe})F' \subseteq B$ 使得

$$\acute{M}(\Delta(z_{oe} \subseteq \text{Bushe}_{oe})) = 1 \tag{71}$$

$$\acute{M}((\forall x_e)(z_{oe}x_e \Rightarrow \text{Bl}_{oe})) = 1 \tag{72}$$

$$\acute{M}((B_iVe)((\mu\text{Bushe}_{oe})z_{oe})) = 1 \tag{73}$$

如果 $F' = F$，那么可证明 (70) 成立。

根据 (73) 和图 2 可得：$\acute{M}((\mu\text{Bushe}_{oe})z_{oe}) = F_R(B,F) \geq 0.91$。例如，$|B| = 100$，那么 $|F| \geq 91$。

**小前提** All bushes in the park are perennial。假定

$$\acute{M}((\forall x_e)(\text{Bushe}_{oe}(x_e) \Rightarrow \text{Per}_{oe}(x_e))) \\ \bigwedge_{m \in M_e} (\acute{M}(\text{Bushe}_{oe}(m)) \to \acute{M}(\text{Per}_{oe}(m))) = 1 \tag{74}$$

这意味着 B ⊆ P，并有 F′ ⊆ P。

**结论** Most perennial in the park are in blossom。该结论可表示为下述公式

$$Q^{\forall}_{B_iVe}(Per_{oe}, Bl_{oe})$$
$$:= (\exists z_{oe})(\Delta(z_{oe} \subseteq Per_{oe}) \& (\forall x_e)(z_{oe}x_e \Rightarrow Bl_{oe}x_e))$$
$$\wedge (B_iVe)((\mu Per_{oe})z_{oe}) \tag{75}$$

对于 $\acute{M}(z_{oe}) = F'$ 而言，根据大前提可得：$\acute{M}((\forall x_e)(z_{oe}x_e \Rightarrow Bl_{oe})) = 1$ 根据小前提可得

$$\acute{M}(\Delta(z_{oe} \subseteq Per_{oe})) = 1 \tag{76}$$

根据图 2 和 $\acute{M}((\mu Per_{oe})z_{oe}) = F_R(P, F') = 0.83$ 可得

$$\acute{M}(B_iVe((\mu Per_{oe})z_{oe})) < 1$$

因此，可以得出结论

$$\acute{M}(Q^{\forall}_{B_iVe}(Per_{oe}, Bl_{oe})) < 1$$

这意味着三段论 TAT-3 在模型 $\acute{M}$ 中不成立，所以它是无效的。

## 五、第二个无效的居间三段论实例

$$TAK\text{-}3: \frac{\text{Most good dancers in the party are young people}}{\text{All good dancers in the party are very nice dressed}}$$
$$\overline{\text{Most very nice dressed dancers in the party are young people}}$$

假定本节与第五节第一部分具有相同的框架。令 $M_e$ 是 good dancers in the party 的集合，可研究下面四个舞者：$d_1$ (35 岁)，$d_2$ (45 岁)，$d_3$ (60 岁)，$d_4$ (70 岁)，三段论 TAK-3 中的解释可定义为：令 $Dancer_{oe}$ 是表示 goods dancer in the party 的公式，其解释为 $\acute{M}(Dancer_{oe}) = D \subseteq M_e$，该解释被定义为

$$D = \{0.7/d_1, 0.3/d_2, 0.1/d_3, 0.05/d_4\}$$

令 $Young_{oe}$ 是表示 young people 的公式，其解释为 $\acute{M}(Young_{oe}) = Y \subseteq M_e$，该解释被定义为

$$Y = \{0.9/d_1, 0.8/d_2, 0.75/d_3, 0.6/d_4\}$$

## 第五节 居间三段论的实例解释

令 $\text{VeDr}_{oe}$ 是表示 very nice dressed 的公式，其解释是 $\acute{M}(\text{VeDr}_{oe}) = V \subseteq M_e$，该解释被定义为

$$V = \{0.95/d_1, 0.9/d_2, 0.85/d_3, 0.7/d_4\}$$

**大前提** Most good dancers in the party are young people，假定

$$\acute{M}((\exists z_{oe})((\Delta(z_{oe} \subseteq \text{Dance}_{oe})\&(\forall x_e)(z_{oe}x_e \Rightarrow \text{Young}_{oe}x_e)) \\ \wedge (B_iV_e((\mu\text{Dance}_{oe})z_{oe}))) = 1 \tag{77}$$

这意味着需要找到一个最大的模糊子集 $D' \subseteq M_e$，使得 $\acute{M}(z_{oe}) = D'$，且下述等式成立：

$$\acute{M}(\Delta(z_{oe} \subseteq \text{Dance}_{oe})) = 1 \tag{78}$$

$$\acute{M}((\forall x_e)(z_{oe}x_e \Rightarrow \text{Young}_{oe})) = 1 \tag{79}$$

$$\acute{M}((B_iV_e)((\mu\text{Dance}_{oe})z_{oe})) = 1 \tag{80}$$

能够证明如果 $D' = D$，(77) 成立。

根据 (80) 和图 2 可得：$\acute{M}((\mu\text{Dance}_{oe})z_{oe}) = F_R(D, D') \geqslant 0.91$。

**小前提** All good dancers in the party are very nice dressed，假定

$$\acute{M}((\forall x_e)(\text{Dance}_{oe}(x_e) \Rightarrow \text{VeDr}_{oe}(x_e))) \\ = \bigwedge_{m \in M_e}(\acute{M}(\text{Dance}_{oe}(m)) \to \acute{M}(\text{VeDr}_{oe}(m))) = 1 \tag{81}$$

**结论** Most very nice dressed dancers in the party are young people，该结论可表示为下述公式

$$Q^{\forall}_{\neg(Sm\bar{v})}(\text{VeDr}_{oe}, \text{Young}_{oe}) \\ := (\exists z_{oe})((\Delta(z_{oe} \subseteq \text{VeDr}_{oe})\&(\forall x_e)(z_{oe}x_e \Rightarrow \text{Young}_{oe}x_e)) \\ \wedge (\neg(Sm\bar{v}))((\mu\text{VeDr}_{oe})z_{oe})) \tag{82}$$

对于 $\acute{M}(z_{oe}) = D' = D$ 而言，根据大前提可知：$\acute{M}((\forall x_e)(z_{oe}x_e \Rightarrow \text{Young}_{oe})) = 1$。

根据小前提可得

$$\acute{M}(\Delta(z_{oe} \subseteq \text{VeDr}_{oe})) = 1 \tag{83}$$

因为 (81) 等价于 (83)，根据图 2 和 $\acute{M}((\mu VeDr_{oe})z_{oe}) = F_R(V, D') = 0.34$ 可得

$$\acute{M}(\neg(Sm\bar{v}))((\mu VeDr_{oe})z_{oe}) < 1$$

所以，可得出结论：

$$\acute{M}(Q^{\forall}_{\neg(Sm\bar{v})}(VeDr_{oe}, Young_{oe})) < 1$$

这意味着三段论 TAK-3 在本模型中不成立，即它是无效的。

## 第六节  几个公开问题

Murinová 和 Novák (2012)[①]对 Novák (2008)[②]所研究的居间量词的形式理论作了进一步研究。Peterson(2000)[③]非形式地证明了 105 个广义亚里士多德三段论的有效性，而 Murinová 和 Novák(2012) 则形式化地证明了这 105 个三段论在居间广义三段论理论中也是有效的。强有效性是指蕴涵式 $P_1 \& P_2 \Rightarrow C$ 是可证的，则在任意模型中 C 的真值大于或等于 $P_1 \& P_2$ 的真值。

这里存在几个有趣的问题亟待解决：

(1) 居间量词的详细结构是什么 (即反对关系和下反对关系 —— 在模糊集中是如何定义的？)

(2) 从经典的广义量词理论的视角来看，居间量词具有怎样的普遍性质?(经典文献有：(Keenan and Westerståhl, 1997[④]; Peter and Westerståhl, 2006 [⑤]; Westerståhl, 1989 [⑥]). 模糊集文献有： (Dvořák and Holčapek,

---

[①] Murinová P, Novák V. A formal theory of generalized intermediate syllogisms. Fuzzy Sets and Systems, 2012, 86: 47-80.

[②] Novák V. A formal theory of intermediate quantifiers. Fuzzy Sets and Systems, 2008, 159: 1229-1246.

[③] Peterson P. Intermediate quantifiers//Logic, Linguistics, and Aristotelian Semantics, Aldershot: Ashgate, 2000.

[④] Keenan E, Westerståhl D. Quantifiers in formal and natural languages//Van Benthem J, Ter Meulen A. ed. Handbook of Logic and Languange. Amsterdarm. Elsevier, 1997: 837-893.

[⑤] Peters S, Westerståhl D. Quantifiers in Language and Logic. Oxford: Claredon Press, 2006.

[⑥] Westerståhl D. Quantifiers in formal and natural languages//Gabbay D, Guenthner F. eds. Handbook of Philosophical Logic, vol. IV, D. Dordrecht: Reidel, 1989: 1-131.

2009[①]；Glöcker, 2006[②]；Holčapek, 2008[③]）。前面已经提到过，⟨1,1⟩ 类型量词的同构不变性。更多的性质 (比如，扩展性[④]、驻留性 (conservativity)[⑤]和其他的性质) 还有待研究。

(3) 还可以定义哪些种类的广义量词？它们可以形成怎样的广义三段论？

(4) 如何把可能世界的概念整合到居间广义三段论理论中来？(Materna, 1998；Novák, 2008[⑥])，从而处理外延依赖于可能世界理论的性质[⑦]。

这些问题值得进一步研究，因为居间广义三段论理论对于自然语言信息处理以及计算机科学中知识表示、知识推理方面都具有较大的理论价值和应用价值。

## 第七节　本章小结

三段论推理是人类思维中重要的推理形式之一，因而是自然语言信息处理的重要研究对象。自亚里士多德以来，诸多学者采取不同的方式对各种三段论进行了研究。例如：张晓君 (2014) 利用广义量词理论和集合论对传统三段论进行了形式化的研究；张晓君 (2018) 利用广义量词的真值定义以及主谓语句具有 $Q(S,P)$ 这样的三分结构，对由多个传统三段论或广义三段论经过层层嵌套而成的语篇推理进行了形式化和有效性研究。

对居间广义三段论进行研究的代表作是 Murinová 和 Novák(2012)，该成果在模糊逻辑的基础上，给出了居间广义三段论的合理数学形式化模型，并从句法上证明了 Peterson(2000) 中的 105 个广义亚氏三段论在居间广义三段论逻辑中的有效性；同时，还证明了在 Peterson(2000) 中的无效的三段论在居间广义三段论逻辑中也是无效的。

第一节的主要观点包括：① 居间量词就是形如 most, few, almost all, a

---

① Dvořák A, Holčapek M. L-fuzzy quantifiers of the type ⟨1⟩ determined by measures. Fuzzy Sets and Systems 2009, 160: 3425-3452.

② Glöckner I. Fuzzy Quantifiers: A Computational Theory, Berlin: Springer, 2006.

③ Holčapek M. Monadic L-fuzzy quantifiers of the type $\langle 1^n, 1\rangle$. Fuzzy Sets and Systems, 2008, 159: 1811-1835.

④ Peters S, Westerståhl D. Quantifiers in Language and Logic. Oxford: Claredon Press, 2006.

⑤ 张晓君. 广义量词理论研究. 厦门：厦门大学出版社，2014.

⑥ Novák V. A comprehensive theory of trichotomous evaluative linguistic expressions. Fuzzy Sets and Systems, 2008, 159 (22): 2939-2969.

⑦ 可参考本书第三章的内容或张晓君 (2018) 中关于模态三段论的内容。

lot of, many, a great deal of, a large part of, a small part of 这样的语言表达式；② Murinová 和 Novák(2012) 在模糊逻辑的框架下，给出了居间量词的模型；③ 居间量词可以通过模糊类型论中的特殊形式理论 $T^{EV}$ 的某种扩展来建构，模糊类型论描述了三分估值语言表达式的语义；④ 本章的居间广义三段论理论具有相对简单、普适性强、可以统一定义并可以自由地考虑各种可能的解释等优点；⑤ 居间量词是具有同构不变性的 $\langle 1,1 \rangle$ 类型的广义量词。

第二节简要概述 Łukasiewicz 模糊类型论的主要观点以及估值语言表达式的形式理论。第二节第一部分中给出了模糊类型论的句法，定义了类型和公式的概念、给出了 Łukasiewicz 的模糊类型论的公理和推理规则、演绎定理。第二节第二部分给出了模糊类型论的语义、完全性、相关命题性质，谓词性质。第二节第三部分对三分估值语言表达式的句法特点、形式化及其性质进行了讨论。

第三节给出了证明 Peterson(2000) 分析的 105 种 (包括居间三段论在内的) 广义三段论的形式有效性所需要的基本定义。第三节第一部分首先表明居间量词理论 $T^{IQ}$ 是 Ł-模糊类型论的一个特殊理论，需要在模糊集上考虑居间量词的测度，是通过对第二节的估值语言表达理论 $T^{Ev}$ 扩张而得到的，然后给出了居间量词理论的相关定义和有效蕴涵定理。第三节第二部分首先表明用包含居间量词的公式代换一个或者更多的传统三段论公式，就可以从任意的传统三段论得到居间三段论，然后给出了三段论强有效和弱有效的定义。第三节第三部分根据格与式对三段论进行了分类，并介绍了相关记法。

第四节在模糊类型论的基础上，Peterson(2000) 给出了非形式化证明的 105 种 (包括居间三段论在内的) 广义三段论的有效性的形式证明。第四节第一部分首先通过 5 个定理证明了 24 个第一格居间三段论的强有效性，之后的第四节第一部分中的 (一) 通过 2 个定理证明了带预设的 10 个第一格广义三段论的强有效性。第四节第二部分首先通过 4 个定理证明了 22 个第二格居间三段论的强有效性，之后第四节第二部分通过 2 个定理证明了带预设的 8 个第二格广义三段论的强有效性。第四节第三部分为了证明第三格居间三段论的有效性，首先给出了 4 个经典三段论的形式证明，之后的第四节第三部分中的 (一) 则通过 4 个定理证明了带预设的 14 个第三格广义三段论的强有效性。第四节第四部分通过 2 个定理首先给出了 6 个经典三段论的形式证明，之后的第四节第四部分中的 (一) 则通过

## 第七节 本章小结

5 个定理证明了带预设的 9 个第四格广义三段论的强有效性。第四节第四部分中的 (二) 通过 2 个定理给出了 12 个足道的居间三段论强有效性形式证明。

第五节证明了 4 个三段论实例在带有由元素组成的有穷集 $M_e$ 的简单模型中的有效性。第五节第一部分证明了第一格居间三段论实例 ATT-1 的强有效性。第五节第二部分证明了第二格居间三段论实例 ETO-2 的强有效性。第五节第三部分证明了第三格居间三段论实例 P(P)I-3 的强有效性。第五节第四部分中则证明了第三格居间三段论实例 TAT-3 的无效性。第五节第五部分证明了第三格居间三段论实例 TAK-3 的无效性。

第六节给出了 4 个值得研究的开问题。

综上所述,利用模糊类型论的相关知识,可以形式化地证明 (包括居间三段论在内的) 广义三段论的形式有效性。这些证明不仅充分利用了三段论的结构主义特征,而且说明可以利用数字化、模糊化的方式对自然语言中的信息加以处理。

# 第三章 亚里士多德模态三段论研究

模态三段论包括亚里士多德模态三段论和广义模态三段论，其关系和区别类似于亚里士多德三段论与广义三段论的区别。亚氏模态三段论可以理解为在亚氏三段论的基础上，在所涉及的亚氏量词前面添加了模态词；而广义模态三段论则可以理解为是在广义三段论的基础上，在所涉及的广义量词的前面添加了模态词。由于亚氏量词是广义量词的特例，因而亚氏三段论是广义三段论的特例，亚氏模态三段论是广义模态三段论的特例。目前国内外对模态三段论的研究主要集中在亚氏模态三段论，鲜有（笔者至今没有搜索到）广义模态三段论的研究成果。本章如果没有特别说明，模态三段论均指亚氏模态三段论。

## 第一节 引　言

Henle 认为：从总体上来说，在亚里士多德关于三段论的研究中，最突出的成果是其关于模态三段论的研究；自亚里士多德以来，逻辑传统从模态三段论开始分道扬镳；一个普遍的现象是：没有多少人关注模态三段论[1]。

McCall 指出：亚里士多德模态三段论系统在其《前分析篇》(*Prior Analytics*) 里就有所记载，虽然已经进入公众视野 2300 多年了，但是或许没有其他任何一本哲学著作获得如此一致的差评了。鉴于对模态三段论的研究，亚里士多德被看作逻辑之父和元逻辑始祖是当之无愧的。

亚里士多德是第一个系统地研究模态三段论的逻辑学家，在其《工具论》中讨论模态三段论的篇幅，超过了讨论非模态三段论的篇幅。在这之后很长一段时期内，对模态三段论的研究都没有取得多少进展。20 世纪以来，对模态三段论的研究才取得了较大的进展。

McCall(1963)[2]发展出了第一个判断必然三段论 (apodeictic syllogisms)

---

[1] Johnson F. Aristotle's Modal Syllogisms// Gabbay D M, Woods J. ed. Handbook of the History of Logic, vol. I. Amsterdam: Elsevier, 2004: 247.

[2] McCall S. Aristotle's Modal Syllogisms. Studies in Logic and the Foundations of Mathematics. Amsterdam: North-Holland Publishing Company, 1963.

## 第一节 引 言

是否有效的形式系统，即 L-X-M 演算；对于含有 $n(n \geqslant 2)$ 个前提的有效的或无效的必然三段论，是否具有任意次与亚里士多德判断 (Aritotle's judgments) 进行匹配的机会，L-X-M 演算给出了肯定或驳斥其形式语句的判定程序。

McCall 这一杰出成果的取得应该归功于他对 Łukasiewicz(1957)[1]提出的 ŁA 系统的扩展；对于有效或无效的实然三段论 (assertoric syllogisms) 的亚里士多德判断，ŁA 这一形式系统给出了对其肯定或驳斥的判定程序。

Łukasiewicz(1957) 考虑使用他的四值模态逻辑系统，即 ŁM 系统，对亚里士多德模态三段论进行描述，但是发现这种匹配并不好。Geach(1964)[2]也提出了一个系统处理肯定模态三段论，但是也发现这种匹配不好。虽然 Johnson(1989)[3]对亚里士多德必然三段论进行了适当重建，但是 Smith(1995)[4] 在对亚里士多德模态三段论的研究状况进行总结时说：虽然逻辑学家一直试图为模态三段论找到某个一致的解释，却无法保证所有 (或几乎所有) 的结果是一致的，这些研究的结果是令人失望的，这是由于亚里士多德模态三段论系统是不一致的，任何修修补补都无济于事。

Smith 的这一观点至今还仍然盛行。Thomson(1993[5], 1997[6]) 和 Brenner(2000) 的工作也远远没有到达为他们那个时代发展出来的模态逻辑提供一个一致的解释的目的。Nortmann(1996) 和 Thom(1996)[7]认为亚里士多德犯了很多逻辑错误，Schmidt(2000) 则认为：几种模态命题之间进行了转换，从而导致了建立的模态逻辑不一致。

Johnson(2004)[8]通过对 McCall 的 L-X-M 系统及其相关研究进行检查后，把注意力转向了 McCall 对偶然三段论 (contingent syllogisms) 的研究

---

[1] Łukasiewicz J. Aristotle's Syllogistic: From the Standpoint of Modern Formal Logic. 2nd ed. Oxford: Clerndon Press, 1957.

[2] Geach P T. Review of McCall (1963). Ratio, 1964, 6: 200-206.

[3] Johnson F. Models for modal syllogisms. Notre Dame Journal of Formal Logic, 1989, 30: 271-284.

[4] Smith R. Article "Logic"// Barnes J. ed. The Cambridge Companion to Aristotle. Cambridge: Cambridge University Press, 1995: 27-65.

[5] Thomson S K. Semantic analysis of the modal syllogistic. Journal of Philosophical Logic, 1993, 22: 111-128.

[6] Thomson S K. Relational models for the modal syllogistic. Journal of Philosophical Logic, 1997, 26: 129-141.

[7] Thom P. The Logic of Essentialism: An Interpretation of Aristotle's Modal Syllogistic. Dordrecht: Kluwer, 1996.

[8] Johnson F. Aristotle's Modal Syllogisms// Gabbay D M, Woods J. ed. Handbook of the History of Logic, vol. I. Amsterdam: Elsevier, 2004: 247-308.

工作，Johnson 发现 McCall 的 Q-L-X-M 这一纯句法系统具有非亚里士多德特点，从而发展出了改良的 QLXM′ 系统，QLXM′ 系统的语义能够为亚里士多德认为显然无效的大量的实然三段论、必然三段论和偶然三段论提供反模型。本章将详细介绍和阐释 Johnson(2004) 的研究成果。

Malink(2006)①试图反驳 Smith 的"无法为亚氏模态三段论找到一个一致的形式模型"的悲观论调；认为无法为模态三段论逻辑建立一个一致的系统的原因，不在于模态三段论逻辑本身，而是在于没有恰当地把现代模态逻辑和外延集合论应用到模态三段论逻辑中；并试图为亚氏模态三段论逻辑重新建构一个一致的形式模型。Thom(2008)②对 Avicenna 模态三段论中的逻辑和形而上学进行了探讨，Thom(2012)③研究了 Avicenna 和 Tûsî 中带有必然性和可能性的三段论。Malink(2013)④也试图为所有亚里士多德所断定的有效的和无效的模态三段论，提供一致的而且连贯的模型。

我国逻辑学者对亚里士多德模态三段论逻辑的研究也取得了可喜的成果。比如：周礼全 (1984)⑤对亚里士多德模态三段论中的必然性和可能性进行了探讨，指出必然性可以分为绝对必然性和相对必然性。张家龙 (1990)⑥利用了现代模态逻辑知识，为亚里士多德《前分析篇》中模态三段论构造了一个一元谓词自然演绎系统，给出了其必然式模态三段论系统的判定程序，在可能世界语义学的基础上构造了此系统的模型，并利用换位律、假言三段论律、模态三段论律、差等律和显露法等推理规则，挖掘出了更多的有效模态三段论。张家龙 (1996)⑦对亚里士多德《前分析篇》中的必然三段论系统，以及其证明方法和驳斥方法进行了改进，并对这一系统中有效的模态三段论和无效的模态三段论进行了深入的研究。

马雷 (2003)⑧对亚里士多德《前分析篇》中的模态三段论的化归进行

---

① Malink M. A Reconstruction of Aristotle's Modal Syllogistic. History and Philosophy of Logic, 2006, 27: 95-141.

② Thom P. Logic and metaphysics in Avicenna's modal syllogistic// Rahman S, Street T, Tahin H. ed. The Unity of Science in the Arabic Tradition: Science, Logic, Epistemology and their Interactions. Dordrecht: Springer, 2008.

③ Thom P. Syllogisms about possibility and necessity in Avicenna and Tûsî// Novaes C D, Hjortland O. ed. Insolubles and Consequences: Essays in Honour of Stephen Read. Milton Keynes: College Publications, 2012: 239-248.

④ Malink M. Aristotle's Modal Syllogistic. Cambridge, MA: Harvard University Press, 2013.

⑤ 周礼全. 必然性与可能性. 四川大学学报 (哲学社会科学版), 1984, 3: 40-50.

⑥ 张家龙. 亚里士多德模态逻辑的现代解释. 哲学研究, 1990, 1: 86-95.

⑦ 张家龙. 亚里士多德的必然三段论. 湖北大学学报 (哲学社会科学版), 1996, 3: 30-38.

⑧ 马雷. 亚里士多德模态三段论的化归. 黄冈师范学院学报, 2003, 2: 62-67.

## 第一节 引言

了研究。杜国平 (2004)[①]在对亚里士多德证明模态三段论所用的显示法，进行了细致的研究后指出：显示法的实质就是现代谓词逻辑中的存在量词的例示规则 (Hamilton)，显示法与模型论中的常量方法也有相同之处。马雷 (2013)[②]从现代逻辑的联合演算观的角度，对亚里士多德《前分析篇》中的模态三段论进行了重新建构。江璐 (2015)[③]从必然模态三段论出发，阐述了奥卡姆对亚里士多德的模态三段论的扩展和革新。张晓君 (2018)[④]利用广义量词理论、可能世界语义学和集合论形式化地证明了在 169 个亚里士多德模态三段论的有效性的基础上，制订了有效的模态三段论应该满足的基本规则，从全部的 6656 个亚里士多德模态三段论中，筛选出了全部的 384 个有效的模态三段论；并把由 AAA-1 和 EAE-1 传统三段论通过添加模态词而得到的 20 个模态三段论作为基础公理，试图为模态三段论逻辑建立起形式化的公理系统。

本章的研究主要以 Johnson(2004) 的研究为基础。为了便于读者理解，本章尽量遵照现代逻辑和广义量词理论的常用记法。具体记法如下：

(1) 全称肯定实然命题 "所有 $a$ 是 $b$" 用 $all(a,b)$ 来表示，简记为 A；

(2) 全称否定实然命题 "所有 $a$ 不是 $b$" 用 $no(a,b)$ 来表示，简记为 E；

(3) 特称肯定实然命题 "有 $a$ 是 $b$" 用 $some(a,b)$ 来表示，简记为 I；

(4) 特称否定实然命题 "有 $a$ 不是 $b$" 用 $not\ all(a,b)$ 来表示，简记为 O。

(5) 全称肯定必然命题 "所有 $a$ 必然是 $b$" 用 $\Box all(a,b)$ 来表示，简记为 $\Box$A；

(6) 全称否定必然命题 "所有 $a$ 必然不是 $b$" 用 $\Box no(a,b)$ 来表示，简记为 $\Box$E；

(7) 特称肯定必然命题 "有 $a$ 必然是 $b$" 用 $\Box some(a,b)$ 来表示，简记为 $\Box$I；

(8) 特称否定必然命题 "有 $a$ 必然不是 $b$" 用 $\Box not\ all(a,b)$ 来表示，简记为 $\Box$O；

(9) 全称肯定可能命题 "所有 $a$ 可能是 $b$" 用 $\Diamond all(a,b)$ 来表示，简记

---

[①] 杜国平. 显示法证明分析. 哲学研究, 2004, 6: 91-95.
[②] 马雷. 亚里士多德模态三段论的形式系统. 南京社会科学, 2013, 7: 42-44.
[③] 江璐. 奥卡姆的模态三段论——其对亚里士多德模态逻辑的发展与转化. 世界哲学 2015, 6: 112-120.
[④] 张晓君. 汉语指代消解及其推理模式研究. 北京: 人民出版社, 2018.

为 ◇A；

(10) 全称否定可能命题"所有 a 可能不是 b" 用 ◇no(a,b) 来表示，简记为 ◇E；

(11) 特称肯定可能命题"有 a 可能是 b" 用 ◇some(a,b) 来表示，简记为 ◇I；

(12) 特称否定可能命题"有 a 可能不是 b" 用 ◇not all(a,b) 来表示，简记为 ◇O。

模态三段论的格的定义与经典三段论的格的定义一样。第一格三段论的中项是大前提主项、小前提谓项；第二格三段论的中项是大、小前提谓项；第三格三段论的中项是大、小前提主项；第四格三段论的中项是大前提谓项、小前提主项。第二格 AEO 式的实然三段论简记为 AEO-2；第三格 □EI◇O 式三段论简记为 □EI◇O-3，其他记法与此类似。

## 第二节 Łukasiewicz 的实然三段论系统 ŁA

对于 Łukasiewicz 而言，亚里士多德的三段论是"蕴涵系统"而非"推理系统"。Łukasiewicz[①]认为，形式为"所有 B 是 A；所有 C 是 B；所以，所有 C 是 A"的三段论形式不是亚里士多德式三段论。直到 Alexander 之前，我们都没遇见过这种形式的三段论。亚里士多德式三段论的这种从蕴涵形式到推理形式的转变，可能要归功于斯多葛学派。

所以，Łukasiewicz 宣称亚里士多德在分析上面这个名为 Barbara 的传统三段论(其形式为"所有 B 是 A；所有 C 是 B；所以，所有 C 是 A")时，改成了蕴涵形式："如果所有 B 是 A，那么如果所有 C 是 B，那么所有 C 是 A。"

Smith(1989)[②] 对于《前分析篇》[25b37-40] 中关于三段论 Barbara 的翻译似乎与 Łukasiewicz 的观点一致："如果 A 是所有 B 的谓项，且 B 是所有 C 的谓项，A 是所有 C 的谓项就是必然的。" 但是，Corcoran(1972)[③]和 Smiley(1973)[④]则认为：亚里士多德发展了自然演绎系统而不

---

[①] Łukasiewicz J. Aristotle's Syllogistic: From the Standpoint of Modern Formal Logic. 2nd ed. Oxford: Clerndon Press, 1957: 21.

[②] Smith R. Aristotle: Prior Analytics. Indianapolis and Cambridge: Hackett Publishing Lompany, 1989: 4.

[③] Corcoran J. The completeness of an ancient logic. Journal of Symbolic Logic, 1972, 37: 696-702.

[④] Smiley T. What is a syllogism. Journal of Philosophical Logic, 1973, 2: 136-154.

## 第二节 Łukasiewicz 的实然三段论系统 ŁA

是发展出了具有 Łukasiewicz 特征的公理系统。

在 Łukasiewicz 的实然三段论 ŁA 形式系统里，使用无括号的波兰记法来表达合式公式 (wffs)。Johnson(2004) 使用常见记法来替换 Łukasiewicz 的记法，例如，Łukasiewicz 的 Cpq (即如果 p 那么 q) 替换为常见的 p → q；Łukasiewicz 的 Np (即非 p) 和 Kpp (即 p 和 q) 分别替换为常见的 ¬p 和 p∧q；并用 ⊢ 和 ⊣ 分别表示被肯定的断定 (即可证实的或成立的) 和被否证的断定 (即可证伪的或不成立的)。

这里需要特别说明的是：由于不同的学者对同一个逻辑对象常常采取不同的记法从而造成理解上的困难，为了突出三段论的结构主义特征和便于读者理解，本章尽量使用现代逻辑和广义量词理论中的常用记法，对 Johnson(2004) 介绍 Łukasiewicz 的 ŁM 形式系统及其他内容，进行了统一和改写，例如，四个亚里士多德量词 A, I, E 和 O 分别替换成其对应的英语 all, some, no 和 not all 来表示，并相应地把其中的量化语句 Aab(全称肯定命题)、Iab(特称肯定命题)、Eab(全称否定命题) 和 Oab(特称否定命题) 分别替换成 all(a, b), some(a, b), no(a, b) 和 not all(a, b) 这样的三分结构，其意思分别是 "所有 a 是 b"、"有些 a 是 b"、"没有 a 是 b" 和 "有些 a 不是 b"。其他替换与此类似。再例如，Łukasiewicz 的 ŁM 系统把 "必然 p" 和 "可能 p" 分别记作 Lp 和 Mp，而 McCall(1963) 却分别将其记作 λp 和 μp，本章分别用 □p (必然 p) 和 ◊p (可能 p) 来替换。

### 一、实然三段论系统 ŁA 的证实

三段论 Barbara(即 AAA-1) 在 ŁA 系统中被证实 (is asserted)，用 ⊢(all(b, a)→(all(c, b)→all(c, a))) 来表示；⊣all(b, a) 意思是在系统中 all(b, a) 被证伪 (is rejected)。被证实或被证伪都是相对于系统而言的。如果没有特别说明，本节的证实都是相对于 ŁA 系统而言的。

**实然三段论系统 ŁA 的初始符号：**

(1) 词项变元：$a, b, c, \cdots$ (有时可能带有下标)；
(2) 一元算子：¬；
(3) 二元算子：→；
(4) 量词：all, some；
(5) 括号：(, )。

**实然三段论系统 ŁA 的形成规则：**

(1) FR1：如果 Q 是一个量词，x 和 y 是词项变元，那么 Q(x,y) 是一个合式公式。

(2) FR2：如果 p 和 q 是合式公式，那么 ¬p 和 (p → q) 是合式公式。

(3) FR3：只有通过 FR1 和 FR2 得到的公式才是合式公式。

例如：all(a, b), some(a, b) 和 all(b, c)→ ¬some(b, c) 都是合式公式，分别读作"所有 a 是 b""有些 a 是 b""如果所有 b 是 c，那么有些 b 是 c 是假的"。

**实然三段论系统 ŁA 的相关定义：**

(1) 联结词 ∧ 的定义：$(p \wedge q) =_{def} \neg(p \to \neg q)$；

(2) 联结词 ↔ 的定义：$(p \leftrightarrow q) =_{def} ((p \to q) \wedge (q \leftarrow p))$；

(3) 量词 no 的定义：$no(x, y) =_{def} \neg some(x, y)$；

(4) 量词 not all 的定义：$not\ all(x, y) =_{def} \neg all(x, y)$。

no(a, b) 和 not all(a, b) 可分别被读作"没有 a 是 b""有些 a 不是 b"。

在 Łukasiewicz 的 ŁA 系统包含那些"被证实的断定"(用 ⊢ 表示)，同时也包括那些"被证伪的断定"(用 ⊣ 表示)。首先探讨被证实的断定，它们是根据证实公理和证实规则而产生的。

**实然三段论系统 ŁA 的证实公理：**

(1) A0(PC)：如果根据命题演算 (PC)，p 是一个有效的合式公式，那么 ⊢ p (即 p 是可以证实的)。

(例如，⊢all(a, b)→all(a, b)，因为前件 all(a, b) 为真且后件 all(a, b) 为假是不可能的；⊢(all(a, b)→some(a, b))→ (¬some(a, b)→ ¬all(a, b))，因为 all(a, b)→some(a, b) 为真、¬some(a, b) 为真且 ¬all(a, b) 为假是不可能同时成立的。)

(2) A1：⊢all(a, a)。

(3) A2：⊢some(a, a)。

(4) A3(即 AAA-1)：⊢all(b, c)→(all(a, b)→all(a, c))。

(5) A4(即 AII-3)：⊢all(b, c)→(some(b, a)→some(a, c))。

**实然三段论系统 ŁA 的证实转换规则：**

(1) AR1：(用于证实的统一替换规则 US) 假设 q 是从 p 通过把一个变元统一替换为另一个变元而得到的，那么从 ⊢ p 可推出 ⊢ q (亦即从 p 可以证实，可以推出 q 可以证实)。

(例如，根据 US 规则，从 ⊢all(a, b)→some(b, a) 可以推出 ⊢all(c, b)→some(b, c) 和 ⊢all(b, b)→some(b, b)。但是，根据 US 规则，不能从 ⊢all(b, b)→some(b, b) 推出 ⊢all(c, b)→some(b, c)。)

(2) AR2：(分离规则 MP) 从 ⊢(p → q) 和 ⊢ p 可以推出 ⊢ q。

## 第二节 Łukasiewicz 的实然三段论系统 ŁA

(3) AR3：(定义项和被定义项的互换证实规则 DDI) 从 ⊢($\cdots\alpha\cdots$) 和 $\alpha =_{\text{def}} \beta$ 可以推出 ⊢($\cdots\beta\cdots$)，反之亦然。

(例如，给定量词 no 和 not all 的定义，通过两次使用 DDI，从 ⊢ ¬some(a,b) → ¬all(a,b) 可以推出 ⊢no(a,b)→not all(a,b)。一般而言，DDI 规则的使用，是与其参照的定义有关的。所以，根据量词 no 的定义，从 ¬some(a,b)→ ¬all(a,b) 可以推出 ⊢no(a,b)→ ¬all(a,b)，可以理解成：在这里也使用了 DDI 规则。)

在给出了 ŁA 系统的证实基础之后，就可以给出"证实演绎"——合式公式的序列，此序列的每一个成员或者是一个证实公理，或是从序列的前一个成员通过使用转换规则得到的证实断定，这些断定表征了涉及换位法、从属关系和矛盾关系的一些亚里士多德原则。

**定理 2.1** (证实转换定理 Con) ⊢some(a,b)→some(b,a) 和 ⊢no(a,b)→no(b,a)。

**证明** (1) ⊢all(b,c)→(some(b,a)→some(a,c))(根据 A4);

(2) ⊢all(b,b)→(some(b,a)→some(a,b))(根据 US 和 (1) 可得);

(3) ⊢all(b,b)　　　　　　　　　(根据 A1 和 US 可得);

(4) ⊢some(b,a)→some(a,b)　　　(根据 MP、(2) 和 (3) 可得);

(5) ⊢some(a,b)→some(b,a)　　　(根据 US、(4) 可得);

(6) ⊢(some(b,a)→some(a,b))→ (¬some(a,b)→ ¬some(b,a))

　　　　　　　　　　　　　　　　(根据 A0 可得);

(7) ⊢ ¬some(a,b)→ ¬some(b,a)　(根据 MP、(6) 和 (4) 可得);

(8) ⊢no(a,b)→no(b,a)　　　　　(根据 no 的定义，运用 DDI 和 (7) 可得)。

证毕。

从广义量词理论的视角看，定理 2.1 表征了亚里士多德量词 some 和 no 的对称性。使用如下的证实推理规则，可以使得定理 2.1 的证明更简洁：

DR1 (逆转规则 RV)　(i) 从 ⊢(p → q) 可以推出 ⊢ (¬q → ¬p);

(ii) 从 ⊢(p → (q → r)) 可以推出 ⊢ (p → (¬r → ¬q));

(iii) 从 ⊢ (p → (q → r)) 可以推出 ⊢ (¬r → (p → ¬q))。

**证明** (i) 假定 ⊢(p → q)，根据 A0 可得：⊢((p → q)→ (¬q → ¬p))，根据 MP 可得：⊢ (¬q → ¬p)。(ii) 假定 ⊢ (p → (q → r))，根据 A0 可得：⊢ ((p → (q → r)) → (p → (¬r → ¬q)))，根据 MP 可知：⊢ (p → (¬r → ¬q))。

同理可证 (iii)。证毕。

所以，上述推理中注释可为："根据 RV 从 (4) 可得。"第 6 行可删除。以下的导出规则对生成其他规则很有用。

**DR2** (通过前件交换的证实规则 AI)　从 ⊢ (p → (q → r)) 可以推出 ⊢ (q → (p → r))。

**证明**　假定 ⊢ (p → (q → r))，根据 A0 可知，⊢ ((p → (q → r)) → (q → (p → r)))，根据 MP 可知，⊢ (q → (p → r))。证毕。

**DR3** (通过弱化 (或等值) 前件的证实规则 AS)　从 ⊢ (p → (q → r)) 和 ⊢ (s → q) 可以推出 ⊢ (p → (s → r))；从 ⊢ (p → (q → r)) 和 ⊢ (s → p) 可以推出 ⊢ (s → (q → r))。

**DR4** (通过强化 (或等值) 后件的证实规则 CW)　从 ⊢ (p → q) 和 ⊢ (q → r) 可以推出 ⊢ (p → r)；从 ⊢ (p → (q → r)) 和 ⊢ (r → s) 可以推出 ⊢ (p → (q → s))。

为了证明 DR3 和 DR4 要使用 A0 和 MP 规则。

**定理 2.2** (差等证实定理 Sub-a)

(i) ⊢all(a, b)→some(a, b);

(ii) ⊢no(a, b)→not all(a, b)。

**证明**　(1) ⊢all(b, c)→(some(b, a)→some(a, c))　(根据 A4);
(2) ⊢some(b, a)→(all(b, c)→some(a, c))　(根据 AI 和 (1));
(3) ⊢some(a, a)→(all(a, c)→some(a, c))　(根据 US 和 (2));
(4) ⊢some(a, a)　　　　　　　　　　(根据 A2);
(5) ⊢all(a, c)→some(a, c)　　　　　(根据 MP、(3) 和 (4));
(6) ⊢all(a, b)→some(a, b)　　　　　即 (i), (根据 US 和 (5));
(7) ⊢ ¬some(a, b)→ ¬all(a, b)　　　(根据 RV 和 (6));
(8) ⊢no(a, b)→not all(a, b)　　　　即 (ii), (运用 DDI、no 和 not all 的定义和 (7))。

证毕。

**定理 2.3** (减量换位证实定理 Con(pa))

(i) ⊢all(a, b)→some(b, a);

(ii) ⊢no(a, b)→not all(b, a)。

**证明**　(1) ⊢all(a, b)→some(a, b)　　(根据 Sub-a);
(2) ⊢some(a, b)→some(b, a)　　　　(根据 Con);
(3) ⊢all(a, b)→some(b, a)　　　　　(根据 CW、(1) 和 (2));

## 第二节 Łukasiewicz 的实然三段论系统 ŁA

(4) ⊢no(a, b)→no(b, a)　　　　(根据 Con);

(5) ⊢no(b, a)→not all(b, a)　　(根据 Sub-a、US 和 (4));

(6) ⊢no(a, b)→not all(b, a)　　即 (ii), (根据 CW、(7) 和 (8) 可得)。

以下根据 A0 和 MP 证明的导出规则对证明接下来的定理很有用。

**DR5** (双条件规则 BIC)　从 ⊢(p → q) 和 ⊢(q → p) 可推出 ⊢(p ↔ q)。

**证明**　假定 ⊢ (p → q) 和 ⊢ (q → p),根据 A0 可知,⊢ ((p → q) → ((q → p) → (p ↔ q)))。通过两次使用 MP 可得: ⊢ (p ↔ q)。

**定理 2.4** (矛盾证实定理 Opp)

(i) ⊢ ¬all(a, b)↔not all(a, b);　　(ii) ⊢ ¬no(a, b)↔some(a, b);

(iii) ⊢ ¬some(a, b)↔no(a, b);　　(iv) ⊢ ¬not all(a, b)↔all(a, b)。

**证明**　(1) ⊢ ¬all(a, b)→ ¬all(a, b)　　(根据 A0);

(2) ⊢ ¬all(a, b)→not all(a, b)　　(根据 not all 的定义和 (1));

(3) ⊢not all(a, b)→ ¬all(a, b)　　(根据 not all 的定义和 (1));

(4) ⊢ ¬all(a, b)↔not all(a, b)　　即 (i), (根据 BIC、(2) 和 (3));

(5) ⊢ ¬no(a, b)→ ¬no(a, b)　　(根据 A0);

(6) ⊢ ¬no(a, b)→ ¬¬some(a, b)　　(根据 Def E);

(7) ⊢ ¬¬some(a, b)→some(a, b)　　(根据 A0);

(8) ⊢ ¬no(a, b)→some(a, b)　　(根据 CW、(6) 和 (7));

(9) ⊢ ¬¬some(a, b)→ ¬no(a, b)　　(根据 no 的定义和 (5));

(10) ⊢some(a, b)→ ¬¬some(a, b)　　(根据 A0);

(11) ⊢some(a, b)→ ¬no(a, b)　　(根据 CW、(10) 和 (9));

(12) ⊢ ¬no(a, b)↔some(a, b)　　即 (ii), (根据 BIC 和 (11));

(13) ⊢ (¬all(a, b)↔not all(a, b))→ (¬not all(a, b)↔all(a, b))　　(根据 A0);

(14) ⊢ ¬not all(a, b)↔all(a, b)　　即 (iv), (根据 BIC、(2) 和 (3));

(15) ⊢ (¬no(a, b)↔some(a, b))→ (¬some(a, b)↔no(a, b))　　(根据 A0);

(16) ⊢ ¬some(a, b)↔no(a, b)　　即 (iii), (根据 MP、(12) 和 (15))。

证毕。

以下的导出规则与矛盾证实规则结合是很有用的。

**DR6** (等值替换规则 SE)　从 ⊢ (p ↔ q) 和 ⊢ (⋯p⋯) 可以推出 ⊢ (⋯q⋯)。

**证明**　运用数学归纳法可以证明。证毕。

例如，有了矛盾证实规则，根据 SE，从 ⊢all(a,b)→(all(b,c)→(¬all(a,d)→ ¬all(c,d))) 可以推出 ⊢all(a,b)→(all(b,c)→(not all(a,d)→not all(c,d)))。

表 1 列出了与熟悉的两个前提三段论相对应的证实命题。右栏给出了证实演绎方法。例如，很显然，根据公理 A3，AAA-1 是可以证实的。EAE-1 是可以证实的，因为证实表 1 中三段论 (11) (即 IAI-3) 可以转化为 ⊢¬some(a,c)→(all(b,a)→ ¬some(b,c)) (根据 RV)，这可转换为 ⊢no(a,c)→(all(b,a)→no(b,c))(因为根据 SE，⊢no(a,c) ↔ ¬some(a,c) 和 ⊢no(b,c)↔¬some(b,c))，这可继续转化为 EAE-1(根据 US，用 b 代替 a 且用 a 代替 b)。AII-1 是可以证实的，因为证实表 1 中三段论 (12) (即 AII-3) 可转化为 ⊢all(b,c)→(some(a,b)→some(a,c)) (根据 AS，some(a,b)→some(b,a))。

表 1[①] 实然系统 ŁA 的演绎

| | | | |
|---|---|---|---|
| 第一格 | AAA-1 (1) | ⊢all(b,c)→(all(a,b)→all(a,c)) | A3 |
| | EAE-1 (2) | ⊢no(b,c)→(all(a,b)→no(a,c)) | (11), RV, SE, US |
| | AII-1 (3) | ⊢all(b,c)→(some(a,b)→some(a,c)) | (12), AS |
| | EIO-21 (4) | ⊢no(b,c)→(some(a,b)→not all(a,c)) | (12), RV, SE, US |
| 第二格 | EAE-2 (5) | ⊢no(c,b)→(all(a,b)→no(a,c)) | (12), RV, SE, AI, US |
| | AEE-2 (6) | ⊢all(c,b)→(no(a,b)→no(a,c)) | (3), RV, SE, US |
| | EIO-2 (7) | ⊢no(c,b)→(some(a,b)→not all(a,c)) | (11), RV, SE, AI, US |
| | AOO-2 (8) | ⊢all(c,b)→(not all(a,b)→not all(a,c)) | (1), RV, SE, US |
| 第三格 | AAI-3 (9) | ⊢all(b,c)→(all(b,a)→some(a,c)) | (12), AS |
| | EAO-3 (10) | ⊢no(b,c)→(all(b,a)→not all(a,c)) | (20), RV, SE, US |
| | IAI-3 (11) | ⊢some(b,c)→(all(b,a)→some(a,c)) | (12), AI, US, CW |
| | AII-3 (12) | ⊢all(b,c)→(some(b,a)→some(a,c)) | A4 |
| | OAO-3 (13) | ⊢not all(b,c)→(all(b,a)→not all(a,c)) | (1), RV, SE, US |
| | EIO-3 (14) | ⊢no(b,c)→(some(b,a)→not all(a,c)) | (3), RV, SE, US |
| 第四格 | AAI-4 (15) | ⊢all(c,b)→(all(b,a)→some(a,c)) | (12), AI, US, CW |
| | AEE-4 (16) | ⊢all(c,b)→(no(b,a)→no(a,c)) | (17), RV, SE, AI, US |
| | IAI-4 (17) | ⊢some(c,b)→(all(b,a)→some(a,c)) | (3), AI, US, CW |
| | EIO-4 (18) | ⊢no(c,b)→(some(b,a)→not all(a,c)) | (17), RV, SE, AI, US |
| | EAO-4 (19) | ⊢no(c,b)→(all(b,a)→not all(a,c)) | (15), RV, SE, AI, US |
| 弱式三段论 | AAI-1 (20) | ⊢all(b,c)→(all(a,b)→some(a,c)) | (1), CW |
| | EAO-1 (21) | ⊢no(b,c)→(all(a,b)→not all(a,c)) | (9), RV, SE, US |
| | EAO-2 (22) | ⊢no(c,b)→(all(a,b)→not all(a,c)) | (9), RV, SE, AI, US |
| | AEO-2 (23) | ⊢all(c,b)→(no(a,b)→not all(a,c)) | (20), RV, SE, US |
| | AEO-4 (24) | ⊢all(c,b)→(no(b,a)→not all(a,c)) | (15), RV, SE, AI, US |

①本表主要来源于 Johnson F. Aristotle's Modal Syllogisms// Gabbay D M, Woods J. ed. Handbook of the History of Logic, vol. I. Amsterdam: Elsevier, 2004: 253.

## 二、实然三段论系统 ŁA 的证伪

Łukasiewicz 用"证伪"概念发展了他的形式系统。Łukasiewicz 认为用"初始合式公式 (wffs)"表达的无效的三段论,可以通过扩充他的形式实然三段论系统被证伪。这种形式的实然三段论系统是通过增加一个证伪公理和四个可以产生证伪的转换规则得到的。本章将会对此加以粗略的说明,但不会对 Łukasiewicz 关于证伪的研究进行详细的阐释,因为这需要证明所有的合式公式都能够"化归为"初始合式公式的集合。

**定义 2.1** (初始合式公式和简单合式公式)  x 是一个初始合式公式,当且仅当,x 是形如 $(x_1 \to (x_2 \to (x_3 \to \cdots x_n)\cdots))$ 的公式;其中每个 $x_i$ 是一个简单合式公式,即形如 $all(a,b)$,$some(a,b)$,$not\ all(a,b)$ 和 $no(a,b)$ 的合式公式。

ŁA 系统的证伪公理:R1 $\dashv all(c,b) \to (all(a,b) \to some(a,c))$。

ŁA 系统的证伪转换规则有如下四条:

(1) $R_R1$ (证伪的统一替换规则 R-US)  如果 $\dashv x$,而且 y 是从 x 通过把一个词项统一替换成另一个词项而得到的,那么 $\dashv y$ 成立。

(2) $R_R2$ (证伪的分离规则 R-D)  根据 $\vdash (x \to y)$ 和 $\dashv y$,能推出 $\dashv x$。

(3) $R_R3$ (Slupecki 证伪规则 R-S)  根据 $\dashv (x \to z)$ 和 $\dashv (y \to z)$ 能推出 $\dashv (x \to (y \to z))$。假定:① x 和 y 是形如 $\neg all(p,q)$ 或 $\neg some(p,q)$ 的公式;② z 是形如 $(x_1 \to (x_2 \to (x_3 \to \cdots x_n)\cdots))$ 的公式,其中每个 $x_i$ 是一个原子语句。

(4) $R_R4$ (定义项和被定义项的互换证伪规则 R-DDI)  根据 $\dashv (\cdots \alpha \cdots)$ 和 $\alpha =_{def} \beta$,可以推出 $\dashv (\cdots \beta \cdots)$,反之亦然。

例如,使用两次 R-DDI 规则,根据量词 not all 和量词 no 的定义,从 $\dashv \neg all(a,b) \to \neg some(a,b)$ 可以推出 $\dashv no(a,b) \to not\ all(a,b)$。

下面介绍与证实演绎规则相对应的证伪推出规则,这一规则可以用来简化证伪演绎推理的表述 —— 这些规则是合式公式序列,而且序列中的每个成员或者是一个 (证实或证伪) 公理,或者是由 (证实或证伪) 转换规则得到的。其序列中的最后一个成员是一个证伪。

R-DR1 (逆否证伪规则 R-RV):

(i) 由 $\dashv (p \to q)$ 可以推出 $\dashv (\neg q \to \neg p)$;

(ii) 由 $\dashv (p \to (q \to r))$ 可以推出 $\dashv (p \to (\neg r \to \neg q))$;

(iii) 由 $\dashv (p \to (q \to r))$ 可推出 $\dashv (\neg r \to (p \to \neg q))$。

**证明**  对于 (i),假定 $\dashv (p \to q)$,根据 A0(或 PC),可以推出 $((\neg q \to$

¬p) → (p → q))。根据 R-D 可以推出 ⊣(¬q → ¬p)。对于 (ii)，假定 ⊣(p → (q → r))，根据 A0，可以推出 ⊢ ((p → (¬r → ¬q)) → (p → (q → r)))。根据规则 R-D，可以推出 ⊣(p → (¬r → ¬q))。同理可得 (iii)。证毕。

R-DR2 (前件替换证伪规则 R-AI)　根据 ⊣(p → (q → r)) 可以推出 ⊣(q → (p → r))。

**证明**　假设 ⊣(p → (q → r))，根据 A0 可以推出 ⊢ ((q → (p → r)) → (p → (q → r)))，根据 R-D 可以推出 ⊣(q → (p → r))。证毕。

R-DR3 (前件弱化 (或等值) 证伪规则 R-AW)

(i) 根据 ⊣(p → (q → r)) 和 ⊢ (q → s) 可以推出 ⊣(p → (s → r));

(ii) 根据 ⊣(p → (q → r)) 和 ⊢ (p → s) 可以推出 ⊣(s → (q → r))。

**证明**　假设 ⊣ (p → (q → r)) 和 ⊢ (q → s)，根据 A0 可得：⊢ ((q → s) → ((p → (s → r)) → (p → (q → r))))；根据分离规则 MP 可得：⊢ ((p → (s → r)) → (p → (q → r)))；再根据 R-D 可得 ⊣(p → (s → r))。用相同的方法可推导得到 (ii)。证毕。

以下两个推导规则的证明很容易构造，这里省略其证明。

R-DR4 (强化后承 (或等值) 证伪规则 R-CS)　由 ⊣(p → q) 和 ⊢ (r → q) 可以推出 ⊣ (p → r); 由 ⊣ (p → (q → r)) 和 ⊢ (s → r) 可以推出 ⊣(p → (q → s))。

R-DR5 (等值替换证伪规则 R-SE)　根据 ⊢ (p ↔ q) 和 ⊣(···p···) 可推出 ⊣(···q···)。

R-DR6 (蕴涵引入证伪规则)　从 ⊢p 和 ⊣q 可推出 ⊣(p → q)。

**证明**　假设 ⊢p 且 ⊣q，根据 A0 可知：⊢ (p → ((p → q) → q))，根据 MP 可知：⊢ ((p → q) → q)，再根据 RD 规则，可推出 ⊣(p → q)。证毕。

借助上述规则，能够说明在《前分析篇》[26a2-9] 中提到的四个三段论在 ŁA 系统中是如何被证伪的。Łukasiewicz(1957)[①]指出："如果所有的 b 是 a，并且没有 c 是 b，那么就不会存在这样的三段论的极端情况，因为从两个前提 (例如，all men are animals，而且 no horses are men) 中不能够得出任何必然的结论，而且 b 包含在 a 中而不包含在 c 中是可能的，因此不能够必然地得出一个特称或全称的结论。但是如果根据这些前提 (例如，all men are animals，而且 no stones are men) 不能得出必然的结果，那么这就不是一个三段论。"

---

① Łukasiewicz J. Aristotle's Syllogistic: From the Standpoint of Modern Formal Logic. 2nd ed. Oxford: Clarendon Press, 1957: 67.

## 第二节 Łukasiewicz 的实然三段论系统 ŁA

这四个被证伪的实然三段论是 $(all(b,a) \to (no(c,b) \to x))$，其中 x 是 $some(c,a)$, $not\ all(c,a)$, $all(c,a)$ 或 $no(c,a)$ 中的一个。现在用给定的证伪演绎规则来给出前两个实然三段论 (AEI-1 和 AEO-1) 的证伪过程，然后用推导规则 R-CS 来给出后两个实然三段论 (AEA-1 和 AEE-1) 的证伪过程。

**定理 2.5**(实然三段论 AEI-1 的证伪) $\dashv (all(b,a) \to (no(c,b) \to some(c,a)))$。

**证明** (1) $\dashv (all(c,b) \to (all(a,b) \to some(a,c)))$ （根据 R1）；
(2) $\vdash (some(a,c) \to (all(c,b) \to (all(a,b) \to some(a,c))))$ （根据 AO）；
(3) $\dashv some(a,c)$ （根据 (1)、(2) 和 R-D）；
(4) $\vdash all(c,c)$ （根据 A1 和 US）；
(5) $\dashv all(c,c) \to some(a,c)$ （根据 (3)、(4) 和 R-II）；
(6) $\dashv all(c,b) \to some(a,b)$ （根据 R-US）；
(7) $\dashv no(a,b) \to not\ all(c,b)$ （根据 (6)、R-RV 和 R-SE）；
(8) $\dashv all(c,b) \to some(a,c)$ （根据 (5) 和 R-US）；
(9) $\dashv no(a,c) \to not\ all(c,b)$ （根据 (8)、R-RV 和 R-SE）；
(10) $\dashv no(a,b) \to (no(a,c) \to not\ all(c,b))$ （根据 (7)、(9) 和 R-S）；
(11) $\dashv all(c,b) \to (no(a,c) \to some(a,b))$ （根据 (10) 和 R-RV）；
(12) $\dashv all(b,a) \to (no(c,b) \to some(c,a))$ （根据 (11) 和 R-US）。
证毕。

**定理 2.6** (实然三段论 AEO-1 的证伪) $\dashv all(b,a) \to (no(c,b) \to not\ all(c,a))$。

**证明** (1) $\dashv all(c,b) \to (all(a,b) \to some(a,c))$ （根据 R1）；
(2) $\dashv all(c,b) \to (no(a,c) \to not\ all(a,b))$ （根据 (1)、R-RV 和 SE）；
(3) $\dashv (all(b,a) \to (no(c,b) \to not\ all(c,a)))$ （根据 (2) 和 R-US）。
证毕。

**定理 2.7** (实然三段论 AEA-1 和 AEE-1 的证伪)
(i) $\dashv all(b,a) \to (no(c,b) \to all(c,a))$；
(ii) $\dashv all(b,a) \to (no(c,b) \to no(c,a))$。

**证明** (1) $\dashv all(b,a) \to (no(c,b) \to some(c,a))$ （根据定理 2.5）；
(2) $\vdash all(c,a) \to some(c,a)$ （根据 Sub-a 和 US）；
(3) $\dashv all(b,a) \to (no(c,b) \to all(c,a))$ 即 (i)，（根据 (1)、(2) 和 R-CS）；
(4) $\dashv all(b,a) \to (no(c,b) \to not\ all(c,a))$ （根据定理 2.6）；

(5) ⊢no(c, a)→not all(c, a)　　　(根据 Sub-a 和 US)；

(6) ¬all(b, a)→(no(c, b)→no(c, a))　(根据 (4)、(5) 和 R-CS 可得 (ii))。

证毕。

Ross(1949)[①]在其专著《亚里士多德的前分析篇和后分析篇》中指出："……对 AEx-1 这类根据前提不能推出结论的情况下，亚里士多德似乎没有给出其理由，但是却指出中项不周延或涉及的不合理的推理过程。他常常利用经验性事实加以例证……但是亚里士多德没有给出 '所有 B 是 A，没有 C 是 B' 不能推出结论的原因，他只是把 animal 组成的集合、men 组成的集合、horse 组成的集合分别指派给 A,B,C；对它们而言：所有 B 是 A，没有 C 是 B，这时，所有 C 都是 A；而在另一组赋值中，把 animal 组成的集合、men 组成的集合、stone 组成的集合分别指派给 A,B,C，对它们而言：所有 B 是 A，没有 C 是 B，这时，没有 C 是 A。由于在前一种情况中，所有 C 都是 A，一个否定结论是无效的；而在后一种情况中，没有 C 是 A，一个肯定的结论是无效的。因此当 C 作为主项，A 作为谓项时，不能推出有效的结论。" 由此可见，Ross 赞成 Łukasiewicz 在亚里士多德研究的基础上证伪这类 AEx-1 三段论的方法。

上述亚里士多德三段论的推理如下：all men are animals 为真，no horses are men 为真，所以，all horses are animals 为真 (因此 no horses are animals 为假，而且 some horses are not animals 为假)。因此，no(c, a) 和 not all(c, a) 都不是 all(b, a) 和 no(c, b) 的逻辑后承。因为 all men are animals 为真，no stones are men 为真，则 no stones are animals 为真 (那么 all stones are animals 为假，some stones are animals 为假)，因此，all(c, a) 和 some(c, a) 都不是 all(b, a) 和 no(c, b) 的逻辑后承。

Łukasiewicz(1957)[②]驳斥了亚里士多德的这一推理："亚里士多德引入了与这一推理无关的词项和命题。men 和 animal 不是逻辑的词项，All men are animals 这一命题不是逻辑论题。逻辑不能依赖于具体的实在的词项和命题。为了解决这一难题，就必须用公理化的方法加以证伪。"

但亚里士多德的推理过程支持了现代逻辑学家的相关研究。Smith(1989)[③]在把亚里士多德提到的 animals, men 和 horses 作为一个 "反模

---

① Ross W D. Aristotle: Prior and Posterior Analytics. Oxford: Clarendon Press, 1949: 302.

② Łukasiewicz J. Aristotle's Syllogistic: From the Standpoint of Modern Formal Logic. 2nd ed. Oxford: Clarendon Press, 1957: 72.

③ Smith R. Aristotle: Prior Analytics. Indianapolis: Hackett, 1989: 14.

## 第二节 Łukasiewicz 的实然三段论系统 ŁA

型"的指称,并且认为"对现代逻辑学家而言,反模型是一个证明无效的范式方法"。Smith(1989) 指出:Lear(1980)[①]捍卫了亚里士多德的方法,反驳了 Łukasiewicz(1957) 和 Geach (1972)[②]的批判。在下面的章节中,我们将广泛应用形式的反模型来证明必然三段论和偶然三段论的无效性。这些反模型也可以用来证明实然三段论的无效性。

Łukasiewicz(1957) 引用和讨论了《前分析篇》[27b12-23] 中的如下内容:"令 M 不属于 N,且不属于某些 X,那么 'N 属于所有 X 或不属于 X' 是可能的。属于 'none' 的词项有: black, snow, animal。如果 M 既属于某个 X,又不属于某个 X,那么属于 'all' 的词项是不存在的。因为如果 N 属于所有 X,且 M 不属于 N,那么 M 不属于 X;但假设 M 属于某个 X。这样,就不可能找到这样的词项,而证明必须从特定前提的不确定性开始证明。因为 'M 不属于某个 X' 为真,即使 M 不属于某个 X,并且如果 M 不属于 X,那么这个三段论不成立,显然它也是不可能的。"

以上内容阐释了亚里士多德用来证伪推理的另一种方法,Ross(1949)[③] 把这种方法称为"根据特称命题的歧义"的论证,并指出:亚里士多德在 [26b14-20], [27b27-28], [28b28-31], [29a6] 和 [35b11] 中也使用了这个证伪推理方法。这个推理方法的更好的名称是"通过前提弱化的证伪"。

根据 "No snow is black, Some animals are not black, No animal is snow" 的语义一致性,由"一半的对照实例"论证,可知: Some animal is snow 和 All animals are snow 都不是 No snow is black 和 Some animals are black 的逻辑后承。因此,根据 $no(n,m)$ 和 $not\ all(x,m)$ 到 $some(x,n)$ 或 $all(x,n)$ 的推理,就给出了一个"反模型"。为了证明 $not\ all(x,n)$ 和 $no(x,n)$ 都不是 $no(n,m)$ 和 $not\ all(x,m)$ 的语义后承,亚里士多德借助如下两个事实:(i) $not\ all(x,n)$ 和 $no(x,n)$ 都不是 $no(n,m)$ 和 $no(x,m)$ 的语义后承;(ii) $not\ all(x,m)$ 是 $no(x,m)$ 的语义后承。

在实然三段论系统 ŁA 中,蕴涵三段论的一个纯粹的语形证伪 $no(n,m) \to (not\ all(x,m) \to not\ all(x,n))$ 和 $no(n,m) \to (not\ all(x,m) \to no(x,n))$ 可以根据 R-AW 规则推导得出。

**定理 2.8** (实然三段论 EOO-2 和 EOE-2 的证伪)

---

[①] Lear J. Aristotle and Logical Theory. Cambridge: Cambridge University Press, 1980: 54-61, 70-75.

[②] Geach P T. Logic Matters. Oxford: Blackwell, 1972.

[③] Ross W D. Aristotle's Prior and Posterior Analytics. Oxford: Clarendon Press, 1949: 304.

(i) ⊢no(n, m)→(no(x, m)→not all(x, n));
(ii) ⊢no(n, m)→(not all(x, m)→no(x, n))。

**证明**    (1) ⊢all(b, a)→(no(c, b)→some(c, a))    (根据定理 2.5);
(2) ⊢no(c, a)→(no(c, b)→not all(b, a))    (根据 (1)、R-RV 和 R-SE);
(3) ⊢no(c, b)→not all(b, c)    (根据 Con(pa) 和 US);
(4) ⊢no(c, a)→(not all(b, c)→not all(b, a))    (根据 (2)、(3) 和 R-AW);
(5) ⊢no(c, a)→no(a, c)    (根据 Con 和 US);
(6) ⊢no(a, c)→(not all(b, c)→not all(b, a))    (规则 (4)、(5) 和 R-AW);
(7) ⊢no(n, m)→(not all(x, m)→not all(x, n))    即 (i), (规则 R-US 和 (4));
(8) ⊢no(x, n)→not all(x, n)    (根据 Sub-a 和 US);
(9) ⊢no(n, m)→(not all(x, m)→no(x, n))    即 (ii), (根据 (7)、(8) 和 R-CS)。

证毕。

到目前为止,我们已经证伪了形如 $(X_1 \to (X_2 \to \cdots (X_n \to y) \cdots))$ 的初始合式公式,其中 $n \leqslant 2$。为了使 Łukasiewicz 的系统具有完全的亚里士多德系统的特征,就需要证明:当 $n > 2$ 时,基本的简单的命题是如何被证伪。下面将会说明这个证伪。

**定理 2.9** (AAAA 式三段论的证伪)

$$\vdash all(a, b) \to (all(b, c) \to (all(d, c) \to all(a, d)))$$

**证明**    (1) ⊢all(c, b)→(all(a, b)→some(a, c))    (根据 R-1);
(2) ⊢all(c, b)→(all(b, a)→some(a, c))    (根据 Bramantip);
(3) ⊢(all(c, b)→(all(b, a)→some(a, c))mc(all(c, b)→(all(a, b)→some(a, c)))    (根据 (2)、(1) 和 R-II);
(4) ⊢all(b, a)→all(a, b)→(all(c, b)→(all(b, a)→some(a, c)) mc(all(c, b)→(all(a, b)→some(a, c)))    (根据 A0);
(5) ⊢all(b, a)→all(a, b)    (根据 (3)、(4) 和 R-D);
(6) ⊢all(a, a)    (根据 A1);
(7) ⊢all(a, a)→(all(b, a)→all(a, b))    (根据 (6)、(5) 和 R-II);
(8) ⊢all(a, a)→(all(a, a)→(all(b, a)→all(a, b)))    (根据 (7)、(5) 和 R-II);
(9) ⊢all(a, a)→(all(a, a)→(all(d, a)→all(a, d)))

                                             (根据 (8) 和 R-US);

(10) ⊣all(a,a)→(all(a,c)→(all(d,c)→all(a,d)))

(根据 (9) 和 R-US);

(11) ⊣all(a,b)→(all(b,c)→(all(d,c)→all(a,d)))

(根据 (10) 和 R-US)。

证毕。

Łukasiewicz 的实然三段论系统 ŁA 具有 100% 的亚里士多德特征, 即, 每一个在亚里士多德系统中证明有效的 2 个前提的三段论, 在 Łukasiewicz 的 ŁA 系统中都是有效的; 所有在亚里士多德系统中证明无效的 2 个前提的三段论, 在 Łukasiewicz 的 ŁA 系统中都会被证伪。在下面会看到, 尽管 McCall 的 Q-L-X-M 演算不具有 100% 的亚里士多德特征, 但 McCall 的 L-X-M 演算却具有 100% 的亚里士多德特征。①

## 第三节 Łukasiewicz 的模态三段论系统 ŁM

Łukasiewicz 使用 (称之为演绎理论的) 非模态命题演算作为 "基础逻辑", 发展了他的实然三段论系统。Johnson(2004)②根据在 Hughes 和 Cresswell(1968③, 1996④) 中使用的方法, 简化了 Łukasiewicz 系统的表达方法, 并仅仅使用了 A0 为其提供基础。Łukasiewicz 处理亚里士多德模态逻辑的方法是: 发展一种 (带有量词的) 模态命题逻辑, 这种称为 ŁM 系统的逻辑能够表述亚里士多德关于模态三段论的研究。

特别说明, 在模态三段论系统 ŁM 中, 必然模态词和可能模态词分别用大写字母 L 和 M 来表示。但是为了便于理解和对比, 本章用现代模态逻辑的记法来修改 Łukasiewicz 的记法, 必然模态词和可能模态词分别采用常用符号 "□" 和 "◇" 来表示, 并分别读作 "必然" 和 "可能"。

在模态三段论系统 ŁM 中, 下面两个命题是重言式: ① $((p \to q) \to (\Diamond p \to \Diamond q))$; ② $((p \to q) \to (\Box p \to \Box q))$。Łukasiewicz(1957)⑤指出: 亚里

---

① Johnson F. Aristotle's Modal Syllogisms// Gabbay D M, Woods J. ed. Handbook of the History of Logic, vol. I. Amsterdam: Elsevier, 2004: 258.

② Johnson F. Aristotle's Modal Syllogisms// Gabbay D M, Woods J. ed. Handbook of the History of Logic, vol. I. Amsterdam: Elsevier, 2004: 258-260.

③ Hughes G E, Cresswell M J. An Introduction to Modal Logic. London: Methuen, 1968.

④ Hughes G E, Cresswell M J. A New Introduction to Modal Logic. London: Routledge, 1996.

⑤ Łukasiewicz J. Aristotle's Syllogistic: From the Standpoint of Modern Formal Logic. 2nd ed. Oxford: Clarendon Press, 1957: 137.

士多德赞同外延可能性定律和必然性定律。

在亚里士多德的《前分析篇》中，有如下内容：① 首先必须要说的是：如果 (如果 α 成立，β 必须成立)，那么 (如果是 α 可能的，β 也必须是可能的)[34a5-7]；② 如果把前提记作 α，结论记作 β，那么不但可以得出："如果 α 是必然的，那么 β 是必然的"，而且可以得出："如果 α 是可能的，那么 β 也是可能的"[34a22-24]；③ 已经证明：如果 (如果 α 成立，β 成立)，那么 (如果 α 是可能的，那么 β 是可能的)[34a29-31]。这些内容表明亚里士多德赞同：③ (□(p → q) → (◇p → ◇q)) 和④ (□(p → q) → (□p → □q))。

根据下列四值真值表，可推导出：在 ŁM 系统中，命题①—命题④是重言式 (表 2)。

表 2 →, ¬, □ 和 ◇ 的四值真值表

| →  | 1 | 2 | 3 | 4 | ¬ | ◇ | □ |
|----|---|---|---|---|---|---|---|
| *1 | 1 | 2 | 3 | 4 | 4 | 1 | 2 |
| 2  | 1 | 1 | 3 | 3 | 3 | 1 | 2 |
| 3  | 1 | 2 | 1 | 2 | 2 | 3 | 4 |
| 4  | 1 | 1 | 1 | 1 | 1 | 3 | 4 |

在四个真值 1 到 4 中，1 是唯一的指定值 (designated value)，在表格的第一列中用星号标记出来。ŁM 系统中的命题 x 是一个重言式，当且仅当，对每个输入的值而言，其输出值总是指定值 1。

**定理 3.1** (外延必然性定律)  ((p → q) → (□p → □q)) 是一个重言式。

**证明** 假设给 ((p → q) → (□p → □q)) 赋一个 1 以外的值，那么，① (p → q) 的赋值不是 4；② (□p → □q) 的赋值不是 1；③ 给 (p → q) 赋的值和给 (□p → □q) 赋的值不相等。根据① 可知，给 p 赋的值不是 1，给 q 赋的值不是 4；根据 ② 可得 □p 的赋值不是 4，所以 p 的赋值既不是 3 也不是 4；根据 ② 可得 □p 的赋值和 □q 不同，所以 p 的赋值 2，q 的赋值是 3。那么 (p → q) 和 (□p → □q) 的赋值相等，这就和 ③ 矛盾。证毕。

证明①, ③ 和 ④ 是重言式不是本章的目的，所以这里省略其证明。

McCall(1963)①指出：Łukasiewicz 利用外延必然性定律得到的结果具有高度的非亚里士多德的特征。例如，虽然亚里士多德证伪了 □AE□E-2，

---

① McCall S. Aristotle's Modal Syllogisms. Studies in Logic and the Foundations of Mathematics. Amsterdam: North-Holland, 1963: 31-32.

第三节 Łukasiewicz 的模态三段论系统 ŁM

□AO□O-2, A□A□A-1 和 E□I□I-1 这四个模态三段论①, 但是当把这三个模态三段论解释为 "蕴涵三段论" 时, 它们在 Łukasiewicz 的 Ł 系统中则是可以被证实的。

AEE-2, AOO-2, AAA-1 和 EII-1 这四个实然三段论在 Łukasiewicz 实然三段论系统中是有效的。所以, 根据定理 3.2, □AE□E-2, □AO□O-2, A□A□A-1 和 E□I□I-1 这四个模态三段论在 Łukasiewicz 的模态三段论系统 ŁM 中是有效的。

**定理 3.2** (i) $\vdash ((p \to (q \to r)) \to (p \to (\Box q \to \Box r)))$;

(ii) $\vdash ((p \to (q \to r)) \to (\Box p \to (q \to \Box r)))$。

**证明** (1) $\vdash ((q \to r) \to (\Box q \to \Box r))$   (根据定理 3.1);

(2) $\vdash (((q \to r) \to (\Box q \to \Box r)) \to ((p \to (q \to r))$
$\to (p \to (\Box q \to \Box r))))$   (根据 A0);

(3) $\vdash ((p \to (q \to r)) \to (p \to (\Box q \to \Box r)))$

即 (i), ((1)、(2) 和分离规则);

(4) $\vdash (((p \to (q \to r)) \to (p \to (\Box q \to \Box r)) \to ((q \to (p \to r))$
$\to (\Box q \to (p \to \Box r)))$   (根据 A0);

(5) $\vdash ((q \to (p \to r)) \to (\Box q \to (p \to \Box r)))$

((3) 和 (4) 根据分离规则);

(6) $\vdash ((p \to (q \to r)) \to (\Box p \to (q \to \Box r)))$

即 (ii), (US 和 (5))。

证毕。

McCall 的 L-X-M 演算的一个优点是: 可以证明 □AE□E-2, □AO□O-2, A□A□A-1 和 E□I□I-1 这四个模态三段论在 L-X-M 演算中是无效的②。但在研究 McCall 的系统之前, 需要简要介绍一些新近的模态谓词逻辑系统, 这些系统可以阐释亚里士多德关于模态三段论的研究。

---

① 说明: 模态三段论 □AE□E-2 的形式为 "所有 c 必然是 b, 没有 a 是 b, 因此没有 a 必然是 c"; □AO□O-2 的形式为 "所有 c 必然是 b, 有些 a 不是 b, 所以有些 a 必然不是 c"; A□A□A-1 的形式为 "所有 b 是 c, 所有 a 必然是 b, 所以所有 b 必然是 c"; E□I□I-1 的形式为 "没有 b 是 c, 有 a 必然是 b, 所以有 b 必然是 c", 其他与此类似。

② Johnson F. Aristotle's Modal Syllogisms// Gabbay D M, Woods J. ed. Handbook of the History of Logic, vol. I. Amsterdam: Elsevier, 2004: 260.

## 第四节 现代模态谓词逻辑

一个自然的想法就是：试图从现代一元一阶模态谓词逻辑[①]的视角，去审视亚里士多德的模态逻辑。Patterson(1990)[②]和 Johnson(2004)[③]都认为：Nortmann(1990)[④]所使用的克里普克"可能世界语义学"不符合亚里士多德的本体论原则；Johnson(2004) 也赞同 Patterson 的观点。McCall(1963)[⑤]和 Johnson(2004) 一致认为：所有把亚里士多德的模态命题统一处理为一阶模态谓词逻辑中的命题的解读方式，会使得一些原本有效的亚氏模态三段论变得无效，或者使得一些原本无效的模态三段论变得有效。

现在举例说明原本无效的亚里士多德模态三段论推理是如何变成有效的。以 □OA□O-3 为例，即"有些 $b$ 必然不是 $c$，所有 $b$ 是 $a$，所以有些 $a$ 必然不是 $c$"。把 □OA□O-3 译成模态谓词逻辑的形式，就是：$\exists x(Bx \wedge \Box \neg Cx)$；$\forall x(Bx \to Ax)$；所以 $\exists x(Ax \wedge \Box \neg Cx)$ 的意思是：存在一个 $x$ 使得 $x$ 是 B 中的一个元素且 $x$ 必然不是 C 中的一个元素；而且对于所有 $x$ 而言，如果 $x$ 是 B 中的一个元素，那么 $x$ 是 A 中的一个元素；因此，存在一个 $x$ 使得 $x$ 是 A 中的一个元素而且 $x$ 必然不是 C 中的一个元素。使用 Becker 翻译 LO 命题的两种译法中的一种，并运用诸如 $Bm$（读作 $m$ 是一个 B，即 $m$ 是 B 中的一个元素，例如 "Max is a bear"）的"单称命题"，以及诸如存在例示规则 (EI)、全称例示规则 (UI)、存在概括规则 (EG) 这些熟悉的规则和命题演算 (PC) 推理，可以构造一个被亚里士多德认为原本无效的 □OA□O-3 的演绎。

**证明**     (1) $\exists x(Bx \wedge \Box \neg Cx)$        (前提)；

(2) $\forall x(Bx \to Ax)$        (前提)；

(3) $(Bm \wedge \Box \neg Cx)$        (根据 (1) 和 EI)；

(4) $(Bm \to Am)$        (根据 (2) 和 UI)；

---

[①] 模态谓词逻辑相关内容可参见文献 (Hughes and Cresswell, 1996; Fitting and Mendelsohn, 1998; Girle, 2000; Bell et al., 2001).

[②] Patterson R. Conversion principles and the basis of Aristotle's modal logic. History and Philosophy of Logic, 1990, 11: 151-172.

[③] Johnson F. Aristotle's Modal Syllogisms// Gabbay D M, Woods J. ed. Handbook of the History of Logic, vol. I. Amsterdam: Elsevier, 2004: 260.

[④] Nortmann U. Über die stärke der aristotelischen modallogik. Erkenntnis, 1990, 32: 61-82.

[⑤] McCall S. Aristotle's Modal Syllogisms. Studies in Logic and the Foundations of Mathematics. Amsterdam: North-Holland, 1963.

### 第四节 现代模态谓词逻辑

(5) $(Am \land \Box \neg Cx)$ （根据 (3)、(4) 和 PC）；
(6) $\exists x(Ax \land \Box \neg Cx)$ （根据 (5) 和 EG）。

现在举例说明原本有效的亚里士多德三段论推理是如何变成无效的。以 $\Box O \Box A \Box$ O-3 为例，即 "有些 $b$ 必然不是 $c$，所有 $b$ 必然是 $a$，所以有些 $a$ 必然不是 $c$"。使用 LO 命题的另一种 Becker 译法和 LA 命题的 Becker 译法，可以把 $\Box O \Box A \Box$ O-3 翻译为：$\forall x(Cx \to \Box Bx)$，且 $\exists x(\Box Ax \land \Box \neg Bx)$，所以 $\exists x(\Box Ax \land \Box \neg Cx)$，并称之为 "MPredC 论证"。亚里士多德在《前分析篇》[30ab6-14] 运用显示法 (ecthesis) 证明了模态三段论 $\Box O \Box A \Box$ O-3 是有效的。

但是使用模态系统 S5 中的语义对其翻译论证却是 S5-无效。因为假设有且仅有两个世界 $W_1$ 和 $W_2$，其中一个世界可以 "看见" 另一个世界（包括它们本身）。如果 "MPredC 论证" 是 S5-有效，那么接下来的模态命题演算论证也是 S5-有效，这一论证被称为 "MPropC 论证"："$((Cm \to \Box Bm) \land (Cn \to \Box Bn))$，且 $((\Box Am \land \Box \neg Bm) \lor (\Box An \land \Box \neg Bn))$，所以 $((\Box Am \land \Box \neg Cm) \lor (\Box An \land \Box \neg Cn))$"。对此可以构造其反模型：① 令 $Am$，$Bn$ 和 $Cn$ 在 $W_1$ 世界中为真；② 令 $Bm$，$Cm$ 和 $An$ 在 $W_1$ 世界中为假；③ 令 $Am$，$Cm$ 和 $Bn$ 在 $W_2$ 世界中为真；④ 令 $Bm$，$An$ 和 $Cn$ 在 $W_2$ 世界中为假。那么在 $W_1$ 世界中：$Cm \to \Box Bm$，$Cn \to \Box Bn$ 和 $(\Box Am \land \Box \neg Bm)$ 为真；$(\Box Am \land \Box \neg Cm)$ 和 $(\Box An \land \Box \neg Cn)$ 为假。因此，MPropC 论证是 S5-无效，从而 MPropC 论证是无效的。

同样地，这个反模型可使 MPredC 论证无效，即在 MPredC 中，把具有 $\forall x(Cx \to \Box Bx)$ 形式的论证中的前提用 $\forall x(Cx \to \Box Bx)$ 替换掉。

Geach(1964) 对 McCall(1963) 的七种 Becker-类型翻译 (表 3)，给出

表 3 七种 Becker-类型翻译 [①]

| 全称命题 | 特称命题 |
| --- | --- |
| (i) $\forall x(Ax \to \Box Bx)$ | $\exists x(Ax \land \Box Bx)$ |
| (ii) $\Box \forall x(Ax \to Bx)$ | $\Box \exists x(Ax \land Bx)$ |
| (iii) $\forall x \Box (Ax \to Bx)$ | $\exists x \Box (Ax \land Bx)$ |
| (iv) $\forall x(\Box Ax \to \Box Bx)$ | $\exists x(\Box Ax \land \Box Bx)$ |
| (v) $\forall x(\Diamond Ax \to \Box Bx)$ | $\exists x(\Box Ax \land \Box Bx)$ |
| (vi) $\forall x(\Diamond Ax \to Bx)$ | $\exists x(\Box Ax \land \Box Bx)$ |
| (vii) $\forall x(\Box Ax \to Bx)$ | $\exists x(\Box Ax \land Bx)$ |

---

① Johnson F. Aristotle's Modal Syllogisms// Gabbay D M, Woods J. ed. Handbook of the History of Logic, vol. I. Amsterdam: Elsevier, 2004: 262.

了如下评论："McCall 没有证明他的观点：即 Becker-类型翻译不能同时保证模态三段论 □A□A□A-1 和 □AA□A-1 的有效性与 A□A□A-1 的无效性，也无法证明从 □some(a,b) 到 □some(b,a) 的可变性。但是如果我们把 McCall 翻译表中关于全称命题①和②翻译结合，或者和与之等价的关于特称命题④翻译结合，这些结论都是可以推导出来的。"[1]

以下是 McCall 对这七种翻译的解释："这些翻译确实不能公正地判断亚里士多德的模态三段论系统。甚至其中任何一种翻译都不能同时证明 □A□A□A-1 的有效性和 A□A□A-1 的无效性，也无法证明特称前提可以从 'some A is necessarily B' 变为 'Some B is necessarily A' 的可变性。"

Johnson(2004) 认为：McCall 的这一解释正确无误；并指出：除了上述表中的七种翻译，Greach(1964) 还提出了两种以上的翻译，其中一种翻译就是：(viii) 将 □all(a,b) 翻译为 ∀x(Ax → □Bx)，将 □some(a,b) 翻译为 ∃x□(Ax∧Bx)。正如 Greach 所说，另一个翻译本质上和 (viii) 翻译一样。但是 (viii) 得出的结论不具有亚里士多德特征。例如，利用 (viii) 翻译，可以从原本在亚里士多德模态三段论系统中有效的 □AI□I-1，得到它是 S5-无效的论证。

McCall 试图找到一个能具有 "100% 亚里士多德特征" 的解释。Geach (1964) 把 McCall(1963) 对 □all(a,b) 和 □not all(a,b) 的翻译当作一个扩充的实然三段论中的命题，称这个扩充的实然三段论系统为 "G-系统"[2]。该系统允许命题由复合项和形如 λp(即 □p) 和 μp(即 ◊p) 的项组成，其中 p 是一个简单项。McCall 的 LAab(即 □all(a,b))，LEab(即 □no(a,b))，LIab(即 □some(a,b)) 和 LOab(即 □not all(a,b)) 在 G-系统中分别被译为 Aaλb(即 all(a, □b))，Eaμb(即 no(a, ◊b))，Iλaλb(即 some(□a, □b))，Oaμb(即 not all(a, ◊b))。

Greach(1964) 指出："这个计算的判定程序很容易设计：写出每个公式，然后用 λ-项 (即 □-项) 和 μ-项 (即 ◊-项) 代替前面带有 L(即 □) 的直言命题；对每个 λ-项 (即 □-项)，添加一个形如 CAλaa(即 all□(a,a)) 的前件 (即 Aλaa→；也即 all□(a,a)→)；对每个 μ-项 (即 ◊-项)，添加一个形如 CAaμa(即 all(a, ◊a)) 的前件 (即 Aaμa→；也即 all(a, ◊a) →)；就可以把简单三段论中的 Łukasiewicz 判定程序应用于结果公式。"[3]

比如说，为判断 □OA□O-3(即 □not all(b,c) 且 all(b,a)，因此 □not

---

[1] Geach P T. Review of McCall, 1963. Ratio, 1964, 6: 202.
[2] Geach P T. Review of McCall, 1963. Ratio, 1964, 6: 202.
[3] Geach P T. Review of McCall, 1963. Ratio, 1964, 6: 202.

## 第四节 现代模态谓词逻辑

all(a,c)) 在语形上能否被证实或证伪，在 G-系统中可以构造如下命题：(Acμc→(Obμc→ (Aba→ Oaμc)))(即 (all(c, ◇c)→(not all(b, ◇c)→(all(b, a)→ not all(a, ◇c))))。根据 Łukasiewicz(1957)[①] 的判定程序，可以构造一个基本命题，此命题包含一个与它的演绎等值的简单肯定命题：(Acμc→(Aaμc→ (Aba→ Abμc)))(即 (all(c, ◇c) →(all(b, ◇c)→(all(b, a)→all(b, ◇c))))) 或得到对其进行字母异字后的命题 (Abμb→ (Acμb→ (Aac→Aaμb)))(即 (all(b, ◇b) → (all(c, ◇b)→(all(a, c)→all(a, ◇b))))。

后一个命题适用于 Łukasiewicz(1957) 第 124 页的第五个例子的子例 (b)："后件是 all(a,b)，那么就存在类型 all(a,f) 的前件，其中的 f 不同于 a。如果存在一个从 a 到 b 的证明序列，那么根据之前的公理 3(即 (all(b,c)→(all(a,b)→all(a,c))))，该表达式就可被证实；反之，如果不存在一个从 a 到 b 的证明序列，那么该表达式就被证伪。

因为根据序列 {all(a,c), all(c, ◇b)} 可知，a 与 b 相关，所以 (Abμb→ (Acμb→(Aac→Aaμb)))(即 (all(b, ◇b)→(all(c, ◇b)→(all(a, c)→all(a, ◇b))))) 是被接受的 (is accepted)。因此在 G-系统中，□OA□O-3 是可接受的。但对亚里士多德模态三段论系统而言，□OA□O-3 是有效的。

因为 G-系统的有效性问题可以被化归为实然三段论的有效性问题，常见的欧拉图可以用来判定一个推理是否有效。例如，图 1 中的欧拉图表征了 □AI□I-1(即 □all(b,c)→(some(a,b)→ □some(a,c))) 的无效性。

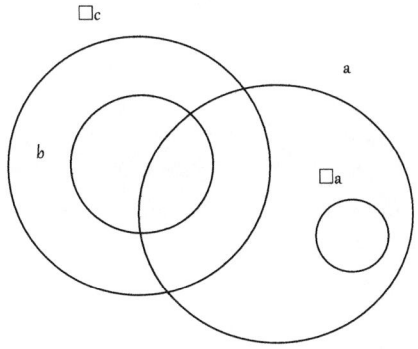

图 1　□AI□I-1 在 G-系统中的无效性

在图 1 中，因为圆 b 包含于圆 □c，所以 □all(b,c) 为真。因为圆 a 与圆 b 相交，所以 some(a,b) 为真。因为圆 □a 与圆 □c 不相交，□some(a,c)

---

[①] Łukasiewicz J. Aristotle's Syllogistic: From the Standpoint of Modern Formal Logic. 2nd ed. Oxford: Clarendon Press, 1957: 21-126.

为假。当构造上述欧拉图时，必须满足如下条件：对每个项 x 而言，圆 □x 包含于圆 x 中或与圆 x 重叠，圆 x 包含于圆 ◇x 中或与圆 ◇x 重叠。因为很显然，不论 x 是什么，x 必然是 x 且不论 x 是什么，x 可能是 x。

图 2 中的欧拉图表征了 □E□A□E-2(即 □no(c,b)→ (□all(a,b)→□no(a,c))) 的无效性。在图 2 中，□no(c,b) 为真，因为圆 c 与圆 ◇b 不相交；□all(a,b) 为真，因为圆 a 包含在圆 □b 中，其中圆 □b 与圆 ◇b 完全重合；□no(a,c) 为假，因为圆 a 与圆 ◇c 相交。

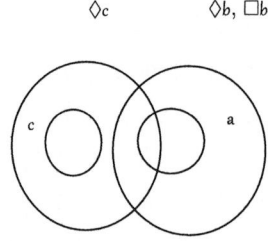

图 2　□E□A□E-2 在 G-系统中的无效性

Geach[①]并没有声称他的 G-系统具有 "100%亚里士多德特征"，但指出："G-系统符合大多数亚里士多德必然三段论的结论。" Johnson(2004) 认为，表 4 说明了 G-系统是有缺陷的。在表 4 中：在单元格中标记 "V"，当且

表 4　亚里士多德模态三段论系统与 G-系统的比较

| | | LLL | LXL | XLL |
|---|---|---|---|---|
| 第一格 | Barbara | V | V | |
| | Celarent | V | V | |
| | Darii | V | V, Gc | |
| | Ferio | V | V | |
| 第二格 | Cesare | V, Gc | V, Gc | |
| | Camestres | V, Gc | | V, Gc |
| | Festino | V, Gc | V, Gc | |
| | Baroco | V, Gc | | |
| 第三格 | Darapti | V | V, Gc | V, Gc |
| | Felapton | V | V | |
| | Disamis | V | | V, Gc |
| | Datisi | V | V, Gc | |
| | Bocardo | V | Gc | |
| | Ferison | V | V | |

---

① Geach P T. Review of McCall. Ratio, 1963/1964(6): 203.

## 第四节 现代模态谓词逻辑

仅当，相关的三段论对亚里士多德而言是有效的；在单元格中标记 "Gc"。当且仅当，G-系统对相关三段论证实和证伪的判定与亚里士多德的判定相矛盾。

比如说，□AI□I-1 单元格中的 "Gc" 表示：□AI□I-1 在 G-系统中被证伪，但在亚里士多德系统中被证实。在 □OA□O-3 单元格中的 "Gc" 表示：□OA□O-3 在 G-系统中被证实，但在亚里士多德系统中被证伪。G-系统的亚里士多德特性是大概 69%。表 4 看起来晦涩难懂，笔者使用现代逻辑的符号翻译表 4 可以得到表 5。

**表 5　亚里士多德模态三段论系统与 G-系统的比较改进版**

| | 在亚氏系统中 | 在 G-系统中 |
|---|---|---|
| □A□A□A-1 | 有效 | |
| □AA□A-1 | 有效 | |
| □E□A□E-1 | 有效 | |
| □EA□E-1 | 有效 | |
| □A□I□I-1 | 有效 | |
| □AI□I-1 | 有效 | 有效 |
| □E□I□O-1 | 有效 | |
| □EI□O-1 | 有效 | |
| □E□A□E-2 | 有效 | 有效 |
| □EA□E-2 | 有效 | 有效 |
| □A□E□E-2 | 有效 | |
| A□E□E-2 | 有效 | |
| □E□I□O-2 | 有效 | |
| □EI□O-2 | 有效 | |
| □A□O□O-2 | 有效 | |
| □A□A□I-3 | 有效 | |
| □AA□I-3 | 有效 | 有效 |
| A□A□I-3 | 有效 | |
| □E□A□O-3 | 有效 | |
| □EA□O-3 | 有效 | |
| □I□A□I-3 | 有效 | |
| I□A□I-3 | 有效 | 有效 |
| □A□I□I-3 | 有效 | |
| □AI□I-3 | 有效 | 有效 |
| □O□A□O-3 | 有效 | |
| □OA□O-3 | 无效 | 有效 |
| □E□I□O-3 | 有效 | |
| □EI□O-3 | 有效 | |

Geach 的 G-系统和 Łukasiewicz 的 ŁM 系统解释了两种用于理解亚里士多德的模态逻辑的方式。Kneale(1962)[①] 向那些试图使她相信只存在两种理解亚里士多德模态逻辑方式的亚里士多德的研究者们，提出了如下困境："如果模态词修饰谓词 (像 Geach 的从物模态那样)，那么就不需要一个特殊的模态三段论理论。因为这些仅仅是 (前提含有特殊谓词) 的一些普通实然三段论。另一方面，如果模态词如同附件一样修饰整个命题 (像 Łukasiewicz 的从言模态那样)，那么就不需要特殊的模态三段论逻辑。因为断定模态命题之间逻辑关系的规则是与 (由模态词所决定的) 命题性质无关。"

McCall[②]认同 Kneale 的观点——上述两种用于理解亚里士多德的模态逻辑方法都是不恰当的，因此 McCall 提出了第三种方式 (即模态三段论系统 L-X-M)，"试图找出有效的和无效的亚里士多德模态三段论之间的细微差别"。

## 第五节　McCall 的模态三段论系统 L-X-M

McCall 的模态三段论系统 L-X-M 是在 Łukasiewicz 的实然三段论系统 ŁA 的基础上，增加了下列初始符号、形成规则、定义、公理和推理规则。这里只给出一些证伪公理。部分证伪公理列表就足够解释证伪演绎在 L-X-M 系统中被如何构造的。完整的证伪公理表参见文献 (McCall, 1963) 或文献 (Johnson, 1989)[③]。

**初始符号**　一元算子 □。

**形成规则**　(1) FR1′：如果 Q 是一个量词且 x, y 是词项变元，那么 Q(x, y) 是一个直言命题。

(2) FR2′：如果 p 是一个直言命题，那么 ¬p 是一个直言命题，且 □p 是一个合式公式。

(3) FR3′：直言命题是合式公式。

(4) FR4′：如果 p 和 q 是合式公式，那么 ¬p 和 (p → q) 是合式公式。

(5) FR5′：只有根据 FR1′ 和 FR4′ 得到的公式才是合式公式。

---

[①] Kneale W, Kneale M. The Development of Logic. Oxford: Clarendon Press, 1962: 91.

[②] McCall S. Aristotle's Modal Syllogisms. Studies in Logic and the Foundations of Mathematics. Amsterdam: North-Holland, 1963: 96.

[③] Johnson F. Models for modal syllogisms. Notre Dame Journal of Formal Logic, 1989, 30: 271-284.

## 第五节 McCall 的模态三段论系统 L-X-M

例如，由 FR1′ 可知 all(a, b) 是一个直言命题，由 FR2′ 可知 ¬all(a, b) 是一个直言命题，那么由 FR2′ 可知 ¬¬all(a, b) 是一个直言命题。因此，由 FR2′ 可知 ¬¬all(a, b) 是一个合式公式，由 FR4′ 可知 ¬□¬¬all(a, b) 是一个合式公式。注意：□□all(a, b) 不是一个合式公式。

**定义 5.1**  可能性算子 ◇ 的定义：$◇p =_{def} ¬□¬p$。

**证实公理**  除了包括系统 ŁA 中的公理 A0—公理 A4，并将公理 A2 从 ⊢some(a, a) 变为 ⊢ □some(a, a) 外，还添加了下列 10 个公理：

A5 (□A□A□A-1)：⊢ □all(b, c)→(all(a, b)→ □all(a, c));

A6 (□EA□E-2)：⊢ □no(c, b)→(all(a, b)→ □no(a, c));

A7 (□AI□I-1)：⊢ □all(b, c)→(some(a, b)→ □some(a, c));

A8 (□EI□O-1)：⊢ □no(b, c)→(some(a, b)→ □not all(a, c));

A9 (□A□O□O-2)：⊢ □all(c, b)→ (□not all(a, b)→ □not all(a, c));

A10 (□O□A□O-3)：⊢ □not all(b, c)→ (□all(b, a)→ □not all(a, c));

A11 (□some 换位)：⊢ □some(a, b)→ □some(b, a);

A12 (□all 从属)：⊢ □all(a, b)→all(a, b);

A13 (□some 从属)：⊢ □some(a, b)→some(a, b);

A14 (□not all 从属)：⊢ □not all(a, b)→not all(a, b)。

**证实转换规则**  包括 ŁA 系统中的规则 AR1—AR3 和如下规则：

AR4 (包含双重否定的直言命题证实规则 DN)  如果 p 是直言命题，从 ⊢(···p···) 可以推导出 ⊢(···¬¬p···)，反之亦然。(根据 DN 规则，可以从 ⊢ □all(a, b)→ □all(a, b) 推导出 ⊢ □all(a, b)→ □¬¬all(a, b)。根据 SE 规则，可以从 ⊢ □all(a, b)→ □all(a, b) 推导出 ⊢ □all(a, b)→ ¬¬□all(a, b)。)

**证伪公理**  包括 ŁA 系统中的公理 R1 和如下三个证伪公理[1]：

R2*：□all(b, b)→(◇all(a, b)→(all(a, c)→(□all(c, a)→(□all(b, c)→ □all(a, c)))));

R3*：□all(a, a)→ (□all(c, c)→ (◇all(a, c)→ (□all(c, a)→all(a, c))));

R4*：□all(a, a)→ (□all(b, b)→ (□all(c, c)→ (□all(a, b)→ (◇all(b, a)→ (◇all(b, c)→ (□all(c, b)→some(a, c)))))))。

**证伪转换规则**  包括证伪转换规则 Rr1—Rr4 和如下证伪规则：

Rr5 (包含双重否定的直言命题 R-DN 规则)  如果 p 是直言命题，从 ⊣(···p···)，可推导出 ⊣(···¬¬p···)，反之亦然。比如从 ⊣ □¬¬some(a, b)

---

[1] Johnson F. Aristotle's Modal Syllogisms// Gabbay D M, Woods J(eds.) Handbook of the History of Logic, vol. I. Amsterdam: Elsevier, 2004: 266.

可推导出 ⊣ □some(a,b)。

## 一、模态三段论系统 L-X-M 中的证实

L-X-M 系统可以像 Łukasiewicz 对 ŁA 系统所进行的讨论那样，通过证明各种直接推理对系统进行讨论。下面给出矛盾关系、换位关系、差等关系和从属关系。

**定理 5.1**（绝对真的矛盾关系 Ap-opp）

(i) ⊢ ¬□some(a,b)↔◇not all(a,b)；

(ii) ⊢ ¬◇not all(a,b)↔□all(a,b)；

(iii) ⊢ ¬□no(a,b)↔◇some(a,b)；

(iv) ⊢ ¬◇some(a,b)↔□no(a,b)；

(v) ⊢ ¬□some(a,b)↔◇no(a,b)；

(vi) ⊢ ¬◇no(a,b)↔□some(a,b)；

(vii) ⊢ ¬□not all(a,b)↔◇all(a,b)；

(viii) ⊢ ¬◇all(a,b)↔□not all(a,b)。

**证明**

(1) ⊢ ¬□all(a,b)↔¬□all(a,b)　　（根据 A0）；

(2) ⊢ ¬□all(a,b)↔¬□¬¬all(a,b)　　（根据 DN 和 (1)）；

(3) ⊢ ¬□all(a,b)↔◇not all(a,b)　　即 (i)，（根据 ◇ 和 □ 的定义、DDI 和 (2)）；

(4) ⊢ ¬◇not all(a,b)↔¬¬□all(a,b)　　（根据 RV 和 (3)）；

(5) ⊢ ¬¬□all(a,b)↔□all(a,b)　　（根据 A0）；

(6) ⊢ ¬◇not all(a,b)↔□all(a,b)　　即 (ii)，（根据 SE、(4) 和 (5)）；

(7) ⊢ ¬□no(a,b)↔¬□no(a,b)　　（根据 A0）；

(8) ⊢ ¬□no(a,b)↔¬□¬¬no(a,b)　　（根据 DN 和 (7)）；

(9) ⊢ ¬□no(a,b)↔¬□¬¬¬some(a,b)　　（根据 no 的定义、DDI 和 (8)）；

(10) ⊢ ¬□no(a,b)↔¬□¬some(a,b)　　（根据 DN 和 (9)）；

(11) ⊢ ¬□no(a,b)↔◇some(a,b)　　即 (iii)，（根据 ◇ 的定义、DDI 和 (10)）；

(12) ⊢ ¬◇some(a,b)↔¬¬□no(a,b)　　（根据 RV 和 (11)）；

(13) ⊢ ¬¬□no(a,b)↔□no(a,b)　　（根据 A0）；

(14) ⊢ ¬◇some(a,b)↔□no(a,b)　　即 (iv)，（根据 SE、(12) 和 (13)）。

证毕。

同理可证其他四个待证实的双向关系。

## 第五节　McCall 的模态三段论系统 L-X-M

**定理 5.2** (绝对真的换位关系 Ap-con)

(i) $\vdash \Box no(a,b) \to \Box no(b,a)$;

(ii) $\vdash \Box some(a,b) \to \Box some(b,a)$;

(iii) $\vdash \Diamond no(a,b) \to \Diamond no(b,a)$;

(iv) $\vdash some(a,b) \to \Diamond some(b,a)$。

**证明**

(1) $\vdash \Box some(a,b) \to \Box some(b,a)$　　即 (ii), (根据 A11);

(2) $\vdash \neg\Box some(b,a) \to \neg\Box some(a,b)$　　(根据 RV 和 (1));

(3) $\vdash \Diamond no(b,a) \to \Diamond no(a,b)$　　(根据 SE, Ap-opp 和 (2));

(4) $\vdash \Diamond no(a,b) \to \Diamond no(b,a)$　　即 (iii), (根据 US 和 (3));

(5) $\vdash \Box no(c,b) \to (all(a,b) \to \Box no(a,c))$　　(即 A6);

(6) $\vdash all(a,a)$　　(即 A1);

(7) $\vdash \Box no(c,a) \to \Box no(a,c)$　　(根据 AI、US、MP、(5) 和 (6));

(8) $\vdash \Box no(a,b) \to \Box no(b,a)$　　即 (i), (根据 US 和 (7));

(9) $\vdash \Diamond some(a,b) \to \Diamond some(b,a)$　　即 (iv), (根据 RV、SE、US 和 (8))。

证毕。

**定理 5.3** (绝对真的差等关系 Ap-sub-a)

(i) $\vdash \Box all(a,b) \to \Box some(a,b)$;

(ii) $\vdash \Box no(a,b) \to \Box not\ all(a,b)$;

(iii) $\vdash \Diamond all(a,b) \to \Diamond some(a,b)$;

(iv) $\vdash \Diamond no(a,b) \to \Diamond not\ all(a,b)$。

**证明**　(1) $\vdash \Box all(a,b) \to \Box some(b,a)$　　(根据 A11);

(2) $\vdash \Box some(b,a) \to \Box some(a,b)$　　(根据 Ap-con 和 US);

(3) $\vdash \Box all(a,b) \to \Box some(a,b)$　　即 (i), (根据 CW、(1) 和 (2));

(4) $\vdash \Diamond no(a,b) \to \Diamond not\ all(a,b)$　　即 (iv), (根据 RV、SE 和 (3));

(5) $\vdash \Box no(b,c) \to (some(a,b) \to \Box not\ all(a,c))$　　(根据 A8);

(6) $\vdash \Box no(a,c) \to (some(a,a) \to \Box not\ all(a,c))$　　(根据 US 和 (5));

(7) $\vdash \Box no(a,b) \to \Box not\ all(a,b)$　　即 (ii), (根据 AI、MP、US 和 (6));

(8) $\vdash \Diamond all(a,b) \to \Diamond some(a,b)$　　即 (ii), (根据 RV、SE 和 (7))。

证毕。

**定理 5.4** (绝对真的偶然换位关系)

(i) ⊢ □all(a, b)→ □some(b, a);

(ii) ⊢ ◇all(a, b)→ ◇some(b, a);

(ii) ⊢ □no(a, b)→ □not all(b, a);

(iv) ⊢ ◇no(a, b)→ ◇not all(b, a)。

**证明**　(1) ⊢ □all(a, b)→ □some(a, b)　　(根据 Ap-sub-a);

(2) ⊢ □some(a, b)→ □some(b, a)　　(根据 Ap-con);

(3) ⊢ □all(a, b)→ □some(b, a)　　即 (i), (根据 CW 和 (1));

(4) ⊢ □no(a, b)→ □no(b, a)　　(根据 Ap-con);

(5) ⊢ □no(b, a)→ □not all(b, a)　　(根据 Ap-sub-a 和 US);

(6) ⊢ □no(a, b)→ □not all(b, a)　　即 (iii), (根据 CW、(4) 和 (5));

(7) ⊢ ◇all(a, b)→ ◇some(b, a)　　即 (ii), (根据 RV、SE、US 和 (3));

(8) ⊢ ◇no(a, b)→ ◇not all(b, a)　　即 (iv), (根据 RV、SE、US 和 (6))。

证毕。

**定理 5.5** (从属关系 Sub-o)

(i) ⊢ □all(a, b)→all(a, b);

(ii) ⊢all(a, b)→ ◇all(a, b);

(iii) ⊢ □no(a, b)→no(a, b);

(iv) ⊢no(a, b)→ ◇no(a, b);

(v) ⊢ □some(a, b)→some(a, b);

(vi) ⊢some(a, b)→ ◇some(a, b);

(vii) ⊢ □not all(a, b)→not all(a, b);

(viii) ⊢not all(a, b)→ ◇not all(a, b)。

**证明**　(1) ⊢ □not all(a, b)→not all(a, b)　　即 (vii), (根据 A14);

(2) ⊢all(a, b)→ ◇all(a, b)　　即 (ii), (根据 RV、SE 和 (1));

(3) ⊢all(a, a)→ ◇all(a, a)　　(根据 US 和 (2));

(4) ⊢all(a, a)　　(根据 A1);

(5) ⊢ ◇all(a, a)　　(根据 MP、(3) 和 (4));

(6) ⊢ □no(b, c)→(some(a, b)→ □not all(a, c))

(7) ⊢ ◇all(a,c)→(some(a,b)→ ◇some(b,c))　　（根据 A8）；

　　　　　　　　　　　　　　　　　　（根据 RV、SE 和 (6)）；

(8) ⊢ ◇all(a,a)→(some(a,b)→ ◇some(b,a))

　　　　　　　　　　　　　　　　　　（根据 US 和 (7)）；

(9) ⊢some(a,b)→ ◇some(b,a)　　　　　（根据 MP、(5) 和 (8)）；

(10) ⊢ ◇some(b,a)→ ◇some(a,b)

　　　　　　　　　　　　　　　　　　（根据 US 和 Ap-con）；

(11) ⊢some(a,b)→ ◇some(a,b)　　　　 即 (vi)，（根据 CW、(9) 和 (10)）；

(12) ⊢ □no(a,b)→no(a,b)　　　　　　 即 (iii)，（根据 RV、SE、US 和 (11)）。

同理可证其他四个从属关系。

证毕。

我们展示了表 4 中所有标记 "V" 的情况和表 5(满足 L-X-L 系统的证实的合式公式) 中所有空白栏的情况。证明过程是流水性的，即根据 US 规则，通过假定前面所构造的直接推理以及由此得到的直接推理即可。

**定理 5.6**　下面 23 个模态三段论都是可以证实的合式公式。

第一格：□AA□A-1, □AA□I-1, □AI□I-1, I□A□I-1, □EI□O-1, □EA□E-1, □EA□E-1；

第二格：□EI□O-2, □EA□E-2, A□E□E-2, □EA□O-2, A□E□E-2；

第三格：□AI□A-3, I□A□I-3, □AA□I-3, □EI□O-3, □EA□O-3；

第四格：A□A□I-1, A□A□I-4, □EI□O-4, □EA□O-4, A□E□E-4, A□E□E-4。

**证明**　(1) (□AA□A-1) ⊢ □all(b,c)→(all(a,b)→ □all(a,c))

　　　　　　　　　　　　　　　　　　（根据 A5）；

(2) (□AA□I-1) ⊢ □all(b,c)→(all(a,b)→ □some(a,c))

　　　　　　　　　　　　　　　　　　（根据 CW 和 (1)）；

(3) (A□A□I-4)⊢all(c,b)→ (□all(b,a)→ □some(a,c))

　　　　　　　　　　　　　　　　　　（根据 AI, CW, US 和 (2)）；

(4) (□AI□I-1) ⊢ □all(b,c)→(some(a,b)→ □some(a,c))

　　　　　　　　　　　　　　　　　　（根据 A7）；

(5) (□AI□I-3) ⊢ □all(b,c)→(some(b,a)→ □some(a,c))

(根据 AS 和 (4));

(6) (□AA□I-3) ⊢ □all(b,c)→(all(b,a)→ □some(a,c))

(根据 AS 和 (5));

(7) (I□A□I-1) ⊢some(b,c)→ (□all(a,b)→ □some(a,c))

(根据 AI、CW、US 和 (5));

(8) (I□A□I-3)⊢some(b,c)→ (□all(b,a)→ □some(a,c))

(根据 AI、CW、US 和 (4));

(9) (A□A□I-4) ⊢all(c,b)→ (□all(b,a)→ □some(a,c))

(根据 AS 和 (7));

(10) (□EI□O-1)⊢ □no(b,c)→(some(a,b)→ □not all(a,c))

(根据 A8);

(11) (□EI□O-2)⊢ □no(c,b)→(some(a,b)→ □not all(a,c))

(根据 AS 和 (9));

(12) (□EI□O-3) ⊢ □no(b,c)→(some(b,a)→ □not all(a,c))

(根据 AS 和 (9));

(13) (□EA□O-3) ⊢ □no(b,c)→(all(b,a)→ □not all(a,c))

(根据 AS 和 (11));

(14) (□EI□O-4) ⊢ □no(c,b)→(some(b,a)→ □not all(a,c))

(根据 AS 和 (9));

(15) (□EA□O-4)⊢ □no(c,b)→(all(b,a)→ □not all(a,c))

(根据 AS 和 (13));

(16) (□EA□E-2) ⊢ □no(c,b)→(all(a,b)→ □no(a,c))

(根据 A6);

(17) (□EA□E-1) ⊢ □no(b,c)→(all(a,b)→ □no(a,c))

(根据 AS 和 (15));

(18) (A□E□E-2) ⊢all(c,b)→ (□no(a,b)→ □no(a,c))

(根据 AI、CW、US 和 (16));

(19) (A□E□E-4) ⊢all(c,b)→ (□no(b,a)→ □no(a,c))

(根据 AS 和 (17));

(20) (□EA□E-1)⊢ □no(b,c)→(all(a,b)→ □no(a,c))

(根据 CW 和 (16));

(21) (□EA□O-2)⊢ □no(c,b)→(all(a,b)→ □not all(a,c))

(根据 CW 和 (15));

### 第五节　McCall 的模态三段论系统 L-X-M

(22) (A□E□E-2)⊢all(c,b)→(□no(a,b)→□no(a,c))
　　　　　　　　　　　　　　　　　　　　(根据 CW 和 (18));
(23) (A□E□E-4)⊢all(c,b)→(□no(b,a)→□no(a,c))
　　　　　　　　　　　　　　　　　　　　(根据 CW 和 (19))。

证毕。

**定理 5.7**　下面证明 24 个模态三段论都是可以证实的合式公式。

第一格：□A□A□A-1, □A□A□I-1, □E□A□E-1, □E□A□O-1, □A□I□I-1, □E□I□O-1;

第二格：□E□A□E-2, □E□A□O-2, □A□E□E-2, □A□E□O-2, □E□I□O-2, □A□O□O-2;

第三格：□A□A□I-3, □I□A□I-3, □A□I□I-3, □E□A□O-3, □O□A□O-3, □E□I□O-3;

第四格：□A□A□I-4, □A□E□E-4, □A□E□O-4, □I□A□I-4, □E□A□O-4, □E□I□O-4。

**证明**　根据 A9, A10, AS 和定理 5.6 即可构造相关证明。例如，根据定理 5.6 可知 □AA□A-1 是可以证实的，且 ⊢ □all(a,b)→all(a,b)，因此 □A□A□A-1 可以证实。根据定理 5.6 可知 I□A□I-3 是可以证实的，且 ⊢ □some(a,b)→some(a,b)，因此 □I□A□I-3 可以证实。其他证明与此类似。证毕。

**特别说明**：这 24 个模态三段论去掉所有模态词后，就是 24 个有效的直言三段论。

**定理 5.8**　下面证明 46 个模态三段论都是可以证实的合式公式。

第一格：◇AA◇I-1, ◇AI◇I-1, ◇EA◇O-1, ◇EI◇O-1, A◇A◇I-1, A◇I◇I-1, □E◇AE-1, □E◇AO-1, □E◇IO-1, ◇E□AE-1, ◇E□AO-1;

第二格：◇EA◇O-2, ◇EI◇O-2, □E◇AE-2, □E◇AO-2, □A◇EE-2, □E◇IO-2, □A◇OO-2, □A◇EO-2, ◇E□AE-2, ◇E□AO-2, ◇A□EE-2, ◇A□EO-2;

第三格：◇AA◇I-3, ◇IA◇I-3, ◇AI◇I-3, ◇EA◇O-3, ◇OA◇O-3, ◇EI◇O-3, A◇A◇I-3, I◇A◇I-3, A◇I◇I-3, □E◇AO-3, □E◇IO-3;

第四格：◇AA◇I-4, ◇IA◇I-4, ◇EI◇O-4, ◇EA◇O-4, A◇A◇I-4, I◇A◇I-4, □A◇EE-4, □A◇EO-4, □E◇IO-4, □E◇AO-4, ◇A□EE-4, ◇A□AO-4。

**证明**　根据定理 5.6 和 RV 即可构造相关证明。例如

(1) 根据定理 5.6 中 □EI□O-4 可以证实 ◇AI◇I-1。因为 ⊢ (□no(b,c)→(some(b,a)→ □not all(a,c))) (根据 US)，可知 ⊢ (□no(a,c)→(some(a,

b)→□not all(b,c))) (根据 RV 和 SE)，因此

$$\vdash (\Diamond \text{all}(b,c) \to (\text{some}(a,b) \to \Diamond \text{some}(a,c)))$$

(2) 根据定理 5.6 中 □EA□E-1 可以证实 □E◇IO-2。因为 ⊢ (□no(b,c)→(all(a,b)→ □no(a,c))) (根据 US)，可知 ⊢ (□no(c,b)→(all(a,c)→ □no(a,b))) (根据 RV 和 SE)，因此 ⊢ (□no(c,b)→ (◇some(a,b)→not all(a,c)))。

(3) 根据定理 5.6 的 □EI□O-3 可以证实 ◇E□AE-1。因为 (□no(c,b)→(some(b,a)→□not all(a,c))) (根据 US)，可得 ⊢(□no(b,a)→(some(a,c)→ □not all(c,b))) (根据 AI)，继而可得：因为 ⊢(some(a,c)→ (□no(b,a)→ □not all(c,b))) (根据 RV 和 SE)，因此 ⊢ (◇all(c,b)→ (□no(b,a)→no(a,c)))。证毕。

## 二、模态三段论系统 L-X-M 中的证伪

为了对表 4 中没有标记为 "V" 的模态三段论和其他无效模态三段论进行证伪的推导，McCall 在 Łukasewicz 的模态三段论系统 ŁA 证伪公理列表中增加了 12 个证伪公理。现在说明如何使用这些证伪公理对一些合式公式进行证伪的[①]。

**定理 5.9**(A□A□A-1 是可以证伪的)　⊣(all(b,c)→(□all(a,b)→□all(a,c)))。

**证明**　令文中提到的 R2=⊣ σ，其中 σ = □all(b,b)→ (◇all(a,b)→(all(a,c)→ (□all(c,a)→ (□all(b,c)→ □all(a,c)))))。

(1) ⊣ σ　(根据 R2)；

(2) ⊢(all(a,c)→ (□all(c,a)→ □all(a,c))→ σ)　(根据 A0)；

(3) ⊣all(a,c)→(□all(c,a)→□all(a,c))　(根据 R-D 从 (1) 和 (2) 可得)；

(4) ⊢all(a,c)→ (□all(c,a)→ □all(a,a))　(根据 US 和 A5)；

(5) ⊢(all(a,c)→ (□all(c,a)→ □all(a,a))→((all(a,c)→ (□all(a,a) → □all(a,c))→(all(a,c)→ (□all(c,a)→ □all(a,c))))) (根据 A0)；

(6) ⊢(all(a,c)→(□all(a,a)→□all(a,c))→(all(a,c)→(□all(c,a)→□all(a,c))))　(根据 MP 从 (4) 和 (5) 可得)；

(7) ⊣all(a,c)→ (□all(a,a)→ □all(a,c))　(根据 R-D、(3) 和 (6))；

---

[①] Johnson F. Aristotle: Modal Syllogisms// Gabbay D M, Woods J (eds.). Handbook of the History of Logic, vol. I. Amsterdam: Elsevier, 2004: 258-260.

## 第五节　McCall 的模态三段论系统 L-X-M

(8) $\dashv \text{all}(b,c) \to (\Box \text{all}(a,b) \to \Box \text{all}(a,c))$ (根据 R-US、(7))。

证毕。

**定理 5.10**　A◇O◇O-2 和 ◇O□AO-3 是可以证伪的。

**证明**　(1) $\dashv \text{all}(b,c) \to (\Box \text{all}(a,b) \to \Box \text{all}(a,c))$
$\qquad\qquad\qquad$ (根据定理 5.9);

(2) $\dashv \text{all}(b,c) \to (\Diamond \text{not all}(a,c) \to \Diamond \text{not all}(a,b))$
$\qquad\qquad\qquad$ (根据定理 R-RV、R-SE 和 (1));

(3) $\dashv \text{all}(c,b) \to (\Diamond \text{not all}(a,b) \to \Diamond \text{not all}(a,c))$
$\qquad\qquad\qquad$ (根据 R-US 和 (2) 可得 A◇O◇O-2);

(4) $\dashv \Diamond \text{not all}(a,c) \to (\Box \text{all}(a,b) \to \text{not all}(b,c))$
$\qquad\qquad\qquad$ (根据定理 R-RV、R-SE 和 (1));

(5) $\dashv \Diamond \text{not all}(b,c) \to (\Box \text{all}(b,a) \to \text{not all}(a,c))$
$\qquad\qquad\qquad$ (根据 R-US 和 (4) 可得 ◇O□AO-3)。

证毕。

**定理 5.11**　□A◇AA-1、□AO□O-2 和 O◇A◇O-3 是可以证伪的。

**证明**　令前面提到的 R3=⊣σ, 其中

$\sigma = (\Box \text{all}(a,a) \to (\Box \text{all}(c,c) \to (\Diamond \text{all}(a,c) \to (\Box \text{all}(c,a) \to \text{all}(a,c)))))$

(1) $\dashv \sigma$ $\qquad\qquad$ (根据 R3);

(2) $\vdash (\Box \text{all}(c,c) \to (\Diamond \text{all}(a,c) \to \text{all}(a,c))) \to \sigma)$
$\qquad\qquad\qquad$ (根据 A5);

(3) $\dashv \Box \text{all}(c,c) \to (\Diamond \text{all}(a,c) \to \text{all}(a,c))$
$\qquad\qquad\qquad$ (根据 R-D、(1) 和 (2));

(4) $\dashv \Box \text{all}(b,c) \to (\Diamond \text{all}(a,b) \to \text{all}(a,c))$
$\qquad\qquad\qquad$ (根据 R-US 和 (3) 可得 □A◇AA-1);

(5) $\dashv \Box \text{all}(b,c) \to (\text{not all}(a,c) \to \Box \text{not all}(a,b))$
$\qquad\qquad\qquad$ (根据 R-SE、R-RV 和 (4));

(6) $\dashv \Box \text{all}(c,b) \to (\text{not all}(a,b) \to \Box \text{not all}(a,c))$
$\qquad\qquad\qquad$ (根据 R-US 和 (5) 可得 □AO□O-2);

(7) $\dashv \text{not all}(a,c) \to (\Diamond \text{all}(a,b) \to \Diamond \text{not all}(b,c))$
$\qquad\qquad\qquad$ (根据 R-RV 和 (4));

(8) $\dashv \text{not all}(b,c) \to (\Diamond \text{all}(b,a) \to \Diamond \text{not all}(a,c))$
$\qquad\qquad\qquad$ (根据 R-US 和 (7) 可得 O◇A◇O-3)。

证毕。

**定理 5.12**  ◇A□A◇I-1，□A◇AI-4，E□A□O-3 和 A□O□O-2 是可以证伪的。

**证明**  令文中提到 R4=⊣ σ，其中 σ = □all(a, a)→ (□all(b, b)→ (□all(c, c) → □all(a, b)→ (◇all(b, a)→ (◇all(b, c)→ (□all(c, b)→some(a, c))))))。

(1) ⊣ σ　　　　　　　　(根据 R4)；

(2) ⊢ (◇all(b, c)→ (□all(a, b)→some(a, c))→ σ)

　　　　　　　　(根据 A0)；

(3) ⊣ ◇all(b, c)→ (□all(a, b)→some(a, c))

　　　　　　　　(根据 R-US 和 (1) 和 (2) 可得 ◇A□A◇I-1)；

(4) ⊣ □all(a, b)→ (◇all(b, c)→some(a, c))

　　　　　　　　(根据 R-AI 和 (3) 可得 □A◇AI-4)；

(5) ⊢some(c, a)→some(a, c)

　　　　　　　　(根据 Con)；

(6) ⊣ □all(a, b)→ (◇all(b, c)→some(c, a))

　　　　　　　　(根据 R-CS、(4) 和 (5) 可得)；

(7) ⊣ □all(c, b)→ (◇all(b, a)→some(a, c))

　　　　　　　　(根据 R-US 和 (6) 可得)；

(8) ⊣no(a, c)→ (□all(a, b)→ □not all(b, c))

　　　　　　　　(根据 R-RV 和 SE 从 (3) 可得)；

(9) ⊣no(b, c)→ (□all(b, a)→ □not all(a, c))

　　　　　　　　(根据 R-US 和 (8) 可得 E□A□O-3)；

(10) ⊣no(b, c)→not all(b, c)(根据 Sub-a 和 US)；

(11) ⊣not all(b, c)→ (□all(b, a)→ □not all(a, c))

　　　　　　　　(根据 R-AW、(9) 和 (10) 可得 A□O□O-2)。

证毕。

这部分阐释了 McCall 是如何对模态三段论进行证伪的。Johnson(2004) 使用反模型的方法证明了：McCall 证伪的所有模态三段论都是无效的。下一节对其工作加以介绍。

### 三、模态三段论系统 L-X-M 的语义

Johnson(1989)[①]给出了 McCall 模态三段论系统 L-X-M 的语义。有效性是通过模型来定义的，在 L-X-M 系统中被证实的合式公式是有效的 (即 L-X-M 系统是可靠的)，被证伪的命题是无效的。因此，在 L-X-M 系统有效的合式公式是可证实的 (即 L-X-M 系统是完全的)，因为正如 McCall 所表示的那样，在 L-X-M 系统中的每一个合式公式要么被证实，要么被证伪。Johnson(2004)[②]给出的 L-X-M 系统的语义表示主要受益于 Thom(1996)[③]，Thomason(1993[④], 1997[⑤])。

L-X-M 的语义扩展了将非空对象集指派给词项的实然三段论的常见语义。为了定义有效性的语义概念、模态和赋值都是相对模型而言的。

**定义 5.2**(模型)   $\acute{M}$ 是一个模型，当且仅当，$\acute{M} = \langle W, n^+, q^+, n^-, q^- \rangle$，这里 $W$ 是一个非空集，$n^+, q^+, n^-, q^-$ 是将词项映射到 $W$ 子集的函数，并满足以下 6 个基本条件，其中 $^+(x)$ 是 $n^+(x) \cup q^+(x)$ 的简称，$(x) \circ (y)$ ($x$ 与 $y$ 相交) 是 $x \cap y \neq \varnothing$ 的简称：

B1: 如果 $f$ 和 $g$ 是 $n^+, q^+, q^-$ 或 $n^-$ 中的任一函数且 $f \neq g$，那么，对于每个词项 $x$，$f(x) \cap g(x) = \varnothing$，而且对于每个 $x$，$n^+(x) \cup q^+(x) \cup q^-(x) \cup n^-(x) = W$；

B2: 对于每个 $x$，$n^+(x) \neq \varnothing$；

B3: (对于每个 $x, y$ 和 $z$ 而言) 如果 $^+(z) \subseteq n^-(y)$ 和 $^+(x) \subseteq ^+(y)$，那么 $^+(x) \subseteq n^-(z)$；

B4: 如果 $^+(y) \subseteq n^+(z)$ 且 $^+(x) \circ ^+(y)$，那么 $n^+(x) \circ n^+(z)$；

B5: 如果 $^+(y) \subseteq n^-(z)$ 和 $^+(x) \circ ^+(y)$，那么 $n^+(x) \circ n^-(z)$；

B6: 如果 $^+(z) \subseteq n^+(y)$ 和 $n^+(x) \circ n^-(y)$，那么 $n^+(x) \circ n^-(z)$。

为了直观地理解模型的概念，把 $W$ 看作世界，把 $n^+(a)$ 看作 $W$ 中本质上是 $a$ 的事物组成的集合，$q^+(a)$ 表示 $W$ 中可能是 $a$ 事物组成的集

---

① Johnson F. Models for modal syllogisms. Notre Dame Journal of Formal Logic, 1989, 30: 271-284.

② Johnson F. Aristotle's Modal Syllogisms// Gabbay D M, Woods J. ed. Handbook of the History of Logic, vol. I. Amsterdam: Elsevier, 2004: 271-272.

③ Thom P. The Logic of Essentialism: An Interpretation of Aristotle's Modal Syllogistic. The New Synthere Historical Library, volume 43. Dordrecht: Kluwer, 1996.

④ Thomason S K. Semantic analysis of the modal syllogistic. Journal of Philosophical Logic, 1993, 22: 111-128.

⑤ Thomason S K. Relational models for the modal syllogistic. Journal of Philosophical Logic, 1997, 26: 129-141.

合，"a, n⁻(x)" 表示 W 中本质上非 a 的事物组成的集合，而 q⁻(a) 表示 W 中可能不是 a 和非 a 的事物组成的集合。

**定义 5.3** (赋值)  赋值 V 是把 t 或 f(但二者不能都同时) 指派给命题的函数，其中：

(i) $V(\neg p) = t$ 当且仅当 $V(p) = f$；

(ii) $V(p \to q) = t$ 当且仅当 $V(\neg p) = t$ 或 $V(q) = f$；

(iii) $V(\Box\neg\neg p) = t$ 当且仅当 $V(\Box p) = t$。

这里需要特别说明的是，在本章中，赋值 t 表示真，赋值 f 表示假。

**定义 5.4** (相对于模型 M 的赋值)  令 $V_M$ 相对于模型 M 的赋值，并满足下列 6 个超级结构条件 (superstructural condition)：

S1：(对于每个 x 和 y 而言) $V_M(\text{all}(x,y)) = t$ 当且仅当 $^+(x) \subseteq {}^+(y)$；

S2：$V_M(\text{some}(x,y)) = t$ 当且仅当 $^+(x) \circ {}^+(y)$；

S3：$V_M(\Box\text{all}(x,y)) = t$ 当且仅当 $^+(x) \subseteq n^+(y)$；

S4：$V_M(\Box\text{some}(x,y)) = t$ 当且仅当 $n^+(x) \circ n^+(y)$；

S5：$V_M(\Box\neg\text{all}(x,y)) = t$ 当且仅当 $n^+(x) \circ n^-(y)$；

S6：$V_M(\Box\neg\text{some}(x,y)) = t$ 当且仅当 $^+(x) \subseteq n^-(y)$。

**定义 5.5** (有效性)  令 σ 是 L-X-M 系统中的一个命题。σ 是有效的 (记作 $\models \sigma$) 当且仅当，对于每个模型 M，每个相对于 M 的赋值把 t 指派给 σ。σ 是无效的，当且仅当，σ 不是有效的。

本节将为表 6 中标记的单元格所对应的所有无效三段论构造反模型。四个模型足以说明表 6 中标记的 □X□ 和 X□□ 式的无效模态三段论的无效性，其中的 X 表示零模态词，它对应的命题是实然命题。通过交换这四个模型中的行所得到的模型足以说明表 6 中提到的剩余无效三段论的无效性。

本章表 6 与 McCall(1963) 的表 7[①]其实是一致的。前者中的单元格有标记，当且仅当，后者中的所对应的单元格没有标记。McCall 的表 7 中有标记的单元格表示其对应的模态三段论在 L-X-M 系统中是可以证实的。McCall 对 L-X-M 系统的讨论完全是从句法层面上讲的。他没有给出其形式语义，因此也没有给出有效性的形式定义。但正如 Johnson(1989) 所指出的那样，在 L-X-M 系统中，从语法可以证实的模态三段论，就是在 L-X-M 系统中语义有效的模态三段论，反之亦然。定理 5.6 和定理

---

[①] McCall S. Aristotle's Modal Syllogisms. Studies in Logic and the Foundations of Mathematics. Amsterdam: North-Holland, 1963: 43.

## 第五节 McCall 的模态三段论系统 L-X-M

5.7 中被证实的模态三段论,就是表 6 中的无标记单元格所对应的模态三段论。

表 6  L-X-M 系统中无效的模态三段论的反模型

|  |  | □□□ | □X□ | □X□ | ◇X◇ | X◇◇ | □◇X | ◇□X |
|---|---|---|---|---|---|---|---|---|
| 第一格 | AAA-1 |  |  | 1ac | 4bc | 4ab | 3ab | 2bc |
|  | EAE-1 |  |  | 2ac | 1ba | 2ab |  |  |
|  | AII-1 |  |  | 1ac |  |  | 3ac | 2bc |
|  | EIO-1 |  |  | 2ac |  | 2ab |  | 1bc |
| 第二格 | EAE-2 |  |  | 2ac | 1ba | 2ab |  |  |
|  | AEE-2 |  | 3ac |  | 2ba | 1ab |  |  |
|  | EIO-2 |  |  | 2ac |  | 2ab |  | 1bc |
|  | AOO-2 |  | 3ac | 4ac | 2ba | 1ab |  | 4ba |
| 第三格 | AAI-3 |  |  |  |  |  | 2cb | 2bc |
|  | EAO-3 |  |  | 2ac |  | 3bc |  | 1bc |
|  | IAI-3 |  | 1ca |  |  |  | 2cb | 2bc |
|  | AII-3 |  |  | 1ac |  |  | 2cb | 2bc |
|  | OAO-3 |  | 4ac | 2ac | 3cb | 4cb |  | 1bc |
|  | EIO-3 |  |  | 2ac |  | 3cb |  | 1bc |
| 第四格 | AAI-4 |  | 1ca |  |  |  | 2cb | 3ba |
|  | AEE-4 |  | 3ac |  | 2ab | 1ab |  |  |
|  | IAI-4 |  | 1ca |  |  |  | 2cb | 3ba |
|  | EIO-4 |  |  | 2ac |  | 3cb |  | 1bc |
|  | EAO-4 |  |  | 2ac |  | 3cb |  | 1bc |
| 弱式三段论 | AAI-1 |  |  | 1ac |  |  | 3ab | 2bc |
|  | EAO-1 |  |  | 2ac |  | 2ab |  |  |
|  | EAO-2 |  |  | 2ac |  | 2ab |  |  |
|  | AEO-2 |  | 3ac |  | 2ba | 1ab |  |  |
|  | AEO-4 |  | 3ac |  | 2ba | 1ab |  |  |

表 7  模型 $\acute{M}_1$

|  | $n^+$ | $q^+$ | $n^-$ | $q^-$ |
|---|---|---|---|---|
| a | 1 | 2 |  | 3 |
| b | 1, 2, 3 |  |  |  |
| c | 3 | 1, 2 |  |  |

这里需要说明的是:① 这里的表 6 其实是 Johnson(2004) 第 273 页的表 5,为了便于读者理解,笔者已经使用广义量词理论和现代逻辑的符

号对其进行了改写；② 表 6 中的 1, 2, 3 和 4 分别指的是本节反模型 $\acute{M}_1$, $\acute{M}_2$, $\acute{M}_3$ 和 $\acute{M}_4$ 中的数字，$a, b, c$ 分别是三段论的小项、中项和大项。

我们首先构造表 7 表示的反模型 $\acute{M}_1$，这一模型表征了 □AA□A-1 的无效性。当给定此类表时，使用以下约定：在给出函数的值域时省略集合的括号，空白单元格表示相关函数的值域为空集，对于除了表中明确提到的项以外的项 x 而言，$n^+(x) = n^+(a), q^+(x) = q^+(a), n^-(x) = n^-(a)$ 和 $q^-(x) = q^-(a)$ 和 $W = n^+(a) \cup q^+(a) \cup n^-(a) \cup q^-(a)$。

例如，在给定的表 7 中，那些本质上是 a 的对象组成的集合只有一个成员，即 1；那些是 c 和偶然 (contingently) 是 c 的对象组成的集合有两个成员：1 和 2；那些本质上不是 b 的对象组成的集合没有成员。那些不是 d 和偶然不是 d 的对象组成的集合只有一个成员，即 3。因此，$W = \{1, 2, 3\}$。

表 7 表示一个模型。基本条件 B1 与 B2 在这里和下面都不需要加以解释。很显然，B3, B5 和 B6 都满足，因为对每个 x 和 y 来说，$^+(x) \cap n^-(y) = \varnothing$。假定 $(y) \subseteq n^+(z)$。那么 $z = b$，对于所有 $x$，$n^+(x) \circ n^+(b)$。所以 B4 是满足的。

给定模型 $\acute{M}_1$：① $V_{\acute{M}_1}(\text{all}(b,c))=t$，因为 $^+(b) \subseteq^+ (c)$；② $V_{\acute{M}_1}(\square\text{all}(a,b))=t$ 因为 $^+(a) \subseteq n^+(b)$；③ $V_{\acute{M}_1}(\square\text{all}(a,c))=f$ 因为 $^+(a) \not\subseteq n^+(c)$，所以 $V_{\acute{M}_1}(\text{all}(b,c) \rightarrow (\square\text{all}(a,B) \rightarrow \square\text{all}(a,c)))=f$。因此 $\not\models \text{all}(b,c) \rightarrow (\square\text{all}(a,b) \rightarrow \square\text{all}(a,c))$，所以 A□A□A-1 无效。在表 6 中 A□A□A-1 无效性用 AAA-1/X□□-1 所对应的单元格中的 1ac 来标记，其他与此类似。

亚里士多德在《前分析篇》[30a28-30] 中，使用 motion, animal 和 man 给出了 A□A□A-1 的非形式反例。对于亚里士多德来说，假定 all animals are (accidentally) in motion；而且 all men are necessarily animal，因此 all men are necessarily in motion，这一推理是 A□A□A-1 这一三段论的解释，所以这一模态三段论是无效的。亚里士多德认为前提是真实的，结论是错误的，从而使得 A□A□A-1 无效。

通过交换表 7 中的行 a 和行 b，就可以通过表 7 构造一个表 8 中的模型 $\acute{M}_{1bc}$ 模型，此模型可以表明 ◇E□IO-1 是无效的。一般而言，如果一个表满足条件 B1 到 B6，那么交换此表的行就会得到另一个表。因为这些条件都不需要对行进行特定的排序。

观察表 8 可知：$V_{\acute{M}_{1bc}}(\lozenge\text{no}(a,c)) = t$，$V_{\acute{M}_{1bc}}(\square\text{some}(a,b)) = t$ 和 $V_{\acute{M}_{1bc}}(\text{not all}(b,c)) = f$。所以 $\not\models \lozenge\text{no}(a,c) \rightarrow (\square\text{some}(a,b) \rightarrow \text{not all}(a,c))$，即 ◇E□IO-1 是无效的。

### 第五节　McCall 的模态三段论系统 L-X-M

表 8　模型 $\acute{M}_{1bc}$

|   | $n^+$ | $q^+$ | $n^-$ | $q^-$ |
|---|---|---|---|---|
| a | 1, 2, 3 | | | |
| b | 1 | 2 | | 3 |
| c | 3 | 1, 2 | | |

从表征模型 $\acute{M}_N$ 的表 $T_1$（其中 $T_1$ 有 a, b 和 c 三行）构造表征模型 $\acute{M}_{Nxy}$（其中 x 和 y 是 a, b 或 c）的表 $T_2$ 的方法是：使 $T_1$ 的 a 行作为 $T_2$ 的 x 行，$T_1$ 的 c 行作为 $T_2$ 的 y 行，使 $T_1$ 的 b 行作为 $T_2$ 的第三行；而且 $T_2$ 中的每一行都必须有一行是 a 行、b 行或 c 行。例如，在表 6 中，AOO-2/X◊◊ 所对应的单元格标有 1ab。使用刚才介绍的方法构造表征模型 $\acute{M}_{1bc}$ 的表 9，使之能够说明 A◊O◊O 是无效的。(把表 7 的 a 行变为表 9 的 a 行，把表 7 的 c 行变成表 9 的 b 行，把表 7 的 b 行变成表 9 的 c 行。) 因为 $\acute{M}_{1ab}(\text{all}(c,b)) = t$, $\acute{M}_{1ab}(\Diamond\text{not all}(a,b)) = t$ 且 $\acute{M}_{1ab}(\Diamond\text{not all}(a,c)) = f$，因此 $\not\models \text{all}(c,b) \to (\Diamond\text{not all}(a,b) \to \Diamond\text{not all}(a,c))$。

表 9　模型 $\acute{M}_{1ab}$

|   | $n^+$ | $q^+$ | $n^-$ | $q^-$ |
|---|---|---|---|---|
| a | 1 | 2 | | 3 |
| b | 3 | 1, 2 | | |
| c | 1, 2, 3 | | | |

表 10 表征的模型 $\acute{M}_2$ 可用于说明 E□A□E-1 是无效的。对于所有的 x 和 y 而言，$^+x \not\subseteq n^-(y)$，很显然，条件 B3 和 B5 满足。对于所有 x 和 y 而言，如果 $^+(x) \circ ^+(y)$，那么 $n^+(x) \circ ^+(y)$，所以 B4 满足。对于所有的 x 和 y 而言，如果 $^+(x) \subseteq n^+(y)$，那么 $n^-(y) \subseteq n^-(x)$，所以 B6 被满足。

表 10　模型 $\acute{M}_2$

|   | $n^+$ | $q^+$ | $n^-$ | $q^-$ |
|---|---|---|---|---|
| a | 1 | | 2 | 3 |
| b | 1 | | 2 | 3 |
| c | 2 | 3 | | 1 |

E□A□E-1 是无效的，因为：① $V_{\acute{M}2}(\text{no}(b,c))=t$，因为 $^+(b)$ 并没有与 $^+(c)$ 相交；② $V_{\acute{M}2}(\Box\text{all}(a,b))=t$，因为 $^+(a) \subseteq n^+(b)$；③ $V_{\acute{M}2}(\Box\text{no}(a,c))=f$ 因为 $^+(a) \not\subseteq n^-(c)$，所以 $V_{\acute{M}2}(\text{no}(b,c) \to (\Box\text{all}(a,b) \to \Box\text{no}(a,c)))=f$，因

此 $\not\models$ no(b,c)→ ($\square$all(a,c)→ $\square$no(a,c))。

由表 11 表示的模型 $\acute{M}_3$ 可被用于说明 $\square$AE$\square$E-2 的无效性。B3 和 B5 是显然满足的,因为对于所有的 x 和 y 而言,$^+(x) \not\subseteq n^-(y)$。对 B4 而言,如果 $^+(x) \circ ^+(y)$,那么 $n^+(x) \circ ^+(y)$。对于 B6 而言,如果 $^+(z) \subseteq n^+(y)$,那么 $n^-(y) \subseteq n^-(z)$。

表 11　模型 $\acute{M}_3$

|   | $n^+$ | $q^+$ | $n^-$ | $q^-$ |
|---|---|---|---|---|
| a | 1 | 2 |   | 3 |
| b | 3 |   | 2 | 1 |
| c | 3 |   | 2 | 1 |

$\square$AE$\square$E-2 是无效的,因为:① $V_{\acute{M}3}(\square$all(c,b))=t,所以 $^+(c) \subseteq n^+(b)$;② $V_{\acute{M}3}$(no(a,b))=t,所以 $^+(a) \cap ^+(b) = \varnothing$;③ $V_{\acute{M}3}(\square$no(a,c)) = f,因此 $^+(a) \not\subseteq n^-(c)$,所以 $V_{\acute{M}3}(\square$all(c,b) →(no(a,b)→ $\square$no(a,c))) = f,故 $\not\models (\square$all(c,b)→(no(a,b)→ $\square$no(a,c)))。

对于亚里士多德而言,$\square$AE$\square$E-2 是无效的,因为 E$\square$A$\square$E-1 是无效的。下面的语义规则 R$\not\models$-DR3 说明:一个三段论的无效性可以化归为另一个三段论的无效性。

R$\not\models$-DR3:(i) 从 $\not\models$ (p → (q → r)) 和 $\models$ (p → s) 可以推出 $\not\models$ (s → (q → r));

(ii) 从 $\not\models$ (p → (q → r)) 和 $\models$ (q → s) 可以推出 $\not\models$ (p → (s → r))。

**证明**　对于 (i) 而言,假设 ① $\not\models$ (p → (q → r)) 和 ② $\models$ (p → s),根据 ① 可知,存在一个模型 M 使得:$V_M(p) = t$,$V_M(q) = t$ 和 $V_M(r) = f$。根据 ② 可知:$V_M(s) = t$,所以 $\not\models$ (s → (q → r))。(ii) 可类似证明。

R$\not\models$-AW 是句法规则 R-DR3 对应的语义规则,R-DR3 可以被弱前件 (R-AW) 证伪。如果 E$\square$A$\square$E-1(即 no(b,c)→ ($\square$all(a,b)→ $\square$some(a,c))) 被证伪,并给出了转换规则 $\vdash$no(b,c)→no(c,b) ①,那么 $\square$AE$\square$E-2 就可以被证伪。同样地,根据 R$\not\models$-AW 和语义转换规则 $\models$no(b,c)→no(c,b),从 E$\square$A$\square$E-1 的无效性可得到 $\square$AE$\square$E-2 的无效性。

其他句法证伪规则所对应的语义规则也可以用来证明模态三段论的无效性。下面通过考虑 R-RV 的所对应的语义规则来说明这一点。

R$\not\models$-RV:① 从 $\not\models$ (p → q) 可以推出 $\not\models$ ($\neg$q → $\neg$p);② 从 $\not\models$ (p → (q → r)) 可以推出 $\not\models$ (p → ($\neg$r → $\neg$q));③ 从 $\not\models$ (p → (q → r)) 可以推出

---

① 从广义量词理论的视角来看,这一转换规则表征了亚里士多德量词 no 的对称性。

## 第五节　McCall 的模态三段论系统 L-X-M

$\not\models (\neg r \rightarrow (p \rightarrow \neg q))$。

**证明**　对①而言，假定 $\not\models (p \rightarrow q)$，因此存在模型 M 使得 $V_M(p) = t$ 和 $V_M(q) = f$，所以 $V_M(\neg q) = t$ 和 $V_M(\neg p) = f$，故 $\not\models (\neg q \rightarrow \neg p)$。② 和 ③ 可以类似证明。

根据 R$\not\models$-RV 和 $\not\models$ no(b,c)→ ($\Box$all(a,b)→ $\Box$no(a,c))(即 E$\Box$A$\Box$E-1 的无效性) 可知：$\not\models$ no(b,c)→ ($\neg\Box$no(a,c)→ $\neg\Box$all(a,b))。通过使用其他句法原则所对应的语义对应规则，可以很容易地得到 E◇I◇O-2 是无效的结论。

表 12 表示的模型 $\acute{M}_4$ 可以说明 A$\Box$O$\Box$O-2 的无效性。很显然，基本条件 B3 和 B5 是满足的，因为对于每一个 x 和 y 而言，$^+(x) \not\subseteq n^-(y)$；基本条件 B4 和 B6 也是满足的，因为对于每一个 x 和 y 而言，$n^+(x) \not\subseteq n^+(y)$。

给定模型 $\acute{M}_4$：① $V_{\acute{M}_4}(Acb)=t$，因为 $^+(c) \subseteq^+ (b)$；② $V_{\acute{M}_4}(\Box$not all(a,b)$)=t$，因为 $n^+(a) \circ n^-b$；(iii) $V_{\acute{M}_4}(\Box$not all(a,c)$) = f$，因为 $n^+(a)$ 并不与 $n^-(c)$ 相交，因此 $V_{\acute{M}_4}($all(c,b) $\rightarrow (\Box$not all(a,b)→ $\Box$not all(a,c)$))=f$，故 $\not\models$ all(c,b)→(not all(a,b)→ $\Box$not all(a,c))。按照上述模式，为了记录 A$\Box$O$\Box$O-2 的无效性，可以在 AOO-2/X$\Box\Box$ 所对应的单元格中填入 4ac，其中 "4" 指的是 $\acute{M}_4$ 中的 4，a, c 分别是模态三段论的小项和大项。

**表 12　模型 $\acute{M}_4$**

|   | $n^+$ | $q^+$ | $n^-$ | $q^-$ |
|---|---|---|---|---|
| a | 1, 2 | 3, 4 |   |   |
| b | 1, 3 | 4 | 2 |   |
| c | 1 | 4 | 3 | 2 |

亚里士多德关于 A$\Box$O$\Box$O-2 的有效性讨论是有争议的。根据 Thom (1991) 年第 148 页，亚里士多德使用了 animal, man 和 white 这三个词，得到了所谓的反例：All men are animals, 而且 some whites are necessarily not animals, 所以 some whites are necessarily not men(这里的 white 是指 "白棋子"，不是指白色或白种人)。Thom(1991)①指出："这个反例的问题不是 Rijen(1989)②提到的那样，大前提必然为真，而是如果小前提被认为是真的，那么其结论也是真的。"

---

① Thom P. The two Barbaras. History and Philosophy of Logic, 1991, 12: 148.
② Van Rijen J. Aspects of Aristotle's Logic of Modalities. Dordrecht: Reidel, 1989.

Johnson(1993) 同意 Thom 的观点，认为亚里士多德没有为 A□O□O-2 提供一个很好的反例，并为其提供一个更好的非形式的反例：All things that are chewing are bears(即 all(c,b))，而且 some animals are necessarily not bears(即 □not all(a,b))，所以 some animals are necessarily not chewing(即 □not all(a,c))[①]。在 Thom 的形式系统中，A□O□O-2 是无效的，Johnson(2004) 不认同这点。

虽然模型 $\acute{M}_1$ 到 $\acute{M}_4$ 以及通过交换行而产生的各种变种模型，足以给出表 5 中标记无效的模态三段论的反模型，但需要其他模型证明 McCall 的所有证伪公理是无效的，并进而证明 McCall 的所有证伪合式公式是无效的。Johnson(1989) 使用的证伪模型说明：McCall 的 "□all(b,b)→(□all(f,f)→(all(a,d)→(□all(d,a)→(◇all(a,e)→(□all(c,b)→(□all(b,d)→(□all(c,e)→(all(e,c)→(□all(f,c)→(◇all(d,f)→◇all(a,c))))))))))"[②] (这一命题简记为 Δ) 有 4 个成员，请参见表 13。

表 13  Δ 的模型

|   | $n^+$ | $q^+$ | $n^-$ | $q^-$ |
|---|---|---|---|---|
| a | 1, 2, 3, 4 | | | |
| b | 3, 4 | | | 1, 2 |
| c | 4 | 3 | 1 | 2 |
| d | 3, 4 | 1, 2 | | |
| e | 3, 4 | | | 1, 2 |
| f | 4 | | 2 | 1, 3 |

根据 Johnson(1989)[③]的研究可知：每个在 L-X-M 系统中形式为 $(p_1 \to (p_2 \to \cdots \to p_n)\cdots)$ 的无效合式公式 (其中每个 $p_i(1 \leqslant i \leqslant n)$ 是一个简单的合式公式或是简单合式公式的否定)，都可以通过其中元素不超过 6 个的模型 $\langle W, \cdots \rangle$ 来证明其无效性。

在下一节中，Johnson(2004) 研究了 Thomason(1993)[④]为改进本节讨论的语义所做的有益尝试。

---

[①] Johnson F. Modal ecthesis. History and Philosophy of Logic, 1993, 14: 179.

[②] McCall S. Aristotle's Modal Syllogisms. Studies in Logic and the Foundations of Mathematics. Amsterdam: North-Holland, 1963: 59.

[③] Johnson F. Models for modal syllogisms. Notre Dame Journal of Formal Logic, 1989, 30: 271-284.

[④] Thomason S K. Semantic analysis of the modal syllogistic. Journal of Philosophical Logic, 1993, 22: 111-128.

### 四、Thomason 模型

Thomason(1993) 定义了三个模型概念，从而获得了 McCall 的 L-X-M 演算的可靠性和完全性结果，这与 Johnson(1989) 给出的可靠性和完全性证明相比，并没有利用证伪公理和证伪规则。其中一个模型接近于上面定义的模型的概念，这里称之为"T3 模型"，并将其定义如下.

**定义 5.6** (T3 模型)  $\acute{M}$ 是一个 T3 模型，当且仅当，$\acute{M}=\langle W, n^+, q^+, n^-, q^-\rangle$，其中 $W$ 是一个非空集，并且 $n^+, q^+, n^-$ 和 $q^-$ 是将词项映射到 $W$ 的子集的函数，此函数是满足以下五个基本条件的函数，其中 $^+(x)$ 是 $n^+(x) \cup q^+(x)$ 的缩写。

B1: 如果 $f$ 和 $g$ 是 $n^+, q^+, q^-$ 或 $n^-$ 而且 $f \neq g$ 中的一个函数，那么对于每个词项 $x$ 而言，$f(x) \cap g(x) = \varnothing$；而且对于每个 $x$ 而言，$n^+(x) \cup q^+(x) \cup q^-(x) \cup n^-(x) = W$；

B2: 对于每个 $x$ 而言，$n^+(x) \neq \varnothing$；

BT3: (对于每一个 $x$ 和 $y$ 而言) 如果 $^+(x) \circ ^+(y)$，那么 $^+(x) \circ n^+(y)$；

BT4: 如果 $^+(x) \subseteq n^-(y)$，那么 $^+(y) \subseteq n^-(x)$；

BT5: 如果 $^+(x) \subseteq n^+(y)$，那么 $n^-(y) \subseteq n^-(x)$。

为了定义相对于模型的赋值和有效性的概念，Thomason 使用了与之前相同的超结构条件。Thomason(1997)[1]说明在他自己 1993 年的文献中，试图找到比 Johnson(1989) 给出的模型更为简单、表面上更弱但符合要求的模型。Thomason(1993) 在其写作动机部分写道：Johnson 提供的语义具有正确的有效性，但是，从某种意义上讲，他自己提供的语义更有创造性。Johnson(2004) 认为：毫无疑问，BT3, BT4 和 BT5 比 B3, B4, B5 和 B6 更容易理解，但 Thomason 认为自己提供的模型整体上比 Johnson 提供的模型弱，就不正确了；因为使用下面的定理可以证明 T3 模型和"J 模型(即满足上面定义的基本条件 B1 到 B6 的模型)" 之间的关系[2]。

**定理 5.13**  (i) 每个 T3 模型都是一个 J 模型；

(ii) 有一些 J 模型不是 T3 模型。

**证明**  对于 (i) 而言，假设 $\acute{M}$ 是 T3 模型。首先，假设 $^+(z) \subseteq n^-(y)$ 和 $^+(x) \subseteq ^+(y)$，那么根据 BT4 可知，$^+(y) \subseteq n^-(z)$，因此 $^+(x) \subseteq n^-(z)$，故 $\acute{M}$ 满足 B3。接下来假设 $^+(y) \subseteq n^+(z)$ 和 $^+(x) \circ ^+(y)$，则 $^+(y) \circ ^+(x)$，

---

[1] Thomason S K. Relational models for the modal syllogistic. Journal of Philosophical Logic, 1997, 26: 129-141.

[2] Johnson F. Aristotle's Modal Syllogisms// Gabbay D M, Woods J. ed. Handbook of the History of Logic, vol. I. Amsterdam: Elsevier, 2004: 278-279.

根据 BT3 可知，$^+(y)\circ n^+(x)$，$n^+(x)\circ n^+(z)$，因此 $\acute{M}$ 满足 B4。接下来再假设 $^+(y)\subseteq n^-(z)$ 和 $^+(x)\circ^+(y)$。则根据 BT3 可知，$n^+(x)\circ n^+(z)$，因此 $\acute{M}$ 满足 B5。接下来再假设 $^+(z)\subseteq n^+(y)$ 和 $n^+(x)\circ n^-(y)$，根据 BT5 可知，$n^-(y)\subseteq n^-(z)$，则 $n^+(x)\circ n^-(z)$，因此 $\acute{M}$ 满足 B6。

对于 (ii) 而言，需要注意的是：① 表 12 表征的 $\acute{M}_4$ 是 J 模型，但不是 T3 模型，因为条件 BT3 不满足；② 除了 $^+a$ 外，$^+(a)\circ^+(b)$ 不与 $n^+b$ 相交。证毕。

虽然 T3 模型和 J 模型都具有上面定义的超结构条件，而且都揭示了具有任意有穷多个前件 (或前提) 的无效三段论的无效性，但是尚不清楚 BT3 和 BT5 是否是亚里士多德规则。根据《前分析篇》[25a27-28] 可以确定的是，BT4 是亚里士多德规则。用 BT4 取代 B3 可以简化 J 模型，以下定理可以说明这一点。

**定理 5.14**　(i) B3 可以从 BT4 推导出来；(ii) BT4 也可以从 B3 推导出来。

**证明**　对于 (i) 而言，假设① 如果 $^+(z)\subseteq n^-(y)$，那么 $^+(y)\subseteq n^-(z)$；并假设② $^+(z)\subseteq n^-(y)$ 且 $^+(x)\subseteq^+(y)$，那么 $n^+(y)\subseteq n^-(z)$，因此 $^+(x)\subseteq n^-(z)$。

对于 (ii) 而言，假设：③ $^+(z)\subseteq n^-(y)$ 且 $^+(x)\subseteq^+(y)$，那么 $^+(x)\subseteq n^-(z)$；并假设④ $^+(z)\subseteq n^-(y)$，又因为 $^+(y)\subseteq^+(y)$，所以 $^+(y)\subseteq n^-(z)$。证毕。

根据《前分析篇》[30a37-b2] 和 [30a6-14] 可知：B4(即 E□I□O-1) 和 B5(即 □A□O□O-2) 都是亚里士多德原则。

### 五、模态三段论系统 L-X-M 的变种

Thom(1991)[1]指出：在 J 模型和 T3 模型的定义中，用于保证 McCall 的公理 □some$(a,a)$ 有效的条件 B2，不具有亚里士多德特征。他认为："存在本质上是步行者的步行者，而且存在本质上是白棋子的白棋子"这一观点具有非亚里士多德特征。

Johnson(1993[2], 1995[3]) 构造了具有可靠性和完全性的 McCall 的 L-X-M 系统的变种，这些变种删除了条件 B2。Johnson 的这两种系统都具有

---

[1] Thom P. The two Barbaras. History and Philosophy of Logic, 1991, 12: 135-149.
[2] Johnson F. Modal ecthesis. History and Philosophy of Logic. 1993, 14: 171-182.
[3] Johnson F. Apodeictic syllogisms: Deductions and decision procedures. History and Philosophy of Logic, 1995, 16: 1-18.

### 第五节　McCall 的模态三段论系统 L-X-M

100% 的亚里士多德特征，这些系统与 McCall 系统的不同之处在于：推理中的每一行不一定是公理，也不要求每一行最终由推理规则从公理出发推导而得。这些系统属于"自然演绎系统"而非"公理系统"。完全性证明假设所讨论的推理应该满足 Smiley(1994)[①]所谓的"链条件"(chain condition)，并且这些系统尝试用显示法来吻合亚里士多德的论证。在本节的剩余部分，我们通过显示法来论述证明，然后在接下来的章节讨论链条件。

除了上述所论的诸如 all(b, c) 和 □(b, c) 之类的命题之外，我们令单称命题 "$m \in a$" 表示 "m 是 a"，单称命题 "$m \in_n a$" 表示 "m 必然是 a"，单称命题 "$m \notin_n a$" 表示 "m 必然不是 a" 等。与 Thom 的观点相反，为了利用显示法进行论证，就需要单称命题。Johnson(2004) 为 Smith(1989) 中 AAI-3 的证明做了如下补充：

当这些词项是全称词项时，那么当 P (即 c) 和 R (即 a) 都属于每个 S (即 b) 时，就可以必然推出 P 属于某个 R……，这可以通过显示法来加以证明。因为如果两个词项都属于每个 S，那么如果 S 中的某个词项一旦被选定 (例如 N (即 m))，那么 P 和 R 都属于 S，因此，P 属于某个 R。[28a18-26]

亚里士多德利用显示法对此加以形式化的证明过程如下：

(1) all(b, c)　　　(前提)；
(2) all(b, a)　　　(前提)；
(3) $m \in b$　　　(由前提 (1) 通过显示法可得。因为所有 b 都是 c，所以必定存在一个可以指称 m 的 b)；
(4) $m \in c$　　　(由前提 (1) 和 (3) 可得。因为所有 b 都是 c，且 m 是一个 b，所以 m 是一个 c)；
(5) $m \in a$　　　(根据 (4) 的推理和 (2) 与 (3) 而得)；
(6) some(a, c)　　(根据存在概括规则由 (4) 和 (5) 可得——如果一个单称对象 m 既是 a 又是 c，那么就有某个对象既是 a 又是 c)。

在下文中，亚里士多德采用如下方式证明了 □A□O□O-2 的有效性[②]：……有必要对"词项 b 和 c 中不属于 m 的部分挑选出来，并针对这个 m 给出其演绎过程。因为对每个词项的演绎过程加以说明是必要的；而且如果有必要进行挑选，那么就有必要给出前一词项的某个部分 a 的演绎过程 (因为挑选出来的词项正好是所需要的"那个"词项)。[30a9-15]

---

[①] Smiley T. Aristotle's completeness proof. Ancient Philosophy, 1994, 14: 27.
[②] Smith R. Aristotle: Prior Analytics. Hackett, Indianapolis, 1989: 13.

他的论证通过显示法可形式地表示如下：

(1) $\Box$all$(c, b)$　　　（前提，只要是 $c$ 的东西都必然是 $b$）；

(2) $\Box$not all$(a, b)$　　（前提，有些东西必然是 $a$ 但不必然是 $b$）；

(3) $m \in_n a$；

(4) $m \notin_n b$　　　　（根据显示法，从 (2) 可得 (3) 和 (4)。这里使用了"存在例示规则"）；

(5) $m \notin_n c$　　　　（从 (1) 和 (4) 可得。如果只要是 $c$ 的东西必然是 $b$（且 $m$ 必然不在 $c$ 中），那么 $m$ 必然不在 $c$ 中）；

(6) $\Box$not all$(a, c)$　　（根据存在概括规则，从 (3) 和 (5) 可得）。

## 第六节　链条件、相干逻辑和 AP 系统

Smiley(1973, 1994) 都认为亚里士多德的观点与现代相干逻辑学家如下观点一致：Smiley(1973) 指出，通过构建实际上等值于"带有严格蕴涵的三段论蕴涵式"的 Łukasiewicz 命题演算，可以使他自己接受诸如 ((all$(a, b)$∧not all$(a, b)$)→some$(c, d)$) 或 ((all$(a, b)$∧all$(c, d)$)→all$(e, e)$) 这样定理所对应的三段论模式。另一方面，亚里士多德自己省略了这些带有严格蕴涵的三段论，那就谈不上什么"疏忽"了。因为他们违背了亚里士多德的"三段论推理从与之相关的前提进行推导 [41a6]"的原则。这个原则是三段论基本原则的一部分，即三段论的前提必须构造一个与结论词项相关联的谓项链 (chain of predication)。因此，亚里士多德的格理论是建立在这个原则的基础之上的，而该理论为其详细研究三段论提供了一个框架 [40b30ff]。重要的是，链原则 (chain principle) 是亚里士多德试图成功完成三段论完全性证明的关键。Smiley(1973)[1] 认为，亚里士多德的意思是：每个有效的三段论 (无论有多少个前提) 的证明，都可以通过一系列两个前提的三段论的证明来实现。

Smiley(1994)[2]指出构造这种"链条件 (chain condition)"的最简单方法可能是：无论主项是 $a$ 还是 $b$，都使用记法 $ab$ 来表示命题形式 A, E, I 和 O 中的任何一个，这样的话，这个链条件就是：一个有效论证必须是 "ac, cd, de, ef, $\cdots$, gh, hb, 因此 ab" 这样的形式。这个链条件很大程度上改变了完全性问题的特点：它排除了从无穷多个前提推出任何命题的可能性，而且当不知道如何证明一个三段论时，允许用简单的策略加以证明。例

---

[1] Smiley T. What is a syllogism? Journal of Philosophical Logic, 1973, 2: 139-140.
[2] Smiley T. Aristotle's completeness proof. Ancient Philosophy, 1994, 14: 27.

### 第六节 链条件、相干逻辑和 AP 系统

如，Corcoran(1972)[①]关于三段论逻辑的完全性证明就没有链条件，因此，亚里士多德的证明完全与其不符是不足为奇的。

亚里士多德关于链条件的内容很容易让人联想到相关性，即需要将前提和结论之间具有明显关联的含义作为演绎的前提[②]。

由于 McCall 的 L-X-M 演算系统参照了 Łukasiewicz 的演算系统，所以它也包含了 Smiley 提到的那种新的三段论。即使 c 和 d 在前件中都不出现，$\Box$all$(a,b)\rightarrow(\neg\Box$all$(a,b)\rightarrow$some$(c,d))$ 在 L-X-M 系统中是可以证实的，因此后件与前件不相关。这也可以从前面提到的 L-X-M 的完全性结论中推导出来。

需要注意的是：对于每个模型 $\acute{M}$，要么 $V_{\acute{M}}(\Box$all$(a,b))=f$，要么 $V_{\acute{M}}(\Box$all$(a,b))=f$，故 $\models \Box$all$(a,b)\rightarrow(\neg\Box$all$(a,b)\rightarrow$some$(d,e))$。$\Box$no$(a,b)\rightarrow(\Box$no$(c,d)\rightarrow(\Box$no$(e,f)\rightarrow$some$(g,g)))$ 在 L-X-M 系统中也是可以证实的。因为对于每个模型 $\acute{M}$ 而言，有 $V_{\acute{M}}($some$(g,g))=t$，所以 $\models \Box$no$(a,b)\rightarrow(\Box$no$(c,d)\rightarrow(\Box$no$(e,f)\rightarrow$some$(g,g)))$。因此根据完全性定理可得：即使任何前件中都没有 $g$，也可得：$\vdash (\Box$no$(a,b)\rightarrow(\Box$no$(c,d)\rightarrow(\Box$no$(e,f)\rightarrow$some$(g,g))))$。

Smiley(1973) 通过使用链条件，为实然三段论构造了一个精巧的判定程序。Johnson(1994) 发展了亚里士多德的必然三段论，称之为 "AP 系统"，AP 系统也使用了链条件。为了给出 AP 系统的判定程序，Johnson 把 Smiley 的判定程序作为一个推论。两个判定程序如下所示。

**定义 6.1**（链条件） 令 $Pr_i$ 为如下实然命题或必然命题的前缀：A, E, I, O；$\Box$A, $\Box$E, $\Box$I, $\Box$O；$\Diamond$A, $\Diamond$E, $\Diamond$I 和 $\Diamond$O。一个链是其成员为 $\langle Pr_1[x_1x_2], Pr_2[x_2x_3], \cdots, Pr_n[x_nx_1]\rangle$ 这样命题组成的集合，其中 $Pr_i[x_ix_j]$ 要么是 $Pr_ix_ix_j$ 要么是 $Pr_ix_jx_i$，而且如果 $i\neq j$，那么 $x_i\neq x_j$。

根据这一定义可知：$\{\Box$all$(a,b), \Diamond$all$(c,b), \Box$some$(c,d),$ no$(a,d)\}$ 和 $\{$not all$(b,a), \Box$no$(b,c), \Box$no$(d,c), \Box$all$(d,a)\}$ 是链条件，但 $\{\Box$all$(a,a)\}$ 和 $\{\Box$all$(a,b),$ all$(b,a), \Diamond$all$(a,c),$ all$(c,a)\}$ 则不是链条件。

**定义 6.2**（链子集的简写） 用 X 表示实然命题的前缀——零模态词，L 表示必然模态词（即 $\Box$）。

(1) X/LAx-y 指的是 all$(x,y)$ 或 $\Box$all$(x,y)$。

(2) 如果 $x=y$，那么 X/LAx-y 指的是 $\varnothing$；否则 X/LAx-y 指的是链

---

[①] Corcoran J. The completeness of an ancient logic. *Journal of Symbolic Logic*, 1972, 37: 696-702.

[②] Smiley T. Aristotle's completeness proof. *Ancient Philosophy*, 1994, 14: 30.

子集 $\{X/\Box all(z_1, z_2), X/\Box all(z_2, z_3), \cdots, X/\Box all(z_{n-1}, z_n)\}(x = z_1, y = z_n, n > 1)$。

(3) 如果 $x = y$，则 LAx-y 指的是 $\varnothing$；否则指的是链子集 X/LAx-z, LAzy。

(4) X/LExy 指的是 no(x,y) 或 $\Box$no(x,y)，X/LIxy 指的是 some(x,y) 或 $\Box$some(x,y)，且 X/LOxy 指的是 not all(x,y) 或 $\Box$not all(x,y)。

因此，例如，$\Box$all(a,b)，$\Box$all(b,c)，$\Box$all(c,d) 构成了链 X/LAa-d，但没有构成链 LAa-d。而 $\Box$all(a,b)，$\Box$all(b,c)，all(c,d)，$\Box$all(d,e) 构成了 X/LAa-e 和 LAa-e。

**定义 6.3** (矛盾命题 cd)   令 cd(all(x,y))=not all(x,y)，其中 "cd(all(x,y))" 读作：all(x,y) 的矛盾命题。令 cd(some(x,y))=no(x,y), cd($\Box$all(x,y))=$\Diamond$not all(x,y), cd($\Box$no(x,y))=$\Diamond$some(x,y), cd($\Box$some(x,y))=$\Diamond$no(x,y)，且 cd($\Box$not all(x,y))=$\Diamond$all(x,y)。令 cd(cd(x))=x。

根据定义 6.3 可知：cd(no(x,y))=some(x,y)。

Johnson(1994) 给出了如下 "AP 有效" 的判定程序。

**定理 6.1** ("AP 有效" 的判定程序)   假定必然三段论 $\text{valid}_{AP}$ 有效的定义与 Johnson(1994) 给出的定义一样。考虑 AP 系统中从前提 $P_1, P_2, \cdots, P_n$ 到结论 C 的一个推理。要使此推理有效，当且仅当，$\{P_1, P_2, \cdots, P_n,$ cd(C)$\}$是一个具有以下 11 种形式之一的链 (其中 X 表示零模态词，L 表示必然模态词 (即 $\Box$)，M 表示可能模态词 (即 $\Diamond$))：

(1) X/LAx-y, X/LOxy；

(2) LAx-z, MAzu, LAu-y, LOxy；

(3) X/LAx-z, LAzy, MOxy；

(4) X/LAz-x, X/LAz-y, X/LExy；

(5) X/LAz-x, X/LAz-u, MAuv, X/LAv-y, LExy(或 LEyx)；

(6) X/LAz-x, X/LAz-u, LAuy, MExy(或 MEyx)；

(7) X/LAz-x, X/LAu-y, X/LIzu, X/LExy(或 X/LEyx)；

(8) X/LAz-x, X/LAu-v, MAvw, X/LAw-y, X/LIzu(或 X/LIuz), LExy(或 LEyx)；

(9) X/LAz-x, X/LAu-y, MIzu, LExy(或 LEyx)；

(10) LIxy, MExy(或 MEyx)；

(11) X/LAz-x, X/LAu-v, MAvy, X/LIzu(或 X/LIuz), MExy (或 MEyx)。

根据定理 6.1 可知：

## 第六节 链条件、相干逻辑和 AP 系统

{LAab, LAbc, Acd, cd(Aad)}是形式 1 的链，因此 "□all(a, b)，□all(b, c)，all(c, d)；所以 all(a, d)" 是有效的。

{LAab, LAbc, Acd, cd(MAad)}也是形式 1 的链，因此 "□all(a, b)，□all(b, c)，all(c, d)；所以 ◇all(a, d)" 有效。

{Aab, cd(Obc), Acd, Oad}是形式 1 的链，因此 "all(a, b)，all(c, d)，not all(a, d)；所以 not all(b, c)" 有效。

{MAac, LAcb, cd(MAab)}也是形式 2 的链，因此有 "◇all(a, c)，□all(c, b)；所以 ◇all(a, b)"（即 ◇A□A◇A-1）有效。

{LAcb, Iac, cd(LIab)}是形式 11 的链，因此 "□all(c, b)，some(a, c)；所以 □some(a, b)"（即 □AI□I-1）有效。

在表 14 中，标有数字的三段论是有效的，其中的数字是指该三段论对应于定理 6.1 中的有效链形式的序号。例如，表格中的 "1" 的第一次出现表示三段论 AAA-1，AA◇A-1，A□AA-1，A□A◇A-1，□AAA-1，□AA◇A-1，□A□AA-1 和 □A□A◇A-1 是有效的，因为它们与形式为 1 的有效链{X/LAx-y, X/LOxy}的形式是一致的。表中标记的 333 个有效三段论恰好与 McCall(1963) 在其 L-X-M 系统中证实的 333 个三段论相匹配[1]。

需要注意的是：因为全称否定命题 E 在任何形式的链中最多出现一次，所以在任何有效三段论 (无论它有多少个前提) 中，E 都不会出现在两个或更多个前提中。可能模态词 M 也是如此。

以下定理 6.2 是定理 6.1 的推论。定理 6.2 是 Smiley(1973) 提出来的。

**定理 6.2** (AS 有效的判定程序)　实然三段论有效的定义 valid$_{AS}$ 与 Smiley(1973) 给出的定义一样。考虑一个从前提 $P_1, P_2, \cdots, P_n$ 到结论 C 的实然三段论推理。这个推理有效，当且仅当，{$P_1, P_2, \cdots, P_n$, cd(C)}是一个具有以下三种形式之一的链：

(1) Ax-y，Oxy　　　　　（即把定理 6.1 限制为形式 (1) 的链）；

(2) Az-x，Az-y，Exy　　（即把定理 6.1 限制为形式 (4) 的链）；

(3) XAz-x，Au-y，Izu，Exy(或 Eyx)

　　　　　　　　　　　（即把定理 6.1 限制为形式 (7) 的链）。

根据定理 6.2 可知，具有这个推论的形式 (2) 的链 "all(c, a)，all(c, b)；所以 some(a, b)（即 AAI-3）" 和 "all(a, c)，no(b, a)；所以 not all(c, b)（即 AEO-1）" 都是有效的。

---

[1] McCall S. Aristotle's Modal Syllogisms. Studies in Logic and the Foundations of Mathematics. Amsterdam: North-Holland, 1963: 46.

**表 14** 在 AP 系统中 AP 有效的两前提三段论 (其中 X 指零模态词)[1]

| | X/□<br>X/□<br>X/◇ | □<br>□<br>□ | □<br>X<br>□ | X<br>□<br>□ | □<br>◇<br>◇ | ◇<br>□<br>M | ◇<br>X<br>◇ | X<br>◇<br>◇ | □<br>◇<br>X | ◇<br>□<br>X |
|---|---|---|---|---|---|---|---|---|---|---|
| AAA-1 | 1 | 3 | 3 | | 2 | 2 | | | | |
| EAE-1 | 7 | 9 | 9 | | 8 | 11 | | 8 | 11 | |
| AII-1 | 7 | 11 | 11 | | 9 | 8 | 8 | 9 | | |
| EIO-1 | 7 | 8 | 8 | | 9 | 11 | 11 | | 9 | |
| EAE-2 | 7 | 9 | 9 | | 8 | 11 | | 8 | 11 | |
| AEE-2 | 7 | 9 | | 9 | 11 | 8 | | 11 | 8 | |
| EIO-2 | 7 | 8 | 8 | | 9 | 11 | 11 | | 9 | |
| AOO-2 | 1 | 2 | | | 3 | 2 | | 3 | | |
| AII-3 | 4 | 6 | 6 | 6 | 5 | 5 | 5 | | | |
| EAO-3 | 4 | 5 | 5 | | 5 | 6 | 6 | | 5 | |
| IAI-3 | 7 | 11 | | 11 | 8 | 9 | 9 | 8 | | |
| AII-3 | 7 | 11 | 11 | | 9 | 8 | 8 | 9 | | |
| OAO-3 | 1 | 2 | | | 2 | 3 | 3 | | | |
| EIO-3 | 7 | 8 | 8 | | 9 | 11 | 11 | | 9 | |
| AAI-4 | 4 | 6 | | 6 | 5 | 5 | 5 | | 5 | |
| AEE-4 | 7 | 9 | | 9 | 11 | 8 | | 11 | 8 | |
| IAI-4 | 7 | 11 | | 11 | 8 | 9 | 9 | 8 | | |
| EIO-4 | 7 | 8 | 8 | | 9 | 11 | 11 | | 9 | |
| EAO-4 | 4 | 5 | 5 | | 5 | 6 | 6 | | 5 | |
| AAI-1 | 4 | 6 | 6 | | 5 | 5 | 5 | | 5 | |
| EAO-1 | 4 | 5 | 5 | | 5 | 6 | 6 | | 5 | 6 |
| EAO-2 | 4 | 5 | 5 | | 5 | 6 | 6 | | 5 | 6 |
| AEO-2 | 4 | 5 | | 5 | 6 | 5 | | | 6 | 5 |
| AEO-4 | 4 | 5 | | 5 | 6 | 5 | | | 6 | 5 |
| 合计 | 8×24 | 24 | 15 | 8 | 24 | 24 | 16 | 7 | 15 | 8 =333 |

## 第七节 偶然三段论

Prior(1962) 把 "偶然 (contingent) 三段论" 中的 "偶然" 的一般意义简要地概述如下：在亚里士多德《解释篇》中指出：可能 (possible) 这个词有

---

[1] 为了方便读者理解，此表是用现代逻辑常用符号对 Johnson(2004) 第 284 页的表 14 改编而得到的。

## 第七节 偶然三段论

歧义,我们有时候说"可能 p"是从"必然 p"推导出来的,但有时候却并非如此。在前一种意义上来说,"可能"意味着"不可能"的存在;在后一种意义上来说"可能"意味着"既不是不可能也不是必然"。我们通常使用"偶然"来替换第二种意义的"可能",即 p 意味着"p 和非 p 都是可能的",即 $\Diamond p \wedge \Diamond \neg p$。在这种意义上的偶然性处于必然性和不可能性之间,并与介于必然性和可能性之间的简单事实完全不同。并不是必然性蕴涵偶然性和偶然性蕴涵不可能性;对此有三个互相排斥的选择来区分它们——一个命题要么是必然的,要么既不是必然的也不是不可能的(即偶然的),要么是不可能的……①。

Prior(1962)引入了符号 Q,将"Qp"读作"p 是偶然的"。McCall 在论及亚里士多德偶然算子时采取了 Prior(1962)所使用的符号 Q,Thom(1994)和 Johnson(2004)在讨论偶然性时传承了 McCall(1963)对符号 Q 的使用。为了与 □(必然)、◇(可能)的符号相对应,本章在接下来的讨论中,使用符号 ∇ 表示"偶然"。

Thom(1994)②给出了关于"偶然"的如下注释:"亚里士多德的偶然三段论处理了那些包含偶然表述的三段论的命题逻辑推理。亚里士多德在《解释篇》的 [I.13,32ª18-20] 中,把偶然性定义为不必然的,但是这样的定义假设不会出现任何不可能的结果,即双边可能性(two-sided possibility)。"也就是说,偶然 ∇ 的两边是必然和不可能,可能 ◇ 的一边是不可能。

### 一、Q-L-X-M 系统的形成规则和证实公理

McCall(1963)改进 L-X-M 演算,构造了 Q-L-X-M 演算。下面给出其基础内容。

**初始符号** 包括 L-X-M 的初始符号和一元偶然算子 ∇。

**形成规则** 使用 L-X-M 的形成规则,并把 FR2′ 修改如下。

FR2′:如果 p 是一个直言命题,那么 ¬p 也是一个直言命题,则 □p 和 ∇p 是合式公式。

**证实公理** 包括 ŁA 系统中的公理 A0—A4 和 L-X-M 系统中的公理 A5—A14(因此 A2 是 some(a,a)),并补充如下公理:

A15 (∇A∇A∇A-1): $\vdash \nabla \text{all}(b,c) \rightarrow (\nabla \text{all}(a,b) \rightarrow \nabla \text{all}(a,c))$

---

① Prior A N. Formal Logic. 2nd ed. Oxford: Clarendon Press, 1962: 188.
② Thom P. Interpreting Aristotle's contingency-syllogistic// Taylor C C W. ed. Oxford Studies in Ancient Philosophy. Oxford: Clarendon Press, 1994, 12: 91.

A16 ($\nabla A \nabla I \nabla I$-1)：⊢ $\nabla$all(b, c)→ ($\nabla$some(a, b)→ $\nabla$some(a, c))

A17 ($\nabla A A \nabla E$-1)：⊢ $\nabla$all(b, c)→(all(a, b)→ $\nabla$no(a, c))

A18 ($\nabla A I \nabla I$-1)：⊢ $\nabla$all(b, c)→(some(a, b)→ $\nabla$some(a, c))

A19 (A$\nabla$A$\Diamond$A-1)：⊢all(b, c)→ ($\nabla$all(a, b)→ $\Diamond$all(a, c))

A20 (E$\nabla$A$\Diamond$E-1)：⊢no(b, c)→ ($\nabla$all(a, b)→ $\Diamond$no(a, c))

A21 (E$\nabla$I$\Diamond$O-1)：⊢no(b, c)→ ($\nabla$some(a, b)→ $\Diamond$not all(a, c))

A22 ($\nabla$E-$\nabla$A)：⊢ $\nabla$no(a, b)→ $\nabla$all(a, b)

A23 ($\nabla$I-$\nabla$O)：⊢ $\nabla$some(a, b)→ $\nabla$not all(a, b)

A24 ($\nabla$O-$\nabla$I)：⊢ $\nabla$not all(a, b)→ $\nabla$some(a, b)

A25 ($\nabla$I)：⊢ $\nabla$some(a, b)→ $\nabla$some(b, a)

A26 ($\nabla$E-$\Diamond$E)：⊢ $\nabla$no(a, b)→ $\Diamond$no(a, b)

A27 ($\nabla$I-$\Diamond$I)：⊢ $\nabla$some(a, b)→ $\Diamond$some(a, b)

A28 ($\nabla$O-$\Diamond$O)：⊢ $\nabla$not all(a, b)→ $\Diamond$not all(a, b)

**证实转换规则**　包括 L-X-M 系统中使用的证实转换规则。

为什么把原来的形式为 □some(a, a) 的 A2 公理改为 some(a, a)，McCall(1963)[①]给出了如下说明："如果保留公理 □some(a, a)，就能用它替换下面可以证明的 $\nabla$A□II-1(即 $\nabla$all(a, c)∧□some(a, a)→some(a, c))，从而可以推导出蕴涵关系：$\nabla$all(a, c)→some(a, c)，而该蕴涵关系不具备亚里士多德特征。"下面给出这一推理的详细过程。

**证明**　(1) ⊢no(b, c)→ ($\nabla$all(a, b)→ $\Diamond$no(a, c))

(根据 A20)；

(2) ⊢ $\nabla$all(a, b)→(no(b, c)→ $\Diamond$no(a, c))

(根据 AI 和 (1))；

(3) ⊢ $\nabla$all(a, b)→ (□some(a, c)→some(b, c))

(根究 RV、SE 和 (2))；

(4) ⊢ $\nabla$all(a, b)→ (□some(a, a)→some(b, a))

(根据 US 和 (2))；

(5) ⊢ □some(a, a)　　　　(根据 L-X-M 系统中的 A2；

---

[①] McCall S. Aristotle's Modal Syllogisms. Studies in Logic and the Foundations of Mathematics. Amsterdam: North-Holland, 1963: 76.

## 第七节 偶然三段论

(6) ⊢ $\nabla$all(a,b)→some(b,a)　　（根据 AI、MP、(4) 和 (5)）；

(7) ⊢ $\nabla$all(a,b)→some(a,b)　　（假定 Con，根据 CW 和 (6)）；

(8) ⊢ $\nabla$all(a,c)→some(a,c)　　（根据 US 和 (7)）。

证毕。

在 McCall 构造出的 Q-L-X-M 系统中，不接受 $\nabla$no(a,b)→$\nabla$no(b,a)，希望借此体现亚里士多德的 "全称否定偶然命题不可转换" 的观点。McCall 为了论述这一观点引用了亚里士多德的论述："在 [36b35-37a3] 中，亚里士多德本质上给出了以下论证的内容：我们知道，$\nabla$all(a,b) 蕴涵 $\nabla$no(a,b)，$\nabla$no(b,a) 蕴涵 $\nabla$all(b,a) (根据互补换位)，因此，如果 $\nabla$no(a,b) 蕴涵 $\nabla$no(b,a)，那么 $\nabla$all(a,b) 将蕴涵 $\nabla$all(b,a)，而这是不成立的，因此 $\nabla$no(a,b) 不可换位。

但不幸的是，McCall 的 Q-L-X-M 系统太强了。例如，它迫使我们接受 $\nabla$all(b,c)→ ($\Box$all(a,b)→ $\Box$all(d,e))，这显然不具有亚里士多德特征，而且也不满足上述链条件。为此，Johnson(2004) 建立了一个语义一致并最具有亚里士多德特征的系统。

### 二、Q-L-X-M 系统中被忽略的证实命题

McCall(1963)[①]认为，在他的 Q-L-X-M 系统中，$\nabla$A$\Box$AA-1 不是可以证实的命题，但是 $\nabla$A$\Box$AA-1 却是如下定理的推论。

**定理 7.1**　⊢ ($\nabla$all(b,c)→ ($\Box$all(a,b)→ x))，其中 x 是任意的合式公式)。

**证明**

(1) ⊢no(c,a)→ ($\nabla$all(b,c)→ $\Diamond$no(b,a))

　　　　　　　　（根据 A20 和 US）；

(2) ⊢ $\Box$all(a,b)→ $\Box$some(b,a)

　　　　　　　　（根据 Ap-sub-a）；

(3) ⊢ $\Diamond$no(b,a)→ $\Diamond$not all(a,b)

　　　　　　　　（根据 RV、SE 和 (2)）；

(4) ⊢no(c,a)→ ($\nabla$all(b,c)→ $\Diamond$not all(a,b))

　　　　　　　　（根据 CW、(1) 和 (3)）；

(5) ⊢ $\nabla$all(b,c)→ ($\Box$all(a,b)→some(c,a))

---

[①] McCall S. Aristotle's Modal Syllogisms. Studies in Logic and the Foundations of Mathematics. Amsterdam: North-Holland, 1963: 92.

(根据 AI、RV、SE 和 (4));

(6) ⊢ □all(a,b)→(some(c,a)→ □some(c,b))

(根据 A7 和 US);

(7) ⊢ (∇all(b,c)→ (□all(a,b)→some(c,a))→((□all(a,b)→(some(c,a) →□some(c,b))→ (∇all(b,c)→ (□all(a,b)→ □some(c,b)))))

(根据 AO);

(8) ⊢ ∇all(b,c)→ (□all(a,b)→ □some(c,b))

(根据 MP 和 (5)—(7));

(9) ⊢ ∇all(b,c)→ ∇no(b,c)  (根据 CC 和 US);

(10) ⊢ ∇no(b,c)→ ◊no(b,c)  (根据 A26 和 US);

(11) ⊢ ◊no(b,c)→ ◊no(c,b)  (根据 Ap-con 和 US);

(12) ⊢ ∇all(b,c)→ ◊no(c,b)  (根据 CW 和 (9)—(11));

(13) ⊢ ∇all(b,c)→ ¬□some(c,b)

(根据 SE 和 (12));

(14) ⊢ (∇all(b,c)→ (□all(a,b)→ □some(c,b))→(∇all(b,c) → ¬□some(c,b)→ (∇all(b,c)→ (□all(a,b)→ x))))

(根据 A0);

(15) ⊢ ∇all(b,c)→ (□all(a,b)→ x)

(根据 MP、(8), (13) 和 (14))。

证毕。

McCall 的 Q-L-X-M 系统太强,以至于其不具有亚里士多德特征,下面的定理 7.2 为此提供了证据。

**定理 7.2**  ⊢ (□all(b,c)→ (∇all(a,b)→ x)),其中 x 是任意的命题。

**证明**  (1) ⊢no(a,c)→ (∇some(b,a)→ ◊not all(b,c))

(根据 A21 和 US);

(2) ⊢ ∇all(a,b)→ ∇some(b,a)

(根据 A18、US、A2 和 MP);

(3) ⊢no(a,c)→ (∇all(a,b)→ ◊not all(b,c))

(根据 AS、(1) 和 (2));

(4) ⊢ □all(b,c)→ (∇all(a,b)→some(a,c))

(根据 RV、SE 和 (3));

(5) ⊢some(a,c)→some(c,a)(根据 Con);

(6) ⊢ □all(b,c)→ (∇all(a,b)→some(c,a))

### 第七节 偶然三段论

(根据 CW、(4) 和 (5));

(7) ⊢ $\nabla$all$(a,b) \to$ (some$(c,a) \to \nabla$some$(c,b)$)

(根据 A18);

(8) ⊢ ($\square$all$(b,c) \to (\nabla$all$(a,b) \to$ some$(c,a))) \to (\nabla$all$(a,b) \to$ (some$(c,a) \to \nabla$some$(c,b))) \to (\square$all$(b,c) \to (\nabla$all$(a,b) \to \nabla$some$(c,b)))))$

(根据 AO);

(9) ⊢ $\square$all$(b,c) \to (\nabla$all$(a,b) \to \nabla$some$(c,b))$

(根据 MP 和 (6)—(8));

(10) ⊢ $\nabla$some$(c,b) \to \nabla$some$(b,c)$

(根据 A25 和 US);

(11) ⊢ $\nabla$some$(b,c) \to \nabla$not all$(b,c)$

(根据 A23 和 US);

(12) ⊢ $\nabla$not all$(b,c) \to \Diamond$not all$(b,c)$

(根据 A28 和 US);

(13) ⊢ $\square$all$(b,c) \to (\nabla$all$(a,b) \to \Diamond$not all$(b,c))$

(根据 MP 和 (9)—(12));

(14) ⊢ $\square$all$(b,c) \to (\nabla$all$(a,b) \to \neg\square$all$(b,c))$

(根据 SE 和 (13));

(15) ⊢ ($\square$all$(b,c) \to (\nabla$all$(a,b) \to \neg\square$all$(b,c))) \to (\square$all$(b,c) \to (\nabla$all$(a,b) \to x)))$

(根据 A0);

(16) ⊢ $\square$all$(b,c) \to (\nabla$all$(a,b) \to x)$

(根据 MP 和 (14) 和 (15))。

证毕。

根据 McCall(1963)[①]可知,$\nabla$A$\square$AA-1,$\square$A$\nabla$AA-1,$\square$A$\nabla$A$\nabla$A-1,$\nabla$AO$\Diamond$O-2 和 O$\nabla$A$\Diamond$O-3 所表示的命题在 Q-L-X-M 系统中是不能够证实的,但是亚里士多德认为它们所对应的推理是有效的。但是,由于前三个命题是定理 7.1 和定理 7.2 的直接后承,因此它们是可以证实的。最后两个命题是可证实的,其证明如下:

(1) ⊢ $\square$all$(b,c) \to (\nabla$all$(a,b) \to$ all$(a,c))$

(根据定理 7.2);

---

[①] McCall S. Aristotle's Modal Syllogisms. Studies in Logic and the Foundations of Mathematics. Amsterdam: North-Holland, 1963: 92.

$(2) \vdash \text{not all}(a,c) \to (\nabla \text{all}(a,b) \to \Diamond \text{not all}(b,c))$
(根据 RV、SE 和 (1));

$(3) \vdash \text{not all}(b,c) \to (\nabla \text{all}(b,a) \to \Diamond \text{not all}(a,c))$
即 O$\nabla$A$\Diamond$O-3,(根据 US 和 (2));

$(4) \vdash \nabla \text{all}(b,c) \to (\Box \text{all}(a,b) \to \text{all}(a,c))$
(根据定理 7.1);

$(5) \vdash \nabla \text{all}(b,c) \to (\text{not all}(a,c) \to \Diamond \text{not all}(a,b))$
(根据 RV、SE 和 (1));

$(6) \vdash \nabla \text{all}(c,b) \to (\text{not all}(a,b) \to \Diamond \text{not all}(a,c))$
即 $\nabla$AO$\Diamond$O-2,(根据 US 和 (5))。

证毕。

因此，McCall(1963)[①]认为"Q-L-X-M 系统具有 85% 的亚里士多德特征"这个说法需要被修改，在其表 13 中的 154 种三段论形式中并非只有 24 种具有非亚里士多德模态三段论，而是有 29 种，所以，Q-L-X-M 系统具有 81% 的亚里士多德特征[②]。

在确定 Q-L-X-M 系统的亚里士多德特征占有率时，McCall 只使用第一、二、三格模态三段论，并没有使用像 AAI-1 那样的弱式三段论。根据定理 7.1 和定理 7.2 可知，$\nabla$A$\Box$A$\nabla$I-4，$\Box$A$\nabla$E$\nabla$E-4，$\nabla$E$\Box$A$\nabla$O-4 和 $\Box$A$\nabla$A$\nabla$I-1 这些合式公式在 Q-L-X-M 系统中是可以证实的，尽管它们在 McCall 的表 13 中没有被标记成是可以证实的模态三段论。

在下一节中，我们将阐释通过改进 Q-L-X-M 系统而得到的系统 QLXM'，根据定理 7.1 和定理 7.2 可知，改进后的系统不具有非亚里士多德特征。例如，根据相关资料，亚里士多德认为 $\Box$A$\nabla$A$\Diamond$A 是无效的，但是 $\nabla$O$\Box$A$\Diamond$O-3 是有效的。改进后的系统的一个优点就是：它不具有 100% 的亚里士多德特征。需要注意的是，根据逆转规则，如果 $\vdash \nabla \text{not all}(b,c) \to (\Box \text{all}(b,a) \to \Diamond \text{not all}(a,c))$(即 $\nabla$O$\Box$A$\Diamond$O-3)，那么 $\vdash (\Box \text{all}(a,c) \to (\nabla \text{not all}(b,c) \to \Diamond \text{not all}(b,a)))$ (即 $\Box$A$\nabla$OQ$\Diamond$O-2)。在系统 QLXM' 中，$\Box$A$\nabla$A$\Diamond$A-1 和 $\nabla$O$\Box$A$\Diamond$O-3 均无效；但是，这二者在系统 Q-L-X-M 中却都是有效的。

---

[①] McCall S. Aristotle's Modal Syllogisms. Studies in Logic and the Foundations of Mathematics. Amsterdam: North-Holland, 1963: 92-93.

[②] Johnson F. Aristotle's Modal Syllogisms// Gabbay D M, Woods J. ed. Handbook of the History of Logic, vol. I. Amsterdam: Elsevier, 2004: 288.

## 第八节　模态三段论系统 QLXM′

为了使得定理 7.1 和定理 7.2 在 QLXM′ 系统中无法被证明，Johnson(2004) 删掉了公理 A20(即 E∇A◊E-1) 和公理 A21(即 E∇I◊O-1)。作出这个决定并不难，因为正如 McCall 所言，亚里士多德对 E∇A◊E-1 和 E∇I◊O-1 的证明是有瑕疵的。McCall 指出，如果支持这类推理，就会想到："不可能的事物不能够从仅仅错误的事物中推导出来，而是应该从不是不可能的事物中推导出来，"这一想法就会出现如下这一荒谬结论："有些 b 是 a 的；而且所有 c 是 a；所以有些 c 是 a"是有效的。

QLXM′ 系统还删除了 Q-L-X-M 系统中的公理 A28(⊢ ∇not all(a,b)→ ◊ not all(a,b))。作出这一决定是从语义角度来考虑的。为了使公理 A28 有效，必须使 ∇not all(a,b) 和 □all(a,b) 在语义上不一致。因为 □all(a,b) 为真，当且仅当，$^+(a) \subseteq n^+(b)$；为了使得 ∇not all(a,b) 和 □all(a,b) 语义相反，就需要固定语义，使得 ∇not all(a,b) 为真，当且仅当，$^+(a) \circ q(b)$。

这样一来，就得迫使我们承认 ∇O□A∇O-3 是有效的，即使亚里士多德认为它是无效的。因为假设 $V_{\hat{M}}(\nabla \text{not all}(a,b)) = t$ 且 $V_{\hat{M}}(\square \text{all}(a,c)) = t$，那么 $^+(a) \circ q(b)$ 且 $^+(a) \subseteq n^+(c)$，则 $n^+(c) \circ q(b)$，所以 $^+(c) \circ q(b)$，因此 $V_{\hat{M}}(\nabla \text{not all}(c,b)) = t$。需要注意的是，"如果 ∇not all(a,b) 为真，当且仅当，$^+(a) \circ q(b)$"，那么就需要保证 "∇some(a,b) 为真，当且仅当，$^+(a) \circ q(b)$"，以此来确保亚里士多德明确支持的互补转换原则的可靠性。

但是，即使亚里士多德认为 ∇I□A∇I-3 无效，我们也必须认为它是有效的。因为假设 $V_{\hat{M}}(\nabla \text{some}(b,c)) = t$ 且 $V_{\hat{M}}(\square \text{all}(b,a)) = t$，那么 $^+(b) \circ q(c)$ 且 $^+(b) \subseteq n^+(a)$，则 $n^+(a) \circ q(c)$，所以 $^+(a) \circ q(c)$，因此 $V_{\hat{M}}(\nabla \text{some}(a,c)) = t$。∇IA∇I-3、□A∇I∇I-3 和 A∇I∇I 也可做如此推理。

我们可以令"∇not all(a,b) 为真，当且仅当，∇some(a,b) 或 ∇some(b,a) 为真"，不是把 ∇not all(a,b) 的真值条件作如上限制。为了使公理 A28 保真，就必须使"如果 □all(a,b) 为真，那么 ∇some(a,b) 和 ∇some(b,a) 都为假"，这样的情形并不适用于亚里士多德所使用的各种例子。例如，"所有正在睡觉的个体必然是人"，这并不意味着"有些人偶然正在睡觉"为假。

为了避免上述困扰，Johnson(2004) 在定义 QLXM′ 系统时，删除了公理 A28[①]。此系统如同 Q-L-X-M 系统，没有证伪公理和证伪规则。

---

[①] Johnson F. Aristotle's Modal Syllogisms//Gabbay D M, Woods J(eds.). Handbook of the History of Logic, vol. I. Amsterdam: Elsevier, 2004: 289.

表 15[①]　McCall(1963) 的表 12 和不一致性

| | ▽ | ▽ | X | ▽ | □ | ▽ | X | ▽ | ▽ | □ |
|---|---|---|---|---|---|---|---|---|---|---|
| | ▽ | X | ▽ | □ | ▽ | X | ▽ | □ | ▽ | ▽ |
| | ▽ | ▽ | ▽ | ▽ | ▽ | ◇ | ◇ | X | ◇ | ◇ |
| AAA-1 | V | V | | V | | $V^1$ | V | | $V^{13}$ | V |
| EAE-1 | V | V | | V | | $V^2$ | $V^7$ | V | $V^{14}$ | |
| AII-1 | V | V | | V | | V | $V^8$ | 4 | 12 | V |
| EIO-1 | V | V | | V | | $V^3$ | $V^9$ | | V | $V^{15}$ |
| EAE-2 | | | | | | $V^4$ | $V^{10}$ | 3 | V | 15 | V |
| AEE-2 | | | | | | | | V | 6 | V | 17 |
| EIO-2 | | | | | | | $V^{11}$ | 2 | V | 14 | V |
| AOO-2 | | | | | | | | 1 | 5 | 13 | 16 |
| AAI-3 | V | V | | V | | V | V | | | V | V |
| EAO-3 | V | V | | V | | V | V | | V | V | V |
| IAI-3 | V | | V | | V | V | V | 11 | 7 | V | V |
| AII-3 | V | V | | V | | V | V | 10 | 9 | V | V |
| OAO-3 | V | | | | | $V^5$ | | | V | $V^{16}$ | V |
| EIO-3 | V | V | | V | | $V^6$ | $V^{12}$ | | 8 | $V^{17}$ | V |

在给出 QLXM′ 系统的语义解释之前，需要给出关于换位（conversions）、差等（subalternations）或从属（subordinations）关系的直接推理。利用这些直接推理，就可以说明哪些在表 16 中未标记的单元格表示的可证实的各种两前提模态三段论被遗漏了。在给定语义解释之后，就可以说明表 16 中被标记了数字的单元格所对应命题的无效性。

**定理 8.1** (▽ 的一般换位定理 Q-con)

(i) ⊢ ▽some(a, b) → ▽some(b, a);

(ii) ⊢ ▽not all(a, b) → ▽not all(b, a).

**证明**　(i) 就是 A25; (ii) 根据 A23, A24 和 CW 可证。证毕。

**定理 8.2** (偶然差等定理 Q-sub-a)

(i) ⊢ ▽all(a, b) → ▽some(a, b); 　(ii) ⊢ ▽all(a, b) → ▽not all(a, b);

(iii) ⊢ ▽no(a, b) → ▽some(a, b); 　(iv) ⊢ ▽no(a, b) → ▽not all(a, b).

**证明**　对于 (i), 使用 MP, A18, AI 和 A2 可得。对于 (ii), 根据 (i), A23 和 CW 可证。对于 (iii), 使用 (i), A22 和 AS 可证。对于 (iv), 根据 (ii),

---

[①] 此表根据 Johnson(2004) 第 290 页使用符号现代逻辑常见对其改编得到的，其中的 X 表示零模态词。

## 第八节 模态三段论系统 QLXM′

A22 和 AS 可证。证毕。

表 16① QLXM′ 的反模型

| | ▽▽▽ | ▽ X/□ ▽ | X/□ ▽ ▽ | ▽ X ◇ | X ▽ ◇ | ▽ □ X | □ ▽ X | ▽ □ ◇ | □ ▽ ◇ |
|---|---|---|---|---|---|---|---|---|---|
| AAA-1 | | | 5ac | | | 7ab | 8ac | | |
| EAE-1 | | | 6ac | | 7ac | | | | |
| AII-1 | | | 5ac | | | 7ab | 8ac | | |
| EIO-1 | | | 6ac | | 7ac | 5cb | | | |
| EAE-2 | 7ac | 9ca | 6ac | 5ca | 7ac | | | | |
| AEE-2 | 7ac | 6ca | 9ac | 7ac | 5ac | | | | |
| EIO-2 | 7ac | 9ca | 6ac | | 7ac | | | | |
| AOO-2 | 7ac | 6ca | 9ac | 7ac | 11bc | | 11bc | | 11bc |
| AAI-3 | | | | | | 7cb | 7bc | | |
| EAO-3 | | | 9bc | | 8bc | 1bc | | | |
| IAI-3 | | 5ca | | | | 7cb | 7bc | | |
| AII-3 | | 5ca | | | | 7cb | 7bc | | |
| OAO-3 | | 5ca | 9bc | 11ac | 8bc | 11ac | | 11ac | |
| EIO-3 | | | 9bc | | 8bc | 5cb | | | |
| AAI-4 | | 5ca | | | | 8ca | 7ba | | |
| AEE-4 | 10ac | 6ca | 7bc | 7ac | | | | | |
| IAI-4 | | 5ca | | | | 8ca | 7ba | | |
| EIO-4 | 7ac | 5ca | 6bc | | 8bc | | | | |
| EAO-4 | | 5ca | 6bc | | 8bc | | | | |
| AAI-1 | | | 5ac | | | 7ab | 8ac | | |
| EAO-1 | | | 6ac | | 7ac | | | | |
| EAO-2 | 7ac | 9ca | 6ac | | 7ac | | | | |
| AEO-2 | 7ac | 6ca | 9ac | 7ac | 1ab | | | | |
| AEO-4 | | 6ca | | 7ac | | | | | |

McCall(1963) 在讨论《前分析篇》[35a29-b1] 的 "互补换位" 时，参考了 Ross(1949) 中的公理 A22 至公理 A24②，亚里士多德也认可的推导过程如下：

(1)"对于所有 B 而言，存在偶然的 A"(即 ▽all(b, a))，可衍推出

---

① 此表即 Johnson F(2004) 的第 291 页的表 15，这里用现代逻辑符号对其有所改编，其中的 X 表示零模态词。

② Ross W D. Aristotle's Prior and Posterior Analytics. Oxford: Clarendon Press, 1949: 298.

(entail)"对于所有 B 而言，不存在偶然的 A"（即 $\nabla no(b,a)$）且"对于某个 B 而言，不存在偶然的 A"（即 $\nabla not\ all(b,a)$）。

(2)"对于所有 B 而言，不存在偶然的 A"（即 $\nabla no(b,a)$），可衍推出"对于所有 B 而言，存在偶然的 A"（即 $\nabla all(b,a)$）且"对于某个 B 而言，存在偶然的 A"（即 $\nabla some(b,a)$）。

(3)"对于某个 B 而言，存在偶然的 A"（即 $\nabla some(b,a)$），可衍推出"对于某个 B 而言，不存在偶然的 A"（即 $\nabla not\ all(b,a)$）。

(4)"对于某个 B 而言，不存在偶然的 A"（即 $\nabla not\ all(b,a)$），可衍推出"对于某个 B 而言，存在偶然的 A"（即 $\nabla some(b,a)$）。

给出定理 8.3 和 US 规则，Ross 的六条"互补转换"规则在 QLXM′ 系统中可以被证实。

**定理 8.3**（互补转换定理 CC）

(i) $\vdash \nabla all(a,b) \to \nabla no(a,b)$；　　(ii) $\vdash \nabla all(a,b) \to \nabla not\ all(a,b)$；

(iii) $\vdash \nabla no(a,b) \to \nabla all(a,b)$；　　(iv) $\vdash \nabla no(a,b) \to \nabla some(a,b)$；

(v) $\vdash \nabla some(a,b) \to \nabla not\ all(a,b)$；　(vi) $\vdash \nabla not\ all(a,b) \to \nabla some(a,b)$。

**证明** (i) 使用 A17，US，AI 和 MP 规则可证；(ii) 使用 Q-sub-a，A23 和 CW 规则可证；(iii) 即公理 A22；(iv) 使用 (iii)，Q-sub-a 和 CW 规则可证；(iv) 即公理 A23；(vi) 即公理 A24。证毕。

**定理 8.4**（减量互补换位定理 CC(pa)）

(i) $\vdash \nabla all(a,b) \to \nabla some(b,a)$；　(ii) $\vdash \nabla all(a,b) \to \nabla not\ all(b,a)$；

(iii) $\vdash \nabla no(a,b) \to \nabla some(b,a)$；　(iv) $\vdash \nabla no(a,b) \to \nabla not\ all(b,a)$。

**证明** (i) 使用 Q-sub-a，Q-con，US 和 CW 规则可证；(ii) 使用 (i)，A23，US 和 CW 规则可证；(iii) 使用 (i)，A22 和 AS 规则可证；(iv) 使用 (i)，A23，US 和 CW 规则可证。证毕。

**定理 8.5**（偶然从属定理 Q-sub-o）

(i) $\vdash \nabla all(a,b) \to \Diamond all(a,b)$；　(ii) $\vdash \nabla no(a,b) \to \Diamond no(a,b)$；

(iii) $\vdash \nabla some(a,b) \to \Diamond some(a,b)$。

**证明** (i) 使用 A19，A1，US 和 MP 可证；(ii) 即公理 A26；(iii) 即公理 A27。证毕。

特别说明：表 16 中有下划线的符号表示：此处与亚里士多德关于有效性的判定相冲突，这些判定在 McCall(1963) 的表 12（即本章的表 15）中有所记载。在表 16 中 AAAA-1/□∇∇ 所对应单元格中的"5ac"表明：Q-模型 $\acute{M}_5$ 是 □A∇A∇A-1 的反模型，其他与此类似。

### 第八节 模态三段论系统 QLXM′

在以下定理的证明中,将使用 AS 和 CW 规则以及上面那些已证定理的直接推论。例如:为了证实 $\nabla E\nabla A\nabla E$-1C,使用 AS, Q-sub-a 和 US 规则得: $\vdash \nabla no(b,c) \to \nabla all(b,c)$,使用 CW, Q-sub-a 和 US 规则可得:$\vdash \nabla all(a,c) \to \nabla no(a,c)$。

**定理 8.6**(可证实的 $\nabla\nabla\nabla$ 式模态三段论) 表 16 中没有标记的空白单元格对应的如下 16 个 $\nabla\nabla\nabla$ 式模态三段论是可以证实的命题:

$\nabla A\nabla A\nabla A$-1   $\nabla E\nabla A\nabla E$-1   $\nabla A\nabla I\nabla I$-1   $\nabla E\nabla I\nabla O$-1

$\nabla A\nabla A\nabla I$-3   $\nabla E\nabla A\nabla O$-3   $\nabla A\nabla I\nabla I$-3   $\nabla E\nabla I\nabla O$-3

$\nabla I\nabla A\nabla I$-3   $\nabla O\nabla A\nabla O$-3   $\nabla I\nabla A\nabla I$-4   $\nabla A\nabla A\nabla I$-4

$\nabla E\nabla A\nabla O$-4   $\nabla A\nabla A\nabla I$-1   $\nabla E\nabla A\nabla O$-1   $\nabla A\nabla E\nabla O$-4

**证明** (1) $\vdash \nabla all(b,c) \to (\nabla all(a,b) \to \nabla all(a,c))$
即 $\nabla A\nabla A\nabla A$-1,(根据 A17);

(2) $\vdash \nabla no(b,c) \to (\nabla all(a,b) \to \nabla no(a,c))$
即 $\nabla E\nabla A\nabla E$-1,(根据 (1)、AS、US 和 CW);

(3) $\vdash \nabla all(b,c) \to (\nabla some(a,b) \to \nabla some(a,c))$
即 $\nabla A\nabla I\nabla I$-1,(根据 A16);

(4) $\vdash \nabla no(b,c) \to (\nabla some(a,b) \to \nabla not\ all(a,c))$
即 $\nabla E\nabla I\nabla O$-1,(根据 (3)、AS、US 和 CW);

(5) $\vdash \nabla all(b,c) \to (\nabla all(b,a) \to \nabla some(a,c))$
即 $\nabla A\nabla A\nabla I$-3,(根据 (3)、AS 和 US);

(6) $\vdash \nabla no(b,c) \to (\nabla all(b,a) \to \nabla not\ all(a,c))$
即 $\nabla E\nabla A\nabla O$-3,(根据 (5)、AS、US 和 CW);

(7) $\vdash \nabla all(b,c) \to (\nabla some(b,a) \to \nabla some(a,c))$
即 $\nabla A\nabla I\nabla I$-3,(根据 (3)、AS 和 US);

(8) $\vdash \nabla no(b,c) \to (\nabla some(b,c) \to \nabla not\ all(a,c))$
即 $\nabla E\nabla I\nabla O$-3,(根据 (7)、AS、US 和 CW);

(9) $\vdash \nabla some(b,c) \to (\nabla all(b,a) \to \nabla some(a,c))$
即 $\nabla I\nabla A\nabla I$-3,(根据 (7)、AI、CW 和 US);

(10) $\vdash \nabla not\ all(b,c) \to (\nabla all(b,a) \to \nabla not\ all(a,c))$
即 $\nabla O\nabla A\nabla O$-3,(根据 (9)、AS、US 和 CW);

(11) $\vdash \nabla some(c,b) \to (\nabla all(b,a) \to \nabla some(a,c))$
即 $\nabla I\nabla A\nabla I$-4,(根据 (9)、AS 和 US);

(12) $\vdash \nabla all(c,b) \to (\nabla all(b,a) \to \nabla some(a,c))$

即 $\nabla A\nabla A\nabla I$-4,(根据 (11)、AS 和 US);

(13) $\vdash \nabla no(b,c)\to(\nabla all(b,a)\to \nabla not\ all(a,c))$

即 $\nabla E\nabla A\nabla O$-4,(根据 (12)、AS、US 和 CW);

(14) $\vdash \nabla all(b,c)\to(\nabla all(a,b)\to \nabla some(a,c))$

即 $\nabla A\nabla A\nabla I$-1,(根据 (1)、CW 和 US);

(15) $\vdash \nabla no(b,c)\to(\nabla all(a,b)\to \nabla no(a,c))$

即 $\nabla E\nabla A\nabla O$-1,(根据 (2)、CW 和 US);

(16) $\vdash \nabla all(a,b)\to(\nabla no(b,a)\to \nabla not\ all(a,c))$

即 $\nabla A\nabla E\nabla O$-4,(根据 (12)、AS、US 和 CW)。证毕。

**定理 8.7** (可证实的 $\nabla X\nabla$ 式和 $X\nabla\nabla$ 式模态三段论) 表 16 中没有标记的空白单元格所对应的如下 15 个 $\nabla X\nabla$ 式和 $X\nabla\nabla$ 式模态三段论是可以证实的命题 (其中 X 指零模态词):

$\nabla AA\nabla$A-1　$\nabla EA\nabla$E-1　$\nabla EA\nabla$E-1　$\nabla EI\nabla$O-1

$\nabla AA\nabla$I-3　$\nabla EI\nabla$O-3　$\nabla AA\nabla$I-3　$\nabla EA\nabla$O-3

$\nabla AA\nabla$I-1　$\nabla EA\nabla$O-1　$I\nabla A\nabla$I-4　$A\nabla A\nabla$I-3

$I\nabla A\nabla$A-4　$A\nabla A\nabla$I-4　$A\nabla E\nabla$O-4

**证明** (1) $\vdash \nabla all(b,c)\to(alll(a,b)\to \nabla all(a,c))$

即 $\nabla AA\nabla$A-1,(根据 A17、US 和 CW);

(2) $\vdash \nabla no(b,c)\to(all(a,b)\to \nabla no(a,c))$

即 $\nabla EA\nabla$E-1,(根据 (1)、AS、US 和 CW);

(3) $\vdash \nabla all(b,c)\to(some(a,b)\to \nabla some(a,c))$　　即 $\nabla AA\nabla$I-1,(根据 A18);

(4) $\vdash \nabla no(b,c)\to(some(a,b)\to \nabla not\ all(a,c))$

即 $\nabla EI\nabla$O-1,(根据 (3)、AS、US 和 CW);

(5) $\vdash \nabla all(b,c)\to(some(b,a)\to \nabla some(a,c))$

即 $\nabla AA\nabla$I-3,(根据 (3)、AS 和 US);

(6) $\vdash \nabla no(b,c)\to(some(b,a)\to \nabla not\ all(a,c))$

即 $\nabla EI\nabla$O-3,(根据 (5)、AS、US 和 CW);

(7) $\vdash \nabla all(b,c)\to(all(b,a)\to \nabla some(a,c))$

即 $\nabla AA\nabla$I-3,(根据 (5)、AS 和 US);

(8) $\vdash \nabla no(b,c)\to(all(b,a)\to \nabla not\ all\ (a,c))$

即 $\nabla EA\nabla$O-3,(根据 (7)、AS、US 和 CW);

(9) $\vdash \nabla all(b,c)\to(all(a,b)\to \nabla some(a,c))$

## 第八节 模态三段论系统 QLXM′

即 $\nabla A A \nabla I$-1，(根据 (1)、US 和 CW)；

(10) $\vdash \nabla no(b, c) \rightarrow (all(a, b) \rightarrow \nabla not\ all(a, c))$

即 $\nabla E A \nabla O$-1，(根据 (2)、US 和 CW)；

(11) $\vdash some(b, c) \rightarrow (\nabla all(b, a) \rightarrow \nabla some(a, c))$

即 $I \nabla A \nabla I$-4，(根据 (5)、AI、CW 和 US)；

(12) $\vdash all(b, c) \rightarrow (\nabla all(b, a) \rightarrow \nabla some(a, c))$

即 $A \nabla A \nabla I$-3，(根据 (11) 和 AS)；

(13) $\vdash some(c, b) \rightarrow (\nabla all(b, a) \rightarrow \nabla some(a, c))$

即 $I \nabla A \nabla A$-4，(根据 (11) 和 AS)；

(14) $\vdash all(c, b) \rightarrow (\nabla all(b, a) \rightarrow \nabla some(a, c))$

即 $A \nabla A \nabla I$-4，(根据 (13) 和 AS)；

(15) $\vdash all(c, b) \rightarrow (\nabla no(b, a) \rightarrow \nabla not\ all(c, a))$

即 $A \nabla E \nabla O$-4，(根据 (14)、AS 和 CW)。证毕。

**定理 8.8** (可证实的 $\nabla \Box \nabla$ 式和 $\Box \nabla \nabla$ 式模态三段论)  表 16 中没有标记的空白单元格所对应的 $\nabla \Box \nabla$ 式和 $\Box \nabla \nabla$ 式模态三段论是可以证实的命题。

**证明**  利用定理 8.7 和 Sub-o 规则可证。例如：因为 $\vdash \nabla all(b, c) \rightarrow (all(a, b) \rightarrow \nabla all(a, c))$(根据定理 8.7) 且 $\vdash (\Box all(a, b) \rightarrow all(a, b))$(根据 Sub-o)，所以 $\vdash (\nabla all(b, c) \rightarrow (\Box all(a, b) \rightarrow \nabla all(a, c)))$。证毕。

**定理 8.9** (可证实的 $\nabla X \Diamond$ 式和 $X \nabla \Diamond$ 式模态三段论)  表 16 中没有标记的空白单元格所对应的 $\nabla X \Diamond$ 式和 $X \nabla \Diamond$ 式模态三段论是可以证实的命题 (其中 X 指零模态词)。

**证明**  对于表 16 中没有标记的空白单元格所对应的 $\nabla X \Diamond$ 式和 $X \nabla \Diamond$ 式，且其结论不是特称否定命题的模态三段论的证明，除了可以利用定理 8.7 外，还可以尽可能地利用 Q-sub-o 和 CW 规则。例如：因为 $\nabla A A \nabla A$-1 可以被证实，所以 $\nabla A A \Diamond A$-1 也可以被证实。同理，$\nabla E A \Diamond E$-1，$\nabla A I \Diamond I$-1，$\nabla A A \Diamond I$-3，$\nabla A I \Diamond I$-3，$\nabla A A \Diamond I$-1，$A \nabla A \Diamond I$-3，$I \nabla A \Diamond I$-3，$A \nabla A \Diamond I$-4，$A \nabla E \Diamond E$-4，$I \nabla A \Diamond I$-4，$A \nabla A \Diamond I$-1 这些模态三段论都可以被证实。对于表 16 中剩下的没有标记的空白单元格所对应的 $\nabla X \Diamond$ 式和 $X \nabla \Diamond$ 式模态三段论的证明，除了可以利用表 14 中已经证实的 $\Diamond X \Diamond$ 式模态三段论外，还可以尽可能地利用 Q-sub-o 和 AS 规则。例如：因为 $\Diamond E I \Diamond O$-1 是可以被证实的，所以 $\nabla E I \Diamond O$-1 也是可以被证实的。同理，$\nabla E I \Diamond O$-2，$\nabla E A \Diamond O$-3，$\nabla I A \Diamond I$-3，$\nabla E I \Diamond O$-3，$\nabla A A \Diamond I$-4，$\nabla I A \Diamond I$-4，$\nabla E I \Diamond O$-4，$\nabla E A \Diamond O$-4，$\nabla E A \Diamond O$-1，$\nabla E A \Diamond O$-

2, A∇I◇I-1, A∇I◇I-3, A∇A◇I-1 这些模态三段论都是可以被证实的。对于表 16 中剩下的还没有得到证明的无数字单元格所对应的 ∇X◇ 式和 X∇◇ 式模态三段论相当于公理 A∇A◇A-1(即 A21) 和 A∇E◇O-4，它们可以从 A∇E◇E-4 根据 CW 和 Ap-sub-a 推导而得。证毕。

**定理 8.10** (可证实的 ∇□X 式和 □∇X 式模态三段论)　表 16 中没有标记的空白单元格所对应的 ∇□X 式和 □∇X 式模态三段论是可以证实的命题。

在下面证明中，标有 * 的地方是与 McCall(1963) 中的表 12[①]不一致的地方。

**证明**　由定理 8.9 通过 RV 和 SE 规则可得：

(1) 因为 ∇EI◇O-2 是可证实的，所以 ∇E□AE-1 也是可证实的。

(2) 因为 ∇EA◇O-2 是可证实的，所以 ∇E□AO-1 也是可证实的。

(3) 因为 ∇EI◇O-1 是可证实的，所以 *∇E□AE-2 也是可证实的。

(4) 因为 ∇AI◇I-1 是可证实的，所以 ∇A□EE-2 也是可证实的。

(5) 因为 ∇EA◇A-1 是可证实的，所以 *∇E□IO-2 也是可证实的。

(6) 因为 ∇AA◇A-1 是可证实的，所以 *∇A□OO-2 也是可证实的。

(7) 因为 ∇EA◇O-1 是可证实的，所以 ∇E□AO-2 也是可证实的。

(8) 因为 ∇AA◇I-1 是可证实的，所以 ∇E□IO-4 也是可证实的。

(9) 因为 I∇A◇I-3 是可证实的，所以 ∇A□EE-4 也是可证实的。

(10) 因为 A∇E◇E-4 是可证实的，所以 ∇E□IO-4 也是可证实的。

(11) 因为 A∇E◇O-4 是可证实的，所以 ∇E□AO-4 也是可证实的。

(12) 因为 A∇A◇I-4 是可证实的，所以 ∇A□EO-4 也是可证实的。

(13) 因为 I∇A◇I-3 是可证实的，所以 □E∇AE-1 也是可证实的。

(14) 因为 A∇I◇I-3 是可证实的，所以 □E∇IO-1 也是可证实的。

(15) 因为 A∇A◇I-1 是可证实的，所以 □E∇AO-1 也是可证实的。

(16) 因为 ∇AI◇I-3 是可证实的，所以 □E∇AE-2 也是可证实的。

(17) 因为 ∇EI◇O-3 是可证实的，所以 *□A∇EE-2 也是可证实的。

(18) 因为 ∇IA◇I-3 是可证实的，所以 □E∇IO-2 也是可证实的。

(19) 因为 ∇AA◇I-3 是可证实的，所以 □E∇AO-2 也是可证实的。

(20) 因为 ∇EA◇O-3 是可证实的，所以 □A∇EO-2 也是可证实的。

(21) 因为 A∇A◇I-1 是可证实的，所以 □E∇AO-3 也是可证实的。

---

[①] McCall S. Aristotle's Modal Syllogisms. Studies in Logic and the Foundations of Mathematics. Amsterdam: North-Holland, 1963: 84-85.

## 第八节 模态三段论系统 QLXM′

(22) 因为 A$\triangledown$A$\lozenge$A-1 是可证实的，所以 $\square$O$\triangledown$AO-3 也是可证实的。

(23) 因为 A$\triangledown$I$\lozenge$I-1 是可证实的，所以 *$\square$E$\triangledown$IO-3 也是可证实的。

(24) 因为 $\triangledown$EI$\lozenge$O-4 是可证实的，所以 $\square$A$\triangledown$EE-4 也是可证实的。

(25) 因为 $\triangledown$IA$\lozenge$I-3 是可证实的，所以 $\square$E$\triangledown$IO-4 也是可证实的。

(26) 因为 $\triangledown$AA$\lozenge$I-4 是可证实的，所以 $\square$E$\triangledown$AO-4 也是可证实的。

(27) 因为 $\triangledown$EA$\lozenge$O-4 是可证实的，所以 $\square$A$\triangledown$EO-4 也是可证实的。

证毕。

**定理 8.11**  表 16 中没有标记的空白单元格所对应的 $\triangledown\square\lozenge$ 式和 $\square\triangledown\lozenge$ 式模态三段论是可以证实的命题。

**证明**  对于 $\triangledown\square\lozenge$ 式模态三段论，从定理 8.9 的 $\triangledown$X$\lozenge$ 式模态三段论根据 Sub-o 和 AS 规则可证，或者由定理 8.10 的 $\triangledown\square$X 式模态三段论根据 Sub-o 和 CW 规则可证。例如：因为 $\vdash \triangledown\text{all}(b,c)\rightarrow(\text{all}(a,b)\rightarrow \lozenge\text{all}(a,c))$，且 $\vdash \square\text{all}(a,b)\rightarrow\text{all}(a,b)$，所以 $\vdash \triangledown\text{all}(b,c)\rightarrow (\square\text{all}(a,b)\rightarrow \lozenge\text{all}(a,c))$（即 $\triangledown$A$\square$A$\lozenge$A-1 被证实）；因为 $\vdash \triangledown\text{no}(c,b)\rightarrow (\square\text{all}(a,b)\rightarrow\text{no}(a,c))$ 且 $\vdash\text{no}(a,c)\rightarrow \lozenge\text{no}(a,c)$，所以 $\vdash \triangledown\text{no}(c,b)\rightarrow (\square\text{all}(a,b)\rightarrow \lozenge\text{no}(a,c))$（即 $\triangledown$E$\square$A$\lozenge$E-2 被证实）。

对于 $\square\triangledown\lozenge$ 式模态三段论，由定理 8.9 中的 $\triangledown$X$\lozenge$ 式模态三段论或者定理 8.10 中 $\square\triangledown$X 式模态三段论，根据通过 Sub-o 和 AS 或 CW 规则可证。例如：因为 $\vdash \square\text{all}(b,c)\rightarrow (\triangledown\text{some}(a,b)\rightarrow\text{some}(a,c))$ 且 $\vdash\text{some}(a,c)\rightarrow \lozenge\text{some}(a,c)$，所以 $\vdash \square\text{all}(b,c)\rightarrow (\triangledown\text{some}(a,b)\rightarrow \lozenge\text{some}(a,c))$（$\square$A$\triangledown$I$\lozenge$I-1 被证实）；因为 $\vdash \square\text{no}(b,c)\rightarrow (\triangledown\text{some}(a,b)\rightarrow\text{not all}(a,c))$ 且 $\vdash\text{not all}(a,c)\rightarrow \lozenge\text{not all}(a,c)$，所以 $\vdash \square\text{no}(b,c)\rightarrow (\triangledown\text{some}(a,b)\rightarrow \lozenge\text{not all}(a,c))$（即 $\square$E$\triangledown$I$\lozenge$O-1 被证实）。证毕。

**定理 8.12**  表 16 中没有标记的空白单元格所对应的 $\triangledown\triangledown\lozenge$ 式模态三段论是可以证实的命题。

**证明**  例如，根据 CW 和 Q-sub-o 规则，从 $\triangledown$A$\triangledown$A$\triangledown$A-1 可以被证实，可以推出 $\triangledown$A$\triangledown$A$\lozenge$A-1 也是可以被证实的。同理，$\triangledown$E$\triangledown$A$\lozenge$E-1，$\triangledown$A$\triangledown$I$\lozenge$I-1，$\triangledown$A$\triangledown$A$\lozenge$I-1，$\triangledown$A$\triangledown$A$\lozenge$I-3，$\triangledown$I$\triangledown$A$\lozenge$I-3，$\triangledown$A$\triangledown$I$\lozenge$I-3，$\triangledown$A$\triangledown$A$\lozenge$I-4，$\triangledown$I$\triangledown$A$\lozenge$I-4 这些模态三段论都是可以被证实的。剩余的 4 个 $\triangledown\triangledown\lozenge$ 式模态三段论的证明如下：

(1) $\vdash \triangledown\text{no}(b,c)\rightarrow (\triangledown\text{all}(a,b)\rightarrow \triangledown\text{no}(a,c))$ 即 $\triangledown$E$\triangledown$A$\triangledown$E-1；

(2) $\vdash \triangledown\text{no}(a,c)\rightarrow \lozenge\text{no}(a,c)$ （根据 Q-sub-o）；

(3) $\vdash \lozenge\text{no}(a,c)\rightarrow \lozenge\text{not all}(a,c)$ （根据 Ap-sub-a）；

(4) $\vdash \nabla no(a,c) \to \Diamond not\ all(a,c)$　　　　（根据 CW、(2) 和 (3)）；

(5) $\vdash \nabla no(b,c) \to (\nabla all(a,b) \to \Diamond not\ all(a,c))$

　　　　　　即 $\nabla E \nabla A \Diamond O\text{-}1$，（根据 CW、(1) 和 (4)）；

(6) $\vdash \nabla all(a,b) \to (\nabla no(b,c) \to \nabla no(a,c))$　（根据 AI 和 (1)）；

(7) $\vdash \Diamond no(a,c) \to \Diamond no(c,a)$　　　　（根据 Ap-con）；

(8) $\vdash \nabla no(a,c) \to \Diamond no(c,a)$　　　　（根据 CW、(2) 和 (7)）；

(9) $\vdash \nabla all(a,b) \to (\nabla no(b,c) \to \Diamond no(c,a))$　　（根据 CW、(6) 和 (8)）；

(10) $\vdash \nabla all(c,b) \to (\nabla no(b,a) \to \Diamond no(a,c))$

　　　　　　即 $\nabla A \nabla E \Diamond E\text{-}4$，（根据 US 和 (9)）；

(11) $\vdash \Diamond no(a,c) \to \Diamond not\ all(a,c)$　　　（根据 Ap-sub-a 和 US）；

(12) $\vdash \nabla all(c,b) \to (\nabla no(a,b) \to \Diamond not\ all(a,c))$

　　　　　　即 $\nabla A \nabla E \Diamond O\text{-}2$，（根据 CW、(10) 和 (11)）；

(13) $\vdash \nabla no(c,b) \to (\nabla all(b,a) \to \Diamond not\ all(a,c))$

　　　　　　即 $\nabla E \nabla A \Diamond O\text{-}4$，（根据 CC、AS 和 (12)）。

证毕。

## 一、模态三段论系统 QLXM′ 的语义

通过参照 Q-模型可以给出 QLXM′ 语义。

**定义 8.1** (Q-模型)　$\acute{M}$ 是一个 Q-模型，当且仅当，$\acute{M}=\langle W, n^+, q^+, n^-, q^-\rangle$，其中 W 是非空集，$n^+$, $q^+$, $n^-$ 和 $q^-$ 是把词项映射到 W 的子集的函数，并且这个函数满足如下 8 个 "基本条件"：

BQ1: 如果 f 和 g 是函数 $n^+$, $q^+$, $q^-$ 和 $n^-$ 中的任何一个，且 $f \neq g$，那么对于每个词项 x 来说，$f(x) \cap g(x) = \varnothing$；对于每个 x 来说，$n^+(x) \cup q^+(x) \cup q^-(x) \cup n^-(x) = W$。

BQ2: (对任意 x 和 y 而言) 如果 $^+(x) \subseteq n^-(y)$，那么 $^+(y) \subseteq n^-(z)$。

BQ3: 如果 $^+(y) \subseteq n^+(z)$ 且 $^+(x) \circ^+ (y)$，那么 $n^+(x) \circ n^+(z)$。

BQ4: 如果 $^+(y) \subseteq n^-(z)$ 且 $^+(x) \circ^+ (y)$，那么 $n^+(x) \circ n^-(z)$。

BQ5: 如果 $^+(z) \subseteq n^+(y)$ 且 $n^+(x) \circ n^-(y)$，那么 $n^+(x) \circ n^-(z)$。

BQ6: 如果 $^+(y) \subseteq q(z)$ 且 $^+(x) \subseteq q(y)$，那么 $^+(x) \subseteq q(z)$。

BQ7: 如果 $^+(y) \subseteq q(z)$ 且 $^+(x) \circ q(y)$ 或 $q(x) \circ^+ (y)$，那么 $^+(x) \circ q(z)$ 或 $q(z) \circ^+ (x)$。

BQ8: 如果 $^+(y) \subseteq^+ (z)$ 且 $^+(x) \subseteq q(y)$，那么 $n^+(x)$ 与 $n^-(z)$ 不相交。

## 第八节 模态三段论系统 QLXM′

**定义 8.2** (相对 Q-模型的赋值)　$V_{\acute{M}}$ 是相对于一个 Q-模型 $\acute{M}$ 而言的赋值，当且仅当，$V_{\acute{M}}$ 是一个满足如下 10 个 "超结构条件" 的赋值：

S1: (对任意 x 和 y 而言) $V_{\acute{M}}(\text{all}(x,y)) = t$，当且仅当，$^+(x) \subseteq\ ^+(y)$。

S2: $V_{\acute{M}}(\text{some}(x,y)) = t$，当且仅当，$^+(x) \circ\ ^+(y)$。

S3: $V_{\acute{M}}(\Box\text{all}(x,y)) = t$，当且仅当，$^+(x) \subseteq n^+(y)$。

S4: $V_{\acute{M}}(\Box\text{some}(x,y)) = t$，当且仅当，$n^+(x) \circ n^+(y)$。

S5: $V_{\acute{M}}(\Box\neg\text{all}(x,y)) = t$，当且仅当，$^+(x) \circ n^-(y)$。

S6: $V_{\acute{M}}(\Box\neg\text{some}(x,y)) = t$，当且仅当，$^+(x) \subseteq n^-(y)$。

S7: $V_{\acute{M}}(\nabla\text{all}(x,y)) = t$，当且仅当，$^+(x) \subseteq q(y)$。

S8: $V_{\acute{M}}(\nabla\text{some}(x,y)) = t$，当且仅当，$^+(x) \circ q(y)$ 或 $q(x) \circ^+ (y)$。

S9: $V_{\acute{M}}(\nabla\neg\text{all}(x,y)) = t$，当且仅当，$^+(x) \circ q(y)$ 或 $q(x) \circ^+ (y)$。

S10: $V_{\acute{M}}(\nabla\neg\text{some}(x,y)) = t$，当且仅当，$^+(x) \subseteq q(y)$。

**定义 8.3** (Q-有效)　$\models_Q \alpha$ (即 $\alpha$ 是 Q-有效的)，当且仅当，对于每个 Q-模型 $\acute{M}$ 而言，$V_{\acute{M}}(\alpha) = t$。$\alpha$ 是 Q-无效的 (即 $\not\models_Q \alpha$)，当且仅当，$\alpha$ 不是 Q-有效的。

**定理 8.13** (可靠性)　如果 $\alpha$ 在 QLXM′ 系统中是一个可以证实的断定，那么 $\models_Q \alpha$。

**证明**　我们需要表明：如果 $\vdash \alpha$ 是 QLXM′ 系统中的一个公理，那么 $\models_Q \alpha$；而且 QLXM′ 系统中的每个证实转换规则保持了 Q-有效性。例如：

(1) 对于 A1，因为对于每个 Q-模型 $\acute{M}$ 而言，由 $^+(a) \subseteq^+ (a)$ 得 $V_{\acute{M}}(\text{all}(a,a)) = t$，所以 $\models_Q \text{all}(a,a)$。

(2) 对于 A2，因为对于每个 Q-模型 $\acute{M}$ 而言，由 $^+(a) \circ^+ (a)$ 得 $V_{\acute{M}}(\text{some}(a,a)) = t$，所以 $\models_Q \text{some}(a,a)$。

(3) 对于 A5，假设存在一个 Q-模型 $\acute{M}$ 使得 $V_{\acute{M}}(\Box\text{all}(b,c)) = t$，$V_{\acute{M}}(\text{all}(a,b)) = t$ 且 $V_{\acute{M}}(\Box\text{all}(a,c)) = f$，那么 $^+(b) \subseteq n^+(c)$，$^+(a) \subseteq^+ (b)$ 且 $^+(a) \not\subseteq n^+(c)$ 都是不可能的。因此 $\models_Q (\Box\text{all}(b,c) \to (\text{all}(a,b) \to \Box\text{all}(a,c)))$。

(4) 对于 A15，假设存在一个 Q-模型 $\acute{M}$ 使得 $V_{\acute{M}}(\nabla\text{all}(b,c)) = t$，$V_{\acute{M}}(\nabla\text{all}(a,b)) = t$ 且 $V_{\acute{M}}(\nabla\text{all}(a,c)) = f$，那么根据 BQ6 可知：$^+(b) \subseteq q(c)$，$^+(a) \subseteq q(b)$ 且 $^+(a) \not\subseteq q(c)$ 是不可能同时成立的。因此 $\models_Q (\nabla\text{all}(b,c) \to (\nabla\text{all}(a,b) \to \nabla\text{all}(a,c)))$。

(5) 对于 AR1，假设 $\models_Q (\cdots x \cdots x \cdots)$，但 $\not\models_Q (\cdots y \cdots y \cdots)$，其中 $(\cdots y \cdots y \cdots)$ 是用 y 替换 $(\cdots x \cdots x \cdots)$ 中的词项 x 的每次出现而得到

的，那么对于某个 Q-模型 $\acute{M}$，$V_{\acute{M}}(\cdots y \cdots y \cdots)$ = f(其中 $V_{\acute{M}}(y)$ 是集合 S)。令 $V_{\acute{M}}(x)$ = S，那么 $V_{\acute{M}}(\cdots x \cdots x \cdots)$ = f。因此，对于 AR1 来说，不保持其有效性是不可能的。

(6) 对于 AR2，假设① $\vDash_Q (p \to q)$，② $\vDash_Q p$，③ $\nvDash_Q q$，那么对于某个 Q-模型 $\acute{M}$ 而言，由③ 可得 $V_{\acute{M}}(q)$ = f，由① 可得 $V_{\acute{M}}(p)$ = f，这与②矛盾。所以 AR2 可以保持其有效性。

其他公理和规则的推理的证明直接明了，故在此省略。证毕。

因为 Łukasiewicz 的 ŁA 系统是 QLXM′ 系统的一个片段，根据 QLXM′ 系统的可靠性可知：ŁA 系统中的每个可证实的命题都是 Q-有效的。在表 5 中所有标记为可以证实的 L-X-M 三段论都是 Q-有效的，因为它们在 QLXM′ 系统中可以被证实的。根据如下定理 8.14 知：所有在表 5 中标记为无效的三段论也是 Q-无效的。

**定理 8.14** 模型 $\acute{M}_1, \acute{M}_2, \acute{M}_3, \acute{M}_4$ 都是 Q-模型。

**证明** 通过之前的论证可知这四个模型满足条件 BQ1 到 BQ5。

考虑 $\acute{M}_1$，假设 $^+(y) \subseteq q(z)$，那么 z = c，所以 $\acute{M}_1$ 满足 BQ6；对于所有的 x 而言，$^+(x) \circ q(c)$，所以 $\acute{M}_1$ 也满足 BQ7；对于所有 z，$n^-(z) = \varnothing$，所以也满足 BQ8。

考虑 $\acute{M}_2$，假设 $^+(y) \subseteq q(z)$，那么 y = a 或 b，且 z = c，所以 $\acute{M}_2$ 满足 BQ6；对于所有 x，$^+(x) \circ q(c)$，所以 $\acute{M}_2$ 也满足 BQ7；对于所有 z 而言，如果 $^+(c) \subseteq {^+}(z)$，那么 z = c。因为 $n^-(c) = \varnothing$，所以 $\acute{M}_2$ 也满足 BQ8。

考虑 $\acute{M}_3$，假设 $^+(y) \subseteq q(z)$，那么 y = b 或 c 且 z = a，所以 $\acute{M}_3$ 满足 BQ6；对于所有 x，$^+(a) \circ q(x)$，所以 $\acute{M}_3$ 也满足 BQ7；对于所有 z，如果 $^+(a) \subseteq {^+}(z)$ 那么 z = a。因为 $n^-(a) = \varnothing$，所以 $\acute{M}_3$ 也满足 BQ8。

考虑 $\acute{M}_4$，对于所有 y 和 z，如果 $^+(y) \subseteq q(z)$，所以 $\acute{M}_4$ 满足 BQ6，BQ7，BQ8。证毕。

模型 $\acute{M}_5$ 如表 17 所示，很显然，模型 $\acute{M}_5$ 和下面的模型都满足 BQ1 和 BQ2。对于每个 y 和 z，如果 $^+(y) \subseteq n^+(z)$，那么 z = c。对于每个 x，有 $n^+(x) \circ n^+(c)$，所以 $\acute{M}5$ 满足 BQ3；对于每个 y 和 z，$^+(y) \not\subseteq n^-(z)$，所以 $\acute{M}_5$ 也满足 BQ4。如果 $^+(y) \subseteq n^+(z)$，那么 z = c。对于每个 x, y, z，如果 $z \subseteq n^+(y)$，那么 $n^+(x)$ 与 $n^-(y)$ 不相交，所以 $\acute{M}_5$ 满足 BQ5。对于每个 x 和 y，如果 $x \subseteq q(y)$，那么 x = a 且 y = b，所以 $\acute{M}_5$ 满足 BQ6。对于所有 x，$x \circ q(b)$，所以 $\acute{M}_5$ 满足 BQ7。对于所有 z，$^+a$ 和 $n^-(z)$ 不相交，所以 $\acute{M}_5$ 也满足 BQ8。

## 第八节 模态三段论系统 QLXM′

根据 Q-模型 $\acute{M}_5$，$\not\models_Q$ ($\Box$all(b,c)$\to$ ($\nabla$all(a,b)$\to$ $\Box$all(a,c)))。因为 $^+(b) \subseteq n^+(c)$，所以 $V_{\acute{M}_5}(\Box all(b,c)) = t$。因为 $^+(a) \subseteq q(b)$，所以 $V_{\acute{M}_5}(\nabla all(a,b)) = t$。因为 $^+(a) \not\subseteq q(c)$，所以 $V_{\acute{M}_5}(\nabla all(a,c)) = f$。在表 16 中 AAA-1/$\Box\nabla\nabla$ 所对应单元格中的"5ac"表明：Q-模型 $\acute{M}_5$ 是 $\Box A\nabla A\nabla A$-1 的反模型。在这个模型里，a 是小项，c 是大项，下面将给出其大项和小项的列出方法。

**表 17  Q-模型 $\acute{M}_5$**

|   | $n^+$ | $q^+$ | $n^-$ | $q^-$ |
|---|---|---|---|---|
| a | 1 | 2 | 3 |   |
| b | 3 | 1 |   | 2 |
| c | 1, 3 |   | 2 |   |

Q-模型 $\acute{M}_6$ 如表 18 所示。对于每个 y 和 z，如果 $^+(y) \subseteq n^+(z)$，那么 y = z = c。对于每个 x 和 y，如果 $^+(x) \circ ^+(y)$，那么 x = c。又因为 $n^+(c) \circ n^+(c)$，所以 $\acute{M}_6$ 满足 BQ3。对于每个 y，如果 $^+(y) \subseteq n^-(a)$，那么 y = b 或 c。对于每个 x，如果 $x \circ ^+(b)$ 或 $x \circ ^+(c)$，那么 $n^+(x) \circ n^-(a)$；对于每个 y，那么 y = b。对于每个 x，如果 $x \circ ^+(b)$，那么 $n^+(x) \circ n^-(b)$。对于每个 y，如果 $^+(y) \subseteq n^-(c)$，那么 y = a 或 b。对于每个 x，如果 $x \circ ^+(a)$ 或 $x \circ ^+(b)$，那么 $n^+(x) \circ n^-(c)$，所以 $\acute{M}_6$ 满足 B4。对于每个 y 和 z，如果 $^+(z) \subseteq n^+(y)$，那么 $n^-(y) \subseteq n^-(z)$（即 Thomason 的 BT5 也被满足），所以 $\acute{M}_6$ 满足 BQ5。对于每个 x 和 y，如果 $^+(x) \subseteq q(y)$，那么 x = a 且 q = b，所以 $\acute{M}_6$ 满足 BQ6。对于所有 w，如果 $^+(w) \circ q(a)$ 或 $q(w) \circ ^+(a)$，那么 w = a 或 b。又因为 $^+(a) \circ q(b)$ 且 $^+(b) \circ q(b)$，所以 $\acute{M}_6$ 满足 BQ7。对于每个 z，如果 $^+(b) \subseteq z$，那么 z = b。又因为 $^+(a)$ 与 $n^-(b)$ 不相交，所以 $\acute{M}_6$ 满足 BQ8。

**表 18  Q-模型 $\acute{M}_6$**

|   | $n^+$ | $q^+$ | $n^-$ | $q^-$ |
|---|---|---|---|---|
| a | 1 | 2 | 3, 4 |   |
| b | 3 | 1 | 4 | 2 |
| c | 4 |   | 1, 2, 3 |   |

根据 Q-模型 $\acute{M}_6$ 可知，并非 $\models_Q$ ($\Box$no(a,c)$\to$ ($\nabla$all(a,b)$\to$ $\nabla$not all(b,c)))。因为 $^+(a) \subseteq n^-(c)$，所以 $V_{\acute{M}_6}(\Box no(a,c)) = t$。又因为 $^+(a) \subseteq q(b)$，所以 $V_{\acute{M}_6}(\nabla all(a,b)) = t$。因为 $^+(b)$ 与 $q(c)$，$q(b)$ 与 $^+(c)$ 都不相交，故 $V_{\acute{M}_6}(\nabla not\ all(b,c)) = f$。在 EAO-3/$\Box\nabla\nabla$ 所对应单元格中的"6bc"表

明：Q-模型 $\acute{M}_6$ 是 □E∇A∇O-3 的反模型。在这个模型里，b 是小项，c 是大项。

Q-模型 $\acute{M}_7$ 如表 19 所示。因为 Thomason 的 BT3 (若 $^+(x) \circ ^+(y)$，则 $^+(x) \circ n^+(y)$) 被满足，所以 $\acute{M}_7$ 满足 BQ3 和 BQ4。因为 $\acute{M}_7$ 满足 BT5，所以 $\acute{M}_7$ 也满足 BQ5。如果 $^+(x) \subseteq q(y)$，那么 $y=b$，$x=a$ 或 $x=c$，那么 $\acute{M}_7$ 满足 BQ6。如果 $^+(z) \circ q(a)$ 或 $q(z) \circ ^+(a)$，且如果 $^+(z) \circ q(c)$ 或 $q(z) \circ ^+(c)$，那么 $^+(z) \circ ^+(b)$，所以 $\acute{M}_7$ 满足 BQ7。如果 $^+(b) \subseteq ^+(z)$，那么 $z=b$。又因为 $n^-(b)=\varnothing$，所以 $\acute{M}_7$ 满足 BQ8。

表 19　模型 $\acute{M}_7$

|   | $n^+$ | $q^+$ | $n^-$ | $q^-$ |
| --- | --- | --- | --- | --- |
| a | 1 |   | 3 | 2 |
| b | 2 | 3 |   | 1 |
| c | 1 |   | 3 | 2 |

使用 Q-模型 $\acute{M}_8$ 可以说明 □A∇AI-1 和其他模态三段论的无效性。Q-模型 $\acute{M}_8$ 如表 20 所示，假设 $^+(y) \subseteq n^+(z)$，那么 $y=b$ 或 $c$，且 $z=c$。又因为 $n^+(b) \circ n^+(c)$ 且 $n^+(c) \circ n^+(c)$，所以 $\acute{M}_8$ 满足 BQ3。因为这里不存在 x 使得 $n^+(x) \circ n^-(c)$，所以 $\acute{M}_8$ 满足 BQ5。因为对于每个 x 和 y，$x \nsubseteq y$，所以 $\acute{M}_8$ 满足 BQ4。假设 $^+(y) \subseteq q(z)$，那么 $y=a$ 且 $z=b$，所以 $\acute{M}_8$ 满足 BQ6。因为对于每个 x，$^+(x) \circ q(b)$ 或 $q(x) \circ ^+(b)$，所以 $\acute{M}_8$ 满足 BQ7。如果 $^+(b) \subseteq ^+(z)$，那么 $z=b$ 或 $c$；又因为对于所有 x，$n^+(x)$ 与 $n^-(b)$，$n^+(x)$ 与 $n^-(c)$ 都不相交，所以 $\acute{M}_8$ 满足 BQ8。

表 20　模型 $\acute{M}_8$

|   | $n^+$ | $q^+$ | $n^-$ | $q^-$ |
| --- | --- | --- | --- | --- |
| a | 1 | 3 | 3 | 4 |
| b | 4 | 3 |   | 1, 2 |
| c | 3, 4 |   | 2 | 1 |

Q-模型 $\acute{M}_9$ 如表 21 所示。如果 $^+(y) \subseteq n^+(z)$，那么 $y=c$，且 $z=c$ 或 $b$。如果 $^+(x) \circ ^+(c)$，那么 $x=b$ 或 $c$；又因为 $n^+(x) \circ n^+(z)$，所以 $\acute{M}_9$ 满足 BQ3。对于每个 y，如果 $^+(y) \subseteq n^-(a)$，那么 $y=c$。对于每个 x，如果 $x \circ ^+(c)$，那么 $n^+(x) \circ n^-(a)$，这里不存在 y 使得 $y \subseteq n^-(b)$。对于每个 y，如果 $^+(y) \subseteq n^-(c)$，那么 $y=a$。对于每个 x，如果 $x \circ ^+(a)$ 那么 $n^+(x) \circ n^-(c)$，所以 $\acute{M}_9$ 满足 BQ4。如果 $^+(z) \subseteq n^+(y)$，那么 $z=c$ 且

# 第八节 模态三段论系统 QLXM'

$y = b$ 或 $c$, $n^+(x)$ 与 $n^-(b)$ 不相交。如果 $n^+(x) \circ n^-(c)$, 那么 $x = a$ 或 $b$。又因为 $n^+(a) \circ n^-(c)$ 且 $n^+(b) \circ n^-(c)$, 所以 $\acute{M}_9$ 满足 BQ5。对于每个 $x$ 和 $y$, 如果 $x \subseteq q(y)$, 那么 $x = a$ 且 $y = b$, 所以 $\acute{M}_9$ 满足 BQ6。对于所有 $z$, 如果 $^+(z) \circ ^+(a)$, 那么 $z = a$ 或 $b$, 又因为 $^+(a) \circ q(b)$ 且 $^+(b) \circ q(b)$, 所以 $\acute{M}_9$ 满足 BQ7。对于所有 $z$, 如果 $^+(b) \subseteq^+ (z)$, 那么 $b = z$, 又因为 $n^-(z) = \varnothing$, 所以 $\acute{M}_9$ 满足 BQ8。

表 21 模型 $\acute{M}_9$

|   | $n^+$ | $q^+$ | $n^-$ | $q^-$ |
|---|---|---|---|---|
| a | 1 | 2 | 3, 4 |   |
| b | 3, 4 | 1 |   | 2 |
| c | 4 |   | 1, 2, 4 |   |

Q-模型 $\acute{M}_{10}$ 如表 22 所示, 对于每个 $x$ 和 $y$, $^+(x) \not\subseteq n^+(y)$, 所以 $\acute{M}_{10}$ 满足 BQ3 和 BQ5。对于所有 $x$ 和 $y$, $^+(x) \not\subseteq n^-(y)$, 所以 $\acute{M}_{10}$ 满足 BQ4。如果 $^+(x) \subseteq q(y)$ 且 $^+(y) \subseteq q(z)$, 那么 $x = a$ 且 $x = c$, 所以 $\acute{M}_{10}$ 满足 BQ6。对于每个 $x$ 和 $y$, $^+(x) \circ q(y)$ 或 $q(x) \circ^+ (y)$, 所以 $\acute{M}_{10}$ 满足 BQ7。如果 $^+(x) \subseteq q(y)$, 那么 $x = b$ 或 $x = c$; 对于所有 $z$, 那么 $n^+(b)$ 与 $n^-(z)$ 不相交, 且 $n^+(c)$ 与 $n^-(z)$ 不相交, 所以 $\acute{M}_{10}$ 满足 BQ8。

表 22 模型 $\acute{M}_{10}$

|   | $n^+$ | $q^+$ | $n^-$ | $q^-$ |
|---|---|---|---|---|
| a | 1 | 2 |   | 3, 4 |
| b | 3 | 2 | 1 | 4 |
| c | 4 | 2 | 1, 3 |   |

R-模型 $\acute{M}_{11}$ 如表 23 所示, 因为 $\acute{M}_{11}$ 满足 BT3, 所以 $\acute{M}_{11}$ 也满足 BQ3 和 BQ4。又因为 $\acute{M}_{11}$ 满足 BT5, 所以 $\acute{M}_{11}$ 也满足 BQ5。很显然, 对于每个 $x$ 和 $y$, $x \not\subseteq y$, 所以 $\acute{M}_{11}$ 满足 BQ6、BQ7 和 BQ8。

表 23 模型 $\acute{M}_{11}$

|   | $n^+$ | $q^+$ | $n^-$ | $q^-$ |
|---|---|---|---|---|
| a | 1, 2 |   |   |   |
| b | 1 | 2 |   |   |
| c | 1, 2 |   |   |   |

## 二、证明完全性所需要的 Q-有效式

亚里士多德没有讨论任何带有与偶然相对的可能性前提 (或前件) 的

模态三段论。但是，根据 QLXM′ 系统的语义，必须判断带有可能性前提的合适公式的一些三段论是否是 Q-有效的。需要特别指出的是，$\nabla A\Diamond I\nabla I$-1 是 Q-有效的。为了得到 QLXM′ 系统的完全性结果，需要把 $\nabla A\Diamond I\nabla I$-1 作为公理 29，对该系统加以改进。

**定理 8.15** (改进后的 QLXM′ 系统的可靠性)  如果把 $\nabla A\Diamond I\nabla I$-1(即 $\vdash \nabla all(b,c)\to (\Diamond some(a,b)\to \nabla some(a,c)))$ 作为一个公理，对 QLXM′ 系统加以改进，其他保持不变，那么所得到的系统是可靠的。

**证明**  假设 $\acute{M}$ 是 Q-模型，那么 $V_{\acute{M}}(\nabla all(b,c))=t$ 且 $V_{\acute{M}}(\Diamond some(a,b))=t$。根据 Q-模型的定义，至少满足以下条件之一： ① $^+(a)\circ^+(b)$； ② $^+(a)\circ q(b)$； ③ $^+(a)\subseteq n^-(b)$。如果满足条件 ①，那么 $^+(a)\circ q(c)$，因此 $V_{\acute{M}}(\nabla some(a,c))=t$。如果满足条件 ②，那么 $^+(a)\circ q(c)$ 或 $q(a)\circ^+(c)$，因此 $V_{\acute{M}}(\nabla some(a,c))=t$。如果满足条件 ③，那么 $V_{\acute{M}}(\Diamond some(a,b))=t$ 且 $V_{\acute{M}}(\Diamond some(a,b))=f$，因此可得到荒谬性结论：$V_{\acute{M}}(\Diamond some(a,c))=t$，所以 $\models_Q (\nabla all(b,c)\to (\Diamond some(a,b)\to \nabla some(a,c)))$。证毕。

表 24 中没有标记的空白单元格所对应的三段论具有 Q-有效性，表中单元格中的标记表明了如何为该表中具有 Q-无效性的三段论找到相对应的反模型。其中的阿拉伯数字是指本节所给出的反模型的序号。下面将说明表 24 中每个没有标记的单元格所对应的三段论在 QLXM′ 系统中都是可以证实的，例如：EIO-2/$\Box\nabla\Box$ 所对应单元格中的 15ba，表示 $\Box E\nabla I\Box O$-2 的反模型是 $\acute{M}_{15}$。

表 24[①]  补充的 Q-三段论

| | | $\nabla\Diamond\nabla$ | $\Diamond\nabla\nabla$ | $\nabla\Diamond\Diamond$ | $\Diamond\nabla\Diamond$ | $\nabla\Box\Box$ | $\Box\nabla\Box$ | $\nabla\nabla\Diamond$ |
|---|---|---|---|---|---|---|---|---|
| 第一格 | AAA-1 | 12ac | 5ac | 12ac | 15ca | 7ab | 8ac | |
| | EAE-1 | 12ac | 6ac | 13ac | 7ac | 7ab | | |
| | AII-1 | | 5ac | | 15ca | 7ab | 14bc | |
| | EIO-1 | | 6ac | 14ac | 14ac | 7ab | 15ba | 14ac |
| 第二格 | EAE-2 | 9ac | 6ac | 7ac | 7ac | 14ab | | 7ac |
| | AEE-2 | 6ac | 9ac | 7ac | 7ac | | 14ba | 7ac |
| | EIO-2 | 9ac | 6ac | 7ac | 7ac | 13ab | 15ba | 7ac |
| | AOO-2 | 6ac | 9ac | 7ac | 7ac | 12ab | 14ba | 7ac |

---

[①] 此表源于 Johnson(2004) 第 300 页的表 23，表 24 使用现代逻辑符号对其进行了重新阐释.

### 第八节 模态三段论系统 QLXM′

续表

|  |  | ▽◊▽ | ◊▽▽ | ▽◊◊ | ◊▽◊ | ▽□□ | □▽□ | ▽▽◊ |
|---|---|---|---|---|---|---|---|---|
| 第三格 | AAI-3 |  |  |  |  | 7cb | 7bc |  |
|  | EAO-3 |  | 9bc | 14ac | 14ac | 7cb | 15bc | 14ac |
|  | IAI-3 | 5ca |  | 15ac |  | 7cb | 7bc |  |
|  | AII-3 |  | 5ca |  | 15ca | 7cb | 14bc |  |
|  | OAO-3 | 5ca | 9bc | 14ac | 8bc | 7cb | 15ba | 14ac |
|  | EIO-3 |  | 9bc | 14ac | 14ac | 7cb | 15ba | 14ac |
| 第四格 | AAI-4 | 5ca |  | 15ac |  | 8ca | 7ba |  |
|  | AEE-4 | 6ca | 7bc | 7ac | 13ca |  | 7ba |  |
|  | IAI-4 | 5ca |  | 15ac |  | 7cb | 7ba |  |
|  | EIO-4 | 5ca | 6bc | 7ac | 7ac | 13ab | 15ba | 7ca |
|  | EAO-4 | 5ca | 6bc | 7ac | 8bc | 16cb | 15ba |  |
| 弱式三段论 | AAI-1 |  |  | 5ac |  | 15ac | 7ab | 14bc |
|  | EAO-1 |  | 6ac | 13ac | 7ac | 7ab |  |  |
|  | EAO-2 | 9ca | 6ac | 7ac | 7ac | 13ab |  | 7ac |
|  | AEO-2 | 6ca | 9ac | 7ac | 7ac |  | 14ba | 7ac |
|  | AEO-4 | 6ca |  | 7ac | 16ac |  | 7ba |  |

**定理 8.16** (可证实的 ▽◊▽ 式和 ◊▽▽ 式模态三段论) 表 24 中没有标记的空白单元格所对应的如下 13 个 ▽◊▽ 式和 ◊▽▽ 式模态三段论是可以证实的合式公式。

▽A◊I▽I-1    ▽E◊I▽O-1    ▽A◊I▽I-3    ▽A◊A▽I-3

▽E◊I▽O-3    ▽E◊A▽O-3    ▽A◊A▽I-1    ▽E◊A▽O-1

◊I▽A▽I-3    ◊I▽A▽I-4    ◊I▽A▽I-4    ◊A▽A▽I-4

◊A▽E▽O-4

**证明**　(1) ⊢ ▽all$(b,c)$→ (◊some$(a,b)$→ ▽some$(a,c)$)

即 ▽A◊I▽I-1, (根据 A29);

(2) ⊢ ▽no$(b,c)$→ (◊some$(a,b)$→ ▽not all$(a,c)$)

即 ▽E◊I▽O-1, (根据 (1)、CC、AS 和 CW);

(3) ⊢ ▽all$(b,c)$→ (◊some$(b,a)$→ ▽some$(a,c)$)

即 ▽A◊I▽I-3, (根据 (1)、Ap-con 和 AS);

(4) ⊢ ▽all$(b,c)$→ (◊all$(b,a)$→ ▽some$(a,c)$)

即 ▽A◊A▽I-3, (根据 (3)、Ap-con 和 AS);

(5) ⊢ ▽no$(b,c)$→ (◊some$(b,a)$→ ▽not all$(a,c)$)

即 $\triangledown E \lozenge I \triangledown O$-3，(根据 (3)、CC、AS 和 CW)；

(6) $\vdash \triangledown no(b,c) \rightarrow (\lozenge all(b,a) \rightarrow \triangledown not\ all(a,c))$

即 $\triangledown E \lozenge A \triangledown O$-3，(根据 (4)、CC、AS 和 CW)；

(7) $\vdash \triangledown all(b,c) \rightarrow (\lozenge all(a,b) \rightarrow \triangledown some(a,c))$

即 $\triangledown A \lozenge A \triangledown I$-1，(根据 (1)、Ap-sub-a 和 AS)；

(8) $\vdash \triangledown no(b,c) \rightarrow (\lozenge all(a,b) \rightarrow \triangledown not\ all(a,c))$

即 $\triangledown E \lozenge A \triangledown O$-1，(根据 (7)、CC、AS 和 CW)；

(9) $\vdash \lozenge some(b,c) \rightarrow (\triangledown all(b,a) \rightarrow \triangledown some(a,c))$

即 $\lozenge I \triangledown A \triangledown I$-3，(根据 (3)、AI、Q-con 和 CW)；

(10) $\vdash \lozenge all(b,c) \rightarrow (\triangledown all(b,a) \rightarrow \triangledown some(a,c))$

即 $\lozenge A \triangledown A \triangledown I$-3，(根据 (3)、Ap-sub-a 和 AS)；

(11) $\vdash \lozenge some(c,b) \rightarrow (\triangledown all(b,a) \rightarrow \triangledown some(a,c))$

即 $\lozenge I \triangledown A \triangledown I$-4，(根据(1)、AI、Q-con、CW 和 US)；

(12) $\vdash \lozenge all(c,b) \rightarrow (\triangledown all(b,a) \rightarrow \triangledown some(a,c))$

即 $\lozenge A \triangledown A \triangledown I$-4，(根据 (11)、Ap-sub-a 和 AS)；

(13) $\vdash \lozenge all(c,b) \rightarrow (\triangledown no(b,a) \rightarrow \triangledown not\ all(a,c))$

即 $\lozenge A \triangledown E \triangledown O$-4，(根据 (12)、CC、AS 和 CW)。

证毕。

**定理 8.17** (可证实的 $\triangledown \lozenge \lozenge$ 式和 $\lozenge \triangledown \lozenge$ 式模态三段论) 表 24 中没有标记的空白单元格所对应的如下 8 个 $\triangledown \lozenge \lozenge$ 式和 $\lozenge \triangledown \lozenge$ 式模态三段论是可以证实的命题。

$\triangledown A \lozenge I \lozenge I$-1      $\triangledown A \lozenge A \lozenge I$-3      $\triangledown A \lozenge I \lozenge I$-3      $\triangledown A \lozenge A \lozenge I$-1

$\lozenge A \triangledown A \lozenge I$-3      $\lozenge I \triangledown A \lozenge I$-3      $\lozenge A \triangledown A \lozenge I$-4      $\lozenge I \triangledown A \lozenge I$-4

**证明** 使用定理 8.16 和 Q-sub-o 可证。

**定理 8.18** (可证实的 $\triangledown \square \square$ 式和 $\square \triangledown \square$ 式模态三段论) 表 24 中没有标记的空白单元格所对应的如下 8 个 $\triangledown \square \square$ 式和 $\square \triangledown \square$ 式模态三段论是可以证实的合式公式。

$\triangledown A \square E \square E$-2      $\triangledown A \square E \square E$-4      $\triangledown A \square E \square O$-2      $\triangledown A \square E \square O$-4

$\square E \triangledown A \square E$-1      $\square E \triangledown A \square E$-2      $\square E \triangledown A \square O$-1      $\square E \triangledown A \square O$-2

**证明** 使用定理 8.17 和 RV 规则可证。

**定理 8.19** (可证实的 $\triangledown \triangledown \lozenge$ 式模态三段论) 表 24 中没有标记的空白单元格所对应的如下 13 个 $\triangledown \triangledown \lozenge$ 式模态三段论是可以证实的合式公式。

$\triangledown A \triangledown A \lozenge A$-1      $\triangledown E \triangledown A \lozenge E$-1      $\triangledown A \triangledown I \lozenge I$-1      $\triangledown A \triangledown A \lozenge I$-3

## 第八节 模态三段论系统 QLXM′

$\nabla I \nabla A \lozenge I$-3　　$\nabla A \nabla I \lozenge I$-3　　$\nabla A \nabla A \lozenge I$-4　　$\nabla A \nabla E \lozenge E$-4
$\nabla I \nabla A \lozenge I$-4　　$\nabla E \nabla A \lozenge O$-4　　$\nabla A \nabla A \lozenge I$-1　　$\nabla E \nabla A \lozenge O$-1
$\nabla A \nabla E \lozenge O$-4

**证明**　下面给出 $\nabla A \nabla E \lozenge E$-4，$\nabla E \nabla A \lozenge O$-4，$\nabla E \nabla A \lozenge O$-1 和 $\nabla A \nabla E \lozenge O$-4 的证明。其他模态三段论可以使用定理 8.6，Q-sub-o 和 CW 来证明。

(1) $\vdash \nabla no(b,c) \to (\nabla all(a,b) \to \lozenge no(a,c))$　　即 $\nabla E \nabla A \lozenge E$-1;

(2) $\vdash \nabla no(b,c) \to (\nabla all(a,b) \to \lozenge \text{not all}(a,c))$
　　　　　　　　即 $\nabla E \nabla A \lozenge O$-1，(根据 (1)、Ap-sub-a 和 CW)；

(3) $\vdash \nabla all(c,b) \to (\nabla all(b,a) \to \lozenge no(a,c))$
　　　　　即 $\nabla A \nabla E \lozenge E$-4，(根据 (1)、AI、Ap-con、CW 和 US)；

(4) $\vdash \nabla all(c,b) \to (\nabla all(b,a) \to \lozenge \text{not all}(a,c))$
　　　　　　　　即 $\nabla A \nabla E \lozenge O$-4，(根据 (3)、Ap-sub-a 和 CW)；

(5) $\vdash \nabla no(c,b) \to (\nabla all(b,a) \to \lozenge \text{not all}(a,c))$
　　　　　　　即 $\nabla E \nabla A \lozenge O$-4，(根据 (4)、CC 和 AS)。

证毕。

Q-模型 $\acute{M}_{12}$ 如表 25 所示，对于每个 $x$ 和 $y$，$^+(x) \not\subseteq {}^+(y)$，所以 $\acute{M}_{12}$ 满足 BQ3 和 BQ5。对于每个 $x$ 和 $y$，$^+(x) \not\subseteq {}^-(y)$，所以 $\acute{M}_{12}$ 满足 BQ4。假设 $^+(y) \subseteq q(z)$，那么 $y = b$ 且 $z = c$，所以 $\acute{M}_{12}$ 满足 BQ6。对于每个 $x$，$^+(x) \circ q(b)$ 或 $q(x) \circ {}^+(b)$，所以 $\acute{M}_{12}$ 满足 BQ7。如果 $^+(c) \subseteq z$，那么 $z = c$。又因为 $n^+(b)$ 与 $n^-(c)$ 不相交，所以 $\acute{M}_{12}$ 满足 BQ8。

表 25　模型 $\acute{M}_{12}$

|   | $n^+$ | $q^+$ | $n^-$ | $q^-$ |
| --- | --- | --- | --- | --- |
| a | 1 | 2 | 3 | 4 |
| b | 3 | 4 | 2 | 1 |
| c | 2 | 3 | 1 | 4 |

Q-模型 $\acute{M}_{13}$ 如表 26 所示。假设 $^+(y) \subseteq n^+(z)$，那么 $y = a$ 且 $z = c$；如果 $^+(x) \circ {}^+(a)$，那么 $x = a$ 或 $c$，又因为 $n^+(a) \circ n^+(c)$，所以 $\acute{M}_{13}$ 满足 BQ3。因为 $n^-(c) = \varnothing$，所以 $\acute{M}_{13}$ 满足 BQ5。对于每个 $x$ 和 $y$，$^+(x) \not\subseteq n^-(y)$，所以 $\acute{M}_{13}$ 满足 BQ4。假设 $^+(y) \subseteq q(z)$，那么 $y = b$ 且 $z = c$，所以 $\acute{M}_{13}$ 满足 BQ6。对于所有 $x$，$^+(c) \circ q(x)$，所以 $\acute{M}_{13}$ 满足 BQ7。因为 $n^-(z) = \varnothing$，$\acute{M}_{13}$ 满足 BQ8。

表 26　模型 $\acute{M}_{13}$

|   | $n^+$ | $q^+$ | $n^-$ | $q^-$ |
|---|---|---|---|---|
| a | 1 | 2 | 3 | 4 |
| b | 4 | 3 | 2 | 1 |
| c | 1, 2 | 3 |  | 4 |

Q-模型 $\acute{M}_{14}$ 如表 27 所示。对于每个 x 和 y，如果 $^+(x) \subseteq n^+(y)$，那么 $x = a$ 且 $y = c$。如果 $^+(x) \circ ^+(a)$，那么 $n^+(x) \circ n^+(c)$，所以 $\acute{M}_{14}$ 满足 BQ3。对于每个 x 和 y，$^+(x) \not\subseteq n^-(y)$，所以 $\acute{M}_{14}$ 满足 BQ4。因为 $n^-(c) = \varnothing$，所以 $\acute{M}_{14}$ 满足 BQ5。对于每个 x 和 y，如果 $^+(x) \subseteq q(y)$，那么 $y = a$ 或 c，所以 $\acute{M}_{14}$ 满足 BQ6。对于每个 z，$z \circ q(a)$ 或 $q(z) \circ ^+ (a)$，且对于每个 z，$z \circ q(c)$ 或 $q(z) \circ ^+(c)$，所以 $\acute{M}_{14}$ 满足 BQ7。对于每个 z，如果 $^+(a) \subseteq ^+(z)$ 那么 $z = a$，且对于每个 z，如果 $^+(c) \subseteq ^+ (z)$，那么 $z = c$，又因为 $n^-(a) = \varnothing$，所以 $\acute{M}_{14}$ 满足 BQ8。

表 27　模型 $\acute{M}_{14}$

|   | $n^+$ | $q^+$ | $n^-$ | $q^-$ |
|---|---|---|---|---|
| a | 1 | 2 |  | 3, 4 |
| b | 3 | 4 | 1 | 2 |
| c | 1, 2 | 4 |  | 3 |

Q-模型 $\acute{M}_{15}$ 如表 28 所示。因为 $\acute{M}_{15}$ 满足 BT3，所以 $\acute{M}_{15}$ 满足 BQ3 和 BQ4。因为 $\acute{M}_{15}$ 满足 BT5，所以 $\acute{M}_{15}$ 满足 BQ5。假设 $^+(y) \subseteq q(z)$，那么 $z = b$，所以 $\acute{M}_{15}$ 满足 BQ6。对于所有 x，$x \circ q(b)$，所以 $\acute{M}_{15}$ 满足 BQ7。如果 $^+(b) \subseteq ^+ (x)$，那么 $x = b$；又因为 $n^-(b) = \varnothing$，所以 $\acute{M}_{15}$ 满足 BQ8。

表 28　模型 $\acute{M}_{15}$

|   | $n^+$ | $q^+$ | $n^-$ | $q^-$ |
|---|---|---|---|---|
| a | 1 |  | 2, 3 | 4 |
| b | 4 | 3 |  | 1, 2 |
| c | 2 |  | 1, 4 | 3 |

Q-模型 $\acute{M}_{16}$ 如表 29 所示。假设 $^+(y) \subseteq n^+(z)$，那么 $z = c$；因为对于所有 x，$n^+(x) \circ n^+(c)$，所以 $\acute{M}_{16}$ 满足 BQ3。因为 $n^-(c) = \varnothing$，所以 $\acute{M}_{16}$ 满足 BQ5。因为对于所有 x 和 y，$^+(x) \not\subseteq n^-(y)$，所以 $\acute{M}_{16}$ 满足 BQ4。假设 $^+(y) \subseteq q(z)$，那么 $y = b$ 且 $z = a$，故 $\acute{M}_{16}$ 满足 BQ6。对于所有 x，$x \circ q(a)$，所以满足 BQ7。对于所有 x，$n^-(x) = \varnothing$，所以 $\acute{M}_{16}$ 满足 BQ8。

表 29[①]　　模型 $\dot{M}_{16}$

|   | $n^+$ | $q^+$ | $n^-$ | $q^-$ |
|---|---|---|---|---|
| a | 1 | 2 |   | 3 |
| b | 2 | 3 |   | 1 |
| c | 1, 2 |   |   | 3 |

需要注意的是：除了 ▽□◊ 式和 □▽◊ 式三段论之外的所有模态三段论的可接受性，可以由涉及 ◊□◊ 式和 □◊◊ 式模态三段论的可接受性而得到。

## 第九节　QLXM′ 系统的亚里士多德特征

表 16 中的 154 种第一、二、三格三段论中，有 13 种是 Q-有效的，但是亚里士多德却认为它们是无效的；而且有 9 种三段论是 Q-无效，但是亚里士多德却认为它们是有效的，所以 QLXM′ 系统具有大约 86% 的亚里士多德特征。在这 22 种具有不同有效性的三段论中，有 17 种是因为涉及使用 "逆转"(reversal) 而导致的错误，这些错误在表 15 中通过从 1 到 17 的数对来表示。例如，▽AA◊A-1 和 ▽A□OO-2 用 "1" 标记，表明通过 "逆转" 可能使两者都有效或者都无效，但是亚里士多德仅仅认为 ▽AA◊A-1 有效；▽E□I◊O-4 和 □A▽E◊E-2 用 "17" 标记，表明通过 "逆转" 可能使两者都有效或无效，而亚里士多德仅仅认为 ▽E□I◊O-4 有效。

所以在此需要考虑剩下的五种具有不同有效性的三段论：

(1) A▽I▽I-3：亚里士多德认为可使用 I▽A▽I-3 证明其有效性；

(2) □A▽A▽I-3：亚里士多德认为可使用 A▽A▽I-3 证明其有效性；

(3) EI▽O-2：亚里士多德认为可使用 ◊EI◊O-2 证明其有效性[②]，通过 "逆转"，根据 I□A□I-3 可得 ◊EI◊O-2 的有效性；

(4) ▽E□AE-1：亚里士多德认为可使用 "逆转" 和 ▽EE◊O-2 证明其有效性；

(5) E▽A◊O-3：因为亚里士多德认为 E▽I◊O-1 有效，所以 E▽A◊O-3 有效。

如果我们的兴趣在于 "构造不具有非亚里士多德特征的形式系统"，可以参考 McCall(1963) 在 Q-L-X-M 系统给出的定理 7.2，为此，需要视 E▽I◊O-1 是 Q-无效的模态三段论。

---

① 表 29 来自 Johnson(2004) 第 299 页。

② McCall S. Aristotle's Modal Syllogisms, Studies in Logic and the Foundations of Mathematics. Amsterdam: North-Holland, 1963: 93.

## 第十节　两前提 Q-有效三段论总览

在表 14 中带有标记的 333 个三段论是在 Q-有效的带有两前提必然三段论，在这些三段论中其前提或者结论都不是偶然性合式公式。在表 16 和表 24 中的一些 Q-有效的带有两前提三段论则包含偶然性合式公式。总的来说，需要考虑互补换位 (complementary conversion)。例如，因为 $\nabla A\nabla A\nabla A$-1 是 Q-有效的，所以通过互补换位可得，$\nabla A\nabla E\nabla A$-1(即 $\nabla \text{all}(b,c) \to (\nabla \text{no}(a,b) \to \nabla \text{all}(a,c))$) 是 Q-有效的。本节将计算所有带有两前提的 Q-有效三段论的个数①。

本节记法说明：为了简便起见，在计算有效三段论的个数时，将使用 "[A]" 表示：此三段论的前提或结论是全称合式公式 A 或者 E。类似地，将使用 "[I]" 表示：此三段论的前提或者结论是特称合式公式 I 或 O。所以，当我们说 "第一格三段论 $\nabla\nabla[A][A][A]$ 有效" 时，其实，是指如下 8 个第一格 $\nabla\nabla\nabla$ 式三段论有效：$\nabla A\nabla A\nabla A$-1，$\nabla A\nabla A\nabla E$-1，$\nabla A\nabla E\nabla A$-1，$\nabla A\nabla E\nabla E$-1，$\nabla E\nabla A\nabla A$-1，$\nabla E\nabla A\nabla E$-1，$\nabla E\nabla E\nabla A$-1，$\nabla E\nabla E\nabla E$-1)。当我们说 "第一格 $\nabla X\nabla[A]I[I]$ 有效" 时其实是指如下 4 个第一格 $\nabla X\nabla$ 式三段论有效：$\nabla A I\nabla I$-1，$\nabla A I\nabla O$-1，$\nabla E I\nabla I$-1，$\nabla E I\nabla O$-1。

(1) Q-有效的 $\nabla\nabla\nabla$ 式模态三段论有如下 64 个：

$\nabla[A]\nabla[A]\nabla[A]$-1　　$\nabla[A]\nabla[I]\nabla[I]$-1　　$\nabla[A]\nabla[A]\nabla[I]$-1

$\nabla[A]\nabla[A]\nabla[I]$-3　　$\nabla[I]\nabla[A]\nabla[I]$-3　　$\nabla[A]\nabla[I]\nabla[I]$-3

$\nabla[A]\nabla[A]\nabla[I]$-4　　$\nabla[I]\nabla[A]\nabla[I]$-4

(2) Q-有效的 $\nabla X\nabla$ 式和 $\nabla\Box\nabla$ 式模态三段论有如下 40 个：

$\nabla[A]A\nabla[A]$-1　　$\nabla[A]I\nabla[I]$-1　　$\nabla[A]A\nabla[A]$-1

$\nabla[A]A\nabla[A]$-3　　$\nabla[A]I\nabla[I]$-3　　$\nabla[A]\Box A\nabla[A]$-1

$\nabla[A]\Box I\nabla[I]$-1　　$\nabla[A]\Box A\nabla[A]$-1　　$\nabla[A]\Box A\nabla[A]$-3

$\nabla[A]\Box I\nabla[I]$-3

(3) Q-有效的 $X\nabla\nabla$ 式和 $\Box\nabla\nabla$ 式模态三段论有如下 32 个：

$A\nabla[A]\nabla[I]$-3　　$I\nabla[A]\nabla[I]$-3　　$A\nabla[A]\nabla[I]$-4

$I\nabla[A]\nabla[I]$-4　　$\Box A\nabla[A]\nabla[I]$-3　　$\Box I\nabla[A]\nabla[I]$-3

$\Box A\nabla[A]\nabla[I]$-4　　$\Box I\nabla[A]\nabla[I]$-4

(4) Q-有效的 $\nabla X\Diamond$ 式模态三段论有如下 34 个：

---

① Johnson F. Aristotle's Modal Syllogisms//Gabbay D M, Woods J. ed. Handbook of the History of Logic, vol. I. Amsterdam: Elsevier, 2004: 303-305.

∇[A]A◊A-1   ∇[A]A◊E-1   ∇[A]I◊I-1
∇[A]I◊O-1   ∇[A]A◊I-1   ∇[A]A◊O-1
∇[A]I◊O-2   ∇[A]A◊O-2   ∇[A]A◊I-3
∇[A]A◊O-3   ∇[I]A◊I-3   ∇[A]I◊I-3
∇[A]I◊O-3   ∇[A]A◊I-4   ∇[I]A◊I-4
∇[A]I◊O-4   ∇[A]A◊O-4

(5) Q-有效的 X∇◊ 式模态三段论有如下 20 个：

A∇[A]◊A-1   A∇[A]◊I-1   A∇[A]◊I-3
I∇[A]◊I-3   A∇[I]◊I-3   A∇[A]◊I-4
A∇[A]◊E-4   I∇[A]◊I-4   A∇[A]◊O-4

(6) Q-有效的 ∇□X 式模态三段论有如下 24 个：

∇[A]□AE-1   ∇[A]□AO-1   ∇[A]□AE-2
∇[A]□EE-2   ∇[A]□IO-2   ∇[A]□OO-2
∇[A]□AO-2   ∇[A]□EO-2   ∇[A]□EE-4
∇[A]□IO-4   ∇[A]□AO-4   ∇[A]□EO-4

(7) Q-有效的 □∇X 式模态三段论有如下 30 个：

□E∇[A]E-1   □E∇[I]O-1   □E∇[A]O-1
□E∇[A]E-2   □A∇[A]E-2   □E∇[I]O-2
□E∇[A]O-2   □A∇[A]O-2   □E∇[A]O-3
□O∇[A]O-3   □E∇[I]O-3   □A∇[A]E-4
□E∇[I]O-4   □E∇[A]O-4   □A∇[A]O-4

(8) Q-有效的 ∇□◊ 式模态三段论有如下 46 个：

∇[A]□A◊A-1   ∇[A]□A◊E-1   ∇[A]□I◊I-1
∇[A]□I◊O-1   ∇[A]□A◊I-1   ∇[A]□A◊O-1
∇[A]□A◊E-2   ∇[A]□E◊E-2   ∇[A]□I◊O-2
∇[A]□O◊O2   ∇[A]□A◊O-2   ∇[A]□E◊O-2
∇[A]□A◊I-3   ∇[A]□A◊O-3   ∇[I]□A◊I-3
∇[A]□I◊I-3   ∇[A]□I◊O-3   ∇[A]□A◊I-4
∇[A]□E◊E-4   ∇[I]□A◊I-4   ∇[A]□I◊O-4
∇[A]□A◊O-4   ∇[A]□E◊O-4

(9) Q-有效的 □∇◊ 式模态三段论有如下 46 个：

□A∇[A]◊A-1   □E∇[A]◊E-1   □A∇[I]◊I-1
□E∇[I]◊O-1   □A∇[A]◊I-1   □E∇[A]◊O-1

□E∇[A]◇E-2　　　　　□A∇[A]◇E-2　　　　　□E∇[I]◇O-2
□E∇[A]◇O-2　　　　　□A∇[A]◇O-2　　　　　□A∇[A]◇I-3
□E∇[A]◇O-3　　　　　□I∇[A]◇I-3　　　　　□A∇[I]◇I-3
□O∇[A]◇O-3　　　　　□E∇[I]◇O-3　　　　　□A∇[A]◇I-4
□A∇[A]◇E-4　　　　　□I∇[A]◇I-4　　　　　□E∇[I]◇O-4
□E∇[A]◇O-4　　　　　□A∇[A]◇O-4

(10) Q-有效的 ∇◇∇ 式模态三段论有如下 16 个：
∇[A]◇I∇[I]-1　　　　∇[A]◇A∇[I]-1　　　　∇[A]◇A∇[I]-3
∇[A]◇I∇[I]-3

(11) Q-有效的 ◇∇∇ 式模态三段论有如下 16 个：
◇A∇[A]∇[I]-3　　　　◇I∇[A]∇[I]-3　　　　◇A∇[A]∇[I]-4
◇I∇[A]∇[I]-4

(12) Q-有效的 ∇◇◇ 式模态三段论有如下 8 个：
∇[A]◇I◇I-1　　　　　∇[A]◇A◇I-1　　　　　∇[A]◇A◇I-3
∇[A]◇I◇I-3

(13) Q-有效的 ◇∇◇ 式模态三段论有如下 8 个：
◇A∇[A]◇I-3　　　　　◇I∇[A]◇I-3　　　　　◇A∇[A]◇I-4
◇I∇[A]◇I-4

(14) Q-有效的 ∇□□ 式模态三段论有如下 8 个：
∇[A]□E□E-2　　　　　∇[A]□E□O-2　　　　　∇[A]□E□E-4
∇[A]□E□O-4

(15) Q-有效的 □∇□ 式模态三段论有如下 8 个：
□E∇[A]□E-1　　　　　□E∇[A]□O-1　　　　　□E∇[A]□E-2
□E∇[A]□O-2

(16) Q-有效的 ∇∇◇ 式模态三段论有如下 48 个：
∇[A]∇[A]◇A-1　　　　∇[A]∇[A]◇E-1　　　　∇[A]∇[I]◇I-1
∇[A]∇[A]◇I-1　　　　∇[A]∇[A]◇O-1　　　　∇[A]∇[A]◇I-3
∇[I]∇[A]◇I-3　　　　∇[A]∇[I]◇I-3　　　　∇[A]∇[A]◇I-4
∇[A]∇[A]◇E-4　　　　∇[I]∇[A]◇I-4　　　　∇[A]∇[A]◇O-4

在 35 种三段论一般模式里共有：(333+64+40+32+34+20+24+30+46+46+16+16+8+8+8+8+48 =)781 个 Q-有效的两前提三段论，这 35 种三段论模式分别是 □□X, □□◇, □XX, □X◇, X□X, X□◇, XXX, XX◇, □□□, □X□, X□□, X◇◇, ◇□◇, ◇X◇, X◇◇, □◇X, ◇□X, ∇∇∇, ∇X∇,

□∇∇, ∇□∇, X∇∇, ∇X◊, X∇◊, ∇□X, □∇X, ∇□◊, □∇◊, ∇◊∇, ◊∇∇, ∇◊◊, ◊∇◊, ∇□□, □∇□ 和 ∇∇◊(其中 X 是指零模态词)。

## 第十一节　QLXM′系统的扩展

对上述 QLXM′ 系统最自然的扩展是：为 $n(n \geqslant 2)$ 个前提三段论的有效性构造一个 Smiley 式的判定程序,这些三段论满足链条件。虽然 Smiley 的实然三段论对 (syllogistic pairs)(这些配对与三段论合式公式集不一致)的判定程序被解释为推理,但是这些配对 (pairing) 也可以居于合式公式集与被解释为蕴涵式的三段论之间。Smiley 式的判定程序定义了具有如下结构的 Q-不一致的集。例如,$\{P_1 all(x_1, x_2), P_2 all(x_3, x_4), \cdots, P_n all(x_{2n-1}, x_{2n}), Q' all(x_1, x_{2n})\}$,其中,① 每个 $P_i$ 是零模态词 $X(1 \leqslant i < n)$、或必然模态词 □ 或偶然模态词 ∇;② $P_n$ 是偶然模态词 ∇;③ $Q'$ 是偶然模态词 ∇ 的否定,是一个新量词。例如,根据这一判定程序可知:$\nabla all(a, b) \rightarrow (all(b, c) \rightarrow (\Box all(c, d) \rightarrow (\nabla all(d, e) \rightarrow \nabla all(a, e))))$ 是 Q-有效的[①]。

即使 Johnson(2004) 提出的 QLXM′ 系统比 McCall(1963) 提出的 Q-L-X-M 系统具有更多的亚里士多德特征,但是还是可以发展出与亚里士多德模态词理论更为一致的其他系统。例如,McCall(1963) 指出亚里士多德对 A∇A◊A-1 的有效性的辩护是有缺陷的,因此 McCall 在其 Q-L-X-M 系统中把 A∇A◊A-1 作为一个公理,这个三段论也是 QLXM′ 系统中的一个公理,删掉这个公理得到的更弱的系统的语义将会更为简单。

## 第十二节　亚里士多德模态三段论的重构

Smith(1995)[②]恰当地总结了关于亚里士多德模态三段论的研究现状:"近年来,解释家通过各种方式试图为模态三段论找到一个一致的解释,并能够保留亚里士多德的全部或几乎全部的结论。总的说来,这种努力是令人失望的。我认为:亚里士多德系统是不一致的,任何修修补补都无济于事。" 这一观点至今还盛行。

---

① Johnson F. Aristotle's Modal Syllogisms//Gabbay D M, Woods J(eds.). Handbook of the History of Logic, vol. I. Amsterdam: Elsevier, 2004: 305-306.

② Smith R. Article Logic//Barnes J(eds.). The Cambridge Companion to Aristotle. Cambridge: University Press, 1995: 45.

自 Łukasiewicz 以来，逻辑学界的一个共识就是：亚里士多德模态三段论理论之所以难以理解，是因为该理论包含了不少错误和不一致；企图为其找到一个一致的形式模型的希望渺茫。Malink(2006[①]，2013[②]) 反驳了这一共识，并试图为亚里士多德模态三段论找到一致的模型。

## 一、对亚里士多德模态三段论进行重构的必要性

虽然 Johnson(1989)[③]，Thomson(1993[④]，1997[⑤]) 等都对亚里士多德《前分析篇》中的必然三段论逻辑进行了重构，但是这些解释远远没有达到为《前分析篇》中的全部模态三段论逻辑提供一致解释的目的。

Thom(1996) 指出：亚里士多德关于模态三段论的研究中犯了多个逻辑错误。Schmidt(2000) 的研究表明：亚里士多德模态三段论逻辑涉及了不同模态命题之间的转换，从而导致得到的理论不一致。

Malink(2006) 则试图克服这些困难，并试图为亚里士多德模态三段论逻辑找到一致的形式模型，而且该模型能够准确地把握亚里士多德的模态三段论逻辑中提出的有效性、无效性和不确定性的相关论述，即对亚里士多德的模态三段论进行重构，进行重构的基础是现代模态谓词逻辑和集合论。

Malink(2006) 认为：① 亚里士多德模态三段论是一个纯粹的词项逻辑，除了三段论词项外，不需要识别个体符号之外的句法范畴；② 亚里士多德模态词在至今发展起来的谓词理论中，可以理解成词项之间的某种关系；③ 模态三段论的语义基础是属种树 (genus-species trees)；模态三段论不一致的起因不在于模态三段论自身，而在于把现代模态逻辑和外延集合论不恰当地运用到模态三段论中。

Malink(2006) 首先给出了基于谓词的模态三段论的谓词语义学，然后通过词项逻辑关系定义了三段论命题，最后对亚里士多德在模态三段论逻辑中提出的有效性、无效性和不确定性进行了重新建构。Malink(2013) 试

---

[①] Malink M. A reconstruction of Aristotle's modal syllogistic. History and Philosophy of Logic, 2006, 27: 95-141.

[②] Malink M. Aristotle's Modal Syllogistic. Cambridge, MA: Harvard University Press, 2013.

[③] Johnson F. Models for modal syllogisms. Notre Dame Journal of Formal Logic 1989, 30: 271-284.

[④] Thomson S K. Semantic analysis of the modal syllogistic. Journal of Philosophical Logic, 1993, 22: 111-128.

[⑤] Thomson S K. Relational models for the modal syllogistic. Journal of Philosophical Logic, 1997, 22: 129-141.

图为所有亚里士多德所断定的有效的和无效的模态三段论,提供一个一致的而且连贯的模型。详情可以参见 Malink(2006,2013) 的相关工作。

张晓君 (2018)①的研究表明:利用广义量词理论、可能世界语义学和集合论,可以简洁明了地对亚里士多德模态三段论进行形式化和有效性的证明。根据有效的亚里士多德模态三段论应该遵守的基本规则,可以从 6656 个亚里士多德模态三段论中,筛选出有效的 384 个模态三段论。把通过向有效的直言三段论 AAA-1 和 EAE-1 中添加模态词而得到的 20 个有效模态三段论作为基础公理,就可以为亚里士多德模态三段论逻辑建立起形式化公理系统②。

## 二、对亚里士多德模态三段论进行重构的基本思路

本课题组的研究表明:亚里士多德模态三段论可以看作是通过向直言三段论中添加一个必然模态词 □ 或一个可能模态词 ◊ 而得到的扩展三段论。利用广义量词理论③,可以对直言三段论进行形式化④、有效性⑤⑥及其公理化⑦的证明。那么,利用广义量词理论,是否可以对亚里士多德模态三段论进行形式化和有效性证明?甚至对其进行形式化公理系统的研究呢?答案是肯定的。

由于模态三段论的任一前提和结论都可以是 A,E,I,O,□A,□E,□I,□O,◊A,◊E,◊I,◊O 这 12 种命题中的任何一种命题,加之中项有 4 种不同的位置,因此自然语言中的模态三段论有 $12 \times 12 \times 12 \times 4 - 256 = 6656$ 种,其中减去的是直言三段论的个数。本节的目的就是从 6656 种模态三段论中,筛选出全部有效的模态三段论,并对其进行公理化探讨;由于张晓君 (2018) 对这些内容有过详细的研究,因此本节只给出其研究概要。

本课题组的研究表明:① 利用广义量词理论、可能世界语义学和集合

---

① 张晓君. 汉语指代消解及其推理模式研究. 北京:人民出版社,2018.
② 本节主要内容发表在张晓君,袁娇娇. 亚里士多德模态三段论逻辑的形式化公理系统探讨. 湖北科技大学学报,2019, 1: 31-37.
③ Peters S, Westerståhl. D. Quantifiers in Language and Logic. Oxford: Claredon Press, 2006.
④ 郝一江. 自然语言语篇推理的形式化探究. 湖南科技大学学报 (社会科学版),2016, 1: 33-37.
⑤ 林胜强,张晓君. 广义量词的推理模式研究. 湖南科技大学学报 (社会科学版),2014, 6: 29-33. 此文被人大复印报刊资料《逻辑》2015 年第 1 期全文转载.
⑥ 张晓君. 关于居间量词 most 的广义三段论的有效性. 湖南科技大学学报 (社会科学版),2016, 4: 27-31. 此文被人大复印报刊资料 (逻辑)2017 年第 2 期全文转载.
⑦ 张晓君,李晟. 传统三段论的形式化和公理化研究. 湖北大学学报 (哲学社会科学版),2016, 6: 32-38.

论，可以简洁明了地对模态三段论进行形式化和有效性的证明；② 根据有效的模态三段论应该遵守的基本规则，可以从 6656 个模态三段论中，筛选出全部有效的 384 个模态三段论；③ 把由第一格 AAA 式和第一格 EAE 式的直言三段论，通过添加模态词而形成的 20 个有效模态三段论作为基础公理，可以推导出另外 364 个有效的模态三段论，从而完成对模态三段论逻辑建立起形式化公理系统的任务；④ 模态三段论的形式化和有效性证明及其公理化过程，都充分表明了逻辑的结构主义特征，其研究方法具有很强的普适性；⑤ 模态三段论逻辑的形式化公理系统研究过程彰显了事物相互联系、相互转化的哲学思想。

在本节中，笔者将利用广义量词理论、可能世界语义学和集合论的相关知识，以及直言命题和直言模态命题三分结构的思想，对亚里士多德模态三段论进行重构，其研究思路是：首先在对模态三段论进行形式化的基础上，摸索出形式化地证明有效模态三段论的普适方法。其次找出有效模态三段论应该满足的基本规则，进而筛选出全部有效的模态三段论。最后进行模态三段论逻辑的形式化公理系统的探讨。

### 三、有效模态三段论形式化证明的普适方法

本课题组的研究表明：① 利用广义量词理论和集合论对模态三段论进行形式化和有效性的证明，类似于利用广义量词理论和集合论对直言三段论进行形式化及其有效性的证明[①]，只不过模态三段论的有效性证明还需要借助可能世界语义学的知识。② 如果去掉模态三段论的模态词后，其形式化和有效性的证明就坍塌成了对应的直言三段论的形式化和有效性证明。对此，我们首先考察一个模态三段论实例。

实例 1：大前提：所有动物必然要吃东西。

小前提：所有狗必然是动物。

结论：所有狗必然要吃东西。

我们应该如何对其进行形式化和有效性证明呢？为此，在本节中规定：① S 表示主项所表示个体组成的集合，P 表示谓项所表示个体组成的集合，M 表示中项所表示个体组成的集合；② 用 all, some, no 和 not all 分别表示"所有的"、"有的"、"没有"和"并非所有"这四个亚氏量词；③ 四个直言命题 A(所有 S 都是 P)，E(所有 S 都不是 P)，I(有 S 是 P)，O(有 S 不是 P，等价于并非所有 S 都是 P) 则可分别形式化为 all(S,P)，no(S,P)，some(S,P) 和 not all(S,P)；④ "必然所有 S 是 P" 形式化为 □all(S,P)(简记为 □A)；"可

---

[①] 张晓君. 广义量词理论研究. 厦门：厦门大学出版社，2014: 155-165.

## 第十二节 亚里士多德模态三段论的重构

能有 S 不是 P" 等价于"可能并非所有 S 都是 P",形式化为 ◇not all(S, P)(简记为 ◇O);⑤ 第一格 AAA 式的直言三段论用 AAA-1 表示;⑥ 模态三段论的格与式的定义与直言三段论的格与式的定义类似,比如,□E□A◇O-3 表示第三格 □E□A◇O 式模态三段论。其他与此类似。

根据广义量词理论①和集合论的知识,可以给出亚氏量词如下真值定义。

**定义 12.1** 亚氏量词的真值定义:
(1) all(S, P) ⇔ S ⊆ P;      (2) some(S, P) ⇔ S ∩ P ≠ ∅;
(3) no(S, P) ⇔ S ∩ P = ∅;   (4) not all(S, P) ⇔ S − P ≠ ∅.

根据模态逻辑知识,可以给出直言模态命题如下真值定义.

**定义 12.2** 直言模态命题的真值定义:
(1) □all(S, P) 成立,当且仅当,在任意可能世界 α 中,all(S, P) 为真。
(2) ◇all(S, P) 成立,当且仅当,至少存在一个可能世界 α,使得 all(S, P) 为真。
(3) □some(S, P) 成立,当且仅当,在任意可能世界 α 中,some(S, P) 为真。
(4) ◇some(S, P) 成立,当且仅当,至少存在一个可能世界 α,使得 some(S, P) 为真。
(5) □no(S, P) 成立,当且仅当,在任意可能世界 α 中,no(S, P) 为真。
(6) ◇no(S, P) 成立,当且仅当,至少存在一个可能世界 α,使得 no(S, P) 为真。
(7) □not all(S, P) 成立,当且仅当,在任意可能世界 α 中,not all(S, P) 为真。
(8) ◇not all(S, P) 成立,当且仅当,至少存在一个可能世界 α,使得 not all(S, P) 为真。

在模态三段论实例 1 中,如果令大项 P 表示论域中所有要吃东西的个体组成的集合,中项 M 表示论域中所有动物组成的集合,小项 S 表示论域中所有狗组成的集合,那么,实例 1 可形式化为:□all(M, P)∧□all(S, M) ⇒ □all(S, P)。由于它是第一格的三段论,并且涉及三个必然全称肯定命题 □A,因此简写为 □A□A□A-1。

**事实 12.1** (□A□A□A-1)  模态三段论模式 □all(M, P)∧□all(S, M) ⇒

---

① Peters S, Westerståhl D. Quantifiers in Language and Logic. Oxford: Claredon Press, 2006.

□all(S, P) 是有效的。

**证明** 假设两个前提 □all(M, P) 与 □all(S, M) 成立，那么根据定义 12.2 的 (1) 可知：□all(M, P) 成立，当且仅当，在任意可能世界 α 中，all(M, P) 成立；而且 □all(S, M) 成立，当且仅当，在任意可能世界 β 中，all(S, M) 成立。由于这里的 α 和 β 都是任意的可能世界，我们不妨取 α = β，即：在任意可能世界 α 中，all(M, P) 和 all(S, M) 都成立。根据定义 12.1 的 (1) 可知：all(M, P) ⇔ M ⊆ P 且 all(S, M) ⇔ S ⊆ M。即：M ⊆ P 且 S ⊆ M，因此 S⊂P，再次根据定义 12.1 的 (1) 可知：在任意可能世界 α 中，all(S, P) 成立。最后根据定义 12.2 的 (1) 可知：□all(S, P) 成立。证毕。

根据事实 12.1，可直接得到下面的推论。

**推论 12.1** 下面 5 个模态三段论模式都是有效的：

(1) (□A□A□I-1)：□all(M, P) ∧ □all(S, M) ⇒ □some(S, P)；

(2) (□A□AA-1)：□all(M, P) ∧ □all(S, M) ⇒ all(S, P)；

(3) (□A□AI-1)：□all(M, P) ∧ □all(S, M) ⇒ some(S, P)；

(4) (□A□A◊A-1)：□all(M, P) ∧ □all(S, M) ⇒ ◊all(S, P)；

(5) (□A□A◊I-1)：□all(M, P) ∧ □all(S, M) ⇒ ◊some(S, P).

**证明** (1) 由于必然全称命题蕴涵必然特称命题，有：□all(S, P) ⇒ □some(S, P)，再根据事实 12.1，可证得推论 12.1 的 (1)。(2) 由于必然命题蕴涵实然命题，有：□all(S, P) ⇒ all(S, P)，再根据事实 12.1，可证得推论 12.1 的 (2)。(3) 由于全称命题蕴涵特称命题，有：all(S, P) ⇒ some(S, P)，再根据推论 12.1 的 (2)，可证得推论 12.1 的 (3)。(4) 由于必然命题蕴涵可能命题，有：□all(S, P) ⇒ ◊all(S, P)，再根据事实 12.1，可证得推论 12.1 的 (4)。(5) 由于可能全称命题蕴涵可能特称命题，有：◊all(S, P) ⇒ ◊some(S, P)，再根据推论 12.1 的 (4)，可证得推论 12.1 的 (5)。证毕。

下面我们再来考察另一个模态三段论实例。

实例 2：大前提：并非所有的鸟都必然会飞。

小前提：所有的鸟可能都是有羽毛的动物。

结论：并非所有有羽毛的动物都可能会飞。

在实例 2 中，如果令大项 P 表示论域中所有会飞的个体组成的集合，中项 M 表示论域中所有鸟组成的集合，小项 S 表示论域中所有由羽毛的动物组成的集合，那么，模态三段论实例 2 可形式化为：□not all(M, P) ∧ ◊all(M, S) ⇒ ◊not all(S, P)。

**事实 12.2 (□O◊A◊O-3)** 模态三段论模式 □not all(M, P)∧◊all(M, S)

$\Rightarrow \Diamond \text{not all}(S,P)$ 有效。

**证明** 假设两个前提 $\Box \text{not all}(M,P)$ 与 $\Diamond \text{all}(M,S)$ 成立,那么根据定义 12.2 的 (7) 可知:$\Box \text{not all}(M,P)$ 成立,当且仅当,在任意可能世界 $\alpha$ 中,$\text{not all}(M,P)$ 成立;根据定义 12.1 的 (2) 可知:$\Diamond \text{all}(M,S)$ 成立,当且仅当,至少存在一个可能世界 $\beta$,使得 $\text{all}(M,S)$。由于这里的 $\alpha$ 是任意的可能世界,因此,至少存在一个可能世界 $\beta$,使得 $\text{not all}(M,P)$ 和 $\text{all}(M,S)$ 都成立。分别根据定义 12.1 的 (4) 和 (1) 可知:$\text{not all}(M,P) \Leftrightarrow M-P \neq \varnothing$ 且 $\text{all}(M,S) \Leftrightarrow M \subseteq S$,即有:$M-P \neq \varnothing$ 且 $M \subseteq S$,因此,$S-P \neq \varnothing$。再次根据定义 12.1 的 (4) 可知:$\text{not all}(S,P)$ 成立。可见:至少存在一个可能世界 $\beta$,使得 $\text{not all}(S,P)$ 成立。再次根据定义 12.2 的 (8) 可知:$\Diamond \text{not all}(S,P)$ 成立。证毕。

由此可见,通过借助可能世界语义学、直言命题和直言模态命题的三分结构、广义量词理论对亚氏量词的真值定义,可以成功简明地证明有效的模态三段论,这一方法具有普适性。笔者利用类似的方法(包括利用 some 和 no 的对称性),成功地证明了 169 个有效的模态三段论,详情可参见文献(张晓君,2018)[①]。

**四、有效的模态三段论应该遵守的基本规则**

虽然本节对模态三段论的证明简洁明了,但是要想利用这种方法筛选出全部有效的模态三段论,则容易重复或遗漏。要想不重不漏地从 6656 种模态三段论中,筛选出全部有效的模态三段论,需要另辟蹊径。直言三段论是通过制订有效直言三段论应该满足的基本规则,达到了从 256 种直言三段论中筛选出全部 24 个有效三段论的目的,那么是否可以通过制订有效模态三段论应该满足的基本规则,来达到不重不漏地筛选出全部有效的模态三段论的目的呢?答案是肯定的。

仔细观察本课题组证明过的 169 个有效的模态三段论就会发现:有效的模态三段论去掉所有的模态词之后,得到的直言三段论也是有效的。比如,□E□AE-1 有效,去掉所有模态词后得到的 EAE-1 也是有效的。可见:有效的模态三段论无非是在 24 种有效的直言三段论的基础上,添加模态词而得到的。因此,有效的模态三段论除了要满足直言三段论的所有基本规则外,还必须满足模态三段论的特殊规则,即有效的模态三段论必须满足以下 7 条规则:

---

[①] 张晓君. 汉语指代消解及其推理模式研究. 北京:人民出版社,2018: 258-285.

**规则 1** 模态三段论去掉所有模态词后得到的直言三段论,必须满足"中项至少周延一次"。

**规则 2** 模态三段论去掉所有模态词后得到的直言三段论,必须满足"前提中不周延的项,在结论中也不得周延"。

**规则 3** 前提和结论中否定命题个数相等。

**规则 4** 前提中至少包含一个全称命题。

**规则 5** 如果前提之一是特称命题,则结论也必须是特称命题。

**规则 6** 两个前提中只要其中之一是可能性命题,就不能够推出必然性或实然性结论。

**规则 7** 两个实然性前提,不能够推出必然性结论。但是一个必然前提和实然性前提,可能推出必然性结论 (对此有质疑者,请参见文献 (张家龙, 1996)[①])。

模态三段论只有全部满足以上七条规则,才是有效的。如果违反其中任何一条规则,都是无效的。而其中前五条规则也是有效的直言三段论必须满足的规则,因此,在 24 种有效的直言三段论的基础上,通过添加模态词的方法来筛选有效的模态三段论,则只需要检验是否满足最后两条规则就可以了,如果都满足,则是有效的,否则就是无效的。这样处理就可以大大提高我们从 6656 种模态三段论中不重不漏地筛选出全部有效的模态三段论的效率。

### 五、有效模态三段论的筛选方法

现在笔者试图在 24 种有效的直言三段论 (满足前 5 条规则) 的基础上,通过添加模态词的方法,找出由此可以形成的所有可能的模态三段论,并利用规则 6 和规则 7 来淘汰掉其中无效的模态三段论,剩下的就是有效的模态三段论。

以第一格模态三段论为例。第一格有效的模态三段论是在直言三段论 AAA-1,AAI-1,AII-1,EAE-1,EAO-1 和 EIO-1 的基础上添加模态词得到的。对所有有效的直言三段论而言,在两个前提和结论中的每一个命题均可以添加模态词 □ 或 ◇,添加后的模态三段论总共含有的模态词数量有三种可能:只一个模态词、含有两个模态词、含有三个模态词。

限于篇幅原因,下面仅仅给出通过 AAA-1 添加模态词得到的有效的模态三段论:

---

① 张家龙. 亚里士多德的必然三段论. 湖北大学学报 (哲学社会科学版), 1996, 3: 34-35.

(1) 在直言三段论 AAA-1 中添加模态词 □ 或 ◊，而得到的含有三个模态词的模态三段论有 2+2×2+2 = 8 种情况：[1] □A□A□A-1，[2] ◊A◊A◊A-1，[3] □A□A◊A-1，[4] □A◊A□A-1，[5] ◊A□A□A-1，[6] □A◊A◊A-1，[7] ◊A□A◊A-1，[8] ◊A◊A□A-1。其中的 [4]，[5] 和 [8] 的前提之一是一个可能命题，而结论却是必然性命题，违反规则 6，都是无效的。其他 5 个模态三段论都是有效的。

(2) 在直言三段论 AAA-1 中添加模态词 □ 或 ◊，而得到的含有两个模态词的模态三段论有 2×3+2×2+2 = 12 种情况：[9] □A□AA-1，[10] □AA□A-1，[11] A□A□A-1，[12] ◊A◊AA-1，[13] ◊AA◊A-1，[14] A◊A◊A-1，[15] □A◊AA-1，[16] □AA◊A-1，[17] A□A◊A-1，[18] ◊A□AA-1，[19] ◊AA□A-1，[20] A◊A□A-1。其中的 [12]，[18]—[20] 这 4 个模态三段论的前提之一是可能性命题，而结论是实然性或必然性命题，违反规则 6，是无效的模态三段论。其他 8 个模态三段论都是有效的。

(3) 在直言三段论 AAA-1 中添加模态词 □ 或 ◊，而得到的只含有一个模态词的模态三段论有 2×3 = 6 种情况：[21] □AAA-1，[22] A□AA-1，[23] AA□A-1，[24] ◊AAA-1，[25] A◊AA-1，[26] AA◊A-1。这里的 [23] AA□A-1 是两个实然前提，蕴涵一个必然结论，违反规则 7，是无效的；而这里的 [24] 和 [25] 的前提之一是一个可能命题，而结论却是实然命题，违反规则 6，它们也是无效的。其他 3 个模态三段论是有效的。

由此可见，在直言三段论 AAA-1 中添加模态词 □ 或 ◊，而得到的模态三段论共有 8+12+6=26 种，其中有效的只有 5+8+3=16 种，无效的模态三段论有 10 种。通过其他有效的直言三段论添加模态词得到模态三段论的情况类似，因此，在 6656 个模态三段论中，有效的模态三段论的个数有：24×16 = 384 个。

## 六、模态三段论逻辑的形式化公理系统探讨

在 24 个有效的直言三段论中，张晓君和李晟 (2016)[①]利用广义量词理论，把直言三段论 AAA-1 和 EAE-1 作为基础公理，推出了另外 22 个直言三段论，完成了对直言三段论逻辑的形式化公理系统的研究。我们能否对模态三段论逻辑的形式化公理系统进行研究呢？为此，首先需要找出进行形式化公理系统研究的基础公理。既然 384 个有效的模态三段论都是在 24 个有效的直言三段论的基础上，添加模态词得到的，而直言三段论逻

---

[①] 张晓君，李晟. 传统三段论的形式化和公理化研究. 湖北大学学报 (哲学社会科学版)，2016, 6: 32-38.

辑的形式化公理系统是以直言三段论 AAA-1 和 EAE-1 作为基础公理而实现的，那么模态三段论逻辑的形式化公理系统，能否以直言三段论 AAA-1 和 EAE-1 通过添加模态词，而得到的 32 个有效的模态三段论作为基础公理而实现呢？

答案是肯定的。在这 32 个有效的模态三段论中，排除掉可以由其中的模态三段论推出的 12 个模态三段论外，如下 20 个模态三段论可以作为基础公理：

[1] □A□A□A-1　　　　[2] ◇A◇A◇A-1　　　　[3] □A◇A◇A-1
[4] ◇A□A◇A-1　　　　[5] □AA□A-1　　　　　[6] A□A□A-1
[7] ◇AA◇A-1　　　　 [8] A◇A◇A-1　　　　　[9] □A◇AA-1
[10] AA◇A-1　　　　　[11] □E□A□E-1　　　　[12] ◇E◇A◇E-1
[13] □E◇A◇E-1　　　 [14] ◇E□A◇E-1　　　　[15] □EA□E-1
[16] E□A□E-1　　　　 [17] ◇EA◇E-1　　　　　[18] E◇A◇E-1
[19] □E◇AE-1　　　　 [20] EA◇E-1

笔者的研究表明：进行公理化的过程中，除了会应用到 some 和 no 的对称性（即 some(S, P) ⇔ some(P, S) 和 no(S, P) ⇔ no(P, S))、□ 与 ◇ 可以相互定义、some 与 no 互为外否定、all 与 not all 互为外否定（即 ¬no=some 而且 ¬some=no，¬all=not all 而且 ¬not all=all）外，还会应用到如下两个命题变形规则，即

**规则 1** 从 $((p \wedge q) \to r)$ 可以推出 $((\neg r \wedge p) \to \neg q)$；

**规则 2** 从 $((p \wedge q) \to r)$ 可以推出 $((\neg r \wedge q) \to \neg p)$。

如何从作为基础公理的第一格模态三段论，推出另外的第一、二、三、四格模态三段论呢？在此，笔者各举一个较为复杂的典型例子加以说明。

**例 1**　　E□A□E-1⇒EI◇O-1.

**证明**　　对于 E□A□A□E-1，即 no(M, P)∧□all(S, M)⇒ □no(S, P)，由于 no 具有对称性，即 no(M, P)⇔no(P, M)，用 no(P, M) 代替其中的 no(M, P) 可得：no(P, M)∧□all(S, M) ⇒ □no(S, P)，根据 □no(S, P) ⇒no(S, P) 可得 no(P, M) ∧ □all(S, M) ⇒no(S, P)。根据命题变形规则 1 可知，从 $((p \wedge q) \to r)$ 可以推出 $((\neg r \wedge p) \to \neg q)$，因此：¬no(S, P)∧no(P, M) ⇒ ¬□all(S, M)，由于 □ 与 ◇ 可以相互定义，因此，¬no(S, P)∧no(P, M) ⇒ ◇¬all(S, M)。又因为 ¬no=some 而且 ¬all=not all，所以 some(S, P)∧no(P, M) ⇒ ◇not all(S, M)，通过字母易字可得：some(S, M)∧no(M, P) ⇒ ◇not all(S, P)，经过大前提前置可得：no(M, P)∧some(S, M) ⇒ ◇not

## 第十二节 亚里士多德模态三段论的重构

all(S,P)，即 EI◇O-1 有效。证毕。

**例 2** □A□A□A-1 ⇒ □A◇O◇O-2.

**证明** 对于 □A□A□A-1，即 □all(M,P)∧□all(S,M) ⇒ □all(S,P)，根据命题变形规则 1 可知，从 $((p \wedge q) \to r)$ 可以推出 $((\neg r \wedge p) \to \neg q)$，因此：¬□all(S,P)∧□all(M,P) ⇒ ¬□all(S,M)，由于 □ 与 ◇ 可以相互定义，因此，◇¬all(S,P)∧□all(M,P) ⇒ ◇¬all(S,M)。又因为 ¬all=not all，所以 ◇not all(S,P)∧□all(M,P) ⇒ ◇not all(S,M)，通过字母易字可得：◇not all(S,M)∧□all(P,M) ⇒ ◇not all(S,P)，经过大前提前置可得：□all(P,M)∧◇not all(S,M) ⇒ ◇not all(S,P)，即 □A◇O◇O-2 有效。证毕。

**例 3** ◇E□A◇E-1 ⇒ □A□A□I-3.

**证明** 对于 ◇E□A◇E-1，即 ◇no(M,P)∧□all(S,M) ⇒ ◇no(S,P)，根据 ◇no(S,P) ⇒ ◇not all(S,P) 可得：◇no(M,P)∧□all(S,M) ⇒ ◇not all(S,P)，再根据 no(M,P)⇔no(P,M) 可得：◇no(P,M)∧□all(S,M) ⇒ ◇not all(S,P)。再利用命题变形规则 2 可知，从 $((p \wedge q) \to r)$ 可以推出 $((\neg r \wedge q) \to \neg p)$，因此 ¬◇not all(S,P)∧□all(S,M) ⇒ ¬◇no(P,M)，由于 □ 与 ◇ 可以相互定义，可得：□¬not all(S,P)∧□all(S,M) ⇒ □¬no(P,M)。又因为 ¬not all=all，而且 ¬no=some，所以，□all(S,P)∧□all(S,M) ⇒ □some(P,M)。经过字母易字和大前提前置可得：□all(M,P)∧□all(M,S) ⇒ □some(S,P)，即 □A□A□I-3 有效。证毕。

**例 4** E□A□E-1 ⇒ □I□AI-4.

**证明** 根据 □E ⇒ ◇E 和 E□A□E-1 可得 E□A◇E-1，利用命题变形规则 2 对 E□A◇E-1 进行变换可得 □I□AI-3，再用 □some(P,M) 代替 □I□AI-3 前提中的 □some(M,P) 即可。证毕。

这四种类型的例子是笔者在对模态三段论逻辑进行形式化公理系统研究的过程中遇到的较为复杂的例子，大约一半的模态三段论的公理化证明则简单得多。

**例 5** 根据 ◇A ⇒ ◇I 和 □A◇AA-1 可直接推出 □A◇AI-1。

**例 6** 根据命题变形规则 1 和 ◇A□A◇A-1 可直接推出 ◇A□O◇O-2。

**例 7** 根据命题变形规则 2 和 E□A□E-1 可直接推出 □I◇AI-3。

**例 8** 根据 ◇A ⇒ ◇I 和 AA◇A-1 可得 AA◇I-1，再用 ◇some(P,S) 代替 AA◇I-1 结论中的 ◇some(S,P) 可得 AA◇I-4。

事实上，笔者用类似于例 1—例 8 的方法，已经从本节给出的 20 个模态三段论基础公理出发，推导出了另外的 325 个有效的模态三段论，详情可参见文献（张晓君，2018）①。但是，可能由于笔者思虑不周，目前还没有找到如何从这 20 个基本公理推导出另外 39 个有效的模态三段论的方法。如果解决了这一问题，那么就完成了对模态三段论逻辑的形式化公理系统研究这一艰巨复杂的任务。这有待我们继续深入研究，但愿文献（张晓君，2018）和本节的研究能起到抛砖引玉的作用。

## 第十三节　本 章 小 结

  模态三段论包括亚里士多德模态三段论和广义模态三段论，其关系和区别类似于亚氏三段论与广义三段论的区别。亚氏模态三段论可以理解为在亚氏三段论的基础上，在所涉及的亚氏量词前面添加了模态词；而广义模态三段论则可以理解为是在广义三段论的基础上，在所涉及的广义量词的前面添加了模态词。由于亚氏量词是广义量词的特例，因此亚氏三段论是广义三段论的特例，亚氏模态三段论是广义模态三段论的特例。目前国内外对模态三段论的研究主要集中在亚氏模态三段论。

  第一节梳理了国内外关于模态三段论研究现状。Smith(1995) 在对亚里士多德模态三段论的研究状况进行总结时说：虽然逻辑学家一直试图为模态三段论找到某个一致的解释，却无法保证所有（或几乎所有）的结果是一致的。Smith 的这一观点至今还仍然盛行。即便如此，Malink(2006，2013) 都试图为所有亚里士多德所断定的有效的和无效的模态三段论，提供一致的而且连贯的模型。

  第二节介绍和阐释了 Łukasiewicz 的实然三段论系统 ŁA。Łukasiewicz 认为，亚里士多德的三段论是"蕴涵系统"而非"推理系统"。

  在第二节第一部分关于实然三段论系统 ŁA 的证实中，首先给出了该系统的初始符号、形成规则、相关定义、证实公理和基本证实转换规则，然后证明了证实转换定理 Con、差等证实定理 Sub-a、减量换位证实定理 Con(pa) 和矛盾证实定理 Opp 等等。之后列出了与熟悉的两个前提三段论相对应的证实命题及其证实演绎方法表 1。

  在第二节第二部分关于实然三段论系统 ŁA 的证伪中，Łukasiewicz 认为用"初始合式公式"表达的无效的三段论，可以通过扩充他的形式实然三段论系统被证伪；这种形式的实然三段论系统是通过增加一个证伪公理和四个可以产生证伪的转换规则得到的。本节阐释了实然三段论 AEI-

---

① 张晓君. 汉语指代消解及其推理模式研究. 北京：人民出版社，2018.

## 第十三节 本章小结

1，AEO-1，AEA-1，AEE-1，EOO-2 和 EOE-2 以及 AAAA 式三段论的形式化证伪过程，并探讨了亚里士多德证伪推理方法。

总之，Łukasiewicz 的实然三段论系统ŁA 具有 100%的亚里士多德特征，即，每一个在亚里士多德系统中证明有效的 2 个前提的三段论，在Łukasiewicz 的ŁA 系统中都是有效的；所有在亚里士多德系统中证明无效的 2 个前提的三段论，在Łukasiewicz 的ŁA 系统中都会被证伪。

第三节介绍和阐释了Łukasiewicz 的模态三段论系统ŁM。该系统使用带有量词的模态命题逻辑，表述了亚里士多德关于模态三段论的研究。在ŁM 系统中，命题 $((p \rightarrow q) \rightarrow (\Diamond p \rightarrow \Diamond q))$(外延可能性定律) 和 $((p \rightarrow q) \rightarrow (\Box p \rightarrow \Box q))$(外延必然性定律) 都是重言式。McCall(1963) 指出：Łukasiewicz 利用外延必然性定律得到的结果具有高度的非亚里士多德的特征。

例如，被亚里士多德证伪的模态三段论 $\Box$AE$\Box$E-2，$\Box$AO$\Box$O-2，A$\Box$A$\Box$A-1 和 E$\Box$I$\Box$I-1，在ŁA 系统中是可以被证实。但是，McCall(1963) 对Łukasiewicz 的ŁA 系统进行扩展得到的 L-X-M 演算，却能够证伪这四个模态三段论。

第四节介绍了可以阐释亚里士多德关于模态三段论的研究的模态谓词逻辑系统。McCall(1963) 和 Johnson(2004) 一致认为：所有把亚里士多德的模态命题统一处理为一阶模态谓词逻辑中的命题的解读方式，会使得一些原本有效的亚氏模态三段论变得无效，或者使得一些原本无效的模态三段论变得有效。本节首先以 $\Box$OA$\Box$O-3 为例说明了原本无效的亚里士多德模态三段论推理是如何变成有效的；然后以 $\Box$O$\Box$A$\Box$O-3 为例说明了原本有效的亚里士多德三段论推理是如何变成无效的，并指出使用模态系统 S5 中的语义对其翻译论证却是 S5-无效。

McCall(1963) 和 Johnson(2004) 都认为：七种 Becker-类型翻译确实不能公正地判断亚里士多德的模态三段论系统。Geach(1964) 把 McCall(1963) 对 $\Box$all$(a,b)$ 和 $\Box$not all$(a,b)$ 的翻译当作一个扩充的实然三段论中的命题，进而发展出了"G-系统"。因为 G-系统的有效性问题可以被化归为实然三段论的有效性问题，常见的欧拉图可以用来判定一个推理是否有效，例如利用欧拉图可以证明 $\Box$AI$\Box$I-1、$\Box$E$\Box$A$\Box$E-2 等在 G-系统中的无效性。本节最后还使用表 5 给出了亚里士多德模态三段论系统与 G-系统的比较。

第五节中 McCall 认为：Geach 的 G-系统和Łukasiewicz 的ŁM 系统这两种用于理解亚里士多德的模态逻辑的方式都是不恰当的，并为此发展出了模态三段论系统 L-X-M，试图找出有效的和无效的亚里士多德模态三段论之间的细微差别。McCall 的 L-X-M 系统是在 Łukasiewicz 的实然三段论系统 ŁA 的基础上，增加了一些初始符号、形成规则、定义、证实公理、证实转换规则、证伪公理和证伪转换规则而得到的。

第五节第一部分研究了 L-X-M 系统中的证实。L-X-M 系统可以像 Łukasiewicz 对 ŁA 系统所进行的讨论那样，通过证明各种直接推理对系统进行讨论。McCall(1963) 证明了 L-X-M 系统绝对真的矛盾关系定理 Ap-opp、绝对真的换位关系定理 Ap-con、绝对真的差等关系定理 Ap-sub-a、绝对真的偶然换位关系定理、从属关系定理 Sub-o，进而证明了 (23+24+46)93 个可以证实的合式公式。

第五节第二部分研究了 L-X-M 系统中的证伪，为了对表 4 中没有标记为 "V" 的模态三段论和其他无效模态三段论进行证伪的推导，McCall 在 Łukasewicz 的模态三段论系统 ŁA 证伪公理列表中增加了 12 个证伪公理。

第五节第三部分研究了模态三段论系统 L-X-M 的语义。Johnson(1989) 给出了 McCall 模态三段论系统 L-X-M 的语义。有效性是通过使用模型来定义的，在 L-X-M 系统中被证实的合式公式是有效的 (即 L-X-M 系统是可靠的)，被证伪的命题是无效的。因此，在 L-X-M 系统有效的合式公式是可证实的 (即 L-X-M 系统是完全的)，因为正如 McCall 所表示的那样，在 L-X-M 系统中的每一个合式公式要么被证实，要么被证伪。L-X-M 的语义扩展了将非空对象集指派给词项的实然三段论的常见语义。为了定义有效性的语义概念，模态和赋值都是相对模型而言的。本节通过表 6 为无效三段论构造了反模型。在 L-X-M 系统中，从语法上可以证实的模态三段论，就是在 L-X-M 系统中语义有效的模态三段论，反之亦然。

第五节第四部分探讨了 Thomason 模型。Thomason(1993) 定义了三个模型概念，从而获得了 McCall 的 L-X-M 演算的可靠性和完全性结果，这与 Johnson(1989) 给出的可靠性和完全性证明相比，并没有利用证伪公理和证伪规则。为了定义相对于模型的赋值和有效性的概念，Thomason 使用了与之前相同的超结构条件。Johnson(2004) 已证明：每个 Thomason 模型都是一个 Johnson 模型，但是有一些 Johnson 模型不是 Thomason 模型。

第五节第五部分研究了模态三段论系统 L-X-M 的变种。Johnson(1993, 1995) 给出了构造具有可靠性和完全性的 McCall 的 L-X-M 系统的变种，这些变种删除了条件 B2。Johnson 的这两种系统都具有 100% 的亚里士多德特征，这些系统与 McCall 系统的不同之处在于：推理中的每一行不一

## 第十三节 本章小结

定是公理，也不要求每一行最终由推理规则从公理出发推导而得。Johnson 这两个系统属于"自然演绎系统"而非"公理系统"。完全性证明假设所讨论的推理应该满足 Smiley(1994) 所谓的"链条件"，并且这些系统尝试用显示法来吻合亚里士多德的论证。

第六节阐释了链条件、相干逻辑和 AP 系统。Smiley(1973) 认为：链原则是亚里士多德试图成功完成三段论完全性证明的关键；亚里士多德的意思是：每个有效的三段论(无论有多少个前提)的证明，都可以通过一系列两个前提的三段论的证明来实现。Smiley(1994) 指出：链条件是指，一个有效论证必须是 "ac, cd, de, ef, ···, gh, hb, 因此 ab" 这样的形式；这个链条件很大程度上改变了完全性问题的特点，它排除了从无穷多个前提推出任何命题的可能性，而且当不知道如何证明一个三段论时，允许用简单的策略加以证明。亚里士多德关于链条件的内容很容易让人联想到相关性，即需要将前提和结论之间具有明显关联的含义作为演绎的前提。Smiley(1973) 通过使用链条件，为实然三段论构造了一个精巧的判定程序。Johnson(1994) 发展了亚里士多德的必然三段论，称之为 "AP 系统"，AP 系统也使用了链条件。为了给出 AP 系统的判定程序，Johnson 把 Smiley 的判定程序作为一个推论，随后给出了 "AP 有效" 的判定程序。

第七节探讨了偶然三段论。"偶然" 是指：p 意味着 "p 和非 p 都是可能的"，即 $\Diamond p \wedge \Diamond \neg p$。在这种意义上的偶然性处于必然性和不可能性之间，并与介于必然性和可能性之间的简单事实完全不同。一个命题要么是必然的，要么既不是必然的也不是不可能的(即偶然的)，要么是不可能的。偶然 $\nabla$ 的两边是必然和不可能，可能 $\Diamond$ 的一边是不可能。

第七节第一部分研究了模态三段论系统的 Q-L-X-M 形成规则和证实公理。McCall(1963) 改进 L-X-M 演算，构造了 Q-L-X-M 演算。本节给出了该系统的初始符号、形成规则、证实公理和证实转换规则后。

在第七节第二部分 Johnson(2004) 给出并证明了 Q-L-X-M 系统中的被忽略的证实命题：① $\vdash (\nabla all(b,c) \to (\Box all(a,b) \to x))$，其中 x 是任意的合式公式）；② $\vdash (\Box all(b,c) \to (\nabla all(a,b) \to x))$，其中 x 是任意的命题；③ $\nabla A \Box AA$-1，$\Box A \nabla AA$-1，$\Box A \nabla A \nabla A$-1，$\nabla AO \Diamond O$-2 和 $O \nabla A \Diamond O$-3 所表示的命题都是证实的。

第八节阐释了通过改进 Q-L-X-M 系统而得到的系统 QLXM'。McCall 的 Q-L-X-M 系统太强了。例如，它迫使我们接受 $\nabla all(b,c) \to (\Box all(a,b) \to \Box all(d,e))$，这显然不具有亚里士多德特征，而且也不满足上述链条件。为此，Johnson(2004) 建立了一个语义一致并具有最多亚里士多德特征的系统 Q-L-X-M′。

QLXM′ 系统删掉了 QLXM 系统的公理 A20(即 E∇A◊E-1)，A21(即 E∇I◊O-1) 和公理 A28(⊢ ∇not all(a, b)→ ◊not all(a, b))。QLXM′ 系统如同 Q-L-X-M 系统，没有证伪公理和证伪规则。

Johnson(2004) 首先证明了 QLXM′ 系统的偶然一般换位定理 Q-con、偶然差等定理 Q-sub-a、互补转换定理 CC、减量互补换位定理 CC(pa) 和偶然从属定理 Q-sub-o，然后证明了表 16 中没有标记的空白单元格所对应的 ∇∇ 式、∇X∇ 式、X∇∇ 式、∇□∇ 式、□∇∇ 式、∇X◊ 式、X∇◊ 式、∇□X 式、□∇X 式、∇□◊ 式、□∇◊ 式和 ∇∇◊ 式模态三段论都是可以证实的命题。

第八节第一部分给出了模态三段论系统 QLXM′ 的语义。首先给出了 Q-模型的定义、相对 Q-模型的赋值定义、相对 Q-模型的有效性定义，然后证明了该系统的可靠性。因为Łukasiewicz 的 ŁA 系统是 QLXM′ 系统的一个片段，根据 QLXM′ 系统的可靠性可知：ŁA 系统中的每个可证实的命题都是 Q-有效的。在表 5 中所有标记为可以证实的 L-X-M 三段论都是 Q-有效的，因为它们在 QLXM′ 系统中可以被证实的；而且所有在表 5 中标记为无效的三段论也是 Q-无效的。

第八节第二部分给出了证明完全性所需要的 Q-有效式。根据 QLXM′ 系统的语义，必须判断带有可能性前提的合适公式的一些三段论是否是 Q-有效的。需要特别指出的是，∇A◊I∇I-1 是 Q-有效的。为了得到 QLXM′ 系统的完全性结果，需要把 ∇A◊I∇I-1 作为公理 29，对该系统加以改进。表 24 中没有标记的空白单元格所对应的三段论具有 Q-有效性，表中单元格中的标记表明了如何为该表中具有 Q-无效性的三段论找到相对应的反模型。Johnson(2004) 证明了改进后的 QLXM′ 系统的可靠性；并证明了表 24 中没有标记的空白单元格所对应的 ∇◊∇ 式、◊∇∇ 式、∇◊◊ 式、◊∇◊ 式、∇□□ 式、□∇□ 式和 ∇∇◊ 式模态三段论都是可以证实的；并指出：除了 ∇□◊ 式和 □∇◊ 式三段论之外的所有模态三段论的可接受性，可以由涉及 ◊□◊ 式和 □◊◊ 式模态三段论的可接受性而得到。

第九节探讨了 QLXM′ 系统的亚里士多德特征。表 16 中的 154 种第一、二、三格三段论中，有 13 种是 Q-有效的，但是亚里士多德却认为它们是无效的；而且有 9 种三段论是 Q-无效，但是亚里士多德却认为它们是有效的，所以 QLXM′ 系统具有大约 86% 的亚里士多德特征。在这 22

## 第十三节 本章小结

种具有不同有效性的三段论中，有 17 种是因为涉及使用"逆转"而导致的错误。

第十节计算了所有两前提 Q-有效三段论的个数。在表 14 中带有标记的 333 个三段论是在 Q-有效的带有两前提必然三段论，在这些三段论中其前提或者结论都不是偶然性合式公式。在表 16 和表 24 中的一些 Q-有效的带有两前提三段论则包含偶然性合式公式。Johnson(2004) 指出：带有两前提的 Q-有效三段论的个数共有 781 个，Q-有效的两前提三段论，共有 35 种三段论模式，分别是 □□X，□□◇，□XX，□X◇，X□X，X□◇，XXX，XX◇，□□□，□X□，X□□，□◇◇，◇□□，◇X◇，X◇◇，□◇X，◇□X，▽▽，▽X▽，□▽▽，▽□▽，X▽▽，▽X◇，▽□X，□▽X，▽□◇，□▽◇，▽◇▽，◇▽▽，▽◇◇，◇▽◇，▽□□，□▽□ 和 ▽▽◇(其中 X 是指零模态词)。

第十一节探讨了 QLXM′ 系统的扩展。对 QLXM′ 系统最自然的扩展是：为 n(n ≥ 2) 个前提三段论的有效性构造一个 Smiley 式的判定程序，这些三段论满足链条件。虽然 Smiley 的实然三段论对 (这些配对与三段论合式公式集不一致) 的判定程序被解释为推理，但是这些配对也可以居于合式公式集与被解释为蕴涵式的三段论之间。Smiley 式的判定程序给出了 Q- 不一致的集的定义。

第十二节探讨了亚里士多德模态三段论的重构。

第十二节第一部分分析了对亚里士多德模态三段论进行重构的必要性。虽然多位学者对亚里士多德《前分析篇》中的必然三段论逻辑进行了重构，但是这些解释远远没有达到为《前分析篇》中的全部模态三段论逻辑提供一致解释的目的。Malink(2006) 认为：模态三段论的语义基础是属种树；对模态三段论进行重构的起因不在于模态三段论自身，而在于把现代模态逻辑和外延集合论不恰当地运用到模态三段论中。

Malink(2006) 首先给出了基于谓词的模态三段论的谓词语义学，然后通过词项逻辑关系定义了三段论命题，最后对亚里士多德在模态三段论逻辑中提出的有效性、无效性和不确定性进行了重新建构。Malink(2013) 试图为所有亚里士多德所断定的有效的和无效的模态三段论，提供一个一致的而且连贯的模型。

张晓君 (2018) 研究表明：利用广义量词理论、可能世界语义学和集合论，可以简洁明了地对亚里士多德模态三段论进行形式化和有效性的证明；并在探讨有效的亚里士多德模态三段论应该遵守的基本规则的基础上，试图为亚里士多德模态三段论逻辑建立起形式化公理系统。

第十二节第二部分解析了对亚里士多德模态三段论进行重构的基本思路。本课题组的研究表明：① 亚里士多德模态三段论可以看作是通过向直言三段论中添加一个必然模态词 □ 或一个可能模态词 ◇ 而得到的扩展三段论；② 利用广义量词理论，可以对直言三段论进行形式化、有效性及其公理化的证明；③ 利用广义量词理论，可以对亚里士多德模态三段论进行形式化和有效性证明，甚至对其进行形式化公理系统的研究；④ 模态三段论的形式化和有效性证明及其公理化过程，都充分表明了逻辑的结构主义特征，其研究方法具有很强的普适性；⑤ 模态三段论逻辑的形式化公理系统研究过程彰显了事物相互联系、相互转化的哲学思想。对亚里士多德模态三段论进行重构，其研究思路是：首先在对模态三段论进行形式化的基础上，摸索出形式化地证明有效模态三段论的普适方法。然后找出有效模态三段论应该满足的基本规则，进而筛选出全部有效的模态三段论。最后进行模态三段论逻辑的形式化公理系统的探讨。

第十二节第三部分研究了有效模态三段论形式化证明的普适方法。本课题组的研究表明：① 利用广义量词理论和集合论对模态三段论进行形式化和有效性的证明，类似于利用广义量词理论和集合论对直言三段论进行形式化及其有效性的证明，只不过模态三段论的有效性证明还需要借助可能世界语义学的知识；② 如果去掉模态三段论的模态词后，其形式化和有效性的证明就坍塌成了对应的直言三段论的形式化和有效性证明。并在给出了亚氏量词的真值定义、直言模态命题的真值定义之后，用两个实例和事实的证明对此加以了例示。

第十二节第四部分探讨了有效的模态三段论应该遵守的基本规则。本课题组的研究表明：有效的模态三段论去掉所有的模态词之后，得到的直言三段论也是有效的。因此，有效的模态三段论除了要满足直言三段论的所有基本规则外，还必须满足模态三段论的特殊规则。

有效的模态三段论必须满足以下 7 条规则：① 模态三段论去掉所有模态词后得到的直言三段论，必须满足"中项至少周延一次"；② 模态三段论去掉所有模态词后得到的直言三段论，必须满足"前提中不周延的项，在结论中也不得周延"；③ 前提和结论中否定命题个数相等；④ 前提中至少包含一个全称命题；⑤ 如果前提之一是特称命题，则结论也必须是特称命题；⑥ 两个前提中只要其中之一是可能性命题，就不能够推出必然性或实然性结论；⑦ 两个实然性前提，不能够推出必然性结论；但是一个必然前提和实然性前提，可能推出必然性结论。

## 第十三节 本章小结

　　模态三段论只有全部满足以上七条规则，才是有效的。如果违反其中任何一条规则，都是无效的。而其中前五条规则也是有效的直言三段论必须满足的规则，因此，在 24 种有效的直言三段论的基础上，通过添加模态词的方法来筛选有效的模态三段论，则只需要检验是否满足最后两条规则就可以了，如果都满足，则是有效的，否则就是无效的。这样处理就可以大大提高我们从 6656 种模态三段论中不重不漏地筛选出全部有效的模态三段论的效率。

　　第十二节第五部分使用例示的方法阐释了有效模态三段论的筛选方法。在有效的直言三段论 AAA-1 的基础上，通过添加模态词而得到的所有模态三段论中，通过检查是否满足有效的模态三段论的规则 6 和规则 7，从而筛选出通过 AAA-1 添加模态词得到的所有有效的模态三段论。

　　第十二节第六部分探讨了如何为模态三段论逻辑建立起形式化的公理系统。本课题组的研究表明：① 由于所有有效的模态三段论都是在 24 个有效直言三段论的基础上，添加模态词得到的；② 直言三段论逻辑的形式化公理系统是以直言三段论 AAA-1 和 EAE-1 作为基础公理而实现的；③ 模态三段论逻辑的形式化公理系统，可以通过向有效的直言三段论 AAA-1 和 EAE-1 中添加模态词，而得到的 32 个有效的模态三段论中筛选出的 20 个模态三段论作为基础公理来实现；④ 进行公理化的过程中，除了会应用到 some 和 no 的对称性外，还会用到 "从 $((p \wedge q) \to r)$ 可以推出 $((\neg r \wedge p) \to \neg q)$" 和 "从 $((p \wedge q) \to r)$ 可以推出 $((\neg r \wedge q) \to \neg p)$" 这两个命题变形规则；⑤ 举例说明了如何从作为基础公理的第一格模态三段论，推出另外的第一、二、三、四格模态三段论。

# 第四章　关系三段论的形式化研究

从 De Morgan(1847)①以来，一些学者发现：亚里士多德三段论不能证明那些涉及关系事实的特定推理（即关系三段论）的有效性，因此一些学者致力于关系三段论，例如：Merrill(1990)②对 De Morgan 工作进行了重构；Pratt-Hartmann 与 Moss(2009)③研究了六个关系三段论片段，是这一研究领域的代表作之一。

Pratt-Hartmann 与 Moss(2009) 研究了如下几个关系三段论片段：① 允许否定作用于全部名词（包括那些在语句主语中出现的名词）的关系三段论片段；② 主语名词短语可以包含一个关系从句的关系三段论片段。关系三段论逻辑是经典三段论逻辑的扩展。Pratt-Hartmann 与 Moss(2009) 还特别关注了在推理过程是否需要使用归谬法的问题，进而研究了几个关系三段论片段是否存在具有可靠性和完全性的三段论证明系统，并研究了这些关系三段论片段的计算复杂性。本章将对这一成果加以介绍和阐释。

为了便于读者阅读和理解，本章在阐释的过程中将尽量遵循前面章节的习惯，用 all 表示全称量词，some 表示特称量词，全称量化语句和特称量化语句还是分别使用 all($a,b$) 和 some($a,b$) 这样的三分结构来表示。

## 第一节　引　言

De Morgan 敏锐地发现：亚里士多德三段论无法证明涉及关系事实的大多数基本推理的有效性④，例如

$$\frac{\text{Every man is an animal}}{\text{He who kills a man kills an animal.}} \tag{1}$$

---

① De Morgan A. Formal Logic: or, the Calculus of Inference, Necessary and Probable. London: Taylor and Walton, 1874.

② Merrill D D. Augustus De Morgan and the Logic of Relations. Dordrecht, The Netherlands: Kluwer Academic Publishers, 1990.

③ Pratt-Hartmann I, Moss L S. Logics for the relational syllogistic. Review of Symbolic Logic, 2009, 2(4): 647-683.

④ De Morgan A. Formal Logic: Or, the Calculus of Inference, Necessary and Probable. London: Taylor and Walton, 1874: 114.

## 第一节 引 言

De Morgan 并不是第一个关注关系推理问题的人。例如，在 Port-Royal 逻辑[①]就对关系推理进行了处理，Port-Royal 学派对这些推理进行了一些改进，De Morgan 清楚地意识到：二元关系应该受到来自传统三段论之外的逻辑规则的支配，并首次把类似三段论的规则扩展到关系判断中[②]。虽然 De Morgan 的尝试没有问题，但是 19 世纪末兴起的谓词逻辑使得他所使用的方法显得过时，但是该方法还是为关系事实的形式化提供了具有表达力且易于理解的技术工具。

然而，从计算的观点来看，表达力是一把双刃剑：粗略地讲，一种语言的表达性越强，其计算的难度就越大。在 20 世纪末，这种权衡导致了对弱表达力的逻辑研究的复兴：确定性蕴涵的问题是 (在理想条件下) 具有低复杂度的算法可判定性问题。受到这些复杂度理论分析影响的逻辑片段 (比如：双变元片段、安保片段 (guarded fragment) 和各种量词前缀片段)，自然倾向于将它们的突出特点归功于一阶逻辑句法。当然，同样有理由考虑根据自然语言句法来定义这些逻辑。因此，或许是时候从计算性视角重新审视 De Morgan 和他同代人使用的研究方法。正如即将看到的那样，这将产生一种完全不同的三段论逻辑观点，该观点不同于某些词项逻辑的拥趸者的观点。

Pratt-Hartmann 和 Moss(2009) 研究了下述六种逻辑：

(i) 与传统三段论相对应的逻辑 S；

(ii) 通过把诸如 non-man 或 non-animal 等否定性名词对 S 进行扩张后所得到的逻辑 $S^†$；

(iii) 通过添加诸如 kill 等及物动词对 S 进行扩张后所得到的逻辑 R；

(iv) 通过同时添加上述两种结构对 S 进行扩张后所得到的逻辑 $R^†$；

(v) 通过添加包含关系从句的主语名词短语对 R 进行扩张所得到的逻辑 $R^*$；

(vi) 通过添加否定性名词对 $R^*$ 进行扩张后所得到的逻辑 $R^{*†}$。最后就是对这些逻辑存在 (或不存在) 的三段论证明系统进行研究，并特别关注是否需要用到归谬法 (reductio ad absurdum)。

Part-Hartmann 和 Moss(2009) 的研究表明：不需要采用归谬法来证明的关系三段论片段 S 和 $S^†$ 具有可靠性和完全性 (并把这类不需要采用归

---

[①] Arnauld A. Logic, or, the Art of Thinking (The Port-Royal Logic) 1662, Dickofftr J, James P. Indianapolis: Bobbs-Merrill, 1964.

[②] De Morgan A. On the syllogism. Transactions of the Cambridge Philosophical Society, 1860, 10: 331-357.

谬法来证明的系统称为直接 (direct) 三段论系统);而不需要采用归谬法来证明的关系三段论片段 R 则不具有可靠性和完全性;确实存在可靠但不完全的关系三段论片段 R(如果允许归谬法在最后一步单独用到的话,就可以使得 R 变得具有完全性)①。

现在研究间接关系三段论系统 —— 在其证明推理过程中,需要使用归谬法的系统。Pratt-Hartmann 和 Moss(2009) 的研究表明:对于三段论片段 $R^*$ 而言,除了 $PT_{IME}= NPT_{IME}$ 外,不存在可靠且不完全的直接三段论系统,但可以把该片段改造为具有可靠性和完全性的间接三段论系统;关系三段论片段 $R^†$ 和 $R^{*†}$ 是不具有可靠性和完全性的间接三段论系统。在确定这六个关系三段论是否有效的计算复杂度方面的研究表明:一个关系三段论片段的计算复杂度与该片段是否存在具有可靠性和完全性的 (各种类型的) 证明系统有关;确定关系三段论片段 S、$S^†$ 或 R 的序列的有效性问题是 $NL_{OG}S_{PACE}$-完全性问题;确定关系三段论片段 $R^*$ 中的序列有效性的问题是 co-$NPT_{IME}$-完全性问题;确定关系三段论片段 $R^†$ 或 $R^{*†}$ 中的序列有效性的问题是 $E_{XP}T_{IME}$-完全性问题。

Pratt-Hartmann 和 Moss(2009) 强调了关系三段论片段的计算复杂性及其有穷的表达力,这正是他们超越 De Morgan 的研究的地方。

## 第二节 相关准备工作

本节定义了 Pratt-Hartmann 和 Moss(2009) 中所要研究的逻辑,并建立了分析它们所需的形式工具。

### 一、关系三段论片段 S 和 $S^†$

令 P 是一个可数无穷集,并且 P 包含各种英语普通可数名词 (比如 man、animal 等);一元原子是 P 中的元素;一元字母表达式是形如 p 或 $\bar{p}$ 的表达式 (其中 p 是一元原子,$\bar{p}$ 是 p 的否定表达式)。若一元字符是一元原子,则称之为肯定字母表达式,反之则称之为否定字母表达式。(可能带有标记的) 变元 o, p, q 在一元原子上取值,而 l, m, n 在一元字母表达式上取值。S-公式是具有下列形式之一的表达式②:

---

① Pratt-Hartmann I, Moss L S. Logics for the relational syllogistic. Review of Symbolic Logic, 2009, 2(4): 648.

② 特别说明:本章在介绍和阐释 Pratt-Hartmann 和 Moss(2009) 的成果时,为了与前面几章的记法尽量保存一致,把其中的全称量词 ∀ 和特称量词 ∃ 分别用 all 与 some 进行了替换。

## 第二节 相关准备工作

$$\text{some}(p,l), \quad \text{some}(l,p), \quad \text{all}(p,l), \quad \text{all}(l,\bar{p}) \tag{2}$$

S-公式的英语解释如下：

$$\begin{aligned}
&\text{all }(p,q): \text{Every p is a q} \\
&\text{all }(p,\bar{q}): \text{No p is a q}，即 \text{ Every p is not a q} \\
&\text{all }(\bar{p},q): \text{Every non-p is a q} \\
&\text{all }(\bar{p},\bar{q}): \text{Every non-p is not a q} \\
&\text{some }(p,q): \text{Some p is a q} \\
&\text{some }(p,\bar{q}): \text{Some p is not a q} \\
&\text{some }(\bar{p},q): \text{Some non-p is a q}
\end{aligned} \tag{3}$$

需要注意的是：S 包含了公式 $\text{some}(\bar{p},q)$ 和 $\text{all}(\bar{p},\bar{q})$，虽然 (3) 中没有给出其解释；但是，根据下面的语义可知：$\text{some}(\bar{p},q)$ 逻辑等值于 $\text{some}(q,\bar{p})$，$\text{all}(\bar{p},\bar{q})$ 逻辑等值于 $\text{all}(q,p)$，因此可以将 Part-Hartmann 和 Moss(2009) 中的关系三段论片段 S 视为传统三段论。至此，已经给出了关系三段论片段 S 的句法。

$S^\dagger$-公式是具有以下形式之一的表达式：

$$\text{some}(l,m), \quad \text{all}(l,m) \tag{4}$$

除了需要对否定性主语进行解释外，可以使用与 S 同样的方式，给出 $S^\dagger$-公式的英语解释：

$$\begin{aligned}
&\text{some}(\bar{p},\bar{q}): \text{Some non-p is not a q} \\
&\text{all}(\bar{p},q): \text{Every non-p is a q}
\end{aligned}$$

$S^\dagger$ 其实是使用带有名词层面的否定对传统三段论进行了扩张。

## 二、关系三段论片段 R 和 $R^\dagger$

令 R 是一个与 P 不相交的可数无穷集，而且 R 包含了各种英语及物动词 (如 kill、admire)。二元原子是 R 中的元素，二元字母表达式是形如 r 或 $\bar{r}$ 的表达式，其中 r 是二元原子。若二元字母表达式是二元原子，则称之为肯定字母表达式；否则称之为否定字母表达式。(可能带有标记的) 变元 r, s 在二元原子上取值，而 t 在二元字母表达式上取值。c-项就是具有下列形式之一的表达式：

$$1, \quad \text{some}(p,t), \quad \text{all}(p,t) \qquad (5)$$

因此，根据定义，所有的字母表达式都是 c-项，变元 c、d 在 c-项上取值。R-公式就是具有下列形式之一的表达式：

$$\text{some}(p,c), \quad \text{some}(c,p), \quad \text{all}(p,c), \quad \text{all}(c,\bar{p}) \qquad (6)$$

因此，根据定义，所有的 S-公式都是 R-公式。使用复杂名词短语可以如下解释 (非字母表达式的) c-项：

$$\begin{aligned}
&\text{some}(q,r): \text{thing which rs some q} \\
&\text{all}(q,r): \text{thing which rs every q} \\
&\text{some}(q,\bar{r}): \text{thing which does not r every q} \\
&\text{all}(q,\bar{r}): \text{thing which rs no q}
\end{aligned} \qquad (7)$$

至此，可以解释涉及这类 c-项的 R-公式：

$$\begin{aligned}
&\text{all}(p,\text{some}(q,r)): \text{Every p rs some q} \\
&\text{all}(p,\text{some}(q,\bar{r})): \text{No p rs every q} \\
&\text{some}(p,\text{all}(q,r)): \text{Some p rs some q} \\
&\text{some}(p,\text{some}(q,\bar{r})): \text{Some p does not r every q} \\
&\text{all}(p,\text{all}(q,r)): \text{Every p rs every q} \\
&\text{all}(p,\text{all}(q,\bar{r})): \text{No p rs any q} \\
&\text{some}(p,\text{all}(q,r)): \text{Some p rs every q} \\
&\text{some}(p,\text{all}(q,\bar{r})): \text{Some p rs no q}
\end{aligned}$$

在这些解释中，假设了主语中的量词具有宽域；而在宾语中的量词则具有窄域。并假定 Some p does not r every q 中的 not 为直接宾语之上的辖域 (即存在某个 p 使得存在不具有 r 性质的某个 q)。在此并没有给出形如 some(c,p) 和 all(c,$\bar{p}$) 的公式的解释，但可以证明 some(c,p) 逻辑等值于 some(p,c)；all(c,$\bar{p}$) 逻辑等值于 all($\bar{c}$,p)。R 就是关系三段论语言。

现在，像对 S 进行扩张那样，利用名词层面的否定来扩张 R。e-项是具有下列形式之一的表达式：

## 第二节 相关准备工作

$$l, \quad \text{some}(l,t), \quad \text{all}(l,t) \tag{8}$$

可以顺着 (7) 的思路来解释 e-项这样的非字母表达式，(可能) 其中带有否定性直接宾语，如

$$\text{all}(\bar{q},r): \text{thing which rs every non-q}$$
$$\text{all}(\bar{q},\bar{r}): \text{thing which rs no non-q}$$

(另一种解释 $\text{all}(\bar{q},\bar{r})$ 的方式是：thing which rs only qs。) 因此，根据定义，所有的 c-项都是 e-项。变元 $e,f$ 在 e-项上取值。$R^\dagger$-公式是具有下列形式之一的表达式：

$$\text{some}(l,e), \quad \text{some}(e,l), \quad \text{all}(l,e), \quad \text{all}(e,l) \tag{9}$$

可以轻易地给出这些公式的英语解释。需要注意的是：在主语和直接宾语中，名词层面的否定可以同时出现：

$$\text{some}(\bar{p},\text{all}(\bar{q},r)) \quad \text{Some non-p rs every non-q}$$

可以将 $R^\dagger$ 视为带有名词层面的否定的关系三段论 R 的扩张。

### 三、关系三段论片段 $R^*$ 和 $R^{*\dagger}$

读者或许会注意到 R 和 $R^\dagger$ 都不能表达出实例 (1) 的结论。现在要通过引入两个附加片段来解决这个问题。

为了方便起见，将"栅栏"符 (如 $\bar{p},\bar{r}$) 扩展到所有的 e-项。如果 $l=\bar{p}$ 是一个否定一元字母表达式，那么就可以用 $\bar{l}$ 来表示 p；二元字母表达式可以类似表示。如果 e 是一个形如 $\text{all}(l,t)$ 的 e-项，就用 $\bar{e}$ 来表示对应的 e-项 $\text{all}(l,\bar{t})$。因此，对所有的 e-项 e 而言，有 $\bar{\bar{e}}=e$。

可以回顾一下，一个 c-项 c 是一个形如 l、$\text{some}(p,t)$ 或 $\text{all}(p,t)$ 的表达式。如果字母表达式 l 或 t 是肯定的，那么称 c 是肯定的；否则称之为否定的。显然，如果 c 是一个肯定的 c-项，那么 $\bar{c}$ 就是一个否定的 c-项，反之亦然。$R^*$-公式是具有下列形式之一的表达式：

$$\text{some}(c^+,d), \quad \text{some}(d,c^+), \quad \text{all}(c^+,d), \quad \text{all}(d,\overline{c^+}) \tag{10}$$

其中 $c^+$ 在肯定的 c-项上取值，d 在 (肯定的或否定的) 的 c-项上取值。可以把解释 (3) 和解释 (7) 的方式进行组合之后，来解释 $R^*$-公式。例如，实例 (1) 的结论可以在 $R^*$ 中形式化为

all(some(man, kill), some(animal, kill))

Everything which kills a man (is a thing which) kills an animal

R*-公式的英语解释没有要求名词层面的否定（即类似于 non-man 这样的表达式）。研究关系三段论片段 R* 的部分原因是，R* 与 McAllester 和 Givan(1992)① 研究的系统关系紧密，另一部分原因是，从证明论和计算复杂性理论的观点来看 R* 处于中间位置，下文将对此进行更为精确的论述。

现在终于可以研究 Part-Hartmann 与 Moss(2009) 研究的最为普通的关系三段论片段。变元 $e$ 和 $f$ 在 e-项上取值。R*†-公式是具有下列形式之一的表达式：

$$\text{some}(e, f), \quad \text{all}(e, f) \tag{11}$$

可以给出这些公式清晰的解释，例如

$$\text{all}(\text{some}(\overline{\text{animal}}, \text{kill}), \text{some}(\overline{\text{man}}, \text{kill}))$$

Everything which kills a non-animal (is a thing which) kills a non-man

S-关系三段论片段 R*† 实际上就是使用带有名词层面的否定，对关系三段论片段 R* 进行扩张而得到的系统。

S-公式组成的集合可以简单地表示为 S。S†, R, R†, R* 和 R*† 记法类似。下面很多结论都适合于这里 6 个关系三段论片段。因此，可以说一个关系三段论片段是任意的 S, S†, R, R†, R* 和 R*† 片段，而且用变元 $\mathscr{F}$ 表示关系三段论片段。图 1 给出了这些关系三段论片段的概览。

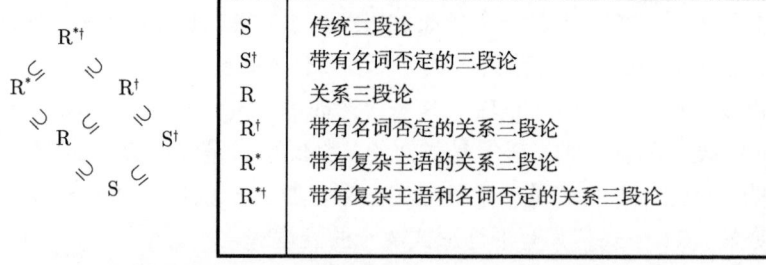

| S | 传统三段论 |
| S† | 带有名词否定的三段论 |
| R | 关系三段论 |
| R† | 带有名词否定的关系三段论 |
| R* | 带有复杂主语的关系三段论 |
| R*† | 带有复杂主语和名词否定的关系三段论 |

图 1② 六个三段论片段：S, S†, R, R†, R* 和 R*†

---

① McAllester D A, Givan R. Natual language syntax and first-order inference. Artificial Intelligence, 1992, 56: 1-20.

② Pratt-Hartmann I, Moss L S. Logics for the relational syllogistic. Review of Symbolic Logic, 2009, 2(4): 651.

图 2①给出了这些关系三段论片段句法的快速索引。可以方便地将栅栏标记运用到公式中：如果 $\varphi$ 是一个形如 $\mathrm{all}(e,f)$ 的 $R^{*\dagger}$-公式，就用 $\bar{\varphi}$ 来表示 $R^{*\dagger}$-公式 $\mathrm{all}(e,\bar{f})$；如果 $\varphi$ 是一个形如 $\mathrm{some}(e,f)$ 的 $R^{*\dagger}$-公式，就用 $\bar{\varphi}$ 来表示 $R^{*\dagger}$-公式 $\mathrm{all}(e,\bar{f})$。容易证明 $\bar{\bar{\varphi}}=\varphi$，并且，对任意的关系三段论片段 $\mathscr{F}$，$\varphi\in\mathscr{F}$ 蕴涵 $\bar{\varphi}\in\mathscr{F}$。

| 表达式 | 变元 | 句法 |
| --- | --- | --- |
| 一元原子 | o, p, q | |
| 二元原子 | r, s | |
| 一元字母表达式 | l, m, n | $p\|\bar{p}$ |
| 二元字母表达式 | t | $r\|\bar{r}$ |
| 肯定的c-项 | $b^+$, $c^+$ | $p\|\mathrm{some}(p,r)\|\mathrm{all}(p,r)$ |
| c-项 | c, d | $l\|\mathrm{some}(p,t)\|\mathrm{all}(p,t)$ |
| e-项 | e, f | $l\|\mathrm{some}(l,t)\|\mathrm{all}(l,t)$ |
| S-公式 | | $\mathrm{some}(p,l)\|\mathrm{some}(l,p)\|\mathrm{all}(p,l)\|\mathrm{all}(l,\bar{p})$ |
| $S^\dagger$-公式 | | $\mathrm{some}(l,m)\|\mathrm{all}(l,m)$ |
| R-公式 | | $\mathrm{some}(p,c)\|\mathrm{some}(c,p)\|\mathrm{all}(p,c)\|\mathrm{all}(c,\bar{p})$ |
| $R^\dagger$-公式 | | $\mathrm{some}(l,e)\|\mathrm{some}(e,l)\|\mathrm{all}(l,e)\|\mathrm{all}(e,l)$ |
| $R^*$-公式 | | $\mathrm{some}(c^+,d)\|\mathrm{some}(d,c^+)\|\mathrm{all}(c^+,d)\|\mathrm{all}(d,\bar{c}^+)$ |
| $R^{*\dagger}$-公式 | | $\mathrm{some}(e,f)\|\mathrm{all}(e,f)$ |

图 2　三段论片段句法的快速索引

## 四、关系三段论片段的语义

现在为关系三段论片段 $R^{*\dagger}$(因而为所有的三段论片段) 确定语义。一个结构 $\mathscr{H}$ 是一个三元组 $\langle A, \{p^\mathscr{H}\}_{p\in P}, \{r^\mathscr{H}\}_{r\in R}\rangle$，其中 A 是一个非空集；对所有的 $p\in P$，$p^\mathscr{H}\subseteq A$；对所有的 $r\in R$，$r^\mathscr{H}\subseteq A^2$。集合 A 是 $\mathscr{H}$ 的定义域。给定一个结构 $\mathscr{H}$，通过如下假定，可以将映射 $p\mapsto p^\mathscr{H}$ 和 $r\mapsto r^\mathscr{H}$ 扩张到所有的 e-项中：

$$\bar{p}^\mathscr{H} = A\backslash p^\mathscr{H}$$

$$\bar{r}^\mathscr{H} = A^2\backslash r^\mathscr{H}$$

$$\mathrm{some}(l,t)^\mathscr{H} = \{a\in A | \langle a,b\rangle \in t^\mathscr{H}, \text{对某个 } b\in l^\mathscr{H} \text{ 而言}\}$$

$$\mathrm{all}(l,t)^\mathscr{H} = \{a\in A | \langle a,b\rangle \in t^\mathscr{H}, \text{对所有的 } b\in l^\mathscr{H} \text{ 而言}\}$$

---

① Pratt-Hartmann I, Moss L S. Logics for the relational syllogistic. Review of Symbolic Logic, 2009, 2(4): 652.

根据 $\mathcal{H} \models \text{all}(e, f)$ 当且仅当 $e^{\mathcal{H}} \in^{\mathcal{H}}$ 以及 $\mathcal{H} \models \text{some}(e, f)$ 当且仅当 $e^{\mathcal{H}} \cap f^{\mathcal{H}} \neq \varnothing$，可以定义结构之间的真值关系 $\models$ 和 $R^{*\dagger}$-公式。如果 $\Theta$ 是一个公式集，且对于所有的 $\theta \in \Theta$，有 $\mathcal{H} \models \theta$，那么可以记为 $\mathcal{H} \models \Theta$。其实，至此语句为任意的关系三段论片段 $\mathcal{F}$ 定义了真值关系。

如果存在 $\mathcal{H}$ 使得 $\mathcal{H} \models \theta$，那么就说公式 $\theta$ 是可满足的；如果存在 $\mathcal{H}$ 使得 $\mathcal{H} \models \Theta$，那么就说公式集 $\Theta$ 是可满足的。如果对于所有的结构 $\mathcal{H}$，$\mathcal{H} \models \Theta$ 蕴涵 $\mathcal{H} \models \theta$，就可以记为 $\Theta \models \theta$。毋庸置疑，$\Theta \models \theta$ 是对"从假设 $\Theta$ 可以有效地推导出结论 $\theta$"这一先前理论判断的一个合理重建。举一个有效论证的例子：

$$\frac{\begin{array}{c}\text{Some artist is a beekeeper}\\ \text{Every artist is a carpenter}\\ \text{No beekeeper is a dentist}\end{array}}{\text{Some carpenter is not a dentist}}$$

对应于 S-公式的有效序列为

$$\{\text{some}(\text{artist}, \text{beekeeper}), \text{all}(\text{artist}, \text{carpenter}),$$
$$\text{all}(\text{beekeeper}, \overline{\text{dentist}})\} \models \text{some}(\text{carpenter}, \overline{\text{dentist}}) \quad (12)$$

类似地，下面的有效论证：

$$\frac{\begin{array}{c}\text{Every artist hates every artist}\\ \text{No beekeeper hates any beekeeper}\end{array}}{\text{No artist is a beekeeper}}$$

对应于 R-公式的有效序列：

$$\{\text{all}(\text{artist}, \text{all}(\text{artist}, \text{hate})),$$
$$\text{all}(\text{beekeeper}, \text{all}(\text{beekeeper}, \overline{\text{hate}}))\} \models \text{all}(\text{artist}, \overline{\text{beekeeper}}) \quad (13)$$

这里遵循现代逻辑的约定：全称量词不一定蕴涵存在量词，即 $\{\text{all}(a, b)\} \not\models \text{some}(a, b)$。

## 五、恒假式、否定和同一性

可轻易验证：对任意结构 $\mathcal{H}$ 和任意 e-项 e 而言，$\bar{e}^{\mathcal{H}} = A \backslash e^{\mathcal{H}}$；因此，$\mathcal{H} \not\models \text{some}(e, \bar{e})$，这种形式的公式叫作恒假式 (absurdity)。即使最小的三段论片段 S 也包含恒假式，例如，那些形式为 $\text{some}(p, \bar{p})$ 的公式就是恒

假式。根据前面的论述可知：关系三段论片段 $\mathscr{F}$ 也包含恒假式，对于 $\mathscr{F}$ 中的任意恒假式可以不加区分地用 ⊥ 表示。

对于任意结构 $\mathscr{H}$ 和任意 R*†-公式 φ 而言，$\mathscr{H} \models \varphi$ 当且仅当 $\mathscr{H} \not\models \bar{\varphi}$；而且，φ 和 $\bar{\varphi}$ 属于同一个三段论片段。因此，如果 $\mathscr{F}$ 是一个关系三段论片段，且 φ 是一个 $\mathscr{F}$ 公式，那么，就可以用 $\bar{\varphi}$ 表示 φ 的否定。

对任意结构 $\mathscr{H}$、任意 e-项 e 以及 f 而言，$\mathscr{H} \models \mathrm{some}(e,f)$ 当且仅当 $\mathscr{H} \models \mathrm{some}(f,e)$；而且这些公式属于同一个三段论片段。因此，这些公式可以相互等同，并可以无意识地将一个公式转换为另一个公式。对 all(e, f) 公式和 $\mathrm{all}(\bar{f},\bar{e})$ 公式也可以作类似处理。虽然这些同一性使得下面从关系三段论证明系统推导出的结果不具有本质区别；但是，这些同一性可以大大简化相关论述和分析。

### 六、关系三段论规则和归谬法

令 $\mathscr{F}$ 为一个关系三段论片段。在 $\mathscr{F}$ 中的一个推导关系 ⊢ 是 $\mathbf{P}(\mathscr{F}) \times \mathscr{F}$ 的子集，其中 $\mathbf{P}(\mathscr{F})$ 是 $\mathscr{F}$ 的幂集。为了便于阅读，用 Θ ⊢ θ 代替 ⟨Θ, θ⟩ ∈ ⊢。如果 Θ ⊢ θ 蕴涵 Θ $\models$ θ，那么就说 ⊢ 是可靠的；如果 Θ $\models$ θ 蕴涵 Θ ⊢ θ，就说 ⊢(对 $\mathscr{F}$ 而言) 是完全的。对某个恒假式 ⊥ ∈ $\mathscr{F}$ 而言，如果 Θ ⊢ ⊥，那么就说 $\mathscr{F}$-公式的集合 Θ(相对于 ⊢) 是不一致的；否则就是一致的。一个称之为斥完全性 (refutation-completeness) 的弱完全性的主要特征是：如果所有的不可满足集 Θ 都是不一致的，那么 ⊢ 是斥完全的。一般而言，完全性蕴涵斥完全性，但其逆命题不成立。我们主要兴趣在于：由两种不同种类的演绎系统——直接三段论系统和间接三段论系统，能够得出怎样的推导关系。下面对此加以研究。

令 $\mathscr{F}$ 是一个关系三段论片段。$\mathscr{F}$ 中的一个关系三段论规则 (有时简称规则) 是一个序对 Θ/θ，其中 Θ 是一个由 $\mathscr{F}$-公式组成 (可能为空) 的有穷集，θ 是 $\mathscr{F}$-公式，Θ 是规则前件，θ 是后承。如果 Θ $\models$ θ，那么规则 Θ/θ 是可靠的。规则可以用自然演绎的方式来表达，例如：

$$\frac{\mathrm{all}(q,o)\ \mathrm{some}(p,q)}{\mathrm{some}(p,o)}, \quad \frac{\mathrm{all}(q,\bar{o})\ \mathrm{some}(p,q)}{\mathrm{some}(p,\bar{o})} \tag{14}$$

它们都是 S 中的三段论规则，分别对应于传统三段论的 AII-1 和 EIO-1，其中 p, q 和 o 是一元原子。一个替换是一个函数 $g = g_1 \cup g_2$，其中 $g_1: P \to P$，$g_2: R \to R$。如果 θ 是一个 $\mathscr{F}$-公式，g(θ) 表示用 g 下的映射替换 θ 中任意 (一元或二元) 原子所得的 $\mathscr{F}$-公式，对由公式组成的集合可以类似表示。三段论规则 $\Theta/\theta$ 的一个实例是三段论规则 $g(\Theta)/g(\theta)$，其中 $g$ 是一个替换。

仅仅因为一元或二元原子不同命名而不同的三段论规则，从非形式化的角度看，它们是相同的，因为它们有着相同的实例。因此，在 (14) 函数中的字母 p, q 和 o 的效果其实就是变元在一元原子上取值。使用变元在其他类型的表达式取值，可以方便地说明关系三段论规则：它们仅仅是以更简洁的方式来书写三段论规则组成的有穷集。例如，(14) 的两个规则可以更简洁地写为

$$\frac{\text{all}(q, l) \; \text{some}(p, q)}{\text{some}(p, l)} \text{(D1)}$$

其中 p 和 q 在一元原子上取值，l 在一元字母表达式上取值。需注意，(D1) 仅仅表示在推理中使用的规则名称的简化记法，其他与此类似。

给定一个三段论片段 $\mathscr{F}$，并令 X 为 $\mathscr{F}$ 中的三段论规则集。定义 $\vdash_X$ 为 $\mathscr{F}$ 中满足下列要求的最小推导关系：

(1) 如果 $\theta \in \Theta$，那么 $\Theta \vdash_X \theta$；

(2) 如果 $\{\theta_1, \cdots, \theta_n\}/\theta$ 是 X 中一条规则，$g$ 是一个替换，$\Theta = \Theta_1 \cup \cdots \cup \Theta_n$，且对所有的 $i(1 \leqslant i \leqslant n)$ 而言，$\Theta_i \vdash_X g(\theta_i)$，那么 $\Theta \vdash_X g(\theta)$。

可见，推导关系 $\vdash_X$ 是可靠的，当且仅当，X 中的每一个规则都是可靠的。

从非形式化地角度看，可设想将 X 中的规则实例串联在一起，以一种清晰的方式构造推导，并将所得到的证明系统看作由 X 定义的直接三段论系统。推导通常以自然演绎方式来表示。例如，如果 X 是包含 (D1) 的任意规则集，其推导：

$$\cfrac{\text{all}(\text{beekeeper}, \overline{\text{dentist}}) \quad \cfrac{\text{all}(\text{artist}, \text{carpenter}) \quad \text{some}(\text{artist}, \text{beekeeper})}{\text{some}(\text{carpenter}, \text{beekeeper})} \text{(D1)}}{\text{some}(\text{carpenter}, \overline{\text{dentist}})} \text{(D1)}$$

建立了

$$\{\text{some}(\text{artist}, \text{beekeeper}), \text{all}(\text{artist}, \text{carpenter}),$$
$$\text{all}(\text{beekeeper}, \overline{\text{dentist}})\} \vdash_X \text{some}(\text{carpenter}, \overline{\text{dentist}})$$

其中，假定 (D1) 具有可靠性，则 (12) 就是有效的。需要注意的是，上述推导中 (D1) 的首次应用依赖于 $\text{some}(p, q)$ 和 $\text{some}(q, p)$ 的同一性。

容易看出：根据直接证明系统定义的推导关系 (derivation relations) 有着多项式复杂度。

## 第二节 相关准备工作

**引理 2.1** 令 $\mathscr{F}$ 是一个关系三段论片段，X 是 $\mathscr{F}$ 中三段论规则组成的有穷集。对于一个给定的 $\mathscr{F}$-公式集 $\Theta$ 和 $\mathscr{F}$-公式 $\theta$ 而言，其判定性问题是在 $\text{PT}_{\text{IME}}$ 中 $\Theta \vdash_X \theta$ 是否成立的问题。

**证明** 令 $\Sigma$ 是所有出现在 $\Theta \cup \{\theta\}$ 中的 (一元或二元) 原子组成的集合，其中还有一个额外的二元原子 r。如果存在一个使用规则 X 的从 $\Theta$ 到 $\theta$ 的推导，那么就存在一个仅仅涉及出现在 $\Sigma$ 中的原子的推导。因为给定从 $\Theta$ 到 $\theta$ 的任意推导，可以统一用在 $\Theta \cup \{\theta\}$ 中出现的任意一元原子代替不在其中出现的一元原子。类似地，统一用在 $\Theta \cup \{\theta\}$ 中出现的任意二元原子 (或用 r，以免 $\Theta \cup \{\theta\}$ 不包含二元原子) 代替不在其中出现的二元原子。很显然，这一过程就是一个使用规则 X 的从 $\Theta$ 到 $\theta$ 的推导。

为了证明引理 2.1，令在 $\Theta \cup \{\theta\}$ 出现的全部符号数目为 n。无疑有 $|\Sigma| \leqslant n$。令 X 包含 $k_1$ 个证明规则，其中每一条规则包含至多 $k_2$ 个 (一元或二元) 原子。只涉及 $\Sigma$ 中原子的规则实例数目不超过 $p(n) = k_1 n^{k_2}$。因此，无须考虑比 $p(n)$ 深度更深的推导了。令 $\Theta_i$ 是只涉及 $\Sigma$ 中原子组成的公式集，且从 $\Theta$ 开始的推导使用了深度为 i 或更少 ($0 \leqslant i \leqslant p(n)$) 的推导。很明显，$|\Theta_i| \leqslant |\Theta| + p(n)$。可以直接计算总时间内连续的 $\Theta_i$ 不超过 n 的多项式函数。证毕。

另外，对于关系三段论规则，归谬法 (RAA) 的传统规则允许根据第一个假定 $\bar{\varphi}$ 和推导出的恒假式，推导出 (某个三段论片段中) 命题 $\varphi$。可以用自然演绎的方式再次展示这一规则如下：

$$\cdots [\bar{\varphi}]^i \cdots [\bar{\varphi}]^i \cdots$$
$$\vdots$$
$$\frac{\bot}{\varphi}(\text{RAA})^i$$

其解释如下：如果从前提集 $\Phi$ 和前提 $\bar{\varphi}$ 出发，能够推导出一个恒假式，那么仅仅从前提集 $\Phi$ 出发，就能够推出 $\varphi$。在恒假式的推导中，可以多次 (包括 0 次) 使用前提 $\bar{\varphi}$；而且前提集 $\Phi$ 允许包含 $\bar{\varphi}$；即通过 (RAA) 的应用，可以多次 (包括 0 次) 地消去前提 $\bar{\varphi}$ 的带括号的实例。通过数字上标 i 可以回溯消去前提 (的实例) 时运用 (RAA) 的痕迹。

给定一个关系三段论片段 $\mathscr{F}$，并令 X 为 $\mathscr{F}$ 中的三段论规则集。定义 $\Vdash_X$ 为 $\mathscr{F}$ 中满足下列要求的最小推导关系：

(1) 如果 $\theta \in \Theta$，那么 $\Theta \Vdash_X \theta$；

(2) 如果 $\{\theta_1, \cdots, \theta_n\}/\theta$ 是 X 中一条规则，g 是一个代换，$\Theta = \Theta_1 \cup$

$\cdots \cup \Theta_n$，且对所有的 $i(1 \leqslant i \leqslant n)$，$\Theta_i \Vdash_X g(\theta_i)$，那么 $\Theta \Vdash_X g(\theta)$；

(3) 如果 $\Theta \cup \{\overline{\theta}\} \Vdash_X \bot$，那么 $\Theta \Vdash_X \theta$。

因此 $\Vdash_X$ 可靠的，当且仅当，X 中每一条规则都是可靠的。

非形式化地说，就是将 X 中的规则实例和规则 (RAA) 串联起来，以一种明显的方式形成间接推导；并将所得到的证明系统看作是由 X 定义的间接三段论系统。正如下述例子所展示的那样，通常用自然演绎的方式表达间接推理。首先考虑 (显然可靠的) 三段论规则：

$$\frac{\text{all}(q,\bar{c}) \quad \text{some}(p,c)}{\text{some}(p,\bar{q})}(D3) \ , \quad \frac{\text{all}(p,\text{all}(o,t)) \quad \text{some}(q,o)}{\text{all}(p,\text{some}(q,t))}(\forall\forall)$$

通常，这里的 o, p 和 q 在一元原子上取值，t 在二元字母表达式上取值，c 在 c-项上取值。另外，可以将上面所给出的 (D1) 进行推广，使得可以用 (在 c-项上取值的) 变元 c 替换 (在字母表达式上取值的) 变元 l。因此，可以得到如下的间接推导：

$$\frac{\text{all}(\text{bkpr},\text{some}(\text{bkpr},\text{hate})) \quad \dfrac{\dfrac{\text{all}(\text{art},\text{all}(\text{art},\text{hate})) \quad [\text{some}(\text{art},\text{bkpr})]^1}{\text{all}(\text{art},\text{some}(\text{bkpr},\text{hate}))}(\forall\forall)}{\text{some}(\text{bkpr},\text{some}(\text{bkpr},\text{hate}))} \quad [\text{some}(\text{art},\text{bkpr})]^1}{\dfrac{\text{some}(\text{bkpr},\overline{\text{bkpr}})}{\text{all}(\text{art},\overline{\text{bkpr}})}(\text{RAA})^1}(D3)$$

这里，前提 some(artist, beekeeper) 的两个实例通过 (RAA) 的最后一次应用被消去了。这个推导表明：如果 X 是包含 (推广为)(D3)、($\forall\forall$) 和 (D1) 的任意规则集，那么

$$\{\text{all}(\text{artist},\text{all}(\text{artist},\text{hate})),\ \text{all}(\text{beekeeper},\overline{\text{some}(\text{beekeeper},\text{hate})})\} \Vdash_X \text{all}(\text{artist},\overline{\text{beekeeper}})$$

其中，$\overline{\text{some}(\text{beekeeper},\text{hate})} = \text{all}(\text{beekeeper},\overline{\text{hate}})$，并且如果给定了所采用的三段论规则的可靠性，就可以得到 (13) 的有效性。

需要说明的是：(RAA) 自身并非三段论规则；一个 (RAA) 的应用通常会减少它所表征的推导的前提集。正如下面即将看到的那样，(RAA) 的特殊地位的本质是：间接三段论系统通常比直接三段论系统的表达力更强。

如果 $\vdash_X$ 是斥完全的，那么 $\Vdash_X$ 是完全的。如果假设 $\Theta \vDash \theta$，那么 $\Theta \cup \{\overline{\theta}\}$ 是不可满足的；因此，根据 $\vdash_X$ 的斥完全性可知，$\Theta \cup \{\overline{\theta}\} \vdash_X \bot$；最后单独运用 (RAA) 可得，$\Theta \Vdash_X \theta$。然而 (RAA) 在一个 $\Vdash_X$ 推导中通常不只限于最后一步；相反，它可能在任意部分被使用任意多次。可以说，对于一个间接推导关系，引理 2.1 的推理是失败的：在第五节中可以证明：存在一个三段论规则 $R^*$ 的有穷集，使得 $\Vdash_{R^*}$ 是 co-NP$_{\text{IME}}$hard。

因此，间接证明系统需要了一个 Lindenbaum 版本的引理。令 $\mathscr{F}$ 为任意三段论片段。如果对每个的 $\mathscr{F}$-公式 $\theta$，或者 $\theta \in \Theta$，或者 $\bar{\theta} \in \Theta$，就说一个 $\mathscr{F}$-公式集 $\Theta$ 是 $\mathscr{F}$-完全的。如果研究的语境就是三段论片段 $\mathscr{F}$，就可说它是完全的，而不必说是 $\mathscr{F}$-完全的。需要注意的是，公式集的 $\mathscr{F}$-完全性与一个推导关系的完全性不相干。

**引理 2.2** 令 $\mathscr{F}$ 为一个三段论片段，$\Theta$ 为一个 $\mathscr{F}$-公式集且 X 为 $\mathscr{F}$ 中的三段论规则集。如果 $\Theta$ 对于 $\Vdash_X$ 是一致的，那么存在一个对于 $\Vdash_X$ 一致的由 $\mathscr{F}$-公式组成的完全集 $\Delta \supseteq \Theta$。

**证明** 令 $\mathscr{F}$ 是公式 $(\varphi_n)_{n \in \mathbb{N}}$ 的一个枚举，可以如下定义一致集 $\Delta_n$ 序列。令 $\Delta_0 = \Theta$，对于 $n \geq 0$，令

$$\Delta_{n+1} = \begin{cases} \Delta_n \cup \{\varphi_n\}, & \Delta_n \cup \{\varphi_n\} \text{是一致的} \\ \Delta_n \cup \{\bar{\varphi}_n\}, & \text{否则} \end{cases}$$

并令 $\Delta = \cup_n \Delta_n$。通过归纳证明可知：每个 $\Delta_n$ 都是一致的。因为假定的 $\Delta_n$ 是一致的，而 $\Delta_{n+1}$ 是不一致的，那么 $\Delta_n \cup \{\varphi_n\} \Vdash_X \bot$，且运用 (RAA) 可得 $\Delta_n \Vdash_X \bar{\varphi}_n$。另外，$\Delta_n \cup \{\bar{\varphi}_n\} \Vdash_X \bot'$（其中 $\bot'$ 是某个恒假式），这样就可以为 $\Delta_n \cup \{\varphi_n\}$ 建立一个推导，并用一个来自 $\Delta_n$ 的 $\bar{\varphi}_n$ 推导替换了每一个 (未被消去的) 前提 $\bar{\varphi}$。因此，$\Delta_n$ 是不一致的，这就产生了矛盾。故对所有的 n 而言，$\Delta_n$ 是一致的。因为这些推导是有穷的，而且 $\Delta$ 是一致的，所以，$\Delta$ 是 $\mathscr{F}$-完全的。证毕。

## 第三节 间接三段论系统 S 和 S†

前面的章节中定义了一般性符号，包括三段论片段 S 和 S† 的符号。S 和 S† 这两个片段在 Pratt-Hartmann 和 Moss(2009) 中是最简单的，因为它们不包含动词。这一节将给出这两个片段可靠且完全的三段论系统。令 S 为下述规则的集合，其中 p 和 q 在一元原子上取值，l 在一元字母表达式上取值，且 $\varphi, \psi$ 在 S-公式上取值。

$$\frac{\text{all}(q,l) \quad \text{some}(p,q)}{\text{some}(p,l)}(D1), \quad \frac{\text{all}(p,q) \quad \text{all}(q,l)}{\text{all}(p,l)}(B), \quad \frac{\text{all}(p,\bar{p})}{\text{all}(p,l)}(A)$$

$$\frac{\text{some}(p,l) \quad \text{all}(p,q)}{\text{some}(q,l)}(D2), \quad \frac{\psi \quad \bar{\psi}}{\varphi}(X)$$

$$\frac{\text{all}(q,l) \quad \text{some}(p,l)}{\text{some}(p,\bar{q})}(D3), \quad \frac{}{\text{all}(p,p)}(T), \quad \frac{\text{some}(p,l)}{\text{some}(p,p)}(I)$$

之前已经见过规则 (D1) 和 (D3)(后者是以一种更为一般的形式出现的)；规则 (D2) 和 (B) 则是新规则，但它明显是经典三段论的一个版本。规则 (X) 就是前谬论证 (也叫前提矛盾论证) 的经典规则：从一个矛盾出发，可以推出任何结论。这条规则不可与 (RAA) 进行混淆：(X) 是 Pratt-Hartmann 和 Moss(2009) 技术意义上的三段论规则；而 (RAA) 则不是。没有经典规则与规则 (A)、(T) 和 (I) 对应。规则 (A) 源于这样的事实：如果所有的 p 都是非 p，那么 p 并不存在；因此，所有的 p 是 l。

这里的规则 (T) 是必需的，因为如果没有它，从空前提集是无法推导出 all(p,p) 的。规则 (I) 是自我解释规则。事实上，规则 (D1) 是多余的。考虑 (D1) 的任意实例 $\{all(q', l'), some(p', q')\}/some(p', l')$。一方面，如果 $l' = o$ 是一个肯定的字母表达式，那么，根据 $some(e, f)=some(f, e)$ 的同一性，就可以把这一实例重写为 $\{all(q', o), some(q', p')\}/some(o, p')$，而这正是 (D2) 的一个实例。另一方面，如果 $l' = \bar{o}$，那么根据 $all(e, f)=all(\bar{f},\bar{e})$ 的同一性，就可以将实例改写为 $\{all(o, \bar{q}), some(p', q')\}/some(p',\bar{o})$，而这正是 (D3) 的一个实例，由此可见：规则 (D1) 是多余的。但是为了便于使用，仍保留了规则 (D1)，这样可以使第四节第二部分介绍的系统 R 之间的关系更加清晰。

现在研究关系三段论片段 $S^\dagger$。令 $S^\dagger$ 包含如下三段论规则，其中 l, m 和 n 在一元字母表达式上取值，$\varphi, \psi$ 在 $S^\dagger$-公式上取值。

$$\frac{some(l, n) \quad all(l, m)}{some(m, n)}(D), \quad \frac{all(l, m) \quad all(m,n)}{all(l, n)}(B), \quad \frac{all(l, \bar{l})}{all(l, m)}(A)$$

$$\frac{}{all(l, l)}(T), \quad \frac{some(l, m)}{some(l, l)}(I), \quad \frac{\psi \quad \bar{\psi}}{\varphi}(X), \quad \frac{all(\bar{l}, l)}{some(l, l)}(N)$$

$S^\dagger$ 中的规则是 S 中规则的自然推广，而且 $S^\dagger$ 句法更加自由些，并有两个小改变：首先，把规则 (D1)—(D3) 合并成一个单独的规则 (D)；其次，一个额外的规则 (N) 被添加进去了。(N) 的可靠性归因于结构有非空论域的要求。

$S^\dagger$ 实际上是根据下述引理对于给定的三段论片段 S 的扩张。

**引理 3.1** 关系三段论片段 $S^\dagger$ 中仅涉及三段论片段 S 中公式的任意规则实例，都是 S 的规则实例，反之亦然。

**证明** 通过研究一个 $S^\dagger$ 规则，可以证明这一引理的第一个命题。根据规则 (D) 可以对此加以证明。假定 $S^\dagger$ 规则的某个实例 $\{some(l, n), all(l, m)\}/some(m, n)$ 中的所有公式都在 S 中，如果 m 是肯定的，那么 l 也是肯

定的 (因为 all(l, m)∈S)。在这种情况下，这一实例与系统 S 中的规则 (D2) 匹配。另一方面，若 m 是否定的，那么 n 就是肯定的 (因为 some(m, n)∈S)。利用 all(l, m)=all($\overline{m},\overline{l}$)、some(l, n)=some(n, l) 且 some(m, n)=some(n, m) 的同一性，可将规则实例改写为 {some(n, l), all($\overline{m},\overline{l}$)}/some(n, m)(n 与 $\overline{m}$ 都是一元原子)。在系统 S 中，被改写的实例与规则 (D3) 匹配。对其他的规则也可以作类似处理，需要特别注意的是，规则 (N) 的所有实例都涉及三段论片段 S 之外的一个公式，从而使得第一个命题对这一规则而言显然是成立。引理 3.1 的第二个命题完全可按照刚才套路来证明。证毕。

根据引理 3.1，可以对 S 和 S† 中所对应的规则 (即 (B)、(A)、(T)、(I) 和 (X)) 使用同一个名称。显然，⊢$_S$ 和 ⊢$_{S†}$ 是可靠的，现在可以证明其 (对于三段论片段 S 和 S† 而言的) 完全性。⊢$_{S†}$ 的完全性非常容易证明，而且它所推导出的结果对 ⊢$_S$ 而言是一种特殊情况。

**证明准备** 若无特别说明，在本节剩余部分会把一个 S†-公式直接表述为一个公式。一个全称公式是形式为 all(l, m) 的公式，一个特称公式是形式为 some(l, m) 的公式。如果 $\mathscr{H}$ 和 $\mathscr{B}$ 分别是具有不相交论域 A 和 B 的两个结构，具有论域 A∪B 结构用 $\mathscr{H}\cup\mathscr{B}$ 表示，对任意的一元原子 p，解释 $p^{\mathscr{H}\cup\mathscr{B}}=p^{\mathscr{H}}\cup p^{\mathscr{B}}$(需注意，S† 只包含一元原子)。

**引理 3.2** 假定 Φ∪Ψ ⊨ θ，其中 Φ 是一个全称公式集，Ψ 是一个特称公式集，θ 是一个公式：

(1) 如果 Φ∪Ψ 是可满足的，且 θ 是全称公式，那么 Φ ⊨ θ；

(2) 如果 Ψ ≠ ∅，且 θ 是特称公式，那么存在 ψ∈Ψ，使得 Φ∪{ψ} ⊨ θ；

(3) 如果 Ψ = ∅，且 θ=some(l, m) 是特称公式，那么 Φ ⊨ all($\overline{l}$, l) 且 Φ ⊨ all($\overline{m}$, m)。

**证明** 在每一种情况下，都假定其结论不成立，那么：

对于情况 (1)：存在结构 $\mathscr{H}$ ⊨ Φ∪Ψ 且 $\mathscr{B}$ ⊨ Φ∪$\overline{\theta}$，可以假定 A∩B = ∅，但是 $\mathscr{H}\cup\mathscr{B}$ ⊨ Φ∪Ψ∪{$\overline{\theta}$}，这就产生了矛盾。

对于情况 (2)：对于任意的 ψ ∈ Ψ 而言，存在一个结构 $\mathscr{H}_\psi$ 使得 $\mathscr{H}_\psi$ ⊨ Φ∪{ψ,$\overline{\theta}$}，可以再次假定论域是两两不相交的，但是 $\bigcup_{\psi\in\Psi}\mathscr{H}_\psi$ ⊨ Φ∪Ψ∪{$\overline{\theta}$}，这就导出了矛盾。

对于情况 (3)：如果 Φ ⊭ all($\overline{l}$, l)，就存在一个结构 $\mathscr{H}$ 使得 $\mathscr{H}$ ⊨ Φ∪{some ($\overline{l},\overline{l}$)}。令 a ∈ $\overline{l}^{\mathscr{H}}$，并令 $\mathscr{B}$ 是把 $\mathscr{H}$ 限制到单子域 {a} 所得到的结构，那么有 $\mathscr{B}$ ⊨ Φ∪{$\overline{\theta}$}，这就导出了一个矛盾。如果 Φ ⊭ all($\overline{m}$, m)，可以类似证明。证毕。

如果存在一个仅仅使用规则 (B)、(T) 和 (A) 的从 $\Phi$ 到 $\varphi$ 的 $\vdash_{St}$ 推导,可以将其记为 $\vdash_{BTA} \varphi$。如果 $l \in V$ 蕴涵 $\bar{l} \notin V$,就可以称字母表达式组成的集合 $V$ 是一致的 (否则就是不一致的);如果 $l \notin V$ 蕴涵 $\bar{l} \in V$,就称 $V$ 是完全的。令 $\Phi$ 是一个全称公式集,$V$ 是字母表达式组成的集合。字母表达式组成的集 $V^\Phi$ 可以定义:

$$\{m : \text{对某个 } l \in V \text{ 而言}, \Phi \vdash_{BTA} \text{all}(l, m)\}$$

如果 $V^\Phi \in V$,就说 $V$ 是 $\Phi$-封闭的。

**引理 3.3** 令 $\Phi$ 是一个全称公式集,$V$ 是字母表达式组成的集合,则 $V^\Phi$ 是 $\Phi$-封闭的,且 $V \subseteq V^\Phi$。

**证明** 根据规则 (B) 和 (T) 可证。证毕。

很显然:任意具有 $\Phi$-封闭性的字母表达式组成的两个或多个集合的并集,也是 $\Phi$-封闭的。

**引理 3.4** 令 $\Phi$ 是一个全称公式集,$V$ 是字母表达式组成的集合。如果 $V^\Phi$ 是不一致的,那么存在字母表达式 $l, l' \in V$ 使得 $\Phi \vdash_{BTA} \text{all}(l, \bar{l'})$。

**证明** 如果 $m, \bar{m} \in V^\Phi$,令 $l, l' \in V$,使得 $\Phi \vdash_{BTA} \text{all}(l, m)$ 且 $\Phi \vdash_{BTA} \text{all}(l', \bar{m})$。将 $\text{all}(l', \bar{m})$ 改写成 $\text{all}(m, \bar{l'})$,可得一个以 $\Phi$ 为前提的推导:

$$\frac{\vdots \qquad \vdots}{\dfrac{\text{all}(l, m) \qquad \text{all}(m, \bar{l'})}{\text{all}(l, \bar{l'})}} (B)$$

证毕。

**引理 3.5** 令 $\Phi$ 是一个全称公式集,任意非空、$\Phi$-封闭且一致的字母表达式组成的集合都有一个 $\Phi$-封闭、一致且完全的扩张。

**证明** 令 $V_0$ 是一个非空、$\Phi$-封闭且一致的字母表达式组成的集合。所有字母表达式组成的集合可以枚举为:$l_1, l_2, \cdots$。对所有的 $i \geqslant 0$ 而言,可定义

$$V_{i+1} = \begin{cases} V_i, & l_{i+1} \in V_i \\ (V_i \cup \{\bar{l}_{i+1}\})^\Phi, & \text{否则} \end{cases}$$

并定义 $V = \bigcup_i V_i$。因此,$V$ 是 $\Phi$-封闭的、完全的且包含 $V_0$。因为 $V_0 \in V_i$,对所有的 $i \geqslant 0$ 而言,$V_i$ 是非空的。接下来证明 $V$ 是一致的,假设其结论不成立。令 $i$ 是使 $V_{i+1}$ 不一致的最小自然数,可得:$V_{i+1} = (V_i \cup \{\bar{l}_{i+1}\})^\Phi$,再根据引理 3.4 可知:存在字母表达式 $l, l' \in V_i \cup \{\bar{l}_{i+1}\}$,使得 $\Phi \vdash_{BTA} \text{all}(l, \bar{l'})$。由于 $V_i$ 是 $\Phi$-封闭且一致的,因此 $l$ 和 $l'$ 不能同时在 $V_i$ 中。不失一般性,可以假定 $l' = \bar{l}_{i+1}$,由此可得 $\Phi \vdash_{BTA} \text{all}(l, l_{i+1})$。综上可知,$l \in V_i$

### 第三节　间接三段论系统 S 和 $S^\dagger$

或者 $l = \bar{l}_{i+1}$。在前一种情况下，从 $V_i$ 是 $\Phi$-封闭的可得：$l_{i+1} \in V_i$；在后一种情况下，令 $l''$ 为 (非空)$V_i$ 中任意字母表达式，那么如下推理

$$\frac{\text{all}(\bar{l}_{i+1}, l_{i+1})}{\text{all}(l'', l_{i+1})}(A)$$

再次保证了 $l_{i+1} \in V_i$。无论哪种情况，都有 $V_{i+1} = V_i$，这就产生了矛盾。证毕。

**定理 3.1**　推导关系 $\vdash_{S^\dagger}$ 对于 $S^\dagger$ 而言是可靠且完全的。

**证明**　可靠性利用常规方法即可证。现在只需证明完全性，令 $\Theta$ 为一个 $S^\dagger$-公式集，$\theta$ 为一个 $S^\dagger$-公式，并假定 $\Theta \models \theta$。根据一阶逻辑中的紧致性定理，可以假定 $\Theta$ 是有穷集合且是可满足的，并有 $\Theta = \Phi \cup \Psi$，其中 $\Phi$ 是全称公式集，$\Psi$ 是特称公式集。可考虑三种情况：① $\theta$ 是全称公式；② $\theta$ 是特称公式且 $\Psi$ 是非空的集合；③ $\theta$ 是特称公式且 $\Psi$ 是空集。在本证明的剩余部分，将符号 $\vdash_{S^\dagger}$ 简写为 $\vdash$。

对于情况 ①：令 $\theta = \text{all}(l_0, m_0)$，根据引理 3.2 第一条有 $\Phi \models \theta$。令

$$V_0 = \{l_0, \bar{m}_0\}^\Phi \tag{15}$$

通过引理 3.3，可得 $V_0$ 是非空且 $\Phi$-封闭的，因此 $V_0$ 是不一致的，可假定其结论不成立。根据引理 3.5，令 $V$ 是 $V_0$ 的一个一致且完全的扩张，将 $\mathscr{H}$ 定义为单子域 $\{a\}$ 上的结构，对于所有的原子 $p$ 而言，有

$$p^{\mathscr{H}} = \begin{cases} \{a\}, & p \in V \\ \varnothing, & \text{否则} \end{cases}$$

很容易得出 $\mathscr{H} \models \Phi \cup \bar{\theta}$，产生了矛盾。因此，根据引理 3.4，存在字母表达式 $l, l' \in \{l_0, \bar{m}_0\}$ 使得

$$\Phi \vdash_{\text{BTA}} \text{all}(l, \bar{l'}) \tag{16}$$

如果有必要，可以交换 $l$ 和 $l'$。有两种子情况：① $l = l_0$ 且 $l' = \bar{m}_0$；② $l = l' \in \{l_0, \bar{m}_0\}$。在子情况 ① 中，根据 (16) 可以断定 $\Phi \vdash \theta$；在子情况 ② 中，可以得到从 $\Phi$ 出发的推导：

$$\frac{\vdots}{\frac{\text{all}(l_0, \bar{l}_0)}{\text{all}(\bar{m}_0, \bar{l}_0)}(A)}, \quad \frac{\vdots}{\frac{\text{all}(\bar{m}_0, m_0)}{\text{all}(l_0, m_0)}(A)}$$

因此，$\Phi \vdash \theta$。

对于情况 ②：令 $\theta = \text{some}(l, m)$，根据引理 3.2 第二条可知，存在 $\psi = \text{some}(l_0, m_0) \in \Psi$，使得 $\Phi \cup \{\psi\} \models \theta$。令 $V_0 = \{l_0, m_0, \bar{l}\}^\Phi$，集合 $V_0$

必须是不一致的。否则，可以使用情况 (1) 中所采用的平行论证，构造一个结构 $\mathscr{H} \models \Phi \cup \{\psi, \bar{\theta}\}$，这与 $\Phi \cup \{\psi\} \models \theta$ 矛盾。因此，存在字母表达式 $l_1$, $l_2 \in \{l_0, m_0, \bar{l}\}$ 使得 $\Phi \vdash_{\text{BTA}} \text{all}(l_1, l_2)$。如果 $l_1$ 和 $l_2$ 都在 $\{l_0, m_0\}$ 中，那么 $\Theta$ 是不可满足的，与假设矛盾。不失一般性，假设 $l_2 = \bar{l}$。因此 $\Phi \vdash_{\text{BTA}} \text{all}(l_1, l)$，有下述可能性：

(i) $l_1 = l_0$；

(ii) $l_1 = m_0$；

(iii) $l_1 = \bar{l}$。

根据 (i) 可以推导出 $\Phi \vdash \text{all}(l_0, l)$，根据 (ii) 可推导出 $\Phi \vdash \text{all}(m_0, l)$，根据 (iii) 可通过下述推导得到 $\Phi \vdash \text{all}(l_0, l)$：

$$\frac{\vdots}{\text{all}(\bar{l}, l)} \atop \text{all}(l_0, l)} (A)$$

换句话说，可以证明

$$\Phi \vdash \text{all}(l_0, l) \quad \text{或者} \quad \Phi \vdash \text{all}(m_0, l) \tag{17}$$

在上述证明中用 m 替换 l，可以以同样的方式证明

$$\Phi \vdash \text{all}(l_0, m) \quad \text{或者} \quad \Phi \vdash \text{all}(m_0, m) \tag{18}$$

现在研究 (17)，如果有必要可以交换 $l_0$ 和 $m_0$ 的位置，假定 $\Phi \vdash \text{all}(l_0, l)$，从而在 (18) 中产生了两种可能性。如果 $\Phi \vdash \text{all}(m_0, m)$，可得

$$\frac{\dfrac{\text{some}(l_0, m_0) \quad \text{all}(l_0, l)}{\text{some}(l, m_0)}(D) \quad \dfrac{\vdots}{\text{all}(m_0, m)}}{\text{some}(l, m)}(D)$$

如果 $\Phi \vdash \text{all}(l_0, m)$，可得

$$\frac{\dfrac{\dfrac{\text{some}(l_0, m_0)}{\text{some}(l_0, l_0)}(I) \quad \dfrac{\vdots}{\text{all}(l_0, l)}}{\text{some}(l, l_0)}(D) \quad \dfrac{\vdots}{\text{some}(l_0, m)}}{\text{some}(l, m)}(D)$$

无论哪种情况，都可得 $\Theta \vdash \theta$。

### 第三节 间接三段论系统 S 和 S†

对于情况 ③：令 $\theta = \text{some}(l, m)$，因为有 $\Theta = \Phi \models \theta$，根据引理 3.2 第三条可得：$\Phi \models \text{all}(\bar{l}, l)$ 和 $\Phi \models \text{all}(\bar{m}, m)$。根据情况 (1)，有 $\Phi \vdash \text{all}(\bar{l}, l)$ 和 $\Phi \vdash \text{all}(\bar{m}, m)$。因此，可以得到从 $\Phi$ 出发的推导：

$$\cfrac{\cfrac{\vdots}{\cfrac{\text{all}(\bar{l}, l)}{\text{some}(l, l)}(N)} \quad \cfrac{\cfrac{\vdots}{\text{all}(\bar{m}, m)}\ (A)}{\text{all}(l, m)}}{\text{some}(l, m)}(D)$$

并可得 $\Theta \vdash \theta$。

现在已经证明了：如果 $\Theta$ 是可满足的，$\Theta \models \theta$ 蕴涵 $\Theta \vdash \theta$。对此只需研究 $\Theta$ 是不可满足的情况。假如 $\Theta$ 不可满足，令 $\Theta' \cup \{\theta'\}$ 是 $\Theta$ 的一个极小不可满足子集 (此处假定 $\Theta$ 是有穷的)，可知 $\Theta'$ 是可满足的，且 $\Theta' \models \theta'$。根据前面的证明，可得 $\Theta' \vdash \theta'$。因此，可以得到一个从 $\Theta' \cup \{\theta'\}$ 出发的推导

$$\cfrac{\cfrac{\vdots}{\theta'} \quad \theta'}{\theta}(X)$$

并可得 $\Theta \vdash \theta$。证毕。

**定理 3.2** 推导关系 $\vdash_S$ 对 S 而言是可靠且完全的。

**证明** 可靠性的证明很显然。假定 $\Theta$ 是 S-公式的一个可满足集合且 $\theta$ 是一个 S-公式，使得 $\Theta \models \theta$。根据定理 3.1，有 $\Theta \vdash_{S†} \theta$，需证明 $\Theta \vdash_S \theta$。因为 $\vdash_{S†}$ 的推导是有穷的，不失一般性，可以假定 $\Theta$ 也是有穷的，且假定 $\Theta$ 是可满足的。

令 p、q 是任意一元原子，因此 $\Theta \not\models \text{all}(\bar{p}, q)$，否则，根据引理 3.2 第一条，存在一个全称公式子集 $\Phi \subseteq \Theta$ 使得 $\Phi \models \text{all}(\bar{p}, q)$。令 $\mathscr{H}$ 是任意结构，对所有一元原子 o 而言，使得 $o^{\mathscr{H}} = \varnothing$。因为 $\Phi \subseteq S$，$\mathscr{H} \models \Phi$，但 $\mathscr{H} \not\models \text{all}(\bar{p}, q)$，这就导出了一个矛盾。另外，因为 $\vdash_{S†}$ 是可靠的，自然有 $\Theta \not\vdash_{S†} \text{all}(\bar{p}, q)$。

现在研究 $\vdash_{S†}$ 中前提为 $\Theta$ 的任意推导，可断定：如果该推导包含形如 $\text{some}(\bar{p}, \bar{q})$ 的任意公式，那么该推导的最终结论也会是形式为 $\text{some}(\bar{p}, \bar{q})$ 的公式。因为根据假定，$\Theta$ 是可满足的，所以在推导中不会使用规则 (X)；以任意形式 $\text{some}(\bar{p}, \bar{q})$ 为前提所进行的推导，仅用到 S† 中的 (I) 规则和 (D) 规则，因此有

$$\cfrac{\text{some}(\bar{p}, \bar{q})}{\text{some}(\bar{p}, \bar{p})}(I) \qquad \cfrac{\text{some}(\bar{p}, \bar{q}) \quad \text{all}(\bar{p}, l)}{\text{some}(\bar{q}, l)}(D) \tag{19}$$

综上所述，规则 (D) 实例中的字母表达式 l 是否定的。在任何情况下，规则的结论都是形式为 some($\bar{p}$, $\bar{q}$) 的。

现在研究 $\vdash_{St}$ 中从 Θ 到 θ 的任意推导。因为 θ ∈ S 不是形式为 some($\bar{p}$, $\bar{q}$) 的 S-公式，从之前的证明可知，该推导不涉及任何形式为 all($\bar{p}$, $\bar{q}$) 或 some($\bar{p}$, $\bar{q}$) 的公式，所以所有的公式都在 S 中。根据引理 3.1，Θ $\vdash_S$ θ。

这就在有穷 S-公式集 Θ 可满足的情况下，证明了定理 3.2。如果 Θ 是不可满足的，令 Θ'∪{θ'} 是 Θ 的极小不可满足子集，因此，Θ' 是可满足的，并有 Θ' $\models$ $\overline{θ'}$。根据该结果可推出：Θ' $\vdash_S$ $\overline{θ'}$。根据单独使用一次 (X) 可得 Θ $\vdash_S$ θ。证毕。

## 第四节　具有斥完全性的关系三段论系统 R

现在将研究目标从 S 转向 R。前面已经给出了 R 中的三段论规则集合Ŕ，且证明了对于 R 而言，$\vdash_{\acute{R}}$ 是可靠且斥完全的推导关系，同时也证明了并不存在 R 中的有穷规则集 X，使得对 R 而言，X 是可靠的且完全的。可见，在证明一个三段论逻辑的完全性的过程中，规则 (RAA) 很重要。从斥完全性证明可知，即确定一个给定的 R-序列是否有效的问题是在 N$_{\text{LOG}}$S$_{\text{PACE}}$ 中的是否有效的问题，这是一个不太明显的事实。

### 一、不存在 R 的可靠且完全的三段论证明系统

**定理 4.1**　不存在 R 的有穷的三段论规则集 X，使得 $\vdash_X$ 是可靠且完全的。

**证明**　令 X 是 R 中三段论规则的任意有穷集，并假定 $\vdash_X$ 是可靠的，可以证明 $\vdash_X$ 是不完全的。因为 X 是有穷的，令 n 大于 X 中任意规则的前件数目。令 $p_1, \cdots, p_n$ 是不同的一元原子，r 是二元原子。令 Γ 是如下 R-公式组成的集合：

$$\text{all}(p_i, \text{some}(p_{i+1}, r)) \quad (1 \leqslant i < n) \tag{20}$$

$$\text{all}(p_1, \text{all}(p_n, r)) \tag{21}$$

$$\text{all}(p, p) \quad (p \in P) \tag{22}$$

$$\text{all}(p_i, \bar{p}_j) \quad (1 \leqslant i < j \leqslant n) \tag{23}$$

并令 γ 是 R-公式 all($p_i$, some($p_n$, r))，因此 Γ $\models$ γ。为了证明这一点，可令 $\mathscr{H} \models$ Γ，如果 $p_1^{\mathscr{H}} = \varnothing$，那么可知 $\mathscr{H} \models$ γ；另一方面，如果 $p_1^{\mathscr{H}} \neq \varnothing$，对

## 第四节  具有斥完全性的关系三段论系统 R

公式 (20) 进行的简单归纳可以证明对所有的 $i(1\leqslant i\leqslant n)$ 而言，$p_1^{\mathscr{H}}\neq\varnothing$，并根据 (21)，可得 $\mathscr{H}\models\gamma$。

对于 $1\leqslant i<n$ 而言，令 $\Delta_i=\Gamma\backslash\{\text{all}(p_i,\text{some}(p_{i+1},r))\}$ 即可。

**断定 4.1**  如果 $\varphi\in R$ 且 $\Delta_i\models\varphi$，则有 $\varphi\in\Gamma$。

从该断定可得 $\Gamma\not\vdash_X\gamma$。因为 X 中没有规则多于 $n-1$ 个前件，对某个 $i$ 而言，包含在 $\Gamma$ 中的那些前件的任意实例必定也包含在 $\Delta_i$ 中。令 $\delta$ 为 X 中规则的结论对应的实例。因为 $\vdash_X$ 是可靠的，所以有 $\Delta_i\models\delta$。根据断定 4.1，有 $\delta\in\Gamma$；又根据对推导中所有步骤数目进行归纳可知：所有以 $\Gamma$ 为前提集的推导都可以推出 $\Gamma$ 中的公式。然而 $\gamma\notin\Gamma$。

**断定 4.1 的证明**  显而易见，$\Delta_i$ 有一个模型，比如模型 $\mathscr{H}_i$ 可通过下述方式给出：

$$p_1\to p_2\to\cdots\to p_i\quad p_{i+1}\to\cdots\to p_n \tag{24}$$

其中，$A=\{p_1,\cdots,p_n\}$，对所有的 $j(1\leqslant j\leqslant n)$ 而言，$p_j^{\mathscr{H}}=\{p_j\}$，并且 $r^{\mathscr{H}_i}$ 由箭头来解释。假定其他所有 (一元或二元) 原子都有空扩张。需要注意的是：并不存在从 $p_i$ 到 $p_{i+1}$ 的箭头。

现在依次研究 $\varphi$ 的各种可能性，并验证 $\varphi\in\Gamma$ 或存在一个 $\varphi$ 在其中为假的 $\Delta_i$ 模型。

(i) $\varphi$ 是形式为 $\text{all}(p,p)$ 的公式，那么根据 (22) 可得：$\varphi\in\Gamma$。

(ii) $\varphi$ 不是形式为 $\text{all}(p,p)$ 的公式，并至少涉及一个不同于 $p_1,\cdots,p_n,r$ 的一元或二元原子。在这种情况下，可以直接修正模型 $\mathscr{H}_i$，使得能够得到 $\Delta_i$ 的一个模型 $\mathscr{H}_i'$ 且 $\mathscr{H}_i'\not\models\varphi$，那么可假定 $\varphi$ 不涉及除 $p_1,\cdots,p_n,r$ 之外的原子。

(iii) $\varphi$ 是形式为 $\text{all}(p_j,p_k)$ 的公式，如果 $j=k$，那么根据 (22) 可得：$\varphi\in\Gamma$。如果 $j\neq k$，根据观察可得：$\mathscr{H}_i\not\models\varphi$。

(iv) $\varphi$ 是形式为 $\text{all}(p_j,\bar{p}_k)$ 的公式，如果 $j=k$，因为 $p_j^{\mathscr{H}_i}\neq\varnothing$，可得：$\mathscr{H}_i\not\models\varphi$。如果 $j\neq k$，根据 (23) 和 $\text{all}(p_j,\bar{p}_k)=\text{all}(p_k,\bar{p}_j)$ 的同一性，可得：$\varphi\in\Gamma$。

(v) $\varphi$ 是形式为 $\text{all}(p_j,\text{all}(p_k,r))$ 的公式，如果 $j=1$ 且 $k=n$，根据 (21) 可得：$\varphi\in\Gamma$。因此可假定 $j>1$ 或 $k<n$，此时：$k\neq j+1$ 蕴涵 $\mathscr{H}_i\not\models\varphi$。因此可以假定 $\varphi=\text{all}(p_j,\text{all}(p_{j+1},r))$，且 $j<n$。令 $\mathscr{B}_{i,j}$ 是从 $\mathscr{H}_i$ 中添加一个第二点 $b$ 到 $p_{j+1}$ 的解释所得的结构，其中 $p_j$ 与 $r$ 不相关。其

示意图如下

$$p_1 \to p_2 \to \cdots \quad p_j \to p_{j+1} \to p_{j+2} \to \cdots \quad p_i \to p_{i+1} \to \cdots p_n$$
$$\hspace{4cm} b \nearrow$$

(上图表明了 $j+2 < i$。在其他所有情况下都可用类似图示来表达) 根据观察，$\mathscr{B}_{i,j} \vDash \Delta_i$，但 $\mathscr{B}_{i,j} \nvDash \varphi$。

(vi) $\varphi$ 是形式为 $\mathrm{all}(p_j, \mathrm{some}(p_k, r))$ 的公式，如果 $k = j+1$，根据 (20) 可得：$\varphi \in \Gamma$。如果 $k \neq j+1$，根据观察，除非 $j = 1$ 且 $k = n$，才有 $\mathscr{H}_i \nvDash \varphi$。因此可以假定 $\varphi = \mathrm{all}(p_1, \mathrm{some}(p_n, r))$。令 $\mathfrak{I}_i$ 为如下结构：

$$p_1 \to p_2 \to \cdots \to p_i$$

且对所有的 $j(i < j \leqslant n)$ 而言，$p_j^{\mathfrak{I}_i} = \varnothing$。因此可得：$\mathfrak{I}_i \vDash \Delta_i$，但 $\mathfrak{I}_i \nvDash \varphi$。

(vii) $\varphi$ 是形式为 $\mathrm{all}(p_j, \mathrm{all}(p_k, \bar{r}))$ 或 $\mathrm{all}(p_j, \mathrm{some}(p_k, \bar{r}))$ 的公式。可将 $\mathscr{H}_i''$ 定义为除了不含 $r^{\mathscr{H}_i''}$ 并额外包含点的序对 $<p_j, p_k>$ 外，其他与 $\mathscr{H}_i$ 的结构类似。根据观察可得：$\mathscr{H}_i'' \vDash \Delta_i$，但 $\mathscr{H}_i'' \nvDash \varphi$。

(viii) $\varphi$ 是形式为 $\mathrm{some}(p, c)$ 的公式，令 $\mathscr{H}_0$ 是论域上的所有原子都有空扩张的结构，可得：$\mathscr{H}_0 \vDash \Delta_i$，但 $\mathscr{H}_0 \nvDash \varphi$。

至此，就完成了定理 4.1 的证明。证毕。

## 二、关系三段论系统 R 的斥完全性

在如下的 R 的有穷规则集 $\acute{R}$ 中，根据定理 4.1 可知 $\vdash_{\acute{R}}$ 是可靠的且斥完全的。需要说明的是，p 和 q 在一元原子上取值，c 在 c-项上取值，t 在二元字母表达式上取值。

$$\frac{\mathrm{some}(p,q) \quad \mathrm{all}(q,c)}{\mathrm{some}(p,c)}(D1), \quad \frac{\mathrm{all}(p,q) \quad \mathrm{all}(q,c)}{\mathrm{all}(p,c)}(B)$$

$$\frac{\mathrm{all}(p,q) \quad \mathrm{some}(p,c)}{\mathrm{some}(q,c)}(D2), \quad \frac{}{\mathrm{all}(p,p)}(T), \quad \frac{\mathrm{some}(p,c)}{\mathrm{some}(p,p)}(\mathrm{I})$$

$$\frac{\mathrm{all}(q,\bar{c}) \quad \mathrm{some}(p,c)}{\mathrm{some}(p,\bar{q})}(D3), \quad \frac{\mathrm{all}(p,\bar{p})}{\mathrm{all}(p,c)}(A), \quad \frac{\mathrm{some}(p,\mathrm{some}(q,t))}{\mathrm{some}(q,q)}(\mathrm{II})$$

$$\frac{\mathrm{all}(p,\mathrm{all}(q',t)) \quad \mathrm{some}(q,q')}{\mathrm{all}(p,\mathrm{some}(q,t))}(\forall\forall), \quad \frac{\mathrm{some}(p,\mathrm{some}(q,t)) \quad \mathrm{all}(q,q')}{\mathrm{some}(p,\mathrm{some}(q',t))}(\exists\exists)$$

$$\frac{\mathrm{all}(p,\mathrm{some}(q,t)) \quad \mathrm{all}(q,q')}{\mathrm{all}(p,\mathrm{some}(q',t))}(\forall\exists)$$

## 第四节 具有斥完全性的关系三段论系统 R

规则 (D1)、(D2)、(D3)、(B)、(A)、(T) 和 (Ⅰ) 都是它们在 S 中与之同名的规则的自然推广。相反，规则 (∀∀)、(∃∃)、(∀∃) 和 (Ⅱ) 如实地表示出关系逻辑规则。在有些情景中，最后的这些规则被称为单调性原则。由于此处只研究 $\vdash_{\acute{R}}$ 的斥完全性，因此无须规则 (X)。

为了解释这些规则，令 n 为任意大于 1 的整数，令

$$\Gamma^* = \{\text{all}(p_i, \text{some}(p_{i+1}, r)) | 1 \leqslant i < n\} \cup \{\text{all}(p_1, \text{all}(p_n, r))\}$$

并令 $\gamma = \text{all}(p_1, \text{some}(p_n, r))$。注意 $\bar{\gamma} = \text{some}(p_1, \text{all}(p_n, \bar{r}))$（对于 $n > 3$）可得到如下推导：

$$\dfrac{\dfrac{\text{some}(p_1, \text{all}(p_n, \bar{r}))}{\text{some}(p_1, p_1)}(\text{Ⅰ}) \quad \text{all}(p_1, \text{some}(p_2, r))}{\text{some}(p_1, \text{some}(p_2, r))}(\text{D1})$$

$$\dfrac{\text{some}(p_1, \text{some}(p_2, r))}{\text{some}(p_2, p_2)} \quad \text{all}(p_2, \text{some}(p_3, r))$$

$$\dfrac{\text{some}(p_2, \text{some}(p_3, r))}{\text{some}(p_3, p_3)}(\text{Ⅱ})$$

$$\vdots$$

$$\dfrac{\dfrac{\text{all}(p_1, \text{all}(p_n, r)) \quad \text{some}(p_n, p_n)}{\text{all}(p_1, \text{some}(p_n, r))}(\forall\forall) \quad \text{some}(p_1, \text{all}(p_n, \bar{r}))}{\text{some}(p_1, \bar{p}_1)}(\text{D3})$$

由此推导可得 $\Gamma^* \cup \{\bar{\gamma}\} \vdash_{\acute{R}} \bot$。根据 $\Gamma^* \subseteq \Gamma$（其中 $\Gamma$ 是定理 4.1 的证明中所使用的公式组成的集合）可知，对任意三段论的有穷规则集 X 而言，n 可大到使得 $\Gamma^* \nvdash_X \gamma$。

**证明准备**  在本节的剩余部分，给定 R-公式的一个有穷非空集合 $\Gamma$。像之前那样，令变元 p 和 q 在一元原子上取值，r 在二元原子上取值，t 在二元字母表达式上取值，c 和 d 在 c-项上取值。如果 $c = d$，就可写作 $c \Rightarrow d$。如果存在一元原子 $p_0, \cdots, p_k$ 的序列使得 $c = p_0$，那么对于所有的 $i(0 \leqslant i < k)$ 而言，$\text{all}(p_k, d) \in \Gamma$ 且 $\text{all}(p_i, p_{i+1}) \in \Gamma$。如果 V 是 c-项组成的集合，如果对于某个 $c \in V$ 而言，有 $c \Rightarrow d$，就可写作 $V \Rightarrow d$。

**引理 4.1**  令 V 为 c-项的集合，

(1) 如果 $V \Rightarrow c$，那么 $c \in V$，或存在 $p \in V$ 使得 $\Gamma \vdash_{\acute{R}} \text{all}(p, c)$；

(2) 如果 $V \Rightarrow p$，那么存在 $p_0 \in V$，使得 $\Gamma \vdash_{\acute{R}} \text{all}(p_0, p)$；

(3) 如果 $p \Rightarrow c$，那么 $\Gamma \vdash_{\acute{R}} \text{all}(p, c)$。

**证明**  需要注意的是：$\acute{R}$ 包含了规则 (B) 和 (T)。证毕。

在后面的引理中还会证明，如果 $\Gamma$ 是 (对于 $\vdash_{\acute{R}}$) 一致的，那么 $\Gamma$ 是可满足的。第一步，构建出能够组成 $\Gamma$ 的潜在模型的大量对象。如果 $0 \leqslant i \leqslant 2$，

且 V 是 c-项的集合且 $1 \leqslant |V| \leqslant 2$，令 $b_{V,i}$ 表示某个对象或其他对象，并假定变元 $b_{V,i}$ 是不同的。现在，令 $B_0 = \{b_{\{p,c\},0} | \text{some}(p,c) \in \Gamma\}$。

**引理 4.2** 令 $b_{V,0} \in B_0$，并令 $p, c \in V$，那么可得 $\Gamma \vdash_{\acute{R}} \text{some}(p,c)$。

**证明** 如果 $p \neq c$，那么 $V = \{p,c\}$，且根据构造可知：$\text{some}(p,c) \in \Gamma$。如果 $p = c$，那么对某个 d 而言，有 $V = \{p,d\}$，可以得到推导：

$$\frac{\text{some}(p,d)}{\text{some}(p,p)}(\text{I})$$

证毕。

现在可以如下归纳定义集合 $B_1, B_2, \cdots$，假定 $B_k$ 已被定义，令

$B_{k+1} = B_k \cup \{b_{\{p\},i} | 0 \leqslant i \leqslant 2$，且 对某个 $b_{V,j} \in B_k$ 和某个 t 而言，

$$V \Rightarrow \text{some}(p,t)\}$$

令 $B = \bigcup_{0 \leqslant k} B_k$。显然，B 是有穷的 (因为 $|B|$ 被线性函数 $|\Gamma|$ 约束)。从 B 的结构可得，如果 $b_{V,i} \in B_0$，那么有 $1 \leqslant |V| \leqslant 2$，V 至少包含一个一元原子 p，且 $i = 0$。另一方面，如果对 $k > 0$ 而言，有 $b_{V,i} \in B_0$，那么对某个一元原子 p 而言，$V = \{p\}$，且 i 是 1 或者 2。从直觉上看，$B_0$ 的元素都是 $\Gamma$ 的特称公式的证明，而 $B_{k+1}$ 的元素是被 $B_k$ 元素所满足的特称 c-项的证明。

**引理 4.3** 如果 $b_{V,i} \in B$，$V \Rightarrow p$ 且 $V \Rightarrow c$，那么 $\Gamma \vdash_{\acute{R}} \text{some}(p,c)$。

**证明** 令 k 为满足 $b_{V,i} \in B_k$ 的最小数字。现在对 k 进行归纳。

在 $k = 0$ 的情况下，$b_{V,i} = b_{V,0} \in B_0$。根据引理 4.1 (2) 可知，存在 $q_1 \in V$ 使得 $\Gamma \vdash_{\acute{R}} \text{all}(q_1, p)$。根据引理 4.1 (1) 可知，$c \in V$ 或存在 $q_2 \in V$ 使得 $\Gamma \vdash_{\acute{R}} \text{all}(q_2, c)$。在前一种情况下，根据引理 4.2 可知：$\Gamma \vdash_{\acute{R}} \text{some}(q_1, c)$，因此可得推导

$$\frac{\begin{array}{cc} \vdots & \vdots \\ \text{some}(q_1, c) & \text{all}(q_1, p) \end{array}}{\text{some}(p, c)}(\text{D2})$$

在后一种情况下，引理 4.2 证明了 $\Gamma \vdash_{\acute{R}} \text{some}(q_1, q_2)$，因此可得推导

$$\frac{\dfrac{\begin{array}{cc} \vdots & \vdots \\ \text{some}(q_1, q_2) & \text{all}(q_2, c) \end{array}}{\text{some}(q_1, c)}(\text{D1}) \quad \begin{array}{c} \vdots \\ \text{all}(q_1, p) \end{array}}{\text{some}(p, c)}(\text{D2})$$

在 $k > 0$ 的情况下，对于某个 $p_k$ 而言，有 $b_{V,i} \in B_k$ 蕴涵 $V = \{p_k\}$，且 $1 \leqslant i \leqslant 2$。根据 $B_k$ 的结构可知，存在 $b_{W,j} \in B_{k-1}$，$p_{k-1} \in W$ 和

## 第四节 具有斥完全性的关系三段论系统 R

二元字母表达式 t, 使得 $W \Rightarrow \text{some}(p_k, t)$。根据归纳假设可知: $\Gamma \vdash_{\acute{R}} \text{some}(p_{k-1}, \text{some}(p_k, t))$, 并根据引理 4.1 (3) 可得: $\Gamma \vdash_{\acute{R}} \text{all}(p_k, p)$, 且 $\Gamma \vdash_{\acute{R}} \text{all}(p_k, c)$。因此, 可以得到推导:

$$\cfrac{\cfrac{\cfrac{\text{some}(p_{k-1}, \text{some}(p_k, r))}{\text{some}(p_k, p_k)}(\text{II}) \quad \vdots \quad \text{all}(p_k, p)}{\text{some}(p_k, p)}(\text{D1}) \quad \vdots \quad \text{all}(p_k, c)}{\text{some}(p, c)}(\text{D1})$$

证毕。

**引理 4.4** 如果 $b_{V,i} \in B$, $V \Rightarrow c$, $V \Rightarrow d$ 且 $c \neq d$, 那么存在一个一元原子 p 使得:

(i) $\Gamma \vdash_{\acute{R}} \text{some}(p, c)$ 且 $\Gamma \vdash_{\acute{R}} \text{all}(p, d)$;

(ii) $\Gamma \vdash_{\acute{R}} \text{some}(p, d)$ 且 $\Gamma \vdash_{\acute{R}} \text{all}(p, c)$。

**证明** 首先假定对某个 q 而言, 有 $c = q$, 根据引理 4.3 可知: $\Gamma \vdash_{\acute{R}} \text{some}(p, d)$; 根据规则 (T) 可知: $\Gamma \vdash_{\acute{R}} \text{all}(q, q)$。因此 $p = q$ 满足了条件 (ii)。另一方面, 可以类似证明, 对于某个 q 而言, $d = q$ 满足条件 (i)。因此可假定 c 和 d 都不是一元原子。因为 $c \neq d$, 根据 B 的结构可知: $c \notin V$ 或 $d \notin V$。如果 $d \notin V$ 成立, 那么根据引理 4.1 第 1 条可知: 存在 $p \in V$ 使得 $\Gamma \vdash_{\acute{R}} \text{all}(p, d)$。已知 $V \Rightarrow p$ 且 $V \Rightarrow c$, 因此根据引理 4.3 可知: $\Gamma \vdash_{\acute{R}} \text{some}(p, c)$, 且条件 (i) 被满足。如果 $c \notin V$ 成立, 可以类似证明条件 (ii) 满足。证毕。

令集合 B 可以构成结构 $\mathscr{B}$ 的定义域, 如果 p 是一个一元原子, 令集合

$$p^{\mathscr{B}} = \{b_{V,i} \in B | V \Rightarrow p\}$$

如果 r 是一个二元原子, 令集合 $r^{\mathscr{B}} = \{\langle b_{V,i}, b_{\{p\},1}\rangle \in B^2 | V \Rightarrow \text{some}(p, r)\} \cup \{\langle b_{V,i}, b_{W,j}\rangle \in B^2 |$ 对某个 q 而言, $V \Rightarrow \text{all}(p, r)$ 且 $W \Rightarrow q\}$。

从直觉上看, 元素 $b_{\{p\},1}$ 是在形式为 $\text{some}(p, r)$ 的 c- 项中特称量词的证明, 元素 $b_{\{p\},2}$ 则是形式为 $(p, \bar{r})$ 的 c- 项中特称量词的证明。

**引理 4.5** 如果 $\Gamma$ 是不可满足的, 那么存在一个 B 中的元素 $b_{V,i}$, 一个一元原子 p 和一个 c- 项 c, 使得 $V \Rightarrow p$, $V \Rightarrow c$, $b_{V,i} \in p^{\mathscr{B}}$ 且 $b_{V,i} \notin c^{\mathscr{B}}$。

**证明** 因为 $\Gamma$ 是不可满足的, 令 $\varphi \in \Gamma$ 使得 $\mathscr{B} \not\models \varphi$。如果 $\varphi = \text{some}(p, c)$, 令 $V = \{p, c\}$, 显然有 $V \Rightarrow p$ 且 $V \Rightarrow c$。根据 B 的结构可知: $b_{V,0} \in B$, 且根据 $\mathscr{B}$ 的结构可知: $b_{V,0} \in p^{\mathscr{B}}$, 并有 (因为 $\mathscr{B} \not\models$

φ) $b_{V,0} \notin c^{\mathscr{B}}$。另一方面，如果 $\varphi = \text{all}(p,c)$，存在 $b_{V,i} \in B$ 使得 $b_{V,i} \in p^{\mathscr{B}}$ 且 $b_{V,i} \notin c^{\mathscr{B}}$。根据 $\mathscr{B}$ 的结构可知：$V \Rightarrow p$；因为 $\text{all}(p,c) \in \Gamma$，可得 $V \Rightarrow c$。证毕。

现在证明可同时推出复杂性和斥完全性结果的主要引理4.6和引理4.7。

**引理 4.6**　如果 Γ 是不可满足的，那么下述条件 (C) 成立：

(C) 存在 B 中元素 $b_{V,i}$ 和 $b_{W,j}$，一元原子 q, o 和二元原子 r，使得下述条件之一为真：

(1) $V \Rightarrow q$ 且 $V \Rightarrow \bar{q}$；

(2) $V \Rightarrow \text{some}(q,\bar{r})$，$V \Rightarrow \text{all}(o,r)$，且 $q \Rightarrow o$；

(3) $V \Rightarrow \text{all}(q,\bar{r})$，$V \Rightarrow \text{some}(o,r)$，且 $o \Rightarrow q$；

(4) $V \Rightarrow \text{all}(q,\bar{r})$，$V \Rightarrow \text{all}(o,r)$，$W \Rightarrow q$ 且 $W \Rightarrow o$。

**证明**　令 V, i, p 和 c 如在引理 4.5 中的定义那样。首先断定 c 不可能具有 q, some(q,r) 或 all(q,r) 这样的形式。现在依次研究每种可能性。

(i) 如果 c = q，那么根据 $\mathscr{B}$ 的结构可知：$V \Rightarrow c$ 蕴涵 $b_{V,i} \in q^{\mathscr{B}}$，这与 $b_{V,i} \notin c^{\mathscr{B}}$ 矛盾。

(ii) 如果 c = some(q,r)，那么根据 $\mathscr{B}$ 的结构，$V \Rightarrow c$ 蕴涵 $b_{\{q\},1} \in B$，$b_{\{q\},1} \in q^{\mathscr{B}}$ 且 $\langle b_{V,i}, b_{\{q\},1} \rangle \in r^{\mathscr{B}}$，可得 $b_{V,i} \in \exists(q,r)^{\mathscr{B}}$，这与 $b \notin c^{\mathscr{B}}$ 矛盾。

(iii) 如果 c = all(q,r)，因为 $V \Rightarrow c$，根据 $\mathscr{B}$ 的结构可知：对于任意的 $b_{w,j} \in q^{\mathscr{B}}$，可得 $W \Rightarrow q$，因此 $\langle b_{V,i}, b_{W,j} \rangle \in r^{\mathscr{B}}$，即 $b_{V,i} \in \text{all}(q,r)^{\mathscr{B}}$，这与 $b \notin c^{\mathscr{B}}$ 相矛盾。

因此，c 是形式为 $\bar{q}$, some(q,$\bar{r}$) 或 all(q,$\bar{r}$) 之一的 c-项。现在依次考察每种可能性，以证明条件 (C) 的四种情况中必有一种情况成立。

(i) 如果 c = $\bar{q}$，那么 $b_{V,i} \notin c^{\mathscr{B}}$ 意味着 $b_{V,i} \in q^{\mathscr{B}}$，因此根据 $\mathscr{B}$ 的结构可得：$V \Rightarrow q$。但根据假设有 $V \Rightarrow c$，这就证明了 (C) 的情况 (1)。

(ii) 如果 c = some(q,$\bar{r}$)，因为 $V \Rightarrow c$，根据 $\mathscr{B}$ 的结构可得：$b_{\{q\},2} \in B$，事实上 $b_{\{q\},2} \in q^{\mathscr{B}}$。因为 $b_{V,i} \notin c^{\mathscr{B}}$，可得：$\langle b_{V,i}, b_{\{q\},2} \rangle \in r^{\mathscr{B}}$。而 $\mathscr{B}$ 的结构确保了对某个一元原子 o 而言，有 $V \Rightarrow \forall(o,r)$ 且 $q \Rightarrow o$，因此可以得到条件 (C) 中的情况 (2)。

(iii) 如果 c = all(q,$\bar{r}$)，那么有 $b_{V,i} \notin c^{\mathscr{B}}$，因此，存在 $b_{W,j} \in B$ 使得 $b_{W,j} \in q^{\mathscr{B}}$，且 $\langle b_{V,i}, b_{W,j} \rangle \in r^{\mathscr{B}}$。根据 $\mathscr{B}$ 的结构可得：$W \Rightarrow q$，并对于某个一元原子 o，有

(a) $V \Rightarrow \text{some}(o,r)$，$W = \{o\}$ 且 j = 1；

(b) $V \Rightarrow \text{all}(o,r)$, $W \Rightarrow o$。

这分别证明了条件 (C) 中的情况 (3) 和 (4)。证毕。

**引理 4.7** 下述命题是等价的：

(1) $\Gamma \vdash_{\acute{R}} \bot$；

(2) $\Gamma$ 是不可满足的；

(3) 引理 4.6 的条件 (C) 成立。

**证明** 对于蕴涵式 (1)⇒(2) 的情况，$\vdash_{\acute{R}}$ 可靠是显然的。蕴涵式 (2)⇒(3) 就是引理 4.6。对于蕴涵式 (3)⇒(1) 的情况，假定引理 4.6 的条件 (C) 成立。该条件有四种可能情况：下面研究每种情况，并证明对于某个一元原子 p 而言，$\Gamma \vdash_{\acute{R}} \text{some}(p,\bar{p})$。

(i) $V \Rightarrow q$ 且 $V \Rightarrow \bar{q}$。根据引理 4.3 可得：$\Gamma \vdash_{\acute{R}} \text{some}(p,\bar{q})$；

(ii) $V \Rightarrow \text{some}(q,\bar{r})$, $V \Rightarrow \text{all}(o,r)$, $q \Rightarrow o$，根据引理 4.1 的第 2 条 (或第 3 条) 可知：$\Gamma \vdash_{\acute{R}} \text{all}(q,o)$；根据引理 4.4 可知：存在 p 使得：

(a) $\Gamma \vdash_{\acute{R}} \text{some}(p, \text{some}(q,\bar{r}))$ 且 $\Gamma \vdash_{\acute{R}} \text{all}(p, \text{all}(o,r))$，

(b) $\Gamma \vdash_{\acute{R}} \text{some}(p, \text{all}(o,r))$ 且 $\Gamma \vdash_{\acute{R}} \text{all}(p, \text{some}(q,\bar{r}))$。

在情况 (a) 中，有推导：

$$\cfrac{\cfrac{\text{some}(p,\text{some}(q,\bar{r})) \quad \text{all}(q,o)}{\text{some}(p,\text{some}(o,\bar{r}))}(\exists\exists) \quad \text{all}(p,\text{all}(o,r))}{\text{some}(p,\bar{p})}\text{(D3)}$$

而在情况 (b) 中有推导：

$$\cfrac{\text{some}(p,\text{all}(o,r)) \quad \cfrac{\text{all}(p,\exists(q,\bar{r})) \quad \text{all}(q,o)}{\text{all}(p,\text{some}(o,\bar{r}))}(\forall\exists)}{\text{some}(p,\bar{p})}\text{(D3)}$$

(iii) $V \Rightarrow \text{all}(q,\bar{r})$, $V \Rightarrow \text{some}(o,r)$, $o \Rightarrow q$。根据引理 4.1 第 2 条 (或第 3 条)，可得 $\Gamma \vdash_{\acute{R}} \text{all}(o,q)$，且根据引理 4.4，存在 p 使得：(a) $\Gamma \vdash_{\acute{R}} \text{some}(p,\text{some}(o,r))$ 且 $\Gamma \vdash_{\acute{R}} \text{all}(p,\text{all}(q,\bar{r}))$；或 (b) $\Gamma \vdash_{\acute{R}} \text{some}(p,\text{all}(q,\bar{r}))$ 且 $\Gamma \vdash_{\acute{R}} \text{all}(p,\text{some}(o,r))$。可以分别对情况 (ii)(a) 和情况 (ii)(b) 采用相同的推演模式。

(iv) $V \Rightarrow \text{all}(q,\bar{r})$, $V \Rightarrow \text{all}(o,r)$, $W \Rightarrow q$, $W \Rightarrow o$。根据引理 4.4，存在 p 使得 $\Gamma \vdash_{\acute{R}} \text{some}(p, \text{all}(p_1, u))$ 且 $\Gamma \vdash_{\acute{R}} \text{all}(p, \text{all}(p_2, \bar{u}))$，其中 u 是 r 或 $\bar{r}$，且 $p_1$ 和 $p_2$ 是 q 或 o 且 $p_1$ 和 $p_2$ 不相同。根据引理 4.3 可知：$\Gamma \vdash_{\acute{R}} \text{some}(o,q)$，即 $\Gamma \vdash_{\acute{R}} \text{some}(p_1, p_2)$。因此可得推导

$$\cfrac{\cfrac{\vdots\quad\vdots}{\cfrac{\text{all}(p, \text{all}(p_2, \bar{u}))\quad \text{some}(p_1, p_2)}{\text{all}(p, \text{some}(p_1, \bar{u}))}(\forall\forall)\quad \cfrac{\vdots}{\text{some}(p, \text{all}(p_1, u))}}}{\text{some}(p, \bar{p})}(D3)$$

证毕。

**定理 4.2** 推导关系 $\vdash_{\acute{R}}$ 对三段论片段 R 而言，是可靠的和斥完全的。

**证明** 可靠性是很明显的。斥完全性是引理 4.7 中从 (2) 到 (1) 的蕴涵。证毕。

**定理 4.3** 确定任意的关系三段论片段 S, S† 和 R 序列的有效性问题是 $\text{NL}_{\text{OG}}\text{S}_{\text{PACE}}$-完全的。

**证明** 下确界可以通过对 S 的有效性问题的有向图表的可通达性问题进行归纳得到。如果 $G = (V, E)$ 是一个有向图，令结点 V 是一元原子。

令 $\Theta_G = \{\text{all}(u,v) | (u,v) \in E\}$。很容易推出 $\Theta_G \models \text{all}(u,v)$ 当且仅当 $v$ 从 $u$ 可通达。

根据 Immerman-Szelepcsényi 定理，$\text{NL}_{\text{OG}}\text{S}_{\text{PACE}}$ 在取补运算下封闭。因为确定一个给定的 S†- 公式的可满足性问题可化归成 2SAT 问题，S† 的上确界是 $\text{NL}_{\text{OG}}\text{S}_{\text{PACE}}$-完全的[①]。

现在只需要建立 R 的上确界。对此，需要证明："判断 R-公式的给定集合 $\Gamma$ 的不可满足性的问题" 是在 $\text{NL}_{\text{OG}}\text{S}_{\text{PACE}}$ 中的不可满足性问题。令 $\Gamma$ 是一个 R-公式组成的集合，令 B 和 $\mathscr{B}$ 的定义与在引理 4.2— 引理 4.7 所定义的一样。根据引理 4.7 可知：$\Gamma$ 是不可满足的，当且仅当，存在 $b_{V,i}, b_{W,j} \in B$，一元原子 q, o 和二元原子 r 满足引理 4.6 条件 (C) 中的四种情况中的一种。假定这些 V, W, i, j, q, o 和 r 是不确定的。这只要求对数空间，因为只有相关原子的指数需要编码，且 B 的大小在 $\Gamma$ 中的公式的数目是线性的。正如条件 (C) 的四种情况下所要求的那样，证明 $b_{V,i}, b_{W,j} \in B$ 实质上是图的可通达性问题。因为图的可通达性是 $\text{NL}_{\text{OG}}\text{S}_{\text{PACE}}$ 的。证毕。

---

[①] Papadimitriou C H. Computational Complexity. MA: Addison-Wesley Reading, 1994: 185-398.

## 第五节　间接关系三段论系统 R*

接下来研究关系三段论片段 R*。关于该片段的句法的回顾，读者可参考图 2。McAllester 和 Givan(1992) 已经分析了 R* 的复杂性，其复杂性包含在更具表达力的逻辑中 (该逻辑受到自然语言句法的启示)，R* 可满足性问题已经被证明是 $NPT_{IME}$-完全的。McAllester 和 Givan(1992) 的 $NPT_{IME}$-hardness 证明①表明，只需使用 R* 片段中的公式；因此下确界也应用到 R* 中。换句话说：

**命题 5.1**(McAllester and Givan, 1992)　确定关系三段论 R* 片段中序列的有效性问题是 co-$NPT_{IME}$-完全的。

命题 5.1 是重要的，至少在搜寻推导直接三段论系统复杂性时会用到。

**推论 5.1**　如果 PTIME$\neq$NPTIME，那么并不存在 R* 中三段论有穷规则集 X，使得 $\vdash X$ 是可靠的且斥完全的。

**证明**　利用命题 5.1 和引理 2.1 可以证明推论 5.1。证毕。

令 $\acute{R}^*$ 是 R* 中如下的三段论规则集，所得到的结论是 $\Vdash_{\acute{R}^*}$ 的间接推导关系是完全的。在下图中，变元 $b^+$，$c^+$ 在肯定的 c-项上取值，d 在 c-项上取值。(像通常那样，p，q 在一元原子上取值，r 在二元原子上取值。)

$$\frac{}{\text{all}(c^+, c^+)}(T), \quad \frac{\text{some}(c^+, d)}{\text{some}(c^+, c^+)}(\text{I}), \quad \frac{\text{all}(b^+, c^+) \quad \text{all}(c^+, d)}{\text{all}(b^+, d)}(B)$$

$$\frac{\text{some}(b^+, c^+) \quad \text{all}(c^+, d)}{\text{some}(b^+, d)}(D1), \quad \frac{\text{all}(b^+, c^+) \quad \text{some}(b^+, d)}{\text{some}(c^+, d)}(D2)$$

$$\frac{\text{all}(p, q)}{\text{all}(\text{all}(q, r), \text{all}(p, r))}(J), \quad \frac{\text{all}(p, q)}{\text{all}(\exists(p, r), \text{some}(q, r))}(K),$$

$$\frac{\text{some}(p, q)}{\text{all}(\text{all}(p, r), \text{some}(q, r))}(L), \quad \frac{\text{some}(q, \text{some}(p, r))}{\text{some}(p, p)}(\text{II}),$$

$$\frac{\text{all}(p, \bar{p})}{\text{all}(c^+, \text{all}(p, r))}(Z), \quad \frac{\text{all}(p, \bar{p})}{\text{some}(\text{all}(p, r), \text{all}(p, r))}(W)$$

规则 (D1)、(D2)、(B)、(T) 和 (I) 是 $\acute{R}$ 中同名规则的自然推广。规则 (J)、(K) 和 (L) 是直觉上显然的逻辑原则，但很少单独使用这些规则。例如，如果所有的箭猪都是棕色动物，那么攻击全部棕色动物就是攻击全部的箭猪 (J)，且所有拍摄一些箭猪的照片就是拍摄了一些棕色动物的照片 (K)。如果一

---

① McAllester D A, Givan R. Natual language syntax and first-order inference. Artificial Intelligence, 1992, 56: 12-14.

些箭猪是棕色动物,那么抚摸全部箭猪就是抚摸一些棕色动物 (L)。根据规则 (Ⅱ)、(Z) 可知,如果不存在箭猪,那么所有的农夫爱所有的箭猪。根据规则 (W) 可知:在同样的假定下,存在一些爱所有箭猪的对象 (因为假定了全称量词论域非空,且在其中的所有对象显然爱所有的箭猪)。如果不假定模型的全称量词论域非空,那么需要放弃规则 (W),且所得的系统的完全性可以通过相同的方式进行证明。

$\Vdash_{\acute{R}^*}$ 中所有 $\acute{R}$ 的规则都是可推导的。下面给出规则 (A) 的证明

$$\cfrac{\cfrac{[\text{some}(p,\bar{d})]^1}{\text{some}(p,p)}(\text{I}) \qquad \text{all}(p,\bar{p})}{\cfrac{\text{some}(p,\bar{p})}{\text{all}(p,d)}(\text{RAA})^1}(\text{D1})$$

本节剩余部分将研究对于 $R^*$ 而言,$\Vdash_{\acute{R}^*}$ 是可靠且完全的证明。

**证明准备** 为了证明完全性,只需证明三段论片段 $R^*$ 中的每个一致集 $\Gamma$ 是可满足的。同样,根据引理 2.2,可以假定 $\Gamma$ 是 $R^*$-完全的。本节剩余部分令 $\Gamma$ 是某个 $R^*$-完全的公式组成的集合,而且 $\Gamma$ 相对于 $\Vdash_{\acute{R}^*}$ 是一致的。可以把 $\Vdash_{\acute{R}^*}$ 简记为 $\vdash$。

现在构造一个结构 $\mathscr{H}$ 并证明它满足 $\Gamma$。首先,令 $C^+$ 为肯定的 c-项组成的集合。那么可以定义 $\mathscr{H}$ 如下:

$$A = \{\langle c_1, c_2, Q\rangle \in C^+ \times C^+ \times \{\text{all}, \text{some}\} : \Gamma \vdash \text{some}(c_1, c_2)\}$$

$$p^{\mathscr{H}} = \{\langle c_1, c_2, Q\rangle \in A : \Gamma \vdash \text{all}(c_1, p) \text{ 或 } \Gamma \vdash \text{all}(c_2, p)\}$$

且 $\langle c_1, c_2, Q_1\rangle r^{\mathscr{H}} \langle d_1, d_2, Q_2\rangle$,当且仅当:

(a) 对于某个 $i, j$ 和 $q \in P$,$\Gamma \vdash \text{all}(c_i, \text{all}(q, r))$ 且 $\Gamma \vdash \text{all}(d_j, q)$;

(b) $Q_2 = \text{some}$,并对于某个 $i$ 和 $q \in P$,$d_1 = d_2 = q$ 而言,有 $\Gamma \vdash \text{all}(c_i, \text{some}(q, r))$。

需注意的是,集合 A 是非空的。令 $p \in P$,如果 $\Gamma \vdash \text{some}(p, p)$,那么 $\langle p, p, \text{all}\rangle \in A$。否则 $\Gamma \vdash \text{all}(p, \bar{p})$,因此,对于所有的二元原子 $r$ 而言,根据 (W) 可得 $\Gamma \vdash \text{some}(\text{all}(p, r), \text{all}(p, r))$。因此 $\langle c, c, \text{all}\rangle \in A$,其中 $c$ 是 $\text{all}(p, r)$。

**引理 5.1** 对于所有的 $c \in C^+$ 而言,

$$c^{\mathscr{H}} = \{\langle d_1, d_2, Q\rangle \in A : \Gamma \vdash \text{all}(d_1, c) \text{ 或 } \Gamma \vdash \text{all}(d_2, c)\}$$

**证明** 对于一元原子 $c$ 而言,结论很显然。因为有事实:如果 $\Gamma \vdash \text{some}(p, p)$,那么 $p^{\mathscr{H}} \neq \emptyset$;而且 $\langle p, p, \text{all}\rangle$ 和 $\langle p, p, \text{some}\rangle$。现在主要关注

## 第五节 间接关系三段论系统 R*

形式为 all(p,r) 和 some(p,r) 的 c-项。需要说明的是，在本证明中的所有 c-项是肯定的。

现在从 c=all(p,r) 开始证明。假定 $\langle d_1, d_2, Q \rangle \in \text{all}(p,r)^{\mathcal{H}}$，这时有两个情况 $\Gamma \vdash \text{some}(p,p)$ 或 $\Gamma \nvdash \text{some}(p,p)$。当 $\Gamma \vdash \text{some}(p,p)$ 时，有 $\langle p,p,\text{all} \rangle \in p^{\mathcal{H}}$。根据三段论 R* 的语义，可得 $\langle d_1, d_2, Q \rangle r^{\mathcal{H}} \langle p,p,\text{all} \rangle$。根据 $\mathcal{H}$ 的结构可知：存在 i 和 q，可以得到在证明树的左下方中从 $\Gamma$ 开始的如下推导：

$$\cfrac{\text{all}(d_i, \text{all}(q,r)) \quad \cfrac{\text{all}(p,q) \quad \cfrac{\vdots}{\text{all}(\text{all}(q,r), \text{all}(p,r))}(J)}{\text{all}(d_i, \text{all}(p,r))}(B)}{} \quad \cfrac{\vdots \quad \text{all}(p,\bar{p})}{\text{all}(d_j, \text{all}(p,r))}(Z)$$

这就证明了 $\Gamma \vdash \text{all}(d_i, \text{all}(p,r))$。另一方面，如果 $\Gamma \nvdash \text{some}(p,p)$，则 $\Gamma$ 是完全的且 $\Gamma \vdash \text{all}(p,\bar{p})$ 可断定，并对于两个 j 而言，可以得到证明树右上方的从 $\Gamma$ 开始的推导。

相反，固定 i，并假设 $\Gamma \vdash \text{all}(d_i, \text{all}(p,r))$，可断定 $\langle d_1, d_2, Q \rangle$ 属于 $\text{all}(p,r)^{\mathcal{H}}$。对此，令任意的 $\langle b_1, b_2, Q' \rangle \in p^{\mathcal{H}}$ 使得对某个 j 而言，有 $\Gamma \vdash \text{all}(b_j, p)$（就像 c 和 d 那样，现在使 $b_1$ 和 $b_2$ 在肯定的 c-项上取值），因此 p、i 和 j 证明了 $\langle d_1, d_2, Q \rangle r^{\mathcal{H}} \langle b_1, b_2, Q' \rangle$。$p^{\mathcal{H}}$ 的所有元素证明了 $\langle d_1, d_2, Q \rangle \in \text{all}(p,r)^{\mathcal{H}}$。

当 c =some(p,r) 时，证明引理中的命题。

假定 $\langle d_1, d_2, Q \rangle \in \text{some}(p,r)^{\mathcal{H}}$。因此对某个 $\langle b_1, b_2, Q' \rangle \in p^{\mathcal{H}}$ 而言，$\langle d_1, d_2, Q \rangle r^{\mathcal{H}} \langle b_1, b_2, Q' \rangle$。首先研究结构 $\mathcal{H}$ 定义中的情况 (a)：存在 i,j 和 q 使得 $\Gamma \vdash \text{all}(d_i, \text{all}(q,r))$ 且 $\Gamma \vdash \text{all}(b_j, q)$。根据 $\langle b_1, b_2, Q' \rangle \in A$ 可得：$\Gamma \vdash \text{some}(b_1, b_2)$。令 k 满足 $\Gamma \vdash \text{all}(b_k, p)$。可以使用一个从 $\Gamma$ 开始的推导来证明希望得到的结论：

$$\cfrac{\text{all}(d_i, \text{all}(q,r)) \quad \cfrac{\cfrac{\cfrac{\vdots}{\text{some}(b_1, b_2)}}{\text{some}(b_k, b_j)} \quad \text{all}(b_j, q)}{\cfrac{\text{some}(b_k, q)}{\cfrac{\text{some}(q,p)}{\text{all}(\text{all}(q,r), \text{some}(p,r))}(L)}(D1) \quad \cfrac{\vdots}{\text{all}(b_k, p)}}(D1)}{\text{all}(d_i, \text{some}(p,r))}(B)$$

这就完成了情况 (a) 的证明。在情况 (b) 中，$Q' =$ some，存在某个 $q \in P$ 使得 $b_1 = b_2 = q$，且对于某个 $i$ 而言，$\Gamma \vdash \text{all}(d_i, \text{some}(q, r))$，同样可得：$\Gamma \vdash \text{all}(q, p)$。因此可以得到从 $\Gamma$ 开始的如下推导：

$$\cfrac{\text{all}(d_i, \text{some}(q, r)) \qquad \cfrac{\vdots \qquad \cfrac{\text{all}(q, p)}{\text{all}(\text{some}(q, r), \text{some}(p, r))}(K)}{}}{\text{all}(d_i, \text{some}(p, r))}(B)$$

据此可知，如果 $\langle d_1, d_2, Q \rangle \in \text{some}(p, r)^{\mathscr{H}}$，那么对某个 $i$ 而言 $\Gamma \vdash \text{all}(d_i, \text{some}(p, r))$。现在进行反向证明，假定 $\langle d_1, d_2, Q \rangle \in A$，并有 $i(1 \leqslant i \leqslant 2)$ 使得 $\Gamma \vdash \text{all}(d_i, \text{some}(p, r))$。那么 $\Gamma \vdash \text{some}(d_1, d_2)$，因此可以得到从 $\Gamma$ 开始的如下推导：

$$\cfrac{\cfrac{\text{some}(d_1, d_2)}{\text{some}(d_i, d_i)}(\text{I}) \qquad \cfrac{\vdots}{\text{all}(d_i, \text{some}(p, r))}(D1)}{\cfrac{\text{some}(d_i, \text{some}(p, r))}{\text{some}(p, p)}(\text{II})}$$

这就证明了 $\langle p, p, \text{some} \rangle \in A$。根据 $\mathscr{H}$ 的结构可得 $\langle d_1, d_2, Q \rangle r^{\mathscr{H}} \langle p, p, \text{some} \rangle$，且 $\langle p, p, \text{some} \rangle \in p^{\mathscr{H}}$。因此 $\langle d_1, d_2, Q \rangle \in \text{some}(p, r)^{\mathscr{H}}$。证毕。

**引理 5.2** $\mathscr{H} \models \Gamma$。

**证明** 需要对 $R_*$ 中各种公式类型的情况进行分类证明。根据公式 $\text{some}(e, f)$ 与 $\text{some}(f, e)$ 的同一性，以及公式 $\text{all}(\bar{e}, \bar{f})$ 与 $\text{all}(f, e)$ 的同一性，可以令所有的 $R^*$-公式具有如下形式之一：$\text{all}(c^+, d^+)$，$\text{all}(c^+, \overline{d^+})$，$\text{some}(c^+, d^+)$，$\text{some}(c^+, \overline{d^+})$，其中 $c^+$ 和 $d^+$ 在肯定的 c-项上取值。为了简洁起见，在证明的剩余部分会省略上标 $+$，即 $c$ 和 $d$ 在肯定的 c-项上取值。

当 $\varphi \in \Gamma$ 是 $\text{all}(c, d)$ 的情况时，根据 (B) 和引理 5.1 可知：$c^{\mathscr{H}} \subseteq d^{\mathscr{H}}$。

当 $\varphi \in \Gamma$ 是 $\text{all}(c, \bar{d})$ 的情况时，假定矛盾命题 $\mathscr{H} \not\models \varphi$ 成立。令 $\langle b_1, b_2, Q \rangle \in c^{\mathscr{H}} \cap d^{\mathscr{H}}$。令 $i$ 和 $j$ 满足 $\Gamma \vdash \text{all}(b_i, c)$ 和 $\Gamma \vdash \text{all}(b_j, d)$。根据 (B) 可得：$\Gamma \vdash \text{all}(b_i, \bar{d})$。因为 $\Gamma \vdash \text{some}(b_i, b_j)$，根据 (D1) 可得：$\Gamma \vdash \text{some}(d, \bar{d})$。因此 $\Gamma$ 是不一致的，这就导出了矛盾。

如果 $\varphi \in \Gamma$ 是 $\text{some}(c, d)$，那么有 $(c, d, \text{some}) \in A$。根据规则 (T) 和引理 5.1 可得：$(c, d, \text{some}) \in c^{\mathscr{H}} \cap d^{\mathscr{H}}$。

最后，研究当 $\varphi \in \Gamma$ 是 $\text{some}(c, \bar{d})$ 的情况。根据 (I) 可得：$\Gamma \vdash \text{some}(c, c)$，因此 $\langle c, c, \text{all} \rangle \in A$。假定矛盾命题 $\mathscr{H} \models \text{all}(c, d)$ 成立，因此 $\langle c, c, \text{all} \rangle \in d^{\mathscr{H}}$。再次根据引理 5.1 可得：$\Gamma \vdash \text{all}(c, d)$。一次应用规则 (D2) 可得：$\Gamma \vdash \text{some}(d, \bar{d})$。这与 $\Gamma$ 的一致性相矛盾。证毕。

因此，这就证明了 $R^*$-公式的任意一致集都有一个模型。

**定理 5.1** 对于 $R^*$ 而言，推导关系对于 $R^*$ 而言，$\Vdash_{\dot{R}^*}$ 是可靠的且完全的。

## 第六节 非间接关系三段论系统 $R^{\dagger}$ 和 $R^{*\dagger}$

Pratt-Hartmann 和 Moss(2009) 最后研究的关系三段论片段是 $R^{\dagger}$ 和 $R^{*\dagger}$。本节通过一些简单的复杂性结论开始论述，证明了这些片段不存在可靠的且斥完全的直接三段论证明系统，并进一步证明了这些片段也没有间接的三段论证明系统。该否定结论的证明类似于定理 4.1 对 $R$ 的证明，但此处的证明更为复杂。

**引理 6.1** 确定关系三段论片段 $R^{\dagger}$ 中序列的有效性的问题是 $\text{E}_{\text{XP}}\text{T}_{\text{IME}}$-hard。

**证明** 逻辑 $K^U$ 是在基本模态逻辑 $K$ 的基础上，通过全称模态词 U 所得到的逻辑。逻辑 $K^U$ 在标准 Kripke 关系语义学之下有规则：

$\models_w U\varphi$，当且仅当，对所有的可能世界 $w'$ 而言，$\models_{w'} \varphi$

$K^U$ 的可满足性问题是 $\text{E}_{\text{XP}}\text{T}_{\text{IME}}$-hard(该证明是命题动态逻辑对应结果的简单运用，可参见文献 (Harel et al,. 2000)[①]。因此可以将该问题化归成 $R^{\dagger}$ 的可满足性问题。

令 $\varphi$ 是一个 $K^U$ 公式。首先将 $\varphi$ 转换成一阶逻辑公式 $T_{\varphi} \cup S_{\varphi}$ 的相等可满足集 (equisatifiable)，然后将 $T_{\varphi} \cup S_{\varphi}$ 公式翻译成 $R^{\dagger}-$ 公式的相等可满足集。为了简化记法，可将 $R^{\dagger}$ 中的一元原子处理成一阶逻辑中的一元谓词；类似地，将二元原子处理成二元谓词。令 r 和 e 为二元原子，对任意的 $K^U$-公式 $\psi$ 而言，令 $p_{\psi}$ 为一个一元原子，并如下归纳定义一阶公式集 $T_{\psi}$：

$T_p = \varnothing$(其中 p 是一个命题字母)

$T_{\psi \wedge \pi} = T_{\psi} \cup T_{\pi} \cup \{\forall x(p_{\psi}(x) \wedge p_{\pi}(x) \to p_{\psi \wedge \pi}(x)),$

$\forall x(p_{\psi \wedge \pi}(x) \to p_{\psi}(x)), \forall x(p_{\psi \wedge \pi}(x) \to p_{\pi}(x))\}$

---

[①] Harel D, Tiurynn J, Kozen D. Dynamic Logic. Cambridge: MIT Press, 2000.

$$T_{\neg\psi} = T_\psi \cup \{\forall x(p_{\neg\psi}(x) \to \neg p_\psi(x)), \forall x(\neg p_{\neg\psi}(x) \to p_\psi(x))\}$$

$$T_\psi = T_\psi \cup \{\forall x(p_\psi(x) \to \forall y(\neg p_\psi(y) \to \neg r(x,y))),$$
$$\forall x(\neg p_\psi(x) \to \exists y(\neg p_\psi(y) \wedge r(x,y)))\}$$

$$T_{\Box\psi} = T_\psi \cup \{\forall x(p_{\Box\psi}(x) \to \forall y(p_\psi(y) \to \neg r(x,y))),$$
$$\forall x(\neg p_{\Box(x)} \to \exists y(\neg p_\psi(y) \wedge r(x,y)))\}$$

$$T_{U\psi} = T_\psi \cup \{\forall x(p_{U\psi}(x) \to \forall y(\neg p_\psi(y) \to \neg e(x,y))),$$
$$\forall x(\neg p_{U\psi}(x) \to \exists y(\neg p_\psi(y) \wedge e(x,y)))\}$$

现令 $S_\varphi$ 为五个一阶公式组成的集合:

$$\exists x(p_\varphi(x) \wedge p_\varphi(x)), \quad \forall x(\pm p_\varphi(x) \to \forall y(\pm p_\psi(y) \to e(x,y)))$$

(尽管第一个公式看上去是一个冗余的合取, 实际上这种表述方法是为了使下面的处理更为简便) 断定模态公式 $\varphi$ 是可满足的, 当且仅当, 一阶公式集 $T_\varphi \cup S_\varphi$ 是可满足的。令 $\acute{M}$ 为结构 $(W, R)$ 上 $\varphi$ 的任意的 Kripke 模型。对 $\varphi$ 的任意子公式 $\psi$ 而言, 令 $r^{\mathscr{H}}=R$, $e^{\mathscr{H}}=W^2$ 和 $p_\psi^{\mathscr{H}}=\{w|\acute{M}\models_w \psi\}$, 在定义域 $W$ 上可定义一阶结构 $\mathscr{H}$。很容易推出 $\mathscr{H} \models T_\varphi \cup S_\varphi$。相反, 假定 $\mathscr{H} \models T_\varphi \cup S_\varphi$。对任意 $\varphi$ 中涉及的命题字母 $o$ 而言, 令 $\acute{M} \models_a o$ 当且仅当 $a \in p_o^{\mathscr{H}}$。对任意 $\varphi$ 的任意子公式 $\psi$ 而言, 对结构进行直接归纳可得: $\acute{M} \models_a \psi$ 当且仅当 $a \in p_\psi^{\mathscr{H}}$。根据公式 $\exists x(p_\varphi(x) \wedge p_\varphi(x)) \in S_\varphi$ 可知: $\varphi$ 在 $\acute{M}$ 中是可满足的。

至此可知, $T_\varphi \cup S_\varphi$ 中的所有公式具有下列形式之一:

$$\forall x(\pm p(x) \to \pm q(x)), \quad \forall x(\pm p(x) \to \forall y(\pm q(y) \to \pm r(x,y))) \qquad (25)$$

$$\exists x(p(x) \wedge p(x)), \quad \forall x(\pm p(x) \to \exists y(\pm q(y) \wedge r(x,y))) \qquad (26)$$

$$\forall x(p(x) \wedge q(x) \to o(x)) \qquad (27)$$

需要注意的是: 形式为 (25) 与 (26) 的公式可直接翻译到关系三段论片段 $R^\dagger$ 中; 而形式为 (27) 的公式则不能。下一步将消去像 (27) 这类的公式。

令 $o^*$ 是一个新一元关系符号。对公式 (27) 中的 $\theta \in T_\varphi \cup S_\varphi$ 而言, 令 $r_\theta$ 为一个新二元原子, 并将 $R_\theta$ 定义为 (25) 和 (26) 中所有形式公式的公式集:

$$\forall x(\neg o(x) \to \exists z(o^*(z) \wedge r_\theta(x,z))) \qquad (28)$$

$$\forall x(p(x) \to \forall z(\neg p(z) \to \neg r_\theta(x,z))) \qquad (29)$$

$$\forall x(q(x) \to \forall z(p(z) \to \neg r_\theta(x,z))) \qquad (30)$$

## 第六节　非间接关系三段论系统 $R^\dagger$ 和 $R^{*\dagger}$

容易证明 $R_\theta \models \theta$。假定 $\mathcal{H} \models R_\theta$，且 $\mathcal{H}$ 中的 a 满足 p 和 q 但不满足 o。根据 (28) 可知，存在 b 使得 $\mathcal{H} \models r_\theta[a,b]$。如果 $\mathcal{H} \not\models p[b]$，那么 (29) 在 $\mathcal{H}$ 中为假；另一方面，如果 $\mathcal{H} \models p[b]$，那么 (30) 在 $\mathcal{H}$ 中为假。因此可断定 $\mathcal{H} \models R_\theta$。相反，如果 $\mathcal{H} \models \theta$，可通过如下解释 $o^*$ 和 $r_\theta$ 将 $\mathcal{H}$ 扩张为结构 $\mathcal{H}'$：

$$(o^*)^{\mathcal{H}} = A$$

$$r_\theta^{\mathcal{H}} = \{\langle a,a \rangle | \mathcal{H} \not\models o[a]\}$$

可以证明 $\mathcal{H}' \models R_\theta$。公式 (28) 为真，因为 $\mathcal{H}' \not\models o[a]$ 蕴涵 $\mathcal{H}' \models r_\theta[a,a]$。公式 (29) 为真，因为 $\mathcal{H}' \models r_\theta[a,b]$ 蕴涵 $a = b$。为了证明公式 (30) 为真，可假定 $\mathcal{H}' \models q[a]$ 且 $\mathcal{H}' \models p[b]$。如果 $a = b$，那么 $\mathcal{H} \models o[a]$（因为 $\mathcal{H}' \models \theta$），即 $a \neq b$ 或 $\mathcal{H} \models o[a]$。根据构造可得：$\mathcal{H}' \not\models r_\theta[a,b]$。

现在令 $T_\varphi^*$ 是把形式 (27) 中的 $T_\varphi$ 的所有公式 $\theta$ 替换成其对应的 $R_\theta$ 后而得到的公式 (假定对于各个 $\theta$ 而言的二元原子 $r_\theta$ 是不同的；但是，相同的一元原子 $o^*$ 就可适用于所有的 $\theta$)。根据前面的论证可知：$T_\varphi^* \cup S_\varphi$ 是可满足的，当且仅当 $T_\varphi \cup S_\varphi$ 是可满足的，当且仅当，$\varphi$ 是可满足的。由于 $T_\varphi^* \cup S_\varphi$ 是由形式为 (25) 和 (26) 的公式所组成的集合，并能将其翻译成具有同样结构的 $R^\dagger$-公式集合。此外，该集合在多项式函数 $\|\varphi\|$ 内是可计算的。证毕。

**引理 6.2**　确定 $R^{*\dagger}$ 中序列有效性的问题是 $\text{ExpTime}$ 的。

**证明**　根据 Pratt-Hartmann(2004)[①] 的定理 3 可证引理 6.2，这里的定理 3 研究了将关系从句添加到关系三段论所得到的三段论片段。证毕。

**定理 6.1**　确定关系三段论片段 $R^\dagger$ 或 $R^{*\dagger}$ 中序列有效性的问题是 $\text{ExpTime}$-完全的。

**证明**　根据引理 6.1 和引理 6.2 可证。证毕。

**推论 6.1**　在关系三段论片段 $R^\dagger$ 或 $R^{*\dagger}$ 中不存在三段论的有穷规则集 X，使得 $\vdash_X$ 是可靠的且斥完全的。

**证明**　这是 $\text{PTime} \neq \text{ExpTime}$ 的标准结论。该结果可根据引理 2.1 和引理 6.1 得出。证毕。

当然，推论 6.1 给人感觉还存在如下一种可能性：对 $R^\dagger$ 或 $R^{*\dagger}$ 而言，存在可靠的且完全的间接三段论系统。事实上，不存在这种可能性，但这需要更强表达力的方法才能证明，这就是本节剩余部分的任务。

---

[①] Pratt-Hartmann I. Fragments of language. Journal of Logic, Language and Information, 2004, 13: 207-223.

**证明准备**  令 $n \geqslant 2$，并令 $o_1, o_2, o_3, q_1, q_2, p_1, \cdots, p_n$ 为一元原子，$r$ 和 $s$ 为二元原子，$A^{(n)}$ 为集合 $\{a_1, \cdots, a_n, a'_1, \cdots, a'_n, u_0, u_1, u_2, u_3, u_4, v_1, v_2,\}$。令定义域为 $A^{(n)}$ 的结构 $\mathscr{H}^{(n)}$（图 3），$p^{\mathscr{H}(n)}$ 中的元素（其中 $p$ 是任意一元原子）通过在该元素旁边的方框中标注 $p$ 来表示。二元原子 $r$ 和 $s$ 的外延也可类似地表示：$r^{\mathscr{H}(n)}$ 中的元素序对可通过在这些元素之间的箭头旁标注 $r$ 来表示（对 $s$ 而言也是如此）。对从虚线框到元素 $u_2$ 的 $r$-加标箭头的解释如下：对在虚线框中的任意元素 $a$ 而言，$\langle a, u_2 \rangle \in r^{\mathscr{H}(n)}$。

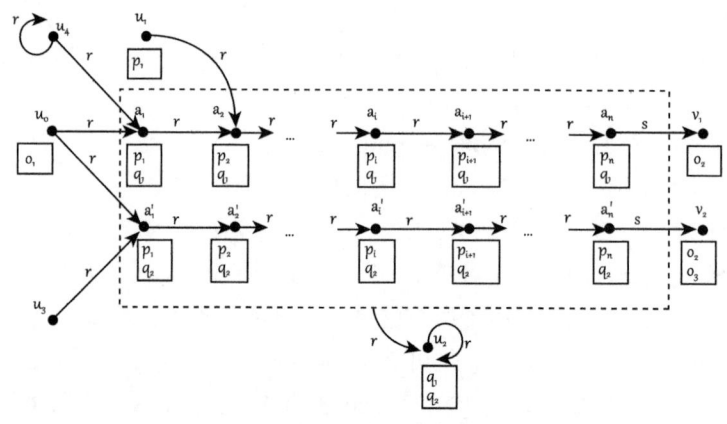

图 3  $\mathscr{H}$ 的结构（其中虚线框中每个元素通过 $r$ 与 $u_2$ 关联）

因此 $\mathscr{H}^{(n)}$ 包含了两条满足先后相连且为 $p_1, \cdots, p_n$ 的元素 "$r$-链"：第一条链中的元素满足 $q_1$ 但不满足 $q_2$；第二条链上的元素满足 $q_2$ 但不满足 $q_1$。两条链的最末端元素通过 $s$ 与元素 $v_1$ 和 $v_2$ 相联系。$\mathscr{H}$ 中的一些 "离群" 元素确保多个特称公式为真：例如，$u_1$（与 $u_0$ 一起）确保了 $\mathrm{some}(o_1, \mathrm{some}(p_1, \bar{r}))$ 为真，$u_2$ 确保了 $\mathrm{some}(q_1, q_2)$ 为真等等。最后，可定义包含了其他元素的结构，该结构使得为真的 $R^{*\dagger}$-公式与 $\mathscr{H}^{(n)}$ 中为真的公式几乎一样。根据 $\mathscr{H}^{(n)}$ 的结构可知：对于关系三段论片段 $R^\dagger$ 或 $R^{*\dagger}$ 而言，不存在可靠的且完全的间接三段论系统。

为了简洁，此处省略了 $\mathscr{H}^{(n)}$（及与之相关的结构）中的上标，其中 $n$ 的值是无关紧要的。根据观察，可得

$$\mathscr{H} \models \mathrm{all}(o_1, \mathrm{some}(q_1, r)) \tag{31}$$

$$\mathscr{H} \models \mathrm{all}(o_1, \mathrm{all}(\bar{p}_1, \bar{r})) \tag{32}$$

$$\mathscr{H} \models \mathrm{all}(q_1, \mathrm{all}(\bar{q}_1, \bar{r})) \tag{33}$$

$$\mathscr{H} \models \mathrm{all}(q_2, \mathrm{all}(\bar{q}_2, \bar{r})) \tag{34}$$

## 第六节 非间接关系三段论系统 $R^{\dagger}$ 和 $R^{*\dagger}$

$$\mathcal{H} \models \text{all}(p_i, \text{some}(p_{i+1}, r)) \quad (1 \leqslant i \leqslant n) \tag{35}$$

$$\mathcal{H} \models \text{all}(q_1, \text{all}(o_3, \bar{s})) \tag{36}$$

$$\mathcal{H} \models \text{all}(q_2, \text{all}(\bar{o}_3, \bar{s})) \tag{37}$$

$$\mathcal{H} \models \text{all}(p_n, \text{some}(o_2, s)) \tag{38}$$

对任意结构 $\mathfrak{C}$ 而言，$\text{Th}(\mathfrak{C})$ 表示 $\mathfrak{C}$ 中为真 $R^{\dagger}$-公式的集合，$\text{Th}^*(\mathfrak{C})$ 表示 $\mathfrak{C}$ 中为真 $R^{*\dagger}$-公式的集合。如果对于所有 $R^{\dagger}$-公式 (或 $R^{*\dagger}$-公式) 而言，$\varphi \in \Phi$ 或 $\bar{\varphi} \in \Phi$，那么就说公式集 $\Phi$ 是 $R^{\dagger}$-完全的 (或 $R^{*\dagger}$-完全的)。显然，对任意的结构 $\mathfrak{C}$ 而言，$\text{Th}(\mathfrak{C})$ 是 $R^{\dagger}$-完全的，且 $\text{Th}^*(\mathfrak{C})$ 也是 $R^{\dagger}$-完全的。

令 $\gamma$ 是如下给定的 $R^{\dagger}$-公式：$\gamma=\text{all}(o_1, \text{some}(\bar{q}_2, r))$。

需要注意的是：$o_1^{\mathcal{H}} = \{u_0\}$，$\langle u_0, a_1 \rangle \in r^{\mathcal{H}}$ 且 $a_1 \neq q_2^{\mathcal{H}}$，据此可得 $\mathcal{H} \models \gamma$ (即 $\gamma \in \text{Th}(\mathcal{H})$)。令 $\Gamma^{(n)}$ 是通过从 $\text{Th}(\mathcal{H}^{(n)})$ 中反转 $\gamma$ 的真值而得到的，$\Gamma^{*(n)}$ 与此类似，即

$$\Gamma^{(n)} = (\text{Th}(\mathcal{H}^{(n)}) \backslash \{\gamma\}) \cup \{\bar{\gamma}\}$$

$$\Gamma^{*(n)} = (\text{Th}^*(\mathcal{H}^{(n)}) \backslash \{\gamma\}) \cup \{\bar{\gamma}\}$$

为了简洁起见，在不引起混淆的情况下，就省略上标 $(n)$。因此 $\Gamma$ 是 $R^{\dagger}$-完全的，而 $\Gamma^*$ 是 $R^{*\dagger}$-完全的。

**引理 6.3** $\Gamma$ 是不可满足的 ($\Gamma^*$ 也如此)。

**证明** 从 (31) 和 (32) 可知，$\bar{\gamma}$ 是公式 $\text{some}(o_1, \text{all}(\bar{q}_2, \bar{r}))$，那么在任意的模型 $\mathcal{B} \models \Gamma$ 中，存在 $b \in p_1^{\mathcal{B}} \cap q_1^{\mathcal{B}} \cap q_2^{\mathcal{B}}$。从 (33) 到 (35) 可知，在任意的模型 $\mathcal{B} \models \Gamma$ 中，存在 $b \in p_n^{\mathcal{B}} \cap q_1^{\mathcal{B}} \cap q_2^{\mathcal{B}}$。但是从 (36) 到 (38) 可知，没有模型 $\mathcal{B} \models \Gamma$ 能够包含元素 $b \in p_n^{\mathcal{B}} \cap q_1^{\mathcal{B}} \cap q_2^{\mathcal{B}}$。证毕。

令 $n \geqslant 2$，对任意 $i(1 \leqslant i < n)$ 而言，令 $B_i^{(n)} = A^{(n)} \cup \{b_1, \cdots, b_i, u_5\}$，现在研究定义域为 $B_i^{(n)}$ 的结构 $\mathcal{B}_i^{(n)}$ (图 4)。此处采用了图 3 中同样的记法约定，不同的是，从虚线框开始的 $r$-加标箭头解释如下：在虚线框中的任意元素 $a$ 满足 $\langle a, u_2 \rangle \in r^{\mathcal{B}_i(n)}$。在不引起混淆的情况下，就省略上标 $(n)$。结构 $\mathcal{B}_i$ 包含了 $\mathcal{H}$ 的一个拷贝 (copy)，但该结构还有一个其元素同时满足 $q_1$ 和 $q_2$ 的 $r$-链；而且该 $r$-链止于第 $i$ 个元素。

现使用如下术语。一个特称公式是形式为 $\text{some}(e, f)$ 的公式，如果 $\varphi \in \text{some}(e, f)$ 且 $\mathfrak{C}$ 是一个结构，那么使得 $a \in e^{\mathfrak{C}}$ 且 $a \in f^{\mathfrak{C}}$ 的任意 $a \in \mathfrak{C}$ 就是 $\mathfrak{C} \models \varphi$ 的证明项，因此 $\mathcal{H} \models \gamma$；与之相反，$\mathcal{B}_i \models \bar{\gamma}$ ($\bar{\gamma}$ 是一个特称公式，且 $u_5$ 是一个证明项)。令 $\delta_i$ 是如下所给定的 $R^{\dagger}$-公式：

$$\delta_i = \text{all}(p_i, \text{some}(p_{i+1}, r))$$

从 (35) 可知 $\mathscr{H} \models \delta_i$。与之相反，$\mathscr{B}_i \models \bar{\delta}_i$（$\bar{\delta}_i$ 是一个特称公式，且 $b_i$ 是一个证明项）。而且对于 $R^{*\dagger}$ 而言，$\mathscr{H}$ 和 $\mathscr{B}_i$ 仅仅在 $\gamma$ 和 $\delta_i$ 上有所不同。

**引理 6.4** 对于所有的 $i(1 \leqslant i < n)$ 而言，有

$$\mathrm{Th}(\mathscr{B}_i^{(n)}) = (\mathrm{Th}(\mathscr{H}^{(n)}) \setminus \{\gamma, \delta_i\}) \cup \{\bar{\gamma}, \bar{\delta}_i\}$$

类似地，有

$$\mathrm{Th}^*(\mathscr{B}_i^{(n)}) = (\mathrm{Th}^*(\mathscr{H}^{(n)}) \setminus \{\gamma, \delta_i\}) \cup \{\bar{\gamma}, \bar{\delta}_i\}$$

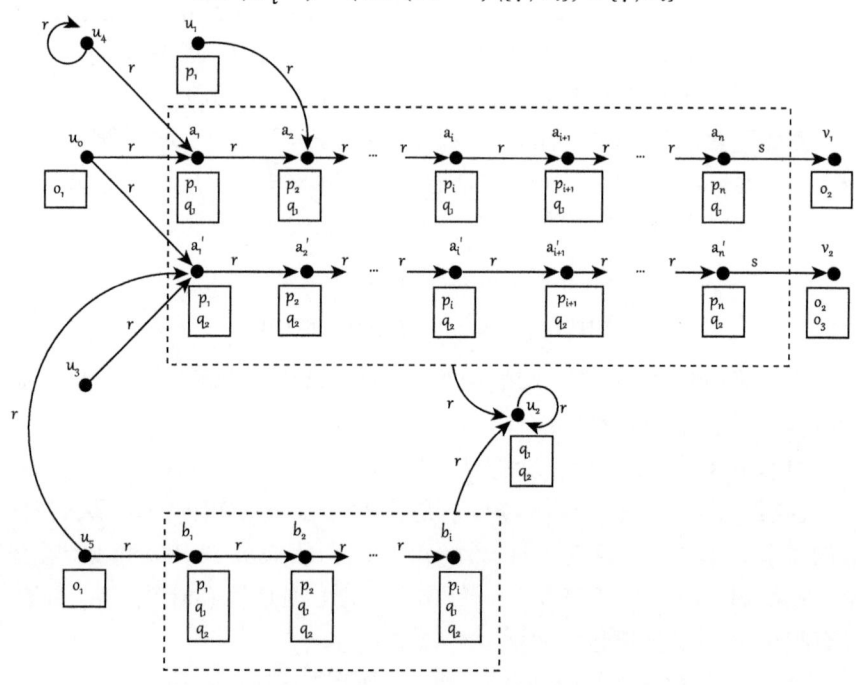

图 4　$\mathscr{B}$ 的结构 (其中虚线框中每个元素通过 $r$ 与 $u_2$ 关联)

**证明**　因为 $\gamma, \delta_i, \bar{\gamma}, \bar{\delta}_i$ 都在 $R^\dagger$ 中，引理 6.4 的第一个断定可以由第二个断定推出的，所以只需证明第二个断定即可。

首先证明当 $i=1$ 时情况。需注意的是，$\mathscr{B}_1^{(n)}$ 中的第三条 r-链仅包含一个元素 $b_1$，最终需要证明 $\mathrm{Th}^*(\mathscr{B}_1^{(n)}) = (\mathrm{Th}^*(\mathscr{H}^{(n)}) \setminus \{\gamma, \delta_1\}) \cup \{\bar{\gamma}, \bar{\delta}_1\}$。从直觉上看：一方面，可以轻易证明 $n=2$ 和 $n=3$ 的情况；另一方面，从图 3 中可以发现，前两条 r-链的终端远离了元素 $u_5$ 和 $b_1$，延长这些 r-链不会对在 $\mathscr{H}^{(n)}$ 和 $\mathscr{B}_1^{(n)}$ 中为真的不同公式产生影响。

为了使这些论证严密，首先需提出三条简单的断定，所采用的术语如下：一个特称的 e-项是形式为 some(l, t) 的公式（与通常一样，l 在一元

字母表达式上取值，t 在二元字母表达式上取值）。如果 $e = \text{some}(l,t)$，$\mathfrak{C}$ 是一个结构且 $a \in C$，那么对 $a \in e^{\mathfrak{C}}$ 的证明项就是满足如下条件的任意 $b$：$b \in C$ 且 $b \in l^{\mathfrak{C}}$ 且 $\langle a,b \rangle \in t^{\mathfrak{C}}$。

**断定 6.1** 令 $a$ 为 $A^{(n)}(n \geqslant 2)$ 中任意元素，且 $e$ 为任意 e-项，那么 $a \in e^{\mathscr{B}_1^{(n)}}$ 当且仅当 $a \in e^{\mathscr{H}^{(n)}}$。

**证明** 必要条件的证明采取对 $n$ 进行数学归纳。充分条件的证明需要考虑 e-项 $\bar{e}$。可以简单验证当 $n = 2$ 时的情况。假定对 $n = m \geqslant 2$ 而言，断定 6.1 为真，需要证明当 $n = m+1$ 时，断定 6.1 也为真。令 $a \in A^{(m+1)}$，为了得到矛盾，可假定 $a \in e^{\mathscr{B}_1^{(m+1)}}$，但是 $a \notin e^{\mathscr{H}^{(m+1)}}$。令 $e$ 为特称公式，且在 $\mathscr{B}_1^{(m+1)} \backslash A^{(m+1)}$ 中，$a \in e^{\mathscr{B}_1^{(m+1)}}$ 有一个证明项。令 $e = \text{some}(l,t)$，那么就存在 $b \in \{u_5, b_1\}$ 使得 $b \in l^{\mathscr{B}_1^{(m+1)}}$ 且 $\langle a,b \rangle \in t^{\mathscr{B}_1^{(m+1)}}$。在这种情况下，如果 $a \in A^{(m)}$ 可得：$a \in e^{\mathscr{B}_1^{(m)}}$，根据归纳假设可得 $a \in e^{\mathscr{H}^{(m)}}$，又因为 $\mathscr{H}^{(m)}$ 是 $\mathscr{H}^{(m+1)}$ 的一个子模型，所以可得 $a \in e^{\mathscr{H}^{(m+1)}}$，这就导出了一个矛盾。因此，$a$ 是 $a_{m+1}$ 或 $a'_{m+1}$。但根据图 4（记住 $i = 1$）可知，对 $a \in \langle a_{m+1}, a'_{m+1} \rangle$ 而言，如果 $a \in e^{\mathscr{B}_1^{(m+1)}}$ 在 $\{u_5, b_1\}$ 中有一个证明项，那么 $a \in e^{\mathscr{H}^{(m+1)}}$ 在 $\{u_0, u_2, a_1, a'_1\}$ 中也有一个证明项，这就产生矛盾。证毕。

**断定 6.2** 令 $\varphi$ 是不同于 $\bar{\delta}_1$ 的任意特称公式，并令 $A_0 = \{a_1, a'_1, u_2\}$。如果 $b_1$ 是对 $\mathscr{B}_1^{(n)} \models \varphi$ 而言的一个证明项，那么存在 $a \in A_0$ 使得 $a$ 是对 $\mathscr{H}^{(n)} \models \varphi$ 而言的证明项。

**证明** 对 $n$ 进行归纳。可以轻易验证 $n = 2$ 和 $n = 3$ 的情况。需注意的是，这些情况需要满足"$\varphi$ 不是 $\bar{\delta}_1$"这一条件。现在假定当 $n = m \geqslant 3$ 时，断定 6.2 成立，现在只需要证明当 $n = m + 1$ 时，断定 6.2 也成立即可。如果 $e$ 是任意 e-项，令 $\hat{e}$ 是用一元原子 $p_m$ 代换一元原子 $p_{m+1}$ 的所有出现而得到的。令 $\varphi = \text{some}(e,f)$，并令 $\hat{e} = \exists(\hat{e}, \hat{f})$，因为 $m \geqslant 3$ 且 $\varphi \neq \bar{\delta}_1$，可得 $\hat{\varphi} \neq \bar{\delta}_1$。下述事实是显而易见（参见图 3 和图 4 可知）：

对于所有的 $a \in A_0$ 而言，$a \in e^{\mathscr{H}^{(m+1)}}$ 当且仅当 $a \in \hat{e}^{\mathscr{H}^{(m)}}$

$$b_1 \in e^{\mathscr{B}_1^{(m+1)}} \text{ 当且仅当 } b_1 \in \hat{e}^{\mathscr{B}_1^{(m)}}$$

因此，对 $\mathscr{B}_1^{(m+1)} \models \varphi$ 而言，如果 $b_1$ 是一个证明项，那么对 $\mathscr{B}_1^{(m)} \models \hat{\varphi}$ 而言，$b_1$ 也是一个证明项，根据归纳假设可知：存在 $a \in A_0$，使得 $a$ 是对 $\mathscr{H}^{(m)} \models \hat{\varphi}$ 而言的一个证明项，因此，存在 $a \in A_0$，使得 $a$ 是对 $\mathscr{H}^{(m+1)} \models \varphi$ 而言的一个证明项。证毕。

**断定 6.3**   令 $\varphi$ 是不同于 $\bar{\gamma}_1$ 的任意特称公式，并令 $A_0=\{u_0, u_2, u_3\}$。如果 $u_5$ 是对 $\mathscr{B}_1^{(n)} \models \varphi$ 而言的一个证明项，那么存在 $a \in A_0$，使得 $a$ 是对 $\mathscr{H}^{(n)} \models \varphi$ 而言的一个证明项。

**证明**   与断定 6.2 的证明类似。证毕。

至此，可以证明当 $i = 1$ 时的引理 6.4。根据断定 6.1 可知：$\mathscr{H}^{(n)}$ 中为真的任意特称公式在 $\mathscr{B}_1^{(n)}$ 中也为真，而且如果 $\varphi$ 是一个在 $\mathscr{B}_1^{(n)}$ 中为真但在 $\mathscr{H}^{(n)}$ 中为假的特称公式，那么其证明项为 $u_5$ 或 $b_1$。但是分别根据断定 6.2 和断定 6.3 可知，(除了当 $\varphi = \bar{\gamma}$ 和 $\varphi = \bar{\delta}_1$ 时) 这些可能性都被排除了，因此 $\bar{\varphi}$ 是全称公式 (且不等于 $\bar{\gamma}$ 或 $\bar{\delta}_1$)。根据之前的证明可知：$\mathscr{H}^{(n)}$ 和 $\mathscr{B}_1^{(n)}$ 在 $\bar{\varphi}$ 上的真值是一致的，因此在 $\varphi$ 上的真值也是一致的。

至此，已经证明了在 $i = 1$ 时的引理 6.4 和 $n$ 的全部取值，令 $n \geqslant 3$，现在研究与结构 $\mathscr{B}_1^{(n)}$ 不同的结构 $\mathscr{B}_2^{(n)}$，$\mathscr{B}_2^{(n)}$ 仅仅在第三条 r-链上把一个元素扩展到两个元素。根据图 4 可知，$\mathscr{B}_2^{(n)}$ 对为真的语句集的影响只是保留了 $\delta$ 的真值而否定 $\delta$ 的真值，即

$$\text{Th}^*(\mathscr{B}_2^{(n)}) = (\text{Th}^*(\mathscr{B}_1^{(n)})\setminus\{\bar{\delta}_1, \delta_2\}) \cup \{\delta_1, \bar{\delta}_2\}$$
$$= (\text{Th}^*(\mathscr{H}^{(n)})\setminus\{\gamma, \delta_2\}) \cup \{\bar{\gamma}, \bar{\delta}_2\}$$

通过同样的方法可以证明，对所有的 $i(1 \leqslant i < n - 1)$ 而言，有

$$\text{Th}^*(\mathscr{B}_{i+1}^{(n)}) = (\text{Th}^*(\mathscr{B}_i^{(n)})\setminus\{\bar{\delta}_i, \delta_{i+1}\}) \cup \{\delta_i, \bar{\delta}_{i+1}\}$$
$$= (\text{Th}^*(\mathscr{H}^{(n)})\setminus\{\gamma, \delta_{i+1}\}) \cup \{\bar{\gamma}, \bar{\delta}_{i+1}\}$$

证毕。

令 $n > 3$，对所有的 $i$ 和 $j(1 < i < j < n)$ 而言，可定义

$$\Delta_{i,j}^{(n)} = \Gamma^{(n)}\setminus\{\delta_i, \delta_j\}$$

$$\Delta_{i,j}^{*(n)} = \Gamma^{*(n)}\setminus\{\delta_i, \delta_j\}$$

为了简洁起见，在不引起混淆的情况下，可省略上标 $(n)$。

**引理 6.5**   令 $\theta$ 为一个 $R^\dagger$-公式，且 $\theta^*$ 为一个 $R^{*\dagger}$-公式。对所有的 $i$ 和 $j(1 < i < j < n)$ 而言，如果 $\Delta_{i,j} \models \theta$，那么 $\theta \in \Delta_{i,j}$。同样地，如果 $\Delta_{i,j}^* \models \theta^*$，那么 $\theta^* \in \Delta_{i,j}^*$。

**证明**   现在仅证明第一条陈述，第二条陈述的证明与第一条类似。给定等式 $\Gamma^{(n)} = (\text{Th}(\mathscr{H}^{(n)})\setminus\{\gamma\}) \cup \{\bar{\gamma}\}$ 和 $\Delta_{i,j}^{(n)} = \Gamma^{(n)}\setminus\{\delta_i, \delta_j\}$。根据引理 6.4 可得

$$\mathscr{B}_i \models \Delta_{i,j} \cup \{\bar{\delta}_i, \delta_j\} \tag{39}$$

## 第六节　非间接关系三段论系统 $R^\dagger$ 和 $R^{*\dagger}$

$$\mathscr{B}_j \models \Delta_{i,j} \cup \{\delta_i, \bar{\delta}_j\} \tag{40}$$

可见，$\Delta_{i,j}$ 是可满足的。因此，只有这里研究的 θ 是那些使得 θ 和 $\bar{\theta}$ 都不在 $\Delta_{i,j}$ 中的公式。根据 $\Gamma^{(n)}$ 的完全性可知：θ $\in \{\delta_i, \bar{\delta}_j, \bar{\delta}_i, \delta_j\}$。在前两种情况下，根据 (39) 可知：$\Delta_{i,j} \not\models \theta$；在第三种和第四种情况下，根据 (40) 可知：$\Delta_{i,j} \not\models \theta$。

**引理 6.6**　如果 X 是 $R^\dagger$ 中可靠三段论的有穷规则集，那么存在 n 使得对任意 $R^\dagger$ 中的恒假式 ⊥ 而言，$\Gamma^{(n)} \not\vdash_X \bot$。如果 X 是 $R^{*\dagger}$ 中可靠三段论的有穷规则集，那么存在 n 使得对任意 $R^{*\dagger}$ 中的恒假式 ⊥ 而言，$\Gamma^{*(n)} \not\vdash_X \bot$。

**证明**　此处只证对 $R^\dagger$ 而言的引理，对 $R^{*\dagger}$ 而言的引理证明与之类似。因为 X 中的规则数目是有穷的，令 k 是这些规则中最大的前件数目，并令 n = k + 2。因为 X 的规则实例的前件数目不会超过 n − 2 个，因此，对于某个 1 < i < j < n 而言，包含在 $\Gamma^{(n)}$ 中这些前件集合也包含在 $\Delta_{i,j}^{(n)}$ 中。令 θ 为该规则实例的后承。因为 $\vdash_X$ 是可靠的，所以有 $\Delta_{i,j}^{(n)} \models \theta$，且根据引理 6.5 有：θ $\in \Delta_{i,j}^{(n)} \subseteq \Gamma^{(n)}$。对证明长度进行简单归纳可知：从 $\Gamma^{(n)}$ 推导出来的任意公式都在 $\Gamma^{(n)}$ 中。但 $\Gamma^{(n)}$ 不包含恒假式。证毕。

现在得到了强化的推论 6.1。从某种意义上说，有引理 6.6 就足够了，因为在 $R^\dagger$-完全 (或 $R^{*\dagger}$-完全) 的前提集语境下，规则 (RAA) 是多余的。

**定理 6.2**　在 $R^\dagger$ 或 $R^{*\dagger}$ 中不存在关系三段论的有穷规则集 X 使得：$\models_X$ 是可靠的且完全的。

**证明**　此处仅仅证明对 $R^\dagger$ 而言的定理 6.2，对于 $R^{*\dagger}$ 而言的引理证明与之类似。假定 X 是 $R^\dagger$ 中三段论的有穷规则集且 $\models_X$ 是可靠的。令 n 和 $\Gamma^{(n)}$ 如在引理 6.6 中一样。对于 $R^\dagger$ 中任意的恒假式 ⊥ 而言，有 $\Gamma^{(n)} \not\vdash_X \bot$。根据引理 6.3，可得 $\Gamma^{(n)} \models \bot$。证毕。

为了得到矛盾，假定存在从 $\Gamma^{(n)}$ 出发的某个恒假式 ⊥ 的一个间接推导，且使用规则 X。令在该推导中运用规则 (RAA) 的次数为 k。不失一般性，假定推导恒假式 ⊥ 时，运用规则 (RAA) 的次数 k 是最小的。因为根据引理 6.6 和 $\Gamma^{(n)} \not\vdash_X \bot$ 可知：k > 0。现在研究在推导 $R^\dagger$-公式 (比如 $\bar{\theta}$) 消去假设 θ 时，对规则 (RAA) 的最后一次应用，即：存在一个从 $\Gamma^{(n)} \cup \{\theta\}$ 出发的某个恒假式 ⊥′ 的一个间接推导，该推导运用规则 (RAA) 的次数少于 k 次。根据 k 的最小性可得：θ $\notin \Gamma^{(n)}$，并根据 $\Gamma^{(n)}$ 的 $R^\dagger$-完全性可得：$\bar{\theta} \in \Gamma^{(n)}$。接下来可以用一个一般推导代替 $\bar{\theta}$ 的初始推导，并得到一个从 $\Gamma^{(n)}$ 而来的 ⊥ 推导，该推导运用规则 (RAA) 的次数少于 k 次，这就产生了矛盾。证毕。

可见，不像在关系三段论片段 R* 中那样，归谬法对 R† 或 R*† 的分析没有帮助。

## 第七节　其他相关的关系三段论片段

### 一、与三段论片段 S 和 S† 相关的系统

对三段论的现代处理可追溯到 Łukasiewicz(1957)①的工作，其中形式为 (2) 的公式被处理成命题演算的原子。Łukasiewicz 提出：根据一个公理模式集和命题逻辑的常见公理，可得到结果语言 (S 的一个严格的超集 (superset)) 的一个完全的证明系统。Westerstål(1989)②独立证明了该系统的完全性，需要注意的是，Westerstål 的工作是属于命题逻辑的范畴，而且不同于 Part-Hartmann 与 Moss(2009) 所研究的关系三段论片段。其他学者，如 Similey(1973)③、Cororan(1972)④和 Martin(1997)⑤反对 Łukasiewicz 对亚里士多德三段论的解释，并给出了类似于 S 的一些三段论规则的证明系统，并分别证明了这些系统的完全性。因为这些系统都使用了归谬法，因此它们都不是直接三段论系统。直接三段论规则，特别是对斥完全性的形式化具有新意，这是受到了对三段论进行关系扩展时所得到的结果的启发。另外，上文所提到的那些学者并没有处理过关系三段论片段 S†。S 的完全性就是 Moss(2008)⑥的定理 6.2；Moss(2008) 还对 S 的多个三段论片段进行了公理化。Moss(2007)⑦采用了一种不同的方法证明了 S† 的完全性。

---

① Łukasiewicz J. Aristotle's Syllogistic. 2nd ed. Oxford: Clarendon Press, 1957.
② Westerstahl D. Aristotelian syllogisms and generalized quantifiers. Studia Logica, 1989, 48 (4): 577-585.
③ Smiley T J. What is a syllogism? Journal of Philosophical Logic, 1973, 2: 135-154.
④ Corcoran J. Completeness of an ancient logic. Journal of Symbolic Logic, 1972, 37(4): 696-702.
⑤ Martin J N. Aristotle's natural deduction revisited. History and Philosophy of Logic, 1997, 18(1): 1-15.
⑥ Moss L S. Relational syllogistic logics and other connections between modal logic and natural logic, in Presented at AiML, Nancy; based on work with Ian Pratt-Hartmann, available at http://aiml08.loria.fr/talks/moss. pdf, 2008.
⑦ Moss L S. Syllogistic logic with complements. Retrieved from Indiana University Web site: http://www. india -na.edu/~iulg/moss/comp2.pdf, 2007.

## 二、与关系三段论片段 R 相关的系统

与关系三段论相接近的片段的完全证明系统，似乎是在 Nishihara 等 (1990)[①]中首次见到。该逻辑系统实际上是 Łukasiewicz 研究的三段论的一个关系三段论版本，因为与形式 (6) 大致类似的公式被处理成命题演算中的原子。Nishihara 等 (1990) 根据公理模式和命题逻辑的常见公理证明了：所研究的语言的一个完全的证明系统。事实上，当 n ⩾1 时，允许该语言中的命题原子表征 n-元谓词。但是，对量词辖域进行了更强约束 (特称量词在全称量词辖域之外)，即：该语言最初仅关注能够表征一元和二元谓词的原子，这些原子 (及其否定) 实际上对应于三段论片段 R 中的公式。Nishihara 等 (1990) 中的语言包含了个体常项，实际上，这使得表达力增强变得无用，该性质可以忽略。由于这个片段包括了全部命题逻辑，所以与定理 4.3 的结论相比，Nishihara 等 (1990) 的结论并不能得到复杂性的上确界。

Moss(2010)[②]的逻辑受到了 Nishihara 等 (1990) 的系统的启迪。大致说来，Moss(2010) 中的逻辑是不带否定的三段论片段 R，即：仅仅涉及包含 some 和 all 的语句形式，而不涉及包含 no 的语句形式。此外，Moss(2010) 中的逻辑对三段论片段 R 进行了扩展，因为它同时允许语句进行两种辖域歧义的解读。例如，像 Every painter admires some artist 这样的语句有着主语宽辖域解读和主语窄辖域解读这两种解读方式。"主语宽辖域解读逻辑蕴涵主语窄辖域解读" 这一事实，是 Moss 的系统中的一个推理规则。该系统中不存在矛盾。

Moss(2010) 还分析了带否定名词 (而非否定动词) 且只包含了 all 的三段论逻辑，在前文的记法表述下，该逻辑的公式为 $all(l, m)$ 和 $all(l, all(m, r))$，其中 l 和 m 为一元字母表达式。除了之前已见过的规则，Moss(2010) 还使用了下述被认为是排中律形式的附加规则：

$$\frac{all(n, all(q, r)) \quad all(\bar{n}, all(q, r))}{all(p, all(q, r))}, \quad \frac{all(p, all(n, r)), \quad all(p, all(\bar{n}, r))}{all(p, all(q, r))}.$$

根据带有如下三个前提的规则可得该系统是完全的。

$$\frac{all(p, all(n, r)) \quad all(o, all(q, r)) \quad all(\bar{o}, all(\bar{n}, r))}{all(p, all(q, r))}$$

---

[①] Nishihara N, Morita K, Iwata S. An extended syllogistic system with verbs and proper nouns, and its completeness proof. Systems Computers in Japan, 1990, 21: 96-111.

[②] Moss L S. Syllogistic logics with verbs. Journal of Logic and Computation, 2010, 20: 947–967.

## 三、McAllester 和 Givan 的关系三段论片段

现在研究与三段论片段 $R^*$ 有关的 McAllester 和 Givan(1992)[①]中所提到的结论。McAllester 和 Givan 给出了在一元谓词、二元谓词及个体常项的签名 (signature) 上的一阶语言的"蒙太格式的句法",并给出了 (所谓的)"无量词"的三段论片段。事实上,除了片段的"类–项 (class-terms)"(与 c-项相等) 能够进行任意深度的嵌入之外,其他都与三段论片段 $R^*$ 类似。因此,在 McAllester 和 Givan 的语言中,公式

$$\text{all(some(some(man, kill), kill), some(some(animal, kill), kill))}$$

表达的命题就是 De Morgan 提出的命题:He who kills one who kills a man kills one who kills an animal。但是,公式表达力本质上并不会随着 c-项嵌入任意深度的能力的增强而增强,因为深嵌入的类–项常常被新引入的一元谓词而排除在外。这反映了这样的事实,即对于关系三段论片段 $R^*$ 而言的可满足性问题的复杂性与 McAllester 和 Givan 三段论片段的复杂性一样。有趣的是,如果对在 Γ 中出现的每一个类–项 $c$,Γ 包含了公式 $\text{some}(c,c)$ 或 $\text{all}(c,\bar{c})$,那么 McAllester 和 Givan 就证明了 $R^*$-公式组成的集合 Γ 的可满足性可在多项式时间内被确定。(这些公式集可称之为确定的特称公式)。McAllester 和 Givan 给出了该片段一个类三段论系统 (syllogsitic-like system),该系统对确定的特称公式组成的集合而言是完全的。

Moss(2010) 研究了 McAllester 和 Givan 三段论片段的子片段。用 Pratt-Hartmann 和 Moss(2009) 的术语表示就是:研究的公式的形式为 $\text{all}(c,d)$ 和 $\text{some}(c,d)$,其中 $c$ 和 $d$ 都是形式为 p(一个原子)、$\text{some}(c,r)$ 或 $\text{all}(d,r)$ 的类–项。因此,该系统不包含否定语句。系统中的规则是在 Part-Hartmann 与 Moss(2009) 第五节所见过的规则 ((T)、(I)、(B)、(D)、(J)、(K)、(L) 和 (II)) 的版本,此外,还包含了允许实例推理的规则,该规则并非 Pratt-Hartmann 与 Moss(2009) 所说的三段论规则。如下非形式的例子说明了该系统允许足道推理,以及至少包含了一个动词的推理。

$$\frac{\text{All porcupines are mammals}}{\frac{\text{All who respect all mammals respect all porcupines}}{\text{All who dislike all who respect all porcupines dislike all who respect all mammals}}}$$

---

[①] McAllester D A, Givan R. Natural language syntax and first-order inference. Artificial Intelligence, 1992, 56: 1–20.

### 四、词项逻辑的现代复兴

近几十年来,许多逻辑学家通过寻求复兴词项逻辑,以挑战量词理论的主导地位——本质上就是将三段论的传统表述扩展到包含多种关系的三段论表述中 (Sommers, 1982[①]; Englegretsen, 1981[②])。大致说来,词项逻辑学家所采用的策略是:强调新词项逻辑句法的表达力,并且强调这种表达力代表了所有能够在量词逻辑中表述的全部东西 (详情可参见 Michael Lockwood's Appendix G to Sommers, 1982, pp. 426-456)。通过采用一个新的词项逻辑框架可得到一个带有一阶逻辑全部表达力的形式系统,而且该系统能够更精确地表达自然语言的结构。Pratt-Hartmann 与 Moss(2009) 的观点则不同。事实上,词项逻辑句法能够简洁巧妙地表述这里所研究的三段论片段。最后所得的公式与第二节所引入的句法有所不同;当然,这些不同不会影响到相关的证明系统。Pratt-Hartmann 与 Moss(2009) 一直在强调上文所研究的三段论片段的弱表达力,因为弱表达力可得到低计算复杂性。而且从计算复杂性的观点看来,谓词逻辑或词项逻辑中句法机制是不重要的。

## 第八节 关系三段论片段的复杂性

Pratt-Hartmann 和 Moss(2009) 研究了传统三段论的多种扩展的类三段论证明系统的有效性,特别强调了归谬法规则的必要性。另外推导出了所研究的所有逻辑的复杂性的上确界或下确界。

Pratt-Hartmann 和 Moss(2009) 研究的关系三段论逻辑是:

(i) 传统三段论相对应的 S;

(ii) 通过否定性名词对 S 进行扩张后所得到的 S†;

(iii) 通过及物动词对 S 进行扩张后所得到的 R;

(iv) 通过上述两种结构同时对 S 进行扩张后所得到的 R†;

(v) 通过包含关系从句的主语名词短语对 R 进行扩张所得到的 R*;

(vi) 通过否定性名词对 R* 进行扩张所得到的 R*†。图 5 中给出了这些系统之间的包含关系,以及它们与熟悉的一阶逻辑的双变元片段之间的包含关系 (Gradel et al., 1997)[③]。

---

[①] Sommers F. The Logic of Natural Language. Oxford, UK: Clarendon Press, 1982.
[②] Englebresten G. There Logicians. Assen. The Netherlands: Van Gorcum, 1981.
[③] Grädel E, Kolaitis P G, Vandi M Y. On the decision problem for two-variable first-order logic. The Bulletin of Symbolic Logic, 1997, 3(1): 53-69.

| | | |
|---|---|---|
| S | direct, complete | NLOGSPACE |
| S† | direct, complete | NLOGSPACE |
| R | direct, refutation complete | NLOGSPACE |
| R† | not even indirect | EXPTIME |
| R* | indirect, complete | CO-NPTIME [10] |
| R*† | not even indirect | EXPTIME |
| FO² | | NEXPTIME [6] |

图 5 本章研究的六个关系三段论片段和带有两个变元的一阶逻辑片段

图 5 给出了这些三段论片段及其是否存在这些三段论的证明系统的结论，并给出了确定序列是否有效的复杂性。就是否存在三段论的证明系统而言，Pratt-Hartmann 和 Moss(2009) 证明了：①S 和 S† 都有可靠的且完全的直接三段论证明系统 (即 S 和 S† 系统不包含归谬法规则)；②R 有一个可靠的且斥完全的直接三段论证明系统 (即如果允许归谬法在最后一步单独使用，那么斥完全系统就是完全的)，但是不存在可靠的且完全的直接三段论证明系统；③ R* 有一个可靠的且完全的间接三段论证明系统 (即，可以不加限制地使用归谬法)，但是 (除了 PTIME=NPTIME 外) 不存在可靠的且斥完全的直接三段论证明系统；④R† 和 R*† 都不存在可靠的且完全的间接三段论证明系统。就复杂性而言，Pratt-Hartmann 和 Moss(2009) 证明了：⑤ 判定任意的 S、S† 或 R 中序列的有效性问题是 NLOGSPACE-完全的；⑥ 判定 R* 中序列的有效性问题是 co-NPT$_{IME}$-完全的；⑦ 判定在 R† 或 R*† 中序列的有效性问题是 EXPT$_{IME}$-完全的。

## 第九节 关系三段论的可靠性和完全性研究

关系三段论逻辑是经典三段论逻辑的一种扩张，关系三段论的谓语是带有量化宾语的及物动词。Pratt-Hartmann (2014)[①]在 Pratt-Hartmann 和 Moss(2009)[②]的关系三段论研究的基础上，研究了关系三段论的现代扩张——带有类似三段论的有穷规则集的关系三段论，本节主要介绍和阐释这一成果。

### 一、引言

经典三段论是标准的亚氏三段论，表征了如下四种语句形式的推理特

---

[①] Pratt-Hartmann I. The relational syllogistic revisited. Perspectives on Semantic Representations for Textual Inference, CSLI Publication, 2014: 195-228.

[②] Pratt-Hartmann I, Moss L S. Logics for the relational syllogistic. Review of Symbolic Logic, 2009, 2(4): 647-683.

## 第九节 关系三段论的可靠性和完全性研究

征：Every p is a q、Some p is a q、No p is a q 和 Some p is not a q，其中，p 和 q 可以用一般 (可数) 名词来替换。关系三段论逻辑是经典三段论逻辑的一种扩张，关系三段论的谓语是带有量化宾语的及物动词。例如，在关系三段论中如下三段论是有效的：

$$\frac{\text{Some artist admires no beekeeper}}{\text{Every beekeeper admires some artist}}$$
$$\overline{\text{Some artist is not a beekeeper}}$$

事实上，考虑不欣赏养蜂人的任意的艺术家 a。如果 a 自己不是养蜂人，那么结论当然正确的。另一方面，如果他是养蜂人，则第二个前提就保证了存在一个 a 欣赏的艺术家 b，因此，b 不能是养蜂人 (否则 a 就不能欣赏 b)，因此，结论同样也是正确的。可见，关系三段论允许对比经典三段论更复杂的论断进行形式化。

对于带有一两个辅助规则的经典三段论逻辑而言，存在一个 (可靠的并且) 完全的推理系统：如果一个论断是有效的，其意思是，不存在使得其前提真而结论假的可能世界，而且这种有效性仅仅用三段论推理的步骤即可证明，那么就说该三段论逻辑是一个 (可靠的且) 完全的推理系统。Corcoran(1972)[1]和 Smiley(1973)[2]首次证明了经典三段论的弱完全性，即证明了带有类似三段论 (syllogism-like) 规则的某些系统的 (可靠性和) 斥完全性：如果一个论断是有效的，那么从它的前提和其结论的否定中可推出恒假式。随后，本章前面八节阐释了 Pratt-Hartmann 和 Moss(2009)[3]，主要得出了如下结论：① 在可靠的且完全的 (不仅仅是斥完全的) 经典三段论逻辑中，存在一个类似三段论的有穷规则集；② 在可靠的且斥完全的关系三段论逻辑中，存在类似三段论的有穷规则集；③ 在可靠的且完全的关系三段论逻辑中，不存在类似三段论的有穷规则集。换句话说，对于关系三段论而言，直接推理是必要的。

Pratt-Hartmann(2014)[4]研究了添加了具有 "If there are p's, there are q's" 这一语句形式的关系三段论的一个适度扩张。下面的三段论在该扩张关系三段论中是有效的。

---

[1] Corcoran J. Completeness of an ancient logic. Journal of Symbolic Logic, 1972, 37(4): 696-702.

[2] Smiley T J. What is a syllogism? Journal of Philosophical Logic, 1973, 2: 135-154.

[3] Pratt-Hartmann I, Moss L S. Logics for the relational syllogistic. Review of Symbolic Logic, 2009, 2(4): 647-683.

[4] Pratt-Hartmann I. The relational syllogistic revisited. Perspectives on Semantic Representations for Textual Inference, CSLI Publication, 2014: 195-228.

事实上，假设某个艺术家曾经是养蜂人，那么根据前两个前提可知，则某木匠应该是存在的，所以某牙医应该也是存在的。但是剩余的四个前提排除了木匠和牙医同时存在的可能性，不然，当牙医既是电工又是笛手时，根据第三个前提和第四个前提可知：木匠既欣赏他又不欣赏他。

> If there are artists, there are carpenters
> If there are beekeepers, there are dentists
> Every carpenter admires every electrician
> No carpenter admires any flautist
> Every dentist is an electrician
> Every dentist is a flautist
> ―――――――――――――――――――
> No artist is a beekeeper

Pratt-Hartmann (2014) 为这类扩张关系三段论提出了类似三段论的有穷规则集，并指出其证明系统是可靠的和完全的。也就是说：对关系三段论而言，通过适度增加其表达力，可以给出关系三段论的类似三段论的有穷规则集。因此，存在一个由类似三段论的有穷规则集所定义的证明系统，并不能代表存在一个相对于自然语言片段表达式的"边界"。

## 二、关系三段论 $\acute{S}$、$\acute{R}$ 和 $\acute{RE}$ 语言

本节把与经典三段论、关系三段论和扩张的关系三段论相对应的形式语言分别记为：$\acute{S}$、$\acute{R}$ 和 $\acute{RE}$。

### （一）句法和语义

本章前八节阐释的 Pratt-Hartmann 和 Moss(2009)[①]研究了经典三段论 $\acute{S}$ 和关系三段论 $\acute{R}$，并框架性地证明了：$\acute{R}$ 不允许用三段论的有穷规则集定义具有可靠性和完全性的证明系统。定义语言 $\acute{RE}$ 的动机在于改变这样的状况。

令 P 和 R 是可数的无穷集合。集合 P 中的元素是一元原子，集合 R 中的元素是二元原子；(可能带有装饰) 字母 o, p, q 在一元原子上取值，r 在二元原子上取值。一元字母表达式 (unary literal) 是形式 p 或 p̄ 的表达式，二元字母表达式 (binary literal) 是形式 r 或 r̄ 的表达式；$\ell$, m 在一元字母表达式上取值，t 在二元字母表达式上取值。如果一元字母表达式是

―――――――――
[①] Pratt-Hartmann I, Moss L S. Logics for the relational syllogistic. Review of Symbolic Logic, 2009, 2(4): 647-683.

一元原子，就称它是肯定的字母表达式；反之则称作否定的字母表达式。肯定的或否定的二元字母表达式的定义与此类似。c-项的集合定义为

$$C := \ell | \text{all}(p,t) | \text{some}(p,t)$$

c, d 在 c-项上取值。Ṡ-公式的集合定义为

$$\varphi := \text{all}(p,\ell) | \text{some}(p,\ell)$$

Ŕ-公式的集合定义为

$$\varphi := \text{all}(p,c) | \text{some}(p,c)$$

以及ŔÉ-公式的集合定义为

$$\varphi := \text{all}(p,c) | \text{some}(p,c) | \Omega(p,q)$$

形式为 $\text{some}(p,c)$ 的公式称作特称公式，形式为 $\text{all}(p,c)$ 和形式为 $\Omega(p,q)$ 的公式称作全称公式。

从直观上来看，集合 P 中的元素表示普通可数名词——artist、beekeeper、carpenter 等。集合 R 中的元素表示及物动词——despises、envies 等。c-项 $\text{all}(p,r)$ 和 $\text{some}(p,r)$ 分别读作 thing which r's every p 和 thing which r's some p；形式为 $\text{all}(p,c)$ 和 $\text{some}(p,c)$ 的语句分别读作 Every p is a c 和 Some p is a c。因此，Ŕ- 公式的非形式解释如下

    some(artist, beekeeper) 表示：Some artist is a beekeeper。
    all(artist, all(beekeeper, admire)) 表示：
        Every artist (is a thing which) admires every beekeeper。

那么否定的一元字母表达式 $\bar{p}$ 读作 is not a p，否定的二元字母表达式 $\bar{r}$ 表示 does not r，相对于谓词量化的否定具有窄辖域。在英语中：

    some(artist, $\overline{\text{beekeeper}}$) 表示：Some artist is not a beekeeper。
    all(artist, all(beekeeper, $\overline{\text{admire}}$)) 表示：No artist admires any beekeeper。

最后，在 ŔÉ 中，附加形式 $\Omega(p,q)$ 读作 If there are p's, then there are q's。因此，$\Omega(\text{artist, beekeeper})$ 表示 If there are artists, then there are beekeepers。

符号 Ṡ 表示所有 Ṡ-公式组成的集合，Ŕ 和 ŔÉ 的定义与此类似。当根据语境知道所研究的 Ṡ, Ŕ 或 ŔÉ 中的语言时，Ṡ-公式、Ŕ-公式或 ŔÉ-公式都简称为公式。$\varphi, \psi$ 在所研究的语言的公式上取值。需要注意的是：

这三种语言都不包括诸如 all($\bar{p}$, q) 或 some(p, all($\bar{q}$,r)) 这样的公式。因此，不讨论 Every non-artist is a beekeeper 或者 Some artist admires every non-beekeeper 等形式。在下文将对这种限制的重要性加以说明。

这三种语言的语义通过标准的形式给出：一个结构是三元组 $\mathcal{H} = \langle A, \{p^{\mathcal{H}}\}_{p\in P}, \{r^{\mathcal{H}}\}_{r\in R}\rangle$，其中 A 是一个非空集合；对任意 $p \in P$ 而言，有 $p^{\mathcal{H}} \subseteq A$，对于任意 $r \in R$ 而言，有 $r^{\mathcal{H}} \subseteq A \times A$；集合 A 称作 $\mathcal{H}$ 的定义域。把映射 $p \mapsto p^{\mathcal{H}}$ 和 $r \mapsto r^{\mathcal{H}}$ 通过如下方式扩张到全部的一元和二元字母表达式中，对于任意 p, r 而言

$$\bar{p}^{\mathcal{H}} = A \backslash p^{\mathcal{H}}$$

$$\bar{r}^{\mathcal{H}} = (A \times A) \backslash r^{\mathcal{H}}$$

因而通过如下方式扩张到全部的 c-项，对于任意 p, t 而言

$$\text{all}(p,t)^{\mathcal{H}} = \{a \in A|\ 对于所有的\ b \in p^{\mathcal{H}}, \langle a, b\rangle \in t^{\mathcal{H}}\}$$
$$\text{some}(p,t)^{\mathcal{H}} = \{a \in A|\ 存在\ b \in p^{\mathcal{H}}\ 使得\ \langle a, b\rangle \in t^{\mathcal{H}}\}$$

如果 $a \in c^{\mathcal{H}}$，就说 a 满足 (在 $\mathcal{H}$ 中的) c，意思是：根据结构 $\mathcal{H}$，a 具有 c 性质。如果 $\ell = \bar{p}$ 是否定的一元字母表达式，则记作 $\bar{\ell} = p$；二元字母表达式的记法与此类似；规定：$\overline{\text{all}} = \text{some}$ 和 $\overline{\text{some}} = \text{all}$。对于形式为 Q(p,t) 的任意 c-项（其中 $Q \in \{\text{all}, \text{some}\}$)，记作 $\bar{c} = \bar{Q}(p,\bar{t})$。因此，对任意 c-项 c，有 $(\bar{c})^{\mathcal{H}} = A\backslash c^{\mathcal{H}}$。

在定义了与结构相关的 c-项的满足性记法之后，就可以定义结构和公式之间的真值关系 $\models$ 如下

$$\mathcal{H} \models \text{all}(p,c)\ 当且仅当\ p^{\mathcal{H}} \subseteq c^{\mathcal{H}}$$
$$\mathcal{H} \models \text{some}(p,c)\ 当且仅当\ p^{\mathcal{H}} \cap c^{\mathcal{H}} \neq \varnothing$$
$$\mathcal{H} \models \Omega(p,q)\ 当且仅当\ p^{\mathcal{H}} \neq \varnothing\ 蕴涵\ q^{\mathcal{H}} \neq \varnothing$$

若 $\mathcal{H} \models \theta$，则在 $\mathcal{H}$ 中 $\theta$ 为真；"假"(false) 的意思就是"不真"。像通常那样，令 $\Theta$ 是一个公式集，对于所有的 $\theta \in \Theta$ 而言，如果 $\mathcal{H} \models \theta$ 时，记作 $\mathcal{H} \models \Theta$；此时，就称 $\mathcal{H}$ 是 $\Theta$ 的一个模型，而且 $\Theta$ 是可满足的。对于每个 $\mathcal{H}$ 而言，如果 $\mathcal{H} \models \Theta$ 蕴涵 $\mathcal{H} \models \theta$，就写作 $\Theta \models \theta$，即"从前提 $\Theta$ 推出结论 $\theta$"的论断是有效的；或简单地说，$\Theta$ 蕴涵 $\theta$。显然，在任何结构中，形式为 some(p, $\bar{p}$) 的公式为假；事实上，其他的 RÉ-公式都不具有这个性质。因此，具有这种形式的任何公式称为恒假式，并用 $\bot$ 表示恒假式。

事实上，公式 all(p,q̄) 和 all(q,p̄) 正好在相同的结构中为真，公式 some(p,q) 和 some(q,p) 在相同的结构中也为真。因此这两对公式视为等价的，在需要时可以相互替换。在需要时，可把任意 RÉ-公式 some(p,c) 写作 some(c,p)，把任意 RÉ-公式 all(p,c) 写作 all(c̄,p̄)。这种（看似不必要的）缩写可以使得利用推理规则进行推理时显得更加简洁。很显然，公式 some(p,c) 正好在 all(p,c̄) 为假的结构中为真（反之亦然）；而且，$\mathscr{H}$(p,q) 正好在 some(p,p) 和 all(q,q̄) 都为假的结构中为真。可见RÉ语言允许对公式进行否定。需要指出的是：Ω(p,q̄) 不是 RÉ-公式。

**(二) 关系三段论的证明论**

令 L 是任意的关系三段论语言 Ś、Ř 或 RÉ。在 L 中一个关系三段论规则（或简称为规则）是一个序对 Θ/θ，其中：L-公式中的 Θ 是一个（可能为空的）有穷集，θ 是一个 L-公式。一般用横线把规则中的前提和结论隔开，横线上的是前提，横线下的是结论。例如，如下规则：

$$\frac{\text{all}(p,q) \quad \text{all}(o,p)}{\text{all}(o,q)} \quad , \quad \frac{\text{all}(p,\bar{q}) \quad \text{all}(o,p)}{\text{all}(o,\bar{q})}$$

分别与熟悉的三段论 AAA-1 和 EAE-1 相对应：

$$\frac{\text{Every p is a q} \quad \text{Every o is a p}}{\text{Every o is a q}} \quad \frac{\text{No p is a q} \quad \text{Every o is a p}}{\text{No o is a q}}$$

为了节省空间，约定 $\ell$ 在字母表达式上取值，这些规则可合并如下

$$\frac{\text{all}(p,\ell) \quad \text{all}(o,p)}{\text{all}(o,\ell)} \quad (A1')$$

在下文中将严格遵守如下约定：$\ell$ 在一元字母表达式上取值，t 在二元字母表达式上取值，c, d 在 c-项上取值，φ 在公式上取值。需要指出的是：这里的标签 (A1′) 仅仅表示在推导中使用该规则，并不具有任何形式上的意义。

一个规则集 X 是指，在涉及（前提）公式集 Θ 和（结论）公式集 θ 的推导中包含的步骤。任何推导都是一个树形图，其叶子由 Θ 中的元素（可以重复）来标注，其根由 θ 中的元素来标注，并用 Θ⊢$_X$ θ 表示这样的推导。例如，如果 X 包含规则 (A1′)，如下推导

$$\frac{\mathrm{all(beekeeper, carpenter)} \quad \mathrm{all(artist, beekeeper)}}{\mathrm{all(carpenter, \overline{dentist})} \quad \mathrm{all(artist, carpenter)}} (A1')$$

$$\frac{}{\mathrm{all(artist, \overline{dentist})}} (A1')$$

表明

{all(artist, beekeeper), all(beekeeper, carpenter), all(carpenter, $\overline{\mathrm{dentist}}$)} $\vdash_X$ all(artist, $\overline{\mathrm{dentist}}$).

需要注意的是：这里研究的所有证明系统都是直接证明系统——可由前提一步一步地推出结论的系统；不可以把直接证明系统整合进间接证明系统(即结论可以由假设的否定推出的系统)，进而可以推导出恒假式的证明系统。

X 规则集最重要的部分是构成蕴涵充分必要条件的推导关系 $\vdash_X$。形式化地说，如果 $\Theta \vdash_X \theta$ 蕴涵 $\Theta \models \theta$，那么 $\vdash_X$ 就是可靠的；如果 $\Theta \models \theta$ 蕴涵 $\Theta \vdash_X \theta$，那么 $\vdash_X$ 就是完全的。本章只研究有穷规则集合 X，因为很容易证明：存在使得推导关系是可靠的且完全的（可计算的）无穷的规则集 $\acute{S}, \acute{R}, \acute{RE}$。如果从 $\Theta$ 可以推导出某个恒假式，就说公式集 $\Theta$(相对于推导关系 $\vdash$) 是不一致的。如果任意不可满足的公式集是不一致的，就说 $\vdash_X$ 是斥完全的。显然，完全性蕴涵斥完全性，但反之不成立。本章前八节阐释的 Pratt-Hartmann 和 Moss(2009)①证明了定理 9.1—定理 9.3。

**定理 9.1** 在三段论逻辑 $\acute{S}$ 中，存在使得推导关系 $\vdash_X$ 是可靠且完全的有穷规则集 X。

**定理 9.2** 在三段论逻辑 $\acute{R}$ 中，存在使得推导关系 $\vdash_X$ 是可靠且斥完全的有穷规则集 X。

**定理 9.3** 在三段论逻辑 $\acute{R}$ 中，不存在使得推导关系 $\vdash_X$ 是可靠且完全的有穷规则集 X。

Pratt-Hartmann(2014)②给出了下面的定理。

**定理 9.4** 在三段论逻辑 $\acute{RE}$ 中，存在使得推导关系 $\vdash_X$ 是可靠且完全的有穷规则集 X。

或许至此可以明白为什么研究三段论逻辑 $\acute{RE}$ 中的语言了。为此，这里

---

① Pratt-Hartmann I, Moss L S. Logics for the relational syllogistic. Review of Symbolic Logic, 2009, 2(4): 647-683.

② Pratt-Hartmann I. The relational syllogistic revisited. Perspectives on Semantic Representations for Textual Inference, CSLI Publication, 2014: 195-228.

第九节　关系三段论的可靠性和完全性研究　　　　　　　　　　　　　　· 237 ·

非形式地给出了定理 9.3 的简要证明。详细的证明请参见 Pratt-Hartmann 和 Moss(2009) 第 661 页及其之后的内容。

**定理 9.3 的证明概要**　　对于正数 n，令 $p_1,\cdots,p_n$ 是不同的一元原子，r 是二元原子，$\gamma_n$ 是 Ŕ-公式 $\text{all}(p_1,\text{some}(p_n,r))$，$\Gamma_n$ 是如下的Ŕ-公式的集合：
$$\text{all}(p_i,\text{some}(p_{i+1},r)) \quad (1\leqslant i<n)$$
$$\text{all}(p_1,\text{all}(p_n,r))$$

因此，$\Gamma_n\models\gamma_n$。显然，假设 $\mathscr{H}\models\Gamma_n$，如果 $p_1^\mathscr{H}=\varnothing$，那么 $\mathscr{H}\models\gamma_n$；另一方面，如果 $p_1^\mathscr{H}\neq\varnothing$，那么用公式 $\text{all}(p_i,\text{some}(p_{i+1},r))$ 进行简单归纳可证：$p_n^\mathscr{H}\neq\varnothing$，由此，从 $\text{all}(p_1,\text{all}(p_n,r))$ 可得 $\mathscr{H}\models\gamma_n$。形式为 $\text{all}(p,p)$ 这样的公式的证明是不足道的。

对于任意 $i(1\leqslant i\leqslant n)$，令 $\Gamma_{n,i}$ 是从 $\Gamma_n$ 中消去公式 $\text{all}(p_i,\text{some}(p_{i+1},r))$ 而得到的。通过实例可验证：$\Gamma_{n,i}$ 不能推导出已经不在 $\Gamma_n$ 中的足道的Ŕ-公式。现在探讨在Ŕ中任意的有穷的非空集合 X，令 n 大于任意的这些规则前提数目的最大值。对任何这些规则的实例 $\Theta/\theta$ 和某个 $i(1\leqslant i\leqslant n)$ 而言，如果 $\Theta\subseteq\Gamma_n$，那么 $\Theta\subseteq\Gamma_{n,i}$。因此，如果集合 X 的规则是有效的，那么 $\theta$ 是不足道的或者包含在 $\Gamma_n$ 中。换句话说，集合 X 的规则不会产生超出 $\Gamma_n$ 之外的足道的结论，尤其不能推出 $\gamma_n$，因此，$\vdash_X$ 不具有完全性。证毕。

容易看出，这里出现了错误：对于 $1\leqslant j<i$ 而言，$\Gamma_{n,i}$ 确实蕴涵 $\Omega(p_1,p_j)$；然而，这些公式并不在 Ŕ 中，所以不能够表达在 Ŕ 中的推导。但是现在假设研究的是 ŔÉ 语言，其中包含规则：

$$\frac{\text{all}(p,\text{some}(q,r))}{\Omega(p,q)}\,(C4),\quad \frac{\Omega(o,p)\quad\Omega(p,q)}{\Omega(o,q)}\,(C2),\quad \frac{\text{all}(p,\text{all}(q,t))\quad\Omega(p,q)}{\text{all}(p,\text{some}(q,t))}\,(D1)$$

可得如下的 $\Omega(p_1,p_2)$, $\Omega(p_1,p_3)$ 和 $\Omega(p_1,p_4)$：

$$\cfrac{\cfrac{\dfrac{\text{all}(p_1,\text{some}(p_2,r))}{\Omega(p_1,p_2)}(C4)\quad\dfrac{\text{all}(p_2,\text{some}(p_3,r))}{\Omega(p_2,p_3)}(C4)}{\Omega(p_1,p_3)}(C2)\quad \dfrac{\text{all}(p_3,\text{some}(p_4,r))}{\Omega(p_3,p_4)}(C4)}{\Omega(p_1,p_4)}(C2)$$

以这种方式继续推导，对于所有的 $i(2 \leqslant i \leqslant n)$ 而言，可得：$\Omega(p_1, p_i)$，因此可得 $\gamma_n$，故

$$\vdots$$

$$\frac{\Omega(p_1, p_n) \quad \text{all}(p_1, \text{all}(p_n, r))}{\text{all}(p_1, \text{some}(p_n, r))} \text{(D1)}$$

这种推导的存在不是偶然的：形式为 $\Omega(p, q)$ 的公式正是需要添加到Ŕ中的公式，以此保证存在可靠且完全的有穷规则集。

上文已经提到，Ś 语言和 Ŕ 语言并不包括公式 $\text{all}(\bar{p}, q)$ 或者 $\text{some}(\bar{p}, \bar{q})$，且Ŕ不能表达 c-项 $\text{all}(\bar{p}, t)$ 或 $\text{some}(\bar{p}, t)$ 的特征。具体地说，在 Ś 语言和 Ŕ 语言中，不包括 Every non-artist is a beekeeper 或者 Every artist admires some non-beekeeper 这样的语句。Pratt-Hartmann 和 Moss Moss(2009) 详细研究了能够表征这类"名词层面"否定的 Ś 语言和 Ŕ 语言的扩张系统——Ś† 语言和 Ŕ† 语言，并证明了 Ś† 语言存在可靠且完全的三段论规则的有穷系统；但是，即使不加限制地使用归谬法，Ŕ† 语言也不存在这样可靠且完全的三段论的有穷规则系统；并指出 Ŕ† 语言的可满足性问题是 $\text{E{\scriptsize XP}T{\scriptsize IME}}$-完全的；因此根据 $\text{PT{\scriptsize IME}} \neq \text{E{\scriptsize XP}T{\scriptsize IME}}$ 可推出：Ŕ† 语言的扩张都不存在可靠的和完全的 (或可靠的和斥完全性的) 三段论的有穷规则集。

(三) ŔÉ语言的可靠且完全的规则集

现在定义对于ŔÉ语言的可靠且完全的规则集 RE，根据上文给出的相关的证明论知识可证定理 9.4。公式 $\text{some}(c, p)$ 与 $\text{some}(p, c)$ 可相互替换，$\text{all}(\bar{c}, \bar{p})$ 和 $\text{all}(p, c)$ 可相互替换。在需要时，这些替换在推导中很有效。由于规则 RE 是非常复杂的，所以对它进行分组，当涉及它们的有效性时就加以简单注记。

第一组规则是由熟悉的三段论规则加以简单推广而得到的

$$\frac{\text{all}(p, q) \quad \text{all}(q, c)}{\text{all}(p, c)} \text{(A1)}, \quad \frac{\text{all}(p, c) \quad \text{all}(q, \bar{c})}{\text{all}(p, \bar{q})} \text{(A2)}$$

$$\frac{\text{some}(p, c)}{\text{some}(p, p)} \text{(A3)}, \quad \frac{\text{some}(p, c) \quad \text{all}(p, q)}{\text{some}(q, c)} \text{(A4)}$$

$$\frac{\text{some}(p, c) \quad \text{all}(q, \bar{c})}{\text{some}(p, \bar{q})} \text{(A5)}, \quad \frac{\text{some}(p, q) \quad \text{all}(q, c)}{\text{some}(p, c)} \text{(A6)}$$

## 第九节 关系三段论的可靠性和完全性研究

$$\frac{\text{some}(p, \bar{p})}{\psi} \text{ (A7)}, \quad \frac{\text{all}(p, \bar{p})}{\text{all}(p, c)} \text{ (A8)}, \quad \frac{}{\text{all}(p, p)} \text{ (A9)}$$

这里的大多数规则都是通俗易懂的。事实上，前文已有规则 (A1)，虽然它是以受限形式 (A1′) 进行稍微修改后的形式出现的，其中 c 被限制为字母表达式。规则 (A7) 允许从恒假式中推出任何结论。需要注意的是：不要把规则 (A7) 与归谬法混淆，规则 (A7) 是指，如果一个前提及其否定都成立，那么就能够推出恒假式；从本章所应用的技术层面上讲，不能把归谬法理解成三段论规则。规则 (A9) 表示从空前提可以推出 all(p, p)。

第二组规则是由对量化谓词起作用的规则组成的 (其中的主语量词 Q 表示 all 或 some)：

$$\frac{Q(o, \text{all}(p, t)) \quad \text{some}(p, q)}{Q(o, \text{some}(q, t))} \text{ (B1)}, \quad \frac{Q(o, \text{all}(q, t)) \quad \text{all}(p, q)}{Q(o, \text{all}(p, t))} \text{ (B2)}$$

$$\frac{Q(o, \text{some}(p, t)) \quad \text{all}(p, q)}{Q(o, \text{some}(q, t))} \text{ (B3)}, \quad \frac{\text{all}(q, \bar{q})}{\text{all}(p, \text{all}(q, t))} \text{ (B4)}$$

$$\frac{\text{some}(p, \text{some}(q, t))}{\text{some}(q, q)} \text{ (B5)}$$

这里几乎所有的规则都是显然有效的，因此不需要注释。

第三组由对量词 Ω 起作用的规则组成：

$$\frac{}{\Omega(p, p)} \text{ (C1)}, \quad \frac{\Omega(o, p) \quad \Omega(p, q)}{\Omega(o, q)} \text{ (C2)}$$

$$\frac{\text{all}(p, q)}{\Omega(p, q)} \text{ (C3)}, \quad \frac{\text{all}(p, \text{some}(q, r))}{\Omega(p, q)} \text{ (C4)}$$

$$\frac{\text{some}(q, q)}{\Omega(p, q)} \text{ (C5)}, \quad \frac{\text{some}(p, p) \quad \Omega(p, q)}{\text{some}(q, q)} \text{ (C6)}$$

$$\frac{\text{all}(q, \bar{q}) \quad \Omega(p, q)}{\text{all}(p, c)} \text{ (C7)}$$

需要注意的是：规则 (C2) 表征了关系 Ω 的传递性。规则 (C7) 咋一看有点奇怪：因为前提断定不存在 q，并断定如果存在 p，那么就存在 q；所以，就不存在 p，进而得出，对于任意 c-项 c 而言，每个 p 都是 c。

第四组规则涉及带有量化谓词的公式和包含量词 Ω 公式之间的相互作用：

$$\frac{\text{all}(p, \text{all}(q, t)) \quad \Omega(p, q)}{\text{all}(p, \text{some}(q, t))} \text{ (D1)}$$

$$\frac{\text{some}(q, q) \quad \Omega(p, o) \quad \text{all}(o, q) \quad \text{all}(o, \text{all}(p, r))}{\text{some}(q, \text{all}(p, r))} \text{ (D2)}$$

$$\frac{\text{some}(p, p) \quad \Omega(q, o) \quad \text{all}(o, \bar{q}) \quad \text{all}(o, p)}{\text{some}(p, \bar{q})} \text{ (D3)}$$

$$\frac{\text{all}(p, \text{all}(q', r)) \quad \text{all}(o, q) \quad \text{all}(o, q') \quad \Omega(p, o)}{\text{all}(p, \text{all}(q, r))} \text{ (D4)}$$

$$\frac{\text{all}(o, \text{all}(o', t')) \quad \text{all}(o, \text{all}(o', \bar{t}')) \quad \Omega(p, o) \quad \Omega(q, o')}{\text{all}(p, \text{all}(q, t))} \text{ (D5)}$$

$$\frac{\text{all}(o, \text{all}(o', t')) \quad \text{all}(o, \text{all}(o', \bar{t}')) \quad \Omega(p, o) \quad \Omega(q, o')}{\text{all}(p, \bar{q})} \text{ (D6)}$$

公式 (D1) 的前提断定：每个与 q 有关的 t，也与每个 q 有关；如果 p 存在，那么 q 存在。如果不存在这样的 p，那么结论显然成立。否则，可选择某个与任意 p 有关的 q，且其结论也成立。

第五组规则涉及不太明了的包含量化谓词公式的推理。规则 (E2) 是本节第一页所论述的推理形式，且已经证明了其有效性；第五组中的其他规则可以类似处理。

$$\frac{\text{all}(o, \text{all}(p, t)) \quad \text{some}(o, \text{all}(q, \bar{t}))}{\text{all}(p, \bar{q})} \text{ (E1)}$$

$$\frac{\text{all}(q, \text{some}(p, t)) \quad \text{some}(p, \text{all}(q, \bar{t}))}{\text{some}(p, \bar{q})} \text{ (E2)}$$

$$\frac{\text{some}(p, \text{some}(p, t)) \quad \text{all}(q, \text{all}(q, \bar{t}))}{\text{some}(p, \bar{q})} \text{ (E3)}$$

第六组表示从带有量化谓词的前提中，可以推出形式为 $\text{some}(p, \bar{q})$ 的结论：

## 第九节　关系三段论的可靠性和完全性研究

$$\frac{some(p, all(o, t)) \quad all(q, all(q, \bar{t})) \quad all(o, p) \quad \Omega(q, o)}{some(p, \bar{q})} \quad (F1)$$

$$\frac{some(p, all(q, t)) \quad all(q, all(o, \bar{t})) \quad all(o, p) \quad \Omega(q, o)}{some(p, \bar{q})} \quad (F2)$$

$$\frac{all(o, some(p, t)) \quad all(o, all(q, \bar{t})) \quad \Omega(q, o) \quad some(p, p)}{some(p, \bar{q})} \quad (F3)$$

$$\frac{all(o, all(o', t)) \quad all(o, all(q, \bar{t})) \quad \Omega(q, o') \quad all(o', p) \quad some(p, p)}{some(p, \bar{q})} \quad (F4)$$

$$\frac{all(o, some(p, t)) \quad all(q, all(q, \bar{t})) \quad \Omega(q, o) \quad all(o, p) \quad some(p, p)}{some(p, \bar{q})} \quad (F5)$$

$$\frac{all(o, all(q, t)) \quad all(q, some(p, \bar{t})) \quad \Omega(q, o) \quad all(o, p) \quad some(p, p)}{some(p, \bar{q})} \quad (F6)$$

$$\frac{all(o', all(o, t)) \quad all(q, all(q, \bar{t})) \quad \Omega(q, o') \quad all(o', p) \quad \Omega(q, o) \quad some(p, p)}{some(p, \bar{q})} \quad (F7)$$

$$\frac{all(o', all(o, t)) \quad all(q, all(o, \bar{t})) \quad \Omega(q, o') \quad all(o', p) \quad \Omega(q, o) \quad all(o, p) \quad some(p, p)}{some(p, \bar{q})} \quad (F8)$$

$$\frac{all(o', all(q, t)) \quad all(q, all(o, \bar{t})) \quad \Omega(q, o') \quad all(o', p) \quad \Omega(q, o) \quad all(o, p) \quad some(p, p)}{some(p, \bar{q})} \quad (F9)$$

现在将证明这里最复杂的规则 (F9) 的有效性。在最后的前提 some $(p,p)$ 中，令 $a$ 为某个 $p$；如果 $a$ 不是 $q$，则结论成立；否则，可令 $b$, $b'$ 分别满足前提 $\Omega(q,o')$ 和 $\Omega(q,o)$ 中 $o$, $o'$。根据 all$(o,p)$ 和 all$(o',p)$ 可知，$b$ 和 $b'$ 都是 $p$，如果 $b$ 和 $b'$ 都不是 $q$，则结论成立。否则，根据 all$(q,$ all$(o,\bar{t}))$ 和 all$(o',$ all$(q,t))$ 可知：$b'$ 既是又不是通过 $t$ 与 $b$ 相关，这就产生了矛盾。规则 (F1)—(F8) 的有效性可类似证明。

第七组规则表示从带有量化谓词的前提出发可推出形式为 all$(p,\bar{q})$ 的结论。

对任意的 $o_1, o_2, o_3, o_4 \in \{p,q\}$ 而言：

$$\frac{\text{all}(o_1, \text{all}(p',t)) \quad \text{all}(o_2, \text{all}(q',\bar{t})) \quad \text{all}(o_3, p') \quad \text{all}(o_4, q')}{\text{all}(p,\bar{q})} \text{ (G1)}$$

$$\frac{\text{all}(o_1, \text{all}(q',t)) \quad \text{all}(o_2, \text{all}(q',\bar{t})) \quad \Omega(o_3, o) \quad \text{all}(o, p') \quad \text{all}(o, q')}{\text{all}(p,\bar{q})} \text{ (G2)}$$

$$\frac{\Omega(o_1, o) \quad \text{all}(o, \text{all}(p',t)) \quad \text{all}(o, \text{all}(q',\bar{t})) \quad \text{all}(o_2, p') \quad \text{all}(o_3, q')}{\text{all}(p,\bar{q})} \text{ (G3)}$$

$$\frac{\Omega(p,o)\Omega(q,o') \, \text{all}(o, \text{all}(p',t)) \quad \text{all}(o, \text{all}(q',\bar{t})) \, \text{all}(o', p') \, \text{all}(o', q')}{\text{all}(p,\bar{q})} \text{ (G4)}$$

为了证明 (G1) 的有效性。假设其反对命题成立，即假设某个 $p$ 是 $q$。任意选择一个这样的元素 $a$，那么，无论如何从 $p$ 和 $q$ 中选择，前提都能够保证 $a$ 既是 $p'$ 又是 $q'$，因此 $a$ 既是又不是通过 $t$ 与它自己关联，这就产生了矛盾。规则 (G2)—(G4) 的有效性可类似证明。

### 三、关系三段论的可靠性和完全性的证明

本节致力于定理 9.4 的证明。$\vdash_{RE}$ 的可靠性可以直接证明，因为在 RE 中的所有规则都是有效的。所以，现在只需证明：如果 $\Phi$ 是 RÉ-公式集，$\varphi$ 是使得 $\Phi \models \psi$ 的 RÉ-公式，那么 $\Phi \vdash_{RE} \varphi$。因为 RE 是下文中涉及的唯一规则集，所以以后用 $\vdash$ 代替 $\vdash_{RE}$。规定：如果没有特别说明，字母 $o, p, q$ 在一元原子上取值，$\ell, m$ 在一元字母表达式上取值，$r$ 在二元原子上取值，$t$ 在二元字母表达式上取值，$c, d$ 在 c-项上取值，$\varphi, \psi$ 在公式上取值。

这里对证明过程做个说明。必须证明，对任意公式集 $\Phi$ 和任意公式 $\varphi$，$\Phi \models \varphi$ 蕴涵 $\Phi \vdash \varphi$。这一证明根据 $\varphi$ 的可能形式分成了几种情况，每种情况分别对应于如下引理：

## 第九节 关系三段论的可靠性和完全性研究

表 1

| 形式 φ | 引理 | 形式 φ | 引理 |
|---|---|---|---|
| some(p, q) | 9.12 | some(p, q̄) | 9.21 |
| 4-5 some(p, some(q, t)) | 9.12 | some(p, all(q, t)) | 9.15 |
| 4-5 all(p, q) | 9.15 | all(p, q̄) | 9.16 |
| 4-5 all(p, some(q, t)) | 9.15 | all(p, all(q, t)) | 9.18 |
| Ω(p, q) | 9.15 | | |

根据难度大致考虑这些情况，到目前为止研究最复杂的情况就是 some(p, q̄)。对每种情况而言，假设 $\Phi \models \varphi$，并尝试建构满足 $\Phi$ 的 (可能添加了公式的) 结构 $\mathscr{H}$。这就出现了两种情况：第一情况是这些公式都是不可满足的，结构 $\mathscr{H}$ 存在缺陷 (defect)；第二种情况是 $\mathscr{H}$ 有模型 $\Phi$，因此有 $\mathscr{H}$ 有模型 $\varphi$。现在只需要证明，在第二种情况下，$\Phi \vdash \varphi$。

**(一) 两种传递闭包**

令 Π 是全称公式集。如果 Π 包含 all(p, q), all(p, some(q, t)) 或者 Ω(p, q)。二元关系 $\xrightarrow{\Pi}$ 是一元原子上满足如下条件的最小的自返的、传递的关系：$p \xrightarrow{\Pi} q$，关于 $\xrightarrow{\Pi}$ 的关键引理如下所示。

**引理 9.1** 如果 $p \xrightarrow{\Pi} q$，那么 $\Phi \vdash \Omega(p, q)$。

**证明** 可以直接给出如下规则：

$$\frac{}{\Omega(p, p)} \text{ (C1)}, \quad \frac{\Omega(o, p) \quad \Omega(p, q)}{\Omega(o, q)} \text{ (C2)}$$

$$\frac{\text{all}(p, q)}{\Omega(p, q)} \text{ (C3)}, \quad \frac{\text{all}(p, \text{some}(q, r))}{\Omega(p, q)} \text{ (C4)}$$

令 Π 是全称公式集。二元关系 $\overset{\Pi}{\Rightarrow}$ 是 c-项上满足如下条件的最小的自返的、传递的关系：

$$p \overset{\Pi}{\Rightarrow} c, \quad \text{all}(p, c) \in \Pi$$
$$\text{all}(q, t) \overset{\Pi}{\Rightarrow} \text{all}(p, t), \quad \text{all}(p, q) \in \Pi$$
$$\text{some}(p, t) \overset{\Pi}{\Rightarrow} \text{some}(q, t), \quad \text{all}(p, q) \in \Pi$$

与 $\overset{\Pi}{\Rightarrow}$ 有关的关键引理如下所示。

**引理 9.2** 如果 $p \overset{\Pi}{\Rightarrow} d$，那么 $\Pi \vdash \text{all}(p, d)$。

**证明** 可以直接给出如下规则：

$$\frac{}{\text{all}(p, p)} \text{ (A9)}, \quad \frac{\text{all}(p, q) \quad \text{all}(q, c)}{\text{all}(p, c)} \text{ (A1)}$$

$$\frac{\text{all}(o, \text{some}(p,t)) \quad \text{all}(p,q)}{\text{all}(o, \text{some}(q,t))} \text{ (B3)}, \quad \frac{\text{all}(o, \text{all}(q,t)) \quad \text{all}(p,q)}{\text{all}(o, \text{all}(p,t))} \text{ (B2)}$$

下面的引理 9.3 将在后文中多次用到。

**引理 9.3**　如果 $c \stackrel{\Pi}{\Rightarrow} q$，那么 c 是一元原子。事实上，如果 $p \stackrel{\Pi}{\Rightarrow} q$，那么：

(i) $p \stackrel{\Pi}{\longrightarrow} q$;　(ii) $\text{all}(q,t) \stackrel{\Pi}{\Rightarrow} \text{all}(p,t)$;　(iii) $\text{some}(p,t) \stackrel{\Pi}{\Rightarrow} \text{some}(q,t)$。

**证明**　引理 9.3 显然成立。证毕。

类似地，有如下引理。

**引理 9.4**　如果 $o \stackrel{\Pi}{\Rightarrow} \text{some}(p,t)$，那么 $o \stackrel{\Pi}{\longrightarrow} p$。如果 $c \stackrel{\Pi}{\Rightarrow} \text{some}(p,t)$，那么 c 不是一元原子，那么对于使得 $o \stackrel{\Pi}{\Rightarrow} p$ 的某个 o 而言，c=some(o,t)，因此 $o \stackrel{\Pi}{\longrightarrow} p$。

### (二) 一些技术机制

令 s 是任意 c-项集。s 是个体摹状词：个体摹状词满足在 s 中所有的 c-项。对于任意的特称公式集 Σ 而言，可定义

$$U_\Sigma = \{\{p,c\} | \text{some}(p,c) \in \Sigma\}$$

$U_\Sigma$ 是摹状词个体的聚合 (collection)，这些个体显然假设了"Σ 中的公式成立"。此外，对任意特称公式集 Σ 和任意全称公式集 Π 而言，可定义

$O_{\Sigma,\Pi} = \{o | p \stackrel{\Pi}{\longrightarrow} o, 对某个 p \in \bigcup U_\Sigma\} \cup \{o | p \stackrel{\Pi}{\longrightarrow} o, 对某个 \text{some}(p,t) \in \bigcup U_\Sigma\}$

$V_{\Sigma,\Pi} = U_\Sigma \cup \{\{o\} | o \in O_{\Sigma,\Pi}\}$

$O_{\Sigma,\Pi}$ 可看作是一元谓词的集合，这些谓词必须在"$\Sigma \cup \Pi$ 中的公式成立"的假设上进行例示；$V_{\Sigma,\Pi}$ 可看作是摹状词个体集，这些个体假设了"$\Sigma \cup \Pi$ 中的公式成立"。

对任意 c-项集 s 和任意的全称公式集 Π 而言，可定义

$$s^\Pi = \{d | c \stackrel{\Pi}{\Rightarrow} d, 对于某个 c \in s\}$$

$s^\Pi$ 可看作是摹状词 s 的详尽描述：假设 Π 中的公式全都成立的话，那么被 s 描述的任意个体，实际上也被 $s^\Pi$ 描述。$s^\Pi$ 可以想象成 c-项集合中的序列 $s_0, s_1, \cdots$ 并集，可归纳定义为

$$s_0 = s$$

## 第九节 关系三段论的可靠性和完全性研究

$$s_{3k+1} = s_{3k} \cup \left\{c | p \in s_{3k} 且 \text{all}(p,c) \in \Pi\right\}$$

$$s_{3k+2} = s_{3k+1} \cup \left\{\text{all}(p,t) | \text{all}(q,t) \in s_{3k+1} 且 \text{all}(p,q) \in \Pi\right\}$$

$$s_{3(k+1)} = s_{3k+2} \cup \left\{\text{some}(q,t) | \text{some}(p,t) \in s_{3k+2} 且 \text{all}(p,q) \in \Pi\right\}$$

把序列 $s_0, s_1, \cdots$ 称为 $s^\Pi$ 的分段结构 (staged construction)。

最后可以定义

$$W_{\Sigma,\Pi} = \{s^\Pi | s \in V_{\Sigma,\Pi}\}$$

$W_{\Sigma,\Pi}$ 可看作是个体的详尽摹状词的聚合，这些个体必须假设"$\Sigma \cup \Pi$ 中的公式成立"。有时，$W_{\Sigma,\Pi}$ 也会出现问题。假设 $w \in W_{\Sigma,\Pi}$，对于某个 c-项 $c$，$c$ 和 $\bar{c}$ 都是 $w$ 中的元素而言，摹状词 $w$ 不能被满足，就称 $W_{\Sigma,\Pi}$ 包含了在 $w$ 中的局部缺陷 (local defect)。或者假设 $u, v \in W_{\Sigma,\Pi}$，对于某些一元原子 $p, q$ 和二元原子 $r$，$u$ 同时包含 $\text{all}(p,r)$ 和 $\text{all}(q,\bar{r})$，而 $v$ 同时包含 $p$ 和 $q$ 的情况下，摹状词 $u$ 和 $v$ 就不能同时满足，就称 $W_{\Sigma,\Pi}$ 包含涉及 $u$ 和 $v$ 的全域缺陷 (global defect)。缺陷分为局部缺陷或全域缺陷。

**引理 9.5** 如果 $\text{some}(p,t) \in u \in W_{\Sigma,\Pi}$，那么 $\{p\}^\Pi \in W_{\Sigma,\Pi}$。

**证明** 根据引理 9.4 可证。证毕。

给定集合 $W_{\Sigma,\Pi}$，令 $A = W_{\Sigma,\Pi} \times \{0,1\}$，且定义结构 $\mathscr{H}$ 和在 $A$ 上的结构 $\bar{\mathscr{H}}$，对所有的 $p \in P$ 和 $r \in R$ 而言：

$$p^{\mathscr{H}} = p^{\bar{\mathscr{H}}} = \{(u,i) \in A | p \in u\}$$

$$r^{\mathscr{H}} = \{\langle(u,i), (\{p\}^\Pi, 1)\rangle \in A \times A | \text{some}(p,r) \in u\}$$

$$\cup \{\langle(u,i), (v,j)\rangle \in A \times A | 存在 p \in v 使得 \text{all}(p,r) \in u\}$$

$$r^{\bar{\mathscr{H}}} = (A \times A) \setminus (\{\langle(u,i), (\{p\}^\Pi, 1)\rangle \in A \times A | \text{some}(p,\bar{r}) \in u\} \cup$$

$$\{\langle(u,i), (v,j)\rangle \in A \times A | 存在 p \in v 使得 \text{all}(p,\bar{r}) \in u\})$$

对 $r^{\mathscr{H}}$ 和 $r^{\bar{\mathscr{H}}}$ 的定义，引理 9.5 保证了 $(\{p\}^\Pi, 1)$ 是 $A$ 中的元素。当需要给出参数 $\Sigma$ 和 $\Pi$ 时，可写成：$\mathscr{H}_{\Sigma,\Pi} = \mathscr{H}$ 和 $\bar{\mathscr{H}}_{\Sigma,\Pi} = \bar{\mathscr{H}}$。

对任意摹状词 $w \in W_{\Sigma,\Pi}$，定义域 $A$ 包含了对象序对 $(w,0)$ 和 $(w,1)$。可以把这些对象看作是"想要"满足摹状词 $w$ 的个体；结构 $\mathscr{H}$ 和 $\bar{\mathscr{H}}$ 保证了在没有缺陷的情况下，这些对象能够满足摹状词。成对的个体受到需要为在 $\mathscr{H}$ 中特定的 c-项提供证明的驱动，个体 $(\{q\}^\Pi, 1)$ 是形式为 $\text{some}(q,r)$ 的 c-项的证明，个体 $(\{q\}^\Pi, 0)$ 是形式为 $\text{some}(q,\bar{r})$ 的 c-项的证明；而在 $\bar{\mathscr{H}}$ 中，它们的作用则与之相反，即个体 $(\{q\}^\Pi, 1)$ 是形式为 $\text{some}(q,r)$ 的 c-项

的证明，个体 $(\{q\}^\Pi, 0)$ 是形式为 $\mathrm{some}(q, \bar{r})$ 的 c-项的证明。这两种结构都是以自然的方式解释一元原子：$p \in w$，当且仅当，$(w, i)$ 满足 $p$。对于二元原子而言，$\mathscr{H}$ 和 $\bar{\mathscr{H}}$ 采取相反的策略；大致说来，对 $\mathscr{H}$ 进行尽可能小地扩张，对 $\bar{\mathscr{H}}$ 进行尽可能大地扩张。尤其是，对元素 $a = (u, i)$ 和 $b = (v, j)$ 而言，结构 $\mathscr{H}$ 用 $a$ 来表示相对于 $b$ 的 $r$ 关系，当且仅当，对于某个一元原子 $q$ 而言，或者 $\mathrm{some}(q, r) \in u$ 且 $b = (\{q\}^\Pi, 1)$，或者 $\mathrm{all}(q, r) \in u$ 且 $q \in v$。结构 $\bar{\mathscr{H}}$ 常常用 $a$ 表示相对于 $b$ 的 $r$ 关系，除非对于某个一元原子 $q$ 而言，或者 $\mathrm{some}(q, \bar{r}) \in u$ 与 $b = (\{q\}^\Pi, 1)$ 或者 $\mathrm{all}(q, \bar{r}) \in u$ 与 $q \in v$。等价地说，$\bar{\mathscr{H}}$ 用 $a$ 表示相对于 $b$ 的 $r$ 关系，当且仅当，对于所有的一元原子 $q$ 而言，$\mathrm{some}(q, \bar{r}) \in u$ 蕴涵 $b \neq (\{q\}^\Pi, 1)$，$\mathrm{all}(q, \bar{r}) \in u$ 蕴涵 $q \notin v$。

**引理 9.6** 令 $\Sigma$ 是任意的特称公式集，$\Pi$ 是任意的全称公式集。令 $c \in u \in W_{\Sigma,\Pi}$ 且 $i \in \{0,1\}$。如果 $W_{\Sigma,\Pi}$ 没有缺陷，那么在 $\mathscr{H}_{\Sigma,\Pi}$ 和 $\bar{\mathscr{H}}_{\Sigma,\Pi}$ 中，$a = (u, i)$ 满足 $c$。

**证明** 令 $\mathscr{H} = \mathscr{H}_{\Sigma,\Pi}$ 且 $\bar{\mathscr{H}} = \bar{\mathscr{H}}_{\Sigma,\Pi}$。现在证明 $a \in c^{\mathscr{H}}$。根据 $\mathscr{H}$ 的结构可知：$c$ 是形式为 $p$、$\mathrm{some}(p, r)$ 或 $\mathrm{all}(p, r)$ 中的任意一种形式。如果 $c = \bar{p}$，那么 $p \notin u$，因为 $W$ 没有局部缺陷，所以 $a \in c^{\mathscr{H}}$。如果 $c = \mathrm{some}(p, \bar{r})$，那么 $c \in u \in W_{\Sigma,\Pi}$ 蕴涵 $\{p\}^\Pi \in W_{\Sigma,\Pi}$，因此 $b = (\{p\}^\Pi, 0) \in p^{\mathscr{H}}$。构建 $a \in c^{\mathscr{H}}$ 就可以证明 $\langle a, b \rangle \notin r^{\mathscr{H}}$。根据 $\mathscr{H}$ 的定义，如果存在使得 $\mathrm{all}(q, r) \in u$ 的 $q \in \{p\}^\Pi$，那么 $\langle a, b \rangle \in r^{\mathscr{H}}$。但是，因为 $u$ 在 $\overset{\Pi}{\Rightarrow}$ 中是封闭的，所以有 $\mathrm{all}(p, r) \in u$，这与"$W_{\Sigma,\Pi}$ 没有局部缺陷"的假设矛盾。假设 $b = (v, j) \in p^{\mathscr{H}}$，如果 $c = \mathrm{all}(p, \bar{r})$，那么 $p \in v$。构建 $a \in c^{\mathscr{H}}$ 就可以证明 $\langle a, b \rangle \notin r^{\mathscr{H}}$。根据 $\mathscr{H}$ 的定义可知：对某个 $q$ 而言，如果 ① $v = \{q\}^\Pi, j = 1$ 且 $\mathrm{some}(q, r) \in u$；② $q \in v$ 与 $\mathrm{all}(q, r) \in u$ 那么 $\langle a, b \rangle \in r^{\mathscr{H}}$。在① 情况下，因为 $u$ 在 $\overset{\Pi}{\Rightarrow}$ 中是封闭的，所以有 $\mathrm{some}(p, r) \in u$，这与"$W_{\Sigma,\Pi}$ 没有局部缺陷"的假设矛盾。情况②与"$W_{\Sigma,\Pi}$ 没有全域缺陷"的假设相反。

除了需要把涉及 $r$ 与 $\bar{r}$ 互换之外，可以用同样的方式证明 $a \in c^{\bar{\mathscr{H}}}$。证毕。

**引理 9.7** 令 $\Sigma$ 是任意的特称公式集，$\Pi$ 是任意的全称公式集。如果 $W_{\Sigma,\Pi}$ 没有缺陷，那么 $\mathscr{H}_{\Sigma,\Pi}$ 和 $\bar{\mathscr{H}}_{\Sigma,\Pi}$ 都是 $\Sigma \cup \Pi$ 的模型。

**证明** 把 $\mathscr{H}_{\Sigma,\Pi}$ 和 $\bar{\mathscr{H}}_{\Sigma,\Pi}$ 大致记作 $\mathscr{H}$，$A$ 是 $\mathscr{H}$ 的定义域。首先考察任意 $\varphi = \mathrm{some}(p, c) \in \Sigma$ 的情况；然后考察 $a = (\{p, c\}^\Pi, 1) \in A$ 的情况。

根据引理 9.6 可知：$a \in p^{\mathscr{H}} \cap c^{\mathscr{H}}$；因此 $\mathscr{H} \models \varphi$。进一步考察任意 $\varphi = \mathrm{all}(p, c) \in \Pi$ 的情况，并假设 $a = (u, i) \in p^{\mathscr{H}}$。根据定义 $\mathscr{H}$ 可

知：$p \in u$。根据 u 在关系 $\overset{\Pi}{\Rightarrow}$ 下是封闭的，可知：$c \in u$，因此根据引理 9.6 可知：$a \in c^{\mathscr{H}}$；所以 $\mathscr{H} \models \varphi$。最后考察任意的 $\varphi = \Omega(p,q) \in \Pi$ 的情况，并假设 $a = (u,i) \in p^{\mathscr{H}}$。根据定义 $\mathscr{H}$ 可知：$p \in u$，因此 $q \in O_{\Sigma,\Pi}$，故 $b = (\{q\}^{\Pi}, 1) \in A$。根据定义 $\mathscr{H}$ 可知 $b \in q^{\mathscr{H}}$，故 $\mathscr{H} \models \varphi$。证毕。

(三) 关系三段论的完全性证明

令 $\Phi$ 是公式集，$\psi$ 是公式。只需证明：如果 $\Phi \models \psi$，那么 $\Phi \vdash \psi$。现在分别考虑 $\psi$ 的各种形式。令 $\Phi = \Lambda \cup \Gamma$，其中 $\Lambda$ 是 $\Phi$ 中的全称公式集，$\Gamma$ 是 $\Phi$ 中的特称公式集 (形式为 $\Omega(p,q)$ 公式当作全称公式)。

**引理 9.8** 如果 $p \in w \in W_{\Lambda,\Gamma}$，那么 $\Phi \vdash \mathrm{some}(p,p)$。

**证明** 首先证明关于 $p \in s \in W_{\Lambda,\Gamma}$ 的结果。如果 $s = \{p,c\} \in U_\Lambda$，则其结论可以直接从 $U_\Lambda$ 的定义和规则 (A3) 中推出。因此假设 $s = \{p\}$，那么，或者存在使得 $p' \overset{\Pi}{\longrightarrow} p$ 的 $\{p',c'\} \in U_\Lambda$，或者存在使得 $q' \overset{\Pi}{\longrightarrow} p$ 的 $\{p', \mathrm{some}(q',t)\} \in U_\Lambda$。根据引理 9.1 可得到如下推导之一：

$$\cfrac{\cfrac{\mathrm{some}(p',c')}{\mathrm{some}(p',p')}\,(A3) \qquad \vdots\;\;\Omega(p',p)}{\mathrm{some}(p,p)}\,(C6)$$

$$\cfrac{\cfrac{\mathrm{some}(p',\mathrm{some}(q',t))}{\mathrm{some}(q',q')}\,(B5) \qquad \vdots\;\;\Omega(q',p)}{\mathrm{some}(p,p)}\,(C6)$$

最后，对某个 $p' \in s \in V_{\Lambda,\Gamma}$ 而言，假设 $p' \overset{\Pi}{\longrightarrow} p$。根据引理 9.2 得出：$\Phi \vdash \mathrm{all}(p',p)$，因此

$$\cfrac{\cfrac{\vdots\;\;\mathrm{some}(p',p') \qquad \vdots\;\;\mathrm{all}(p',p)}{\mathrm{some}(p,p')}\,(A4) \qquad \vdots\;\;\mathrm{all}(p',p)}{\mathrm{some}(p,p)}\,(A6)$$

证毕。

如果 c 和 d 是等价的，那么 c-项 c 和 d 是同类项；或者存在 $Q \in \{\mathrm{all}, \mathrm{some}\}$、一元字母表达式 p 和 q 以及二元字母表达式 t，使得 $c = Q(p,t)$ 和 $d = Q(q,t)$，那么就称 c-项 c 和 d 为同类项。需要注意的是：形式为 c 和 $\bar{c}$ 的成对 c-项不可能是同类项。

**引理 9.9**　令 u 是 $W_{\wedge,\Gamma}$ 的元素,

(i) 如果 $c,d \in u$ 且 c 和 d 不是同类项,那么就存在 $o \in u$ 且 $Q \in \{all, some\}$,使得 $\Phi \vdash Q(o,c)$ 和 $\Phi \vdash \bar{Q}(o,d)$。

(ii) 如果 $q,d \in u$,那么 $\Phi \vdash some(q,d)$。

**证明**　$W_{\wedge,\Gamma}$ 的任意元素都具有 $s^{\Gamma}$ 的形式,且 $s = \{p,c\} \in V_{\wedge,\Gamma}$;在之前介绍过的分段结构 $s^{\Gamma}$ 中,假设在阶段 i 时引入 c,在阶段 j 时引入 d,可以在 i+j 上进行归纳。

如果 $i = j = 0$,那么 $c,d \in s \in V_{\wedge,\Gamma}$。根据 c 和 d 不等价可知:$\{c,d\} \in U_{\wedge}$。事实上,当 $c = p$ 且 $some(p,d) \in \Phi$ 且必要时,c 和 d 可以互换。根据规则 (A9) 可知:$\Phi \vdash all(p,p)$,因此,令 $o = p$ 可以确保引理成立。假设 $i + j > 0$,并假设在必要时 c 和 d 可以互换,且 $i > 0$。如果 $i = 3k+1$,令 $p \in S_{3k}$,那么 $all(p,c) \in \Gamma$。如果 $p = d$,那么根据引理 9.8 可知:$\Phi \vdash some(d,d)$,因此,再次令 $o = p$ 以确保引理成立。另一方面,如果 $p \neq d$,那么 p 除了自身之外,没有别的同类项,根据归纳假设可知:o 和 Q 使得 $\Phi \vdash Q(o,p)$ 和 $\Phi \vdash \bar{Q}(o,d)$。因此,可以得到如下推导之一:

$$\frac{\vdots \qquad \vdots}{all(o,p) \quad all(p,c)} \text{(A1)}, \qquad \frac{\vdots \qquad \vdots}{some(o,p) \quad all(p,c)} \text{(A6)}$$
$$\frac{}{all(o,c)} \qquad\qquad \frac{}{some(o,c)}$$

故 $\Phi \vdash Q(o,c)$。

如果 $i = 3k+2$,令 $c = all(p,t)$,并假设 $all(q,t) \in S_{3k+1}$ 且 $all(p,q) \in \Gamma$。如果 c 不是 d 的同类项,那么二者都不是 $all(q,t)$,因此,根据归纳假设,可令 o 与 Q 使得 $\Phi \vdash Q(o, all(q,t))$ 和 $\Phi \vdash \bar{Q}(o,d)$。因此,有如下推导

$$\frac{\vdots}{Q(o, all(q,t)) \quad all(p,q)} \text{(B2)}$$
$$\frac{}{Q(o, all(p,t))}$$

如果 $i = 3(k+1)$,使用规则 (B3) 代替 (B2),可以进行类似推导。

通过单独应用规则 (A4) 或者 (A6),可以由引理 9.9 的 (i) 得到引理 9.9 的 (ii)。证毕。

**引理 9.10**　如果 $W_{\wedge,\Gamma}$ 包含局部缺陷,那么 $\Phi$ 是不一致的。

**证明**

令 $u \in W_{\wedge,\Gamma}$ 包含 c 和 $\bar{c}$。根据引理 9.9 的 (1) 可知:存在 $o \in u$,和

## 第九节 关系三段论的可靠性和完全性研究

$Q \in \{\text{all}, \text{some}\}$，使得 $\Phi \vdash Q(o, c)$ 和 $\Phi \vdash \bar{Q}(o, \bar{c})$。因此，有如下推导：

$$\frac{\vdots \qquad \vdots}{\dfrac{Q(o, c) \quad \bar{Q}(o, \bar{c})}{\text{some}(o, \bar{o})}} \text{(A5)}$$

证毕。

**引理 9.11** 如果 $W_{\Lambda, \Gamma}$ 包含全域缺陷，那么 $\Phi$ 是不一致的。

**证明** 假设 $\text{all}(p, r), \text{all}(q, \bar{r}) \in u \in W_{\Lambda, \Gamma}$ 且 $p, q \in v \in W_{\Lambda, \Gamma}$。根据引理 9.9 的 (1) 可知：存在 $o \in u$，和 $Q \in \{\text{all}, \text{some}\}$，使得 $\Phi \vdash Q(o, \text{all}(p, r))$ 和 $\Phi \vdash \bar{Q}(o, \text{all}(q, \bar{t}))$。

根据引理 9.9 的 (2) 可知：$\Phi \vdash \text{some}(p, q)$。因此，有如下推导：

$$\frac{\dfrac{\vdots \qquad \vdots}{\dfrac{Q(o, \text{all}(p, r)) \quad \text{some}(p, q)}{Q(o, \text{some}(q, r))} \text{(B1)} \qquad \dfrac{\vdots}{\bar{Q}(o, \text{all}(q, \bar{r}))}}}{\text{some}(o, \bar{o})} \text{(A5)}$$

证毕。

**引理 9.12** 假设 $\Phi \models \psi$，其中 $\psi$ 具有形式 $\text{some}(p, q)$ 或者是 $\text{some}(p, \text{some}(q, t))$，则 $\Phi \vdash \psi$。

**证明** 如果 $W_{\Lambda, \Gamma}$ 包含任意的局部缺陷或全域缺陷，那么 $\Phi$ 是不一致的，根据规则 (A7) 可知：$\Phi \vdash \psi$。否则，令 $\mathscr{H} = \mathscr{H}_{\Lambda, \Gamma}$，根据引理 9.7 可知：$\mathscr{H} = \Phi$，因此 $\mathscr{H} \models \psi$。如果 $\psi = \text{some}(p, q)$，根据 $\mathscr{H}$ 的定义可知：存在 $u \in W_{\Lambda, \Gamma}$ 使得 $p, q \in u$。根据引理 9.9 的 (i) 可知：$\Phi \vdash \text{some}(p, q)$。如果 $\psi = \text{some}(p, \text{some}(q, t))$，首先假设 $t$ 是肯定的，记作 $t = r$；那么在 $W_{\Lambda, \Gamma}$ 中存在 $a = (u, i)$ 和 $b = (v, j)$，使得 $a \in p^{\mathscr{H}}, b \in q^{\mathscr{H}}$ 和 $\langle a, b \rangle \in r^{\mathscr{H}}$。

根据 $\mathscr{H}$ 的定义可知：$p \in u$ 且 $q \in v$。存在两种情况：或者 ① $\text{some}(o, r) \in u$ 和 $v = \{o\}^*$，或者 ② $\text{all}(o, r) \in u$ 和 $o \in v$。在情况① 下，根据引理 9.2 可知：$\Phi \vdash \text{all}(o, q)$；根据引理 9.9 的 (ii) 可知：$\Phi \vdash \text{some}(p, \text{some}(o, r))$，据此有如下推导：

$$\frac{\vdots \qquad \vdots}{\dfrac{\text{some}(p, \text{some}(o, r)) \quad \text{all}(o, q)}{\text{some}(p, \text{some}(q, r))}} \text{(B3)}$$

在情况②下，根据引理 9.9 的 (2) 可知：$\Phi \vdash \text{some}(o,q)$ 和 $\Phi \vdash \text{some}(p, \text{some}(o,r))$，据此有如下推导：

$$\frac{\begin{array}{cc} \vdots & \vdots \\ \text{some}(p, \text{all}(o,r)) & \text{some}(o,q) \end{array}}{\text{some}(p, \text{some}(q,r))} \text{ (B1)}$$

最后，如果 $t = \bar{r}$ 是否定的，使用 $\bar{\mathscr{H}}$ 代替 $\mathscr{H}$，可以用相同方法进行推导。证毕。

现在处理形式为 $\text{all}(p,q)$，$\text{all}(p, \text{some}(q,t))$，$\text{some}(q, \text{all}(p,t))$，$\Omega(p,q)$，$\text{all}(p, \bar{q})$ 和 $\text{all}(p, \text{all}(q,t))$ 的结论。根据本节第三部分介绍的技术机制可知：如果 $\Sigma$ 和 $\Sigma'$ 是特称公式集，$\Gamma$ 是全称公式集，那么 $W_{\Sigma \cup \Sigma', \Gamma} = W_{\Sigma, \Gamma} \cup W_{\Sigma', \Gamma}$。

**引理 9.13** 如果 $W_{\wedge \cup \{\exists(p,q)\}, \Gamma}$ 包含局部缺陷，那么 $\Phi \vdash \text{all}(p, \bar{q})$。

**证明** 观察引理可知：把 $p$ 和 $q$ 进行互换，对引理没有什么影响。

假设 $u \in W_{\wedge \cup \{\exists(p,q)\}, \Gamma}$ 同时包含 $c, \bar{c}$。如果 $u \in W_{\wedge, \Gamma}$，根据 9.10 和规则 (A7) 可以得出结论。假设 $u \in W_{\{\text{some}(p,q)\}, \Gamma}$，根据引理 9.1 和引理 9.2，并在必要时对 $p, q$ 进行互换，可知：或者 ① $\Gamma \vdash \text{all}(p,c)$ 和 $\Gamma \vdash \text{all}(q, \bar{c})$；或者 ② 存在 $o$ (可能 $o' = p$)，使得 $\Gamma \vdash \Omega(p,o)$，$\Gamma \vdash \text{all}(o,c)$ 和 $\Gamma \vdash \text{all}(o, \bar{c})$。因此，有如下推导：

$$\frac{\begin{array}{cc} \vdots & \vdots \\ \text{all}(p,c) & \text{all}(q,\bar{c}) \end{array}}{\text{all}(p, \bar{q})} \text{ (A2)},$$

$$\frac{\dfrac{\begin{array}{cc} \vdots & \vdots \\ \text{all}(o,c) & \text{all}(o,\bar{c}) \end{array}}{\text{all}(o, \bar{o})} \text{ (A2)} \quad \begin{array}{c} \vdots \\ \Omega(p,o) \end{array}}{\text{all}(p, \bar{q})} \text{ (C7)}$$

证毕。

**引理 9.14** 如果 $W_{\wedge \cup \{\exists(p,q)\}, \Gamma}$ 包含全域缺陷，那么 $\Phi \vdash \text{all}(p, \bar{q})$。

**证明** 对 $p$ 和 $q$ 进行互换不会对引理产生影响。假设 $u \in W_{\wedge \cup \{\text{some}(p,q)\}, \Gamma}$ 同时包含 $\text{all}(p',t)$ 和 $\text{all}(q', \bar{t})$，以及 $v \in W_{\wedge \cup \{\text{some}(p,q)\}, \Gamma}$ 同时包含 $p', q'$。如果 $u, v \in W_{\wedge, \Gamma}$，那么根据引理 9.11 和规则 (A7) 可以得出结论。所以假设 $u$ 或者 $v$ 是在 $W_{\{\text{some}(p,q)\}, \Gamma}$ 中，有如下三种情况：

(1) 首先假设 $u \in W_{\{\text{some}(p,q)\}, \Gamma}$ 和 $v \in W_{\wedge, \Gamma}$。根据引理 9.1 和引理 9.2，并在必要时对 $p$ 和 $q$ 进行互换可知，有两种子情况：第一种子情况

## 第九节 关系三段论的可靠性和完全性研究

是 $\Gamma \vdash \text{all}(p, \text{all}(p', t))$ 和 $\Gamma \vdash \text{all}(q, \text{all}(q', \bar{t}))$,第二种子情况是存在 o(可能 o = p),使得 $\Gamma \vdash \Omega(p, o)$ 且 $\Gamma \vdash \text{all}(o, \text{all}(p', t))$ 和 $\Gamma \vdash \text{all}(o, \text{all}(q', \bar{t}))$。而根据引理 9.9 的 (ii) 可知:$\Phi \vdash \text{some}(p', q')$。在第一种子情况下,有如下推导:

$$\cfrac{\text{all}(p, \text{all}(p', t)) \qquad \cfrac{\text{all}(q, \text{all}(q', \bar{t})) \qquad \text{some}(p', q')}{\text{all}(q, \text{some}(p', \bar{t}))}\text{(B1)}}{\text{all}(p, \bar{q})}\text{(A2)}$$

在第二种子情况下,有如下推导:

$$\cfrac{\cfrac{\text{all}(o, \text{all}(p', t)) \qquad \cfrac{\text{all}(o, \text{all}(q', \bar{t})) \qquad \text{some}(p', q')}{\text{all}(o, \text{some}(p', \bar{t}))}\text{(B1)}}{\text{all}(o, \bar{o})}\text{(A2)} \qquad \Omega(p, o)}{\text{all}(p, \bar{q})}\text{(C7)}$$

(2) 假设 $u \in W_{\wedge, \Gamma}$ 和 $v \in W_{\{\text{some}(p,q)\}, \Gamma}$。因为 $\text{all}(p', t)$ 和 $\text{all}(q', \bar{t})$ 不是同类项,根据引理 9.9 的 (1) 可知:存在 o, Q 使得 $\Phi \vdash Q(o, \text{all}(p', t))$ 和 $\Phi \vdash \bar{Q}(o, \text{all}(q', \bar{t}))$。根据引理 9.1 和引理 9.2,并在必要时对 p 和 q 进行互换可知,有两种子情况:第一种子情况是 $\Gamma \vdash \text{all}(p, p')$ 和 $\Gamma \vdash \text{all}(q, q')$;第二种子情况是存在 o'(可能 o' = p),使得 $\Gamma \vdash \Omega(p, o'), \Gamma \vdash \text{all}(o', p')$ 和 $\Gamma \vdash \text{all}(o', q')$。

在第一种子情况下,有如下推导:

$$\cfrac{\text{all}(q, q') \qquad \cfrac{\cfrac{Q(o, \text{all}(p', t)) \qquad \bar{Q}(o, \text{all}(q', \bar{t}))}{\text{all}(p', \bar{q}')}\text{(E1)} \qquad \text{all}(p, p')}{\text{all}(p, \bar{q}')}\text{(A1)}}{\text{all}(p, \bar{q})}\text{(A2)}$$

在第二种子情况下,有如下推导:

$$\cfrac{\cfrac{\cfrac{Q(o, \text{all}(p', t)) \qquad \bar{Q}(o, \text{all}(q', \bar{t}))}{\text{all}(p', \bar{q}')}\text{(E1)} \qquad \text{all}(o', p')}{\text{all}(o', \bar{q}')}\text{(A1)} \qquad \text{all}(o', q')}{\cfrac{\text{all}(o', \bar{o}')}{\text{all}(p, \bar{q})}\text{(A2)} \qquad \Omega(p, o')}\text{(C7)}$$

(3) 假设 $u, v \in W_{\{some(p,q)\}, \Gamma}$ 有如下四种子情况需要考虑：

第一种子情况是：如果 $u = v = \{p, q\}^{\Gamma}$，那么根据引理 9.2 可知，存在 $o_1, o_2, o_3, o_4 \in \{p, q\}$ 使得 $\Gamma \vdash \text{all}(o_1, \text{all}(p', t))$，$\Gamma \vdash \text{all}(o_2, \text{all}(q', \bar{t}))$，$\Gamma \vdash \text{all}(o_3, p')$ 和 $\Gamma \vdash \text{all}(o_4, q')$。因此有如下推导：

$$\frac{\vdots \quad \vdots \quad \vdots \quad \vdots}{\text{all}(o_1, \text{all}(p', t)) \quad \text{all}(o_2, \text{all}(q', \bar{t})) \quad \text{all}(o_3, p') \quad \text{all}(o_4, q')} \text{(G1)}$$
$$\text{all}(p, \bar{q})$$

第二种子情况是：如果 $u = \{p, q\}^{\Gamma}$ 和 $v = \{o'\}^{\Gamma}$，且 $o' \in O_{\{some(p,q)\}, \Gamma}$，那么根据引理 9.1 和引理 9.2 可知，存在 $o_1, o_2, o_3 \in \{p, q\}$ 使得 $\Gamma \vdash \text{all}(o_1, \text{all}(p', t))$，$\Gamma \vdash \text{all}(o_2, \text{all}(q', \bar{t}))$，$\Gamma \vdash \Omega(o_3, o')$ 以及 $\Gamma \vdash \text{all}(o', p')$ 和 $\Gamma \vdash \text{all}(o', q')$。因此有如下推导：

$$\frac{\vdots \quad \vdots \quad \vdots \quad \vdots \quad \vdots}{\text{all}(o_1, \text{all}(p', t)) \quad \text{all}(o_2, \text{all}(q', \bar{t})) \quad \Omega(o_3, o') \quad \text{all}(o, p') \quad \text{all}(o', q')} \text{(G2)}$$
$$\text{all}(p, \bar{q})$$

第三种子情况是：如果 $v = \{p, q\}^{\Gamma}$，$u = \{o\}^{\Gamma}$ 且 $o \in O_{\{some(p,q)\}, \Gamma}$，那么根据引理 9.1 和引理 9.2 可知，存在 $o_1, o_2, o_3 \in \{p, q\}$ 使得 $\Gamma \vdash \text{all}(o_1, o)$，$\Gamma \vdash \text{all}(o, \text{all}(p', t))$，$\Gamma \vdash \text{all}(o, \text{all}(q', \bar{t}))$ 以及 $\Gamma \vdash \text{all}(o_2, p')$ 和 $\Gamma \vdash \vdash \text{all}(o_3, q')$。因此有如下推导：

$$\frac{\vdots \quad \vdots \quad \vdots \quad \vdots \quad \vdots}{\Omega(o_1, o) \quad \text{all}(o, \text{all}(p', t)) \quad \text{all}(o, \text{all}(q', \bar{t})) \quad \text{all}(o_2, p') \quad \text{all}(o_3, q')} \text{(G3)}$$
$$\text{all}(p, \bar{q})$$

第四种子情况是：如果 $u = \{o\}^{\Gamma}$，$v = \{o'\}^{\Gamma}$ 且 $o, o' \in O_{\{some(p,q)\}, \Gamma}$，那么根据引理 9.1 可知：

$\Gamma \vdash \text{all}(o, \text{all}(p', r))$ 且 $\Gamma \vdash \text{all}(o, \text{all}(q', \bar{r}))$，$\Gamma \vdash \text{all}(o', p')$ 以及 $\Gamma \vdash \text{all}(o', q')$，根据引理 9.1，并在必要时对 $p$ 和 $q$ 进行互换可知：$\Gamma \vdash \Omega(p, o)$；或者，要么 $\Gamma \vdash \Omega(p, o')$，要么 $\Gamma \vdash \Omega(q, o')$。因此有如下推导之一：

$$\frac{\vdots \quad \vdots \quad \vdots \quad \vdots \quad \vdots \quad \vdots}{\Omega(p, o) \quad \Omega(q, o') \quad \text{all}(o, \text{all}(p', t)) \quad \text{all}(o, \text{all}(q', \bar{t})) \quad \text{all}(o', p') \quad \text{all}(o', q')} \text{(G4)}$$
$$\text{all}(p, \bar{q})$$

或者

$$\frac{\vdots \quad \vdots \quad \vdots \quad \vdots \quad \vdots \quad \vdots}{\Omega(p, o) \quad \Omega(p, o') \quad \text{all}(o, \text{all}(p', t)) \quad \text{all}(o, \text{all}(q', \bar{t})) \quad \text{all}(o', p') \quad \text{all}(o', q')} \text{(G4)}$$
$$\frac{\text{all}(p, \bar{p})}{\text{all}(p, \bar{q})} \text{(A8)}$$

证毕。

**引理 9.15** 假设 $\Phi \models \varphi$，其中 $\psi$ 是 all(p,q), all(p, some(q,t)), some(q, all(p,t)) 或 $\Omega(p,q)$ 中的形式之一，那么 $\Phi \vdash \varphi$。

**证明** 考虑集合 $W = W_{\wedge \cup \{\exists(p,p)\}, \Gamma}$。如果该集合具有缺陷，那么根据引理 9.13 和引理 9.14 可知：$\Phi \vdash \text{all}(p, \bar{p})$。如果 $\varphi = \text{some}(q, \text{all}(p,t))$，因为 $\Phi \models \text{some}(q,q)$，则根据引理 9.12 可知：$\Phi \vdash \text{some}(q,q)$。因此，必有如下推导之一：

$$\frac{\vdots}{\text{all}(p,\bar{p})} \text{(A8)}, \qquad \frac{\vdots}{\text{all}(p,\bar{p})} \text{(A8)}$$
$$\frac{}{\text{all}(p,q)} \qquad \frac{}{\text{all}(p, \text{some}(q,t))}$$

$$\frac{\vdots \quad \dfrac{\dfrac{\vdots}{\text{all}(p,\bar{p})}}{\text{all}(q, \text{all}(p,t))}\text{(B4)}}{\text{some}(q, \text{all}(p,t))}\text{(A6)}, \qquad \frac{\dfrac{\dfrac{\text{all}(p,\bar{p})}{\text{all}(p,q)}\text{(A8)}}{\Omega(p,q)}}{}\text{(C3)}$$

因此，可以假设 $W$ 不包含缺陷。令 $\mathscr{H} = \mathscr{H}_{\wedge \cup \{\exists(p,p)\}, \Gamma}$ 和 $\bar{\mathscr{H}} = \bar{\mathscr{H}}_{\wedge \cup \{\text{some}(p,p)\}, \Gamma}$。根据引理 9.6 可知，$\mathscr{H}$ 和 $\bar{\mathscr{H}}$ 都是 $\Phi$ 的模型，因此也是 $\varphi$ 的模型。现在依次探讨 $\varphi$ 的如下各种形式：

(1) 当 $\varphi = \text{all}(p,q)$ 时，根据 $\mathscr{H}$ 的结构可知：$a = (\{p\}^\Gamma, 1) \in p^{\mathscr{H}}$。因为 $\mathscr{H} \models \varphi$ 且 $a \in q^{\mathscr{H}}$，因此，$q \in \{p\}^\Gamma$；根据引理 9.2 可知：$\Phi \vdash \text{all}(p,q)$。

(2) 当 $\varphi = \text{all}(p, \text{some}(q,t))$ 时，假设 t 是肯定的，记作 $t = r$。根据 $\mathscr{H}$ 的结构可知：$a = (\{p\}^\Gamma, 1) \in p^{\mathscr{H}}$。因为 $\mathscr{H} \models \varphi$，存在 $b \in q^{\mathscr{H}}$ 使得 $\langle a, b \rangle \in r^{\mathscr{H}}$。因此，存在 $q'$ 使得如下两种子情况成立：第一种子情况是 $b = (\{q'\}^\Gamma, 1)$, $\text{some}(q', r) \in \{p\}^\Gamma$ 且 $q \in \{q'\}^\Gamma$；第二种子情况是 $b = (v, j)$, $\text{all}(q', r) \in \{p\}^\Gamma$ 且 $q$ 和 $q' \in v$。

在第一种子情况下，根据引理 9.2 可知，$\Phi \vdash \text{all}(p, \text{some}(q', r))$ 且 $\Phi \vdash \text{all}(q', q)$，因此，有如下推导：

$$\frac{\dfrac{\vdots}{\text{all}(p, \text{some}(q', r))} \quad \dfrac{\vdots}{\text{all}(q', q)}}{\text{all}(p, \text{some}(q, r))}\text{(B3)}$$

在第二种子情况下，根据引理 9.2 可知：$\Phi \vdash \text{all}(p, \text{all}(q', r))$。而且 ①$(a)v \in W_{\wedge, \Gamma}$，根据引理 9.9 的 (ii) 可知，(ii) 中 $\Phi \vdash \text{some}(q', q)$；或者 ②$v = \{o\}^\Gamma$，其中，$o \in O_{\{\text{some}(p,p)\}, \Gamma}$，根据引理 9.1 和引理 9.2 可知，$\Phi \vdash$

$\Omega(p,o), \Phi \vdash all(o,q)$，且 $\Phi \vdash all(o,q')$。因此，有如下推导：

$$\frac{\begin{array}{c}\vdots\\ all(p, all(q',r))\end{array} \quad \begin{array}{c}\vdots\\ some(q,q)\end{array}}{all(p, some(q,r))} \text{ (B1)}$$

$$\frac{\begin{array}{c}\vdots\\ all(p, all(q',r))\end{array} \quad \begin{array}{c}\vdots\\ all(o,q)\end{array} \quad \begin{array}{c}\vdots\\ all(o,q')\end{array} \quad \begin{array}{c}\vdots\\ \Omega(p,o)\end{array}}{all(p, some(q,r))} \text{ (D4)}$$

如果 $t = \bar{r}$ 是否定的，可以类似推导，只不过需要用 $\overline{\mathscr{H}}$ 代替 $\mathscr{H}$。

(3) 当 $\varphi = some(q, all(p,t))$ 时，假设 $t = r$ 是肯定的，之前已经说明 $\Phi \vdash some(q,q)$。根据结构可知 $b = (\{p\}^\Gamma, 0) \in p^{\mathscr{H}}$。因为 $\mathscr{H} \models \varphi$，令 $a = (u,i)$ 使得 $a \in q^{\mathscr{H}}$ 且 $\langle a,b \rangle \in r^{\mathscr{H}}$。因此存在 $p'$ 使得 $all(p',r) \in u$ 且 $p' \in \{p\}^\Gamma$。有两种子情况：第一种子情况是 (a) $u \in W_{\wedge,\Gamma}$；第二种子情况是 (b) $u \in \{o\}^\Gamma$，其中 $\{o\} \in V_{\{some(p,p)\},\Gamma}$。

在第一种子情况下，根据引理 9.9 的 (2) 可知，$\Phi \vdash some(q, all(p',r))$；根据引理 9.2 可知，$\Phi \vdash all(p,p')$；因此，有如下推导：

$$\frac{\begin{array}{c}\vdots\\ some(q, all(p',r))\end{array} \quad \begin{array}{c}\vdots\\ all(p,p')\end{array}}{some(q, all(p,r))} \text{ (B2)}$$

在第二种子情况下，根据引理 9.1 和引理 9.2 可知：$\Phi \vdash \Omega(p,o), \Phi \vdash all(o,q)$ 且 $\Phi \vdash all(o, all(p',r)), \Phi \vdash all(p,p')$。因此，有如下推导：

$$\frac{\begin{array}{cc}\vdots & \vdots\\ some(q,q) & \Omega(p,o)\end{array} \quad \frac{\begin{array}{cc}\vdots & \vdots\\ all(o, all(p',r)) & all(p,p')\end{array}}{all(o, all(p,r))} \text{ (B2)} \quad \begin{array}{c}\vdots\\ all(o,q)\end{array}}{some(q, all(p,r))} \text{ (D2)}$$

如果 $t = \bar{r}$ 是否定的，可以类似证明，只不过需要用 $\overline{\mathscr{H}}$ 代替 $\mathscr{H}$。

(4) 当 $\varphi = \Omega(p,q)$ 时，根据结构可知 $a = (\{p\}^\Gamma, 1) \in p^{\mathscr{H}}$。因为 $\mathscr{H} \models \varphi$，令 $b = (v,j)$ 使得 $b \in q^{\mathscr{H}}$。因此，$q \in v$。存在两种子情况：第一种子情况是 $v \in W_{\wedge,\Gamma}$；第二种子情况是 $v = \{o\}^\Gamma$，其中 $o \in O_{\{some(p,p)\},\Gamma}$。

第九节 关系三段论的可靠性和完全性研究

在第一种子情况下，根据引理 9.9 的 (2) 可知，$\Phi \vdash \text{some}(q,q)$；因此，有如下推导：

$$\frac{\vdots}{\dfrac{\text{some}(q,q)}{\Omega(p,q)}} \text{ (C5)}$$

在第二种子情况下，根据引理 9.1 可知，$\Phi \vdash \Omega(p,q)$。证毕。

**引理 9.16**  假设 $\Phi \models \text{all}(p,\bar{q})$，那么 $\Phi \vdash \text{all}(p,\bar{q})$。

**证明**  令 $\mathscr{H} = \mathscr{H}_{\Lambda \cup \{\text{some}(p,q)\},\Gamma}$。根据 $\mathscr{H}$ 的结构可知，$\mathscr{H} \not\models \text{all}(p,\bar{q})$，因此 $\mathscr{H} \not\models \Phi$。根据引理 9.6 可知，$W_{\Lambda \cup \{\text{some}(p,q)\},\Gamma}$ 包含一个缺陷。根据引理 9.13 和引理 9.14 可知，$\Phi \vdash \text{all}(p,\bar{q})$。证毕。

**引理 9.17**  如果 $W_{\Lambda \cup \{\text{some}(p,p),\text{some}(q,q)\},\Gamma}$ 包含一个缺陷，那么对任意的二元字母表达式 t 而言，$\Phi \vdash \text{all}(p,\text{all}(q,t))$。

**证明**  如果 $W_{\Lambda \cup \{\text{some}(p,p)\},\Gamma}$ 包含一个缺陷，令 $q = p$，根据引理 9.13 和引理 9.14 可知，$\Phi \vdash \text{all}(p,\bar{p})$。类似地，如果 $W_{\Lambda \cup \{\text{some}(q,q)\},\Gamma}$ 包含一个缺陷，那么 $\Phi \vdash \text{all}(q,\bar{q})$。因此，有如下推导之一：

$$\frac{\vdots}{\dfrac{\text{all}(p,\bar{p})}{\text{all}(p,\text{all}(q,t))}} \text{ (A8)}, \quad \frac{\vdots}{\dfrac{\text{all}(q,\bar{q})}{\text{all}(p,\text{all}(q,t))}} \text{ (B4)}$$

唯一的另一种可能就是全域缺陷，它既涉及了 $W_{\{\text{some}(p,p)\},\Gamma}$ 的一个元素，又涉及 $W_{\{\text{some}(q,q)\},\Gamma}$ 的另一个元素。假设 $\text{all}(p',t'), \text{all}(q',\bar{t}') \in u \in W_{\{\text{some}(p,p)\},\Gamma}$ 且 $p',q' \in v \in W_{\{\text{some}(q,q)\},\Gamma}$。根据引理 9.1 和引理 9.2 可知，存在 $o,o'$（可能 $o = p, o' = q$）使得 $\Phi \vdash \Omega(p,o), \Phi \vdash \text{all}(o,\text{all}(p',t'))$，$\Phi \vdash \text{all}(o,\text{all}(q',\bar{t}')), \Phi \vdash \Omega(q,o')$，且 $\Phi \vdash \text{all}(o',p')$ 和 $\Phi \vdash \text{all}(o',q')$。因此，有如下推导：

$$\frac{\dfrac{\dfrac{\vdots}{\text{all}(o,\text{all}(p',t'))} \quad \dfrac{\vdots}{\text{all}(o',p')}}{\text{all}(o,\text{all}(o',t'))} \text{ (B2)} \quad \dfrac{\dfrac{\vdots}{\text{all}(o,\text{all}(q',\bar{t}'))} \quad \dfrac{\vdots}{\text{all}(o',q')}}{\text{all}(o,\text{all}(o',\bar{t}'))} \text{ (B2)} \quad \dfrac{\vdots}{\Omega(p,o)} \quad \dfrac{\vdots}{\Omega(q,o')}}{\text{all}(p,\text{all}(q,t))} \text{ (D5)}$$

**引理 9.18**  假设 $\Phi \models \text{all}(p,\text{all}(q,t))$，那么 $\Phi \vdash \text{all}(p,\text{all}(q,t))$。

**证明**  现在假设 t 是肯定的，并且记作 $t = r$。令

$$\mathscr{H} = \mathscr{H}_{\Lambda \cup \{\text{some}(p,p),\text{some}(q,q)\},\Gamma}$$

如果 $W_{\Lambda \cup \{\text{some}(p,p),\text{some}(q,q)\},\Gamma}$ 包含缺陷，那么根据引理 9.17 可以得出结论。否则，根据引理 9.6 可知，$\mathscr{H} \models \Phi$，因此，$\mathscr{H} \models \text{all}(p,\text{all}(q,t))$。根据结

构可知，$\mathcal{H}$ 的定义域包含 $a = (\{p\}^\Gamma, 1)$ 和 $b = (\{q\}^\Gamma, o)$。因为 $a \in p^{\mathcal{H}}$ 且 $b \in q^{\mathcal{H}}$，所以 $\langle a, b \rangle \in r^{\mathcal{H}}$，因此对于某个 $q' \in \{q\}^\Gamma$ 而言，$all(q', r) \in \{p\}^\Gamma$。根据引理 9.2 可知 $\Gamma \vdash all(p, all(q', r))$ 且 $\Gamma \vdash all(q, q')$，因此，有如下推导：

$$\frac{\vdots \qquad \vdots}{all(p, all(q', r)) \quad all(q, q')} \tag{B2}$$
$$\overline{all(p, all(q, r))}$$

如果 t 是否定的，记作 $t = \bar{r}$，可以进行类似推导，只不过需要用 $\bar{\mathcal{H}} = \mathcal{H}_{\wedge \cup \{some(p,p), some(q,q)\}, \Gamma}$ 代替 $\mathcal{H}$。证毕。

最后，现在转向探讨形式 $some(p, \bar{q})$ 的结论。令 $p, q$ 为一元原子，正如本节第三部分中所定义的结构 $\mathcal{H}_{\wedge, \Gamma \cup \{all(p,q)\}}$ 和 $\bar{\mathcal{H}}_{\wedge, \Gamma \cup \{all(p,q)\}}$ 那样，考察集合 $W_{\wedge, \Gamma \cup \{all(p,q)\}}$。现在根据前面准备的基础知识，研究 $W_{\wedge, \Gamma \cup \{all(p,q)\}}$ 与 $W_{\wedge, \Gamma}$ 之间的关系。显然，若 $p \notin \bigcup W_{\wedge, \Gamma}$，那么 $W_{\wedge, \Gamma \cup \{all(p,q)\}} = W_{\wedge, \Gamma}$。假设 $p \in \bigcup W_{\wedge, \Gamma}$，并考察 $w \in W_{\wedge, \Gamma \cup \{all(p,q)\}}$。令 $w = s^{(\Gamma \cup \{all(p,q)\})}$，其中 $s \in V_{\wedge, \Gamma \cup \{all(p,q)\}}$。因为 $p \in \bigcup W_{\wedge, \Gamma}$，有 $V_{\wedge, \Gamma \cup \{all(p,q)\}} = V_{\wedge, \Gamma} \cup V_{\{some(q,q)\}, \Gamma}$。因此，需要区分两种情况：$s \in V_{\wedge, \Gamma}$ 或者 $V_{\{some(q,q)\}, \Gamma}$。在这两种情况下，如果 $p \notin s^\Gamma$，那么 $s^{\Gamma \cup \{all(p,q)\}} = s^\Gamma$；否则 $s^{(\Gamma \cup \{all(p,q)\})} = s^\Gamma \cup \{q\}^\Gamma$。

图 6 表示 $W_{\wedge, \Gamma \cup \{all(p,q)\}}$ 中的元素可以是如下四种可能情况：① 形式为 $s^\Gamma$ 的元素，其中 $s \in V_{\wedge, \Gamma}$，但是 $p \notin s^\Gamma$；② 形式为 $s^\Gamma \cup \{q\}^\Gamma$ 的元素，其中 $s \in V_{\wedge, \Gamma}$ 和 $p \in s^\Gamma$；③ 形式为 $\{o\}^\Gamma$ 的元素，其中 $\{o\} \in V_{\{some(q,q)\}, \Gamma}$，但是 $p \notin \{o\}^\Gamma$；④ 形式为 $\{o\}^\Gamma \cup \{q\}^\Gamma$ 的元素，其中 $\{o\} \in V_{\{some(q,q)\}, \Gamma}$ 和 $p \in \{o\}^\Gamma$。

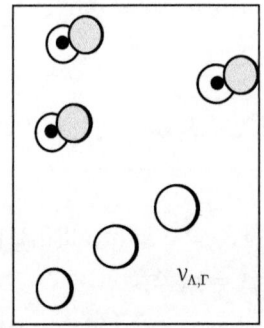
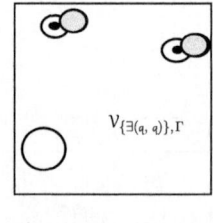

图 6 当 $p \in \bigcup W_{\wedge, \Gamma}$ 时，$W_{\wedge, \Gamma \cup \{all(p,q)\}}$ 的示意图

白圈表示 $s^\Gamma$ 的元素，其中 s 或者在 $V_{\wedge, \Gamma}$ 中或者在 $V_{\{some(q,q)\}, \Gamma}$（如矩形框中所示）中；黑点表示存在一元原子 p；灰点表示添加元素组成的集合 $\{q\}^\Gamma$

## 第九节 关系三段论的可靠性和完全性研究

事实上，如果 c, d 是被 $W_{\Lambda,\Gamma\cup\{\text{all}(p,q)\}}$ 相同元素 $w$ 实现了 (realized) 的 c-项，那么就存在如下六种情况。为了方便阅读，用 $[q]^{\Gamma}$ 表示一元原子 $\{o|q \xrightarrow{\Pi} o\} = O_{\{\text{some}(q,q)\},\Gamma}$ 的集合。

(i) 存在 $w' \in W_{\Lambda,\Gamma}$，使得 $c, d \in w'$；

(ii) 存在 $w' \in W_{\Lambda,\Gamma}$，使得 $c, p \in w'$ 和 $d \in \{q\}^{\Gamma}$；

(iii) 存在 $w' \in W_{\Lambda,\Gamma}$，使得 $d, p \in w'$ 和 $c \in \{q\}^{\Gamma}$；

(iv) $p \in \bigcup W_{\Lambda,\Gamma}$，存在 $o \in \{q\}^{\Gamma}$，使得 $c, d \in \{o\}^{\Gamma}$；

(v) $p \in \bigcup W_{\Lambda,\Gamma}$，存在 $o \in \{q\}^{\Gamma}$，使得 $c, p \in \{o\}^{\Gamma}$ 和 $d \in \{q\}^{\Gamma}$；

(vi) $p \in \bigcup W_{\Lambda,\Gamma}$，存在 $o \in \{q\}^{\Gamma}$，使得 $d, p \in \{o\}^{\Gamma}$ 和 $c \in \{q\}^{\Gamma}$。

这六种不同情况将在下面两个引理中用到。

**引理 9.19**  如果 $W_{\Lambda,\Gamma\cup\{\text{all}(p,q)\}}$ 包含局部缺陷，那么 $\Phi \vdash \text{some}(p,\bar{q})$。

**证明**  需要探讨六种情形。

(1) 如果 $c, \bar{c} \in w \in W_{\Lambda,\Gamma}$，根据引理 9.10 和规则 (A7) 的结论可知，$\Phi$ 是不一致的；

(2) 如果 $c, p \in w \in W_{\Lambda,\Gamma}$ 且 $\bar{c} \in \{q\}^{\Gamma}$，那么根据引理 9.9 的 (ii) 可知 $\Phi \vdash \text{some}(p,c)$；根据引理 9.2 可知 $\Phi \vdash \text{all}(q,\bar{c})$，因此，有如下推导：

$$\frac{\text{some}(p,c) \quad \text{all}(q,\bar{c})}{\text{some}(p,\bar{q})} \text{(A5)}$$

(3) 如果 $\bar{c}, p \in w \in W_{\Lambda,\Gamma}$ 且 $c \in \{q\}^{\Gamma}$，使用 $\bar{c}$ 代替 $c$，就可以类似情形 (2) 那样进行推导；

(4) 如果 $p \in \bigcup W_{\Lambda,\Gamma}$，$o \in [q]^{\Gamma}$ 且 $c, \bar{c} \in \{o\}^{\Gamma}$，那么根据引理 9.9 的 (ii) 可知 $\Phi \vdash \text{some}(p,p)$；而且根据引理 9.1 和引理 9.2 可知 $\Gamma \vdash \Omega(q,o), \Gamma \vdash \text{all}(o,c)$ 和 $\Gamma \vdash \text{all}(o,\bar{c})$，因此，有如下推导：

$$\cfrac{\cfrac{\dfrac{\text{all}(o,c) \quad \text{all}(o,\bar{c})}{\text{all}(o,\bar{o})}\text{(A2)}}{\text{all}(q,\bar{p})} \quad \Omega(q,o)\,\text{(C7)} \quad \text{some}(p,p)}{\text{some}(p,\bar{q})}\text{(A5)}$$

(5) 如果 $p \in \bigcup W_{\Lambda,\Gamma}, o \in [q]^{\Gamma}$ 且 $c, q \in \{o\}^{\Gamma}$ 与 $\bar{c} \in [q]^{\Gamma}$，那么根据引理 9.9 的 (ii) 可知 $\Phi \vdash \text{some}(p,p)$；根据引理 9.1 和引理 9.2 可知 $\Gamma \vdash \Omega(q,o)$，

$\Gamma \vdash \text{all}(o, c)$, $\Gamma \vdash \text{all}(o, p)$ 且 $\Gamma \vdash \text{all}(q, \bar{c})$；因此，有如下推导

$$\cfrac{\cfrac{\vdots}{\text{some}(p,p)} \quad \cfrac{\vdots}{\Omega(q,o)} \quad \cfrac{\vdots}{\text{all}(o,p)} \quad \cfrac{\text{all}(o,c) \quad \text{all}(q,\bar{c})}{\text{all}(o,\bar{q})}(A2)}{\text{some}(p,\bar{q})}(D3)$$

(6) 如果 $p \in \bigcup W_{\wedge,\Gamma}$, $o \in [q]^{\Gamma}$ 且 $\bar{c}, q \in \{o\}^{\Gamma}$ 与 $c \in [q]^{\Gamma}$，使用 $\bar{c}$ 代替 $c$，可以类似情形 (5) 那样进行推导。证毕。

**引理 9.20**  如果 $W_{\wedge,\Gamma \cup \{\text{all}(p,q)\}}$ 包含全域缺陷，那么 $\Phi \vdash \text{some}(p,\bar{q})$。

**证明**  令 $u, v$ 是 $W_{\wedge,\Gamma \cup \{\text{all}(p,q)\}}$ 的元素，$t$ 是二元字母表达式且使得 $\text{all}(p',t), \text{all}(q',\bar{t}) \in u$ 且 $p', q' \in v$。将引理 9.18 的六种情况同时运用到 $u$ 和 $v$ 上，就会产生 36 种不同的情况。

**情况 (1)**  假设 $\text{all}(p',t), \text{all}(q',\bar{t}) \in u' \in W_{\wedge,\Gamma}$。根据引理 9.9 的 (1) 可知，存在 $o, Q$ 使得 $\Phi \vdash Q(o, \text{all}(p',t))$ 和 $\Phi \vdash \bar{Q}(o, \text{all}(q',\bar{t}))$。因此，有如下推导：

$$\cfrac{\cfrac{\vdots}{Q(o, \text{all}(p',t))} \quad \cfrac{\vdots}{\bar{Q}(o, \text{all}(q',\bar{t}))}}{\text{all}(p',\bar{q}')}(E1)$$

由于 $\text{all}(p',\bar{q}')$ 中 $p', q'$ 是对称的。现在需要考虑如下几种子情况：

(a) $p', q' \in v' \in W_{\wedge,\Gamma}$；
(b) $p', p \in v' \in W_{\wedge,\Gamma}$ 且 $q' \in \{q\}^{\Gamma}$；
(c) $q', p \in v' \in W_{\wedge,\Gamma}$，且 $p' \in \{q\}^{\Gamma}$；
(d) $p', q' \in \{o\}^{\Gamma}$，其中 $o \in [q]^{\Gamma}$ 且 $p \in \bigcup W_{\wedge,\Gamma}$；
(e) $p', p \in \{o\}^{\Gamma}$，其中 $o \in [q]^{\Gamma}, q' \in \{q\}^{\Gamma}$ 且 $p \in \bigcup W_{\wedge,\Gamma}$；
(f) $q', p \in \{o\}^{\Gamma}$，其中 $o \in [q]^{\Gamma}, p' \in [q]^{\Gamma}$ 且 $p \in \bigcup W_{\wedge,\Gamma}$。

在子情况 (a) 时，根据引理 9.9 的 (ii) 可知 $\Phi \vdash \text{some}(p',q')$，有如下推导：

$$\cfrac{\cfrac{\cfrac{\vdots}{\text{all}(p',\bar{q}')} \quad \cfrac{\vdots}{\text{some}(p',q')}}{\text{soem}(p',\bar{p}')}(A5)}{\text{some}(p,\bar{q})}(A7)$$

在子情况 (b) 时，根据引理 9.9 的 (ii) 可知 $\Phi \vdash \text{some}(p',p)$，根据引理 9.2 可知 $\Phi \vdash \text{all}(q,q')$。因此，有如下推导：

## 第九节 关系三段论的可靠性和完全性研究

$$\dfrac{\dfrac{\text{all}(p',\bar{q}') \quad \text{some}(p,p')}{\text{some}(p,\bar{q}')}(A6) \quad \vdots}{\text{some}(p,\bar{q})}(A5)$$

通过把 $p'$ 和 $q'$ 进行互换，可以发现子情况 (c) 与 (b) 等价。在子情况 (d) 时，根据引理 9.1 和引理 9.2 可知，$\Gamma \vdash \Omega(q,o)$，$\Gamma \vdash \text{all}(o,p')$ 且 $\Gamma \vdash \text{all}(o,q')$；根据引理 9.9 的 (ii) 可知 $\Phi \vdash \text{some}(p,p)$，因此，有如下推导：

$$\dfrac{\dfrac{\dfrac{\dfrac{\text{all}(p',\bar{q}') \quad \text{all}(o,p')}{\text{all}(o,\bar{q}')}(A1) \quad \vdots}{\text{all}(o,\bar{o})}(A2) \quad \vdots}{\text{all}(p,\bar{q})}(C7) \quad \vdots}{\text{some}(p,\bar{q})}(A6)$$

在子情况 (e) 时，根据引理 9.1 和引理 9.2 可知，$\Gamma \vdash \Omega(q,o)$，$\Gamma \vdash \text{all}(o,p')$，$\Gamma \vdash \text{all}(o,p)$ 且 $\Gamma \vdash \text{all}(q,q')$；根据引理 9.9 的 (ii) 可知 $\Phi \vdash \text{some}(p,p)$，因此，有如下推导：

$$\dfrac{\vdots \quad \vdots \quad \dfrac{\dfrac{\text{all}(p',\bar{q}') \quad \text{all}(o,p')}{\text{all}(o,\bar{q}')}(A1) \quad \vdots}{\text{all}(o,\bar{q})}(A2) \quad \vdots}{\text{some}(p,\bar{q})}(D3)$$
$$\text{some}(p,p) \quad \Omega(q,o) \qquad\qquad\qquad\qquad\qquad \text{all}(o,p)$$

通过把 $p'$ 和 $q'$ 进行互换，可以发现子情况 (f) 与 (e) 等价。

**情况 (2)** 假设 $\text{all}(p',t), p \in u' \in W_{\wedge,\Gamma}$ 且 $\text{all}(q',\bar{t}) \in \{q\}^{\Gamma}$。根据引理 9.9(ii) 可知，$\Phi \vdash \text{some}(p, \text{all}(p',t))$；根据引理 9.2 可知 $\Phi \vdash \text{all}(q, \text{all}(q',\bar{t}))$。此时关于 $v$ 的六种子情况与 (1) 中的六种子情况类似。

在子情况 (a) 时，根据引理 9.9 的 (ii) 可知 $\Phi \vdash \text{some}(p',q')$，有如下推导：

$$\dfrac{\dfrac{\text{some}(p,\text{all}(p',t)) \quad \text{some}(p',q')}{\text{some}(p,\text{some}(q',t))}(B1) \quad \vdots}{\text{some}(p,\bar{q})}(A5)$$
$$\qquad\qquad\qquad\qquad\qquad\qquad \text{all}(q,\text{all}(q',\bar{t}))$$

在子情况 (b) 时，根据引理 9.9 的 (ii) 可知 $\Phi \vdash \mathrm{some}(p, p')$，根据引理 9.2 可知 $\Phi \vdash \mathrm{all}(q, q')$，因此，有如下推导：

$$\cfrac{\cfrac{\cfrac{\vdots}{\mathrm{some}(p, \mathrm{all}(p', t))} \quad \cfrac{\vdots}{\mathrm{some}(p, p')}}{\mathrm{some}(p, \mathrm{some}(p, t))}(B1) \quad \cfrac{\cfrac{\vdots}{\mathrm{all}(q, \mathrm{all}(q', \bar{t}))} \quad \cfrac{\vdots}{\mathrm{all}(q, q')}}{\mathrm{all}(q, \mathrm{all}(q, \bar{t}))}(B2)}{\mathrm{some}(p, \bar{q})}(E3)$$

在子情况 (c) 时，根据引理 9.9 的 (ii) 可知 $\Phi \vdash \mathrm{some}(p, q')$，根据引理 9.2 可知 $\Phi \vdash \mathrm{all}(q, p')$，因此，有如下推导：

$$\cfrac{\cfrac{\cfrac{\vdots}{\mathrm{some}(p, \mathrm{all}(p', t))} \quad \cfrac{\vdots}{\mathrm{all}(q, p')}}{\mathrm{some}(p, \mathrm{all}(q, t))}(B2) \quad \cfrac{\cfrac{\vdots}{\mathrm{all}(q, \mathrm{all}(q', \bar{t}))} \quad \cfrac{\vdots}{\mathrm{all}(p, q')}}{\mathrm{all}(q, \mathrm{some}(p, \bar{t}))}(B1)}{\mathrm{some}(p, \bar{q})}(E2)$$

在子情况 (d) 时，根据引理 9.1 和引理 9.2 可知，$\Phi \vdash \Omega(q, o)$，$\Phi \vdash \mathrm{all}(o, p')$ 且 $\Phi \vdash \mathrm{all}(o, q')$，因此，有如下推导：

$$\cfrac{\cfrac{\cfrac{\vdots}{\mathrm{some}(p, \mathrm{all}(p', t))} \quad \cfrac{\vdots}{\mathrm{all}(o, p')}}{\mathrm{some}(p, \mathrm{all}(o, t))}(B2) \quad \cfrac{\cfrac{\cfrac{\vdots}{\mathrm{all}(q, \mathrm{all}(q', \bar{t}))} \quad \cfrac{\vdots}{\mathrm{all}(o, q')}}{\mathrm{all}(q, \mathrm{all}(o, \bar{t}))}(B2) \quad \cfrac{\vdots}{\Omega(q, o)}}{\mathrm{all}(q, \mathrm{some}(o, \bar{t}))}(D1)}{\mathrm{some}(p, \bar{q})}(A5)$$

在子情况 (e) 时，根据引理 9.1 和引理 9.2 可知，$\Gamma \vdash \Omega(q, o)$，$\Gamma \vdash \mathrm{all}(o, p')$，$\Gamma \vdash \mathrm{all}(o, p)$ 且 $\Gamma \vdash \mathrm{all}(q, q')$，因此，有如下推导：

$$\cfrac{\cfrac{\cfrac{\vdots}{\mathrm{some}(p, \mathrm{all}(p', t))} \quad \cfrac{\vdots}{\mathrm{all}(o, p')}}{\mathrm{some}(p, \mathrm{all}(o, t))}(B2) \quad \cfrac{\cfrac{\vdots}{\mathrm{all}(q, \mathrm{all}(q', \bar{t}))} \quad \cfrac{\vdots}{\mathrm{all}(q, q')}}{\mathrm{all}(q, \mathrm{all}(q, \bar{t}))}(B2) \quad \cfrac{\vdots}{\mathrm{all}(o, p)} \quad \cfrac{\vdots}{\Omega(q, o)}}{\mathrm{some}(p, \bar{q})}(F1)$$

在子情况 (f) 时，根据引理 9.1 和引理 9.2 可知，$\Gamma \vdash \Omega(q, o)$，$\Gamma \vdash \mathrm{all}(o, q')$，$\Gamma \vdash \mathrm{all}(o, p)$ 且 $\Gamma \vdash \mathrm{all}(q, p')$；因此，有如下推导：

$$\cfrac{\cfrac{\cfrac{\vdots}{\mathrm{some}(p, \mathrm{all}(p', t))} \quad \cfrac{\vdots}{\mathrm{all}(q, p')}}{\mathrm{some}(p, \mathrm{all}(q, t))}(B2) \quad \cfrac{\cfrac{\vdots}{\mathrm{all}(q, \mathrm{all}(q', \bar{t}))} \quad \cfrac{\vdots}{\mathrm{all}(o, q')}}{\mathrm{all}(q, \mathrm{all}(o, \bar{t}))}(B2) \quad \cfrac{\vdots}{\mathrm{all}(o, p)} \quad \cfrac{\vdots}{\Omega(q, o)}}{\mathrm{some}(p, \bar{q})}(F2)$$

**情况 (3)**  假设 $\mathrm{all}(q', \bar{t})$，$p \in u' \in W_{\wedge, \Gamma}$ 且 $\mathrm{all}(p', t) \in \{q\}^{\Gamma}$。在情况 (2) 中，把 $p'$ 和 $q'$ 进行互换，并用 $\bar{t}$ 代替 $t$ 就可以对情况 (3) 进行类似推导。

**情况 (4)**  假设 $\mathrm{all}(p', t), \mathrm{all}(q', \bar{t}) \in \{o'\}^{\Gamma}$，其中 $o' \in \{q\}^{\Gamma}$，假设 $p \in \bigcup W_{\wedge, \Gamma}$。根据引理 9.1 和引理 9.2 可知，$\Phi \vdash \Omega(q, o')$，$\Phi \vdash \mathrm{all}(o', \mathrm{all}(p', t))$，$\Phi \vdash$

第九节 关系三段论的可靠性和完全性研究

all(o′, all(q′, t̄))；根据引理 9.9 的 (2) 可知，Φ ⊢ some(p, p)。这里的六种子情况的推导与情况 (1) 中的六种子情况的推导类似。

在子情况 (a) 时，根据引理 9.9 的 (ii) 可知，Φ ⊢ some(p′, q′)，有如下推导：

$$\cfrac{\cfrac{\cfrac{\cfrac{\cfrac{\vdots\quad\vdots}{\text{all}(o',\text{all}(p',t))\quad\text{some}(p',q')}}{\text{all}(o',\text{some}(q',t))}(B1)\quad\cfrac{\vdots}{\text{all}(o',\text{all}(q',\bar{t}))}}{\text{all}(o',\bar{o}')}(A2)\quad\cfrac{\vdots}{\Omega(q,o')}}{\text{all}(q,\bar{p})}(C7)\quad\cfrac{\vdots}{\text{some}(p,p)}}{\text{some}(p,\bar{q})}(A5)$$

在子情况 (b) 时，根据引理 9.9 的 (ii) 可知 Φ ⊢ some(p, p′)，根据引理 9.2 可知 Φ ⊢ all(q, q′)，因此，有如下推导：

$$\cfrac{\cfrac{\cfrac{\vdots\quad\vdots}{\text{all}(o',\text{all}(p',t))\quad\text{some}(p,p')}}{\text{all}(o',\text{some}(p,t))}(B1)\quad\cfrac{\cfrac{\vdots\quad\vdots}{\text{all}(o',\text{all}(q',\bar{t}))\quad\text{all}(q,q')}}{\text{all}(o',\text{all}(q,\bar{t}))}(B2)\quad\cfrac{\vdots}{\Omega(q,o')}\quad\cfrac{\vdots}{\text{some}(p,p)}}{\text{some}(p,\bar{q})}(F3)$$

在子情况 (b) 中，把 p′ 和 q′ 进行互换，并用 t̄ 代替 t 就可以对子情况 (c) 进行类似推导。

在子情况 (d) 时，根据引理 9.1 和引理 9.2 可知，Φ ⊢ Ω(q, o)，Φ ⊢ all(o, p′) 且 Φ ⊢ all(o, q′)，因此，有如下推导：

$$\cfrac{\cfrac{\cfrac{\cfrac{\vdots\quad\vdots}{\text{all}(o',\text{all}(p',t))\quad\text{all}(o,p')}}{\text{all}(o',\text{all}(o,t))}(B2)\quad\cfrac{\cfrac{\vdots\quad\vdots}{\text{all}(o',\text{all}(q',\bar{t}))\quad\text{all}(o,q')}}{\text{all}(o',\text{all}(o,\bar{t}))}(B2)}{\cfrac{\cfrac{\text{all}(o',\text{all}(o,t))\quad\text{all}(o',\text{all}(o,\bar{t}))\quad\Omega(q,o)\quad\Omega(q,o')}{\text{all}(q,\bar{q})}(D6)}{\text{all}(q,\bar{p})}(A8)\quad\cfrac{\vdots}{\text{some}(p,p)}}}{\text{some}(p,\bar{q})}(A5)$$

在子情况 (e) 时，根据引理 9.1 和引理 9.2 可知，Γ ⊢ Ω(q, o)，Γ ⊢ all(o, p′)，Γ ⊢ all(o, p) 且 Γ ⊢ all(q, q′)；据引理 9.9 的 (ii) 可知 Φ ⊢ some(p, p)，因此，有如下推导：

$$\cfrac{\vdots\quad\vdots}{\text{all}(o,\text{all}(p',t))\quad\text{all}(o',p')}\;(B2)\quad\cfrac{\vdots\quad\vdots}{\text{all}(o,\text{all}(q',\bar{t}))\quad\text{all}(q,q')}\;(B2)$$
$$\cfrac{}{\text{all}(o,\text{all}(o',t))}\qquad\cfrac{}{\text{all}(o,\text{all}(q,\bar{t}))}$$

进而有推导：

$$\cfrac{\begin{array}{cccccc} \vdots & \vdots & \vdots & \vdots & \vdots & \vdots \\ \text{all}(o, \text{all}(o', t)) & \text{all}(o, \text{all}(q, \bar{t})) & \Omega(q, o) & \Omega(q, o') & \text{all}(o', p) & \text{some}(p, p) \end{array}}{\text{some}(p, \bar{q})} \text{(F4)}$$

在子情况 (e) 中，把 $p'$ 和 $q'$ 进行互换，并用 $\bar{t}$ 代替 $t$ 就可以对子情况 (f) 进行类似推导。

**情况 (5)** 假设 $\text{all}(p', t), p \in \{o'\}^{\Gamma}$，其中 $o' \in \{q\}^{\Gamma}$ 且 $\text{all}(q', \bar{t}) \in \{q\}^{\Gamma}$；并假设 $p \in \bigcup W_{\wedge, \Gamma}$。根据引理 9.1 和引理 9.2 可知，$\Phi \vdash \Omega(q, o')$，$\Phi \vdash \text{all}(o', \text{all}(p', t))$，$\Phi \vdash \text{all}(o', p)$ 且 $\text{all}(q, \text{all}(q', \bar{t}))$；根据引理 9.9 的 (ii) 可知，$\Phi \vdash \text{some}(p, p)$。这里六种子情况的推导类似于情况 (1) 中的六种子情况的推导。

在子情况 (a) 时，根据引理 9.9 的 (ii) 可知 $\Phi \vdash \text{some}(p', q')$，故有如下推导：

$$\cfrac{\text{all}(o', p) \quad \cfrac{\vdots}{\text{all}(o', \text{all}(p', t))} \quad \cfrac{\cfrac{\text{all}(q, \text{all}(q', \bar{t})) \quad \text{some}(p', q')}{\text{all}(q, \text{some}(p', \bar{t}))}}{\text{all}(o', \bar{q})} \text{(B1)}}{\cfrac{}{\text{some}(p, \bar{q})}} \text{(A2)} \quad \Omega(q, o') \quad \text{some}(p, p)}{\text{(D3)}}$$

在子情况 (b) 时，根据引理 9.9 的 (ii) 可知 $\Phi \vdash \text{some}(p, p')$，根据引理 9.2 可知 $\Phi \vdash \text{all}(q, q')$，因此，有如下推导：

$$\cfrac{\cfrac{\text{all}(o', \text{all}(p', t)) \quad \text{some}(p, p)}{\text{all}(o', \text{some}(p, t))} \text{(B1)} \quad \cfrac{\text{all}(q, \text{all}(q', \bar{t})) \quad \text{all}(q, q')}{\text{all}(q, \text{all}(q, \bar{t}))} \text{(B2)} \quad \Omega(q, o') \quad \text{all}(o', p) \quad \text{some}(p, p')}{\text{some}(p, \bar{q})} \text{(F5)}$$

在子情况 (c) 时，根据引理 9.9 的 (ii) 可知 $\Phi \vdash \text{some}(p, q')$，根据引理 9.2 可知，$\Phi \vdash \text{all}(q, p')$，因此有如下推导：

$$\cfrac{\cfrac{\text{all}(o', \text{all}(p', t)) \quad \text{all}(q, p')}{\text{all}(o', \text{all}(q, t))} \text{(B2)} \quad \cfrac{\text{all}(q, \text{all}(q', \bar{t})) \quad \text{some}(p, q')}{\text{all}(q, \text{some}(p, \bar{t}))} \text{(B1)} \quad \Omega(q, o') \quad \text{all}(o', p) \quad \text{some}(p, p)}{\text{some}(p, \bar{q})} \text{(F6)}$$

在子情况 (d) 时，根据引理 9.1 和引理 9.2 可知，$\Phi \vdash \Omega(q, o)$，$\Phi \vdash \text{all}(o, p)$ 且 $\Phi \vdash \text{all}(o, q')$；因此，有如下推导：

$$\cfrac{\text{all}(o', \text{all}(p', t)) \quad \text{all}(o, p)}{\text{all}(o', \text{all}(o, t))} \text{(B2)} \quad \cfrac{\text{all}(q, \text{all}(q', \bar{t})) \quad \text{all}(o, q')}{\text{all}(q, \text{all}(o, \bar{t}))} \text{(B2)}$$

进而有推导：

第九节　关系三段论的可靠性和完全性研究

$$\frac{\begin{array}{cccccccc} \vdots & \vdots & \vdots & \vdots & \vdots & \vdots & \vdots \\ \mathrm{all}(o',\mathrm{all}(o,t)) & \mathrm{all}(q,\mathrm{all}(o,\bar{t})) & \Omega(q,o') & \mathrm{all}(o',p) & \Omega(q,o) & \mathrm{some}(p,p) \end{array}}{\mathrm{some}(p,\bar{q})} \text{(F7)}$$

在子情况 (e) 时，根据引理 9.1 和引理 9.2 可知，$\Gamma \vdash \Omega(q,o), \Gamma \vdash \mathrm{all}(o,p'), \Gamma \vdash \mathrm{all}(o,p)$ 且 $\Gamma \vdash \mathrm{all}(q,q')$；根据引理 9.9 的 (ii) 可知，$\Phi \vdash \mathrm{some}(p,p)$，因此，有如下推导：

$$\frac{\begin{array}{cc} \vdots & \vdots \\ \mathrm{all}(o',\mathrm{all}(p',t)) & \mathrm{all}(o,p') \end{array}}{\mathrm{all}(o',\mathrm{all}(o,t))} \text{(B2)} \quad \frac{\begin{array}{cc} \vdots & \vdots \\ \mathrm{all}(q,\mathrm{all}(q',\bar{t})) & \mathrm{all}(q,q') \end{array}}{\mathrm{all}(q,\mathrm{all}(q,\bar{t}))} \text{(B2)}$$

进而有推导：

$$\frac{\begin{array}{cccccc} \vdots & \vdots & \vdots & \vdots & \vdots & \vdots \\ \mathrm{all}(o',\mathrm{all}(o,t)) & \mathrm{all}(q,\mathrm{all}(q,\bar{t})) & \Omega(q,o') & \mathrm{all}(o',p) & \Omega(q,o) & \mathrm{all}(o,p) & \mathrm{some}(p,p) \end{array}}{\mathrm{some}(p,\bar{q})} \text{(F8)}$$

在子情况 (f) 时，根据引理 9.1 和引理 9.2 可知，$\Gamma \vdash \Omega(q,o), \Gamma \vdash \mathrm{all}(o,q'), \Gamma \vdash \mathrm{all}(o,p)$ 且 $\Gamma \vdash \mathrm{all}(q,p')$；据引理 9.9 的 (ii) 可知，$\Phi \vdash \mathrm{some}(p,p)$，因此有如下推导：

$$\frac{\begin{array}{cc} \vdots & \vdots \\ \mathrm{all}(o',\mathrm{all}(p',t)) & \mathrm{all}(q,p') \end{array}}{\mathrm{all}(o',\mathrm{all}(q,t))} \text{(B2)} \quad \frac{\begin{array}{cc} \vdots & \vdots \\ \mathrm{all}(q,\mathrm{all}(q',\bar{t})) & \mathrm{all}(o,q') \end{array}}{\mathrm{all}(q,\mathrm{all}(o,\bar{t}))} \text{(B2)}$$

进而有推导：

$$\frac{\begin{array}{cccccc} \vdots & \vdots & \vdots & \vdots & \vdots & \vdots \\ \mathrm{all}(o',\mathrm{all}(q,t)) & \mathrm{all}(q,\mathrm{all}(o,\bar{t})) & \Omega(q,o') & \mathrm{all}(o',p) & \Omega(q,o) & \mathrm{all}(o,p) & \mathrm{some}(p,p) \end{array}}{\mathrm{some}(p,\bar{q})} \text{(F9)}$$

**情况 (6)**　假设 $\mathrm{all}(q',\bar{t}), p \in \{o'\}^\Gamma$，其中 $o' \in \{q\}^\Gamma$ 且 $\mathrm{all}(p',\bar{t}) \in \{q\}^\Gamma$；并假设 $p \in \bigcup W_{\Lambda,\Gamma}$。在情况 (5) 中，把 $p'$ 和 $q'$ 进行互换，并用 $\bar{t}$ 代替 $t$ 就可以对情况 (6) 进行类似推导。证毕。

**引理 9.21**　假设 $\Phi \models \mathrm{some}(p,\bar{q})$，那么 $\Phi \vdash \mathrm{some}(p,\bar{q})$。

**证明**　令 $\mathscr{H} = \mathscr{H}_{\Lambda,\Gamma \cup \{\forall(p,q)\}}$。根据 $\mathscr{H}$ 的结构可知，$\mathscr{H} \models \mathrm{all}(p,q)$，因此 $\mathscr{H} \not\models \Phi$。根据引理 9.6 可知，$W_{\Lambda,\Gamma \cup \{\forall(p,q)\}}$ 包含缺陷。根据引理 9.19 和引理 9.20 可知 $\Phi \vdash \mathrm{some}(p,\bar{q})$。证毕。

至此，可以证明定理 9.4。为了方便阅读，这里再次给出定理 9.4 的内容。

**定理 9.4**　在三段论逻辑ŔÉ中，存在使得推导关系 $\vdash_X$ 是可靠且完全的有穷规则集 X。

**证明**　根据引理 9.12、引理 9.15、引理 9.16、引理 9.18 和引理 9.21 可以证明定理 9.4。证毕。

## 第十节　本章小结

关系三段论逻辑是经典三段论逻辑的扩展。本章主要介绍和阐释了 Pratt-Hartmann 和 Moss(2009) 的成果，该成果主要研究了六种关系三段论片段及其可靠性、完全性和计算复杂性，并在推理过程中关注了是否需要使用归谬法的问题。

亚里士多德三段论不能证明涉及关系事实的关系三段论推理的有效性。关系三段论的代表作是 Pratt-Hartmann 和 Moss(2009)，该成果主要研究了下述六种逻辑：

(i) 与传统三段论相对应的逻辑 S；

(ii) 通过把诸如 non-man 或 non-animal 等否定性名词对 S 进行扩张后所得到的逻辑 S†；

(iii) 通过添加诸如 kill 等及物动词对 S 进行扩张后所得到的逻辑 R；

(iv) 通过同时添加上述两种结构对 S 进行扩张后所得到的逻辑 R†；

(v) 通过添加包含关系从句的主语名词短语对 R 进行扩张所得到的逻辑 R*；

(vi) 通过添加否定性名词对 R* 进行扩张后所得到的逻辑 R*†。

Pratt-Hartmann 和 Moss(2009) 的研究表明：不需要采用归谬法来证明的关系三段论片段 S 和 S† 具有可靠性和完全性；而不需要采用归谬法来证明的关系三段论片段 R 则不具有可靠性和完全性；确实存在可靠但不完全的关系三段论片段 R。把不需要采用归谬法来证明的系统称为直接三段论系统，在其证明推理过程中，需要使用归谬法的系统称为间接三段论系统。

Pratt-Hartmann 和 Moss(2009) 的研究表明：对于三段论片段 R* 而言，除了 $PT_{IME} = NPT_{IME}$ 外，不存在可靠且不完全的直接三段论系统，但可以把该片段改造为具有可靠性和完全性的间接三段论系统；关系三段论片段 R† 和 R*† 是不具有可靠性和完全性的间接三段论系统。在确定这六个关系三段论是否有效的计算复杂度方面的研究表明：一个关系三段论片段的计算复杂度与该片段是否存在具有可靠性和完全性的 (各种类型的) 证明系统有关；确定关系三段论片段 S, S† 或 R 的序列的有效性问题是 $\text{NLogSpace}$-完全性问题；确定关系三段论片段 R* 中的序列有效性的问题是 co-$\text{NPTime}$-完全性问题；确定关系三段论片段 R† 或 R*† 中的序列有效性的问题是 $\text{ExpTime}$-完全性问题。

# 第五章　带有完全布尔运算的关系三段论系统

本章提出了一种基于经典命题逻辑的关系三段论系统，该系统具有如下形式的基本形式：

**Some** $a$ are R-related to **some** $b$(有些 $a$ 与有些 $b$ 具有 R-关系)
**Some** $a$ are R-related to **all** $b$(有些 $a$ 与所有 $b$ 具有 R-关系)
**All** $a$ are R-related to **some** $b$(所有 $a$ 与有些 $b$ 具有 R-关系)
**All** $a$ are R-related to **all** $b$(所有 $a$ 与所有 $b$ 具有 R-关系)

这样的基本形式是对自然语言中诸如 All students read some textbooks 这样的语句的形式化。这里 $a, b$ 表示任意 (对象的) 集合，R 表示对象之间的任意二元关系。本章研究的关系三段论语言只包含表示集合的变元 (表示集合项的类型) 和表示对象间二元关系的变元 (表示关系项的类型)。这两种类型的项在标准布尔运算下都是封闭的，关系项的集合在其逆关系下也是封闭的。Ivanov 和 Vakarelov(2012)[1]给出了关于关系三段论语义的完全性定理和可满足性问题的计算复杂性，本章主要是对这一代表性成果进行详细的介绍和阐释。

特别说明：为了便于读者理解和全书的统一，像前面几章一样，本章仍然把全称肯定命题 A、特称肯定命题 I、全称否定命题 E 和特否称肯定命题 O 所包含的四个亚里士多德量词分别用 all, some, no 和 not all 来表示。

## 第一节　引　　言

众所周知，亚里士多德提出的三段论是第一个逻辑形式理论。Łukasiewicz(1957)[2]提出了不带量词的命题逻辑的扩张系统，并把具有如下形式的语句作为语句原子：all($a, b$)(表示全称肯定命题 All $a$ are $b$)，some($a, b$)(表示特称肯定命题 Some $a$ are $b$) 以及它们的否定 no($a, b$)

---

[1] Ivanov N, Vakarelov D. A system of relational syllogistic incorporating full Boolean reasoning. J. Log. Lang Inf, 2012,21:433-459.

[2] Łukasiewicz J. Aristotle's Syllogistic from the Standpoint of Modern Formal Logic. 2nd ed. Oxford: Clarendon Press, 1957.

## 第一节 引 言

$\stackrel{\text{def}}{\iff}$ ¬some(a, b) 和 not all(a, b) $\stackrel{\text{def}}{\iff}$ ¬all(a, b)，其中 a, b 是表示集合(类型) 的变元，这些变元在自然语言中用诸如 men, Greeks, mortal 这样的名词短语来解释。Łukasiewicz(1957) 给出的亚里士多德三段论的一个例子是：If all men are mortal and all Greeks are men, then all Greeks are mortal(如果所有的人都是要死的，而且所有希腊人都是人，所以，所以希腊人都是要死的)。

Łukasiewicz(1957) 给出了关于全称肯定命题 A 和特称肯定命题 I 的具体公理 (其符号记法与这里的不同) 如下：L1: all(a, a); L2: some(a, a); L3: all(b, c) ∧ all(a, b) → all(a, c); L4: all(b, c) ∧ some(b, a) → some(a, c); 仅有的规则是分离规则和用一个集合变元替换另一个集合变元的替换规则; 本书第三章已经对 Łukasiewicz(1957) 进行了较为详细的阐释。

Ivanov 和 Vakarelov(2012) 给出的关系三段论语言的标准语义包括：由任意非空集来解释的集合变元、用集合包含关系 a ⊆ b 来解释 all(a, b), 用集合之间的交叉关系 a ∩ b ≠ ∅ 来解释的 some(a, b)，这一解释与广义量词理论中 "对亚里士多德量词 all 和 some 的" 真值定义是完全吻合的。

Wedberg(1948)[①]给出了带有集合变元上的补集运算 a′(被解释成给定论域中变元的布尔补集) 的亚里士多德三段论变种。带有集合变元上的不受限解释的 Wedberg 系统基于以下公理 (只包含全称肯定命题 A 和补集运算，因为 some(a, b) 可以由 ¬all(a, b′) 定义)：W1: all(a, a″); W2: all(a″, a); W3: all(a, b) ∧ all(b, c) → all(a, c); W4: all(a, b) → all(b′, a′); W5: all(a, a′) → all(a, b)。

Shepherdson(1956)[②]给出了 Łukasiewicz, Wedberg 和其他一些经典的三段论系统简单的 Henkin 式的完全性和可判断性证明。Shepherdson 的完全性证明是建基于带有补运算 "′" 的偏序集的概念，而这种补运算满足如下所有公理：对于所有 a, b ∈ S 而言，a″ = a, a ⩽ b → b′ ⩽ a′ 且 a ⩽ a′ → a ⩽ b。相似的结构被称作正交集 (orthoposets)，参见文献 (Moss, 2007)[③]。Shepherdson(1956) 提到的系统，不仅包含了集合项的补集运算，而且还包含了布尔交集。

本章将上文所提到的亚里士多德三段论的变种称为经典三段论。经典

---

① Wedberg A. The Aristotelian theory of classes. Ajatus, 1948,15: 299-314.
② Shepherdson J. On the interpretation of Aristotelian syllogistic. Journal of Symbolic Logic, 1956,21: 137-147.
③ Moss L S. Syllogistic logic with complements. Retrieved from Indiana University Web site: http://www.indiana.edu/~iulg/moss/comp2.pdf, 2007.

三段论逻辑都是基于命题逻辑的，但是，研究表明：它们是不包含命题联结词或只包含否定的更弱的系统。例如，Moss(2008[①]，2007) 致力于把三段论应用到自然语言，研究了经典类型的各种三段论，这些三段论基于包含四个亚里士多德量词 all，some，no，not all 的语言，这些语言包含了带有或者不带有集合变元的补集运算。其对应的公理系统基于带有语句原子前提的有穷集的推理规则的数目。

在很长一段时间里，经典三段论一直被认为是基础逻辑的入门课程。现在通过各种方式进行扩张和修改的三段论理论，已经应用到了不同的领域内，应用到自然语言理论的主要文献有：(McAllester and Givan, 1992;[②] Moss, 2007, 2008, 2010[③]; Nishihara et al., 1990[④]; Pratt-Hartmann, 2005, 2004, 2008, 2009; Pratt-Hartmann and Third, 2006; Pratt-Hartmann and Moss, 2009; Thorne and Calvanese, 2009); 应用到计算机科学与人工智能领域的文献有 (Ferro, 2006; Rayside and Kontogiannis, 2001; Khayata et al., 2002; Orlowska, 1998); 应用到广义量词理论的文献有 (Westerståhl, 1989; Peters and Westerståhl, 2006); 应用到论证理论的文献有 (Pfeifer, 2006); 应用认知心理学领域的文献有 (Leevers and Harris, 2000; Politzer, 2004) 和其他领域中。

大部分扩张的三段论的定义使用自然语言中的各种非标准量词，对标准的三段论关系 all(a, b)，some(a, b)，no(a, b) 和 not all(a, b) 进行了推广。例如，可以使用如下语句中的非标准量词对标准三段论进行推广：At least 5 a are b，Exactly 5 a are b，Most a are b，All except 2 a are not b，Many a are not b，Only a few a are not b，Usually some a are not b，等等。

集合 a 和 b 之间的一些关系是由它们成员之间的某些关系决定的，在自然语言中可表达为一些动词或动词短语。例如：All students read some textbooks，Some people don't like any cat，Some vegetarians eat some

---

[①] Moss L S. Completeness theorems for syllogistic fragments// Hamm F, Kepser S(eds.). Logics for Linguistic Structures. Berlin: Mouton de Gruyter, 2008: 143-174.

[②] McAllester D A, Givan R. Natural language syntax and first-order inference. Artificial Intelligence, 1992; 56: 1-20.

[③] Moss L S. Syllogistic logics with verbs. Journal of Logic and Computation, 2010, 20: 947-967.

[④] Nishihara N, Morita K, Iwuta S. An extended syllogistic system with verbs and proper nouns, and its completeness proof. Systems and Computers in Japan, 1990, 21: 760-771.

## 第一节 引 言

fish，All vegetarians don't like any meat，At least 5 students read all textbooks，等等，这些表达式的三段论在 Moss 和 Pratt-Hartmann(2009，本书第四章对其进行了详细的阐释)[1]以及 Pratt-Hartmann(2008)[2]中被称为关系三段论。

亚里士多德三段论及其大部分扩展三段论是符合自然语言结构的逻辑。形如 All A are B，Some A are B，Most A are B 等的基本语句可看作是类(对象集合)与类之间的关系；就这个意义而言，三段论理论可以处理为类的某些具体理论。另一方面，这些基本语句表达了广义量词理论(Van der and Van Eijck, 1996 [3]; Westerståhl, 1989 [4])中研究的量词关系。近年来，把广义量词理论的某些特征与三段论推理进行结合，发展出一种新的逻辑——自然逻辑或自然语言逻辑，其目的是研究契合自然语言结构的逻辑形式化(参见(Purdy, 1991[5]; Van Eijck, 2007[6])等文献)。

Ivanov 和 Vakarelov(2012)[7]研究了更为丰富的关系三段论系统，该系统把之前的关系三段论的语义思想与 Balbiani 等(2007a[8], 2007b[9])的技术观点进行了整合。该逻辑语言类似于动态逻辑语言，同时包含了能够构造复杂项的集合变元和关系变元。这两类项对布尔运算都是封闭的，而关系项还包含了逆运算"$^{-1}$"。Ivanov 和 Vakarelov(2012)[10]的关系三段论系统，包

---

[1] Pratt-Hartmann I, Moss L S. Logics for the relational syllogistic. The Review of Symbolic Logic, 2009, 2: 647-683.

[2] Moss L S. Relational syllogistic logics and other connections between modal logic and natural logic, in Presented at AiML, Nancy; based on work with Ian Pratt-Hartmann, available at http://aiml08.loria.fr/talks/moss.pdf, 2008.

[3] Van der Does J, Van Eijck J. Basic Quantifier Theory, in Quantifiers, Logic, and Language. Stanford: CSLI, 1996: 1-45.

[4] Westerståhl D. Aristotelian syllogisms and generalized quantifiers. Studia Logica, 1989, 48: 577-585.

[5] Purdy W C. Studies on natural language. Notre Dame Journal of Formal Logic, 1991, 32: 409-425.

[6] Van Eijck J. Natural logic for natural language// Ten Cate B, Zeevat H eds. Logic, Language, and Computation. New York: Springer, 2007: 216-230.

[7] Ivanov N, Vakarelov D. A system of relational syllogistic incorporating full Boolean reasoning. J. Log. Lang Inf., 2012,21:433-459.

[8] Balbiani P, Tinchev T, Vakarelov D. Modal logics for region-based theory of space. Fundamenta Informaticae, 2007,81: 29-82.

[9] Balbiani P, Tinchev T, Vakarelov D. Dynamic logics of the region-based theory of discrete spaces. Journal of Applied Non-Classical Logics, 2007,17: 39-61.

[10] 同[7]。

含了能够利用命题联结词构造公式集的五个原子谓词：$a \leqslant b$，$\exists\exists(a,b)[\alpha]$，$\forall\exists(a,b)[\alpha]$，$\exists\forall(a,b)[\alpha]$，$\forall\forall(a,b)[\alpha]$，其中 $a$，$b$ 是集合项，$\alpha$ 是关系项。其语义结构是与动态逻辑的语义结构 $(W,R,\nu)$ 相同，其中 $R$ 是一个从关系变元到 $W$ 上的二元关系集的映射，$\nu$ 是从每一个集合变元指派给 $W$ 的子集的映射，$\forall\exists(a,b)[\alpha]$ 的语义如下

$$(W,R,\nu) \models \forall\exists(a,b)[\alpha] \text{当且仅当} (\forall x \in \nu(a))(\exists y \in \nu(b))(xR(\alpha)y)$$

其余的原子公式的语义与此类似。从语言学的角度来看，这些公式包含了 some 与 all 的所有组合（如 All students read some textbooks 这样的语句），并研究主语的宽辖域解读。由于有逆运算 $\alpha^{-1}$，在 Ivanov 和 Vakarelov(2012) 的关系三段论语言中，也可表示宾语的宽辖域解读（更多细节请参见文献（Moss，2001）[①]。通过关系项上的布尔运算，就可表达诸如 to read but not to write 这样的复合动词。也可通过逆运算"$^{-1}$"，表达诸如 is read 这样的动词被动语态。类似地，可以通过集合项上的布尔算子表达复合名词。需注意的是：$\exists\forall(a,b)[\alpha]$ 中的符号 $\exists$，$\forall$ 以及其他的类似的基本符号，不是集合上的量词，也不是关系变元，而是基本语句符号的一部分。之所以选择这个符号，是因为它直接对应于这些基本语句的语义，而且有助于读者理解其意义。

现在研究 Ivanov 和 Vakarelov(2012) 的关系三段论逻辑的 Hilbert 式公理系统，该系统基于命题逻辑公理、分离规则和一些满足一些句法约束的附加的有穷推理规则。公理列表包含了布尔代数的公理模式的有穷列表和基础谓词的公理模式的有穷列表。从这个意义上讲，Ivanov 和 Vakarelov(2012) 的关系三段论逻辑是基于命题逻辑的无量词的一阶系统，而且基本关系不包括广义量词。

Balbiani 等 (2007a, 2007b) 研究了在某种意义上模拟了量化关系的带有类似规则的逻辑，并研究了相应的完全性证明的典范结构。Ivanov 和 Vakarelov(2012) 的关系三段论逻辑采用并修改了 Balbiani 等 (2007a, 2007b) 的典范结构，但遇到了新的难题。为了解决这一难题，Ivanov 和 Vakarelov(2012) 把 Balbiani 等 (2007a, 2007b) 的典范结构与 Gargov 等

---

[①] Moss L S. Syllogistic logics with verbs. Journal of Logic and Computation, 2010, 20: 947-967.

## 第一节 引　言

(1987)[①]、Gargov 和 Passy(1990)[②]以及 Goranko(1990)[③]中的改写结构进行了整合，使得逻辑公式可以翻译到通过关系项的逆运算对布尔模态逻辑(BML)[④]的扩张系统中。Ivanov 和 Vakarelov(2012) 的关系三段论逻辑的可满足性问题的复杂性与 Lutz 和 Sattler(2001)[⑤]中布尔模态逻辑的复杂性相同，即：如果该语言包含关系变元数目是无穷的，那么其复杂性就是 NExpTime；如果该语言包含关系变元的数目是有穷的，那么其复杂性就是 ExpTime。Ivanov 和 Vakarelov(2012) 是 Ivanov(2009)[⑥]的硕士学位论文的扩展版本，并受到了 Pratt-Hartmann 和 Moss(2009) 的启发。

本章主要介绍和阐释 Ivanov 和 Vakarelov(2012) 的研究成果，其结构如下：第二节介绍了 Ivanov 和 Vakarelov(2012) 关系三段论逻辑的语言和语义。第三节给出了该逻辑系统的公理和推理规则，该系统使用了 Balbiani(2007a)[⑦]的接触关系 (contact relation) 公理，并使用了一些附加公理和在无量词 (quantifier-free) 语言中对量词进行模拟的推理规则。第四节证明了 Ivanov 和 Vakarelov(2012) 关系三段论公理系统的完全性，该证明使用的一些方法源于 Balbiiani 等 (2007a) 关于接触关系的模态逻辑的完全性证明和 Gargov(1987) 以及 Garov 和 Passy (1990) 布尔模态逻辑的完全性证明。第五节讨论了 Ivanov 和 Vakarelov(2012) 关系三段论逻辑及其一些片段的可满足性问题的复杂性。

为了节省篇幅，一些需要常规证明的命题的形式化证明被省略[⑧]。

---

① Gargov G, Passy S, Tinchev T. Modal environment for Boolean speculations// Skordev D. ed. Mathematical Logic and Its Applications. New York: Plenum Press, 1987: 253-263.

② Gargov G, Passy S. A Note on Boolean Modal Logic// Petkov P. ed. Mathematical Logic. New York: Plenum Press, 1990: 299-309.

③ Goranko V. Completeness and incompleteness in the bimodal base $L(R,-R)$// Petkov P. ed. Mathematical Logic. New York: Plenum Press, 1990: 311-326.

④ 可参见文献 (Gargov et al., 1987; Gargov and Passy, 1990)。

⑤ Lutz C, Sattler U. The complexity of reasoning with Boolean modal logics// Wolter F, Wansing H, de Rijke M, et al. ed. Advances in Modal Logic, volume 3. Stanford: CSLI Publications, 2001: 329-348.

⑥ Ivanov N, Vakarelov D. A system of relational syllogistic incorporating full Boolean reasoning. J. Log. Lang Inf., 2012,21:433-459.

⑦ Balbiani P, Tinchev T, Vakurelov D. Modal logics for region-based theory of space. Fundamenta Informaticae, 2007,81: 29-82.

⑧ 本论文的早期版本可在 http://arxiv.Org/abs/1102.4496. 中看到，读者可在这个版本中找到更多的证明 (但注释较少)。

## 第二节　带有完全布尔运算的关系三段论的语法与语义

### 一、带有完全布尔运算的关系三段论的语言

Ivanov 和 Vakarelov(2012) 的关系三段论系统的语言包含如下符号集合：

(1) 集合变元的无穷集 $V_S$；

(2) 集合常元 0 和 1；

(3) 关系变元的集合 $V_R$，使得 $V_R \cap V_S = \varnothing$ 且 $|V_R| \leqslant |V_S|$；

(4) 关系常元 $0_R$ 和 $1_R$；

(5) 关于运算交、并和补的函数符号分别是 $\cap$，$\cup$ 和 $-$；

(6) 函数符号 $^{-1}$；

(7) 关系符号 $\leqslant$，$\exists\exists$，$\forall\exists$，$\forall\forall$，$\exists\forall$；

(8) 命题联结词 $\wedge$，$\vee$，$\neg$，$\to$，$\leftrightarrow$；

(9) 命题常元 $\bot$ 和 $\top$；

(10) 符号 "("，")"，"["，"]"，"，"。

由于 Ivanov 和 Vakarelov(2012) 的关系三段论系统的语言是由序对 $(V_S, V_R)$ 唯一确定的，所以也称 $(V_S, V_R)$ 为一种语言。在本章前两节中，都是指该语言。

利用布尔联结词 $\cap$，$\cup$ 和 $-$，集合常元和集合变元来构建集合项。如果 $V \subseteq V_S$，将用 $T_{Set}(V)$ 来表示 $V$ 中带有变元的所有集合项的集合。

可将 $X \subseteq V_R$ 中带有变元的关系项的集合 $T_{Rel}(X)$ 定义为满足如下条件的最小集合：

(1) $X \cup \{0_R, 1_R\} \subseteq T_{Rel}(X)$；

(2) 如果 $\alpha \in T_{Rel}(X)$，那么 $\{-\alpha, \alpha^{-1}\} \subseteq T_{Rel}(X)$；

(3) 如果 $\{\alpha, \beta\} \subseteq T_{Rel}(X)$，那么 $\{\alpha \cap \beta, \alpha \cup \beta\} \subseteq T_{Rel}(X)$。

原子公式具有如下形式之一：$a \leqslant b$，$\exists\exists(a, b)[\alpha]$，$\forall\exists(a, b)[\alpha]$，$\forall\forall(a, b)[\alpha]$，$\exists\forall(a, b)[\alpha]$，其中 $a$ 和 $b$ 是集合项，$\alpha$ 是一个关系项。可通过命题联结词和原子公式来构建公式。可使用 $a = b$ 作为 $(a \leqslant b) \wedge (b \leqslant a)$ 的缩写。如果 $V \subseteq V_S$ 和 $R \subseteq V_R$，可用形式 $(V, R)$ 来表示：集合 $V$ 中带有集合变元和 $R$ 中关系变元的所有公式组成的集合。

### 二、带有完全布尔运算的关系三段论的语义

令 $W$ 是一个集合，并令 $R: V_R \to P(W^2)$ 和 $\nu: V_S \to P(W)$ 为两个函

数[1]。R 是关系变元的赋值，它将每个关系变元映射到 W 的一个关系上。集合变元的赋值 $v$ 将集合变元映射到 W 的子集上，序对 $(W, R)$ 称作一个框架，并把三元组 $(W, R, v)$ 称为一个模型。集合 W 被称为该框架或模型的论域。

可通过定义 $R(0_R) = \varnothing$ 和 $R(1_R) = W^2$，将函数 R 扩张到所有关系项的集合上，且把符号 $\cap, \cup, -$ 解释成 $W^2$ 上的交、并、补运算，把符号 $^{-1}$ 解释成 W 上的逆关系。类似地，可以将函数 $v$ 扩张到所有集合项的集合上。

可以根据下述等价关系，定义模型 $(W, R, v)$ 中原子公式的真和假：

$(W, R, v) \models a \leqslant b \Leftrightarrow v(a) \subseteq v(b)$

$(W, R, v) \models \exists\exists(a, b)[\alpha] \Leftrightarrow (\exists x \in v(a))(\exists y \in v(b))((x, y) \in R(\alpha))$

$(W, R, v) \models \forall\exists(a, b)[\alpha] \Leftrightarrow (\forall x \in v(a))(\exists y \in v(b))((x, y) \in R(\alpha))$

$(W, R, v) \models \forall\forall(a, b)[\alpha] \Leftrightarrow (\forall x \in v(a))(\forall y \in v(b))((x, y) \in R(\alpha))$

$(W, R, v) \models \exists\forall(a, b)[\alpha] \Leftrightarrow (\exists x \in v(a))(\forall y \in v(b))((x, y) \in R(\alpha))$

根据命题联结词的标准意义，可将该定义扩展到所有公式的集合。

### 三、与自然语言语义的关系

从语言学角度来看，关系变元被解释为及物动词，集合变元被解释为可数名词。公式 $a \leqslant b$ 和 $a \cap b \neq \varnothing$ 的意思分别是 Every a is a b 和 Some a is a b。为了说明符号 $Q_1, Q_2$ 的含义 (meaning)，可以把 a 解释为 man, b 解释为 animal, 且 $\alpha$ 解释为动词 to like，用 $(\cdots)_{sws}$ 和 $(\cdots)_{ows}$ 分别表示主语宽辖域解读和宾语宽辖域解读，则可得到如下含义

$\exists\exists(a, b)[\alpha]$ 的含义是 Some man likes some animal

$\forall\forall(a, b)[\alpha]$ 的含义是 Every man likes every animal

$\forall\exists(a, b)[\alpha]$ 的含义是 (Every man likes some animal)$_{sws}$

$\exists\forall(a, b)[\alpha]$ 的含义是 (Some man likes every animal)$_{sws}$

为了表达宾语宽辖域解读，需要使用将动词转换成被动语态的符号 $^{-1}$。在本章的例子中，$\alpha^{-1}$ 的含义是 to be liked：

$\forall\exists(b, a)[\alpha^{-1}]$ 的含义是 (Some man likes every animal)$_{ows}$

$\exists\forall(b, a)[\alpha^{-1}]$ 的含义是 (Every man likes some animal)$_{ows}$

集合项中的布尔联结词对否定名词、名词之间的联结词 "and" 和 "or" 进行了形式化。关系项中布尔运算的出现使得自然语言语句能够得以形式

---

[1] P(X) 表示集合 X 的幂集.

化，这些语句包含否定动词和复合谓词，例如，可以把 sees and hears 形式化为 see∩hear；可以把 sees, but is not seen 形式化为 (see∩(−see$^{-1}$))。

## 第三节　带有完全布尔运算的关系三段论的公理和推理规则

本章将使用如下记法：如果 A 是一个公式或一个项，那么 $V_{Set}(A)$ 表示在 A 中出现的集合变元所组成的集合，那么有：$V_{Set}(A_1, \cdots, A_n) = \bigcup_{i=1}^{n} V_{Set}(A_i)$。

Ivanov 和 Vakarelov(2012)[1]给出的关系三段论系统的公理列表基于如下原因：因为 ∃∃ 是基于空间区域理论 (Balbiani et al., 2007a)[2]的模态逻辑的接触关系，可对其使用相同的公理集。其他三个关系的真值 $Q_1$，$Q_2$ 通过如果等价关系与 ∃∃ 的真值相联系：

$(W, R, v) \models \forall \exists (a, b)[\alpha]$
$\Leftrightarrow (\forall \subseteq W)(v(a) \cap p = \emptyset \vee (\exists x \in p)(\exists y \in v(b))((x, y) \in R(\alpha)))$

$(W, R, v) \models \forall \forall (a, b)[\alpha]$
$\Leftrightarrow (\forall p \subseteq W)(v(b) \cap p = \emptyset \vee (\forall x \in v(a))(\exists y \in p)((x, y) \in R(\alpha)))$

$(W, R, v) \models \neg \exists \forall (a, b)[\alpha]$
$\Leftrightarrow (\forall p \subseteq W)(v(a) \cap p = \emptyset \vee \neg (\forall x \in p)(\forall y \in v(b))((x, y) \in R(\alpha)))$

这些等价关系表达了如下简单命题：如果 $\varphi(x)$ 是某个集合 W 中的元素 x 的性质，而且 $A \subseteq W$，那么 $(\forall x \in A)\varphi(x)$ 等价于 $(\forall X \subseteq W)(X \cap A \neq \emptyset \Rightarrow (\exists x \in X)\varphi(x))$。

因此，可以根据特称量化性质 $(\exists x \in X)\varphi(x)$ 和集合上的量化关系，来表示全称量化性质 $(\forall x \in A)\varphi(x)$。可以用适当的公式代替 $\varphi(x)$，就可得到上述等价关系。

在左到右方向上的这些等价关系都是全称公式。可以把这个全称公式添加到公理集中。这些全称公式就是如下的公理 $(AL_1)$, $(AL_2)$, $(AL_3)$，可称它们为连接公理 (linking axiom)，因为它们把关系符号 $Q_1Q_2$ 与 $Q_1'Q_2'$ 连接起来，所以把第一个变元与第二个变元区分开来。

---

[1] Ivanov N, Vakarelov D. A system of relational syllogistic incorporating full Boolean reasoning. J. Log. Lang Inf., 2012,21:433-459.

[2] Balbiani P, Tincher T, Vakanelov D. Modal logics for region-based theory of space. Fundamenta Informaticae, 2007,81: 29-82.

### 第三节 带有完全布尔运算的关系三段论的公理和推理规则

从右到左方向上的这些等价关系都不是全称公式。因为 Ivanov 和 Vakarelov(2012)①给出的关系三段论语言中没有量词，所以不能将这些条件当作公理，但可以利用 Balbiani(2007a) 中的技术，用带有具体变元的推理规则模拟这些全称公式，这些具体变元对应于上述等价关系中的量化变元 p，这些推理规则就是如下的规则 (R1)，(R2)，(R3)。

因为 Ivanov 和 Vakarelov(2012) 的关系三段论系统使用了能够推导出形式为 $a = 0 \vee \neg \forall\forall(a,a)[(\alpha_1 \cap (-\alpha_1^{-1})) \cup \cdots \cup (\alpha_k \cap (-\alpha_k^{-1}))]$ 的所有公式的一个规则。这些公式表达了点的序对 $(x,x) \in W^2$ 不是形式为 $\alpha \cap (-\alpha^{-1})$ 的任意关系项的赋值元素。

Ivanov 和 Vakarelov(2012) 的关系三段论系统的公理集由如下公式组组成：

(1) 命题演算的可靠且完全的公理模式；
(2) 就关系 ⩽ 而言的布尔代数公理集；
(3) 等价公理：

$$Q_1Q_2(a,b)[\alpha] \wedge a = c \to Q_1Q_2(c,b)[\alpha] \quad (A_1^=)$$

$$Q_1Q_2(a,b)[\alpha] \wedge b = c \to Q_1Q_2(a,c)[\alpha] \quad (A_2^=)$$

(4) ∃∃ 公理：

$$a = 0 \vee b = 0 \to \neg \exists\exists(a,b)[\alpha] \quad (A0)$$

$$\exists\exists(a \cup b, c)[\alpha] \leftrightarrow \exists\exists(a,c)[\alpha] \vee \exists\exists(b,c)[\alpha] \quad (A_1^\cup)$$

$$\exists\exists(a, b \cup c)[\alpha] \leftrightarrow \exists\exists(a,b)[\alpha] \vee \exists\exists(a,c)[\alpha] \quad (A_2^\cup)$$

(5) 连接公理：

$$\forall\exists(a,b)[\alpha] \to a \cap c = 0 \vee \exists\exists(c,b)[\alpha] \quad (AL_1)$$

$$\forall\forall(a,b)[\alpha] \to b \cap c = 0 \vee \forall\exists(a,c)[\alpha] \quad (AL_2)$$

$$\neg\exists\forall(a,b)[\alpha] \to a \cap c = 0 \vee \neg\forall\forall(c,b)[\alpha] \quad (AL_3)$$

(6) $0_R$ 和 $1_R$ 的公理：

$$\neg\exists\exists(a,b)[0_R] \quad (A0_R)$$

---

① Ivanov N, Vakarelov D. A system of relational syllogistic incorporating full Boolean reasoning. J. Log. Lang Inf., 2012,21:433-459.

$$\forall\forall(a,b)[1_R] \quad (A1_R)$$

(7) 关系项中的 $\cap$, $\cup$, $-$ 和 $^{-1}$ 的公理：

$$\forall\forall(a,b)[\alpha\cap\beta] \leftrightarrow \forall\forall(a,b)[\alpha] \wedge \forall\forall(a,b)[\beta] \quad (A\cap)$$

$$\exists\exists(a,b)[\alpha\cup\beta] \leftrightarrow \exists\exists(a,b)[\alpha] \vee \exists\exists(a,b)[\beta] \quad (A\cup)$$

$$\forall\forall(a,b)[-\alpha] \leftrightarrow \neg\exists\exists(a,b)[\alpha] \quad (A-)$$

$$\exists\exists(a,b)[\alpha^{-1}] \leftrightarrow \exists\exists(b,a)[\alpha] \quad (A^{-1})$$

推理规则：

(1) 分离规则 (MP)：$\varphi, \varphi \to \psi \vdash \psi$；

(2) 模拟量词的具体规则：如果 $p \in V_S \setminus V_{Set}(\varphi, a, b)$，那么

$$\varphi \to a \cap p = 0 \vee \exists\exists(p,b)[\alpha] \vdash \varphi \to \forall\exists(a,b)[\alpha] \quad (R1)$$

$$\varphi \to b \cap p = 0 \vee \forall\forall(a,p)[\alpha] \vdash \varphi \to \forall\forall(a,b)[\alpha] \quad (R2)$$

$$\varphi \to a \cap p = 0 \vee \neg\forall\forall(p,b)[\alpha] \vdash \varphi \to \neg\exists\forall(a,b)[\alpha] \quad (R3)$$

$$\varphi \to a \cap p = 0 \vee \neg\forall\forall(p,p)[\alpha]$$

$$\vdash \varphi \to a = 0 \vee \neg\forall\forall(a,a)[\alpha \cup (\beta \cap (-\beta^{-1}))] \quad (RS)$$

其中，变元 $p$ 称为规则的具体变元；证明和定理的概念用标准的方式给出；并用表示语言 $(V_S, V_R)$ 中的所有定理的集合。

**命题 3.1** 在全部模型中，所有的定理 $Th(V_S, V_R)$ 都成立。

**证明** 所有的公理在全部模型中成立，而且 MP 规则在每个模型中都成立。在每个框架中，每个具体规则都是有效的，即：如果前提在一个给定框架中的所有赋值下都为真，那么结论也为真。

为了说明这个证明系统，可以给出该公式的证明：$\exists\forall(a,b)[\alpha] \to \forall\exists(b,a)[\alpha^{-1}]$。

令 $p, q \in V_S, p \neq q$ 且 $\{p,q\} \cap V_{Set}(a,b) = \varnothing$。

$\vdash \neg\forall\forall(p,b)[\alpha] \vee b \cap q = 0 \vee \forall\exists(p,q)[\alpha]$ （根据 $(AL_2)$）

$\vdash \neg\forall\forall(p,b)[\alpha] \vee b \cap q = 0 \vee p \cap a = 0 \vee \exists\exists(a,q)[\alpha]$ （根据 $(AL_1)$）

$\vdash a \cap p = 0 \vee \neg\forall\forall(p,b)[\alpha] \vee b \cap q = 0 \vee \exists\exists(q,a)[\alpha^{-1}]$ （根据 $(A^{-1})$）

$\vdash \neg\exists\forall(a,b)[\alpha] \vee \forall\exists(b,a)[\alpha^{-1}]$ （根据 (R3) 和 (R1)）

## 第四节 带有完全布尔运算的关系三段论系统的完全性

对非经典的关系三段论 (即包含关系项的三段论) 的完全性证明，是由 Nishihara 等 (1990)[1]首次给出的；这些片段包含了专有名词变元和仅在求补运算下封闭的 n-元关系项，而且不允许对集合项进行布尔运算。

主要致力于研究关系三段论的计算复杂性问题的文献有 (McAllester and Givan, 1992[2]; Pratt-Hartmann, 2005[3], 2004[4], 2008[5]; Pratt-Hartmann and Third, 2006[6])。Pratt-Hartmann 和 Moss(2009)[7]对关系三段论进行了公理化并给出了一些计算复杂性问题的结果，Moss(2010)[8]对该文献进行拓展研究，对一些关系三段论进行了公理化，并给出了完全性证明。

Ivanov 和 Vakarelov(2012)[9]的关系三段论逻辑在表达力方面，与上面所提到所有关系三段论系统都有所不同。其中一个原因是，该逻辑有相当丰富的基于类项和关系项的语言，而其他的逻辑则是基于比该逻辑系统更弱的，或者无法与之相比的语言，而有些逻辑则仅仅处理了原子公式。例如，McAllester 和 Givan(1992) 的系统以及一些在 Moss(2010) 和 Pratt-Hartmann 和 Moss(2009) 中研究的系统。Ivanov 和 Vakarelov(2012) 的语言片段只包含两个关系项 $\alpha$ 和 $-\alpha$，并且所有的集合项都是变元或否定变元，这与 Pratt-Hartmann 和 Moss(2009) 中所研究的 $R^\dagger$ 系统是一致的。

Ivanov 和 Vakarelov(2012) 证明了带有二元关系集合的三段论逻辑的

---

[1] Nishihara N, Morita K, Iwata S. An extended syllogistic system with verbs and proper nouns, and its completeness proof. Systems and Computers in Japan, 1990, 21: 760-771.

[2] McAllester D A, Givan R. Natural language syntax andfirst-order inference. Artificial Intelligence, 1992,56: 1-20.

[3] Pratt-Hartmann I. Complexity of the two-variable fragment with counting quantifiers. Journal of Logic, Language and Information, 2005,14: 369-395.

[4] Pratt-Hartmann I. Fragments of language. Journal of Logic, Language and Information, 2004,13: 207-223.

[5] Pratt-Hartmann I. On the computational complexity of the numerically definite syllogistic and related logics. Bulletin of Symbolic Logic, 2008,14:1-28.

[6] Pratt-Hartmann I, Third A. More fragments of language. Notre Dame Journal of Formal Logic, 2006,47: 151-177.

[7] Pratt-Hartmann I, Moss L S. Logics for the relational syllogistic. The Review of Symbolic Logic, 2009,2: 647-683.

[8] Moss L S. Syllogistic logics with verbs. Journal of Logic and Computation, 2010,20: 947-967.

[9] Ivanov N, Vakarelov D. A system of relational syllogistic incorporating full Boolean reasoning. J. Log. Lang Inf., 2012,21:433-459.

完全性，其中的二元关系在布尔运算和其逆运算下是封闭的，其完全性证明可以推广到 (任意 n 的)n-元关系的 (包括 n-元及物动词的) 情况中；而且其典范模型的构建与布尔模态逻辑的构建类似。

一、完全性证明的思路

根据能够模拟量词理论的定义和出现在具体推理规则中的极大一致集理论 (详情参见文献 (Baliani et al., 2007a)[①]) 可知，公式中没有约束变元，但是可以把一些变元看作是由全称量词约束的变元。这就是为什么需要把该理论定义成带有不受限的变元集的公式集。公式集在具体规则的任意应用下是不封闭的，而只是在这些规则实例的应用下封闭；在这些规则实例中，具体变元是全称约束变元。

为了构建公式的一致集模型，首先需要将它扩张到极大理论中，并规定这些理论只包含每个公式本身或者只包含每个公式的否定，并规定满足类似 Henkin 条件——如果该理论包含了 (特称的) 具体规则的某个实例结论的否定，那么它同样应该包含该规则的该实例的前提的否定 (对于某个具体变元而言，该规则可以看作是该特称公式的证明)。

典范模型的结构是基于布尔代数的 Stone 表现理论，该结构把模型中的点构建成集合项的布尔代数中的超滤子 (ultrafilters)，从而可以给出集合项上布尔算子的正确解释[②]。问题是，至此还不能直接给出所期望的在关系项上的布尔算子的解释。第四节第四部分将说明如何处理这一问题，但在这之前需要给出必要的记法。

二、相关定义和引理

**定义 4.1** (理论)　令 $\Gamma \subseteq \mathrm{Form}(V_S, V_R)$，并令 $V \subseteq V_S$。当如下条件满足时，就称序对 $(V, \Gamma)$ 是语言 $(V_S, V_R)$ 的理论 (theory)：

(1) $\mathrm{Th}(V_S, V_R) \subseteq \Gamma$；

(2) 如果 $\varphi, \varphi \to \psi \in \Gamma$，那么 $\psi \in \Gamma$；

(3) 令 $L(p)$ 是一个具体规则的前提，其中，$p \in V_S$ 是该规则的具体变元。令 R 是该规则的结论，且 $p \in V_S \setminus (V \cup V_{\mathrm{Set}}(R))$ 且 $L(p) \in \Gamma$。那么 $R \in \Gamma$。

如果 $\bot \notin \Gamma$，那么就称理论 $(V, \Gamma)$ 是一致的。

---

[①] Balbiani P, Tincher T, Vakarelov D. Modal logics for region-based theory of space. Fundamenta Informaticae, 2007,81: 29-82.

[②] Ivanov N, Vakarelov D. A system of relational syllogistic incorporating full Boolean reasoning. J. Log. Lang Inf., 2012,21:441.

## 第四节 带有完全布尔运算的关系三段论系统的完全性

如果 $|V| < |V_S|$,那么就称理论 $(V, \Gamma)$ 在语言 $(V_S, V_R)$ 中是良理论 (good theory)。

如果理论 $(V, \Gamma)$ 是一致的,并且对语言中每个公式 $\varphi$ 而言,要么 $\varphi \in \Gamma$,要么 $\neg\varphi \in \Gamma$,那么就称理论 $(V, \Gamma)$ 是完全的。

如果对于每个前提为 $L(p) \in \text{Form}(V_S, V_R)$ 的具体规则和 R 而言,蕴涵式 $R \notin \Gamma \Rightarrow (\exists p \in V_S)(L(p) \notin \Gamma)$ 成立,那么就称语言 $(V_S, V_R)$ 中的理论 $(V, \Gamma)$ 是沃理论 (rich theory)(结论 R 唯一确定了 L(p) 最多可用另一个集合变元替换 p)。

**记法** 相同的语言中的理论之间的关系 $\subseteq$ 被定义为

$$(V_1, \Gamma_1) \subseteq (V_2, \Gamma_2) \overset{\text{def}}{\Leftrightarrow} V_1 \subseteq V_2 \wedge \Gamma_1 \subseteq \Gamma_2$$

如果 $\varphi \in \Gamma$,则记作 $\varphi \in (V, \Gamma)$。

**定义 4.2** 若存在一个一致理论 $(V, \Gamma)$ 使得 $A \subseteq \Gamma$,就说公式集合 A 是一致的。

现在给出语言 $(V_S, V_R)$。

**引理 4.1** (Lindenbaum 引理) 所有的一致良理论 $T_0 = (V_0, \Gamma_0)$ 都包含在一个完全的沃理论 $T = (V, \Gamma)$ 中。

为了将一个一致理论扩充到一个完全的沃理论中,就需要给出具体规则的结论的否定的证明 (集合变元)。因此,就至少需要与该语言中公式一样多的集合变元。这就是在语言定义中,对 $|V_R| \leqslant |V_S|$ 进行限制的理由。

Lindenbaum 引理只可以应用于良理论,因此,还需要引入如下引理。

**引理 4.2** 令 $T_0 = (V, \Gamma_0)$ 是语言 $(V_{S0}, V_R)$ 中的一致理论,并令带有 $|V_S| > |V_{S0}|$ 的 $V_S \supseteq V_{S0}$ 是用新的集合变元的集合 $V_S \backslash V_{S0}$ 对 $V_{S0}$ 的扩张,那么在语言 $(V_S, V_R)$ 中存在一个一致的良理论 $T = (V_{S0}, \Gamma)$,使得 $\Gamma_0 \subseteq \Gamma$。

**证明** 定义 $\Gamma = \{\varphi \in \text{Form}(V_S, V_R) | (\exists \psi \in \Gamma_0)(\psi \rightarrow \varphi \in \text{Th}(V_S, V_R))\}$,可以直接验证 $T = (V_{S0}, \Gamma)$ 具有所希望的性质。证毕。

**推论 4.1** (1) 所有公式的一致集都包含在一个一致的良理论中,该良理论处于带有新的集合变元的集合的语言 $(V_S, V_R)$ 的扩张中。

(2) 所有公式的一致集都包含在一个完全的沃理论中,该沃理论处于带有新的集合变元的集合的语言 $(V_S, V_R)$ 的扩张中。

Ivanov 和 Vakarelov(2012)[1]把完全的沃理论称为极大理论 (maximal theory)。

---

[1] Ivanov N, Vakarelov D. A system of relational syllogistic incorporating full Boolean reasoning. J. Log. Lang Inf., 2012,21:433-459.

## 三、项类的布尔代数

令 S 是一个极大理论，可以将 S 与 $T_{Set}(V_S)$ 和 $T_{Rel}(V_R)$ 中的一些等价关系关联起来，并用这些等价类形成相对于一些自然定义的运算中的布尔代数。

### （一）集合项类的布尔代数

现在可以将 S 与集合项类 (classes of set terms) 的布尔代数关联起来，把 $T_{Set}(V_S)$ 上的关系 $\leqq$ 和 $\approx$ 定义为

$$a \leqq b \stackrel{def}{\Leftrightarrow} a \leqslant b \in S, \quad a \approx b \stackrel{def}{\Leftrightarrow} (a \leqq b \wedge b \leqq a)$$

关系 $\approx$ 表示等价关系，用 $[a]$ 表示 $a$ 的等价类，用 $Cl_S$ 表示所有等价类的集合。可在 $Cl_S$ 上定义关系 $\leqslant$：$[a] \leqslant [b] \stackrel{def}{\Leftrightarrow} a \leqq b$，并在 $Cl_S$ 上定义运算 $\cap$, $\cup$ 和 $-$ 如下：

$$[a] \cap [b] \stackrel{def}{=} [a \cap b], \quad [a] \cup [b] \stackrel{def}{=} [a \cup b], \quad -[a] \stackrel{def}{=} [-a]$$

关系 $\leqslant$ 和运算 $\cap$, $\cup$ 和 $-$ 是合式定义，六元组 $(Cl_S, \cap, \cup, -, [0], [1])$ 是一个布尔代数。

### （二）关系项类的布尔代数

可在所有关系项的集合上定义关系 $\leqq$ 和 $\approx$：

$$\alpha \leqq \beta \stackrel{def}{\Leftrightarrow} (\forall a, b \in T_{Set}(V_S))(\exists\exists(a,b)[\alpha] \to \exists\exists(a,b)[\beta] \in S)$$

$$\alpha \approx \beta \stackrel{def}{\Leftrightarrow} (\alpha \leqq \beta \wedge \beta \leqq \alpha)$$

其直觉意义是：在 S 的所有模型 $(W, R, \nu)$ 中，对任意关系项 $\alpha$ 和 $\beta$ 而言，下述蕴涵式成立：$\alpha \leqq \beta \Rightarrow R(\alpha) \subseteq R(\beta)$。

关系 $\approx$ 表示等价关系，$[\alpha]$ 表示 $\alpha$ 的等价类。可用 $Cl_R$ 表示所有等价类的集合。在 $Cl_R$ 上定义关系 $\leqslant$：$[\alpha] \leqslant [\beta] \stackrel{def}{\Leftrightarrow} \alpha \leqq \beta$，也可在 $Cl_R$ 上定义运算 $\cap$, $\cup$, $-$ 和 $^{-1}$：

$$[\alpha] \cap [\beta] \stackrel{def}{=} [\alpha \cap \beta], \quad [\alpha] \cup [\beta] \stackrel{def}{=} [\alpha \cup \beta]$$

$$-[\alpha] \stackrel{def}{=} [-\alpha], \quad [\alpha]^{-1} \stackrel{def}{=} [\alpha^{-1}]$$

**命题 4.1** 六元组 $(Cl_R, \cap, \cup, -, [0_R], [1_R])$ 是一个布尔代数。

## 第四节 带有完全布尔运算的关系三段论系统的完全性

为了证明命题 4.1，需要先证明引理 4.3—引理 4.5。规定：令 Q 是一个量词，而 $\overline{Q}$ 表示 Q 的对偶量词。

**引理 4.3** 令 $a$ 和 $b$ 是集合项，且令 $\alpha$ 是一个关系项，那么，对于任意量词 $Q_1$ 和 $Q_2$ 而言，公式 $Q_1Q_2(a,b)[-\alpha] \leftrightarrow \neg\overline{Q}_1\overline{Q}_2(a,b)[\alpha]$ 是一个定理。

**引理 4.4** 令 $\alpha, \beta \in T_{Rel}(V_R)$，并令 $B = T_{Set}(V_S)$，如下条件是等价的：

(1) $(\forall a, b \in B)(\exists\exists(a,b)[\alpha] \to \exists\exists(a,b)[\beta] \in S)$;
(2) $(\forall a, b \in B)(\forall\exists(a,b)[\alpha] \to \forall\exists(a,b)[\beta] \in S)$;
(3) $(\forall a, b \in B)(\forall\forall(a,b)[\alpha] \to \forall\forall(a,b)[\beta] \in S)$;
(4) $(\forall a, b \in B)(\exists\forall(a,b)[\alpha] \to \exists\forall(a,b)[\beta] \in S)$。

**证明** 先证明 (1)→(2)。假定 (1) 成立，并假定存在集合项 $a$ 和 $b$，使得 $\forall\exists(a,b)[\alpha] \to \forall\exists(a,b)[\beta] \notin S$。因为 S 是沃理论，则存在一个集合变元 $p$ 使得

$$\forall\exists(a,b)[\alpha] \to a \cap p = 0 \vee \exists\exists(p,b)[\beta] \notin S$$

因此，$\forall\exists(a,b)[\alpha] \to a \cap p = 0 \vee \exists\exists(p,b)[\alpha] \notin S$。

这就产生了矛盾，因为最后一个公式是一个定理。证毕。

**引理 4.5** 若 $a, b, c, d$ 是集合项，且 $\alpha$ 和 $\beta$ 是关系项，则如下公式是定理：

(1) $\forall\forall(a,b)[\alpha] \wedge \forall\forall(c,d)[\beta] \to \forall\forall(a\cap c, b\cap d)[\alpha \cap \beta]$;
(2) $\forall\forall(a,b)[\alpha] \wedge \neg\exists\exists(c,d)[\alpha \cap \beta] \to \forall\forall(a\cap c, b\cap d)[-\beta]$。

**证明** 这里只证明 (2)。令 $p$ 和 $q$ 是不会出现在 $a, b, c, d$ 中的不同集合变元。

$\vdash \forall\forall(a,b)[\alpha] \wedge \neg\exists\exists(c,d)[\alpha \cap \beta] \wedge \forall\forall(p,q)[\beta]$
　　$\to \forall\forall(a\cap p, b\cap q)[\alpha \cap \beta] \wedge \neg\exists\exists(c,d)[\alpha \cap \beta]$ 　（根据 (1)）

$\vdash \forall\forall(a,b)[\alpha] \wedge \neg\exists\exists(c,d)[\alpha \cap \beta] \wedge \forall\forall(p,q)[\beta]$
　　$\to a \cap p \cap c = 0 \vee b \cap q \cap d = 0$ 　（根据 ($AL_1$) 和 ($AL_2$)）

$\vdash \forall\forall(a,b)[\alpha] \wedge \neg\exists\exists(c,d)[\alpha \cap \beta]$
　　$\to a \cap c \cap p = 0 \vee b \cap d \cap q = 0 \vee \neg\forall\forall(p,q)[\beta]$

$\vdash \forall\forall(a,b)[\alpha] \wedge \neg\exists\exists(c,d)[\alpha \cap \beta]$
　　$\to a \cap c \cap p = 0 \vee b \cap d \cap q = 0 \vee \exists\exists(p,q)[-\beta]$（根据引理 4.3）

$\vdash \forall\forall(a,b)[\alpha] \wedge \neg\exists\exists(c,d)[\alpha \cap \beta]$
　　$\to b \cap d \cap q = 0 \vee \forall\exists(a\cap c, q)[-\beta]$ 　（根据 ($R_1$)）

$\vdash \forall\!\!\!\forall(a,b)[\alpha] \wedge \neg \exists\!\!\!\exists(c,d)[\alpha \cap \beta]$
$\quad \to \forall\!\!\!\forall(a \cap c, b \cap d)[-\beta]$ （根据 $(R_2)$）

**命题 4.1 的证明** 对任意关系项 $\alpha$, $\beta$ 和 $\gamma$ 而言，需要证明如下性质：

(1) $\alpha \leqq \alpha$, $(\alpha \leqq \beta \wedge \beta \leqq \gamma) \Rightarrow \alpha \leqq \gamma$, $(\alpha \leqq \beta \wedge \beta \leqq \alpha) \Rightarrow \alpha \approx \beta$;

(2) $\alpha \cap \beta \leqq \alpha$, $\alpha \cap \beta \leqq \beta$, $(\gamma \leqq \alpha \wedge \gamma \leqq \beta) \Rightarrow \gamma \leqq \alpha \cap \beta$;

(3) $\alpha \leqq \alpha \cup \beta$, $\beta \leqq \alpha \cup \beta$, $(\alpha \leqq \gamma \wedge \beta \leqq \gamma) \Rightarrow \alpha \cup \beta \leqq \gamma$;

(4) $0_R \leqq \alpha$, $\alpha \leqq 1_R$;

(5) $\alpha \cap (\beta \cup \gamma) \leqq (\alpha \cap \beta) \cup (\alpha \cap \gamma)$;

(6) $\alpha \cap -\alpha \leqq 0_R$;

(7) $1_R \leqq \alpha \cup -\alpha$。

**证明** 根据关系 $\leqq$ 的定义可以直接得到 (1)；根据 $(A\cap)$ 可以得到 (2)；根据 $(A\cup)$ 可以类似得到 (3)。根据 $(A0_R)$ 和 $(A1_R)$ 可以得到 (4)。现在证明剩下的三个定理 (5)—(7)。令 $a, b \in T_{Set}(V_S)$。

命题 4.1 的 (5) 的证明如下：

根据引理 4.5(2)，令 $p, q \in V_S, p \neq q$ 和 $\{p, q\} \cap V_{Set}(a, b) = \varnothing$,

$\vdash \forall\!\!\!\forall(a,b)[\alpha \cap (\beta \cup \gamma)] \wedge \neg \exists\!\!\!\exists(p,q)[(\alpha \cap \beta) \cup (\alpha \cap \gamma)]$
$\quad \to \forall\!\!\!\forall(a,b)[\alpha] \wedge \forall\!\!\!\forall(a,b)[\beta \cup \gamma] \wedge \neg \exists\!\!\!\exists(p,q)[\alpha \cap \beta]$
$\quad\quad \wedge \neg \exists\!\!\!\exists(p,q)[\alpha \cap \gamma]$ （根据 $(A\cap)$ 和 $(A\cup)$）

$\vdash \forall\!\!\!\forall(a,b)[\alpha \cap (\beta \cup \gamma)] \wedge \neg \exists\!\!\!\exists(p,q)[(\alpha \cap \beta) \cup (\alpha \cap \gamma)]$
$\quad \to \forall\!\!\!\forall(a,b)[\beta \cup \gamma] \wedge \forall\!\!\!\forall(a \cap p, b \cap q)[-\beta]$
$\quad\quad \wedge \forall\!\!\!\forall(a \cap p, b \cap q)[-\gamma]$ （根据引理 4.5）

$\vdash \forall\!\!\!\forall(a,b)[\alpha \cap (\beta \cup \gamma)] \wedge \neg \exists\!\!\!\exists(p,q)[(\alpha \cap \beta) \cup (\alpha \cap \gamma)]$
$\quad \to \forall\!\!\!\forall(a,b)[\beta \cup \gamma] \wedge \neg \exists\!\!\!\exists(a \cap p, b \cap q)[\beta]$
$\quad\quad \wedge \neg \exists\!\!\!\exists(a \cap p, b \cap q)[\gamma]$ （根据 $(A-)$）

$\vdash \forall\!\!\!\forall(a,b)[\alpha \cap (\beta \cup \gamma)] \wedge \neg \exists\!\!\!\exists(p,q)[(\alpha \cap \beta) \cup (\alpha \cap \gamma)]$
$\quad \to \forall\!\!\!\forall(a,b)[\beta \cup \gamma] \wedge \neg \exists\!\!\!\exists(a \cap p, b \cap q)[\beta \cup \gamma]$ （根据 $(A\cup)$）

$\vdash \forall\!\!\!\forall(a,b)[\alpha \cap (\beta \cup \gamma)] \wedge \neg \exists\!\!\!\exists(p,q)[(\alpha \cap \beta) \cup (\alpha \cap \gamma)]$
$\quad \to a \cap p = 0 \vee b \cap q = 0$ （根据 $(AL_1)$ 和 $(AL_2)$）

$\vdash \forall\!\!\!\forall(a,b)[\alpha \cap (\beta \cup \gamma)]$
$\quad \to a \cap p = 0 \vee b \cap q = 0 \vee \exists\!\!\!\exists(p,q)[(\alpha \cap \beta) \cup (\alpha \cap \gamma)]$

$\vdash \forall\!\!\!\forall(a,b)[\alpha \cap (\beta \cup \gamma)]$
$\quad \to b \cap q = 0 \vee \forall\exists(a,q)[(\alpha \cap \beta) \cup (\alpha \cap \gamma)]$ （根据 $(R1)$）

### 第四节　带有完全布尔运算的关系三段论系统的完全性

$\vdash \forall\forall(a,b)[\alpha \cap (\beta \cup \gamma)] \to \forall\forall(a,b)[(\alpha \cap \beta) \cup (\alpha \cap \gamma)]$　　（根据 (R2)）

命题 4.1 的 (6) 的证明如下：

$\vdash \forall\forall(a,b)[\alpha \cap -\alpha] \to \forall\forall(a,b)[\alpha] \wedge \forall\forall(a,b)[-\alpha]$　　（根据 (A∩)）

$\vdash \forall\forall(a,b)[\alpha \cap -\alpha] \to \forall\forall(a,b)[\alpha] \wedge \neg\exists\exists(a,b)[\alpha]$　　（根据 (A−)）

$\vdash \forall\forall(a,b)[\alpha \cap -\alpha] \to a = 0 \vee b = 0$　　（根据 $(AL_1)$ 和 $(AL_2)$）

$\vdash \forall\forall(a,b)[\alpha \cap -\alpha] \to \neg\exists\exists(a,b)[-0_R]$　　（根据 (A0)）

$\vdash \forall\forall(a,b)[\alpha \cap -\alpha] \to \forall\forall(a,b)[0_R]$　　（根据引理 4.3）

命题 4.1 的 (7) 的证明如下：

$\vdash \neg\exists\exists(a,b)[\alpha \cup -\alpha] \to \neg\exists\exists(a,b)[\alpha] \wedge \neg\exists\exists(a,b)[-\alpha]$　　（根据 (A∪)）

$\vdash \neg\exists\exists(a,b)[\alpha \cup -\alpha] \to \neg\exists\exists(a,b)[\alpha] \wedge \forall\forall(a,b)[\alpha]$　　（根据引理 4.3）

$\vdash \neg\exists\exists(a,b)[\alpha \cup -\alpha] \to a = 0 \vee b = 0$　　（根据 $(AL_1)$ 和 $(AL_2)$）

$\vdash \neg\exists\exists(a,b)[\alpha \cup -\alpha] \to \neg\exists\exists(a,b)[1_R]$　　（根据 (A0)）

$\vdash \exists\exists(a,b)[1_R] \to \exists\exists(a,b)[\alpha \cup -\alpha]$　　证毕。

**引理 4.6**　$[1] \leqslant [0] \Leftrightarrow [1_R] \leqslant [0_R]$。

**证明**　先从左向右证明，即先证明充分性。令 $1 = 0 \in S$ 和 $a, b \in T_{Set}(V_S)$，那么 $a = 0 \in S$ 和 $b = 0 \in S$。根据 (A0) 和 $\neg\exists\exists(a,b)[1_R] \in S$ 可知

$$\exists\exists(a,b)[1_R] \to \exists\exists(a,b)[0_R] \in S$$

然后从右向左证明，即证明必要性。假设 $[1_R] \leqslant [0_R]$，那么

$$\exists\exists(1,1)[1_R] \to \exists\exists(1,1)[0_R] \in S$$

根据 $(A0_R)$ 和 $\neg\exists\exists(1,1)[0_R] \in S$ 可知：$\neg\exists\exists(1,1)[1_R] \in S$。

根据 $(A1_R)$ 和 $\forall\forall(1,1)[1_R] \in S$ 可知：$\forall\forall(1,1)[1_R] \wedge \neg\exists\exists(1,1)[1_R] \in S$。

使用 $(AL_1)$ 和 $(AL_2)$ 可得：$1 = 0 \in S$。证毕。

(三) 关系项对称类的布尔代数

在 $\mathcal{P}(Cl_R)$ 上定义运算符号 $^{-1}$：对每个 $V \subseteq Cl_R$ 而言，$V^{-1} \stackrel{\text{def}}{=} \{[\alpha]^{-1} | [\alpha] \in V\}$。

**引理 4.7**　(1) 如果 $\alpha \in T_{Rel}(V_R)$，那么 $(\alpha^{-1})^{-1} \approx \alpha$；

(2) 如果 $x \in Cl_R$，那么 $(x^{-1})^{-1} = x$。如果 $V \subseteq Cl_R$，那么 $(V^{-1})^{-1} = V$；

(3) 令 $V \subseteq Cl_R$。如果 $V$ 是一个滤子 (filter)，那么 $V^{-1}$ 也是滤子。如果 $V$ 是一个超滤子 (ultrafilter)，那么 $V^{-1}$ 也是超滤子。

**定义 4.3** $x \in \mathrm{Cl}_R$ 是对称的，当且仅当，$x = x^{-1}$；$V \subseteq \mathrm{Cl}_R$ 是对称的，当且仅当，$V = V^{-1}$。

**引理 4.8** 关系项的对称类的集合 $(\mathrm{Cl}_R, \cap, \cup, -, [0_R], [1_R])$ 是布尔子代数。

**引理 4.9** 如果 $a$ 是集合项，$\alpha_1, \alpha_2, \cdots, \alpha_k$ 是关系项，那么，公式 $a = 0 \vee \neg \forall\!\!\!\forall(a,a)[(\alpha_1 \cap (-\alpha_1^{-1})) \cup \cdots \cup (\alpha_k \cap -\alpha_k^{-1}))]$ 是一个定理。

## 四、典范结构

令 $S$ 是极大理论，接下来证明 $S$ 有一个模型。用 $M_\varnothing$ 表示模型 $(\varnothing, V_R \times \{\varnothing\}, V_S \times \{\varnothing\})$。

**引理 4.10** 如果 $S$ 是一个极大理论，且 $1 = 0 \in S$，那么，$M_\varnothing \models S$。

现在研究当 $1 = 0 \notin S$ 时的情况。用 $\mathrm{Ult}_S$ 表示布尔代数 $(\mathrm{Cl}_S, \cap, \cup, -, [0], [1])$ 的超滤子集合，类似地，用 $\mathrm{Ult}_R$ 来表示布尔代数 $(\mathrm{Cl}_R, \cap, \cup, -, [0_R], [1_R])$ 的超滤子集合。因为 $1 \not\leqslant 0$，集合 $\mathrm{Ult}_S$ 是非空的。根据引理 4.6 可知：$\mathrm{Ult}_R \neq \varnothing$。

如果 $Q$ 是一个量词并且 $F(a)$ 是关于集合项的命题，使得 $a \approx b$ 蕴涵 $F(a) \Leftrightarrow F(b)$，用 $(Q[a] \in \mathrm{Cl}_S)F(a)$ 作为 $(Qx \in \mathrm{Cl}_S)(\exists a \in x)F(a)$ 的缩写。也将使用类似的记法表示关系项命题。对每一个 $V \subseteq \mathrm{Cl}_R$ 而言，把关系 $R_V^0 \subseteq \mathcal{P}(\mathrm{Cl}_S)^2$ 定义为

$$R_V^0 = \{(U_1, U_2) \in \mathcal{P}(\mathrm{Cl}_S)^2 |$$
$$(\forall [\alpha] \in V)(\forall [a_1] \in U_1)(\forall [a_2] \in U_2)(\exists\exists (a_1, a_2)[\alpha] \in S)\}$$

**引理 4.11** 如果 $V \subseteq \mathrm{Cl}_R$，那么 $R_{V^{-1}}^0 = (R_V^0)^{-1}$。

**记法** 如果 $a \in \mathrm{T}_{\mathrm{Set}}(V_S)$，用 $[a) = \{x \in \mathrm{Cl}_S | [a] \leqslant x\}$ 表示包含 $[a]$ 的最小滤子。类似地，若 $\alpha \in \mathrm{T}_{\mathrm{Rel}}(V_R)$，则用 $[\alpha) = \{x \in \mathrm{Cl}_R \mid [\alpha] \leqslant x\}$ 表示包含 $[\alpha]$ 的最小滤子。

**记法** 令 $F_1$ 和 $F_2$ 是 $\mathrm{Cl}_S$ 的布尔代数中的滤子，令 $G$ 是 $\mathrm{Cl}_R$ 的布尔代数中的滤子。将使用如下记法：

$$I_{F_1, F_2} = \{[\alpha] \in \mathrm{Cl}_R | (\exists [a_1] \in F_1)(\exists [a_2] \in F_2)(\exists\exists(a_1,a_2)[\alpha] \notin S)\}$$

$$I_{G, F_2} = \{[a_1] \in \mathrm{Cl}_S | (\exists [\alpha] \in G)(\exists [a_2] \in F_2)(\exists\exists(a_1,a_2)[\alpha] \notin S)\}$$

$$I_{F_1, G} = \{[a_2] \in \mathrm{Cl}_S | (\exists [a_1] \in F_1)(\exists [\alpha] \in G)(\exists\exists(a_1,a_2)[\alpha] \notin S)\}$$

容易验证：I 是这两个布尔代数的理想 (ideal)。

## 第四节 带有完全布尔运算的关系三段论系统的完全性

**引理 4.12** 令 $F_1$ 和 $F_2$ 是 $Cl_S$ 的布尔代数中的滤子,且令 $G$ 是 $Cl_R$ 的布尔代数的滤子,如果 $(F_1, F_2) \in R_G^0$,那么存在 $U_1, U_2 \in Ult_S$ 和 $V \in Ult_R$,使得 $F_1 \subseteq U_1, F_2 \subseteq U_2, G \subseteq V$ 且 $(U_1, U_2) \in R_V^0$。

**证明** 使用如下等价关系:

$$(F_1, F_2) \in R_G^0 \Leftrightarrow F_1 \cap I_{G,F_2} = \varnothing \Leftrightarrow G \cap I_{F_1,F_2} = \varnothing \Leftrightarrow F_2 \cap I_{F_1,G} = \varnothing$$

并三次运用布尔代数中滤子理想序对 (filter-ideal pairs) 的分离定理 (separation theorem)。现在对 S 的典范模型定义的思路加以说明:如果将模型定义为 $M_0 = (W_0, R_0, \nu_0)$,其中:

(1) $W_0 = Ult_S$;

(2) 对每一个关系变元 $\alpha$ 而言,令: $R_0(\alpha) = W_0^2 \cap \bigcup\{R_V^0 | V \in Ult_R \land [\alpha] \in V\}$;

(3) 对于每一个集合变元 p 而言,令 $\nu_0(p) = \{x \in W_0 | [p] \in x\}$。

那么,对于任意集合项 $a, b$ 和任意关系变元 $\alpha$ 而言,可以得到

$$a \leqslant b \in S \Leftrightarrow \nu_0(a) \subseteq \nu_0(b)$$
$$\exists\exists(a,b)[\alpha] \in S \Leftrightarrow (\exists x \in \nu(a))(\exists y \in \nu(b))((x,y) \in R_0(\alpha))$$

但是,对于任意的关系项 $\alpha$ 而言,这一点并不成立;事实上,$M_0$ 不是一个模型,即不必有 $R_0(\alpha) \cap R_0(-\alpha) = \varnothing$。为此,必须使用其他针对 $V \in Ult_R$ 所定义的关系 $R_V$ 代替 $R_V^0$,使得对不同的 $V', V'' \in Ult_R$ 而言,有 $R_{V'} \cap R_{V''} = \varnothing$。模型的论域将由若干个 $W_0$ 的副本 (copies) 组成。如果对不同的 $V', V'' \in Ult_R$ 而言,有 $(x,y) \in R_{V'}^0 \cap R_{V''}^0$,可得到一些 x 的副本 $x', x''$ 和一些关于 y 的副本 $y', y''$,使得 $(x',y') \in R_{V'}$ 并且 $(x'',y'') \in R_{V''}$。

首先从语言中排除符号 $^{-1}$。为了构造关系 $R_V$,需要如下引理。

**引理 4.13** 令 $(U_1, U_2) \in Ult_S^2$,那么:

(1) $(U_1, U_2) \in R_{[1_R]}^0$;

(2) 存在一个 $V \in Ult_R$ 使得 $(U_1, U_2) \in R_V^0$。

**证明** 对于 (1),假定 $(U_1, U_2) \in R_{[1_R]}^0$ 不成立。因为 S 是一个完全性理论,

$$(\exists [a_1] \in U_1)(\exists [a_2] \in U_2)(\neg \exists\exists(a_1, a_2)[1_R] \in S)$$

根据 $1_R$ 的公理可得: $\forall\forall(a_1, a_2)[1_R] \in S$。使用联结公理 (linking axioms),可推导出 $a_1 = 0 \lor a_2 = 0 \in S$。因为 S 是一个完全性理论,$a_1 = 0 \in$

S 或 $a_2 = 0 \in$ S，因此 $[a_1] = [0]$ 或者 $[a_2] = [0]$。这就产生了矛盾，而且 $U_1$ 和 $U_2$ 是超滤子。因此 $(U_1, U_2) \in R^0_{[1R]}$。

对于 (2)，根据 (1) 可知：$(U_1, U_2) \in R^0_{[1R]}$，根据引理 4.12 可知：存在一个 $V \in Ult_R$ 使得 $(U_1, U_2) \in R^0_V$。令 f 是 $Ult_R$ 的选择函数 (choice function)。对每个 $(U_1, U_2) \in Ult^2_S$ 而言，可定义：$V_{U_1,U_2} = f(\{V \in Ult_R | (U_1, U_2) \in R^0_V\})$。

对应于 S 的典范模型 (canonical model) $M = (W, R, v)$ 可定义为：论域 (domain) 是 $W = Ult_S \times Ult_R$。如果 $x \in W$，用 $x_1$ 和 $x_2$ 分别表示它的第一成员 (component) 和第二成员。对每个 $p \in V_S$ 而言，定义：$v(p) = \{x \in W | [p] \in x_1\}$。对于每个 $V \in Ult_R$ 而言，关系 $R_V \subseteq W^2$ 可定义为

$$R_V = \{(x, y) \in W^2 | ((x_1, y_1) \in R^0_{y_2} \wedge V = y_2) \vee ((x_1, y_1) \notin R^0_{y_2} \wedge V = V_{x_1, y_1})\}$$

也就是说，如果存在一个 $R_V$ 中的序对 $((x_1, —), (y_1, —))$①，可把所有的序对 $((x_1, —), (y_1, V))$ 都留下不管；如果 $R_V$ 不包含一个序对 $((x_1, —), (y_1, —))$，可把所有序对 $(x_1, —), (y_1, V)$ 放入 $R_{V_{x_1,y_1}}$ 中。对于不包含 $^{-1}$ 的语言而言，这一简单构造足以证明不包含 $(A^{-1})$ 和 (RS) 的证明系统的完全性。

然而，当语言中包含符号 $^{-1}$ 时，就需要进行更复杂的构造。问题是，对 $V_1 \neq V_2$ 而言，还需要确保 $Rv_1 \cap Rv_2$；并同时保持引理 4.11 中的 $Rv^{-1} = (Rv)^{-1}$ 性质。当决定应该将点的序对放在何处时，不应该分开考虑 $(x, y)$ 和 $(y, x)$，而是应该有 $(x, y) \in Rv \Leftrightarrow (y, x) \in (Rv)^{-1}$。为此，将使用如下条件代替上述 $R_V$ 的定义中的第一个析取支：$R_V$ 中的 V 不依赖于 $y_2$，而是依赖于 $x_2$ 和 $y_2$ 的对称函数。为了定义这样函数，需要用序数 (ordinal) 标示 $Ult_R$ 的元素，并对这些元素上的二元对称运算 $\ominus$ 加以定义，详情请参见下面的定义 4.4。这里需要分别给出关于有穷的 $|Ult_R|$ 和无穷的 $|Ult_R|$ 不同的二元对称运算 $\ominus$。将用 $V_\alpha$ 来表示被 $\alpha$ 标号的 $Ult_R$ 元素，并把 W 的每个点的第二成员作为一个关系超滤子 (relational ultrafilter) 的 (序数) 数目，而不是超滤子本身。令 $(x, y) \in W^2$ 且 $n = x_2 \ominus y_2$。

首先研究 $x_2 \neq y_2$ 的情况。如果 $(x_1, y_1) \in R^0_{V_n} \setminus R^0_{V_n^{-1}}$，可把 $(x, y)$ 放入 $R_{V_n}$，并把 $(y, x)$ 放入 $R_{V_n^{-1}}$ 中。如果 $(x_1, y_1) \in R^0_{V_n^{-1}} \setminus R^0_{V_n}$，可把 $(x, y)$ 放入 $R_{V_n^{-1}}$ 中，并把 $(y, x)$ 放入 $R_{V_n}$ 中。当 $(x_1, y_1) \in R^0_{V_n} \cap R^0_{V_n^{-1}}$ 时，需要从 $(x, y)$ 和 $(y, x)$ 选择一个序对，并将所选的序对放入 $R_{V_n}$ 中，而把另一个序对放入 $R_{V_n^{-1}}$ 中。

---

① 这里的符号 "—" 表示 $Ult_R$ 中的任意元素。

## 第四节 带有完全布尔运算的关系三段论系统的完全性

如果 $x_2 = y_2$ 或 $(x_1, y_1) \notin R^0_{V_n} \cup R^0_{V_n^{-1}}$,可把序对 $(x,y)$ 放入与某个关系超滤子 $V_{x_1,y_1}$ 对应的关系中,对 $(x_1, y_1) \in R^0_V$ 而言,所选择的序对在 $V \in \text{UltR}$ 中。把 $x_2 = y_2$ 和 $(x_1, y_1) \notin R^0_{V_n} \cup R^0_{V_n^{-1}}$ 一起进行处理,而不是把 $(x,y)$ 放入 $R_{V_n}$ 中的理由是:不能保证 $V_{x_2 \ominus x_2}$ 是对称的。但是,根据下面的命题,可以保证 $V_{x_1,x_1}$ 是对称的:

**命题 4.2** 如果 $(U, U) \in \text{Ult}^2_S$,那么:

(1) $(U, U) \in R^0_V \Leftrightarrow (\forall [\alpha] \in V)(\forall [a] \in U)(\exists \exists (a,a)[\alpha] \in S)$;

(2) 存在一个对称 $V \in \text{UltR}$ 使得 $(U, U) \in R^0_V$。

**证明** 命题 4.2 的证明:(1) 很明显这只是用来缩短符号。

(2) 令

$$I_0 = \{[\alpha] \in \text{Cl}_R | \alpha \approx \alpha^{-1} \land (\exists [a] \in U)(\exists \exists (a,a)[\alpha] \notin S)\}$$

$I_1 = \{[\alpha] \in \text{Cl}_R | \alpha \approx \alpha^{-1} \land$ 存在一个有穷集$\{\alpha_1, \alpha_2, \cdots, \alpha_k\} \subseteq T_{\text{Rel}}(V_R)$ 使得:$\alpha \leqq (\alpha_1 \cap (-\alpha_1^{-1})) \cup \cdots \cup (\alpha_k \cap (-\alpha_k^{-1}))\}$

$I_2 = \{x = \text{Cl}_R | x = x^{-1} \land (\exists y \in I_0)(\exists z \in I_1)(x \leqslant y \cup z)\}$

集合 $I_0$,$I_1$ 和 $I_2$ 是关系项的对称类的布尔代数中的理想,$I_0 \subseteq I_2$ 且 $I_1 \subseteq I_2$。假定 $[1_R] \in I_2$,令 $[\alpha] \in I_0$ 且 $[\beta] \in I_1$,其中 $\beta = (\alpha_1 \cap (-\alpha_1^{-1})) \cup \cdots \cup (\alpha_k \cap (-\alpha_k^{-1}))$ 是 $\text{Cl}_R$ 中的元素,使得 $[1_R] \leqslant [\alpha] \cup [\beta]$。令 $a \in U$ 且 $\neg \exists \exists (a,a)[\alpha] \in S$,那么,$\langle \forall \forall \rangle (a,a)[-\alpha] \in S$。根据 $-\alpha \leqq \beta$ 可知,$\langle \forall \forall \rangle (a,a)[\beta] \in S$。因为 $\neg(a = 0) \in S$,根据引理 4.6 可得:$\neg \forall \forall (a,a)[\beta] \in S$。这就产生了矛盾,因此,$[1_R] \notin I_2$。

需要注意的是,$[1_R) = \{[1_R]\}$是关系项的对称类的布尔代数中的一个滤子,因此有 $I_2 \cap [1_R) = \varnothing$。根据滤子理想序对 (filter-ideal pairs) 的分离定理可知:存在极大的理想 $I \supseteq I_2$ 和关系项的对称类的布尔代数中的一个超滤子 $V^S \supseteq [1_R)$,使得 $I \cap V^S = \varnothing$。

令 $V = \{x \in \text{Cl}_R | x \cap (x^{-1}) \in V^S\}$,而且 $V$ 具有性质 $-V \in \text{Ult}_R$。

下面将验证所定义的超滤子的性质:

(a) $[1_R] \in V$,因为 $[1_R) \subseteq V^S$;

(b) 令 $x \in V$,$y \in \text{Cl}_R$,且 $x \leqslant y$,那么 $x \cap (x^{-1}) \in V^S$ 且 $x \cap (x^{-1}) \leqslant y \cap (y^{-1})$,因此 $y \cap (y^{-1}) \in V^S$ 且 $y \in V$;

(c) 令 $x, y \in V$,那么 $x \cap (x^{-1}) \in V^S$ 且 $y \cap (y^{-1}) \in V^S$,因此 $x \cap y \cap (x^{-1}) \cap (y^{-1}) \in V^S$ 且 $x \cap y \in V$;

(d) 令 $x \in \text{Cl}_R$,并假定 $x, -x \notin V$,那么 $x \cap (x^{-1}) \notin V^S$ 且 $(-x) \cap (-x^{-1}) \notin V^S$。因此 $(-x) \cup (-x^{-1}) \in V^S$ 且 $x \cup x^{-1} \in V^S$。因为 $V^S$ 是一个滤

子，如下等价类：$((-x) \cup (-x^{-1})) \cap (x \cup x^{-1}) = x \cap (-x^{-1}) \cup (-x) \cap (x^{-1})$ 属于 $V^S$。另一方面，$x \cap (-x^{-1}) \cup (-x) \cap (x^{-1}) \in I_1 \subseteq I_2 \subseteq I$，这与 $I \cap V^S = \varnothing$ 矛盾，因此 $\{x, -x\} \cap V \neq \varnothing$；

(e) $[0_R] \notin V$，因为 $[0_R] \notin V^S$，$-V = V^{-1}$，$-(U, U) \in R_V^0$。

因为 $I_0 \cap V^S = \varnothing$，$(\forall [\alpha] \in V)(\forall [a] \in U)(\exists \exists (a, a)[\alpha \cap \alpha^{-1}] \in S)$，所以 $(\forall [\alpha] \in V)(\forall [a] \in U)(\exists \exists (a, a)[\alpha] \in S)$。证毕。

**定义 4.4** 令 $\kappa = |\text{Ult}_R|$，需要考虑 $\kappa$ 的两种情况：

(1) 当 $\kappa < \omega$ 时，令 $\text{Ult}_R = \{V_i | 1 \leqslant i \leqslant \kappa\}$ 并且 $(i \neq j \Rightarrow V_i \neq V_j)$，并令 $R_w = \{0, 1, \cdots, 2\kappa\}$。对于 $m, n \in R_w$ 而言，可定义

$$m \oplus n = (m+n) \mod (2\kappa+1)$$

$$m \ominus n = \min(m-n) \mod (2\kappa+1), \quad (n-m) \mod (2\kappa+1)$$

对于所有 $m, n \in R_w$ 而言可得：$0 \leqslant m \ominus n = n \ominus m \leqslant \kappa$。同样地，对于任意的 $m \in R_w$ 且 $1 \leqslant n \leqslant \kappa$ 而言，可得 $(m \oplus n) \ominus m = n$。在 $R_w$ 上的非自返关系 (irreflexive relation) $<$ 定义为：$m < n \Leftrightarrow (n-m) \mod (2\kappa+1) < (m-n) \mod (2\kappa+1)$，并使得对于所有不同的 $m, n \in R_w$ 而言，要么 $m < n$，要么 $n < m$。对于任意的 $m \in R_w$ 和 $1 \leqslant n \leqslant \kappa$ 而言，有 $m < m \oplus n$。

(2) 当 $\kappa \geqslant \omega$ 时，令 $\text{Ult}_R = \{V_\alpha | 0 < \alpha < \kappa\}$ 且 $(\alpha \neq \beta \Rightarrow V_\alpha \neq V_\beta)$，并令 $R_w = \kappa$。对于 $\alpha, \beta \in R_w$ 而言，可定义 $\alpha \oplus \beta = \alpha + \beta$①且

$$\alpha \ominus \beta \begin{cases} \alpha - \beta, & \beta < \alpha \\ \beta - \alpha, & 否则 \end{cases}$$

另外，对于所有的 $\mu, \nu \in R_w$ 而言，有 $\mu \ominus \nu = \nu \ominus \mu$；对于任意的 $\mu \in R_w$ 和 $0 < \nu < \kappa$ 而言，有 $(\mu \oplus \nu) \ominus \mu = \nu$。在情况 (1) 中，定义的 $R_w$ 上的关系 $<$ 其实是一个通常的严格完全序 (strict total order)：$\mu < \nu \Leftrightarrow \mu < \nu$。对于任意的 $\mu \in R_w$ 和 $0 < \nu < \kappa$ 而言，有 $\mu < \mu \oplus \nu$。典范模型的论域是：$W = \text{Ult}_S \times R_w$。

如果 $x \in W$，用 $x_1, x_2$ 分别表示 $x$ 的第一成员和第二成员，对于每个 $p \in V_S$ 而言，可定义 $\nu(p) = \{x \in W | [p] \in x_1\}$。很容易验证：对于所有集合项 $a$ 而言，有 $\nu(a) = \{x \in W | [a] \in x_1\}$。

---

① 这里的 "+" 表示序数加法 (ordinal addition)。如果 $\beta < \alpha$，那么就用 $\alpha - \beta$ 表示唯一的序数 $\gamma$，使得 $\beta + \gamma = \alpha$。

## 第四节 带有完全布尔运算的关系三段论系统的完全性

令 $(Ult_S^2)^+ = \{(U_1, U_2) \in Ult_S^2 | U_1 = U_2\}$ 并且 $(Ult_S^2)^- = \{(U_1, U_2) \in Ult_S^2 | U_1 \neq U_2\}$。

现在选择一个集合 $(Ult_S^2)_0^- \subseteq (Ult_S^2)^-$,使得对于每个 $(U_1, U_2) \in (Ult_S^2)^-$ 而言,正好只包含一个 $x \in \{(U_1, U_2), (U_2, U_1)\}$。

令 $(Ult_S^2)_0 = (Ult_S^2)^+ \cup (Ult_S^2)_0^-$,并令 f 是 $Ult_R$ 的一个选择函数 (choice function),对于每个 $(U_1, U_2) \in Ult_S^2$ 而言,定义

$$V_{U_1,U_2} = f(\{V \in Ult_R | (U_1, U_2) \in R_V^0 \wedge (U_1 = U_2 \Rightarrow V = V^{-1})\})$$

对于每个 $V \in Ult_R$ 而言,关系 $R_V \subseteq W^2$ 可定义为

$R_V = \{(x,y) \in W^2 | (x_2 \neq y_2 \wedge (x_1,y_1) \in R_{V_{x_2 \ominus y_2}}^0 \cap R_{V^{-1}_{x_2 \ominus y_2}}^0$

$\quad \wedge ((x_2 < y_2 \wedge V = V_{x_2 \ominus y_2}) \vee (y_2 < x_2 \wedge V = V_{x_2 \ominus y_2}^{-1})))$

$\quad \vee (x_2 \neq y_2 \wedge (x_1,y_1) \in R_{V_{x_2 \ominus y_2}}^0 \setminus R_{V^{-1}_{x_2 \ominus y_2}}^0 \wedge V = V_{x_2 \ominus y_2})$

$\quad \vee (x_2 \neq y_2 \wedge (x_1,y_1) \in R_{V^{-1}_{x_2 \ominus y_2}}^0 \setminus R_{V_{x_2 \ominus y_2}}^0 \wedge V = V_{x_2 \ominus y_2}^{-1})$

$\quad \vee ((x_2 = y_2 \vee (x_1,y_1) \notin R_{V_{x_2 \ominus y_2}}^0 \cup R_{V^{-1}_{x_2 \ominus y_2}}^0)$

$\quad \wedge (((x_1,y_1) \in Ult_S^2)_0 \wedge V = V_{x_1,y_1}) \vee ((y_1,x_1) \in Ult_S^2)_0 \wedge V = V_{y_1,x_1}^{-1})\}$

**引理 4.14** (1) $\bigcup \{R_V | V \in Ult_R\} = W^2$;

(2) $V' \neq V''$ 蕴涵 $R_{V'} \cap R_{V''} = \varnothing$;

(3) $(x,y) \in R_V$ 蕴涵 $(x_1, y_1) \in R_V^0$;

(4) $R_{V^{-1}} = (R_V)^{-1}$;

(5) 如果 $(U_1, U_2) \in R_{V_v}^0$,那么对于每个 $\mu \in R_W$ 而言,$((U_1, \mu), (U_2, \mu \oplus v)) \in R_{V_v}$ 成立。

**证明** 根据定义就可以非常容易地证明前四项。现在只证明引理 4.14 的 (5)。令 $(U_1, U_2) \in R_{V_v}^0$ 并且 $\mu \in R_w$。根据 $\mu < \mu \oplus v$ 可知:$\mu \neq \mu \oplus v$。对于序对 $((U_1, \mu), (U_2, \mu \oplus v))$ 而言,有 $(\mu \oplus v) \ominus \mu = \mu \ominus (\mu \oplus v) = v$。存在如下两种可能性:

$-(U_1, U_2) \in R_{V_v}^0 \cap R_{V_v^{-1}}^0$。根据 $\mu < \mu \oplus v$ 可知:$((U_1, \mu), (U_2, \mu \oplus v)) \in R_{V_v}$;

$(U_1, U_2) \in R_{V_v}^0 \setminus R_{V_v^{-1}}^0$,因此 $((U_1, \mu), (U_2, \mu \oplus v)) \in R_{V_v}$。

对于每个 $\alpha \in V_R$ 而言,可定义 $R(\alpha) = \bigcup \{R_V | V \in Ult_R\} \wedge [\alpha] \in V$。证毕。

**引理 4.15** 对于每个项 $\alpha \in T_{Rel}(V_R)$ 而言,有

$$R(\alpha) = \bigcup \{R_V | V \in Ult_R\} \wedge [\alpha] \in V$$

**证明** 对于每个 $(x,y) \in W^2$ 而言，可用 $V(x,y)$ 表示使得 $(x,y) \in R_V$ 的唯一的 $V \in \text{Ult}_R$。通过对 $\alpha$ 的结构归纳可证明

$$R(\alpha) = \{(x,y) \in W^2 | [\alpha] \in V(x,y)\}$$

证毕。

**记法** 对于 $a \in T_{\text{Set}}(V_S)$ 而言，令 $h(a) = \{U \in \text{Ult}_S | [a] \in U\}$；对于 $\alpha \in T_{\text{Rel}}(V_R)$ 而言，令 $h(\alpha) = \{U \in \text{Ult}_R | [\alpha] \in V\}$。

**引理 4.16** 如果 $a, b \in T_{\text{Set}}(V_S)$ 且 $\alpha \in T_{\text{Rel}}(V_R)$，那么

$$\forall \exists (a,b)[\alpha] \in S \Leftrightarrow (\forall U \in h(a))(\forall [c] \in U)(\exists \exists (c,b)[\alpha] \in S)$$

**证明** 先证明从左向右的方向 ($\rightarrow$)。

假定 $(\exists U \in h(a))(\exists [c] \in U)(\exists \exists (c,b)[\alpha] \notin S)$。根据 $S$ 的极大性可得：$\neg \exists \exists (c,b)[\alpha] \in S$。又因为 $[a] \cap [c] \neq [0]$，可得 $\neg(a \cap c = 0) \in S$。因此根据 $(AL_1)$ 可知：$\neg \forall \exists (a,b)[\alpha] \in S$。

再证明从右向左的方向 ($\leftarrow$)。假定 $\forall \exists (a,b)[\alpha] \notin S$。因为 $S$ 是一个沃理论，所以存在一个集合变元 $p$ 使得 $a \cap p = 0 \vee \exists \exists (p,b)[\alpha] \notin S$。因此 $a \cap p = 0 \notin S$ 且 $\exists \exists (p,b)[\alpha] \notin S$，那么有 $[a] \cap [p] \neq [0]$，并且存在一个超滤子 $U \supseteq \{[a], [p]\}$。证毕。

**引理 4.17** 对于每个公式 $\varphi \in \text{Form}(V_S, V_R)$ 而言，以下等价式成立：$\varphi \in S \Leftrightarrow M \models \varphi$。

**证明** 可根据对结构进行归纳来完成证明。因为 $S$ 是一个极大理论 (maximal theory)，所以只需考虑 $\varphi$ 是一个原子公式的情况。

(1) 当 $\varphi$ 是 $a_1 \leqslant a_2$ 时。根据布尔代数的 Stone 表现定理可知

$a_1 \leqslant a_2 \in S \Leftrightarrow h(a_1) \subseteq h(a_2) \Leftrightarrow v(a_1) = h(a_1) \times R_w \subseteq h(a_2) \times R_w = v(a_2)$

(2) 当 $\varphi$ 是 $\exists \exists (a_1, a_2)[\alpha]$ 时，先证明从左向右的方向 ($\rightarrow$)。令 $\exists \exists (a_1, a_2)[\alpha] \in S$，那么 $([a_1], [a_2]) \in R^0_{[\alpha]}$。根据引理 4.9 可得

$$(\exists U_1 \in h(a_1))(\exists U_2 \in h(a_2))(\exists V \in h(\alpha))((U_1, U_2) \in R^0_V).$$

令 $V = V_\mu$，那么有 $(U_1, 0) \in v(a_1)$，$(U_2, \mu) \in v(a_2)$ 并且 $R_V \subseteq R(\alpha)$。根据引理 4.14 中的 (5) 可知：$((U_1, 0), (U_2, \mu)) \in R_V$。这证明了 $M \models \exists \exists (a_1, a_2)[\alpha]$。

再证明从右向左的方向 ($\leftarrow$)。令 $M \models \exists \exists (a_1, a_2)[\alpha]$，那么可得

$$(\exists x \in v(a_1))(\exists y \in v(a_2))(\exists V \in h(\alpha))((x, y) \in R_V)$$

因此，有 $[a_1] \in x_1$, $[a_2] \in y_1$, $[\alpha] \in V$，并且根据引理 4.14 中的 (3) 可知：$(x_1, y_1) \in R_V^0$，因此，$\exists\exists(a_1, a_2)[\alpha] \in S$。

(3) 当 $\varphi$ 是 $\forall\forall(a_1, a_2)[\alpha]$ 时，

$$\forall\forall(a_1, a_2)[\alpha] \in S \Leftrightarrow \neg\exists\exists(a_1, a_2)[-\alpha] \in S$$

$$\Leftrightarrow \exists\exists(a_1, a_2)[-\alpha] \notin S \Leftrightarrow M \not\models \exists\exists(a_1, a_2)[-\alpha] \Leftrightarrow M \models \forall\forall(a_1, a_2)[\alpha]$$

(4) 当 $\varphi$ 是 $\forall\exists(a_1, a_2)[\alpha]$ 时，先证明从左向右的方向 ($\rightarrow$)。令 $\forall\exists(a_1, a_2)[\alpha] \in S$。根据引理 4.16 可得

$$(\forall U_1 \in h(a_1))(\forall [c] \in U_1)(\exists\exists(c, a_2)[\alpha] \in S)$$

因此有：$(\forall U_1 \in h(a_1))((U_1, [a_2]) \in R_{[\alpha]}^0)$。

根据引理 4.9 可得

$$(\forall U_1 \in h(a_1))(\exists U_2 \in h(a_2))(\exists V \in h(\alpha))((U_1, U_2) \in R_V^0)$$

根据引理 4.14 中的 (5) 可得

$$(\forall U_1 \in h(a_1))(\exists U_2 \in h(a_2))(\exists v \in R_w)(\forall \mu \in R_w)$$

$$(((U_1, \mu), (U_2, \mu \oplus v)) \in R_{V_v} \wedge V_v \in h(\alpha))$$

因此：$(\forall U_1 \in h(a_1))(\forall \mu \in R_w)(\exists U_2 \in h(a_2))(\exists v \in R_w)$

$$(((U_1, \mu), (U_2, \mu \oplus v)) \in R(\alpha))$$

所以可得 $(\forall x \in v(a_1))(\exists y \in v(a_2))((x, y) \in R(\alpha))$。

再证明从右向左的方向 ($\leftarrow$)。假定 $M \models \forall\exists(a_1, a_2)[\alpha]$，那么有

$$(\forall x \in v(a_1))(\exists y \in v(a_2))(\exists V \in h(\alpha))((x, y) \in R_V)$$

根据引理 4.14 的 (3) 可得：$(\forall x \in v(a_1))(\exists y \in v(a_2))(\exists V \in h(\alpha))((x_1, y_1) \in R_V^0)$。

当 $R_w \neq \emptyset$ 时，$(\forall U_1 \in h(a_1))(\exists U_2 \in h(a_2))(\exists V \in h(\alpha))((U_1, U_2) \in R_V^0)$。

因此，$(\forall U_1 \in h(a_1))(\forall [c] \in U_1)(\exists\exists(c, a_2)[\alpha] \in S)$，那么根据引理 4.16 可得：$\forall\exists(a_1, a_2)[\alpha] \in S$。

(5) 当 $\varphi$ 是 $\exists\forall(a_1, a_2)[\alpha]$ 时,有

$$\exists\forall(a_1, a_2)[\alpha] \in S \Leftrightarrow \neg\forall\exists(a_1, a_2)[-\alpha] \in S$$
$$\Leftrightarrow \forall\exists(a_1, a_2)[-\alpha] \notin S \Leftrightarrow M \not\models \forall\exists(a_1, a_2)[-\alpha]$$
$$\Leftrightarrow M \models \exists\forall(a_1, a_2)[\alpha]$$

证毕。

**定理 4.1** (完全性)  如果 $\Gamma \subseteq \mathrm{Form}(V_S, V_R)$,那么

$$\Gamma \text{ 是一致的} \Leftrightarrow \Gamma \text{ 有一个模型}$$

**证明**  先证明从左向右的方向 ($\rightarrow$)。令 $\Gamma$ 是公式的一致集。根据推论 4.1 中的 (2) 可知:存在包含 $\Gamma$ 的极大理论 $S$;$S$ 有一个模型,且该模型也是 $\Gamma$ 的模型。

再证明从右向左的方向 ($\leftarrow$)。令 $M \models \Gamma$ 并且令 $\Delta = \{\varphi \in \mathrm{Form}(V_S, V_R) | M \models \varphi\}$。由于在每一个模型中,分离规则 (MP) 都保持了真值,所以集合 $\Delta$ 是在 (MP) 下封闭的。因为 $M \not\models \bot$,$\bot \notin \Delta$,所以,$(V_S, \Delta)$ 是一个一致理论,由于 $\Gamma \subseteq \Delta$,所以集合 $\Gamma$ 是一致的。证毕。

## 第五节  带有完全布尔运算的关系三段论的语义复杂性

在研究可满足性问题的复杂性之前,需要说明的是:Ivanov 和 Vakarelov (2012)[1] 的关系三段论逻辑,是用可及关系的逆运算符号 "$-1$" 对布尔模态逻辑 BML(Gargov et al., 1987[2]; Gargov and Passy, 1990[3]) 进行扩张后得到片段。

布尔模态逻辑是一种多模态逻辑,其语言包含两种变元类型——关系变元 (原子模态参数 (atomic modal parameters)) 的集合和命题变元的无穷集。模态参数集由关系变元集、关系常元 1 和所有的布尔组合组成。公式集是包含命题变元的最小集合,并且它在带有必然模态词或可能模态词的前束公式下封闭,而且也在带有命题算子的相关公式下封闭。

---

[1] Ivanov N, Vakarelov D. A system of relational syllogistic incorporating full Boolean reasoning. J. Log. Lang Inf., 2012,21:433-459.

[2] Gargov G, Passy S, Tinchev T. Modal environment for Boolean speculations// Skordev D. ed. Mathematical Logic and its Applications. New York: Plenum Press, 1987: 253-263.

[3] Gargov G, Passy S. A note on Boolean modal logic// Petkov P. ed. Mathematical Logic. New York: Plenum Press, 1990: 299-309.

## 第五节 带有完全布尔运算的关系三段论的语义复杂性

布尔模态逻辑的模型是一个三元组 $M = (W, R, \nu)$,其中 $W \neq \varnothing$ 是模型的论域,R 是一个函数,它把每个原子模态参数指派给 W 上的一个关系,且 $\nu$ 把每个命题变元指派给 W 上的一个子集。由于布尔算子的标准解释是集合的交、并、补,关系常元 1 解释为全域关系 (universal relation)$W^2$,所以 R 可以被扩张到所有模态参数中。现在可以给出模态算子的标准意义:

$$(M, x) \models \langle \alpha \rangle \varphi \Leftrightarrow (\exists y \in W)((x, y) \in R(\alpha) \land (M, y) \models \varphi)$$

$$(M, x) \models [\alpha] \varphi \Leftrightarrow (\forall y \in W)((x, y) \in R(\alpha) \Rightarrow (M, y) \models \varphi)$$

现在研究模态参数中带有逆运算符号 "$^{-1}$" 的布尔模态逻辑语言的扩张。可把 "$^{-1}$" 解释为如下关系的逆运算:$R(\alpha^{-1}) = (R(\alpha))^{-1}$。在该语言中的公式与在布尔模态语言的扩张中的公式具有如下等价关系:

$$a \leqslant b \text{ 等价于 } [1](a \to b)$$
$$\exists\exists(a, b)[\alpha] \text{ 等价于 } \langle 1 \rangle(a \land \langle \alpha \rangle b)$$
$$\forall\exists(a, b)[\alpha] \text{ 等价于 } [1](a \to \langle \alpha \rangle b)$$
$$\forall\forall(a, b)[\alpha] \text{ 等价于 } [1](a \to [-\alpha]\neg b)$$
$$\exists\forall(a, b)[\alpha] \text{ 等价于 } \langle 1 \rangle(a \land [-\alpha]\neg b)$$

Ivanov 和 Vakarelov(2012) 的关系三段论逻辑的可满足性问题在 NExpTime 中是可判断的,因为在多项式时间内,该逻辑中的公式可翻译成在 NExpTime- 内可判定的一阶谓词逻辑的二元片段。Ivanov 和 Vakarelov(2012) 的关系三段论逻辑的复杂性与 BML 的复杂性是一样的:Lutz 和 Sattler(2001)[1]的研究表明,如果该语言包含一个无穷多个关系变元,那么其复杂性就是 NExpTime;如果该语言只包含了有穷多个关系变元,那么其复杂性就是 ExpTime。同时,其复杂性并不取决于是否允许逆运算符号 "$^{-1}$" 在语言中出现。

当该语言包含在无穷多个关系变元的情况下,Lutz 和 Sattler(2001) 根据 NExpTime-完全盖瓦问题 (tiling problem) 的化归,证明了 NExpTime 的下确界。用于对盖瓦 (tiling) 进行编码的布尔模态逻辑公式,是一个描述问题初始条件的公式和几个合取支的合取式,这些合取支确保了:满足 (描

---

[1] Lutz C, Sattler U. The complexity of reasoning with Boolean modal logics// Wolter F, Wansing H, de Rijke M, et al. ed. Advances in Modal Logic, volume 3. Stanford: CSLI Publications, 2001: 329-348.

述问题初始条件的) 公式的每个模型实际上都是一个盖瓦。除了满足初始条件的合取支以外的所有合取支，都能够翻译到 Ivanov 和 Vakarelov(2012) 的关系三段论片段中；满足初始条件的公式可以用该片段中的公式来替换，使得全部合取式与未被替换之前的合取式具有相同可满足性。

当该语言包含有穷多个关系变元的情况下，根据 $K_u$ 的 ExpTime- 完全性可以得到布尔模态逻辑的 ExpTime 的下确界，其中的 $K_u$ 是用全域模态词 (universal modality) 对基本模态逻辑进行扩张而得到的。然而，$K_u$ 与 Ivanov 和 Vakarelov(2012) 的关系三段论片段的交集是 ExpTime-hard，因此该片段也是 ExpTime-hard。

Lutz 和 Sattler(2001) 通过把布尔模态逻辑的可满足性问题化归成，用带有全域模态词对基本的多模态逻辑进行扩张，而得到的系统的可满足性问题，证明了布尔模态逻辑的 ExpTime 的上确界。同样的化归也适用于逆运算符号 "$^{-1}$" 出现的情况，并且用逆运算符号 "$^{-1}$" 对多模态系统 $K_u$ 进行扩张而得到的系统也是 ExpTime- 完全的。

这些高度复杂性是由这些语言中 ∀、∃∀ 的出现导致的。如果从这些语言中移除这些符号，最后所得到逻辑的可满足性问题就是具有 NP- 完全的，而且该逻辑具有多种大小的模型属性，这可以利用 Balbiani 等 (2007b)[1]在离散空间 (discrete space) 的区域基理论 (region-based theory) 的动态逻辑中使用过的方法，从模型中对点进行选择来加以证明。

## 第六节 本 章 小 结

带有完全布尔推理的关系三段论系统对自然语言中诸如 All students read some textbooks 这样的语句形式化。这里 $a$, $b$ 表示任意 (对象的) 集合，R 表示对象之间任意二元关系。本章研究的关系三段论语言只包含表示集合的变元 (表示集合项的类型) 和表示对象间二元关系的变元 (表示关系项的类型)。这两种类型的项在标准布尔运算下都是封闭的，关系项的集合在其逆关系下也是封闭的。Ivanov 和 Vakarelov(2012) 给出了关于关系三段论语义的完全性定理和可满足性问题的计算复杂性，本章主要是对这一代表性成果进行详细的介绍和阐释。

Ivanov 和 Vakarelov(2012) 给出的关系三段论语言的标准语义包括：由任意非空集来解释的集合变元、用集合包含关系 $a \subseteq b$ 来解释 $\text{all}(a, b)$，

---

[1] Balbiani P, Tinchev T, Vakurelov D. Dynamic logics of the region-based theory of discrete spaces. Journal of Applied Non-Classical Logics, 2007,17: 39-61.

## 第六节 本章小结

用集合之间的交叉关系 $a \cap b \neq \varnothing$ 来解释的 $some(a,b)$。在关系三段论中，集合 $a$ 和 $b$ 之间的一些关系是由它们成员之间的某些关系决定的，在自然语言中可表达为一些动词或动词短语。

Ivanov 和 Vakarelov(2012) 研究了更为丰富的关系三段论系统，该系统把之前的关系三段论的语义思想与 Balbiani 等 (2007a, 2007b) 的技术观点进行了整合。该逻辑语言类似于动态逻辑语言，同时包含了能够构造复杂项的集合变元和关系变元。这两类项对布尔运算都是封闭的，而关系项还包含了逆运算 "$-1$"。

Ivanov 和 Vakarelov(2012) 的关系三段论系统，包含了能够利用命题联结词构造公式集的五个原子谓词：$a \leqslant b$，$\exists\exists(a,b)[\alpha]$，$\forall\exists(a,b)[\alpha]$，$\exists\forall(a,b)[\alpha]$，$\forall\forall(a,b)[\alpha]$，其中 $a$，$b$ 是集合项，$\alpha$ 是关系项。其语义结构是与动态逻辑的语义结构 $(W, R, v)$ 相同，其中 $R$ 是一个从关系变元到 $W$ 上的二元关系集的映射，$v$ 是从每一个集合变元指派给 $W$ 的子集的映射。通过关系项上的布尔运算，就可表达诸如 to read but not to write 这样的复合动词。也可通过逆运算 "$-1$"，表达诸如 is read 这样的动词被动语态。类似地，可以通过集合项上的布尔算子表达复合名词。

Ivanov 和 Vakarelov(2012) 的关系三段论逻辑是基于命题逻辑的无量词的一阶系统，而且基本关系不包括广义量词；其公理系统是基于命题逻辑公理、分离规则和一些满足一些句法约束的附加的有穷推理规则；其公理列表包含了布尔代数的公理模式的有穷列表和基础谓词的公理模式的有穷列表。

第一节是引言部分。第二节介绍了 Ivanov 和 Vakarelov(2012) 关系三段论逻辑的语言和语义。第三节给出了该逻辑系统的公理和推理规则，该系统使用了 Balbiani(2007a) 的接触关系公理，并使用了一些附加公理和在无量词语言中对量词进行模拟的推理规则。第四节证明了 Ivanov 和 Vakarelov(2012) 关系三段论公理系统的完全性，该证明使用的一些方法源于 Balbiiani 等 (2007a) 关于接触关系的模态逻辑的完全性证明和 Gargov 等 (1987)，Garov 和 Passy (1990) 布尔模态逻辑的完全性证明。第五节讨论了 Ivanov 和 Vakarelov(2012) 关系三段论逻辑及其一些片段的可满足性问题的复杂性，其研究表明：如果该语言包含一个无穷多个关系变元，那么其复杂性就是 NExpTime；如果该语言只包含了有穷多个关系变元，那么其复杂性就是 ExpTime。同时，其复杂性并不取决于是否允许逆运算符号 "$-1$" 在语言中出现。

# 第六章　带有动词的扩展三段论研究

在 Nishihara 等 (1990)[①]的基础上，Moss(2010)[②]研究了超越传统三段论逻辑的几个英语三段论片段的逻辑系统的可靠性和完全性，因为这些系统包含了动词和其他限制性句法词条——全称量化名词短语和特称量化名词短语；在 Moss(2007)[③]的基础上，Moss(2010) 研究了带有补语性名词短语的三段论逻辑；在 McAllester 和 Givan(1992)[④]的基础上，Moss(2010) 研究了包含关系从句的名词短语的三段论逻辑，这些逻辑虽然没有充分利用个体变元，但仍然属于三段论逻辑的范畴。Moss(2010) 不仅研究了包含名词的三段论系统，而且还研究了带有动词的三段论系统，本章主要对这一成果进行介绍和阐释。

## 第一节　引　　言

Moss(2010) 是 Moss(2007，2008[⑤]) 的三段论逻辑的拓展研究，其基本思路是研究带有自然语义的自然语言的最小片段，然后以尽可能简单的方式对其进行公理化。例如，在 Moss(2008)(本书第一章对其进行了详细的介绍和阐释) 的基础上，来研究包含 All 和 Some 的三段论逻辑。令 $X, Y, \cdots$ 是 (名词) 变元，并且在语句 All X are Y, Some X are Y 中，$X, Y$ 是变元 ($X, Y$ 可能是相同的)，把这种语言记为 L(all, some)。然后，利用集合 $M$ 和每个变元 $X$ 的子集 $[\![X]\!]$ 来给出 L(all, some) 的语义，由此得到的结构 $\acute{M} = (M, [\![\ ]\!])$ 被称作模型。规定：$\acute{M} \models$ All X are Y，当且仅当，$[\![X]\!] \subseteq [\![Y]\!]$，且 $\acute{M} \models$ Some X are Y，当且仅当，$[\![X]\!] \cap [\![Y]\!] \neq \varnothing$。$\Gamma \models S$ 的意思是：在集

---

[①] Nishihara N, Morita K, Iwata S. An extended syllogistic system with verbs and proper nouns, and its completeness proof. Systems Computers in Japan, 1990, 21: 96-111.

[②] Moss L S. Syllogistic logics with verbs. Journal of Logic and Computation, 2010: 947-967.

[③] Moss L S. Syllogisitic Logic with Complements. Manuscript: Indiana University, 2007.

[④] McAllester D A, Givan R. Natural language syntax and first-order inference. Artificial Intelligence, 1992, 56: 1-20.

[⑤] Moss L S. Completeness theorems for syllogistic fragments//Hamm F, Keper S. ed. Logics for Linguistic Structures. Berlin: Mouton de Gruyter, 2008: 143-173.

# 第一节 引　言

合 Γ 中所有语句的每个模型都是语句 S 的模型。Moss(2008) 的目标是证明三段论片段 L(all, some) 的可靠性和完全性。在图 1 中给出了系统 L(all, some)，图 1 由图示化的证明规则组成，用通常的方式来定义证明树。如果 Γ∪{S} 是片段 L(all, some) 中的语句组成的集合，而且存在其叶子用 Γ 中的元素 (或用公理 All X are X) 来标注，其根用 S 来标注的证明树，并且存在某个规则与树上的每一个内部点相匹配，那么就记作 Γ⊢S。例如

$$\{Some\ A\ are\ B,\ All\ A\ are\ X,\ All\ B\ are\ Y\} \vdash Some\ X\ are\ Y$$

$$\dfrac{}{All\ X\ are\ X} \qquad \dfrac{All\ X\ are\ Z \quad All\ Z\ are\ Y}{All\ X\ are\ Y}$$

$$\dfrac{Some\ X\ are\ Y}{Some\ Y\ are\ X} \qquad \dfrac{Some\ X\ are\ Y}{Some\ X\ are\ X} \qquad \dfrac{All\ Y\ are\ Z \quad Some\ X\ are\ Y}{Some\ X\ are\ Z}$$

图 1　包含 All X are Y 和 Some X are Y 的逻辑

其证明树如下

$$\dfrac{\dfrac{\dfrac{Some\ A\ are\ B}{All\ A\ are\ X \quad Some\ B\ are\ A}}{\dfrac{Some\ B\ are\ X}{All\ B\ are\ Y \quad Some\ X\ are\ B}}}{Some\ X\ are\ Y}$$

证明论的可靠性和完全性相对于语义而言就是：Γ⊢S 当且仅当 Γ⊨S。这仅仅是这个类型的结论之一，Moss(2008) 还给出了其他结论。或许这个类型的第一个结论不包含在命题逻辑中的三段论逻辑的完全性，Łukasiewicz(1951)[①] 和 Westerståhl(1989)[②] 分别给出了这一完全性结论。顺便说一下，完全性的结论并不局限于一阶逻辑片段。但是在 Moss(2007，2008) 中研究的所有的片段都有一个缺陷：研究的动词只有系动词 (is 或 are)。因此，Moss(2010) 研究带有除了系动词之外的其他动词的三段论片段。

Nishihara 等 (1990)[③] 研究的 NMI 三段论片段，首次研究带有动词的三段论片段的逻辑系统的完全性。在研究了带有及物动词的 NMI 片段中，可以对 All students read a book 这样的语句进行推理，其中，宽辖域和窄辖域解读都是允许的。这篇文献为 Moss(2010) 第二节的研究提供了灵感。Moss(2010) 重新对 NMI 片段进行了形式化，并证明了无布尔运算的三

---

[①] Łukasiewicz J. Aristotle's Syllogistic from the Standpoint of Modern Formal Logic. Oxford: Clarendon Press, 1951.

[②] Westerståhl D. Aristotelian syllogisms and generalized quantifiers. Studia Logica, 1989, 48(4): 577-585.

[③] Nishihara N, Morita K, Iwuta S. An extended syllogistic system with verbs and proper nouns, and its completeness proof. Systems Computers in Japan, 1990, 21(1): 96-111.

段论片段的完全性。现在研究三段论逻辑的可靠性，其中的名词包括语义为 $〚X'〛 = M\backslash〚X〛$ 的 X'(非 X) 和 X。第三节研究了 NMI 片段的完全的三段论系统。Moss(2010) 最后一节首次研究了由 McAllester 和 Givan(1992) 提出的无穷语言片段的三段论的完全性证明。McAllester 和 Givan(1992) 证明了三段论的可判定性，但并没有证明其完全性。

在此对 Moss(2010) 中选择研究的三个逻辑系统进行一个特别说明：这三个逻辑系统是没有联系的；其共同点就在于它们超出了传统三段论的范畴，而且都接近于亚里士多德三段论系统。确切地说，其中一些结论来自 Pratt-Hartmann 和 Moss(2008)。首先，研究了包含动词否定的 NMI 三段论片段，即研究了包含 Some student does not read every book 或 Every student fails to read some book 这样的语句的三段论片段。对于这类三段论片段，Moss(2008) 的研究表明：只有在允许使用归谬法 (RAA) 规则的情况下，该片段才存在一个完全性的三段论证明系统 (准确地说，对于 NMI 片段而言，不存在纯粹的三段论证明系统；只有在推导的最后一步允许单独使用 (RAA) 规则时，才存在一个完全性的三段论证明系统。)。把 (RAA) 作为一个 (并非纯粹的意义上的) 三段论规则：使用 (RAA) 规则允许假设被消去。在技术层面，对于表达力更强且不包含 (RAA) 规则系统而言，也允许使用 (RAA) 规则。

在 Moss(2010) 第二节和第三节的部分内容没有运用 (RAA) 规则，第二节中的系统可以无穷次使用 (RAA) 规则，第三节中的研究也没有使用 (RAA) 规则，而且每节研究的系统不允许产生矛盾。但是允许通过实例来证明时，确实使用了一个规则，所以从这个意义上讲，它不是纯粹意义上的三段论。所以，包含动词否定的三段论系统不能通过任何三段论系统进行公理化，即使是带有 (RAA) 规则的系统也不能对其进行公理化。

Moss(2010) 的研究主要面向对自然逻辑 (van Benthem, 1986[①]) 感兴趣的读者、对自然语言的各种片段的复杂性 (Pratt-Hartmann, 2003[②], 2004[③], 2008[④]) 感兴趣的读者，以及对作为二元片段的一阶逻辑片段感兴

---

[①] Van Benthem J. Essays in Logical Semantics. Dordrecht: Reidel, 1986.
[②] Pratt-Hartmann I. A two-variable fragment of English. Journal of Logic, Language, and Information, 2003, 12: 13-45.
[③] Pratt-Hartmann I. Fragments of language. Journal of Logic, Language, and Information, 2004, 13: 207-223.
[④] Pratt-Hartmann I, Moss L S. Logics for the relational syllogistic. Ms, University of Manchester, 2008.

趣的读者 (Grädel et al., 1997)①。Moss(2010) 的研究对于教学也是很有帮助的，因为读者可以学习各种逻辑的完全性定理的证明方法，且这些证明方法不包含替换、自由和约束变元等这些复杂的句法特征。Moss(2008) 给出了简洁的完全性证明。但 Moss(2010) 给出的完全性证明对初学者而言，比较复杂。

## 第二节 辖域确定的 NMI 三段论片段的变种

当研究自然语言与逻辑有关的名词短语 (NPs) 时，首先要指出的是量词–辖域歧义 (quantifier-scope ambiguity)。比如，All dogs see a cat 的第一种解读是：每只狗都看见了某只猫或其他猫；第二种解读是：存在某只被所有的狗都看见的猫。标准的语言语义学认为：语义歧义反映了句法歧义。也就是说，自然语言中的逻辑系统都面临着这样的问题，并且需要对采用这个或那个确定的句法作出回应，否则就需要用某种消歧方法进行处理。

Nishihara 等 (1990)②首次研究了带动词的三段论逻辑，并指出该逻辑可能具有完全性。Moss(2010)③对 NMI 三段论片段的句法再次进行形式化处理，并改变了其证明系统，然后证明了带动词的三段论的完全性定理。需要注意的是：NMI 三段论片段研究了带有专有名词 (proper nouns) 的三段论片段；Moss(2010) 没有对此加以研究；NMI 三段论片段还研究了带有布尔联结词的三段论片段，为了避免因为添加了布尔联结词而增加了系统的复杂性；Moss(2010) 没有研究带有布尔联结词的三段论片段。

Nishihara 等 (1990) 的系统的句法如下：基础语句具有如下形式：

$$\text{NP V NP} \quad \text{NP} -\text{V NP}$$

其中 NP 是 All X, Some X 或者是专有名称 (proper name)，并且 V 是带有直接宾语的动词。–V 表示动词否定。另外，还包括了布尔语句的联结词。

Nishihara 等 (1990) 的系统的语义不是普通语义，因为该系统假定了所有特称 NPs 具有宽辖域 (wide scope)。例如

---

① Grädel E, Kolaitis P G, Vardi M Y. On the decision problem for two-variable first-order logic. Bulletin Symbolic Logic, 1997, 3: 53-69.

② Nishihara N, Morita K, Iwata S. An extended syllogistic system with verbs and proper nouns, and its completeness proof. Systems Computers in Japan, 1990, 21: 96-111.

③ Moss L S. Syllogistc logics with verbs. Journal of Logic and Computation, 2010: 947-967.

| 语句 | 语义 |
|---|---|
| All X love some Y | $(\exists y)(Y(y) \wedge (\forall x)(X(x) \rightarrow L(x,y)))$ |
| Some X loves all Y | $(\exists x)(X(x) \wedge (\forall y)(Y(y) \rightarrow L(x,y)))$ |
| ~(Some X not love all Y) | $(\forall x)(X(x) \rightarrow (\exists y)(Y(y) \wedge L(x,y)))$ |

## 一、带有动词的三段论片段 L(all, some, see) 语言

Nishihara 等 (1990) 给出的形式语言不易理解和使用,因为一般不假定特称量词具有宽辖域。Nishihara 等 (1990) 给出的形式语言没有歧义,Moss(2010) 重新对其进行了形式化。为了保持该语言无歧义的特点,并使得该语言更容易理解,Moss(2010) 为语句增加明确的辖域信息:在语句中同时带有全称量词和特称量词即可。可以把明确的辖域信息添加给整个语句或仅仅添加给动词。

该语言句法的形式化系统可称作 L(all, some, see)。现在从变元 X, Y, … 和单独的动词 see 开始研究。在英语中直接写出这个动词,而不用符号 V 来表示,因为 V 与英语字母 V 接近。Moss(2010) 把如下语句的句法添加到带有 All 和 Some 语句的三段论逻辑中:

$$
\begin{array}{llll}
(\text{All X see all Y})_{sws} & & (\text{All Y see all X})_{ows} & \\
(\text{All X see some Y})_{sws} & \forall x \exists y S(x,y) & (\text{Some Y see all X})_{ows} & \forall x \exists y S(y,x) \\
(\text{Some X see all Y})_{sws} & \exists x \forall y S(x,y) & (\text{All Y see some X})_{ows} & \exists x \forall y S(y,x) \\
(\text{Some X see some Y})_{sws} & & (\text{Some Y see some X})_{ows} &
\end{array}
\quad (1)
$$

(1) 中的下标 sws 和 ows 分别表示主语和宾语具有宽辖域。例如

$$(\text{All Y see some X})_{ows} \quad (2)$$

(2) 表示宾语具有宽辖域。这在最初的 NMI 系统中记为 All Y see some X,也可将该例子记为 $(\exists x \in X)(\forall y \in Y)S(y,x)$。对于主语宽辖域解读可用 sws 表示。规定:在同时带有两个不同量词的语句中,才会使用辖域标记 (scope marking)。在带有两个全称量词或两个特称量词的语句中,不同的辖域解读之间是逻辑等值的,这时几乎可以放弃使用辖域记法。但是,使用辖域标记有时会便于完整地写出语句。至此,已经给出了 (1) 中的某些语句的简单注释,但是,这些注释并不是句法的一个部分。

目前给出有了两种明确的辖域解读,所以不需要在系统中包括语句的否定运算,这在很大程度上简化了这个系统。然而,仍存在八种不同的句法表达式类型,所以要证明这个系统就必须对每个类型分开研究。

## 第二节 辖域确定的 NMI 三段论片段的变种

在语义上，语言 L(all, some, see) 的模型是三元组 $\acute{M} = (M, [\![\ ]\!], [\![see]\!])$，其中对于所有变元 X 而言，$[\![X]\!] \subseteq M$，且 $[\![see]\!] \subseteq M \times M$。也就是说，动词被解释为一种二元关系。

虽然也可以对带有多个动词的三段论语言进行形式化，但是 Moss (2010) 中带动词的三段论片段只包含一个动词 see。Moss 之所以这样做，是因为在许多语言学术语中不存在关系从句，所以没有办法完成涉及多个动词的语言的证明。L(all, some, see) 系统是一阶逻辑的子逻辑。如果语义后承 $\Gamma \models S$，那么，在 $\Gamma$ 中，带有与 S 中相同动词的语句的集合 $\Gamma_0$，也语义蕴涵了 S。通过使用 Craig 的插值引理 (interpolation lemma) 可以证明这点；但对于带动词的三段论片段 L(all, some, see) 而言，可以根据一个简单语义直接证明这点；能够这么做的根本原因是该三段论片段只包含一个动词。

在图 2 中，在顶部的规则是单调性规则，箭头符号会在下文进行解释。NP 表示形式为 All X 形式或 Some X 的名词短语。最后的四条规则实际上是具有无穷多个具体规则的模式化表示；关于 $\lrcorner$ 符号的解释，参见下文。

$$\text{All } X^{\downarrow} \text{ are } Y^{\uparrow} \qquad (\text{All } X^{\downarrow} \text{see more } Y^{\uparrow})_{\text{ows}}$$

$$\text{Some } X^{\uparrow} \text{ are } Y^{\uparrow} \qquad (\text{Some } X^{\uparrow} \text{ see all } Y^{\downarrow})_{\text{ows}}$$

$$\text{All } X^{\downarrow} \text{see all } Y^{\downarrow} \qquad (\text{All } X^{\downarrow} \text{see some } Y^{\uparrow})_{\text{sws}}$$

$$(\text{Some } X^{\uparrow} \text{ see all } Y^{\downarrow})_{\text{sws}} \qquad \text{Some } X^{\uparrow} \text{see some } Y^{\uparrow}$$

$$\frac{(\text{All X see NP})_{\text{sws}} \quad \text{Some X are Y}}{(\text{Some Y see NP})_{\text{sws}}} \qquad \frac{(\text{NP see all X})_{\text{ows}} \quad \text{Some X are Y}}{(\text{NP see some Y})_{\text{ows}}}$$

$$\frac{(\text{Some X see all Y})_{\text{sws}}}{(\text{Some X see all Y})_{\text{ows}}} \qquad \frac{(\text{All X see some Y})_{\text{ows}}}{(\text{All X see some Y})_{\text{sws}}}$$

$$\frac{(\text{Some X see NP})_{\text{sws}}}{\text{Some X is an X}} \qquad \frac{(\text{NP see some X})_{\text{ows}}}{\text{Some X is an X}}$$

$$\frac{X \lrcorner Z \quad \text{All X see all Z} \quad \text{All Z are Y}}{(\text{All X see some Y})_{\text{sws}}} \text{(I)}$$

$$\frac{Y \lrcorner Z \quad \text{All Z see all Y} \quad \text{All Z are X} \quad \text{Some X are Y}}{(\text{Some X see all Y})_{\text{sws}}} \text{(J)}$$

$$\frac{Y \lrcorner Z \quad \text{All Z see all Y} \quad \text{All Z are X}}{(\text{Some X see all Y})_{\text{ows}}} \text{(K)}$$

$$\frac{X \lrcorner Z \quad \text{All X see all Z} \quad \text{All Z are Y} \quad \text{Some Y are Y}}{(\text{All X see some Y})_{\text{ows}}} \text{(L)}$$

图 2 除了图 1 的规则外，NMI 片段的形式化辖域规则

虽然 Pratt-Hartmann 和 Moss(2008)[①]认为，NMI 片段不存在有穷的三段论系统，但是 Moss(2008) 通过在 NMI 片段中添加动词层面的否定和归谬法规则的方式，为在 NMI 片段提供了一个有穷的三段论系统。然而，Moss(2008) 并没有对 Moss(2010)[②]中的所有的辖域解读加以区分。Ziegler(2008)[③]利用标准联结词对 NIM 片段的闭包 (closure) 进行了公理化。Moss(2010) 则另辟蹊径，除了使用了一个有穷的更标准的三段论逻辑规则列表外，还采用无穷的规则模式，来研究带 (除了系动词之外的其他) 动词的三段论逻辑。

**c-运算**　通过交换主语名词性短语和宾语名词性短语，进而改变辖域的方式，来定义语言 L(all, some, see) 中的语句上的运算 $S \mapsto S^c$，这对应于 (1) 中的第二行的语句。例如：

$$((\text{All } W \text{ see some } Z)_{\text{sws}})^c = (\text{Some } Z \text{ see all } W)_{\text{ows}}$$

对于带有语句 All 和 Some(并且没有动词) 的三段论语言中的语句 $S$ 而言，有 $S^c = S$。

关于 c-运算最主要事实是

$$(M, [\![\ ]\!], [\![\text{see}]\!]) \models S \text{ 当且仅当 } (M, [\![\ ]\!], [\![\text{see}]\!]^c) \models S^c$$

其中 $[\![\text{see}]\!]^c$ 与 $[\![\text{see}]\!]$ 是互逆关系。可得结论：如果 $\Gamma \models S$，那么 $\Gamma^c \models S^c$，其中 $\Gamma^c = \{\Gamma^c, T \in \Gamma\}$。

Moss(2010) 引入 c-运算主要目的是：简化如下证明系统的可靠性和完全性的证明。

## 二、带有动词的三段论片段 L(all, some, see) 的证明系统

L(all, some, see) 的证明系统规则包括图 1 的规则和图 2 的规则。图 2 顶部的单调性规则中向上的箭头符号和向下的箭头符号来自 Benthem(1986)[④]中第 6 章的自然逻辑。Moss(2010) 用下述方法中缩写了 15 条规则。向上的箭头符号 $X^{\uparrow}$ 的意思是从 X 移到一个超集 (superset) 可以使得真值得以保持；向下的箭头符号 $X^{\downarrow}$ 的意思是从 X 移到一个子集 (subset) 可以使得真值得以保持。例如：记法 $(\text{All } X^{\downarrow} \text{ see some } Y^{\uparrow})_{\text{ows}}$ 可以

---

[①] Pratt-Hartmann I, Moss L S. Logics for the relational syllogistic. Ms, University of Manchester, 2008.

[②] Moss L S. Syllogistic logics with verbs. Journal of Logic and Computation, 2010: 947-967.

[③] Ziegler S. Some completeness results in syllogistic logic. Student Reports, Research Experience for Undergraduates Program. Bloomington Indiana University, 2008.

[④] van Benthem J. Essays in Logical Semantics. Dordrecht: Reidel, 1986.

## 第二节 辖域确定的 NMI 三段论片段的变种

表示为下面两条规则:

$$\frac{(\text{All X see some Y})_{\text{ows}} \quad \text{All Y are Z}}{(\text{All X see some Z})_{\text{ows}}} \qquad \frac{(\text{All X see some Y})_{\text{ows}} \quad \text{All Z are X}}{(\text{All Z see some Y})_{\text{ows}}}$$

图 2 中的中间部分的规则是 L(all, some, see) 系统的主要规则。在这些规则中能够发现辖域的一般规律:从 $\exists x \forall y$ 能推出 $\forall y \exists x$。在图表中间的四条规则实际上是一种包含了八条规则的缩写记法。例如,从前提 (Some X see NP)$_{\text{sws}}$ 推出 Some X is an X 的这一个规则可理解成如下两个规则:① 从前提 (Some X see all Y)$_{\text{sws}}$ 可以推出 Some X is an X;② 从前提 Some X see some Y 可以推出 Some X is an X。

图 2 中的最后的四条规则是具有无穷多个具体规则的模式化规则。为了阐明这一点,必须定义 $\llcorner$ 符号。可将如下的语句序列缩写为 X $\llcorner$ Y:

$$\begin{array}{l}(\text{All X see some C}_1)_{\text{sws}}, (\text{All C}_1 \text{ see some C}_2)_{\text{sws}}, \\ (\text{Some C}_3 \text{ see all C}_2)_{\text{ows}}, \\ \cdots (\text{Some C}_n \text{ see all C}_{n-1})_{\text{ows}}, (\text{All C}_n \text{ see some Y})_{\text{sws}}\end{array} \qquad (3)$$

在这个序列中的每个语句必须是形式为 (All U see some W)$_{\text{sws}}$ 或形式为 (Some U see all W)$_{\text{ows}}$ 的语句。一个语句的窄辖域变元必须是旁边语句的宽辖域变元。而且,在这个序列里的 X 必须是第一个语句的宽辖域变元,Y 必须是最后一个语句的窄辖域变元。

$\Gamma \vdash X \llcorner Y$ 的意思是存在一个上述语句的序列,其中的每个语句都可以从 $\Gamma$ 中推导出。如果 $\Gamma \vdash X \llcorner Y$,并且如果模型 $\acute{M}$ 含有 Xs,那么 $\acute{M}$ 也含有 Y。所以能够把 X $\llcorner$ Y 读作 "如果 X 是非空集合,那么 Y 也是非空集合"。

在 (2) 中对 $\llcorner$ 的定义里,允许 $n = 0$,此时,序列是空集。因此对于所有 X 而言,有 X $\llcorner$ X。在图 2 的规则 (I) 中,当 $n = 0$ 时,就对应于 X 与 Z 是同一变元的情况,即从 (All X see all X)$_{\text{sws}}$ 推出 (All X see some X)$_{\text{sws}}$。在图 2 的规则 (J) 中,当序列是空集时,此时,Y 和 Z 也是同一变元,即从 All Y see all Y,All Y are X 和 $\exists$X 中可以推出 Some X see All Y。

**无穷规则模式的可靠性** 现在给出图 2 中的无穷规则模式 (I) 和 (J) 的可靠性验证的大致思路。通常会在逆否命题中使用 $\llcorner$ 的定义,因此,如果 Y $\llcorner$ Z 并且在一个特殊的模型中不存在 Z,那么在这一特殊的模型中就不存在 Y。

对于图 2 中的规则 (I) 而言，像 (2) 那样固定一个能够证明 $X \downarrow Z$ 的语句序列，并令模型 $\acute{M}$ 满足该序列中的所有语句。可对 $\acute{M}$ 中 $[\![Z]\!]$ 上的情况加以证明。如果这个集合是空集，那么 $[\![X]\!]$ 也是空集，所以 $\acute{M} \models$(All X see some Y)$_{sws}$ 是没有意义的。否则任意的 Z 都能够被所有 X 看见，同时还能够被一个 Y 看见。

对于图 2 中的规则 (J) 而言，像 (2) 那样固定一个能够证明 $X \downarrow Z$ 的语句序列，并令模型 $\acute{M}$ 满足该序列中的所有语句。可以对 $[\![Z]\!]$ 上的情况进行非形式化的证明。如果不存在 Z，那么就不存在 Y；并根据 $\exists X$，结论可证。如果存在 Z，那么任意的一个 Z 就是 X，那么就可得到 Some X see all Y。

图 2 中另外两个规则模式 (K) 和 (L) 可通过使用 c- 运算，由规则 (I) 和 (J) 而得到。这就证明了它们的可靠性。另外，L(all, some, see) 系统具有如下性质：$\Gamma \vdash S$ 当且仅当 $\Gamma^c \vdash S^c$。

### 三、带有动词的三段论片段 L(all, some, see) 的完全性

为了简化记法，Moss(2010) 把在图 3 中定义的语句缩写为 $\sigma_1, \cdots, \sigma_6$。事实上，可以把这些语句记为 $\sigma_{i,u,w}$；这一记法仅仅在需要的时候使用。在图 3 中也标注出了蕴涵符号的图注。需要注意的是：箭头 $\sigma_1 \to \sigma_2$ 和 $\sigma_5 \to \sigma_6$ 要求有 $\Gamma \vdash \exists U$；箭头 $\sigma_1 \to \sigma_3$ 和 $\sigma_4 \to \sigma_6$ 要求有 $\Gamma \vdash \exists W$。

在研究 $\{\sigma_1, \cdots, \sigma_6\}$ 的子集时，存在 11 个蕴涵封闭的子集 s：如果 $s \cup \{\exists U, \exists W\} \vdash S$，那么 $S \in s$。在图 3 中，存在图 3 里的六边形图注的向下封闭的子集。例如：对于所有的 $\Gamma \subseteq$ L(all, some, see) 和所有变元 U 和 W 而言，使得 $\Gamma \vdash \exists U, \exists W$，则可以得到一个向下封闭的 (down-closed) 集合：

$$\text{Th}_\Gamma(U, W) = \{\sigma_{i,u,w} : \Gamma \vdash \sigma_{i,u,w}\} \tag{4}$$

但是，如果 $\Gamma \nvdash \exists U$ 或者 $\Gamma \nvdash \exists W$，那么 $\text{Th}_\Gamma(U, W)$ 就不是向下封闭的：$\text{Th}_\Gamma(U, W)$ 可以包含 All U see all W，而不包含图 3 中在 All U see all W 下面的语句。然而，即使在这样的情况下，在图 3 的顺序展示里也能证明 $\text{Th}_\Gamma(U, W)$ 的向下闭包性 (downward closure)，可把这一性质记为 $\downarrow\text{Th}_\Gamma(U, W)$。

Moss(2010) 的思路是：从三段论片段 L(all, some, see) 中，取一个语句集合 $\Gamma$ 和变元集 $\dot{S}$，并从集合 $\downarrow\text{Th}_\Gamma(U, W)$ 建立了模型 $\acute{M}(\Gamma, \dot{S})$。在研究这一模型结构之前，需要一个更基础的结构。

令 U, W 是任意变元，并令 $U_1, U_2, U_3, W_1, W_2$ 和 $W_3$ 是 U 和 W 的

# 第二节 辖域确定的 NMI 三段论片段的变种

三个拷贝 (copies)。对于每个向下封闭的子集 $s \subseteq \{\sigma_{1,u,w}, \cdots, \sigma_{6,u,w}\}$ 而言，可指定关系：

$$R_{u,w,s} \subseteq \{U_1, U_2, U_3\} \times \{W_1, W_2, W_3\}$$

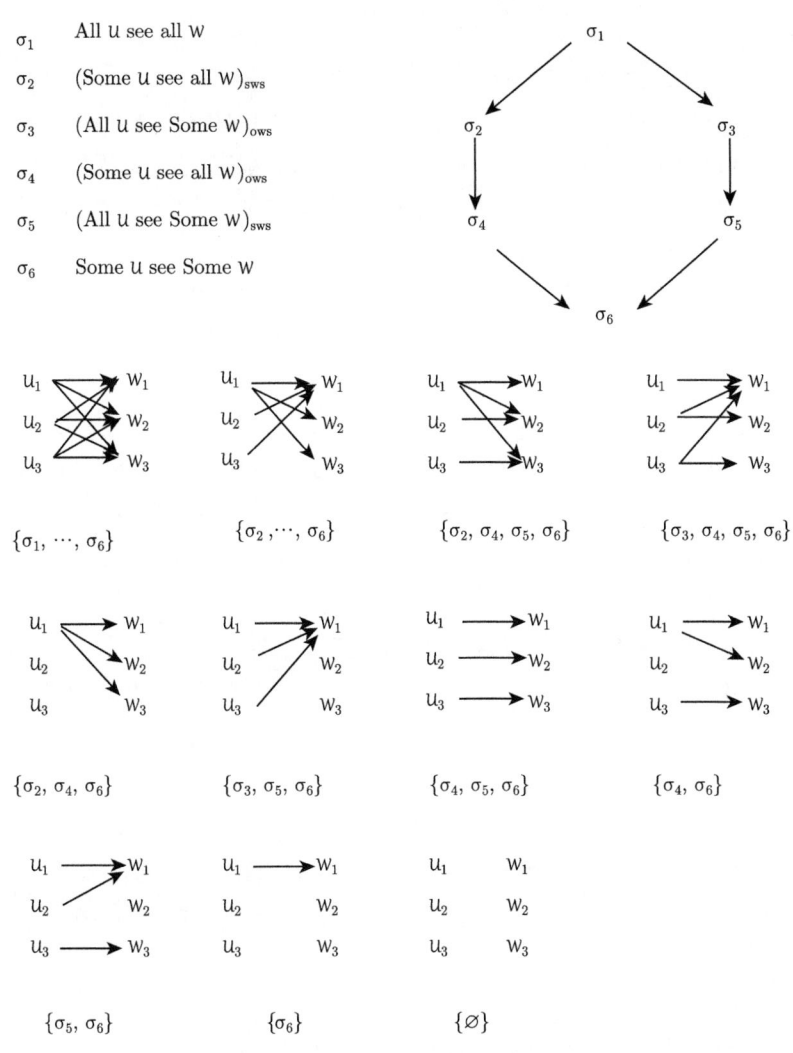

$\sigma_1$    All u see all w

$\sigma_2$    (Some u see all w)$_{sws}$

$\sigma_3$    (All u see Some w)$_{ows}$

$\sigma_4$    (Some u see all w)$_{ows}$

$\sigma_5$    (All u see Some w)$_{sws}$

$\sigma_6$    Some u see Some w

图 3   顶部是确定的变元 U 和 W 中的六个语句

图 3 对这些关系 $R_{u,w,s}$ 加以了说明。图 3 中的六边形说明的是这些语句之间的语义蕴涵关系，此时假定 $\exists U$ 和 $\exists W$。下面的这些是向下封闭的集合和在完整性证明中将会使用的具体关系的定义。

**命题 2.1**    令 U 和 W 是任意变元：

(1) $\{\sigma_{1,u,w}, \cdots, \sigma_{6,u,w}\}$ 的向下-封闭的子集是图 3 列出的 11 个集合。

(2) 对于所有向下-封闭的 $s$ 而言,所有的 $1 \leqslant i \leqslant 6$,$\sigma_i \in s$,当且仅当 $(A_{u,w}, R_{u,w,s}) \models \sigma_i$。

(3) 对于某个 $j$ 而言,如果 $(U_2, W_j) \in R_{u,w,s}$,那么 $(A_{u,w}, R_{u,w,s}) \models \sigma_5$。

**证明** 这几点都可以直接来证明。证毕。

**一个模型结构** 令 $\Gamma$ 是 L(all, some, see) 语句的集合。把 $\{U: \Gamma \vdash \text{some } U \text{ are } U\}$ 记为 $\mathcal{E}(\Gamma)$。只要 $U \in \dot{S}$ 且 $\Gamma \vdash U \downarrow W$,都有 $W \in \dot{S}$,则说变元集 $\dot{S}$ 是 $\Gamma$- 存在封闭的 (existentially closed)(EC)。例如,$\mathcal{E}(\Gamma)$ 是 $\Gamma$-EC,两个 $\Gamma$-EC 集合的并集还是 $\Gamma$-EC。

令 $\Gamma$ 是三段论片段 L(all, some, see) 中语句的集合,并令 $\dot{S}$ 是 $\Gamma$-EC 且包含 $\mathcal{E}(\Gamma)$。至此可以研究 $\acute{M} = \acute{M}(\Gamma, \dot{S})$ 的结构。首先,令

$$M = \{U_1, U_2, U_3: U \in \dot{S}\} \cup \{\{A, B\}: A \neq B \text{ 且 } \Gamma \vdash \text{some } A \text{ are } B\}$$

所以就得到了从 $\dot{S}$ 中对每个变元 $U$ 的三次拷贝,同时还能得到其他一些无序对。假定以上两个并集不相交,那么也就没有任何一个变元是它自身与其他变元组成的序对。在接下来的证明当中,使用下标来表示拷贝的变元。$\{A, B\}$ 的目的是保证在模型 $\acute{M}$ 中 some A are B 成立。$\acute{M}$ 结构中的如下其他部分用于名词 $U$ 和动词 see 的解释:

| | |
|---|---|
| $W_i \in [\![U]\!]$ | 当且仅当 $\Gamma \vdash$ All W are U |
| $\{A, B\} \in [\![U]\!]$ | 当且仅当 $\Gamma \vdash$ All A are U 或 $\Gamma \vdash$ All B are U |
| $U_i [\![\text{see}]\!] W_j$ | 当且仅当 $(U_i, W_j) \in R_{u, w, \downarrow Th\Gamma(u,w)}$ |
| $\{U, Z\} [\![\text{see}]\!] W_2$ | 当且仅当 $\Gamma \vdash \sigma_{1,u,w}$ 或 $\Gamma \vdash \sigma_{1,z,w}$ |
| $\{U, Z\} [\![\text{see}]\!] W_1$ | 当且仅当 $\{U, Z\} [\![\text{see}]\!] W_2$ 或 $\Gamma \vdash \sigma_{3,u,w}$ 或 $\Gamma \vdash \sigma_{3,z,w}$ |
| $\{U, Z\} [\![\text{see}]\!] W_3$ | 当且仅当 $\{U, Z\} [\![\text{see}]\!] W_2$ 或 $\Gamma \vdash \sigma_{5,u,w}$ 或 $\Gamma \vdash \sigma_{5,z,w}$ |
| $U_2 [\![\text{see}]\!] \{W, Z\}$ | 当且仅当 $\Gamma \vdash \sigma_{1,u,w}$ 或 $\Gamma \vdash \sigma_{1,u,z}$ |
| $U_1 [\![\text{see}]\!] \{W, Z\}$ | 当且仅当 $U_2 [\![\text{see}]\!] \{W, Z\}$ 或 $\Gamma \vdash \sigma_{3,u,w}$ 或 $\Gamma \vdash \sigma_{2,u,z}$ |
| $U_3 [\![\text{see}]\!] \{W, Z\}$ | 当且仅当 $U_2 [\![\text{see}]\!] \{W, Z\}$ 或 $\Gamma \vdash \sigma_{4,u,w}$ 或 $\Gamma \vdash \sigma_{4,z,w}$ |
| $\{A, B\} [\![\text{see}]\!] \{C, D\}$ | 当且仅当 $\Gamma \vdash \sigma_{1,A,C}$ 或 $\Gamma \vdash \sigma_{1,A,D}$ 或 $\Gamma \vdash \sigma_{1,B,C}$ 或 $\Gamma \vdash \sigma_{1,B,D}$ |

## 第二节　辖域确定的 NMI 三段论片段的变种

在命题 2.1 中已经定义了 $\text{Th}_\Gamma(U,W)$，$\downarrow\text{Th}(U,W)$ 是其向下闭包；关系 $R_{U,W,s}$ 已经在图 3 中说明。

**引理 2.1**　假定 $\dot{S}$ 是 $\Gamma$-EC 且 $\mathcal{E}(\Gamma) \subseteq \dot{S}$。那么 $\acute{M}(\Gamma,\dot{S}) \models \Gamma$。

**证明**　很容易验证对 L(all, some) 中属于 $\Gamma$ 的语句 S 而言，$\acute{M}(\Gamma,\dot{S}) \models S$ (在引言已经提到过 L(all, some) 了。)。对于 All 语句而言，都有一个常规的单调点。这就是对于形式为 Some A are B 的语句的推理。需注意 $\{A, B\}$ 属于 M，同时也属于 $[\![A]\!] \cap [\![B]\!]$。

继续研究在 $\Gamma$ 中如前文 $\sigma_{3,u,w}$ 的语句 $(\text{Some U see all W})_{\text{sws}}$。此时，$\Gamma \vdash \exists U$，且有 $U \in \mathcal{E}(\Gamma)$，因此 $U_1$ 与 $[\![W]\!]$ 中的所有元素都相关。根据 $Z \in \dot{S}$ 和 $\Gamma \vdash \text{All Z are W}$ 可知：如果 $Z_i \in [\![W]\!]$，那么 $\Gamma \vdash \sigma_{3,u,z}$。对模型 $\acute{M}$ 中的模型结构 $U_1[\![\text{see}]\!]Z_i$ 而言，也是如此。对形式为 $\{A, B\}$ 的元素 $[\![W]\!]$ 而言，$\acute{M}$ 的结构保证了 $U_1[\![\text{see}]\!]\{A,B\}$。

接下来考虑 $\sigma_{5,u,w}$ 的语句 $(\text{All U see some W})_{\text{sws}}$。假定 $\sigma_{5,u,w}$ 属于 $\Gamma$，那么需要验证 $\sigma_{5,u,w}$ 在 $\acute{M}(\Gamma,\dot{S})$ 中也是成立的。如果 $[\![U]\!] = \varnothing$，显然可得 $\acute{M}(\Gamma,\dot{S}) \models \sigma_{5,u,w}$。如果 $[\![U]\!] \neq \varnothing$，那么 $U \in \dot{S}$。因为 $\dot{S}$ 是 $\Gamma$-EC 且 $\sigma_{5,u,w} \in \Gamma$，就可得到 $W \in \dot{S}$。在证明方面，必须考虑形式为 $A_i$ 的 $[\![U]\!]$ 中元素和形式为 $\{A, B\}$ 的 $[\![U]\!]$ 中元素。首先，要考虑元素 $A_i$。对此，有 $\Gamma \vdash \text{All A are U}$。根据单调性，可得 $\Gamma \vdash \sigma_{5,A,W}$。故 $\sigma_{5,A,W} \in \text{Th}_\Gamma(A,W) \subseteq \downarrow \text{Th}_\Gamma(A,W)$。根据模型 $\acute{M}$ 的结构可知：$\acute{M}(\Gamma,\dot{S}) \models \sigma_{5,A,W}$。特别地，对于元素 $A_i$ 而言，存在某个 $W_j$ 使得 $A_i[\![\text{see}]\!]W_j$。现在研究形如 $\{A, B\}$ 的 $[\![U]\!]$ 中元素。对此，有 $\Gamma \vdash \text{Some A are B}$。假定 $\Gamma \vdash \text{All A are U}$，所以 $\Gamma \vdash \sigma_{5,A,W}$。根据模型 $\acute{M}$ 的结构可知：$\{A,B\}[\![\text{see}]\!]W_2$。通过这个方法，就验证了 $[\![U]\!]$ 中所有的元素与 $[\![W]\!]$ 的某个元素或其他元素是相关的。

同理可证 $\acute{M}(\Gamma,\dot{S}) \models \Gamma$。证毕。

**定理 2.1**　根据图 1 和图 2 中的规则确定的逻辑系统，对于 L(all, some, see) 而言是可靠且完全的。

**证明**　假定 $\Gamma \models S$。现在证明 $\Gamma \vdash S$。根据 S 的句法，可分情况讨论。

**第一种情况**　$S \in L(\text{all, some})$。令 $\triangle = \{\Gamma \in L(\text{all, some}): \Gamma \vdash T\}$。要证明在 L(all, some) 中 $\triangle \models S$，可令 $\acute{M} \models \triangle$，并假定如果 $[\![Z]\!] \neq \varnothing$，那么 $\Gamma \vdash \exists Z$。否则，就要重新令 $[\![Z]\!]$ 是空集，且验证在 L(all, some) 中真值没有改变。根据 $[\![\text{see}]\!] = M \times M$，可把 $\acute{M}$ 转换成关于 L(all, some, see) 的结构 $\acute{M}^+$，即把 $\acute{M}$ 中的每个点与 $\acute{M}^+$ 中的每个点关联起来。只要验证了 $\acute{M}^+ \models \Gamma$，就可得到 $\acute{M}^+ \models S$；又因为可用同样的方式来解释这两个模型中

的集合变元，那么就可得到 $\acute{M} \models S$。现在可以通过实例来验证 $\acute{M}^+ \models \Gamma$。例如，假定 $\Gamma$ 是包含在 (All Y see some X)$_{sws}$ 中的语句，其中一个公理直接蕴涵了 $\Gamma \vdash T$，其中 T 是 Some Y is a Y，因此 $T \in \triangle$，所以在 $\acute{M}$ 中 $[\![Y]\!] \neq \emptyset$。那么模型 $\acute{M}^+$ 的结构满足了 (All Y see some X)$_{sws}$。同理可证不同于 (All Y see some X)$_{sws}$ 的形式语句。所以现在研究 (All Y see some X)$_{sws}$ 的主语宽辖域情况。假定 $[\![X]\!] \neq \emptyset$，并假定 $\Gamma \vdash$ Some X are X，可得如下的 $\Gamma$-演绎：

$$\vdots$$

$$\frac{\text{(All X see some Y)}_{sws} \quad \text{Some X are X}}{\dfrac{\text{Some X see some Y}}{\text{Some Y are Y}}}$$

剩下的部分可以类似证明，至此就证明了 $\triangle \models S$。根据 Moss(2008)[①]中的定理 3.4 可知，带有 All 和 Some 的三段论逻辑 L(all, some) 具有完全性，因此 $\triangle \vdash S$。由于 L(all, some, see) 系统包含了 L(all, some) 系统，因此 $\Gamma \vdash S$。

**第二种情况**　S 是 $\sigma_{6,X,Y}$ 语句 Some X see some Y。令 $\dot{S} = \mathcal{E}(\Gamma)$，并考虑 $\acute{M}(\Gamma, \dot{S})$。根据引理 2.1 可知，$\acute{M} \models \Gamma$，因此 $\acute{M} \models S$。这里存在几种情况，都依赖于见证 (witnessing) S 的数据。一种情况是当存在与 $[\![\text{see}]\!]$ 有关的 $u_j \in [\![X]\!]$ 和 $w_j \in [\![Y]\!]$ 时，根据 $\Gamma$ 可知：All U are X, All W are Y, $\exists U$ 且 $\exists W$，对于某个 $1 \leqslant k \leqslant 6$ 的 k 而言，有 $\sigma_{k,u,w}$。根据 $\exists U$ 和 $\exists W$ 可知 $\sigma_{6,u,w}$ 成立。根据单调性知，$\sigma_{6,X,Y}$ 也成立。

现在考虑 $[\![\text{see}]\!]$ 包含在 ($\{A, B\}$, $\{C, D\}$) 这样的序对中的情况。这里有四种子情况，此处只详细讨论其中一种情况：不失普遍性地假定 $\{A, B\} [\![\text{see}]\!] \{C, D\}$，有 $\Gamma \vdash \sigma_{1,A,C}$。因为 $\Gamma$ 也能推导出 Some A exists, All A are X, Some B exists 且 All B are Y，所以可得 $\sigma_{6,X,Y}$。同理可证，当 $[\![\text{see}]\!]$ 包含在诸如 ($\{A, B\}$, $Y_j$) 或 ($X_i$, $\{A, B\}$) 的序对时的情况。

**第三种情况**　S 是 $\sigma_{1,X,Y}$ 语句 All X see all Y。此时令
$$\dot{S} = \mathcal{E}(\Gamma) \cup \{u : \Gamma \vdash X \rightsquigarrow u \text{ 或者 } \Gamma \vdash Y \rightsquigarrow u\}$$
这里的 $\dot{S}$ 可以看作是 $\Gamma$-EC，可得 $\acute{M}(\Gamma, \dot{S}) \models \Gamma$，因此也有 $\acute{M}(\Gamma, \dot{S}) \models S$。需要注意的是：X 和 Y 属于 $\dot{S}$。作为一个全称语句，S 在子模型下被保持。$(A_{X,Y}, R_{X,Y,\downarrow Th(X,Y)})$ 是 $\acute{M}$ 的一个子模型，所以该子模型满足 $\sigma_{1,X,Y}$。根据命题 2.1 的 (2)，就可得到 $\sigma_{1,X,Y} \in \downarrow Th(X, Y)$。但这就意味着 $\sigma_{1,X,Y}$ 属于 Th(X, Y)。

---

[①] Moss L S. Completeness theorems for syllogistic fragments//Hamm F, Kepser S. ed. Logics for Linguistic Structures. Berlin: Mouton de Gruyter, 2008: 143-173.

## 第二节 辖域确定的 NMI 三段论片段的变种

**第四种情况** S 是 $\sigma_{5,X,Y}$ 语句 (All X see some Y)$_{sws}$。此时令

$$\dot{S} = \mathcal{E}(\Gamma) \cup \{U : \Gamma \vdash X \rightsquigarrow U\} \tag{5}$$

在之前的情况里,$\dot{M}(\Gamma, \dot{S}) \models S$。根据定义可知 $X \in \dot{S}$。特别地,有 $X_2 \in M$。对 $X_2$ 而言,⟦Y⟧ 中 $\sigma_{5,X,Y}$ 的见证 (witness) 或者是形式 $Z_i$ 或者是一个 $\{A,B\}$ 序对。此处只具体证明当它为形式 $Z_i$ 的情况。令 $Z_i$ 使得 $X_2$⟦see⟧$Z_i$ 且 $\Gamma \vdash$ All Z are Y。根据命题 2.1 (3) 可得 $\sigma_{5,X,Y} \in \downarrow \text{Thr}(X,Z)$。根据图 3 的六边形可知,存在三种可能性:$\text{Thr}(X,Z)$ 要么包含在 $\sigma_{5,X,Z}$ 中,要么包含在 $\sigma_{3,X,Z}$ 中,要么包含在 $\sigma_{1,X,Z}$ 中。如果 $\sigma_{5,X,Z} \in \text{Thr}(X,Z)$,根据单调性可得:$\Gamma \vdash \sigma_{5,X,Y}$。如果 $\sigma_{3,X,Z} \in \text{Thr}(X,Z)$,根据 L(all, some, see) 逻辑可得:$\Gamma \vdash \sigma_{5,X,Z}$。同理可得 $\Gamma \vdash \sigma_{5,X,Y}$。最后,研究 $\sigma_{1,X,Z} \in \text{Thr}(X,Z)$ 的情况。这时要么 $Z \in \mathcal{E}(\Gamma)$,否则 $\Gamma \vdash X \rightsquigarrow Z$。如果 $Z \in \mathcal{E}(\Gamma)$,根据单调性可得:$Y \in \mathcal{E}(\Gamma)$。此时 $\Gamma \vdash S$ 如下

$$\frac{(\text{All X see all Y})_{sws} \quad \text{Some Y are Y}}{(\text{All X see some Y})_{sws}} \tag{6}$$

这里使用了图 2 中的第一个规则。当 $\Gamma \vdash X \rightsquigarrow Z$,使用图 2 中的规则 (I) 可知 $\sigma_{5,X,Y}$。

现在考虑 $X_2 \in M$ 时的情况。假定 $\{A,B\} \in$ ⟦Y⟧(所以 Some A are B) 且 $X_2$⟦see⟧$\{A,B\}$,此时有四种子情况,其中,最具代表性的是当 $\Gamma \vdash$ All A are Y 且 $\Gamma \vdash \sigma_{1,X,B}$ 时的情况,此时从 $\Gamma$ 中就能得到 All X see all B,因此 (All X see some A)$_{sws}$,最后,根据单调性可得: (All X see some Y)$_{sws}$。

**第五种情况** S 是 $\sigma_{2,X,Y}$ 语句 (Some X see all Y)$_{sws}$。根据假设 $\Gamma \models S$ 可得:$\Gamma \models \exists X$。根据这个定理的整个证明中所讨论的 S 的第一种情况可得:$X \in \mathcal{E}(\Gamma)$。在这个模型结构中,令 $\dot{S} = \mathcal{E}(\Gamma) \cup \{U: \Gamma \vdash Y \downarrow U\}$,可得模型 $\dot{M}(\Gamma, \dot{S})$ 满足 S。假定 S 中主语量词的见证 (witness) 是 $Z_i$,则 $\Gamma \vdash$ All Z are X。根据这个模型结构,要么可以得到 $\Gamma \vdash S$(根据单调性很容易得到),要么可以得到 $\Gamma \vdash$ All Z see all Y。在后一种情况中,如果 $Z \in \mathcal{E}(\Gamma)$,也易得出 $\Gamma \vdash S$。最后所剩的情况是 $\Gamma \vdash Y \downarrow Z$,使用 (J) 可证明 $\Gamma \vdash S$。

仍需考虑 S 中的主语量词的见证是形式为 $\{A,B\}$ 的情况。由于 $\{A,B\} \in$ ⟦X⟧ 与 $Y_2$ 相关联。根据这个模型的结构,可得诸如 $\Gamma \vdash \sigma_{1,A,Y}$,$\Gamma \vdash$ All B are X 且 $\Gamma \vdash$ Some A are B。通过几步简单证明就可得到 $\Gamma \vdash$ (Some X see all Y)$_{sws}$。

**第六种情况** S 是 $\sigma_{3,X,Y}$ 语句 (All X see some Y)$_{ows}$ 或者是 $\sigma_{4,X,Y}$ 语句 (Some X see all Y)$_{ows}$。这些情况完全等值于前面的两种情况。实际上，这些情况的完整性也可通过如下 c-运算来证明。根据上文已使用的证明方法，如果 $\Gamma \models \sigma_{3,X,Y}$，那么 $\Gamma^c \models (\sigma_{3,X,Y})^c = \sigma_{4,Y,X}$，且 $\Gamma^c \vdash \sigma_{4,Y,X}$。所以，$\Gamma \vdash \sigma_{3,X,Y}$。

这就完成了定理 2.1 的证明。证毕。

## 第三节 同时带有 All、一个动词和名词性补语的三段论逻辑

### 同时带有 All、一个动词和名词性补语的三段论片段

现在研究同时带 All、一个动词和名词性补语的三段论逻辑片段。例如，下面是该片段中的一个扩展的三段论证明：

All xenophobics hate all actors
All yodelers hate all zookeepers
All non-yodelers hate all non-actors
<u>All wardens are xenophobics</u>
All wardens hate all zookeepers

为什么会得出这个结论？令一个 warden 是一个 xenophobic，因此他 (她) 会讨厌所有的 actors；如果这个 warden 同时也是一个 yodeler，那么他 (她) 也会讨厌所有的 zookeepers；如果该 warden 不是一个 yodeler，那么他或她也会讨厌所有不是 actors 的人，因此他或她会讨厌所有的人，更不用说所有的 zookeepers 了。

现在用一种清晰的方式对这个带动词的三段论片段进行形式化。首先为每个 X 添加一个补语变元 X′，在语义上，〚X′〛是〚X〛的补语；同时令每个 X″ 与所对应的变元 X 等同；最后，继续用上面的例子未使用到的 see 作为动词；其结果语言可记为 L(all, see, ′)，图 4 给出了该逻辑的证明。

在图 4 中，LEM 表示"排中律"；VP 表示"动词短语"。所以规则 (Zero) 允许从 All Y are Y′ 推导出 All Y are Z, All Y see all A 等等。规则 (Zero-VP) 允许从相同的前提 All Y are Y′ 推导出 All X see all Y。规则 (3pr) 的名称由来是因为它有三个前提且无法为其想出一个合适的名字。从上文已知的内容来看，大部分可靠的证明细节是变化的。本节实例中的非形式化的证

### 第三节　同时带有 All、一个动词和名词性补语的三段论逻辑

明对应的就是下面的形式化证明

$$\dfrac{\dfrac{\text{All X hate all A} \quad \text{All Y hate all Z} \quad \text{All Y}' \text{ hate all A}'}{\text{All X hate all Z} \quad \text{All W are X}} \text{3pr}}{\text{All W hate all Z}} \text{monotonicity}$$

$$\dfrac{\text{All Y are Y}'}{\text{All Y V P}} \text{Zero} \qquad \dfrac{\text{All Y}' \text{ are Y}}{\text{All X are Y}} \text{One}$$

$$\dfrac{\text{All Y are X}'}{\text{All X are Y}'} \text{Antitone} \qquad \dfrac{\text{All Y are Y}'}{\text{All X see all Y}} \text{Zero-VP}$$

$$\dfrac{\text{All X see all Y} \quad \text{All X}' \text{ see all Y}}{\text{All Z see all Y}} \text{LEM} \qquad \dfrac{\text{All X see all Y} \quad \text{All X see all Y}'}{\text{All X see all Z}} \text{LEM}'$$

$$\dfrac{\text{All X see all A} \quad \text{All Y see all Z} \quad \text{All Y}' \text{ see all A}'}{\text{All X see all Z}} \text{3pr}$$

图 4　不需要使用公理 All X are X 和单调性规则 All X$^\downarrow$ are Y$^\uparrow$ 和 All X$^\downarrow$ see all Y$^\downarrow$，包含 All 且带有动词和名词性补语的三段论逻辑

**定理 3.1**　令 $\Gamma \cup \{S\} \subseteq L(\text{all, see, }')$，则 $\Gamma \vdash S$ 当且仅当 $\Gamma \models S$。

在开始证明之前，需要说明：Moss(2007)[①]研究了包含 All 语句和补语的三段论逻辑 $L(\text{all, }')$ 的完全性，并研究过当 S 是不带有动词的语句的情况。具体而言，在语言 $L(\text{all, see, }')$ 中，如果 $\Gamma \models S$，则 $\Gamma \cap L(\text{all, }') \models S$。（为此，可以确定 $\Gamma \cap L(\text{all, }')$ 的一个模型，并把所有的点与其他所有的点关联起来，这就给出了动词的解释，因此就得到了 S 的一个模型。）因此，在更小的语言 $L(\text{all, }')$ 中，就有 $\Gamma \vdash S$。

**定义 3.1**　固定 (fix) 一个集合 $\Gamma$，如果 $\Gamma \vdash \text{All A are B}$，则记为 $A \leqslant B$。如果 $\dot{S}$ 在这个序里对每一个 A 而言是向上封闭的，那么变元的一个集合 $\dot{S}$ 就是一个点，$\dot{S}$ 要么包含 A，要么包含 A'，但不能同时包含二者。

这一个点的记法来自 Moss(2007)，同时它也是研究量子逻辑 (quantum logic) 的起点，这里称之为量子态 (quantum state)。在某种意义上，量子态在量子逻辑里所起的作用，类似于超滤子在模态逻辑里的作用：逻辑的典范模型是由许多的点构成的。

**引理 3.1**　固定 $\Gamma$，且令 X 和 Y 使得 $\Gamma \nvdash \text{All X see all Y}$。那么存在点 $\dot{S}$ 和 $J'$ 使得 $X \in \dot{S}$ 且 $Y \in J'$，对于所有的 $A \in \dot{S}$ 和 $B \in J'$ 而言，都有 $\Gamma \nvdash \text{All A see all B}$。

**证明**　利用 Zorn 引理可证。研究具有以下性质的变元集的序对集 $(\dot{S}, J')$：

---

[①] Moss L S. Syllogisitic Logic with Complements. Manuscript: Indiana University, 2007.

(1) $X \in \dot{S}$ 和 $Y \in J'$。

(2) $\dot{S}$ 是序对协调的 (pairwise compatible)：对于在 $\dot{S}$ 中的所有 A 和 B 而言，$A \not\leqslant B'$ 且 $B \not\leqslant A'$；对于 $J'$ 而言也是如此。

(3) 对于所有的 $A \in \dot{S}$ 和 $B \in J'$ 而言，可得 $\Gamma \not\vdash$ All A see all B。

(4) 对于所有 $B, C \in J'$ 和所有 D 而言，$\Gamma \not\vdash$ All D see all B 或 $\Gamma \not\vdash$ All D′ see all C。

(5) 对于所有 $B, C \in \dot{S}$ 和所有 D 而言，$\Gamma \not\vdash$ All B see all D 或 $\Gamma \not\vdash$ All C see all D′。

根据两种成分中的包含关系，这些集合的序对的聚合 (collection)P 自然是有序的。令最终所得的偏序集 (poset) $\mathbb{P} = (P, \subseteq)$。将 Zorn 的引理应用到 $\mathbb{P}$ 中去。这个偏序集在链的并 (unions of chains) 下是封闭的。同时，$(\{X\}, \{Y\})$ 属于 P，对此，(1) 和 (3) 的证明是显然的。对于 (2) 而言，如果 $X \leqslant X'$，那么根据规则 (Zero) 可推导出矛盾；如果 $Y \leqslant Y'$，根据规则 (Zero-VP) 可证。根据规则 (LEM) 可证 (4)；根据规则 (LEM′) 可证 (5)。

根据 Zorn 的引理可知：$\mathbb{P}$ 包含一个极大序对 $(\dot{S}, J')$，因此，任意的 $(\dot{S}, J')$ 具有所有 D 的性质；$\dot{S}$ 要么包含 D，要么包含 D′；$J'$ 要么包含 D，要么包含 D′。再根据序对协调性可知，$\dot{S}$ 和 $J'$ 在序中是向下封闭的。因此，$\dot{S}$ 和 $J'$ 都是点。需要证明对 $\dot{S}$ 而言的断定，可类似对 $J'$ 而言的证明。使用反证法，假设 D 和 D′ 都不属于 $\dot{S}$，现在研究 $\dot{S} \cup \{D\}$ 和 $\dot{S} \cup \{D'\}$。对于每个集合而言，条件 (2)，(3) 和 (5) 中必有一个是失效的 (failure)，而且这个失效的条件与 D 和 D′ 密切相关。这里存在六种情况，但同时，对于这里每个集合而言，对这些集合失效的 (5) 可以分成几种子情况，这些子情况依赖于 D 或 D′ 是否是 (5) 中一个或两个失效量词的见证 (witness)。

**情况 (1)** 因为存在 $B, C \in \dot{S}$ 使得 $B \leqslant D'$ 且 $C \leqslant D$，所以条件 (2) 对 $\dot{S} \cup \{D\}$ 和 $\dot{S} \cup \{D'\}$ 是失效的，因此 (使用反序可得)$D' \leqslant C'$；根据传递性可得 $B \leqslant C'$。这就与关于 $(\dot{S}, J')$ 的条件 (2) 相矛盾。

**情况 (2)** 因为存在 $C \in \dot{S}$ 和 $B \in J'$ 使得 $C \leqslant D'$，且 $\Gamma \vdash$ All D′ see all B，所以条件 (2) 对 $\dot{S} \cup \{D\}$ 是失效的；条件 (3) 对 $\dot{S} \cup \{D'\}$ 是失效的。再根据单调性，就可得到 $\Gamma \vdash$ All C see all B，这就与关于 $(\dot{S}, J')$ 的条件 (3) 相矛盾。

**情况 (3)** 因为存在 $B, C \in \dot{S}$ 且 E 使得 $C \leqslant D'$，$\Gamma \vdash$ All B see all E，且 $\Gamma \vdash$ All D′ see all E′，所以条件 (2) 对 $\dot{S} \cup \{D\}$ 是失效的；条件 (5) 对

## 第三节 同时带有 All、一个动词和名词性补语的三段论逻辑

$\dot{S} \cup \{D'\}$ 是失效的。此时再根据单调性可得：$\Gamma \vdash$ All C see all E'。这与对于 $(\dot{S}, J')$ 的条件 (5) 相矛盾。

**情况 (3a)** 因为存在某个 $C \in \dot{S}$ 且 E 使得 $C \leqslant D'$，$\Gamma \vdash$ All D' see all E，且 $\Gamma \vdash$ All D' see all E'，所以条件 (2) 对 $\dot{S} \cup \{D\}$ 是失效的；条件 (5) 对 $\dot{S} \cup \{D'\}$ 是失效的。此时，根据 LEM 可得：$\Gamma \vdash$ All D' see all Y，其中的 Y 使得 $\Gamma \nvdash$ All X see all Y。因为 $C \leqslant D'$，根据单调性可得：$\Gamma \vdash$ All C see all Y。这就与关于 $(\dot{S}, J')$ 的条件 (3) 相矛盾。

**情况 (4)** 因为存在 $B, C \in J'$ 使得 $\Gamma \vdash$ All D see all B 且 $\Gamma \vdash$ All D' see all C，所以条件 (3) 对 $\dot{S} \cup \{D\}$ 和 $\dot{S} \cup \{D'\}$ 是失效的。这就与关于 $(\dot{S}, J')$ 的条件 (4) 相矛盾。

**情况 (5)** 因为存在 $A \in \dot{S}, B \in J'$，且 E 使得 $\Gamma \vdash$ All D see all B，$\Gamma \vdash$ All A see all E，且 $\Gamma \vdash$ All D' see all E'，所以条件 (3) 对 $\dot{S} \cup \{D\}$ 是失效的，条件 (5) 对 $\dot{S} \cup \{D'\}$ 是失效的。根据规则 3pr 可得：$\Gamma \vdash$ All A see all B。这就与关于 $(\dot{S}, J')$ 的条件 (3) 相矛盾。

**情况 (5a)** 因为存在 $B \in J'$ 且 E 使得 $\Gamma \vdash$ All D see all B，$\Gamma \vdash$ All D' see all E，且 $\Gamma \vdash$ All D' see all E'，所以条件 (3) 对 $\dot{S} \cup \{D\}$ 是失效的，条件 (5) 对 $\dot{S} \cup \{D'\}$ 是失效的。在情况 3a 中，$\Gamma \vdash$ All D' see all B；根据同样的理由可得：$\Gamma \vdash$ All X see all B。这就与关于 $(\dot{S}, J')$ 的条件 (3) 相矛盾。

**情况 (6)** 条件 (5) 对 $\dot{S} \cup \{D\}$ 和 $\dot{S} \cup \{D'\}$ 是失效的，因为存在 $B, C \in \dot{S}$ 且 E 和 F 使得：

(i) $\Gamma \vdash$ All B see all E；

(ii) $\Gamma \vdash$ All D see all E'；

(iii) $\Gamma \vdash$ All C see all F；

(iv) $\Gamma \vdash$ All D' see all F'。

根据 (i), (ii), (iv) 和规则 3pr 可得：$\Gamma \vdash$ All B see all F'，则该结果和 (iii) 就与关于 $(\dot{S}, J')$ 的条件 (5) 相矛盾。

**情况 (6a)** 条件 (5) 对 $\dot{S} \cup \{D\}$ 和 $\dot{S} \cup \{D'\}$ 是失效的，因为存在某个 $B \in \dot{S}$ 且 E 和 F 使得：

(i) $\Gamma \vdash$ All B see all E；

(ii) $\Gamma \vdash$ All D see all E'；

(iii) $\Gamma \vdash$ All D' see all F；

(iv) $\Gamma \vdash$ All D' see all F'。

根据 LEM', (iii) 和 (iv) 可得：$\Gamma \vdash$ All D' see all Y；根据 (i), (ii) 和

3pr 可得：$\Gamma \vdash$ All B see all Y，其中的 Y 使得 $\Gamma \nvdash$ All X see all Y。这就与关于 $(\dot{S}, J')$ 的条件 (3) 再次相矛盾。

**情况 (6b)** 条件 (5) 对 $\dot{S} \cup \{D\}$ 和 $\dot{S} \cup \{D'\}$ 是失效的，因为：

(i) $\Gamma \vdash$ All D see all E；

(ii) $\Gamma \vdash$ All D see all E′；

(iii) $\Gamma \vdash$ All D′ see all F；

(iv) $\Gamma \vdash$ All D′ see all F′。

此时这个逻辑蕴涵了 $\Gamma \vdash$ All X see all Y，而引理已经假设 X 和 Y 使得 $\Gamma \nvdash$ All X see all Y。这就产生了矛盾。

至此就证明了最大序对 $(\dot{S}, J')$ 由点对组成。证毕。

现在证明定理 3.1，即证明本节带有 All、动词和名称性补语的逻辑的完全性，现在对此进行重新表述。

**引理 3.2** 令 $\Gamma \subseteq L(\text{all, see}, ')$，令 S 是 All X see all Y。假定 $\Gamma \nvdash S$，则存在一个双点模型 $\acute{M} \models \Gamma$，使得 $\acute{M} \nvDash S$。

**证明** 令 $\dot{S}$ 和 $J'$ 来自引理 3.1。令 $M = \{\dot{S}, J'\}$，令 $[\![A]\!] = \{\Omega \in M: A \in \Omega\}$，且令 $[\![\text{see}]\!] = \{(\Omega, \mathfrak{R}) \in M \times M : (\exists A \in \Omega)(\exists B \in \mathfrak{R})\Gamma \vdash$ All A see all B$\}$。现在给出其适当的解释：对于所有的 A 而言，有 $[\![A']\!] = M \setminus [\![A]\!]$，这源于每个点要么包含 A，要么包含 A′ 的事实。其实，向上封闭的点意味着在语义上是单调的；因此，在 Γ 中像 All A are B 这样的语句在模型 $\acute{M}$ 中是成立的。为了验证 $\acute{M} \models \Gamma$，只需考察语句 All A see all B。令 $\Omega$ 和 $\mathfrak{R}$ 是在模型 $\acute{M}$ 中的任意点，使得 $A \in \Omega$，$B \in \mathfrak{R}$。因此有 $\Omega [\![\text{see}]\!] \mathfrak{R}$。

为了完成这个证明，需注意：$[\![\text{see}]\!]$ 不包含 $(\dot{S}, J')$。证毕。

# 第四节 含有类表达式的三段论片段

McAllester 和 Givan(1992) 研究了一个在 Moss(2010) 中被称为 $L_{MG}$(all, some) 的三段论片段。该片段以变元 X, Y 等为开始，同时还有动词 V, W 等，并含有如下形式的类表达式 (class expression) c, d 等：

(1) X, Y, Z, ⋯；

(2) V all c；

(3) V some c。

需要注意的是，根据递归可知，有 R all (S some (T all c)) 这样的类表达式。也可在对诸如 recognizes everyone who sees someone who treasures

## 第四节 含有类表达式的三段论片段

all chrysanthemums 这样的谓词，进行符号化的过程中使用这样的类表达式。$L_{MG}$(all, some) 是研究的第一个无穷的三段论片段；同时还有形式为 all c d 和 some c d 的公式，其中的 c 和 d 是类表达式。McAllester 和 Given(1992) 研究了带有布尔组合和专有名词三段论片段，Moss(2008) 则没有对此进行研究。

$L_{MG}$(all, some) 的语义是通过基础模型 (underlying model)$\hat{M}$ 的子集，来解释变元，同时通过二元关系 $[\![V]\!] \subseteq M^2$，来解释动词 V，因此

$$[\![V \text{ all } c]\!] = \{x \in M: \text{对所有的 } y \in [\![c]\!], x[\![V]\!]y\}$$

$$[\![V \text{ some } c]\!] = \{x \in M: \text{对某个 } y \in [\![c]\!], x[\![V]\!]y\}$$

第二节中的 L(all, some, see) 逻辑只包含一个动词。而 $L_{MG}$(all, some) 逻辑则可以包含一个以上的动词，而且存在一些包含一个以上的动词的足道的演绎。例如：从 all watches are gold objects 可以推出 everyone who likes everyone who has stolen all watches likes everyone who has has stolen all gold objects。

可将 some c c 记为 ∃c，现在对 $L_{MG}$(all, some) 和只使用 all 的更小片段 $L_{MG}$(all) 进行公理化。研究 $L_{MG}$(all) 就意味着还要研究更复杂的片段。McAllester 和 Given(1992) 证明了关于 $L_{MG}$(all, some) 的可满足性问题是 NP- 完全的；虽然 Moss(2010) 没有研究 $L_{MG}$(all, some) 逻辑的复杂性，而是研究了 $L_{MG}$(all, some) 逻辑的完全性，但是二者的一些证明步骤是相同的，而且 Moss(2010) 所采取的处理方法受到了 McAllester 和 Givan(1992) 的影响。

图 5 给出了 Moss(2010) 的逻辑的规则。前四个规则的可靠性很容易证明，所以把这个规则的讨论推迟到第四节第二部分，这里就不对其讨论了。

$$\frac{\text{all } c \ d}{\text{all } (V \text{ all } d) \ (V \text{ all } c)} \qquad \frac{\text{all } c \ d}{\text{all } (V \text{ some } c) \ (V \text{ some } d)}$$

$$\frac{\text{some } c \ d}{\text{all } (V \text{ all } c) \ (V \text{ some } d)} \qquad \frac{\exists (V \text{ some } c)}{\exists c}$$

$$\frac{\Gamma \cup \{\exists c\} \vdash \varphi \quad \Gamma \cup \{\text{all } c \ d : d \in L\} \cup \{\text{all } d \ (V \text{ all } c) : d, V \in L\} \vdash \varphi}{\Gamma \vdash \varphi} \text{(Cases on } c\text{)}$$

图 5  Moss(2010) 给出的 McAllester-Givan 的三段论片段 $L_{MG}$(all, some) 的规则在图 1 中也使用了 all 和 some 的规则。图 5 中最后的推理规则将在第四节第二部分进行讨论

## 一、关于三段论片段 $L_{MG}(all)$ 的完全性

本节研究根据类表达式结构 V all c 和语句 all c d，从变元和动词获得的三段论片段 $L_{MG}(all)$。Moss(2010) 的逻辑系统使用了公理 all c c、单调性规则 Barbara(即三段论 AAA-1 表征了 all 的右单调递增的性质，也可以说表征了 All X are Y 的传递性) 和图 5 的第一条规则——反序性规则 (antitonicity)，即

$$\frac{\text{all c d}}{\text{all (V all d) (V all c)}}$$

图 5 中的系统的其余部分对于这个片段而言不是必需的。

令 $\Gamma \subseteq L_{MG}(all)$。构建一个模型 $\acute{M} = \acute{M}(\Gamma)$ 如下

$$M = \{c: c \text{ 是 } L_{MG}(all) \text{ 的一个类表达式}\}$$

$$[\![X]\!] = \{c \in M: \Gamma \vdash \text{all c X}\}$$

$$[\![V]\!] = \{(d,c) \in M \times M: \Gamma \vdash \text{all d (V all c)}\}$$

**引理 4.1** 对于所有 c 而言，$[\![c]\!] = \{d \in M: \Gamma \vdash \text{all d c}\}$。

**证明** 对 c 进行归纳。基础的情况可以直接证明，假定引理对 c 成立，然后考察形式 V all c 的一个类表达式。令 $d \in [\![V \text{ all c}]\!]$，根据归纳假设和自返性公理可知：$c \in [\![c]\!]$，因此有 $d[\![V]\!]c$，所以可得 $\Gamma \vdash \text{all d (V all c)}$。

相反地，假定 $\Gamma \vdash \text{all d (V all c)}$，有 $d \in [\![V \text{ all c}]\!]$。令 $c' \in [\![c]\!]$，则有 $\Gamma \vdash \text{all c' c}$。从 $\Gamma$ 中就有如下推导

$$\frac{\text{all d (V all c)} \quad \dfrac{\vdots \quad \text{all c' c}}{\text{all (V all c) (V all c')}}}{\text{all d (V all c')}}$$

可以看到 $d[\![V]\!]c'$。对于所有的 $c' \in [\![c]\!]$ 而言，证明了 $d \in [\![V \text{ all c}]\!]$。证毕。

**引理 4.2** $\acute{M}(\Gamma) \models \text{all c d}$ 当且仅当 $\Gamma \vdash \text{all c d}$。

**证明** 假设 $\Gamma \vdash \text{all c d}$，现在考察 $\acute{M}(\Gamma)$。根据传递性和引理 4.1 可得：$[\![c]\!] \subseteq [\![d]\!]$。所以 $\acute{M} \models \text{all c d}$。对于反方向的证明：假定 $[\![c]\!] \subseteq [\![d]\!]$。则有 $c \in [\![c]\!] \subseteq [\![d]\!]$。根据引理 4.1，就有了 $\Gamma \vdash \text{all c d}$。证毕。

**定理 4.1** 由图 1 和图 5 中的所有规则决定的逻辑系统对于 $L_{MG}(all)$ 而言，是可靠且完全的，即 $\Gamma \models \varphi$ 当且仅当 $\Gamma \vdash \varphi$。

**证明** 假定 $\Gamma \models \varphi$，现在考察 $\acute{M} = \acute{M}(\Gamma)$。根据引理 4.2 可得：$\acute{M} \models \Gamma$，所以 $\acute{M} \models \varphi$。再次根据引理 4.2 可得：$\Gamma \vdash \varphi$。证毕。

## 二、Cases 规则

现在研究图 5 给出的逻辑系统 $L_{MG}$(all, some)。Moss(2010) 研究了这一自然演绎运算系统。可以把图 5 中的前四条规则做如下解读：

$$\frac{\Gamma \vdash \exists c}{\Gamma \vdash \text{all (V all c) (V some c)}}$$

最后一个规则允许进行个例分析 —— 有关类表达式的解释是否是空集。这里根据：① 是否存在某个 c；②是否不存在 c 的情况来进行分析。然而，$L_{MG}$ (all, some) 不能直接讨论不存在 c 这种情况，所以接下来要做的事就是：使用 (ii) 的结果。根据 c 的情况，为了从 Γ 中推导出一个语句 φ，就需要首先从带有语句 some c are c 的 Γ 中推导出 φ，然后从 Γ∪Δ 中推导出 φ。在这里，Δ 是语句 all c are d 和 all d (V all c) 的集合，其中 V 是任意一个动词。

当对自然演绎规则进行重新表述后，有关图 5 中的 Cases 规则的命题看起来也不会很陌生。这里给出一个例子以展示这一规则是如何起作用的。现在证明 Γ ⊢ ∃c，其中 Γ 是{all (V all c)c, ∃d}。在给出形式推导之前，先给出非形式化的语义证明。给定满足该假设的任意模型 $\acute{M}$。当 〚c〛 是非空的情况很容易证明。否则，根据第一个假设，令 x ∈ 〚d〛，那么对于所有的 y ∈ 〚c〛 而言，有 x〚V〛y。所以根据第二个假设可得：x ∈ 〚c〛。对应于该解释的一个形式化演绎如下

$$\cfrac{[\exists c] \quad \cfrac{\text{all (V all c) c} \quad \cfrac{[\text{all d (V all c)}] \quad \exists d}{\text{some d (V all c)}}}{\cfrac{\text{some d c}}{\exists c}}}{\exists c} \text{(Cases on c)}$$

Cases 规则的可靠性证明，可以通过在推导过程中对规则的使用次数 n 进行归纳来完成。假设 Γ ⊢ φ 是根据一个规则的 n+1 次使用推导而来的，且假定这个推导对 c 的各种情况都成立。那么，根据 n 次使用规则的推导可得：Γ∪{∃c} ⊢ φ，同理可证：Γ∪Δ ⊢ φ。最后，固定一个模型 $\acute{M}$ 使得 $\acute{M}$ ⊨ Γ，现在可研究 〚c〛 的各种情况来证明 $\acute{M}$ ⊨ φ。如果 〚c〛 ≠ ∅，那么根据第一个假设和对 n 的归纳假设可知：$\acute{M}$ ⊨ φ。如果 〚c〛 = ∅，那么可直观地看出在 Δ 中所有的语句是成立的。所以再次验证了 $\acute{M}$ ⊨ φ。证毕。

## 三、关于三段论片段 $L_{MG}$(all, some) 的完全性

令 Γ∪{φ} ⊆ $L_{MG}$(all, some)。令 occ(Γ, φ) 是在 Γ∪{φ}中出现的类表

达式 c 的集合。如果对于所有的类表达式 $c \in occ(\Gamma, \varphi)$，要么：

(1) $\triangle \vdash \exists c$，否则。

(2) 对于所有的 $d \in occ(\Gamma, \varphi)$ 而言，

(a) $\triangle \vdash$ all c d;

(b) 如果 (V all c) $\in occ(\Gamma, \varphi)$，那么 $\triangle \vdash$ all d (V all c)。

可以说对于 $\Gamma$ 和 $\varphi$ 而言的一个集合 $\triangle \subseteq L_{MG}(all, some)$ 是确定存在的。

现在，固定一个如下的模型 $\acute{M} = \acute{M}(\triangle, \Gamma, \varphi)$：

$M = \{(c_1, c_2, Q): c_1, c_2 \in occ(\Gamma, \varphi), Q \in \{\forall, \exists\}, \triangle \vdash some\ c_1 c_2\}$

$[\![X]\!] = \{(c_1, c_2, Q) \in M: \triangle \vdash all\ c_1 X\ or\ \triangle \vdash all\ c_2 X\}$

$(c_1, c_2, Q)[\![V]\!](d_1, d_2, \forall)$，当且仅当，对于某个 i 和 j，$\triangle \vdash$ all $c_i$ (V all $d_j$)

$(c_1, c_2, Q)[\![V]\!](d_1, d_2, \exists)$，当且仅当，要么 $(c_1, c_2, Q)[\![V]\!](d_1, d_2, \forall)$，要么对于某个 i 和 j，$\triangle \vdash$ all $c_i$ (V some $d_j$) 且 $\triangle \vdash$ all $d_j d_{3-j}$。

**引理 4.3** 假设 $\triangle$ 确定了 $\Gamma$ 和 $\varphi$ 的外延，对于所有的 $c \in occ(\Gamma, \varphi)$ 而言：$[\![c]\!] = \{(d_1, d_2, Q) \in M: \triangle \vdash$ all $d_1 c$ 或者 $\triangle \vdash$ all $d_2 c\}$。

**证明** 对 $c \in occ(\Gamma, \varphi)$ 进行归纳。归纳基础显然可证，假设引理对 c 是成立的，然后研究形式为 V all c 和 V some c 且属于 $occ(\Gamma, \varphi)$ 的类表达式。根据归纳假设可知，如果 $\triangle \vdash \exists c$，那么 (c, c, $\forall$) 和 (c, c, $\exists$) 都属于 $[\![c]\!]$。

令 $(d_1, d_2, Q) \in [\![V\ all\ c]\!]$。如果 $\triangle \vdash \exists c$，那么 (c, c, $\forall$) $\in [\![c]\!]$。根据 $L_{MG}(all, some)$ 的整体语义，有 $(d_1, d_2, Q)[\![V]\!](c, c, \forall)$。因此，对于某个 i 而言，有 $\triangle \vdash$ all $d_i$(V all c)。如果 $\triangle \nvdash \exists c$，容易证明：对于两个 i 而言，可得出相同结论 $\triangle \vdash$ all $d_i$(V all c)。这里用到了 "$\triangle$ 确定了 $\Gamma$ 和 $\varphi$ 的外延"这一假设，并假定了在引理 4.4 中也会用到这一假设。

对于相反方向的证明，首先固定 i 且假定 $\triangle \vdash$ all $d_i$(V all c)，并固定 Q，因此 $(d_1, d_2, Q) \in [\![V\ all\ c]\!]$。对此，令 $(e_1, e_2, Q') \in [\![c]\!]$，因此，对于某个 j 而言，有 $\triangle \vdash$ all $e_j c$。正如在定理 4.1 的证明中，有 $\triangle \vdash$ all $d_i$(V all $e_j$)。因此，$(d_1, d_2, Q)[\![V]\!](e_1, e_2, \forall)$，且有 $(d_1, d_2, Q)[\![V]\!](e_1, e_2, \exists)$。对于 $[\![c]\!]$ 的所有元素而言，有 $(d_1, d_2, Q) \in [\![V\ all\ c]\!]$。

现在给出 V some c 的归纳步骤。令 $(d_1, d_2, Q) \in [\![V\ some\ c]\!]$。因此对于 $(e_1, e_2, Q') \in [\![c]\!]$ 而言，就有 $(d_1, d_2, Q)[\![V]\!](e_1, e_2, Q')$。首先，研究 $Q' = all$ 的情况，存在四种子情况。一个具有代表性的子情况就是 $\triangle \vdash$ all $d_1$(V all $e_1$)。因为 $(e_1, e_2, Q') \in M$，可知 $\triangle \vdash$ some $e_1 e_2$。根据归纳假设，要么 $\triangle \vdash$ all $e_1 c$，否则 $\triangle \vdash$ all $e_2 c$。不失一般性，可知：$\triangle \vdash$ all $e_1 c$。从 $\triangle$

### 第四节 含有类表达式的三段论片段

出发可以推出 $\triangle \vdash \text{all } d_1(V \text{ some } c)$ 的证明如下

$$\cfrac{\cfrac{\vdots}{\text{all } d_1(V \text{ all } e_1)} \quad \cfrac{\cfrac{\text{all } e_1 c \quad \cfrac{\text{some } e_1 e_2}{\text{some } e_1 e_1}}{\text{some } e_1 \, c}}{\text{all } (V \text{ all } e_1)(V \text{ some } c)}}{\text{all } d_1 (V \text{ some } c)}$$

至此就完成了 $Q' = \text{all}$ 情况的证明。另一种情况是,$Q' = \text{some}$。此时也需要几种子情况,其中一种是 $\triangle \vdash \text{all } d_1(V \text{ some } e_1)$ 和 $\triangle \vdash \text{all } e_1 e_2$;根据归纳假设可得:要么 $\triangle \vdash \text{all } e_1 c$,否则 $\triangle \vdash \text{all } e_2 c$。无论哪种情况,都能得到 $\triangle \vdash \text{all } e_1 c$。关于 $\triangle \vdash \text{all } d_1(V \text{ some } c)$ 的推导如下

$$\cfrac{\cfrac{\vdots}{\text{all } d_1 (V \text{ some } e)} \quad \cfrac{\cfrac{\vdots}{\text{all } e \, c}}{\text{all } (V \text{ some } e)(V \text{ some } c)}}{\text{all } d_1 (V \text{ some } c)}$$

这就得出了 $V \text{ some } c$ 的一半归纳步骤。

关于归纳步骤的另一半,令 $(d_1, d_2, Q) \in M$,且固定 $i$ 使得 $\triangle \vdash \text{all } d_i(V \text{ some } c)$,那么有 $\triangle \vdash \exists d_i$。关于 $\triangle \vdash \exists c$ 的推导如下

$$\cfrac{\cfrac{\vdots \quad \vdots}{\exists d_i \; \text{all } d_i(V \text{ some } c)}}{\cfrac{\exists (V \text{ some } c)}{\exists c}}$$

因此有 $(c, c, \exists) \in M$。根据归纳假设可得:$(c, c, \exists) \in [\![c]\!]$。因为 $\triangle \vdash \text{all } c \, c$,所以有:$(d_1, d_2, Q)[\![V]\!](c, c, \exists)$,因此 $(d_1, d_2, Q) \in [\![V \text{ some } c]\!]$。证毕。

**引理 4.4** 假设 $\triangle$ 确定了 $\Gamma$ 和 $\varphi$ 的外延,并假设 $\Gamma \models \varphi$,那么:
(1) $\acute{M}(\triangle, \Gamma, \varphi) \models \Gamma$;(2) $\triangle \vdash \varphi$。

**证明** 首先考察在 $\Gamma$ 中形式为 $\text{all } c \, d$ 的语句,令 $c$ 和 $d$ 属于 $\text{occ}(\Gamma, \varphi)$。根据单调性和引理 4.3 可得:$[\![c]\!] \subseteq [\![d]\!]$。然后研究在 $\Gamma$ 中形式为 $\text{some } c \, d$ 的语句。需注意:$(c, d, \exists) \in M$。事实上,根据引理 4.3 可得:$(c, d, \exists) \in [\![c]\!] \subseteq [\![d]\!]$。

此时,已有 $\acute{M}(\triangle, \Gamma, \varphi) \models \Gamma$。根据假设 $\Gamma \models \varphi$ 可得:$\acute{M}(\triangle, \Gamma, \varphi) \models \varphi$。

对于第二个部分，需要再次考察 $\varphi$ 的情况。如果 $\varphi$ 是 all c d，因此得到 $[\![c]\!] \subseteq [\![d]\!]$。如果 $\triangle \vdash \exists c$，那么 $(c, c, \forall) \in [\![c]\!] \subseteq [\![d]\!]$。所以，根据引理 4.3 可知：$\triangle \vdash$ all c d。但是如果 $\triangle \not\vdash \exists c$，那么根据"$\triangle$ 确定特称判断"这一假设就可以直接证明 $\triangle \vdash$ all c d。如果 $\varphi$ 是 some c d，令 $(c', d', Q) \in [\![c]\!] \cap [\![d]\!]$。通过再次根据引理 4.3 可化归为四种情况，其中一种是 $\triangle \vdash$ all c' c 和 $\triangle \vdash$ all d' d，因此 some c' d 和 $\triangle \vdash \varphi$。(引言部分就已通过证明树证明) 其他情况的证明更简单一些。证毕。

**定理 4.2**　根据图 1 和图 5 中的规则所确定的逻辑系统对于 $L_{MG}$ (all, some) 而言是可靠且完全的，即 $\Gamma \vDash \varphi$ 当且仅当 $\Gamma \vdash \varphi$。

**证明**　可靠性证明的一半是不足道的。假定 $\Gamma \vDash \varphi$。如果三段论片段 $L_{MG}$(all, some) 是紧致的，那么它就是一阶逻辑的子语言。假定 $\Gamma$ 是有穷的；特别地，$occ(\Gamma, \varphi)$ 是类表达式的一个有穷集。

对于任意有穷集 $\triangle \supseteq \Gamma$，令 $n(\triangle, \Gamma, \varphi)$ 是类表达式 $c \in occ(\Gamma, \varphi)$ 的数目，使得 (1) $\triangle \not\vdash \exists c$，且 (2) 对于某个 $d \in occ(\Gamma, \varphi)$ 而言，要么 $\triangle \not\vdash$ all c d，否则 (V all c) $\in occ(\Gamma, \varphi)$ 和 $\triangle \not\vdash$ all d (V all c)。这个数目 $n(\triangle, \Gamma, \varphi)$ 测度了从 $\triangle$ 确定 $\Gamma$ 和 $\varphi$ 的外延的公式的深度。

现在对数目 k 进行归纳，其中对于所有有穷的 $\triangle \supseteq \Gamma$ 且 $n(\triangle, \Gamma, \varphi) = k$ 而言，有 $\triangle \vdash \varphi$，将其运用到带 $k = n (\Gamma, \Gamma, k)$ 的初始 $\Gamma$ 中去，可得 $\Gamma \vdash \varphi$。

如果 $n(\triangle, \Gamma, \varphi) = 0$，那么 $\triangle$ 就确定了 $\Gamma$ 和 $\varphi$ 的外延。根据引理 4.4，有 $\triangle \vdash \varphi$。

现在假定定理结论对于 k 是成立的，且假定 $n(\triangle, \Gamma, \varphi) = k+1$。固定满足上面 (1) 和 (2) 的类表达式 c。考察

$\triangle_1 = \triangle \cup \{\exists c\}$

$\triangle_2 = \triangle \cup \{$all c d : d $\in occ(\Gamma, \varphi)\}$

$\cup \{$all d (V all c) : d, (V all c) $\in occ(\Gamma, \varphi)$, V 是一个动词$\}$

可得，$\triangle_1 \vDash \varphi$ 且 $\triangle_2 \vDash \varphi$，进一步可得，$n(\triangle_1) \leqslant k$，对于 $\triangle_2$ 而言也有类似结果。通过归纳假设可得：$\triangle_1 \vdash \varphi$ 且 $\triangle_2 \vdash \varphi$。故根据 c 的各种情况可知：$\triangle \vdash \varphi$。证毕。

这个证明表明如果 $\Gamma \vdash S$，那么就存在一个在证明树的底部使用 Cases 规则的证明树：在 Cases 规则的任意使用下仅仅只有这一规则的其他使用。

从以上的论述可以看出：Moss(2010) 证明了几个三段论逻辑系统的完

全性结论,在某种意义上看,这些系统避开了个体变元,而且比经典三段论逻辑具有更强的表达力。(然而,这个系统在第一节使用了无穷多次规则,在最后一节使用了 Cases 规则,所以它们不是严格意义上的三段论。)Pratt-Hartmann 和 Moss(2008)[①] 研究了结果不同却与之相关的系统。这些完全性证明和否定结论表明:一些自然定义的逻辑要么根本不存在三段论证明系统,要么就不存在不包含 RAA 规则的三段论证明系统。

## 第五节 本章小结

大部分扩展的三段论的定义使用自然语言中的各种非标准量词,对标准的三段论关系 all(a,b), some(a,b), no(a,b) 和 not all(a,b) 进行了推广。近年来,把广义量词理论的某些特征与三段论推理进行结合,发展出一种新的逻辑——自然逻辑或自然语言逻辑。本章主要介绍和阐释了 Moss(2010) 的主要成果,该逻辑研究了带有补语性名词短语的扩展三段论、包含关系从句的名词短语的扩展三段论以及带有除了系动词之外的动词的扩展三段论。

Moss(2010) 是 Moss(2007,2008) 的三段论逻辑的拓展研究,其基本思路是研究带有自然语义的自然语言的最小片段,然后以尽可能简单的方式对其进行公理化,证明了带动词的三段论的完全性定理。包含动词否定的三段论系统不能通过任何三段论系统进行公理化,即使是带有 (RAA) 规则的系统也不能对其进行公理化。为了保持该语言无歧义的特点,并使得该语言更容易理解,Moss(2010) 为语句增加明确的辖域信息,并可以把明确的辖域信息添加给整个语句或仅仅添加给动词。由于给出两种明确的辖域解读,所以不需要在系统中包括语句的否定运算,这在很大程度上简化了这个系统。

Moss(2010) 中带动词的三段论片段只包含一个动词 see。L(all, some, see) 系统是一阶逻辑的子逻辑。Moss(2010) 除了使用了一个有穷的更标准的三段论逻辑规则列表外,还要采用无穷的规则模式,来研究带 (除了系动词之外的其他) 动词的三段论逻辑。并证明了:根据图 1 和图 2 中的规则确定的逻辑系统,对于 L(all, some, see) 而言是可靠且完全的。

此外,Moss(2010) 还研究了同时带 All、一个动词和名词性补语的三段论逻辑片段 L(all, see, ′);接着还研究了根据类表达式结构 ∀ all c 和语

---

[①] Pratt-Hartmann I, Moss L S. Logics for the relational syllogistic. Ms, University of Manchester, 2008.

句 all c d，从变元和动词获得的三段论片段 $L_{MG}$(all)；进而研究了三段论片段 $L_{MG}$(all) 和 $L_{MG}$(all, some) 的完全性，证明了：根据图 1 和图 5 中的规则所确定的逻辑系统对于 $L_{MG}$(all) 和 $L_{MG}$(all, some) 而言是可靠且完全的，即 $\Gamma \models \varphi$ 当且仅当 $\Gamma \vdash \varphi$。

Moss(2010) 证明了几个三段论逻辑系统的完全性结论，从某种意义上看，这些系统避开了个体变元，而且比经典三段论逻辑具有更强的表达力。这些完全性证明和否定结论表明：一些自然定义的逻辑要么根本不存在三段论证明系统，要么就不存在不包含 RAA 规则的三段论证明系统。

# 参 考 文 献

杜国平. 2004. 显示法证明分析. 哲学研究, (6): 91-95.

高东平. 2007. 模糊量词的逻辑研究. 中山大学博士学位论文.

郝一江, 陶侃. 2018. 结构主义视域下的现代逻辑学. 四川师范大学学报 (社会科学版), (3): 78-83.

江璐. 2015. 奥卡姆的模态三段论 —— 其对亚里士多德模态逻辑的发展与转化. 世界哲学, (6): 112-120, 158

张晓君. 广义量词理论研究. 厦门: 厦门大学出版社, 2014.

张晓君. 汉语指代消解及其推理模式研究. 北京: 人民出版社, 2018.

Ackrill J L. 1963. Aristotle's Categories and De Interpretation. Oxford: Clarendon Press.

Anderson A R, Belnap N D. 1992. Entailment: The Logic of Relevance and Necessity, volume I and volume II. Princeton: Princeton Univeristy Press, 1975.

Andrews P. 2002. An Introduction to Mathematical Logic and Type Theory: To Truth Through Proof. Dordrecht: Kluwer.

Arnauld A. 1964. Logic, or, the Art of Thinking ("The Port-Royal Logic"), 1662, tr. Dickoff J, James P. Indianapolis: Bobbs-Merrill.

Balbiani P, Tinchev T, Vakarelov D. 2007. Dynamic logics of the region-based theory of discrete spaces. Journal of Applied Non-Classical Logics, 17: 39–61.

Balbiani P, Tinchev T, Vakarelov D. 2007. Modal logics for region-based theory of space. Fundamenta Informaticae, 81: 29–82.

Bell J L, Devidi D, Solomon G. 2001. Logical Options: an Introduction to Classical and Alternative Logics. Peterborough: Broadview Press.

Ben-Avi G, Francez N. 2005. Proof-theoretic semantics for a syllogistic fragment//Processdings of the Fifteenth Amsterdam Colloquium, 9-15.

Bocheński I M. 1963. Ancient Formal Logic. Amsterdam: North-Holland.

Brennan T. 1997. Atistotle's modal syllogistic. A discussion of R. patterson, aristotle's modal logic. Oxford Studies in Ancient Philosophy, (15): 207-231.

Cignoli R L O, D'Ottaviano I M L, Mundici D. 2000. Algebraic Foundations of Many-valued Reasoning. Dordrecht: Kluwer.

Corcoran J. 1972. Completeness of an ancient logic. Journal of Symbolic Logic,

37(4): 696-702.

Cresswell M J. 1988. Necessity and contingency. Studia Logica, 47: 145-149.

De Morgan A. 1874. Formal Logic: Or, the Calculus of Inference, Necessary and Probable. London: Taylor and Walton.

De Morgan A. 1860. On the syllogism, Part IV. Transactions of the Cambridge Philosophical Society, 10: 331-357.

Dvořák A, Holčapek M. 2009. L-fuzzy quantifiers of the type ⟨1⟩ determined by Fuzzy measures. Fuzzy Sets and Systems, 160: 3425-3452.

Englebresten G. 1981. There Logicians, Assen. The Netherlands: Van Gorcum.

Ferro A, Omodeo E G, Schwartz J T. 2006. Decision procedures for elementary sublanguages of set theory, I. Multi-level syllogistic and some extensions. Communications on pure and Applied Mathematics, 33: 599–608.

Fitting M, Mendelsohn R L. 1998. First-order Modal Logic. Dordrecht: Kluwer.

Frege G. 1960. Negation//Geach P, Black M. ed. Translations from the Philosophical Writings of Gottlob Frege. 2nd ed. Oxford: Blackwell, 117-135.

Gargov G, Passy S, Tinchev T. 1987. Modal environment for Boolean speculations// Skordev D, ed. Mathematical Logic and Its Applications. New York: Plenum Press: 253-263.

Gargov G, Passy S. 1990. A note on Boolean modal logic//Petkov P, ed. Mathematical Logic. New York: Plenum Press: 299-309.

Geach P T. 1980. Logic Matters. Berkeley: University of California Press.

Geach P T. 1963/1964. Review of McCall, (6): 200-206.

Girle R. 2000. Modal Logics and Philosophy. Montreal: McGill-Queen's University Press.

Glöckner I. 2006. Fuzzy Quantifiers: A Computational Theory. Berlin: Springer.

Goranko V. 1990. Completeness and incompleteness in the bimodal base L(R,-R)// Petkov P, ed. Mathematical Logic. New York: Plenum Press: 311-326.

Grädel E, Kolaitis P G, Vardi M Y. 1997. On the decision problem for two-variable first-order logic. The Bulletin of Symbolic Logic, 3(1): 53-69.

Hájek P. 1998. Metamathematics of Fuzzy Logic. Dordrecht: Kluwer.

Harel D, Tiuryn J, Kozen D. 2000. Dynamic Logic. Cambridge: MIT Press.

Hintikka J. 1973. Time and Necessity: Studies in Aristotle's Theory of Modality. Oxford: Clarendon Press.

Holčapek M. 2008. Monadic L-fuzzy quantifiers of the type $\langle 1^n, 1 \rangle$. Fuzzy Sets and Systems, 159: 1811-1835.

Hughes G E, Cresswell M J. 1996. A New Introduction to Modal Logic. London:

Routledge.

Ivanov N A. 2009. Relational Syllogistics, Master's Thesis (in Bulgarian). Aliso Viejo: Soka University.

Ivanov N, Vakarelov D. 2012. A system of relational syllogistic incorporating full Boolean reasoning, J. Log. Lang Inf, 21:433-459.

Johnson F. 1995. Apodeictic syllogisms: Deductions and decision procedures. History and Philosophy of Logic, 16: 1-18.

Johnson F. 2004. Aristotle's modal syllogisms. Handbook of the History of Logic, 1: 247-307.

Johnson F. 1997. Extended Gergonne syllogisms. Journal of Philosophical Logic, 26: 553-567.

Johnson F. 1993. Modal ecthesis. History and Philosophy of Logic, 14: 171-182.

Johnson F. 1989. Models for modal syllogisms. Notre Dame Journal of Formal Logic, 30: 271-284.

Johnson F. 1999. Parry syllogisms. Notre Dame Journal of Formal Logic, 40: 414-419.

Johnson F. 1999. Rejection and truth-value gaps. Notre Dame Journal of Formal Logic, 40: 574-577.

Johnson F. 1994. Syllogisms with fractional quantifiers. Journal of Philosophical Logic, 23: 401-422.

Johnson F. 1991. Three-membered domains for Aristotle's syllogistic. Studia Logica, 50: 181-187.

Keenan E, Westerståhl D. 1997. Quantifiers in formal and natural languages//van Benthem J, Meulen A, ed. Handbook of Logic and Language. Amsterdam: Elsevier, 1997: 837-893.

Khayata M Y, Pacholczyk D, Garcia L. 2002. A Qualitative approach to syllogistic reasoning. Annals of Mathematics and Artificial Intelligence, 34: 131-159.

Kneale W, Kneale M. 1962. The Development of Logic. Oxford: Clarendon Press.

Lakoff G. 1973. Hedges: A study in meaning criteria and the logic of fuzzy concepts. Journal of Philosophical Logic, 2: 458-508.

Lear J. 1980. Aristotle and Logical Theory. Cambridge: Cambridge University Press.

Leevers H J, Harris P L. 2000. Counterfactual syllogistic reasoning in normal 4-Year-Olds, children with learning disabilities, and children with Autism, Journal of Experimental Child Psychology, 76: 64-87.

Łukasiewicz J, Martin J N. 1957. Aristotle's Syllogistic. 2nd ed. Oxford: Clarendon Press.

Łukasiewicz J. 1957. Aristotle's Syllogistic from the Standpoint of Modern Formal Logic. 2nd ed. Oxford: Clarendon Press.

Łukasiewicz J. 1951. Aristotle's Syllogistic from the Standpoint of Modern Formal Logic. Oxford: Clarendon Press.

Lutz C, Sattler U. 2001 The complexity of reasoning with Boolean modal logics//Wolter F, Wansing H, de Rijke M, et al. 2001: ed. Advances in Modal Logic volume 3. Stanford: CSLI Publications, 2001: 329-348.

Malink M. 2013. Aristotle's Model Syllogistic. Cambridge, M A: Harvard University Press.

Malink M. 2006. A reconstruction of Aristotle's modal syllogistic. History and Philosophy of Logic, 27: 95-141.

Martin J M. 1997. Aristotle's natural deduction reconsidered. History and Philosophy of Logic, 18(1): 1-15.

Materna P. 1998. Concepts and Objects, Acta Philosophica Fennica 63, Helsinki.

McAllester D A, Givan R. 1992. Natural language syntax and first-order inference. Artificial Intelligence, 56: 1-20.

McCall S. 1963. Aristotle's Modal Syllogisms, Studies in Logic and the Foundations of Mathematics. Amsterdam: North-Holland.

Meredith C A. 1953. The figures and models of the n-termed Aristotelian syllogisms. Dominican Studies, 6: 42-47.

Merrill D D. 1990. Augustus De Morgan and the Logic of Relations. Dordrecht, The Netherlands: Kluwer Academic Publishers.

Mignucci M. 1996. Aristotle's theory of predication//Angelelli I, Cerezo M. Studies in the History of Logic. Berlin, New York: Waler de Gruyter: 1-20.

Montgomery H A, Routley F R. 1966. Contingency and non-contingency bases for normal modal logics. Logique et Analyse, 9(35): 318-328.

Moss L S. 2008. Completeness theorems for syllogistic fragments//Hamm F, Kepser S, ed. Logics for Linguistic Structures. Berlin: Mouton de Gruyter.

Moss L S. 2008. Relational syllogistic logics and other connections between modal logic and natural logic, in Presented at AiML, Nancy; based on work with Ian Pratt-Hartmann, available at http://aiml08.loria.fr/talks/moss. pdf.

Moss L S. 2007. Syllogistic logic with complements, Retrieved from Indiana University Web site: http://www.indiana.edu/~iulg/moss/comp2.pdf.

Moss L S. 2007. Syllogistic Logic with Complements. Manuscript: Indiana University.

Moss L S. 2010. Syllogistic logics with verbs. Journal of Logic and Computation, 20: 947-967.

Moss L S. 2008. Completeness theorems for syllogistic fragments//Hamm F, Keper S. ed. Logics for Linguistic Structures, Mouton de Gruyter, Berlin: 143-173.

Murinová P, Novák V. 2012 A formal theory of generalized intermediate syllogisms. Fuzzy Sets and Systems, 186: 47-80.

Nishihara N, Morita K, Iwata S. 1990. An extended syllogistic system with verbs and proper nouns, and its completeness proof. Systems and Computers in Japan, 21(1): 96-111.

Nishihara N, et al. 1990. An extended syllogistic system with verbs and proper nouns, and its completeness proof, Systems Computers in Japan, 21: 96-111.

Novák V. 2005. On fuzzy type theory. Fuzzy Sets and Systems, 149: 235-273.

Novák V. 2006. Fuzzy Logic theory of evaluating expressions and comparative quantifiers. Proceedings of the 11th International Conference of IPMU, vol. 2. Paris: Éditions EDK, Les Cordeliers.

Novák V, Perfilieva I, Mockor J. 1999. Mathematical Principles of Fuzzy Logic. Boston: Kluwer.

Novák V. 2008. A comprehensive theory of trichotomous evaluative linguistic expressions. Fuzzy Sets and Systems, 159(22): 2939-2969.

Novák V. 2008. A formal theory of intermediate quantifiers. Fuzzy Sets and Systems. 159(10): 1229-1246.

Novák V. 2008. Principal fuzzy type theories for fuzzy logic in broader sense. Proceedings of the Conference of IPMU'2008. Málaga Spain: University of Málaga.

Novák V. 2011. EQ-algebra-based fuzzy type theory and its extensions. Logic Journal of the IGPL, 19: 512-542

Orlowska E. 1998. Studying incompleteness of information: a class of information logics// Kijania-Placek K, Woleński J, ed. The Lvow-Warsaw Scholl and Contemporary Philosophy. Dordrecht: Kluwer, 283-300.

Papadimitriou C H. 1994. Computational Complexity. Boston: Addison-Wesley.

Patterson R. 1995. Aristotle's Modal Logic. Essence and Entailment in the Organon. Cambridge: University Press.

Patterson R. 1990. Conversion principles and the basis of Aristotle's modal logic, History and Philosophy of Logic, 11: 151-172.

Patterson R. 1989. The case of the two Barbaras: Basic approaches to Aristotle's

modal logic. Oxford Studies in Ancient Philosophy, 7: 1-40.
Peters S. 2006. Westerståhl D. Quantifiers in Language and Logic. Oxford: Claredon Press.
Peterson P L. 2000. Intermediate quantifiers. Logic, Linguistics, and Aristotelian Semantics. Aldershot: Ashgate.
Pfeifer N. 2006. Contemporary syllogistics: Comparative and quantitative syllogisms// Krenzebauer G, Doren G J W, ed. Argumentation in Theorie and Praxis: Philosophie and Didaktik des Argumentierens. Wien: LIT: 57-71.
Politzer G. 2004. Some precursors of current theories of syllogistic reasoning// Manktelow K, Chung M C, ed. Psychology of Reasoning. Theoretical and Historical Perspectives. Hove: Psychology Press: 214-240.
Pratt-Hartmann I, Moss L S. 2009. Logics for the relational syllogistic. Review of Symbolic Logic, 2(4): 647-683.
Pratt-Hartmann I, Third A. 2006. More fragments of language. Notre Dame Journal of Formal Logic, 47(2): 151-177.
Pratt-Hartmann I. 2003. A two-variable fragment of English. Journal of Logic, Language, and Information, 12: 13-45.
Pratt-Hartmann I. 2005. Complexity of the two-variable fragment with counting quantifiers. Journal of Logic, Language and Information, 14: 369-395.
Pratt-Hartmann I. 2004. Fragments of language. Journal of Logic, Language, and Information, 13: 207-223.
Pratt-Hartmann I. 2009. No syllogisms for the numerical syllogistic// Grumberg O, Kaminski M, Katz S, et al. Languages: From Formal to Natural. LNCS, vol. 5533. New York: Springer: 192-203.
Pratt-Hartmann I. 2008. On the computational complexity of the numerically definite syllogistic and related logics. Bulletin of Symbolic Logic, 14(1): 1-28.
Pratt-Hartmann I. 2014. The relational syllogistic revisited. Perspectives on Semantic Representations for Textual Inference, CSLI Publication: 195-228.
Prior A N. 1962. Formal Logic. 2nd ed. Oxford: Clarendon Press.
Purdy W C. 1991. A logic for natural language. Notre Dame Journal of Formal Logic, 32(3): 409-425.
Rayside D, Kontogiannis K. 2001. On the syllogistic structure of object-oriented programming, in Presented at the 23rd International Conference on Software Engineering (ICSE'01).
Rescher N. 1963. Aristotle's theory of modal syllogisms and its interpretation//The Critical Approach: Essays in honor of Karl Popper. New York: Free Press of

Glencoe.

Ross W D. 1949. Aristotle's Prior and Posterior Analytics. A Revised Text with Introduction and Commentaty. Oxford: Clarendon Press.

Routley R, Montgomery H. 1968. On systems containing Aristotle's thesis. Journal of Symbolic Logic, 33: 82-96.

Rumfitt I. 1997. The categoricity problem and truth-value gaps. Analysis, 57: 223-235.

Shepherdson J. 1956. On the interpretation of Aristotelian syllogistic. Journal of Symbolic Logic, 21: 137-147.

Smiley T J. 1973. What is a syllogism? Journal of Philosophical Logic, 2: 135-154.

Smiley T. 1994. Aristotle's completeness proof. Ancient Philosophy, 14: 25-38.

Smiley T. 1961. On tukasiewicz's L-modal system. Notre Dame Journal of Formal Logic, 2: 149-153.

Smiley T. 1996. Rejection. Analysis, 56: 1-9.

Smith R. 1989. Aristotle: Prior Analytics. Indianapolis and Cambridge: Hackett Publishing Company.

Smith R. 1995. Article 'Logic'//Barnes J. The Cambridge Companion to Aristotle. Cambridge: University Press: 27-65.

Smith R. 1982. What is Aristotelian Ecthesisfi. History and Philosophy of Logic, 3: 113-127.

Sommers F. 1982. The Logic of Natural Language. Oxford, UK: Clarendon Press.

Striker G. 1994. Modal vs. Assertoric Syllogistic. Ancient Philosophy, 14: 39-51.

Sugihara T. 1957. Necessity and possiblity in Aristotelian syllogistic. Memoris of the Faculty of Liberal Arts, Fukui University, (6): 75-87.

Sugihara T. 1957. Necessity and possiblity in Aristotelian syllogistic. Memoirs of the Faculty of Liberal Arts, Fukui University, (7): 15-22.

Thom P. 1993. Apodeictic ecthesis. Notre Dame Journal of Formal Logic, 34: 193-208.

Thom P. 1994. Interpreting Aristotle's contingency-syllogistic//Taylor C C W, ed. Oxford Studies in Ancient Philosophy. Oxford: Clarendon Press, (12): 91-109. .

Thom P. 1996. The Logic of Essentialism: An Interpretation of Aristotle's Modal Syllogistic. The New Synthere Historical Library, volume 43, Dordrecht: Kluwer.

Thom P. 1991. The two barbaras. History and Philosophy of Logic, 12: 135-149.

Thomason S K. 1997. Relational models for the modal syllogistic. Journal of

Philosophical Logic, 26: 129-141.
Thomason S K. 1993. Semantic analysis of the modal syllogistic. Journal of Philosophical Logic, 22: 111-128.
Thorne C, Calvanese D. 2009. The data complexity of the syllogistic fragments of English, in Proceedings of the 17th Amsterdam Colloquium Conference on Logic, Language and Meaning: 114-123.
Van Benthem J. 1986. Essays in Logical Semantics. Dordrecht: Reidel.
Van Benthem J. 1984. Questions about quantifiers. Journal of Symbolic Logic, 49(2): 443-466.
Van der Does J, Van Eijck J. 1996. Basic Quantifier Theory, in Quantifiers, Logic, and Language. Stanford: CSLI: 1-45.
Van Eijck J. 2007. Natural logic for natural language//Ten Cate B, Zeevat H, ed. Logic, Language and Computation. New York: Springer: 216-230.
Van Rijen J. 1989. Aspects of Aristotle's Logic of Modalities. Dordrecht: Kluwer.
Von Wright G H. 1951. An Essay in Modal Logic. Amsterdam: North-Holland.
Wedberg A. 1950. The Aristotelian theory of classes. Journal of Symbolic Logic, 15(2): 142-142.
Westerstahl D. 1989. Aristotelian syllogisms and generalized quantifiers. Studia Logica, XLVIII, 48(4) : 577-585.
Westerståhl D. 1989. Quantifiers in formal and natural languages//Gabbay D, Guenthner F. ed. Handbook of Philosophical Logic, vol. IV, D. Dordrecht: Reidel, 1-131.
Ziegler S. 2008. Some completeness results in syllogistic logic. Student Reports, Research Experience for Undergraduates Program. Bloomington: Indiana University.

# 后 记

三段论推理在人类思维中占据着重要的地位。自亚里士多德以来，人类对三段论的研究大都集中在对传统三段论的研究之上，因此，这方面的成果丰硕。但是，传统三段论推理仅仅占三段论推理中的一小部分，大部分三段论推理都是非传统三段论的扩展三段论推理。

大部分扩展三段论使用自然语言中的各种非标准量词，对标准的传统三段论关系 $all(a, b)$，$some(a, b)$，$no(a, b)$ 和 $not\ all(a, b)$ 进行了推广。近年来，把广义量词理论的某些特征与三段论推理进行结合，发展出一种新的逻辑——自然逻辑或自然语言逻辑。在张晓君 (2014) 的专著中，已经利用广义量词理论对全部有效的 24 个传统三段论的形式化、有效性和可化归性进行了研究。张晓君 (2018) 也已经利用广义量词理论对全部有效的亚里士多德模态三段论的形式化、有效性和可化归性进行了研究。为了避免重复，本书不再涉及这些内容。

本书从自然语言信息处理的视角，主要研究了非传统三段论的扩展三段论，具体包括：三段论片段的完全性、居间广义三段论、模态三段论、关系三段论、带有完全布尔运算的关系三段论、带有 (除了系动词之外的其他) 动词的三段论的有效性、可靠性、完全性和计算复杂性等等内容，详情请参见相应章节。为了读者阅读方便，笔者都对每章内容进行了小结，详情请参见相应章节后的"本章小结"。本书的研究再一次证实了：① 广义量词理论是研究自然语言逻辑的方便工具；② 逻辑学 (尤其是现代逻辑学) 不仅具有形式化特征，而且还具有结构主义的特征。

本书从自然语言信息处理的视角，不仅对阐释了国外学者对本专著所涉及的各类三段论的有效性的形式化证明，而且还阐释了其可靠性、完全性 (甚至斥完全性) 和可判定性问题的计算复杂性等相关问题的研究。绝大部分国内学者对此几乎没有涉及，而且不论是居间广义三段论、模态三段论、关系三段论、带有完全布尔运算的关系三段论、带有动词的三段论，都是自然语言中常见的重要扩展三段论。因此，这些研究成果不仅有利于推动国内自然语言逻辑、语言学和计算语言学等相关领域的研究，有利于自然语言信息处理、计算机科学中的知识表示和知识推理的研究与发展，而且还有利于专家系统中推理机的研发，有利于 Agent 通信语言的开发。

# 后 记

本书是张晓君带领四川师范大学逻辑与信息研究所的研究生一起完成的。张晓君在研究生完成的初稿的基础上,进行了面对面地一字一句地修改完善工作,因此所有文责由张晓君一人承担。彭廷强对全书的公式和符号进行了补充、修改、统一等诸多辛苦细致的工作。刘霞、黄梦瑶、郑航宇、孙媛珂、冯玉林参与了全书的核对检查、参考文献的录入和排序等诸多具体工作。郝一江对全书进行了统稿、审查、修改等工作。

各章节具体完成者如下:

第一章:王薇 (大约 4 万字)。

第二章:田凤琳 (大约 5 万字)。

第三章:张晓君 (第一、十二节,大约 3 万字);
   黄梦瑶 (第二到四节,大约 3 万字);
   刘霞 (第五节,大约 3 万字);
   孙梦珂 (第六、七节,大约 2 万字);
   彭廷强 (第八、九节,大约 3 万字);
   郑航宇 (第十、十一节,大约 3 万字)。

第四章:付豪 (大约 9 万字)。

第五章:王超男 (大约 4 万字)。

第六章:袁娇娇 (大约 4 万字)。

本著作能够面世,得益于诸多良师益友的默默支持和无私奉献,在此致以最真诚的谢意!特别感谢科学出版社科学数理分社胡庆家编辑为本书所做的艰苦细致的工作。

7 月雨后的成都,像一个高贵迷人的少妇:温和包容、妩媚雅洁;窗外流淌着浓浓的夜色,幻化出了多情柔和的幔帐;能够在您的庇护下修行,成都,向您致敬!

张晓君

2019 年 7 月 18 日深夜于成都